ISBN 978-0-259-59242-6
PIBN 10638080

This book is a reproduction of an important historical work. Forgotten Books uses
state-of-the-art technology to digitally reconstruct the work, preserving the original format
whilst repairing imperfections present in the aged copy. In rare cases, an imperfection in
the original, such as a blemish or missing page, may be replicated in our edition. We do,
however, repair the vast majority of imperfections successfully; any imperfections that
remain are intentionally left to preserve the state of such historical works.

1 MONTH OF
FREE
READING

at
www.ForgottenBooks.com

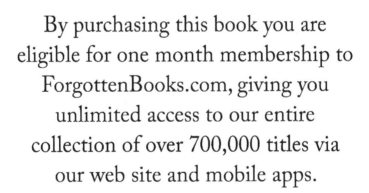

By purchasing this book you are eligible for one month membership to ForgottenBooks.com, giving you unlimited access to our entire collection of over 700,000 titles via our web site and mobile apps.

To claim your free month visit:

www.forgottenbooks.com/free638080

LA
CIUDAD DE DIOS

REVISTA RELIGIOSA, CIENTIFICA Y LITERARIA

DEDICADA

AL GRAN PADRE SAN AGUSTÍN

Y REDACTADA POR ALUMNOS DE SU ORDEN

CON APROBACION ECLESIASTICA

VOLUMEN XXV

REDACCION Y ADMINISTRACION

REAL MONASTERIO DE SAN LORENZO DEL ESCORIAL (MADRID)

—

1891

Madrid.—Imprenta de D. Luis Aguado, Pontejos, 8.—Teléf. 697.

AL EXIMIO DOCTOR DE LA IGLESIA

al genio creador de la ciencia católica

AL INSIGNE PADRE S. AGUSTIN

EN EL

ANIVERSARIO DE SU CONVERSIÓN

Renueva, con el anual saludo, el testimonio de adhesión entusiasta á sus doctrinas, encarnación genuina del saber cristiano.

LA REDACCIÓN DE
LA CIUDAD DE DIOS.

LA MISA SOLEMNE DE ROSSINI

No se ha limitado el autor de *El Barbero de Sevilla*, *Moisés* y *Guillermo Tell* á enriquecer el divino arte en el género dramático y la música profana con aquella su genial novedad de modos y giros que, rompiendo con viejas preocupaciones de escuela, tan original carácter han impreso á sus obras musicales, sino también ha producido en otro orden más elevado, como es la música religiosa, composiciones inspiradas y harmónicas sobremanera, embellecidas con delicadas á la par que originales melodías.

Merecida fama tienen algunas de las inspiraciones de este género debidas á la fantasía del cisne de Pésaro, y entre todas goza de universal nombradía el sublime *Stabat Mater;* pero hay una sobre todo que descuella por su grandiosidad en la concepción, y por lo nuevo y sentido de las melodías y modulaciones: la *Misa solemne* escrita por el gran maestro en sus últimos años; obra de primer orden, y sin duda la primera en su género. En esta obra parece verse un tributo final de adoración hacia el Supremo Ser con el homenaje de lo mejor de su inspiración más brillante y arrebatadora (1), y de ello daremos pruebas en el presente artículo.

La tierna plegaria de los *kyries*, que se presta al desarrollo de un grandioso tema musical, ha sido interpretada por Rossini en su Misa solemne con admirable acierto y exquisito gusto, y es muy de notar en esta composición la elevación de conceptos delicadísimos y la vasta inspiración del compositor. En la grandiosa Misa de Gounod, dedicada á Santa Cecilia, nos encanta la sencillez y majestad de los *kyries*, y esto mismo sentimos en las Misas de nuestro inmortal Eslava, uno de los primeros compositores, ó, mejor dicho, el primer artista español en la música sagrada de este siglo. Mas cuando se escucha aquella sentida melodía de los *kyries* de Rossini, rodeada del misterioso y grave acompañamiento, parece elevarse insensiblemente nuestro espíritu á la región celeste. Profundo conocedor de la música clásica del siglo XVI, ha escrito el *Christe* á lo Palestrina, y aun ha mejorado su composición con los adelantos del arte musical. Los tres últimos *kyries* son iguales á los primeros, aunque en diferente tono; y todos ellos, escritos para cuatro voces y orquesta, son de gran efecto y tratados con elegancia y gusto.

Lo más notable de la Misa de Rossini, según afirman los verdaderos é inteligentes críticos, es el *Gloria;* aquí es donde este gran genio ha desplegado todas sus facultades, dejando correr su asombrosa imaginación. De ello da prueba bien patente el *Gloria in excelsis,* cántico de alegría angelical, al que ha sabido dar cierto colorido de manifesta-

---

(1) No ha faltado quien con espíritu sectario, ó juzgando por apariencias, haya podido poner en duda la sinceridad de las creencias religiosas de Rossini. De ello se lamentó amargamente el gran compositor diciendo en el lecho de muerte al abate Gallet que le asistía: *"De mí se ha dicho que era impío: el que ha escrito el Stabat y la Misa es imposible que dejara de tener fe."*

ción jubilosa con giros no usados, pero á la vez de muy buen gusto. Al terminar este cántico de los ángeles comienza Rossini el *Et in terra* á manera de una marcha de carácter por cierto original y bien raro, jugando tan sólo los acordes de tónica y dominante, lo cual se repite por varios tonos auxiliados por la sétima, que sirve como de puente, mientras las voces van imitando el desarrollo del tema, difícil por sus modulaciones, hasta que con un *pianissimo* se termina el *Glorificamus te.*

Gratias. Esta composición, que ocupa el núm. 3 de la Misa, es superior á los números anteriores. ¡Cómo deja el genio volar en ella su rica, fluída y exuberante fantasía! Desde los primeros compases de la introducción, revestida de sonidos misteriosos á la par que bellos, cautiva toda nuestra atención por la hermosa y variada modulación, siendo causa de goces puros para el alma que sabe sentir. Este terceto, escrito con unidad, variedad y elegancia, comienza, después de la introducción indicada por el solo de bajo, con una sentida melodía, á la cual, mudando de tono, se agrega el contralto repitiendo el mismo canto, y unidas las dos voces en admirable consorcio, van á buscar al tenor, que repite en distinto tono el mismo tema ayudado de sus dos harmónicos amigos, entrando de ese modo en pleno terceto y compartiendo entre sí tantas riquezas musicales, hasta que, volviéndose á separar en el *propter magnam*, donde uno tras otro repiten el mismo eco entre el bajo y tenor, y después de unos compases de preludio, entran de nuevo las tres voces con el primer tema, el cual es desarrollado hasta su terminación con admirable maestría, tanto por las voces como por el variado acompañamiento.

Domine Deus. Por más que este núm. 4 tiene sabor dramático, no por eso hemos de pasarle por alto, pues es de sobresaliente mérito como obra de arte. Nada hay más natural que los hermanos entre sí tengan alguna semejanza, y esto sucede en las obras de Rossini, como se comprueba en el corte de esta pieza comparada con el *Cujus animam* del *Stabat* del mismo autor. *Domine Deus*, escrito para solo de tenor, es de gran lucimiento por su valentía y brillantez;

abundan en él modulaciones sobremanera originales, y que no han sido rebuscadas por el autor, sino traídas con la mayor naturalidad, lo que demuestra la pasmosa inspiración del genio artístico. Dotado Rossini de una constitución especial para el bello arte, ha impreso en el solo de tenor una melodía más franca y clara que en los números anteriores, y en que, dando rienda suelta á su fecunda imaginación, se ve al autor dramático dominando campo más usado, y donde ha desplegado más su fantasía.

Qui tollis. De carácter bien distinto del número anterior es la composición que ocupa el núm. 5, y de la cual vamos á tratar con alguna más extensión. Esta obra, verdadera joya musical, está llena de interés desde su principio hasta la terminación; no se ven en ella aquellos giros dramáticos del *Domine*, y sí mucha gravedad y religiosidad. El dúo del *Qui tollis* está escrito para el *soprano* y contralto, los cuales á una comienzan el canto, no sin haber precedido un hermoso preludio de lo más escogido por la fuerza de sentimientos que inspira en nuestra alma.

Difícil sería enumerar las preciosidades diseminadas en ese dúo, donde el genio músico ha esparcido tanta dulzura y paz harmónica, tanto en las voces como en el arpegiado acompañamiento. Pero donde más se eleva la inspiración de Rossini es en las palabras *miserere nobis*, en que deja toda la expansión á los afectos de su sensible corazón de artista. En el *Qui sedes* entabla el autor un diálogo sobremanera sentimental con harmonías tiernas y bien sentidas en el acompañamiento, hasta que por medio de crescendos fuertes y pianísimos llega al *Miserere*, la parte predilecta; y después que en el tono de fa menor ha dado bastante expansión al sentimiento, pasa al tono de fa mayor con música más alegre aunque siempre grave. En nada desmerece el dúo de lo anterior hasta su brillante final, lleno de variedad y de interés por las riquezas harmónicas.

Quoniam. ¡Qué sentimiento tan profundo, qué melancolía tan honda, qué ideas tan puras y qué modulaciones tan originales ha producido el genio artístico de Rossini en el número 6! Descúbrese, es cierto, en esta composición al autor avezado á las óperas y demás obras dramáticas; pero, á cambio de tantas bellezas, bien merece perdón esta circunstancia, principalmente si se tiene en cuenta la dificultad de que un artista que se entrega á la producción de obras teatrales no adolezca de ciertos resabios dramáticos al ir á escribir música sagrada, como lo prueban con Verdi otros muchos autores. De esta influencia no ha podido substraerse Rossini á pesar de sus grandes esfuerzos para evitarlo, si bien es cierto que, como afirman los críticos, en la música religiosa es más grave y serio que en las obras dramáticas. El solo del *Quoniam* está escrito para barítono de primera fuerza y que á la vez sea verdadero artista, y bien puede decirse que, aun con los cinco sentidos bien expeditos, le será difícil ejecutar esta obra llena de escabrosidades, ora sea por las muchas modulaciones, ora sea también por los raros y distintos intervalos de que está lleno el solo. Todas las composiciones que hasta aquí hemos juzgado son de grandes dimensiones, todas ellas de carácter muy distinto; mas el solo de bajo excede á todas, tanto por su extensión como por su brillantez, bravura y por el nervio con que está escrito. En la majestuosa entrada del bajo, después de un largo preludio, se vislumbra la grandeza de la inspiración, y el gran interés de la composición va aumentándose á medida que se avanza en ella, hasta que se llega á aquellas modulaciones originalísimas por medio de una progresión cromática ascendente llena de melancolía. Y si la parte cantante, escrita con admirable maestría, es una bella joya de arte, con el hermoso y variado acompañamiento, que, por decirlo así, es un derroche de harmonías y modulaciones, enaltece y agranda más y más la melodía del bajo.

Se ha dicho por algunos maestros que Rossini era refractario á la fuga y que "se rebelaba ante el P. Mattei, según afirma Peña y Goñi, contra las fugas, so pretexto de que eran innecesarias para componer una ópera„ (1). Algunos añaden que Rossini no poseía todos los conocimientos técnicos de la fuga, y de ahí que estos críticos, y entre ellos

(1) *La Opera Española*, pág. 125. Madrid, 1881.

Berlioz, afirmasen que la del final del *Stabat* era de la experta mano de Tadolini. Pero, aun concedido que el final del *Stabat Mater* no sea del gran maestro, otras obras del género fugado de este insigne artista han demostrado posteriormente la falsedad de tal opinión y sus vastos conocimientos en el tecnicismo fugado. En su Misa solemne bien á las claras da á entender estar muy alto sobre muchos antiguos y modernos músicos en esta clase de composición, y de ello tenemos una prueba bien palpable en el *Cum sancto spiritu*, fuga de gran extensión tratada magistralmente, tan bella como la *Alleluia* de Haendel, y muy superior á algunos pasajes de la *Pasión* de Bach (1). El *Cum sancto spiritu*, perteneciente al núm. 7, antes de entrar de lleno en la fuga es repetición del *Gloria*, y hace á la vez como de introducción á la grandiosa fuga. No se trata de una de tantas como en los siglos XVI, XVII, XVIII, y hasta en nuestro siglo XIX, se han producido unas por verdaderos artistas y otras por autores faltos de toda inspiración, obras de gusto detestable, estériles y de una glacial frialdad, que causan verdaderas náuseas al que tiene pasión por el bello arte. No es ciertamente la fuga de Rossini del número de estas obras que nacen muertas, y sí de aquellas que llenas de vida y lozanía pasan á la posteridad, pues llevan cierto destello comunicado por el numen divino. ¿Quién al oir esta obra clásica no se ve transportado á la región de lo bello, donde el alma, sumergida en una atmósfera de dulces harmonías, goza feliz y dichosa, y casi sin sentir pasa tan deliciosos momentos? ¡Qué novedad y variedad en el desarrollo de esta composición! Aunque es de dimensiones colosales, siempre se conserva á gran altura por la sublime elevación de conceptos delicadísimos; y á la manera que el elocuente orador sostiene á numeroso auditorio en su encantadora peroración sin que éste decaiga de ánimo hasta la terminación del discurso, del mismo modo Rossini sabe sostenerse con gran-

---

(1) *Les musiciens célèbres*, por Felix Clement, troisième édition. París, 1878.

dísimo interés hasta finalizar su fuga, sembrada toda ella de melodías y modulaciones espontáneas y brotadas con la mayor naturalidad.

Credo y *Et incarnatus*, núm. 8. El carácter y corte de esta composición es majestuoso á la par que firme, como una profesión de fe no quebrantada en lo más mínimo por los azares ni contrariedades de la vida. ¡Qué tema tan escogido y grave ha impreso Rossini al *Credo*, asunto tan grandioso para una imaginación como la suya! Aquella lucha constante entre la rica melodía, que camina con paso sereno y majestuoso, y el acompañamiento con sus difíciles pasadas de tono por medio de modulaciones peregrinas y del mejor efecto, da tal realce al pensamiento dominante del *Credo*, que parece verse el contraste entre la serenidad con que la fe se abre paso al través de la historia, y el furor de los enemigos que sin cesar bullen y se agitan en torno de ella. No ha podido expresarse de una manera más propia la lucha entre la verdad católica y el error: este número es una verdadera profesión de fe.

Crucifixus, núm. 9. Gran apasionamiento y melancolía manifiesta el *Crucifixus*, escrito para solo de *soprano*. Parece el canto de esta composición un continuo lamento y quejido de la doliente naturaleza humana, la expresión de aquella universal conmoción de los elementos acaecida en la muerte de Jesús. Inspirado Rossini en todos los acontecimientos de la crucifixión, ha sacado notas de verdadero y profundo dolor; y unida la sentida melodía al acompañamiento, también sentido y grave, resulta la composición de cierto sabor notablemente dramático. Composición bella, rica y fresca la melodía; todo es grande y sublime en esta obra, digna del insigne artista.

Et resurrexit, núm. 10. Nada he de decir acerca de esta obra por ser del mismo tema y de idéntico desarrollo que el *Credo*, exceptuada la parte del *et vitam venturi*, que da comienzo por una brillante y larga fuga. El tema obligado de todos los compositores buenos ó malos ha sido siempre el escribir alguna fuga, ora sea en el final del *Gloria*, ora sea en el *Credo*; pero con el tiempo esta costumbre irá desapa-

reciendo por completo, pues en la época presente va muy en
decadencia porque no tiene razón de ser en la manera en
que se ha venido haciendo uso de ella. El gran Rossini no ha
querido exceptuarse de sus maestros, y se dió el gustazo de
legarnos una fuga kilométrica. Como obra de arte, no se
puede pedir cosa mejor. De ella hacen especial mención los
críticos, y en nada desmerece de la fuga del *Cum sancto
spiritu*, cuyo juicio hicimos en su lugar. Tan sólo haremos
notar con el mayor respeto á tan insigne artista que no hay
ni ha habido motivo alguno para extenderse tanto en este
género de composiciones, no por la música en sí, sino por la
poca é insignificante letra empleada en el gran desenvolvimiento del tema musical, por lo cual la pobre letra es tan
traída y llevada, y manoseada por tantos modos, que verdaderamente da pena el ver el papel secundario á que está
reducida.

Ofertorio, núm. 11. Sin embargo de estar suficientemente acreditada la fama de Rossini en la fase fugada del arte
musical, como ya se ha notado anteriormente, no obstante,
no pasaremos en silencio la notable obra del Ofertorio, del
mismo estilo, primero porque es digna de especial mención,
y segundo porque en ello no se hace más que pagar un justo tributo al gran genio. El que más ha brillado en el género fugado es indudablemente Bach, dotado de una inspiración no común en esta clase de música, como es bien noto-
rio á cuantos han saboreado sus obras; pero las contadas
fugas que ha escrito Rossini son superiores á muchas de las
de Bach. El ofertorio de la Misa solemne nos lo confirma.
Precede á esta fuga para piano ó harmonio un preludio religioso de acordes graves modulados con variedad muy original, y que no puede menos de sorprender al que conozca
y oiga el corto preludio. Es verdaderamente sentimental el
tema escogido por Rossini para su fuga, llena de interés en
su principio y desenvuelta con el mismo interés y variedad,
hasta la terminación.

Sanctus, núm. 12. Todos saben lo difícil que es escribir
para coros con gusto y elegancia. Rossini ha resuelto satisfactoriamente ese problema en el *Sanctus*, donde es de ad-

mirar con qué maestría trata las voces, imitándose unas á otras con peregrinos cantos.

O salutaris, núm. 13. En esta composición, como en el *Quoniam,* Rossini se distingue por las raras y nuevas modulaciones, que prodiga con harta frecuencia; pero esta obra no adolece de aquel sabor dramático que tanto resalta en aquélla, antes está llena de dulzura y sentimiento delicadísimo. Esta composición, por sus sentimientos candorosos, es una verdadera filigrana.

Agnus, núm. 14. Digno remate de la colosal Misa de Rossini es el *Agnus,* donde, por decirlo así, parece haber reunido tantas preciosidades artísticas esparcidas acá y allá con aquel tino inspirado del gran artista. ¡Con qué tono tan suplicante, y como pidiendo misericordia al Cordero inmaculado, se ve elevar la ferviente oración del pecador, oprimido por sus culpas! Esta hermosa inspiración, tan sentida y de singular dulzura, es el último canto del cisne de Pésaro. No se puede negar que en esta composición haya ciertos resabios y alguna que otra reminiscencia del *Guillermo Tell,* velada no obstante con la gravedad religiosa.

Con la mayor brevedad, por razón de no molestar á los benévolos lectores, hemos procurado hacer el juicio, bien somero por cierto, de la Misa solemne de Rossini, sin que por esto se hayan dejado de dar á conocer los caracteres y bellezas más notables de la obra atrás juzgada. A pesar de los elogios con toda justicia tributados al gran autor del *Stabat,* no por eso es nuestro ánimo ponerle como un modelo perfecto y acabado en la música religiosa, pues bien á las claras hemos manifestado que no se ve libre de ciertos resabios y giros teatrales, aunque, por otra parte, bien encubiertos por su singular habilidad. Ni el mismo Verdi ni Querubini se han librado de estos que podemos llamar defectos tratándose de la música sagrada; Gounod, que ha profundizado en el género sagrado por sus estudios especiales, es sin duda uno de los que han escrito con más acierto, y cuyas obras son de grandísimo efecto por la vaguedad y sencillez que imprime á sus composiciones. En España poseemos buenos modelos en el género religioso, y no tenemos que envidiar á los artistas extranjeros, como ya lo notaremos algún día al hablar de nuestro inmortal Eslava y de otras varias notabilidades patrias.

Tampoco podemos poner á Rossini como modelo por las dimensiones colosales de su obra, razón por la cual rarísima vez se ejecutará esta composición, que por otra parte es del más puro clasicismo, de grandiosa inspiración, hermoseada con suma novedad y variedad.

FR. MANUEL DE ARÓSTEGUI Y GARAMENDI,
Agustiniano.

Real Colegio del Escorial, Febrero de 1891.

El sonido articulado, el teléfono y el fonógrafo.

ON fecha 21 de Marzo del corriente año publicó por fin la *Gaceta de Madrid* el "pliego de condiciones bajo las cuales se saca á pública subasta el establecimiento y explotación de líneas telefónicas interurbanas en la Península„; proyecto que, á juzgar por los sueltos de algunos periódicos madrileños, venía estudiando hacía tiempo el Sr. Silvela. La subasta debe celebrarse sesenta días después de anunciada en la *Gaceta,* y agraciado que sea definitivamente el concesionario que más garantías ofrezca, quedará obligado en el acto á establecer y abrir al público, dentro del término de diez meses, perfecto servicio telefónico que ponga en comunicación á Madrid con las principales capitales de las cuatro zonas opuestas de la Península; gozando, por otra parte, del inalienable derecho de extender, en el modo y forma prescritos en el contrato, las comunicaciones con las provincias restantes y aun internacionales, previo acuerdo con las naciones limítrofes; pero entendiendo que tal derecho caducará á los tres años si el concesionario no le hubiese utilizado, pasando desde entonces á la Administración, que podrá hacer uso de él ó cederle, si lo estimare oportuno, á la iniciativa particular.

Como se ve, la cosa no admite treguas; y si una contin-

gencia imprevista de tantas como acaecen en tales casos,
sobre todo en España, no frustra los planes del Sr. Silvela,
sinceramente interesado, por lo visto, en que la empresa se
lleve á cabo, pronto, muy pronto, mal que les pese á carte-
ros y peatones, tendremos la dicha de comunicarnos directamente y sin temor á extrañas curiosidades ó á malévolas
pesquisas, de que, por desgracia, no está del todo exento el
telégrafo, con las ciudades más apartadas de la corte, con
Cádiz y la Coruña, con Cáceres y Valencia, y hasta con las
naciones próximas, cruzando nuestras palabras, cambiando
nuestras impresiones y fundiendo en uno nuestros pensamientos, cual si todos, propios y extraños, nos hallásemos
reunidos y como compenetrados en el mismo estrecho recinto.

Urge, pues, para proceder con conocimiento de causa en
el manejo de los teléfonos y saber lo que traemos entre manos, estudiarlos detenidamente, conocer su origen, desarrollo y múltiples aplicaciones, que múltiples y muy variadas
las tiene, dirigiendo después, como estudio complementa-
rio, una mirada al fonógrafo, instrumento unido al teléfono
por estrechos vínculos de afinidad, y como él, fecundo, interesante, admirable. Y para que nada falte, estudiaremos
también lo que se entiende ó debe entenderse por sonido
articulado, punto de partida para la exacta inteligencia de
teléfonos y fonógrafos, cuyo principal objeto, aparte de
otros secundarios, es transmitir y conservar los sonidos
transformados convencionalmente en palabras, que es lo
que constituye el verdadero sonido articulado.

EL SONIDO ARTICULADO

El oído humano, tan complicado como sensible, recibe
las ondulaciones sonoras de los cuerpos elásticos transmitidas por un vehículo cualquiera, sólido, líquido ó gaseoso,
vibra al unísono con ellas, y convenientemente modificadas

transmítelas á su vez por conducto del nervio acústico, cuyas extremidades flotan en la *linfa Cotunni*, al cerebro, centro del sistema nervioso, donde, por una serie de fenómenos fisio-psíquicos cuya explicación no hace al caso, se verifica la sensación y dáse cuenta el alma del estado en que se encuentra. Los sonidos pueden ser tales por su naturaleza, ó más bien por su procedencia, que sólo proporcionen deleite al ánimo, hiriendo con mayor ó menor delicadeza las fibras del corazón, como los acordes de una orquesta, por ejemplo; pero de éstos no hemos de tratar, sino de los procedentes del hombre mismo, significativos y representativos de ideas, repletos de verdades teóricas ó prácticas que, dirigiéndose más que al corazón á la inteligencia, la ilustran y engrandecen, ora sugiriéndole conceptos luminosos de fecunda aplicación, ora revelándole secretos y soluciones científicas de universal importancia; es decir, de los articulados emitidos á voluntad por el aparato respiratorio, y convenientemente modificados por los labios, los dientes, la lengua y las fosas nasales.

El aparato respiratorio humano, verdadero instrumento musical de cuerda según unos, de viento según otros, consta: de *pulmones*, formados por tenuísimas celdillas huecas, que retienen y aprisionan el aire en ellas introducido por la inspiración; de *bronquios*, pequeños y complicados tubos aeríferos que, partiendo en infinitas ramas, bifurcadas y multifurcadas entre sí, de las celdillas pulmonares vánse entrelazando y uniendo paulatinamente hasta reducirse en la parte superior del pecho y entrada del cuello á dos de apreciable calibre, que pronto se funden en una más considerable llamada *traquearteria*, revestida interiormente por una membrana mucosa, cuyo epitelio está constituído por células con apéndices vibrátiles y por anillos en general cartilaginosos, y por lo tanto elásticos y resistentes, terminando este conducto, en su ascenso por el cuello, en la *laringe*, parte principalísima é importante; como que es el verdadero órgano productor del sonido.

La laringe, brevemente descrita, se compone de cuatro cartílagos ligados entre sí y con el último anillo de la tra-

quearteria, móviles á impulso de ciertos músculos y osifica-
bles con el tiempo; dichos cartílagos se insertan sobre ligamentos elásticos que se dilatan ó contraen á voluntad, cuyo
conjunto forma en su centro, á partes equidistantes de la
traquearteria y de la boca, de las cuales es continuación,
una especie de ventana, fenda ó cavidad, que recibe el nombre técnico de *glotis*, la cual se estrecha ó ensancha según
que los cartílagos, movidos por los ligamentos en que se insertan, se aproximen ó alejen. También son importantes,
porque sirven para reforzar el sonido por sus variables dimensiones, los ventrículos de la laringe ó de Morgagni, que
los llaman otros, especie de hendiduras horizontales formadas en el borde inferior de la glotis, á uno y otro lado, por
los ligamentos superiores é inferiores, que en dicho punto se
unen ó separan á voluntad.

Para explicar la producción del sonido se han inventado
diversas teorías más ó menos fundadas, entre las que descuella, por su solidez y comprobadas garantías, la hoy en
boga de M. Muller, según la cual el sonido resulta sencillamente de las múltiples intermitencias que la salida de la corriente aérea, expelida con fuerza por los pulmones, experimenta en la abertura variabilísima que las cuerdas bucales ó ligamentos inferiores forman al vibrar por efecto de dicha corriente. Curiosos experimentos han corroborado esta
teoría, por demás satisfactoria. Desprovistos de epiglotis, de
ligamentos superiores y aun de cartílagos aritenoides, diversos animales han seguido emitiendo sonidos más ó menos intensos, limpios ó alterados, demostrando con esto la
exclusiva suficiencia de las cuerdas bucales para la producción de vibraciones sonoras. Soplando en la laringe humana previamente separada del cadáver, vénse vibrar las
cuerdas bucales en razón directa de la intensidad del aire
insuflado. El secreto de la perfecta imitación de la voz humana estriba, sin duda, en la dificultad de construir con las
debidas condiciones los ligamentos inferiores de la glotis;
así lo han reconocido y confiesan cuantos del problema
han tratado, mereciendo especial mención Biot, Malgai-
gne, Cagnard-Latour y Muller, cuyos ensayos con laringes

artificiales dejan poco que desear. Demuéstrase también, en apoyo de nuestra teoría, la necesidad de la traquearteria que conduzca el aire expelido por los pulmones; porque, perforada en un punto cualquiera inferior á la laringe, el animal queda afónico, volviendo á recobrar la voz tan pronto como se impida la fuga de la corriente aérea.

Analizada la laringe, y sabiendo cómo se forma el sonido, cosa fácil es ya darse cuenta y razón de sus diferentes cualidades ó caracteres diferenciales, que, á nuestro juicio, bien pueden reducirse á la extensión, al timbre y á la intensidad. La extensión depende del número de vibraciones sonoras producidas en un tiempo determinado, número que tiene sus límites, comprendidos generalmente entre 130,5 y 2.088 vibraciones simples por segundo, perteneciendo los números más bajos á los hombres, y á las mujeres y niños los más altos (1). Las dimensiones de la laringe de la mujer son mucho más pequeñas que las del hombre, y la abertura ó cavidad de la glotis de éste doble ó casi doble que la de aquélla; por esta razón son más agudas las voces femeninas que las masculinas.

El timbre resulta de la reunión de sonidos simples que acompañan al fundamental. Cada individuo tiene su timbre particular, y para analizarle basta gritar delante de un piano de cola abierto y ver las notas correspondientes á las cuerdas que se ponen en vibración. Mejor todavía: colóquense pedacitos de papel doblados sobre todas las cuerdas, y los que caigan al gritar señalarán las notas que entran en la composición del sonido producido. A cada sonido le corresponde su nota característica, su *vocablo*, que dicen los acústicos; así, al sonido que resulta pronunciando con fuer-

---

(1) De este modo:

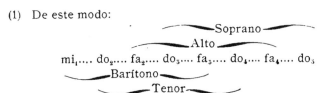

Véase Daguin, *Traité de Physique théorique et expérimentale,* tomo I, pág. 643.

za la vocal *a*, le corresponde el *si*^b de la cuarta octava, *si*₄^b á la vocal *o*, el *si*₃^b á la *e*, el *re*₀^b, etc. Hágase vibrar al efec-to, después de haberle aproximado á la boca convenientemente dispuesta para pronunciar la vocal *a*, un diapasón que pueda dar el *si*₄^b, y se observará al momento que la boca resuena como un tubo sonoro que diera la nota *si*₄^b, y que el sonido del diapasón aumenta. Lo mismo puede hacerse, como comprobación de los *vocablos*, con diapasones que den el *si*₃^b, el *re*₀^b, etc. De la misma manera, si dando el diapa-són el *si*₄^b le aproximamos á la boca, previamente dispues-ta para pronunciar la vocal *a*, pero sin pronunciarla de he-cho, la oímos perfectamente, como si un ser humano la pro-nunciase. Es más: basta dirigir una corriente de aire hacia la boca, dándole sucesivamente las formas que correspon-den á la *a, e, i, o, u*, para oirlas y distinguirlas con suma perfección. ¿De qué puede depender esto? De que el orificio conductor del gas sirve aquí de laringe, y la boca de caja resonante, que por sus variadas disposiciones elige y refuer-za los sonidos propios del timbre de cada vocal (1). Pero hasta ahora no hemos dicho de qué dependen las diferencias de los diversos timbres: dependen, á no dudarlo, de multi-tud de circunstancias que pueden concurrir á la producción del sonido, entre las cuales sobresalen por su importancia las dimensiones de las cavidades superiores de la laringe y el estado de flexibilidad ú osificación de los cartílagos; pues según que aquéllas sean mayores ó menores, y éstos se en-cuentren flexibles ú osificados, así resultará el sonido claro ó gangoso, delicado y dulce, ó áspero y desagradable.

La intensidad depende de la amplitud de las vibraciones sonoras; y concretándonos al sonido humano, de la fuerza con que la corriente de aire emitido por los pulmones llegue á la laringe, de las dimensiones de ésta, de la aproximación de sus cartílagos, y, en fin, del aparato reforzador que for-man la faringe, la boca y las fosas nasales. Cuanto más

_____

(1) De una conferencia sobre teléfonos y fonógrafos de M. Jamin, y de observaciones de propia cosecha comprobadas en los gabinetes de la Universidad salmantina.

amplias sean estas cavidades y más rasgadas sus aberturas exteriores, tanto más dulce y sonora resultará la voz. Cantores hay que, para aumentar la sonoridad de su voz, se hacen levantar las *amígdalas*, glándulas que limitan el istmo de la garganta.

Basta sólo para terminar la primera parte de este ligero estudio distinguir entre sonidos y palabras. Se ha visto que la laringe por sí, é independiente de otros accesorios, no puede producir sino sonidos más ó menos intensos, más ó menos agudos, más ó menos agradables, pero, después de todo, sonidos aislados é inconexos que bien pudiéramos llamar automáticos por su falta de ideal representación. Para que los sonidos representen ideas, para que ejerzan su poderosa influencia en la esfera de la comunicación social, base del progreso humano, es preciso que otro agente distinto de la laringe los modele y les imprima el sello significativo de la palabra, fiel retrato de la idea y del pensamiento, y ese agente modelador no es otro que la caja resonante y reforzadora colocada en la parte anterior de la laringe, la cavidad bucal con sus piezas adherentes, móviles todas, esenciales muchas y ninguna inútil ó superflua. El sonido es la materia de la palabra: la palabra la forma del sonido, forma variadísima dependiente de las diversas aptitudes de la boca, las fosas nasales, el velo del paladar, los dientes, los labios y la lengua. Cuando el sonido sale al exterior, agitando las partículas del medio ambiente, más que sonido musical es, si se quiere, ruido monótono totalmente emancipado del compás y de las reglas artísticas; pero, en cambio, es inteligible para todo el mundo, no supone conocimientos de arte, se amolda á todas las circunstancias, á todos los tiempos y aun á todas las personas. Las palabras se componen de sílabas, y el lenguaje de palabras; en las sílabas entran vocales y consonantes; las vocales, como objeto casi exclusivo de la laringe aislada, pueden sostenerse más ó menos tiempo; las consonantes son algo así como la explosión instantánea con que empieza y termina la vocal, resultan de las modificaciones que experimenta el sonido al chocar contra las paredes de la cavidad bucal, y carecen de la flexibilidad propia de las vocales. Hay, sin embargo, consonantes cuyo sonido se puede sostener; decimos mal: consonantes que pueden prolongarse el tiempo que se quiera, pero sin emitir sonido propiamente dicho: tales son la *c, f, g, j, s, z.* La *r* es la única que puede sostenerse acompañada de sonido musical. En la palabra, después de lo asignado á la sílaba, no cabe distinción de elementos; y en el lenguaje, tal como aquí lo consideramos, nada nuevo existe que no sean palabras coordinadas y en mutua dependencia, eso sí; pero de cualquier modo, palabras que se componen de sílabas, de vocales y consonantes, de sonidos articulados finalmente, porque articulados son desde el momento en que la laringe los emite y la boca los modifica.

Y basta de sonidos, de palabras y de lenguaje, que de poco servirá saber su producción si se ignora cómo se transmiten y conservan: la transmisión se consigue por medio del teléfono; la conservación por medio del fonógrafo. Estudiemos ordenada y separadamente ambos instrumentos.

FR. JUSTO FERNÁNDEZ,
Agustiniano.

(*Continuará.*)

RECURSOS QUE OFRECEN NUESTROS CAMPOS

Á LOS POBRES [1]

> Nos creati sumus in gloriam Creato-
> ris, quæ non præstatur, nisi Creatorem
> cognoscamus per Revelationem, aut ex
> Natura seu opere creationis.
> Sicut tria naturæ regna in usum ho-
> minis creata sunt, quorum íncolas in
> suas quasqumque convertere utilitates
> ipsi concessum est; ita etiam scientia re-
> rum in globo terraqueo creatarum, prima
> est qua mortales discere queant, inde,
> in posterum habeant ea, quæ ipsis ne-
> cessaria sunt futura...
> LINNÆUS. = *Quæstio historico naturalis*
> CUIBONO? *habita in «Amenitatibus aca-
> demicis» Upsaliæ. Octob. 22 an.* 1752.

HACE más de sesenta años que en mis frecuentes excursiones por las orillas del mar Mediterráneo en
busca de mi *pabulum animæ,* que ha sido siempre
el estudio de las obras admirables del Criador, irrecusables
testimonios de su existencia, saber y poder, me ocurrió la
idea de consignar los recursos que á los pobres ofrecen

---

(1)   No es sólo digna ocupación de los sabios el descubrir los secretos de la Naturaleza, sino también el vulgarizar aquellos cuyo conocimiento puede reportar utilidad. Así lo ha entendido nuestro queridísimo amigo el sabio naturalista D. Mariano Graells, cuyo nombre
es uno de los más ilustres con que se enorgullece la ciencia española,
y que en su ya larga vida no se ha limitado á agregar lucido contingente á los adelantos científicos en trabajos numerosos publicados en
las Mèmorias y en la Revista de la Real Academia de Ciencias, y en
diversas publicaciones, sino que ha dedicado su laboriosidad á propagar los conocimientos útiles en estudios como el *Prontuario filo-*

nuestras playas, y veinticuatro años después los apuntes re-
dactados en el diario de aquellas excursiones los publicó la
Comisión central de Pesca en el primer tomo de su Anuario, que da á luz en el ministerio de Marina.

¿Quién perece de hambre junto al mar? ¿Quién, viviendo
en sus orillas, no cobra tributo de sus aguas saladas?—dije
entonces.—Si quedaron ó no contestadas aquellas preguntas, puede verse en la publicación referida; y hoy con la lectura de la reciente hecha por el profesor de Botánica de
Atenas, Doctor Heldreich, titulada *Las plantas útiles de
Grecia,* me siento inclinado á completar mi ya añejo escrito,
demostrando también que aquí, tierra adentro, pueden encontrar los pobres en los campos más áridos verdaderos recursos para matar el hambre con que la Providencia castiga á los desidiosos tan sólo, puesto que esta generosa madre
no niega nunca el pan cotidiano á sus criaturas si para alcanzarlo emplean la misma diligencia que los demás seres
que pueblan el mundo.

Siempre tiene repleta su despensa; pero precisa al ham-
briento saber encontrar la puerta por donde se reparte la
limosna. Instintivamente la conocen todos los demás animales y hasta los hombres salvajes; pero á excepción de los
camperos en los pueblos civilizados, muchísimos que por su
desidia ignoran el modo de buscarla se ven con frecuencia
condenados á sufrir dietas más ó menos prolongadas.

El saber de los camperos aún no se ha explicado en las
cátedras, y no estaría de más generalizar esta enseñanza de
índole popular. Allá á fines del siglo pasado y á principios
del que acaba, hubo en el Jardín Botánico de la coronada

xérico, dedicado á los viticultores, sus *Manuales* de Agüicultura y
Piscicultura, y otros varios.

El presente trabajo está escrito por el sabio profesor de Anatomía
comparada del Museo de Madrid expresamente para LA CIUDAD DE
DIOS, considerando que la circunstancia de ser muchos de sus lectores sacerdotes puede contribuir á que sea más fácilmente conocido
del pueblo, á quien directamente interesa. Nosotros prestamos gus-
tosos nuestras columnas al Sr. Graells, tanto por lo mucho que en ello
salimos favorecidos y honrados, cuanto por contribuir á obra tan lau-
nable y meritoria. –*(La Dirección.)*

villa una cátedra para los herbolarios, á cuyo último profesor todavía he alcanzado, el célebre D. Vicente Soriano. De tan útil enseñanza hoy sólo queda en dicho Jardín Botánico el cultivo de algunas plantas medicinales, encomendado á un ayudante de jardinería, que las reparte gratis al público que va á buscarlas. Si á la resurrección de tan importante cátedra se añadiera el cometido de propagar igualmente el conocimiento práctico de todas las plantas útiles que crecen en nuestros campos y pueden servir al hombre para sus necesidades, ¡qué beneficio tan grande se reportaría á los pobres! Yo recuerdo las veces que he utilizado mis conocimientos en esta materia, y jamás olvidaré el apuro de que me sacaron cuando en el verano de 1824, herborizando en las elevadas regiones pirenaicas, fuí durante algunos días envuelto en las densas nieblas que suelen reinar en tales alturas. Sin albergue ni provisiones de boca, ¡qué hubiera sido de mí si no hubiera conocido las hierbas y frutos silvestres que la Naturaleza me ofrecía! Contingencia parecida aconteció á mi discípulo Isern, que en la misma cordillera y por análoga causa padeció hambre canina hasta que un oso vino á enseñarle dónde estaba la despensa en la que él se proveía. También el P. Misionero Gumilla nos cuenta en su *Orinoco ilustrado* que fueron los monos de aquellos bosques vírgenes quienes le libraron del hambre; pues temiendo envenenarse por desconocer las plantas y sus frutas, sólo comía de aquello de que veía alimentarse á los referidos cuadrumanos.

La necesidad es un estímulo que nos hace discurrir para satisfacerla, y de tales estímulos surge el ejercicio de las sublimes facultades que caracterizan al alma. Sin la estimulación que excita la actividad de la materia viva y la pone en movimiento, no sentirían los animales la necesidad de cumplir con las exigencias orgánicas para reponer sus pérdidas. Es el hambre una de las necesidades que estimulan más de veras, y que para satisfacerla más nos hace discurrir, y por eso un latino macarrónico hace mucho tiempo nos dijo que *"intellectus à fame apretatus discurrit que rabiat"*. Y en efecto, para expresar la agudeza de un individuo, un adagio

castellano dice que "es más listo que el hambre,,, porque
realmente el que la padece pone suma diligencia en buscar
el alimento que necesita, desplegando en ella hasta la astucia, cosa que observamos aun en los animales que no discurren ni de sí tienen conciencia, y, sin embargo, comprenden
sus necesidades, puesto que tratan de satisfacerlas hasta
preventivamente, como las abejas y hormigas, que almace-
nan, las arañas que tienden redes artificiosas para su caza.
Verdaderas emboscadas pueden llamarse las que preparan
las larvas de los mirmeleones y cicindelas para sorprender á
sus víctimas. ¡Qué es lo que el hombre no haría acosado por
su estómago vacío! El que tiene la comida asegurada, sólo
aguza el oído para oir la señal que anuncia estar la sopa en
la mesa; pero el que sólo tiene en el campo el refectorio,
allí es donde tiene que ir á buscarla si quiere librarse del
hambre, que empieza por avisar y apura si no se le atiende,
que más tarde sobresalta y desespera, y por fin abate y
anonada al desdichado, que pronto termina con la muerte.

Librar de tan desastroso fin á los que carecen de recursos es el objeto de mi escrito, en el cual voy á indicarles
cuáles son las provisiones que para su alimento y el de otros
pueden encontrar en el campo, que es la despensa á que me
refiero, como igualmente la farmacia, repleto siempre de
alimentos y remedios para alivio de nuestras necesidades,
así como almacén de productos variados que, si no son comestibles ni remedios, son materias primeras necesarias á
otros, los cuales se ven obligados á comprarlas para atender á sus industrias, pagando dinero por ellas al que en el
campo las ha recogido de balde y sin tener que humillarse
excitando la caridad pública.

En Grecia, según el profesor Heldreich nos refiere, los
muchos y rigorosos ayunos que aquella ortodoxa Iglesia
impone, en los cuales están prohibidas las carnes y todo lo
que de animales proceda, como es la leche, la manteca, el
queso, las grasas, los huevos y hasta los pescados en determinados días, obligan á que aquellos habitantes tengan
que recurrir con frecuencia exclusivamente á una alimentación vegetal, la que, más que en otros pueblos, allí forma la

base de la comida de casa, como solemos llamar. Las frutas, y entre ellas las de las cucurbitáceas (calabazas, melones, sandías, pepinos, alcayotas, etc.), en verano y otoño son las que hacen el gasto principal, que en invierno recae sobre las hortalizas. Los ajos, cebollas y aceitunas constituyen en todo tiempo la comida frugal de las clases jornaleras, que, sea dicho de paso, son las más observantes de aquellos rigorosos ayunós, puesto que los productos de las huertas, que sólo se encuentran en las proximidades de las grandes poblaciones, tienen que sustituirlos los habitantes de las aldeas con las plantas espontáneas, viéndose en los días festivos recorrer los campos incultos cuadrillas de mujeres y muchachos ocupados en la recolección de tales plantas silvestres, que, cocidas ó simplemente escaldadas y sazonadas con el jugo del limón, sal y aceite, el cual se suprime en los ayunos mayores, sirven, como al hombre primitivo en las remotas edades, del frugal sustento que le fué destinado por la Naturaleza, como nos lo indica su fórmula dentaria.

Ni en nuestros días mismos ha podido el hombre prescindir de la alimentación vegetal, con la cual normalmente puede sostenerse la vida, como vemos sucede á los trapenses, y hasta en las mesas suntuosas no se prescinde de ella, intercalando entre los platos de carnes suculentas no pequeñas cantidades de substancias 'vegetales, como son los *en=tremeses,* que así llaman los glotones á los pepinillos, alcaparras y alcaparrones, aceitunas, cebollines, zanahorias, guindillas y otros encurtidos semejantes que toman para hacer boca, según dicen, y además las ensaladas crudas y cocidas, las legumbres secas y verdes, y las hortalizas todas, que hasta de flores, tubérculos y raíces se componen, amén de las variadas semillas, principalmente de leguminosas y cereales, algunas de las cuales, como son los trigos, suministran las harinas con que se hace el pan nuestro de cada día, único alimento que pedimos á Dios en nuestras cotidianas oraciones. De manera que, si comparamos las cantidades de alimento que el hombre toma procedentes del reino orgánico, resulta ser más *fitófago* que *zoófago,* y su *poli=fagismo* lo realiza auxiliado por el arte culinario, puesto

que las carnes crudas le repugnan, al paso que hacen la de-
licia de los animales verdaderamente carnívoros, en cuya
categoría han querido algunos colocar á los salvajes *an-
tropófagos*, que no se comen á los hombres crudos, como
el vulgo dice, ni mucho menos, sino asados como las chu-
letas nosotros, los ingleses el *roastbeef*, el *gigot* los franceses, y aun mejor, como muchos pastores de la sierra de
Gredos, las piernas de carnero enlanchadas.

Pero sea de todo eso lo que quiera, lo que el profesor de
Atenas nos refiere de los camperos de Grecia también lo
verifican los nuestros, con los cuales frecuentemente nos
encontramos en el monte herborizando, ellos recolectando
los espárragos trigueros, los cardillos, las achicorias, los
berros y las borujas, los lupios, las setas de cardo y de
caña, las cagarrias, míscalos, criadillas de tierra y muse-
rones, y yo... los encantos que Flora me prodiga por todas
partes donde la sigo. Al encontrarnos... ¡cuántas conferencias hemos tenido para satisfacer la curiosidad de cada uno!
—"Usted, suelen decirme, debe de ser boticario, porque las
hierbas que lleva no se comen., Y yo les respondo: — "Pero
se venden, y con ellas se puede ganar dinero para comprar
pan., —¿Cómo, quién compra eso? — Unas los boticarios,
otras los herbolarios y drogueros, los curtidores y tintore-
ros, y no pocas de esas que llamáis aromáticas, como los
espliegos y cantuesos, las mujeres para sahumar los pañales
de sus hijuelos; los tomillos, el hinojo, los oréganos y aje-
dreas, las cocineras para las salsas, y las que entran en los
remedios caseros que se practican sin médico, como las
flores cordiales, las de malva y de saúco, violeta y hiedra
terrestre, de borraja y amapola, raíces de regaliz, de malvavisco, de grama, caña, perejil, apio silvestre, brusco,
cebolla albarrana, quitameriendas y cólchico, peonía ó
salta ojos, y muchos otros hierbajos que por su humildad
y poca vista no aparentan lo que valen, os los comprarán
los que los necesitan con provecho de ambas partes si,
como vais pregonando por las calles la ensalada de achicoria dulce y berros, anunciáis las propiedades de tan preciosos remedios, como son: las hojas de la gualdaperra, para las

afecciones graves del corazón y arterias; las del romero y del tabaco de montaña ó árnica, para curar las heridas contusas; la herniaria y la gayuba, para el mal de piedra; la belladona, para las enfermedades nerviosas; el rocío del sol, para la tos ferina; el mirto, para las úlceras de los ojos; la salvia, para los desvanecimientos de la cabeza; la hierba de las siete sangrías y escorzonera, que tanto antes en primavera se usaban, para atemperar la sangre, y en todo tiempo para gárgaras; el cocimiento del llantén en las anginas, y el de la zaragatona para colirios y atenuantes de las irritaciones en las membranas mucosas, y hasta para el servicio de las señoras en sus peinados.„

No es éste un tratado de materia médica, ni tampoco de Botánica industrial ni económica, para que saque á relucir todas las plantas de estas especiales floras. Bastan para mi objeto las presentadas por muestra, y los pobres se convencerán de que no sólo en el campo pueden encontrar todos los días con que llenar de comida el plato de su humilde mesa, sino también abundante cosecha de otras diversas materias que, si recogen y venden, sacarán de ellas dinero, no sólo para comprar pan á sus hijos, sino hasta para enriquecerse si á su laboriosidad se asocia el ingenio para explotar el rico filón de bienes que la tierra ofrece al hombre. Y para comprobar mi aserto, recordaré lo que acontece con los que se ganan la vida, como vulgarmente se dice, vendiendo por las calles de Madrid los productos del campo que el día antes recogieron en las rastrojeras y barbechos inmediatos, que, á pesar de su pobreza y sin pedir limosna, ganan el sustento diario para sí y para sus hijos recorriendo primero la campiña, y después las calles de la corte dando voces singulares para anunciar los hierbatos, voces que constituyen una buena parte de la lista de las que se han llamado los *gritos callejeros de Madrid,* muchas veces descriptivos del objeto de las mercancías, como, por ejemplo, los de "escobas de cabezuela„, por hacerlas con el *Microlanchus Clusii,* cuyos largos tallos terminan en una cabezuela ó bola formada por el *antodium;* "escobas para las cuadras„, hechas para tal destino con las ramas del bre-

zo ó *Erica escoparia;* "escobas para las calles„, las que
usan los barrenderos de la villa para la limpieza de las vías
públicas, hechas con la *Securinega buxifolia* ó tamujo;
"escobas de algarabía para las esteras„, formadas con la
planta así llamada, que es la *dontites Olutea,* cuyo embro-
llado y fino ramaje constituye una verdadera confusión;
"abrótano, abrótano para echar pelo los calvos„, "mas-
tranzos para matar las pulgas„, "pamplina para los cana-
rios„, "criadillas de tierra, cagarrías y setas de cardo para
los guisados„, para los restreñidos, semillas de tártago„,
etcétera, etc. Anda por las calles de esta corte un vendedor
de malvas, notable voceador, conocido de todos por lo es-
tentóreo de su voz de bajo profundo y lo original de su canto, el tío *mal-vas,* de quien se dice que vende más que nadie
y se ha hecho propietario de casas á fuerza de vender hierbatos, cosa que no creo; pues si así hubiese sucedido, no
andaría aún invierno y verano siendo objeto de las mofas
de los grandes y los chicos, amén de algún patatazo que le
tiran al sombrero. Pero sea de esto lo que quiera, es indudable que vendiendo las producciones espontáneas que en
el campo pueden recoger los pobres no es posible perezcan
de hambre, y ahora voy á demostrar, con un ejemplo también, que pueden enriquecerse.

Allá á fines del siglo pasado y principios del presente,
vivía en los llanos de Vich un jornalero muy pobre llamado Jaime Bofill, que, cargado de familia y en un rigoroso
invierno, se vió, como muchos otros de su clase, acosado
por el hambre por falta de jornales. Tales fueron sus apuros, que hubo de llegar al extremo de ir con su mujer y sus
hijos por el campo á disputar el pasto á las bestias, recogiendo para alimentarse las hierbas que allí se conocen con
el nombre de *ansiam boscá,* ó sea ensalada silvestre, compuesta de las achicorias dulces, berros, borujas, lupios y
otras plantas herbáceas semejantes que crecen en las praderas, arroyos, charcos y parecidos lugares. La casualidad
hizo que diera aquel desdichado con un rodal de malvavisco
bastante abundante, ocurriéndole la idea de llenar un saco
con las raíces de esta planta, las que, vendidas al día si-

guiente en las boticas de Vich, le produjeron ocho reales; jornal que en aquellos tiempos de miseria hizo renacer á Bofill la esperanza de que, siguiendo por este camino, mejoraría su mala suerte.

Alentado por el buen éxito de su venta de malvavisco, repetía frecuentemente las visitas á las farmacias, donde, al ver su diligencia, le encargaban ya otras plantas, haciéndoselas conocer en las láminas del Dioscórides, con lo cual y sus buenos deseos fué aguzándose el ingenio, obligado por el hambre. Dió esto por resultado hacerle verdadero herbolario, y de tan elevada marca que, al terminarse la guerra de la Independencia, el Rey D. Fernando VII le concedió los honores de boticario de su Real Cámara por haber suministrado á los hospitales militares del ejército de Cataluña todas las plantas medicinales que les fueron necesarias durante aquella desastrosa campaña.

Cuando en 1820 tuve el gusto de conocerle en los baños de Caldas de Mombuy, estaba ya fincado en Viladrau, pueblo enclavado en las montañas de Monseny.

En el verano de 1824 hice mi primera ascensión botánica á aquellas elevadas regiones pirenaicas, para que Bofill me enseñara los sitios donde crecen las más curiosas especies alpinas del Matagalls, Home-mort y las Agudas. La Providencia, para salvarme la vida y la de mis compañeros botánicos, hizo que la densa niebla á que antes he aludido me extraviara y detuviera algunas horas al pie de la colosal cruz que corona el risco más elevado de la montaña Matagalls, impidiéndonos ir á Viladrau, donde hubiéramos encontrado una muerte segura, como supe algunos años después por la relación que me hizo en su casa el mismo Bofill; pues tomándonos por milicianos fugitivos de Barcelona, un pastor que llegó á ver á los médicos franceses que con su uniforme militar me acompañaban, dió parte al alcalde del pueblo, quien ordenó saliera el somatén á fusilarnos donde nos encontrara.

Mi intimidad con el afortunado herbolario de Monseny fué estrechándose de día en día por la circunstancia de ser condiscípulo mío un nieto suyo, que en las vacaciones me

llevaba á su casa para herborizar con su abuelo, ya entonces casi millonario, pues además del palacio que para dese-
car las plantas medicinales había construído y del jardín
botánico á lo natural, del cual ya di cuenta hace algunos,
años en la *Revista de los progresos de las ciencias exac=
tas, físicas y naturales* que publica nuestra Real Academia
(tomo XXI, núm. 8, año 1886) al hablar del de Boissier, que
visité en Valeyres, en la cordillera del Jura, poseía Bofill.
muchas tierras de labor y en su casa un laboratorio farma-
céutico dedicado exclusivamente para la preparación de
extractos; de los cuales, así como de plantas medicinales,.
no sólo surtía á muchas farmacias de Europa, sino también
ultramarinas, habiéndole permitido su buena fortuna dar
las carreras de Medicina y Farmacia á sus hijos.

Dejo, pues, también demostrado con lo que llevo dicho
que cuando el hombre aprovecha los dones que en el paraíso Dios concedió á sus criaturas, tiene asegurada la existencia, como lo está la de aquellas que ciegamente obedecen lo que allí se les impuso. Pero como no todos los necesitados reunen los datos indispensables para hacerse buenos
camperos y es una obra de misericordia enseñar al que no
sabe, voy por mi parte á cumplirla indicándoles en las siguientes líneas mucho de lo que en el campo se encuentra
y vale, y que, perteneciendo á todos, puede recoger cada
uno la parte que le corresponde.

MARIANO GRAELLS,
de la Real Academia de Ciencias.

(Continuará.)

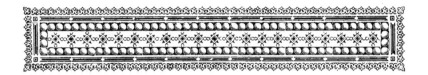

EL ESTUDIO DE LA LENGUA HEBREA

o es posible hablar de la lengua hebrea sin que al mismo tiempo consagremos algunas líneas á fin de ensalzar las glorias de un libro admirable, conocido por todos con el nombre de SAGRADA BIBLIA. Y aunque las rápidas consideraciones sugeridas por nuestro entusiasmo hacia ese libro misterioso no contengan en sí nada nuevo, sin embargo, no estarán de más si con eso logramos llamar la atención de tantos espíritus frívolos que, á imitación del joven Agustín, se hastían de su lectura por no hallar en ella el atractivo que les ofrece el periódico y la novela. A hacer ver á éstos la necesidad que tienen de remontar sus vuelos á otras regiones más puras donde se aspira la verdadera ciencia, y á que acudan á la fuente de donde dimanan toda clase de sólidos conocimientos, se dirigirán estas ligeras consideraciones.

I

No hay nada más grande ni más sublime que la divina Escritura. Desde el Génesis, en que se describen las trazas de Dios en la formación del mundo, hasta el Apocalipsis, en que se narran con espíritu profético las más espantosas catástrofes que han de suceder al fin de los siglos, todo es digno de la atenta consideración de los sabios más profundos. En ella se contiene la historia, la doctrina, la legislación y la literatura de un pueblo admirable, escogido por Dios, de entre todos los que habitaban la tierra, para mostrar con él sus misericordias y sus justicias. "Libro prodigioso aquel, dice Donoso Cortés, en que el género humano comenzó á leer treinta y tres siglos ha, y con leer en él todos los días, todas las noches y todas las horas, aún no ha acabado su lectura. Libro prodigioso aquel en que se calcula todo antes de haberse inventado la ciencia de los cálculos; en que sin estudios lingüísticos se da noticia del origen de las lenguas; en que sin estudios físicos se revelan las leyes del mundo.„ Y en este mismo sentido dijo un escritor antiguo: "¿Qué os falta en el Código de la Ley de Dios? Si queréis historia, os la ofrecen los libros de los Reyes; si deseáis filosofía ó poesía, la tenéis en los Profetas, en Job y en los Proverbios; si os deleitan los cantares, cantares excelentes son los Salmos; si buscáis antigüedades, son las más remotas y ciertas las que hallamos en el Génesis (1).„

¿Qué orador, ni griego ni latino, podrá compararse con un Moisés, que con la fuerza de su elocuencia supo calmar un motín de 600.000 rebeldes que querían apedrearle? ¿Qué poeta lírico poseyó jamás tan sublime inspiración como el profeta David? ¿Quién cantó nunca mejores elegías que el cantor de los grandes infortunios en sus Trenos? Ciertos estamos de que, entre todos los monumentos que conservamos de la literatura antigua, no hay uno que pueda compararse con éste que comenzó á edificar Moisés y terminó el discípulo amado de Jesús: el primero describiendo la infancia de la humanidad en el Génesis, y el segundo las postrimerías en el Apocalipsis.

Con la Biblia en la mano el filósofo halla solución facilísima al asendereado problema del origen del mal y al aparente desorden que contempla en el mundo; el teólogo se explica satisfactoriamente las terribles consecuencias de

---

(1) *Const. Apost.*, lib. I, cap. VI.

una primitiva catástrofe, que llamamos *pecado original;* el naturalista comprende, hasta donde es dado á la humana inteligencia, el origen y formación del mundo, y se explica también una multitud de fenómenos que sólo pueden tener origen de un trastorno universal; el filólogo se da razon del origen de las lenguas y de la multitud y variedad de las mismas; el literato y el poeta, bebiendo su inspiración en ese pozo insondable de belleza y sublimidad, hallan temas á propósito para lucir las galas de su imaginación.

Esta doctrina, universalmente admitida por todo hombre desapasionado, es rechazada desde hace mucho tiempo por los mal llamados filósofos y naturalistas, pues es un error muy antiguo el creer que en la Sagrada Escritura se hallan muchísimos restos de la ignorancia y salvajismo propios de los siglos en que se escribió. Y desde Copérnico hasta hoy mismo, los enemigos de la Religión católica hacen titánicos esfuerzos por demostrar la contradicción que, según ellos, existe entre las afirmaciones de la Biblia y los adelantos modernos. Pero en vano, porque, después de clamar á todas horas ¡conflicto! ¡contradicción!, etc., etc., todavía no son capaces de señalar un pasaje de la Sagrada Escritura en oposición con una verdad científica demostrada.

Por esa razón hoy más que nunca se palpa la necesidad grandísima que hay de estudiar la Sagrada Biblia, primero para interpretarla bien, y después para defenderla de los ataques injustificados que contra ella dirigen los enemigos de la Religión. Mas este estudio debe hacerse detenidamente y á fondo; no contentándonos con leer las versiones, pues aun las más perfectas son deficientes y expuestas á muchas dudas, la mayor parte de las cuales se resuelven facilísima-mente consultando los originales. Y como la mayor parte de la Sagrada Escritura se escribió originariamente en hebreo, por eso trataremos de hacer ver la importancia del estudio de este idioma, ya con razones indirectas, haciendo una breve reseña de la manera cómo se comprobó en el siglo pasado la integridad del texto original mediante el examen crítico de los manuscritos hebreos, y probando la deficien-cia de todas las versiones para conocer con toda perfección el sagrado texto, ya con razones directas, en las cuales insistiremos algo más por ser el fin principal que nos ha movido á escribir estas líneas.

II

Siendo la Sagrada Escritura el fundamento en que se apoya el edificio de la Religión cristiana; siendo además la *Carta constitucional* por la cual se rige esa sociedad divina, no es necesario advertir que desde los primeros días de su fundación se sintió una necesidad grandísima de hacerse con textos exactos y fidedignos, con el fin de comprobar irrebatiblemente su divina institución, su misión regeneradora y sus incomprensibles dogmas. Por eso los santos Padres se esmeraban tanto en purificarla de cualquier error por mínimo que fuera. Y así decía San Agustín: "Ante todas las cosas, la habilidad de los que desean conocer las santas Escrituras debe dedicarse á corregir cuidadosamente los textos (1).» Mas porque al principio del Cristianismo eran muy raros los que conocían á fondo la lengua hebrea, por eso los cristianos se consagraron de un modo especial á corregir las versiones hechas directamente del original. Orígenes, Eusebio y Luciano entre los griegos, y San Jerónimo, Casiodoro y Alcuino entre los latinos, trabajaron largamente en esta clase de estudios.

Pero no se satisfizo con esto el deseo de los comentadores, y queriendo hallar un medio que les diese á conocer con toda seguridad el sentido del texto original, trataron de estudiar la lengua hebrea para, en caso de duda, recurrir al texto primitivo. Por este medio, y con la ayuda de la imprenta, que hizo más comprensible el sagrado texto, pudieron los sabios saborear á su gusto la literatura sagrada; pero vieron también con no poca sorpresa que en algunos pasajes, y éstos de suma importancia, no estaba el texto conforme con las versiones más acreditadas. Y como algunos de estos

---

(1) *De Doctr. christ.*, lib. II, cap. XIV, edic. de S. Maur.

pasajes eran de los que la tradición cristiana venía aplicando al Mesías, se hizo más probable la opinión de aquellos que
afirmaban que los judíos habían corrompido las santas Escrituras. De ahí se originó la gran disputa en que peleaban los
cristianos por una parte, y los judíos y todos los teólogos
racionalistas por otra, sobre si se había de leer, por ejemplo, en el versículo 17 del Salmo XXII (21 de la Vulgata)
כָּרוּ *(caru)* ó כָּאֲרִי *(caari)*. Los primeros leen כָּרוּ *(traspasa-
ron)*; y los otros, por disputar á Jesucristo aquella magnífica profecía: "Taladraron mis manos y mis pies„, leen:
כָּאֲרִי יָדַי וְרַגְלָי *(Mis manos y mis pies son semejantes á un
león)* (1).

Vistas y comprobadas ésta y otras variantes, opinaron
muchos, según dice el Cardenal Wisseman, "que debían pre-
ferirse las versiones al texto original; y otros más moderados, que á lo menos se debía corregir éste por aquéllas„;
pero la mayor parte de los teólogos sostuvieron acérrima-
mente, apoyados en los argumentos de Orígenes, de San
Agustín y de San Jerónimo, que los judíos habían conservado el tesoro de la revelación íntegro y puro de todo error
substancial. Muchos de sus contrarios no quedaron del todo
satisfechos, y emprendieron otro camino mucho más escabroso y difícil, que consistía en cotejar los diversos manuscritos hebreos que pudieran haber á las manos; y después de examinarlos detenidamente, publicar el texto original purgado de todas las alteraciones que pudiera haber
padecido en el transcurso de tantos siglos, y restablecido á
su primitiva pureza.

Tal era el pensamiento del P. Houbigant, el cual trató
de publicar el año 1753 el texto hebreo, que creía esencial-

---

(1) Du Hamel, en la nota que pone á este pasaje, dice lo siguiente:
"In hebr. textu, qualem nunc habemus, duplex est lectio, כָּרוּ *Caru*,
foderunt, et כָּאֲרִי *Caari*, sicut leo. Judæi recentiores posteriorem lec-
tionem elegerunt, ut tam illustre testimonium christianis eriperent.
Quin et posterioribus his sæculis in id magno studio incubuerunt, ut
in Bibliorum editionibus, *Caari* non *Caru* legeretur, ut testatur Dru-
sius et alii.„

mente adulterado. Consultó al efecto varios manuscritos de las bibliotecas de París, y cotejó las versiones más antiguas; pero el resultado de sus investigaciones fué totalmente opuesto á lo que esperaba. Cuando creía hallar muchos pasajes esencialmente distintos de la interpretación que hacían de ellos las versiones más autorizadas, se halló con que la mayor parte de las variantes se reducían al cambio de alguna letra del todo insignificante para conocer el verdadero sentido; y cuando los enemigos de la Religión esperaban un desenlace funesto para ésta, vieron con increíble sorpresa que el Papa mismo regalaba una medalla de oro al autor, en testimonio de gratitud y en prueba de que le era agradable su obra.

Idénticos resultados á los del P. Houbigant obtuvieron Juan Enrique Michaelis, Benjamín Kennicott y Juan Bernardo de Rossi. El primero trabajó por espacio de treinta años en preparar una edición correcta de la Biblia, que ilustró con notas muy curiosas é interesantes, y en la cual hace observar las variantes existentes entre tres apreciables manuscritos que consultó en Erfurt. El segundo fué uno de los que más contribuyeron á esclarecer la debatida cuestión acerca de la integridad del texto hebreo. No contento este docto inglés con haber examinado los manuscritos de su nación, procuró también cotejar todos los que pudiera adquirir en el resto de Europa, y de ese modo pudo dar á luz su gran *Vetus Testamentum hebraicum* en Oxford en el intervalo de 1776 á 1780.

Imposible parecía ya que pudiera progresarse más en esta clase de investigaciones; y no obstante, á los pocos años de publicar Kennicott su Biblia crítica, publicó Rossi cuatro volúmenes de sus diversas versiones en forma de suplemento á la colección del anterior. Todavía en 1808 publicó otro volumen de suplemento, con el cual terminó su magnífica colección. El número de manuscritos hebreos que consultó Rossi asciende, según el ya citado Cardenal Wisseman, á la enorme cifra de seiscientos ochenta, superando á la de Kennicott en ciento setenta y nueve.

Con la muerte de Rossi puede decirse que murió también

la crítica sagrada relativa al antiguo Testamento, después de haber dado los más opimos frutos que podían desearse. De ese modo ha terminado también la disputa entre racionalistas y cristianos acerca de la integridad del texto hebreo; pues, como queda ya dicho, las variantes que se observan entre los manuscritos más apreciables y los que se consideran de poquísimo valor, son de una importancia muy insignificante para conocer el sentido verdadero; tanto que muchos sabios, y entre ellos Eichhorn, han confesado que las diferencias observadas por Kennicott y Rossi en tanta multitud de manuscritos como consultaron, no han compensado, por el poco interés que ofrecen, los grandes trabajos de tan ilustrados críticos.

"En resumen, dice el Cardenal Wisseman, hemos visto que esta ciencia sigue precisamente el mismo curso que otras muchas: en su estado de imperfección, presenta á los incrédulos algunos pretextos de objeción contra los fundamentos de la revelación cristiana; y después, prosiguiendo sin temor su dirección natural, no sólo destruye todas las dificultades que había suscitado al principio, sino que las reemplaza con nuevas certezas, tan bien sentadas que es imposible que ningún combate ulterior las eche por tierra ni aun las conmueva (1)„.

III

Es una verdad tan evidente que las traducciones, por muy esmerada y correctamente que hayan sido hechas, son muy inferiores en naturalidad á los originales, que no hay necesidad de demostrarlo. Todo el mundo sabe muy bien que hay ciertos modismos en unos idiomas absolutamente incapaces de ser traducidos á otros. ¿Qué comparación habrá entre una buena edición de la inmortal obra de Cervantes y la mejor de sus traducciones? ¿Cómo habrán traducido aquellos refranes tan salerosos y castizos de Sancho Panza? ¿Cómo

(1) Discurso X.

aquellas sentencias tan enfáticas del famoso hidalgo? Y aunque literalmente estén bien traducidos, ¿qué se habrá hecho
de aquella gracia y naturalidad tan admirables en la lengua
castellana? Parécenos que no habrá ni un español de sangre
tan fría que, después de haber saboreado á su gusto el original, tenga la suficiente calma para leer ni aun la mejor de
sus traducciones.

Ahora bien; si esto sucede con lenguas tan conocidas,
como son, por ejemplo, la castellana y la francesa, ¿qué
no sucederá con la lengua hebrea, que ha muchos siglos
que dejó de ser lengua viva, cuya índole es tan diversa de
la de las lenguas europeas, cuya filosofía es tan profunda,
cuyos proverbios tan obscuros y cuyos enigmas tan indesci-
frables? ¿Cuántas imperfecciones no abundarán en las traducciones de un libro tan profundo y misterioso, que narra
hechos tan distantes de nosotros, y que da cuenta de unas
costumbres tan distintas de las nuestras? Y aunque, por lo
que toca á la Vulgata, es de fe que en ella no se contiene
error alguno substancial, no es de fe, ni mucho menos, que
todo lo que está en ella esté bien traducido.

Cuando el sagrado Concilio de Trento publicó su canon
referente á la Vulgata, muchos teólogos le interpretaron tan
á la letra que creyeron había definido el Concilio que cada
una de las partes de la Vulgata, hasta la más insignificante, estaban bien traducidas y que no era posible hacer otra
traducción de la Biblia mejor que aquella declarada *auténtica* por los Padres del Concilio. Pero otros, penetrando mejor el sentido que aquella respetable asamblea quiso dar á
su canon, dijeron con Fray Luis de León "que en la Vulgata hay algunas palabras que se pudieran traducir más clara, más expresiva y más cómodamente...; que no era imposible que se pudiera hacer otra edición de la Biblia que
fuese mejor que la Vulgata, etc., etc.„ (1), y esto fué un motivo para que se escandalizaran algunos sobradamente
tímidos, y para que con sus escrúpulos dieran ocasión á que

_____

(1)   Véase el proceso de Fray Luis de León en los *Documentos iné-
ditos* de Sáinz y Baranda, tomo XI.

se entablara una de las causas más ruidosas que el tribunal de la Inquisición tuvo en España: la de Fray Luis de León. Este sabio catedrádico de la Universidad de Salamanca apoyó su opinión con tan fuertes razones, que el santo tribunal la júzgó probable y declaró inocente á Fray Luis.

Desde entonces acá es opinión común y corriente que muchos pasajes de la Sagrada Escritura pueden traducirse mejor que como los traduce la Vulgata, no porque ésta los traduzca erróneamente, sobre todo si son puntos relacionados con la fe y la moral, sino porque los traduce con escasa claridad. ¿Quién duda que son un enigma, aun para un buen latino, los siguientes pasajes: *Posuerunt Jerusalem in pomorum custodiam* (Sal. LXXVIII, 1); *Rex virtutum dilecti dilecti, et speciei domus dividere spolia* (Sal. LXVII, 13); *Si dormiatis inter medios cleros...* (Sal. LXVII, 14), y otros muchos que podríamos citar, y que podrían traducirse con más claridad ateniéndose á la letra del texto original (1)?

Además de estos y otros lugares enigmáticos, tenemos también en la Vulgata algunas frases mucho menos expresivas que en el original. Sirva de ejemplo la palabra מְרַחֶפֶת *(mera*h*efet)*, que la Vulgata traduce *ferebatur* (2). Si consultamos el texto hebreo, una idea mucho más luminosa se apodera de nuestro espíritu, efecto, sin duda, de la imagen bellísima, al mismo tiempo que vulgar, con que el escritor sagrado quiso representarnos el influjo del Espíritu del Señor (רוּחַ אֱלֹהִים *ruah, Elohim*), como quieren unos, ó de un viento fortísimo, como traducen otros, sobre la materia informe.

---

(1)   San Jerónimo traduce los pasajes arriba citados de la siguiente manera: *Posuerunt Jerusalem in acervos lapidum* (Sal. LXXVIII, 1); *Reges exercituum fœderabuntur, fœderabuntur, et pulchritudo domus dividet spolia* (Sal. LXVII, 13); *Si dormieritis inter medios terminos* (ib., 14).

La paráfrasis caldea: *Posuerunt Jerusalem in desolationem* (Salmo LXXVIII, 1); *Reges cum exercitibus suis, migraverunt de prætoriis suis, et sapientes dimoti sunt a scientia sua, et congregatio Israelis dividebat prædam de cœlis* (Sal. LXVII, 13); *Vos, Reges, si dormitis inter aulea* (ib., 14) (*).

(2)   *Gen.*, cap. I, 2.

(*)   Véase la Poliglota de Alcalá, tomo IV.

En el primer inciso del versículo 2.º, capítulo I, del Génesis nos da cuenta Moisés del estado en que se encontraban las aguas, sin ningún género de vida, y de ahí que nos represente á continuación al Espíritu del Señor vivificándolo todo, á semejanza de una gallina cuando está sacando sus polluelos, que eso quiere decir la palabra מְרַחֶפֶת merahefet *(erat cubans)* (1).

Hallamos también en la Vulgata palabras anfibológicas, cuyo verdadero sentido es muy difícil de averiguar si no consultamos el texto original. Así, por ejemplo: en el cap. XI de los Proverbios, vers. 22, leemos: *Circulus aureus in naribus suis, mulier pulchra et fatua.* A primera vista, cualquiera tendrá á la palabra *suis* por un pronombre posesivo, y por tal le traducirá en cualquier ocasión que se le presente, y, sin embargo, no es pronombre posesivo, sino substantivo, que se declina *sus-suis.* Esta equivocación, de la cual nadie se libra si no está en antecedentes, no puede padecer el que sepa consultar el original, pues allí tenemos la palabra חֲזִיר (ha-zir), que de ningún modo puede confundirse con el *sufijo personal* femenino del número dual הָ‍ _(cha).* La palabra חֲזִיר significa, según Gesenio, *porcus,* y la otra, según todos los gramáticos hebreos, *de ella.* Esta dificultad podía haberse evitado muy bien dando otro giro á la traducción latina, como lo hacen Du Hamel en la nota correspondiente á este pasaje (2), el parafraseador caldaico Onkelos (3), y los traductores complutenses de la versión de los Setenta (4).

No pretendemos con estas observaciones desvirtuar en lo más mínimo el mérito de la Vulgata, la cual debe ser para todos norma infalible de verdad, como tampoco le desvirtua-

---

(1) Muchos santos Padres, y entre ellos San Jerónimo y San Basilio, adoptaron esta traducción. Véase la *Biblia Maxima* de Nicolás de Lyra, tomo I.

(2) *Ut sus circulum, seu inaurem auream luto commaculat, sic mulier pulchra et impudica formam ad omnes libidines prostituit. (Biblia sacra,* tomo 1, pág. 602, col. 1.ª)

(3) *Circulus aureus in naribus porci, sic est mulier pulchra et fœtido sensu. (Parafr. cald.,* Prover., cap. 11, vers. 22.)

(4) *Tanquam inauris aurea in nare suis, sic mulieri stultæ pulchritudo. (Poliglot. compl.,* ib.)

ron los sabios Pontífices Sixto V y Clemente VIII al introducir ciertas correcciones que juzgaron oportunas en la edición que los Padres del Concilio de Trento declararon *auténtica*. Lo que sí pretendemos es hacer más interesante el estudio del texto original. De ese modo podremos saborear mejor la literatura de la Biblia, y comprenderemos también mejor el pensamiento de los escritores sagrados por estar expresado en una forma mucho más adecuada á su carácter y costumbres. Y allí donde ahora sólo divisamos obscuridad y tinieblas, veremos luego extensos y clarísimos horizontes.

IV

Dijimos al principio que en los primeros días del Cristianismo eran muy raros los que conocían á fondo la lengua hebrea. Pero luego que la Iglesia venció á todos sus perseguidores, y cuando la poderosa voz de los Santos Padres redujo á silencio á los herejes de todos los matices, se trató de remediar una necesidad que cada día se iba haciendo más apremiante: el estudio de la gramática hebrea.

Estableciéronse al efecto cátedras en las Universidades, merced, sin duda, al benéfico y poderoso influjo que en todas ellas ejercía la Iglesia católica y á la autorizada voz de los Romanos Pontífices, quienes no cesaban de animar á todos, y en especial á los eclesiásticos, á que se dedicasen al estudio de la lengua de Moisés y de los Profetas, cuyo profundo conocimiento tan grandes bienes había de producir á la Religión cristiana.

Este renacimiento en favor de la literatura hebraica, que comenzó en el siglo XIII, fué muy poco fecundo hasta el siglo XVI, en que Elías Levita, Conrado Pelícano, Reuchlín y Munster publicaron sus gramáticas hebreas para uso de los cristianos. Mas no quedó con esto remediada tan grave necesidad; pues aunque las gramáticas hebreas publicadas por los cristianos hasta mediados del siglo XVI fueran relativamente perfectas, y aventajaran mucho á las de los rabinos en claridad y buen método, no obstante se necesitaba dar un paso más; era necesario desprenderse para siempre de los resabios rabínicos, de que adolecían las gramáticas de los hebraístas citados, á fin de hacer más asequible el estudio de un idioma tan original. Este fin tan apetecible le consiguieron, en parte, Forster y Maulef, el primero con un *Le= xicon, non ex rabinorum commentis, nec nostrorum docto= rum stulta imitatione,* como él dice, y el segundo con una gramática que publicó con el fin de desterrar de la hebrea los *puntos y otras muchas invenciones de los masoretas.*

De este modo iba perfeccionándose poco á poco la gramática hebrea, hasta que vino Gesenio á iniciar la tercera época de los estudios filosófico-hebraicos con una *Gramática completa* que publicó en el año 1817, y con un *Léxicon* que vió la luz pública á los pocos años.

Este ilustre filósofo, á quien tanto debe la lengua de los judíos, arrastrado, sin duda alguna, por sus ideas racionalistas, sentó en su gramática una regla incompatible con el significado profético de una palabra de la Escritura, que se creía ser la clave de todo un pasaje completo. Se trataba de averiguar si el Profeta Isaías, al hablar en los tres versículos últimos del cap. LII, y en todo el LIII, del carácter distintivo del *siervo de Dios* y de la suerte que le cabría entre sus hermanos, se refería á una persona particular y concreta, ó á algún cuerpo colectivo. Desde el siglo III han procurado los judíos eludir la fuerza de aquella profecía aplicándola, ya á algún Profeta célebre, ya á todos ellos juntos, considerándolos como un cuerpo colectivo. Los partidarios del filólogo alemán han adoptado esta última interpretación apoyados en la regla que éste sentaba en su gramática. Otros sostienen que el *siervo de Dios* de quien habla Isaías es el pueblo judío, como se le llama también en otros lugares de la sagrada Escritura, á quien se profetizaba el duro cautiverio que había de padecer, fundados también en las teorías de Gesenio acerca de los pronombres. Toda la dificultad estaba en averiguar si el pronombre *lamo* se podía usar en singular, pues entonces no cabía duda que el Profeta se refería á un hombre determinado, y que éste no podía ser otro que Jesús, por convenirle perfectamente todos los caracteres que, según el mismo Profeta, había de tener el *siervo de Dios* por excelencia, ó el Mesías. El filólogo racionalista trató de comentar este pasaje en sentido anticatólico; mas antes preparó el camino á su interpretación diciendo que el pronombre *lamo* no podía usarse más que.en plural. Por consiguiente, en vez de decir el vers. 8 del cap. LIII: "Por el pecado de mi pueblo se le impuso un castigo„, se dirá, según Gesenio: "Por el pecado de mi pueblo se les impuso un castigo.„

Pero no fueron las teorías del Gesenio, ni dogmas que debieran creerse, ni tan perfectas que no pudieran corregirse. En 1827 publicó Ervald una gramática mucho más completa que la de Gesenio, en la que discute la regla establecida por éste acerca del pronombre en cuestión, presentando ejemplos, tomados de varios pasajes de la Escritura, para probar el uso del pronombre *lamo* en singular. Examina las relaciones y semejanza que tienen entre sí, y, por último, establece una regla totalmente contraria á la que sentó Genesio, á saber: que el pronombre *lamo* puede muy bien emplearse en ·singular. De ese modo las investigaciones de uno de los más profundos gramáticos han echado por tierra una regla que tan graves dificultades suscitó contra el sentido profético del texto de Isaías, la ciencia filológica ha recobrado el terreno que le habían usurpado á traición, y Jesucristo ha vuelto á ser el objeto de la profecía más circunstanciada que contiene el Antiguo Testamento.

Los frutos de tan continuados trabajos filológico-hebraicos son demasiado notorios para que nos detengamos á reseñarlos, pues no hay persona alguna medianamente ins-· truída que no tenga noticia de las famosas Poliglotas *Complutense, Regia ó de Arias Montano, de Vatablo, Parisiense, de Walton* y otros·muchos, obras todas ellas monumentales y dignas· de los siglos XVI y XVII.

Esta clase de estudios, tan en harmonía con el carácter severo de aquellos siglos, en ninguna otra nación se cultivó con tanto entusiasmo como en nuestra España. Por eso fué la primera en levantar un suntuoso monumento que acre-

ditase para siempre el alto grado de progreso á que llegó
la ciencia filológica entre aquella raza de héroes, los cuales con la misma facilidad manejaban la pluma que la espa-
da. "La Poliglota de Alcalá, dice el Sr. Menéndez Pelayo,
venía á ser como faro de luz esplendorosísimo levantado á
la entrada del siglo XVI para alumbrar toda aquella centuria... Los trabajos filológico-críticos con que en el siglo pasado se comprobó hasta la evidencia la integridad del texto
hebreo, demuestran también el poderoso empuje que en los
siglos anteriores se dió á los estudios hebraicos. Sólo en
este siglo, en que no se concede el título de sabio sino al
que consagra sus fuerzas á estudiar la materia bruta, se ha
abandonado el estudio de la gramática hebrea, desterrán-
dole así por completo de los programas de las Universidades y demás centros de enseñanza pública, y dejándole en
manos de algunos particulares, y á merced de los esfuerzos que los protestantes y racionalistas alemanes hacen por
conservar pura y lozana la literatura más grandiosa y exuberante que, á pesar de tantas vicisitudes, nos ha legado la
antigüedad. Dignos todos ellos, por esta parte, de los más
sinceros plácemes de todos los aficionados al estudio de la
palabra de Dios, expresada en una forma tan misteriosa y
conservada de un modo tan providencial.

Aunque no tuviésemos á nuestro favor otras razones que
las expuestas hasta aquí, tomadas de la grande utilidad que
han reportado á la religión cristiana los estudios filológico-
críticos llevados á cabo en el siglo anterior para comprobar la integridad del sagrado texto original, y de la deficiencia de todas las versiones para conocer á fondo y con
toda perfección el sentido que los escritores sagrados quisieron dar á su pensamiento, esto sólo bastaría para aficio-
nar á cualquiera al estudio de un idioma tan curioso y original. Pero poseemos además otros muchos argumentos,
unos que demuestran verdadera necesidad, y otros utilísima conveniencia de estudiarlo.

FR. FÉLIX PÉREZ-AGUADO,
Agustiniano.

Concluirá.)

CATALOGO

DE

Escritores Agustinos Españoles, Portugueses y Americanos [1]

VALDÉS (Fr. Francisco) C.

Nació el 11 de Marzo de 1851 en la Pola de Laviana, de la provincia de Oviedo, y profesó en este Colegio de Valladolid el 11 de Agosto de 1867. Pasó á Filipinas el 1872, y en el Archipiélago administró los pueblos de Peñaranda, Paombong y Vigaá. Por algún tiempo ejerció el cargo de Lector en el convento de Manila, al cual renunció por motivos de salud. Aunque joven todavía, ha leído mucho y ha pensado más; y dada su aptitud y buen gusto para todos los ramos del saber, es de esperar que de su pluma han de brotar trabajos dignos del talento que Dios le ha dado. Al presente desempeña el cargo de Director en el Real Colegio del Escorial.

Tiene publicado:

1. *Oda dedicada al P. Ceferino.*

Salió impresa en el *Certamen Científico-Literario y Ve-*

(1) Véase la pág. 535.

lada que en honor del Ilustre Purpurado celebró la Uni=
versidad de Manila. Manila, 1885.

2. *Breves indicaciones acerca de la autoridad é impor=*
tancia científica de San Agustín.

Artículo publicado en el vol. XIII de la *Revista Agusti=*
niana, en el número dedicado al centenario de la Conversión de N. P. San Agustín.

3. *Exposición de Filipinas. Impresiones.*

Artículo publicado en el vol. XIV de la *Revista Agusti=*
niana.

4. *Discurso que, para la apertura del curso académico*
de 1887=88 en el Real Colegio del Escorial, pronunció su
Director el M. R. P. Fr. Francisco Valdés, Agustiniano.
Madrid. Imprenta de la Viuda de Hernando y C.ª; folleto de
22 páginas.

—Reprodújose en el vol. XIV de la *Revista Agusti=*
niana.

5. *Discurso que en la solemne distribución de premios*
del curso académico de 1887=88, presidida por su Alteza
Real la Serma. Infanta D.ª Isabel de Borbón en el Real
Colegio del Escorial pronunció su Director el M. R. Padre
Fray Francisco Valdés, agustiniano. Madrid. Imprenta de
la Viuda de Hernando y C.ª, calle de Ferraz, núm. 13, 1889.
Un folleto de 52 páginas, 4.º

6. *El Archipiélago Filipino.*

Interesantísimo estudio político-religioso social acerca
de las Islas Filipinas, publicado en el vol. XXIII de LA CIU-
DAD DE DIOS.

Este trabajo, ampliado y con más riqueza de datos, se
publicará en libro aparte.

VALDIVIA (ILMO. FR. FERNANDO DE) C.

Hijo del convento de Córdoba. Fué catedrático de Escritura en la Universidad de Osuna, Visitador de la Vica-
ría de Estepa y Obispo de Puerto Rico, donde murió en 25
de Noviembre de 1725.

1. Tiene publicados varios sermones sueltos.—Reguera.
Algunos hijos ilus. del Conv. de S. Ag. de Córd. MS.

2. *Historia, vida y martirio del glorioso español Arca=
dio Ursanense, patrono principal de la antiquísima y no=
bilísima villa de Ossuna, escrita por el P. Fr. Fernando
de Valdivia, del sagrado Orden de San Agustín... con una
tabla de los capítulos de esta historia, y al fin de ella un
breve compendio de los Santos León, Donato, Nicéforo,
Abundancio y sus nueve compañeros mártires de Ossuna.*
Córdoba, imprenta de San Agustín, 1711, 4.°

"En esta obra, advierte Muñoz, se tratan algunos puntos
tocantes á la historia de Osuna. El autor tomó, como Quin-
tanadueñas, la mayor parte de sus noticias de los falsos
cronicones."

—El mismo, pág. 208.

VALVERDE (Fr. Fernando) C.

Debió de nacer en Lima en el último tercio del siglo XVI.
Tuvo por padres á D. Rodrigo de Sabedra y Doña María
de Valverde. Desde muy joven dió muestras de gran ingenio y de docilidad é inclinación á la virtud. Sus primeros
maestros fueron los PP. de la Compañía, en cuyo colegio
entró también de novicio, y allí permaneció cerca de dos
años. Cómo tuvo lugar la salida de nuestro Fernando de la
Compañía, cuéntalo así el cronista P. Vázquez: "Como supe
de personas dignas de todo crédito, acaeció que, visitando
un día el Ministro los aposentos de los novicios estando
ellos en la ocasión en otra parte, halló entre los papeles de
nuestro héroe la instrucción privada que dan á cada novicio, para que, transladándola á la consideración, la practi-
quen en sus obras. Pero hallóla con tal novedad, que le causó primero susto y luego cuidado. Tenía en cada precepto
una nota: al que juzgaría rígido le añadía una moderación,
al que nimiamente blando, una rigidez, y de esta suerte
era muy raro el documento á quien con un escolio no mos-
trase corregido. Y aunque pudiera atribuirse á su poca madurez, ó á no cabal penetración de la mónita, su adición,
como se había hecho gran juicio de su singular talento, juzgó la entereza de sus Superiores no ser á propósito para su
religión hombre que en los primeros pasos de su milicia te-

nía aliento para corregir de sus mayores los sacros establecimientos. Permitiendo, pues, la Majestad infinita que un
error juvenil, á quien podía la edad ofrecer cumplida enmienda, fuese poderoso estímulo en hombres de gran santidad y letras, para que se determinaran á ofrecerlo á Dios
en otro instituto adonde les pareció ser más adecuado. Así,
trayéndolo en otros hábitos el mismo Provincial de la Compañía, tierno amante de nuestra Religión, á este convento
grande, peroró en presencia de los Prelados en elogio del novicio, como pudiera de un San Estanislao. Y ponderando la
pena que tenía su corazón en privarse de tal bien, dió á entender, como prudente, ser aquella determinación de traer-
lo á nuestra compañía impulso poderoso del Espíritu Santo.„

Hechas las informaciones debidas, ingresó en el noviciado, y al año de probación profesó lleno de júbilo y alegría,
siendo modelo de observancia religiosa en todo el resto de
su vida. Desempeñó el cargo de Lector por muchos años.
Por maravilla salía de la celda, donde siempre se le encontraba, ó ya estudiando, ó ya ocupado en ejercicios de piedad. El cronista citado, hablando de su caridad é influencia,
exclama: "¿Qué escrúpulos no quitó de las conciencias
como iluminado maestro? ¿Qué discordias no extirpó de los
corazones como iris refulgente de la paz? ¿Quién en las materias más arduas de ambos Derechos y puntos de las tres
teologías, escolástica, mística y moral, no le consultó como
á un oráculo, arrastrándose sólo su voto al parecer opuesto
de los mayores hombres de su edad?„

Fué Prior del convento del Cuzco y de Nuestra Señora
de Guía, y Definidor de Provincia. Por su celo y diligencia
se fundó el monasterio de la Eucaristía, en donde sin cesar
se hacía oración al adorable Sacramento. La devoción que
tuvo á Cristo crucificado y á su Santísima Madre, fué tier-
nísima. Por eso escribió la Vida de Cristo, é hizo colocar en
la parte principal de la iglesia del monasterio referido una
admirable copia del Santo Cristo de Burgos; y por lo que
toca á Nuestra Señora, escribió un poema acerca del santuario de Copacavana, del que luego hablaremos. Su oración
fué muy subida, y no han dudado algunos en llamarle varón

extático. Murió bien entrado en años, habiendo asistido á su dichoso tránsito el Virrey, el señor Arzobispo y las personas más graves de la república. "Infiérase, concluye el cronista, cuál sería la pompa y solemnidad de sus exequias. En fin, honrólo Dios como amigo, venerólo el reino como santo, y llorólo su madre la Provincia como al más benemérito y plausible de sus hijos."

Escribió:

1. *Vida de Jesucristo Nuestro Señor, Dios, Hombre, Maestro y Redentor del mundo, Sumo Patriarcha de la Christiana Religión, y Fundador de la Cathólica Romana Monarquía, escrita por el M. R. P. M. Fr. Fernando de Valverde, natural de Lima, Difinidor de la Provincia del Perú, del Orden de los Ermitaños de N. P. S. Agustín, Calificador del Santo Oficio de la Inquisición, y su Visitador de Santas Imágenes y Librerías. Sácala á luz nuevamente el M. R. P. Fr. Joan Suazo, Lector de Prima del Colegio de San Ildefonso, natural de la ciudad de los Reyes, hijo de la Provincia del Perú, de la Orden de N. P. S. Agustín, y su Definidor y Procurador General en anbas curias, que la dedica á su misma Provincia. Corregida por el Santo Oficio en esta tercera impresión.* En Madrid, en la imprenta de Bernardo de Villa-Diego, 1687. Un tomo en 4.° de 618 páginas.

—La primera edición de esta obra se hizo en Lima el año 1647.

—Imprimióse la segunda en Madrid, pero salió tan viciada que el Santo Tribunal hubo de prohibirla.

He aquí lo que sobre el particular dice el P. Vázquez en su Crónica, hablando del P. Suazo:

"... y haber sacado (el P. Juan de Suazo) del polvo del olvido, y de las sombras de la prohibición el famoso libro de la *Vida de Jesús,* que había escrito el fénix de los sabios del Perú, el M. Fr. Fernando Valverde, cuya divina obra ó la malignidad ó la ignorancia de los impresores vició de suerte que fué preciso recogerla. En estas tinieblas hubiera permanecido ahogada esta luz si el gran celo de nuestro M. Fr. Juan no la hubiera entregado á grandes maestros en

Madrid, de cuyo encendido crisol, saliendo sin escoria alguna el oro admirable de tan rica obra, con su propio peculio la dió nueva vida en el rigor de la prensa., Parte II, página 33.

—*Sácala á luz nuevamente el P. Predicador Fr. Juan Sierra. Quarta impresión. En Madrid: En la imprenta de los Herederos de D. Agustín de Gordejuela, calle del Carmen. Año de MDCCLIV.* Dos tomos en 4.º

Precede una larga dedicatoria del P. Juan Serra á la Virgen Santísima en su Inmaculada Concepción, y en la aprobación que viene después por el P. Fr. Juan Bautista Sicardo dáse noticia de cómo el P. Juan de Ribera, autor de la *Vida de San Agustín,* fué quien intervino en la corrección y expurgo que hubo de hacerse en la viciada obra del P. Valverde para que pudiese ver de nuevo la luz pública.

—*Quinta impresión. Con las licencias necesarias.* En Madrid. En la imprenta de Pedro Marín. Año de MDCCLXXVI. Dos tomos en 4."

—Madrid. Imprenta de los Sres. Rojas. Calle de Tudescos, núm. 34, principal, 1872. Un tomo en folio.

Creo sea ésta la mejor edición de cuantas se han hecho.

—*Aprobada por la censura eclesiástica con un prólogo y revisión del M. R. P. Fr. Ramón Buldú, Provincial Franciscano. Edición ilustrada con gran número de grabados, copias de lienzos famosísimos.* Barcelona. Administración nueva de San Francisco, 11 y 13. 1884. Dos tomos en 4."

—*Traduite de l'espagnol par l'abbé Beguier.* Angers, 1828. Cinco volúmenes en 12."

2. *Relación de las fiestas que se hicieron en la Ciudad de los Reyes (Lima) en el nuevo reinado de D. Felipe IV.* Impresa el 1622.

3. *Santuario de Nuestra Señora de Copacavana en el Perú.* Lima, 1641, en casa de Luis de Lira. Un tomo en 4.º

Acerca de esta composición poética dice el P. Vázquez lo siguiente:

"Mostró la segunda devoción en el volumen de su *Copa-*

cavana, poema en que, uniendo lo épico con lo bucólico, ostentó, no sólo la inmensa fecundidad de su numen, si el fino y tierno amor con que amaba á la Reina de los Angeles; pues disfrazando á esta divina Aurora en pastoriles arreos, muestra más bellos sus arreboles entre los celajes de tan misterioso disfraz. Obra á la verdad divina por las grandezas que incluye de su erudición sacra y profana, de las admiraciones más sabias, si la misma novedad del intento que había de incitar la curiosa intención de los ingenios no se hubiera convertido en omisión de inculcarlo."

4. *Sermón del SS. Cristo de Burgos.* Lima, 1649.

5. *De Trinitate.*

Cita esta obra como del P. Valverde Gil González Dávila en su *Teatro Ind. Ec. de la Igl. de Lima.*

Copiamos á continuación lo que el cronista P. Vázquez trae, dando noticia de otros trabajos del P. Valverde:

"Hizo ostentación de esta verdad (de estar versadísimo en el latín) con tan lucidos partos de latinas oraciones y elegantes epigramas, que aun en la juventud pudieran ser admiración de Tulios y Marones. De estas flores reconocerá precioso fruto la curiosidad, un volumen de oro que se conserva, gimiendo por las prensas en la librería de nuestro convento de San Ildefonso, cuya preciosa materia son elegantes panegíricos latinos en metro heroico y suelta oración; no siendo lo menos estimable ser todos de su letra, á cuya gala y perfección cediera Morante sus primores...

"No dicen poco los lucimientos que dieron á nuestro sagrado hábito, ya sus agudezas escolásticas en la cátedra, ya sus elevados discursos en el púlpito, logrando aquéllas, en copia florecida de discípulos, vivos templos en que inmortalizar su fama, y éstos multitud de corregidos con que ilustrar la estrecha senda del cielo. No menos quitan los primores de su pluma á la mía los afanes de ponderar los timbres de su magisterio en los admirables libros que compuso. Mucho fué lo que escribió este ingenio todo espíritu, ó por mejor decir este espíritu de los ingenios; pues además del Curso de Artes completo que leyó á sus discípulos, y fué norma á grandes maestros, escribió toda la primera

parte de la Teología, remitiéndola á Europa para que logra-
se en las prensas convertir en luz de enseñanza la sombra
de la tinta; pero habiéndose perdido este mejor tesoro que
ha pasado de las Indias, le faltó aquel incentivo que le diera
el primer logro á proseguir en la empresa. Seis fueron los
volúmenes que con ánimo generoso de darlos á la estampa
compuso su incansable aplicación; pero de todos, sólo la
Vida de Jesús, la *Copacavana* y algunos sermones mere-
cieron esa dicha. Mas, ¿quién podrá enumerar los infinitos
pareceres, censuras y calificaciones que escribiría un Maestro que fué muchos años Calificador del Santo Oficio, ex-
purgador y visitador universal de libros y librerías?...„

VALLE (Fr. Gonzalo) C.

Fué hijo de hábito del convento de San Agustín de Córdoba; y habiendo pasado á Méjico, ejerció el cargo de Lector y llegó á ser Maestro en Sagrada Teología y Provincial
de la del Santísimo Nombre de Jesús.

Escribió:

1. *Paraíso de Dios.* Impreso en Europa el 1675.
2. *Espejo de varios colores en cuyos cristales ven los
oradores sagrados la hermosura de las virtudes, para
alentar á las almas á buscarlas, y la fealdad de los vicios,
para que los huyan y aborrezcan.* México, por Rodríguez
Lupercio, 1676.
3. *Sermones de Cuaresma y Adviento.*
4. *Palestra de varios sermones de misterios y festivi-
dades.* México, por Calderón, 1696, 4.º—Ber., tomo III, página 231.—Lant., volumen III, pág. 391.—Reguera.

VALLE RUIZ (Fr. Restituto) C.

Nació el 10 de Junio de 1865 en Carrión de los Condes,
de la provincia de Palencia, y profesó en este Colegio de
Valladolid el 16 de Octubre de 1881.

Tiene aptitud especial para la literatura, y de ello son
buena prueba los siguientes trabajos publicados

1. *La Razón y la plebe.*

Composición poética publicada en el volumen X de la *Revista Agustiniana.*

2. *La Conversión.*

Poema publicado en el volumen XIII de la *Revista Agus=tiniana,* en el número dedicado al centenario de la Conversión de San Agustín.

3. *El tránsito de un ángel.*

Composición poética publicada en el volumen XIV de la *Revista Agustiniana.*

4. *Á María en su inmaculada concepción.*

Oda publicada en el volumen XIV de la *Revista Agus=tiniana.*

5. *La verdad inspiradora de Feijóo.*

Canto premiado con corona de laurel de plata en el certamen celebrado en Orense al inaugurar la estatua del Maestro Feijóo. Publicado en el volumen XV de la *Revista Agustiniana.*

6. *La Epifanía.*

Artículo literario publicado en el volumen XVI de LA CIUDAD DE DIOS.

· 7. *Últimas manifestaciones de la poesía lírica en Es=paña.*

Trabajo crítico literario publicado en los volúmenes XIX, XX y XXII de LA CIUDAD DE DIOS.

8. *Al Sr. D. Ramón de Campoamor.*

Carta literaria publicada en el volumen XII de LA CIUDAD DE DIOS.

9. *El Congreso católico de Zaragoza.*

Artículo publicado en el volumen XXIII de LA CIUDAD DE DIOS.

FR. BONIFACIO MORAL,
Agustiniano.

(Continuará.)

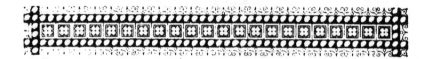

RESOLUCIONES Y DECRETOS

DE LAS SAGRADAS CONGREGACIONES

CERNEN.—*Præcedentia*.—En la villa de Montecorvino existían hace años dos Cofradías, una con el título de Nuestra Señora del Rosario, erigida en la iglesia colegiata, y otra con el de San Felipe Neri, ó de la Dolorosa, erigida en la iglesia sucursal de San Pedro. Mediaban entre ambas Cofradías algunas divergencias y contiendas acerca de la antigüedad respectiva y derecho de precedencia, que quiso zanjar el Excmo. Sr. Arzobispo de Salerno, Administrador de la diócesi acernense, dando para ello el siguiente decreto en la Santa Visita de 1868: "1.º Será alternativa la precedencia de ambas Cofradías en las procesiones y demás funciones solemnes. 2.º Valdrá esta provisión para la Asociación de los cadáveres, cuando ambas Sociedades sean invitadas por la familia del finado. 3.ª Comenzará el año en 1.º de Enero de 1869, empezando con la precedencia la Cofradía de la Dolorosa, y el mismo día del año siguiente tocará la precedencia á la Cofradía del Santísimo Rosario, y así alternativamente en lo sucesivo. 4.º La Cofradía que obrare contra este decreto quedará suspensa *ipso facto* de cualquier oficio espiritual...

No consta cómo se arreglaron estas Cofradías después del decreto arzobispal, pero sí que, al erigirse nuevamente la del Santísimo Sacramento en la iglesia de San Eustaquio, volvieron á reaparecer las antiguas discordias entre aquéllas y éstas de tal suerte, que se vió precisada la autoridad civil á intervenir en ellas, prohibiendo, para evitar mayores males, la procesión del Santísimo Sacramento en el día de *Corpus Christi*. Informado el Obispo de estos escánda-

los, mandó á las tres Cofradías que presentasen cada cual sus derechos anté la curia, que, vistos y examinados aquéllos, dió en 10 de
Abril de 1888 una sentencia en que á las dos antiguas mandaba atenerse al decreto de Santa Visita, y á la nueva prohibe el oponerse á
la precedencia que por la antigüedad pertenece á las otras dos, excepto en las procesiones del Santísimo Sacramento, siempre que ella
se obligue á asistir á todas las demás procesiones, y en ellas se da la
presidencia á las otras según el decreto.

Aceptaron la sentencia las Cofradías antiguas, apelando de ella
la del Sacramento á la Sagrada Congregación del Concilio, mientras
que el Ordinario pedía se resolviese cuanto antes la cuestión, por
estar ya restablecida la paz con la asistencia de las tres Cofradías á
la procesion de San Pedro y San Pablo, ocupando cada una el lugar
que se les había asignado en la sentencia del 10 de Abril.

Introducida inmediatamente la causa por el decreto *Ponatur in
folio,* las antiguas Cofradías, viendo que había sido propuesta la
cuestión por la del Sacramento, no se contentaron con defender su
precedencia contra ella, sino que quisieron se les adjudicase contra
las demás. Recibidas las preces, se decretó en la Sagrada Congregación el *Uniatur,* quedando de esta manera tres actores defendiendo
la precedencia. La Cofradía del Santísimo Sacramento, que fué la
primera en promover la causa, se abstuvo de nombrar su defensor,
y no expuso otras razones que las contenidas en el primer libelo,
mientras que las otras dos presentaron sus pruebas por conducto de
los respectivos defensores, presentándose la cuestión al examen de
la Sagrada Congregación del Concilio en los siguientes términos: *An
et cui competat præcedentia in casu*: que ella resolvió en 22 de Febrero de 1890 diciendo: *Affirmative ad formam archiepiscopalis de-
creti diei 10 Aprilis 1888.*

Las pruebas presentadas por la Cofradía del Sacramento en su
libelo y por los abogados de las otras dos, se limitan á demostrár
cada una ser más antiguas que las otras por las fechas de sus fundaciones; pero de tan poca fuerza, á lo menos para el criterio de los
Eminentísimos Intérpretes del Tridentino, que, haciendo caso omiso
de ellas, decretaron se atuvieran á la última sentencia, que, como
han visto nuestros lectores, vino á confirmar el decreto anterior de
la Santa Visita.

BONONIEN.—*Matrimonii.*—Como ejemplar de matrimonios desgraciados, y para que los que intervienen en ellos mediten sus fatales consecuencias, las prevean, y procuren evitarlas en cuanto la prudencia
humana es capaz, ponemos el compendio de esta causa, que ojalá fue-

se sola y no hubiese de ella tan tristes ejemplares en la moderna sociedad. He aquí el compendio de la causa.

El 30 de Mayo de 1865 contrajeron matrimonio canónico bajo los mejores auspicios, al parecer, el Conde Antonio Zucchini, de veintidós años, y Ana Gozzadina Gozzadini, también de veintidós años. Vivieron juntos cinco años felices y dichosos según algunos, infelices y desgraciados según otros; pero, pasados éstos, habiendo hecho un viaje Antonio á Florencia el 1.º de Mayo de 1870, su mu'er, acompañada de su querido, dejó á Bolonia y se encaminó á París. Luego que Antonio conoció el mal proceder de su mujer, y con el fin de evitar la deshonra que de su conducta se le seguía, pidió y obtuvo la separación civil en 27 de Junio de 1870. Desde este día vivieron completamente separados, sin que pudiese restituirse la paz ni la unión entre ellos, antes creciendo por varias causas la mutua aversión, hasta que, muertos en 1882 el padre de Antonio, y poco después los padres de Ana, presentó Antonio á la Sagrada Congregación del Concilio unas preces en que demostraba que su matrimonio habia sido contraído por miedo y coacción de su padre, pidiendo á la Sagrada Congregación le declarase nulo por este capítulo, previo proceso que se había de incoar y terminar en Bolonia. La Sagrada Congregación autorizó al Arzobispo de Bolonia para formar el proceso; y terminado y remitido á la Congregación, esta introdujo la causa, proponiéndose la resolución del caso en estas palabras: *An constet de matrimonii nullitate in casu*, dejándole resuelto en 10 de Mayo de 1890 por las siguientes: *Negative.*

Las razones aducidas por el defensor de Antonio ante la Sagrada Congregación, después de vituperar la conducta de Ana, que no quiso al principio presentarse al juez, y después, no sólo se presentó, aunque declarando que lo hacía rogada por el defensor del vínculo matrimonial, sino que reunió testigos contra el actor en defensa del matrimonio, y además nombró procurador ante la Sagrada Congregación para la defensa de aquél, y también la conducta del defensor del vínculo, cuyas preguntas llama capciosas y de ningún valor, son el miedo y coacción con que el padre de Antonio le obligó á contraer matrimonio, para salir por este medio de los apuros pecuniarios en que se veía, confirmado por los testimonios de algunos criados y conocidos de la familia Zucchini; los amores anteriores de Antonio, que hubo de abandonar por temor á su padre, y las riñas que tuvo con Ana antes del matrimonio para impedir éste, así como también algunas circunstancias que acompañaron al matrimonio, y las continuas reyertas que subsiguieron al mismo, con una antipatía tal y tan recíproca que sólo la necesidad ó el deber les obligaba á cumplir las obligaciones del matrimonio. Resuelve después las objeciones de los alegres amores de Antonio y Ana antes del matrimonio, las diversiones á que se entregaron después y los deseos de Antonio de que su

mujer brillase entre las demás señoras de su clase, las cartas amo-
rosas que se conservan y la tardía introducción de la causa de nuli-
dad, y concluye que, tanto por derecho como de hecho, el matrimonio entre Antonio y Ana es nulo.

A pesar de esta defensa, no se da por vencido el abogado de la
mujer ni el defensor del vínculo, y rebatiendo las razones del contrario, tan claramente demuestra que á lo menos es dudoso el miedo,
y por lo tanto válido el matrimonio, que la Sagrada Congregación,
despreciando las primeras, resolvió conforme á las segundas, dejando á los cónyuges en el lamentable estado en que los vimos en la relación del hecho. Los sabios canonistas redactores del *Acta Sanctæ
Sedis* ponen á esta causa los *Colliges* siguientes:

I. Majorem fidem mereri duos testes de metu, quam mille de spon-
tanea voluntate deponentes, ex eo quod probatio spontaneæ voluntatis
fere impossibilis est.

II. Ad matrimonium majus et perfectius voluntarium requiritur,
quam ad alios contractus civiles.

III. Et posita necessitate ex metu, quidquid ea causa factum est,
libertati adscribi non potest.

IV. Unde perseverante metus præsumptione, nullum contuber-
nium, nullam læti ac jucundi animi speciem attendi posse.

V. Magnam patris indignationem in filium, ex eo quod nolebat
suæ voluntati obedire, vel amissionem majoris partis bonorum, aut
etiam privationem magni lucri metum gravem inducere cadentem in
virum constantem, ideoque matrimonium irritum reddere.

VI. Verumtamen metum etsi gravissimum, sive proveniat a causa
naturali sive libera, matrimonium irritum haud reddere, quoties ad
illud extorquendum incussum fuisse non demonstretur.

VII. In themate vero matrimonium validum renuntiatum fuisse ex
eo quod demonstratum haud fuit, metum a patre incussum et exhæ-
redationis minas contra filium prolatas, ad matrimonium extorquendum directas fuisse.

PARISIEN.—*Matrimonii.*—Distinta esta causa de la anterior en el
modo, forma y consecuencias, es idéntica en el fondo, y ofrece también un caso curioso, acerca del cual deben reflexionar los que se ca-
san y los que intervienen en el matrimonio. Daremos de él sólo una
sucinta idea, omitiendo las pruebas, que son las que en estas materias
tan delicadas usa la Iglesia.

Casáronse en la iglesia de San Vicente de Paúl, el 20 de Julio
de 1886, Pablo Gossellin y Dionisia Millet, de igual edad, aunque de
distintas aspiraciones. Pablo, dado á la piedad y vida interior, abo-

rrece el lujo, las vanidades y delicias del mundo, y sólo contrae matrimonio por no contrariar á su anciano y delicado padre. Dionisia,
amiga de las cosas del mundo, aunque sin faltar á la honestidad y de-
cencia propia de una joven cristiana, acepta de buena voluntad el
matrimonio é intenta vivir en él según los fines del mismo; aunque
educada en el temor de Dios, y vencida tal vez por el pudor de su
sexo, ni reclama ni exige sus derechos, y vive cerca de tres años en
unión con su marido, que por temores de conciencia y por sus especiales inclinaciones calla también y nada exige de su mujer. En este
tiempo no media entre ellos señal alguna de amor, lo cual separa más
sus ánimos, disociados ya por naturaleza é inclinación, y empiezan á
germinar entre ellos la oposición y la discordia, buscando Pablo ocasión para abandonar honrosamente á su mujer, hasta que en 1889 la
abandonó para no volver á ella jamás. Al ver esto Dionisia y sus padres, pidieron y obtuvieron la separación civil, y recurrieron al Romano Pontífice pidiéndole dispensase el matrimonio rato y no consumado. Su Santidad comisionó á la curia parisiense la formación
del proceso para que, terminado, se remitiese á la Sagrada Congregación del Concilio. Cumpliendo su comisión la curia parisiense, examinó á los dos esposos, á los padres de ambos, á los testigos *septimæ
manus*, y procedió á la inspección corporal, resultando del testimonio acorde de los esposos y demás testigos, y de la inspección corporal, que el matrimonio no habia sido consumado. Mandadas á Roma
las actas, y examinadas con toda detención, sin faltar tampoco la
oposición del defensor del vínculo matrimonial, por la Sagrada Congregación del Concilio se propuso la solución del caso en estas palabras: *An consulendum sit SSmo. pro dispensatione a matrimonio
rato et non consummato in casu:* á las cuales respondió la Sagrada
Congregación, con fecha 14 de Junio de 1890, diciendo: *Affirmative:*
quedando disuelto el matrimonio.

LEOPOLIEN. —*Suspensionis et privationis parœciæ.*—Bajo el epígrafe y título transcritos se propuso al examen de los Eminentísimos
PP. Intérpretes del Tridentino, con fecha 23 de Mayo de 1890, la cuestión siguiente: *An sententia Curiæ Leopoliensis sit confirmanda
vel infirmanda in casu,* que ella resolvió en esta forma: *Sententiam
esse confirmandam, et dentur Ordinario facultates, ut pro suo arbitrio et conscientia sacerdotem Stanislaum Stojalowski absolvat a
censuris, ob præmissa incursis et dispenset ab irregularitatibus,
ob censurarum violationem contractis.*

Para ver cuál sea la sentencia aludida y la justicia de la misma
es necesario conocer el caso, y para ello vamos á dar íntegra su his-

toria, con el deseo vehemente de que no se repita jamás. En la causa
que compendiamos cuéntase así:

Estanislao Stojatowski, joven aún, ingresó en la Compañía de Jesús, y permaneció entre sus alumnos por unos trece años, siendo en
ella ordenado de sacerdote. A la edad de unos veintiséis años pidió,
y obtuvo, el salirse de la Compañía para retirarse á su pueblo y ayudar á su padre, enfermo, pobre y cargado de numerosa prole. Al
salir de la Compañia le dieron una certificación de su conducta firmada por el P. Kautny, expresada en estos términos: "El Sr. D. Estanislao Stojatowski era recomendable por el amor y solicitud de los
ejercicios piadosos, por la gran asiduidad y no menor facilidad de escribir y de predicar la palabra divina. Le faltaban, sin embargo, algunas virtudes necesarias al religioso, á saber: la pobreza, la obediencia, la prudencia en sus propósitos, que formaba y realizaba más
de una vez sin el conocimiento ni voluntad de sus Superiores.„

Fuera ya de la Compañía, y deseando obtener algún cargo eclesiástico con el que pudiese satisfacer honestamente y de una manera
estable las necesidades de la vida, fué primero Vicario en el pueblo de
Grodez, y después en Leópoli, su pueblo natal, hasta que, vacando la
parroquia de Kulikow, fué presentado para ella por el patrono é instituído en ella canónicamente. Desde entonces empezaron para él las
contradicciones y persecuciones que enumera en el líbelo presentado
á la Sagrada Congregación al apelar de la sentencia del Ordinario,
que después veremos. "Entre otras, dice él, hallaron mis enemigos,
envidiosos de mi mérito y trabajos, una mujer perdida que me acu-
sase de vida deshonesta. Recurrí al Ordinario inmediatamente para
que se abriese una inquisición judicial, y la acusante, llamada para
jurar su acusación, *mira Dei dispositione*, muere á los pocos días de
muerte repentina. La información acerca de la acusación se termina
en pocos días, y se declara que la acusación presentada por la mujer
ya difunta, oídos también otros testigos, carecía completamente de
fundamento y de verdad.„ Advierte el Ordinario, en la relación que
envió á la Sagrada Congregación del Concilio, que las relaciones
deshonestas de que entonces se le acusaba las tenía con María Skazowa, mujer de un vecino de Leópoli, que, acompañada de sus hijos,
venía muchas veces á Kulikow, y se pasaba allí largas temporadas
en casa del párroco.

Después de esta acusación, é incoada la visita canónica, según
mandato del Ordinario, por el Decano (Arcipreste ó Vicario foráneo)
del distrito zothieviense, halló éste muchas irregularidades en la
administración de la parroquia de Kulikow, y en particular que con-
tinuaba la familiaridad del párroco con María Skazowa. A consecuencia de la relación presentada por el Decano al Ordinario, se escribió á Estanislao recordándole sus obligaciones é imponiéndole
seis días de ejercicios espirituales con fecha de 21 de Febrero de 1882.

Recurrió Estanislao al Arzobispo de Olmuz, juez delegado para segunda instancia para el Arzobispo leopoliense, y á pesar de haber sido rechazado su recurso, difirió cumplir lo mandado hasta que, habiéndole intimado la suspensión en Marzo del año siguiente si no obedecía, se sujetó á hacer los ejercicios.

Corriendo el año 1834 profirió en un sermón algunas palabras contumeliosas contra Luis Doschly; y llevado por éste á los tribunales, fué condenado por el juez seccular á cuatro días de cárcel, la cual evitó por gracia del Emperador, á petición del Ordinario, pagando de multa 200 florines. Sin adquirir prudencia con estas lecciones, mandó en 1885, sin causa ni motivo conocido para ello, arrancar de la pared de la iglesia una lápida dedicada á la memoria de cierto Matías Sobota, ya difunto. La familia del finado se irrita, le lleva á los tribunales civiles, le condenan éstos á 300 florines de multa ó á treinta días de cárcel, y él paga la multa, pero no vuelve la piedra á su lugar.

La familia Sobota recurre al Ordinario, y éste, en oficio reiterado en 3 de Marzo, 7 de Abril, 20 de Septiembre y 20 de Noviembre, le manda volver á colocar la piedra en su lugar, amenazándole con la suspensión si no obedece en el término fatal de treinta días; pero el párroco no obedece, y la curia, no obstante haber vencido los días fatales, se calla y no le intima la suspensión, y á principios de 1888, acusándole la curia por otros muchos capítulos, pide él que todo se sujete á una estricta indagación judicial, que aquélla no le concede porque tenía ya en puertas otra causa más grave. Habían crecido de tal manera sus deudas, que ascendían, según el Ordinario, á 45.000 francos, y á instancias de un abogado se reunió el concurso de acreedores en 23 de Abril del 88, y se declararon embargados sus bienes. Apeló de la sentencia Estanislao; pero antes de venir la decisión se le intiman otras penas por el tribunal eclesiástico, castigo sin duda de sus imprudencias y de sus faltas.

Visitando la diócesi el Vicario general y Obispo Coadjutor, Monseñor Puzyna, llegó á Kulikow á hacer la visita; y fueron tales las cosas que le dijeron y que él vió, que dió contra el párroco el siguiente decreto: "Te suspendemos del Oficio, y te declaramos así suspenso hasta que dispusiéremos otra cosa, reservando Nos el derecho de proceder contra ti á otras penas mayores si, así suspenso, te atrevieres á decir Misa, predicar, administrar los Sacramentos ó ejercer otros actos parroquiales. Entretanto quedará encargado de la parroquia el Revdo. Ladislao Haidukiewiez, coadjutor en la iglesia parroquial. rit. lat. de Kulikow., Este decreto fué leído á todo el pueblo de Kulikow, reunido en la iglesia parroquial; y amedrentado por él, Estanislao salió para Leópoli con intención de hablar al Arzobispo, por quien no fué recibido. Rechazado por el Arzobispo, le escribió una carta pidiéndole perdón y absolución, prometiendo remover toda sospecha contra él arrojando de su lado á la criada Magdalena, de la cual no se dice una palabra en el decreto de suspensión.

Con fecha 12 de Agosto del 88 decretó el Ordinario que se procediese á formar el proceso judicial contra Estanislao, transmitiendo el decreto al administrador de la parroquia de Kulikow para que se le intimase á Estanislao; pero antes de ser intimado este decreto había sucedido que, no habiendo sacerdote en Kulikow que dijese Misa el día de la Asunción de la Virgen, y hallándose presente Estanislao, aunque supenso, se le ocurrió que podía celebrar para que oyesen Misa 300 fieles, según él, 20 ó 30 según el Ordinario, y se propasó á celebrar y también á cónfesar á algunos y administrarles la sagrada Eucaristía.

Cuando en 23 de Agosto, según el último decreto, se presentó el juez delegado, asesor y notario en Kulikow, y fué á casa del párroco para incoar la indagación judicial, el párroco manifestó que no respondería á ninguna pregunta del Comisario porque ya había iniciado que quería apelar á Su Santidad. Oído esto, dejó el juez la casa parroquial y constituyó su tribunal en la Secretaría del Municipio, donde llamó y examinó algunos testigos, y en 28 del mes citado se le notificó que no se aceptaban ni su insinuada apelación á la Sagrada Congregación contra las sentencias dadas ó futuras, así como tampoco la excepción y exclusión de la curia para conocer las causas á él referentes, fijándose nuevamente con término perentorio para incoar, proseguir y terminar ía indagación judicial abierta contra él, que era el 4 de Septiembre, con la cláusula expresa de que si en el término señalado no se presentaba, ó presentado no respondía á las preguntas del juez, se le declararía contumaz, y como tal se le trataría, según todo el rigor del Derecho canónico.

Llegado el día fatal y constituído el tribunal en Kulikow, abandonó Estanislao el pueblo y no volvió á él hasta que salieron los oficiales de la curia, por lo cual ésta declaró contumaz al párroco en 6 de Septiembre, nombró un defensor de oficio y se lo notificó al párroco, amonestándole al mismo tiempó que no estaba dispensado de la residencia, y que el juicio ó inquisición se haría, no ya en el pueblo, sino en la misma curia, como se verificó, haciendo venir á ella los testigos necesarios. Cerrado el proceso, y cuando ya se iba á dar la sentencia, se publica por el tribunal civil la bancarrota é insolvencia del cura, se le pone en la cárcel según las leyes, y aquélla queda otra vez en suspenso; pero como de todos los crímenes de que se le acusaba en el tribunal civil sólo se le puede probar el de las deudas, fué por ellas condenado á 35 días de cárcel, que redimió pagando mil florines, sin quedar del todo absuelto por haber apelado el fiscal al tribunal superior.

Libre ya de la cárcel Estanislao, creyó oportuno el Arzobispo terminar su misma causa; y revisadas las actas, oído el defensor de ofi-

cio y el fiscal, y acompañado del juez instructor, del Vicario general
y de otros, examinando detenidamente lo que de una y otra parte se
presentaba, decretó en 16 de Septiembre de 1889 el privarle de la parroquia, destituyéndole por varios crímenes, entre otros por el desprecio y negligencia en la administración de Sacramentos en su parroquia, por la malversación de los bienes del beneficio, por el cumplimiento ilegal de las obligaciones piadosas, por el trato familiar é
inhonesto con las mujeres, por la violación de la suspensión, por la
ilícita iteración de la Misa, por la infamia ocurrida con su bancarrota, y, finalmente, por los libelos infamatorios escritos contra el Obispo y el Vicario general. Además se le condenaba en ella á practicar
los ejercicios espirituales por seis semanas en el monasterio de los
Menores conventuales.

Después de historia tan clara y tan poco favorable al párroco Estanislao, no hay necesidad de detenerse en el examen de las pruebas,
que, por parte de la curia, se ocupan en demostrar los puntos de acusación, y por parte del párroco en deshacerlas y mitigar su fuerza,
aunque con mal éxito, y apuntar algunos principios canónicos para
hacer ver la ilegitimidad é injusticia de los procedimientos seguidos
contra él. Nada de lo alegado por él pareció suficiente á la Sagrada
Congregación del Concilio, que tuvo á bien aprobar la sentencia,
aunque, movida á misericordia, otorgó al Obispo las facultades necesarias para absolver al párroco de todas las censuras é irregularidades en que había incurrido por su conducta irracional y anticanóni-
ca. No obstante, como justificación de la sentencia, que por su gravedad la necesita, copiaremos á continuación los sabios *Colliges* de
los Redactores romanos, en que se contienen las *rationes decidendi.*
Dicen así:

I. Suspensionem, qua censura ad frangendam contumatiam, omnino ferri juridice posse, praeviis monitionibus.

II. Ordinarios paraecia privare posse rectores turpide et scandalose viventes ex Tridentino patet (sess. 21, cap. VI *De reform.*); hi
enim praemoneri debent, coarctari et castigari; et si in sua nequitia
perseverent beneficiis privandi sunt, omni exemptione et appellatio-
ne remota.

III. Parochum in themate scandalosam vitam duxisse, per plures
testes probatum est; et ideo ejus remotionem omnino necessariam
censeri.

IV. Ad ejusmodi remotionem satis esse servare formam judicii in
substantialibus justitiae, quando aliter fieri nequeat; quia bonum animarum id enixe exposcere videtur, ne scandala protrahantur.

V. Ex jure constat puniri posse infamatum contumacem qui malitiose se absentat, aut procurat ne citatio ad eum pervenire possit.

VI. Etenim iterata reo indictione pro termino peremptorio, quatenus absque probato legitimo impedimento non compareat, pro contu-

maci habetur, et ferri potest sententia condemnatoria in eum absque litis contestatione.

VII. Quando agitur de parocho turpiter et scandalose vivente, summario modo procedi potest ex'Clement. *Quia contigit: judex*,dicitur, *litem quantum poterit faciat breviorem, exceptiones, appellationes dilatorias et frustratorias repellendo.*

Forojulien. et Nicien. seu Aquen.—*Legati.*—El caso á que se re- fiere esta resoluci'n puede verse largamente expuesto en el número de nuestra Revista, en su respectiva sección, correspondiente al mes de Enero de 1890, así como también las resoluciones que entonces, y con fecha posterior (Diciembre de 1888), se dieron por la Sagrada Congregación del Concilio. Creyendo heridos sus derechos el Obispo de Niza, pidió y obtuvo la gracia de la revisión de la causa, siendo despachada su petición con este decreto: *Proponatur, citata parte, reservato tamen merito novæ instantiæ plenariæ Congregationi.*

.. ·Presentada la causa y examinadas las pruebas nuevamente admi-' tidas por lâs partes ante la Sagrada Congregación, se planteó la' cuestión en esta forma: *An sit standum vel recedendum a decisis in casu*; que ella resolvió en 29 de Marzo de 1889 diciendo: *Receden- dum a decisis in primo et secundo loco et sortem legati tradendam esse Episcopo niciensi.*

Senogallien.—*Retentionis Capellaniæ.*—Esta causa, examinada *per summaria precum*, nos presenta un caso curioso.

Existe una capellanía, fundada en la iglesia de Santa Cruz de Sini- gaglia, cuyos réditos de 1.284 francos se distribuían, 750 para cargos y gastos, y los restantes para el capellán. En 1856 obtuvo esta capellanía Félix Reggiani, clérigo, quien, habiendo después abandonado la carre- ra eclesiástica y sus primitivos propósitos, suplicó á Su Santidad le con- cediese seguir en posesión de la capellanía, gracia que le fué concedi- da para diez años, en 16 de Septiembre de 1861, con la condición de satisfacer por otro á las cargas de la capellanía, poniéndolo todo en conocimiento del Obispo. En 1877 consiguió la continuación y amplia- ción de la gracia, pues se otorgó á pesar de estar ya casado, y se redujo el número de Misas para aumentar el estipendio de las mismas. En 13 de Enero de 1888 volvió á pedir la misma gracia, su- plicando se extendiese á toda su vida por hallarse ya libre de los la- zos del matrimonio. Al recibir en Roma esta nueva petición, se pi- dieron, como de costumbre, el voto y parecer del Obispo y de los *in-*

teressehabentes, y de éstos la parte mayor y más interesada accedía á la concesión, contradiciendo sólo dos que no tienen en la capellanía más que dos dozavas partes. El Obispo recomienda al orador y las preces, y sólo suplica que se subsane la ilegítima percepción de los emolumentos de la capellanía desde la fecha en que expiró el último indulto hasta el presente.

La Sagrada Congregación, examinados el *pro* y el *contra* de la concesión, respondió á las preces en 10 de Marzo de 1890 diciendo: *Prævia sanatione quoad præteritum pro gratia ad aliud decennium, facto verbo cum SSmo.*

Contiene además el fascículo 3.º del vol. XXIII del *Acta Sanctæ Sedis*, compendiado en esta Sección, la Carta de Su Santidad al Arzobispo de Rodas, Obispo de Malta, en que se queja amargamente de la licencia y procacidad de los periódicos de Malta contra su Pastor y la Santa Sede (27 de Julio de 1890), y la instrucción de la Sagrada Inquisición Romana á los Obispos orientales acerca de las pruebas del estado libre que han de preceder á la celebración de los matrimonios, publicada en 27 de Julio de 1890.

CRÓNICA GENERAL

I

ROMA

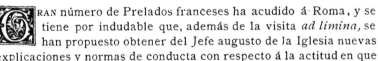

RAN número de Prelados franceses ha acudido á Roma, y se tiene por indudable que, además de la visita *ad limina,* se han propuesto obtener del Jefe augusto de la Iglesia nuevas explicaciones y normas de conducta con respecto á la actitud en que han de colocarse con el Gobierno de la República después de las declaraciones de los Emmos. Cardenales Rampolla y Lavigerie. Es obvio y natural que el Vaticano mantenga firme la doctrina expuesta en la conocidísima carta que á este propósito escribió el Secretario de Estado de su Santidad.

—Ha llamado la atención de los católicos romanos, y se proponen llevar adelante, el pensamiento de una Asociación que se dedique á la mayor difusión de la prensa periódica, aprobada y recomendada por la Autoridad eclesiástica. El objeto de la Asociación es procurar subvenciones á los periódicos católicos y subvenciones á los vendedores de los mismos que mayores resultados obtengan. Se trabaja para extender esta buena obra por todas las grandes poblaciones de Italia, tan trabajadas y pervertidas por la prensa masónica. Buena falta hace también entre nosotros una Asociación semejante, porque, al paso que vamos, todos los católicos irán envenenándose con la lectura de periódicos impíos ó frívolos, que son los únicos que viven con desahogo gracias á la protección insensata que los católicos les dispensan.

—El día 23 de Abril ocurrió cerca de Roma la explosión de un polvorín donde había 265.000 kilos de pólvora de cañón, otros 35.000 de espoletas, cohetes y otras materias explosivas. Todos los edificios retemblaron en la ciudad, no quedando uno con cristales sanos, rompiéndose en muchos las puertas y persianas, y separándose en algunos hasta lienzos enteros de pared; en varios, como en el palacio del Duque Cactani, alcalde de Roma, cayó también algún piso.

Los daños ocasionados por la explosión del polvorín de Porta Portese resultan tanto más considerables á medida que se van conociendo los pormenores. Se calculan en 460.000 francos los gastos que tendrá que hacer el Municipio de Roma para reparar los edificios de sus dependencias. Sólo en el Matadero y en el campo Boario tendrá que gastar lo menos 300.000. En el interior del Vaticano se evalúan los daños causados en 400.000 francos; en 200.000 los de la basílica de San Pedro, y en 500.000 los de la basílica de San Pablo. Si á esto se añade la pérdida de 800.000 francos que representa la explosión del polvorín y los daños sufridos por un gran número de iglesias, de establecimientos, almacenes, en una palabra, de casi todos los inmuebles de Roma, sólo en reparaciones de cristales, la cifra total asciende á varios millones. Por el Ayuntamiento de Roma se ha dado orden para demoler dieciocho casas, y en otras tres ha habido necesidad de echar abajo los pisos que amenazaban ruina, y á los propietarios se les ha obligado á hacer lo propio en muchas casas.

Un caballero francés ha enviado al Papa 100.000 francos para reparar los desperfectos causados en el Vaticano por la explosión. Ocasionó dos muertos y cerca de trescientos heridos, la mayor parte leves. Acerca de las causas de la catástrofe nada de cierto se sabe; pero hay sospechas de que haya sido intencionada. Por ahora se sigue una doble investigación, de carácter técnico una, y administrativo otra, para ver de descubrir la verdad.

—Su Emma. el Cardenal Agostini, Patriarca de Venecia, cayó enfermo pocos días hace postrado por grave dolencia, que reconoce por principal origen sus asombrosas mortificaciones. En tal situación no se encontraba en el palacio de este Príncipe de la iglesia de qué echar mano para asistir al ilustre enfermo, y por exigencia del mismo fué trasladado á un hospital, en el que continúa aún, y donde puede decirse que todos los habitantes de la ciudad, sin distinción de clases sociales, ha ido á informarse y á ofrecérsele solícitamente. Gracias á Dios la enfermedad cede, hallándose ya fuera de peligro el santo Purpurado, que ha dado heroico ejemplo de pobreza y humildad.

—A propósito de las grandes solemnidades religiosas del centenario de San Gregorio el Grande y del canto litúrgico, que ha realzado su esplendor siguiendo las mejores tradiciones de las melodías gregorianas y de la escuela de Palestrina, el Padre Santo, queriendo dar al maestro Mustafá una muestra de su reconocimiento por lo mucho que ha contribuído á la magnificencia de dichas solemnidades por medio de la música sagrada, le ha concedido la encomienda de la Orden de San Gregorio el Grande.

—En el Congreso protestante de Florencia, el pastor y profesor Ruffer ha llamado la atención de sus colegas hacia el importante papel que el Catolicismo ha representado siempre, y hoy más que nunca representa, en la definitiva abolición de la esclavitud. No ha escaseado elogios á Su Santidad y al Cardenal Lavigerie, y ha concluído su discurso diciendo que los protestantes no deben permanecer inactivos é impasibles ante este gran movimiento. El *Moniteur de Rome* se felicita por esta cooperación de los protestantes á una gran obra, cuyo mérito atribuyen ellos mismos al Papa y á la Iglesia católica.

II

EXTRANJERO

ALEMANIA.—Ha muerto el mariscal Moltke. Este suceso ha causado en Alemania penosísima impresión, que se ha convertido en duelo nacional. Con la muerte de Moltke ha perdido el Imperio la segunda de las tres grandes figuras que presidieron al engrandecimiento de la moderna Germania. Borrados ya de entre los vivos Guillermo I y el gran mariscal, sólo queda Bismarck, y éste ¡en qué actitud tan diferente y con qué representación tan diversa de la que tuvo en sus días de mayor popularidad, cuando desde Berlín dirigía con inflexible mano la política de Europa entera! Moltke nació en 23 de Octubre de 1800 en Guerritz (Mecklemburgo), y sirvió en el ejército de Dinamarca, de donde era originaria su familia, hasta 1822. Este año pasó á Prusia, donde dió grandes muestras de su capacidad, por lo que fué agregado al Estado Mayor. Sus hechos más notables son: la organización del ejército turco en 1835; el plan de operaciones que se siguió en la guerra de Dinamarca en 1854, y dos años después en la guerra con Austria. Lo que principalmente inmortalizó á Moltke fué la guerra franco-prusiana en 1870; él fué verdaderamente el alma de aquella campaña en que, gracias á su talento estratégico y á la admirable organización de las tropas prusianas, y gracias también á la impericia de los generales de Napoleón III y al estado en que se hallaba el ejército francés, llegaron en veinte días los regimientos alemanes frente á las fortificaciones de París. Para sitiar la capital francesa eran necesarios dos ejércitos: uno para vencer á la guarnición, y otro para rechazar á las tropas que acudieran en socorro de la ciudad amenazada. Aumentado su ejército con el del Príncipe Federico Carlos después de la capitulación de Metz, Moltke tuvo á raya á los de Chanzy, Bourbaki y Faidherbe, y encerró á París en un circulo de hierro. En Versalles, donde Guillermo I se ciñó la corona imperial, Moltke fué nombrado conde, y poco después ascendió á feld-mariscal, el grado superior de la jerarquía de la milicia en Alemania. En 1888 fué relevado á instancia suya de las funciones de jefe de Estado Mayor general del ejército, habiéndole sucedido en tan importante cargo el general Waldersee, que le desempeñó sólo por espacio de dos años.

—A punto ha estado el Príncipe de Bismarck de ser derrotado en las elecciones por un zapatero socialista. Verdad es que en la primera votación obtuvo más votos que su contrincante, el maestro de *obra prima;* pero no siendo los suficientes y debiéndose proceder á nueva elección, se ha creído que por la unión de todos sus adversarios saldría derrotado el ex Canciller, que hace año y medio imponía la ley al mundo. No sabemos por qué la unión proyectada no se llevó á cabo, y gracias á eso no murió políticamente el insigne estadista á leznazo limpio á manos de un zapatero. Ni éste podía llegar á más, ni aquél á menos.

La política que va á desarrollar Bismarck es de abierta oposición al Gobierno y al Emperador. En un discurso que poco hace pronunció en el comité conservador de Kiel, decía á sus amigos entre otras cosas: "No creo que sea indispensable pertenecer al partido gobernante para ser conservador, y con esto nada digo que pueda echar á mala parte el Gobierno actual. Quisiera no más que el Gobierno considerase el *Quieta non movere* de los latinos como un principio político fundamental, y no digo esto por el gusto de hacer oposición; harto sabéis cuánto me interesa el desarrollo de aquello que he ayudado á fundar.

„Pero si se me dice que debo retirarme de la vida política, contesto que nada puedo encontrar de más necio que semejante pretensión.

„Paréceme, en efecto, señores, que si los hombres experimentados tienen el derecho y el deber de dar su opinión en discusiones cuya materia conozcan mejor que los ignorantes, bien puede dar la suya el hombre que, después de largos años en el poder, tiene que poseer algunos conocimientos políticos. Mi cooperación, dada la situación á que he sido relegado, ha de ser por fuerza negativa; mas *quien quiera que sea* el que en el mundo lo intente, no me impedirá que hable cuando lo juzgue útil y oportuno. Y al decir esto y al cumplirlo, sigo considerándome conservador aunque no me considere ministerial.

„Señores: quédame poco tiempo ya para poder trabajar en vuestra compañía; pero tengo la seguridad de que mis ideas no morirán con-

migo, y que nuestra política seguirá siempre por el camino que á todos nos trazó nuestro difunto y venerando amo.„

FRANCIA.—La campaña proteccionista emprendida por los republicanos franceses, que creían captarse de este modo las simpatías
de la nación, va produciendo resultados totalmente opuestos. Millares de Sindicatos agrícolas de todos los departamentos protestan contra los proyectos que están á punto de ser leyes, diciendo que ése es
el medio más adecuado para concluir con la prosperidad relativa en
que se encontraban los productores franceses.

—Nuestros lectores recordarán que hace algunos años se formaron en París batallones escolares, con grande aplauso de los que toda
la educación la reducen á gimnasia más ó menos militar. El Consejo
municipal, comprendiendo que era desastroso el sistema, ha suprimi-
do en las escuelas primarias los ejercicios de batallón y de compañía,
el uniforme militar y la intervención en esta clase de enseñanzas de
oficiales nombrados por el Ministro de la Guerra.

—Julio Férry, cada día más enternecido para con los radicales, ha
pronunciado no hace muchos días un discurso contra el brindis del
Cardenal Lavigerie y contra la política conservadora seguida en
Francia. Denuncia esta nueva orientación de la política como una
táctica sumamente hábil y un peligro para la ley escolar, de la que
en mal hora fué fundador, y de la que en la actualidad es el forzoso y
obligado paladín. No nos maravilla este discurso, porque viene á ser
algo así como un síntoma importante, una manifestación de miedo
ante los esfuerzos católicos, que tienden á unificarse y á trabajar va-
lerosamente en el seno de la República. Julio Férry tiembla por su
obra, cuya existencia ve amenazada y en peligro ante el nuevo elemento que trata de destruir aquellas leyes de la enseñanza, en las
que ven él y sus secuaces la salvaguardia de sus malhadados progresos realizados en los últimos trece años.

Si la carta del Cardenal Rampolla tuviera necesidad de justificación, la tendría clara y palmaria con el discurso de M. Férry. Este
ha sido considerado hasta hoy como un moderado; pero parece que
se esfuerza en captarse las simpatías de los radicales.

Es éste el segundo discurso que pronuncia en este sentido, y debe
servir de provechosa lección para los católicos franceses; gracias á
este aviso, podrán apreciar y aquilatar las indicaciones contenidas
en la carta de Mons. Rampolla referentes á la conservación de los
verdaderos intereses de Francia, del orden, de la religión y del patriotismo.

PORTUGAL.—Los asuntos de Africa traen á los portugueses á mal andar desde el conflicto, no bien conjurado aún, con el Gobierno inglés. Ahora son los portugueses los que cometen un desafuero contra la marina inglesa, de que la Gran Bretaña no podía menos de exigir cuenta; ahora son derrotados los mismos por los indígenas de Bisso (Guinea portuguesa), con pérdida de un centenar de hombres entre muertos, heridos y extraviados. Afortunadamente, los consejeros de la Reina Victoria, comprendiendo la situación por extremo difícil de nuestros vecinos, no se han mostrado exigentes; pero, aun arregladas las cosas con la Gran Bretaña, quedan en pie las que quieren los indígenas exigir á Portugal; y si decimos que éstas tampoco ofrecen dificultades de cuantía, ahí están las interiores y permanentes, que van minando sordamente los cimientos del actual orden de cosas. El descrédito de las instituciones y el descoco de los republicanos corren parejas, según se desprende de los honores fúnebres que se han tributado al cadáver de un diputado republicano, profesor que había sido de la Escuela Militar de Lisboa. "Numeroso séquito, dice la Agencia Fabra, formado por algunos millares de personas, ha acompañado desde la casa mortuoria hasta el cementerio al cadáver del Sr. Elias Garcia, diputado por Lisboa. Los alumnos militares llevaban el féretro, seguidos por diferentes carruajes, conduciendo coronas de las escuelas y servicios de la municipalidad alumnos y compañeros del difunto en el profesorado de la Escuela Militar, Asociaciones obreras, republicanos y hombres de todos los partidos, por las simpatías personales que disfrutó el finado. Las calles del tránsito se veian cuajadas de gente. El Patriarca de Lisboa ha prohibido todo servicio religioso por haber pertenecido el difunto á la francmasonería. En el cementerio se pronunciaron diferentes discursos enalteciendo la buena memoria del diputado republicano. Ha reinado el orden más completo."

* *

AMÉRICA. --Las primeras noticias pesimistas para los revolucionarios chilenos han corrido en esta última quincena: hasta ahora todo han sido victorias sobre victorias, definitivas algunas de ellas, según rezaban los despachos telegráficos; pero estos días se han vuelto las tornas, y con sólo haber sido echado á pique el acorazado *Blanco Escalada*, perteneciente á la escuadra insurrecta, por un torpedo, corren ya voces de que los revolucionarios podrán sostenerse por muy poco tiempo. Lo cierto es que el Congreso chileno ha dado comienzo á sus sesiones como si tal insurrección existiera en la República, y Balmaceda, en su mensaje, ha tratado de justificar su conducta, cosa fácil y hacedera ante diputados que estaban de antemano deseosos de darle en todo la razón.

—El *Mémorial Diplomatique* ha publicado ún extenso artículo sobre la revolución de Chile, en el cual da á conocer algunos curiosos datos sobre los grandes progresos realizados por aquella República en los últimos sesenta años y sobre su floreciente situación antes de la actual guerra civil. Los ingresos del Erario público, que en 1826 ascendían á 8.684.115 pesetas, han ido creciendo progresivamente. En 1836 sumaban más de 11.000.000. En 1846 pasaban de 18.000.000; en 1856, de 28.000.000; en 1866, de 45.000.000; en 1876, de 87.000.000; en 1888, de 135.000.000. Finalmente, en el presupuesto de 1890 figuraban 140.950.000 pesetas. El total de la deuda de Chile en 1891 era de 332.500.000 pesetas. La situación económica antes de la revolución no podía ser más satisfactoria, pues gracias á la buena administración de Hacienda pública todos los años se saldaba el presupuesto con *superávit*, habiéndose logrado reunir, gracias á la acumulación de estos sobrantes, un fondo de reserva de 75 millones de pesetas. Las propiedades y caminos de hierro del Estado, unidos á las líneas telegráficas, edificios públicos y salitreras, y al excedente del Tesoro, representan la suma de 424.000.000 de pesetas. El comercio, que en 1850 alcanzaba la cifra de 245 millones, 117 y medio de importación, y 127 y medio de exportación, llegaba en 1888 á la cifra de 705.000.000, sumando la importación 330.000.000 y la exportación 375.000.000. La exactitud en el pago de los intereses de la Deuda pública, hizo elevarse el crédito del Estado hasta el punto de que el consolidado chileno al 4 $^1/_2$ por 100 se cotizaba por cima de la par antes de la revolución. El Estado posee una red de caminos de hierro de 1.300 kilómetros en explotación; 982 kilómetros estaban en construcción, ocupando á más de 17.000 hombres. El total de kilómetros de las vías férreas de Chile se eleva á 3.800. También la instrucción pública se ha desarrollado mucho. En los últimos años se han inaugurado más de ciento cincuenta escuelas de primera clase, y puede calcularse que llegan á 80.000 los niños que reciben gratuitamente la instrucción primaria. En cada una de las veintitrés provincias de la República hay un Liceo con biblioteca y laboratorio, y en algunas existen también Liceos especiales para señoritas. La Universidad de Santiago cuenta con buen profesorado. Además existen un Instituto de Pedagogía y varias Escuelas Normales.

La administración de justicia goza de gran prestigio en Chile. Las leyes civiles y penales están codificadas hace muchos años. El Código civil, basado sobre el Código Napoleón, y adaptado por el insigne escritor y jurisconsulto Andrés Bello á las necesidades del país, ha servido de modelo á los del Perú y la República Argentina. Tal era la situación de Chile antes de la revolución. ¡Lástima que un país que ha sabido progresar de tal suerte esté siendo víctima de las discordias y de las ambiciones de los partidos políticos!

III

ESPAÑA

De propósito hemos dejado para este lugar todas las noticias relativas á la cuestión obrera, que es, como si dijéramos, la *gran pequeñez* que absorbe la atención del mundo civilizado.

Cuantos han seguido el curso de las ideas predominantes en la clase directora del socialismo han podido anunciar, con toda la certeza que cabe en lo humano, lo que había de suceder con motivo de las manifestaciones de 1.º de Mayo. Los Diputados socialistas alemanes, que son la flor y nata de la clase mencionada, habían declarado por boca de uno de ellos que era insensato pensar en una huelga general sin los recursos suficientes para sostenerla, dando lugar á que la multitud hambrienta cometiese desmanes que cederían en desdoro del sistema, y exponiéndose neciamente á que los ametrallasen. Por eso en todas partes y por todos los medios imaginables han procurado evitar las huelgas, contentándose con manifestaciones pacíficas á favor de la jornada de ocho horas. Cierto es que algunos han atribuido este resultado á connivencias, no del todo desinteresadas, entre los Poderes públicos y los jefes de los socialistas; pero no hay, entendemos nosotros, dificultad ninguna en harmonizar uno y otro extremo: si por una parte juzgaban dichos jefes, y muy razonablemente por cierto, que las huelgas eran contraproducentes, y por otra se ofrecía una mano generosa á galardonar ampliamente los esfuerzos que se hicieran en favor de la paz, todos, por de pronto, salían ganando, aunque, á la larga, esa misma paz fuera precursora de más recias tempestades. Vivimos al día, y una hora de tranquilidad la juzgamos el colmo de la dicha cuando estamos á dos dedos de un cataclismo que dé al traste con todo lo existente.

Puede decirse, pues, que, en general, la clase obrera ha obedecido á la consigna, si bien en algunos puntos han ocurrido hechos lamentables, debidos más bien á los anarquistas que á los socialistas. En España, hasta el momento en que escribimos, ha habido, sí, manifestaciones, pero no huelga de importancia. Habíanse tomado grandes precauciones á fin de evitar que se cometieran desmanes por los obreros; pero no ha sido preciso, por fortuna, echar mano de ningún medio extraordinario para conservar el orden en toda la nación. Después de esto, inútil nos parece hacer aquí una larga lista de las poblaciones en que hubo manifestaciones más ó menos numerosas, y nos contentaremos con copiar las conclusiones de la exposición que la clase obrera ha remitido por correo al Consejo de Ministros, y dicen así: "Limitación de la jornada de trabajo á un máximum de ocho

horas para los adultos. Prohibición del trabajo de los niños menores
de catorce años, y reducción de la jornada de seis horas para los jóvenes de uno ú otro sexo de catorce á dieciocho años. Abolición del
trabajo de noche, exceptuando ciertos ramos de industria cuya naturaleza exige un funcionamiento no interrumpido. Prohibición del trabajo de la mujer en todos los ramos de industria que afecten con
particularidad al organismo femenino. Abolición del trabajo de noche
de la mujer y de los obreros menores de dieciocho años. Descanso no
interrumpido de treinta y seis horas por lo menos cada semana para
todos los trabajadores. Supresión del trabajo á destajo y por subasta.
Supresión del pago en especies ó comestibles, y de las cooperativas
patronales. Supresión de las agencias de colocación. Vigilancia de
todos los talleres y establecimientos industriales, incluso la industria
doméstica, por medio de inspectores retribuídos por el Estado y elegidos, cuando menos la mitad, por los mismos obreros. Reclamamos
igualmente, de acuerdo con el Congreso socialista verificado en Bilbao en Agosto de 1890, *la reglamentación del trabajo en las prisiones.*

„Señores: Fijándonos en la representación efectiva que tenéis—la
de la clase que explota al pueblo trabajador,—no esperamos que
acojáis favorablemente nuestra demanda; casi estamos seguros de
que, además de poco correcta, la tacharéis de exagerada. Pero, á
pesar de eso, tenemos tal confianza en la razón y la justicia que la
abonan, y sobre todo en la unión y la constancia que ha de mostrar
la clase obrera para alcanzarla, que no abrigamos la menor duda de
que, si vosotros no, los que os sucedan en los puestos que desempe-
ñáis han de verse obligados á atenderlas.

„Madrid 1.º de Mayo de 1891.„

Suscriben este documento el Comité Nacional del partido socialista obrero, la agrupación socialista madrileña y las Asociaciones
de resistencia de albañiles, El Trabajo; de constructores de carruajes; de carpinteros, La Unión; de cerrajeros, El Porvenir; de estu-
quistas, La Solidaridad; de curtidores, El Remedio; del Arte de Imprimir; de constructores de calzado; de marmolistas; el Montepío de
Tipógrafos; el Pensamiento Obrero, y el Comité Central de la Federación Tipográfica.

En Francia é Italia han ocurrido desórdenes lamentables; pero en
muy pequeña escala, si se tiene en cuenta la extensión del movimiento obrero. En Lyon y Marsella hubo tumultos que fué necesario apaciguar reduciendo á prisión á los más atrevidos: en Rennes la cosa
pasó más adelante, resultando del conflicto 18 muertos.

He aquí cómo refiere la Agencia Fabra lo ocurrido en Italia:

"Un *meeting* de 5.000 personas próximamente se ha verificado en
la plaza de Santa Croce. Sobre el estrado veíase á varios diputados.
Pronunciáronse discursos de relativa moderación; pero habiendo

recibido los soldados de caballería orden de montar, hubo un verdadero pánico y una gran alarma. Cipriani subió á la tribuna y exclamó: "Ha llegado el momento de obrar si no somos unos cobardes.„ Sonó un tiro, sin duda como señal, y desde los balcones y puertas de las casas de la plaza cayó una granizada de piedras sobre los soldados y oficiales. El comandante dió una carga para despejar la plaza; pero habiendo seguido los disparos y pedradas, hizo que las fuerzas á sus órdenes cargasen en todas direcciones. La resistencia parecia organizada entre la basílica de San Juan y Santa Escala. Un agente de policia fué muerto de una puñalada, y otros militares heridos. De hombres civiles lo fué también el diputado Barcilai, que fué atropellado por la caballería. Otro choque hubo en la plaza de Víctor Manuel, donde también resultaron varios heridos, y un soldado de caballería muerto. También en Florencia ocurrió un conflicto entre soldados y manifestantes, resultando con este motivo bastantes prisiones.„

No tenemos noticia de que en ningún otro punto de Europa haya habido que lamentar otras desgracias. Pudiera muy bien suceder que, á no tardar, se organizasen algunas otras revueltas; pero nada de esto pugnaria en lo dicho anteriormente: el socialismo es un monstruo de millones de cabezas volcánicas, y no es tarea fácil someterlas á un solo regimen, máxime cuando se les ha enseñado á despreciar toda autoridad. Así se explican los excesos dichos y otros mayores que puedan ocurrir."

—Precisamente el día 1.º de Mayo, á las dos y media de la madrugada, estalló en el astillero del Nervión (Bilbao) un formidable incendio, quemándose talleres, maquinaria, ajustaje, calderería, fundición y modelado. Dícese que las pérdidas no son tan grandes como se temía, pero sí muy sensibles, por la forzosa paralización de los trabajos en que se empleaban miles de obreros. Se supone que el incendio ha sido casual.

—En el Senado se discutirá dentro de breves días la ley del descanso dominical, que deseamos ardientemente prospere en el sentido en que la defienden los sabios Prelados que han de tomar parte en su discusión. El Congreso está ocupado en la ardua é inútil tarea de discutir largo y tendido el Mensaje de contestación al discurso de la Corona. Hemos visto, no obstante, hermosas declaraciones católicas, á que no nos tienen acostumbrados los padres de la patria á pesar de ser la nuestra la más católica del universo.

—El 12 de Marzo último fondeó en Manila, procedente de Ponapé, el crucero de guerra *Velasco*, y los periódicos de la capital del Archipiélago insertan curiosas cartas y noticias de aquellas posesiones. Desde el regreso á Manila de la expedición militar, el gobernador interino, Sr. Abriat, se dedicó á mejorar los muros y *blokaus* de Ponapé, chapear una gran extensión de bosque, y se mantuvo una vi-

gilancia grande por si intentaban los kanakas un ataque desespera-
do. Los Reyes de Unot y Chocas habrán visitado al Sr. Abriat, y el
primero, sin duda por imitar á Kitti, ofreció gente para venir á trabajar; también pidió se estableciese allí una Misión para que les enseñara el español, respondiendo el Rey de ella y comprometiéndose
á hacer ellos la iglesia, escuela y casa de los misioneros. Por la in
tervención del P. Agustín Ariñez va ganando mucho terreno la causa de los españoles entre los naturales, que antes los miraban con
prevención y reserva, y la Misión va adquiriendo prosélitos y convirtiendo al Cristianismo á los hasta hoy irresolutos y desconfiados vecinos de Kitti.

Son muchos los bautizos que el P. Agustín hacía; el Rey no daba
un paso ni hacía nada sin llevar al P. Agustín á su lado, y los días
de precepto acudía todo el pueblo á la iglesia, que no podía contener
tanta gente; á la escuela asisten muchos también; y siendo insuficiente, el Rey, con acuerdo de Naupey, ha cedido al P. Agustin el edificio de los protestantes; de modo que se ha dado un gran paso, pues
demuestra que á Naupey (el alma de los metodistas) le es, por lo menos, indiferente la escuela que representa. El kanaka Etger, autor
principal de la rebelión, que fué preso, y por haber prestado grandes
servicios al salir la expedición se le puso en libertad, está arrepen-
tido; se fué á Kitti, y, unido al P. Agustín, aprende el español y sirve
de maestro á los niños que asisten á la escuela, haciendo elogios de
las autoridades españolas y de los misioneros. El día 15 de Febrero
fondeó en Ponapé el *Don Juan de Austria* conduciendo al Sr. Me-
rás, que releva al Sr. Cadarso en el Gobierno del Archipiélago, y
continuó con gran interés y actividad las defensas. Este señor ha procurado sostener la unión, y no es dudoso que así estará la colonia al
abrigo de toda intentona.

Es grande la animación que reina entre los naturales, celebrando
fiestas y comilonas, según dicen, en celebración de que ya no pelean
más los españoles. Esto parece ser buen signo, y es de esperar haya
paz en lo futuro.

En resumen—dice un corresponsal—que esto ha variado y está
próximo á dar una conversión completa si se procede con tacto y diplomacia, y sobre todo gran energía, y creo que estamos en el deber
de secundar todos.

—Hecho y ultimado el arreglo parroquial de Madrid, y en vías de
realizarse próximamente el de toda la diócesi de Madrid-Alcalá,
el Excmo. Prelado de la misma anuncia que para el mes de Noviembre próximo abriga el propósito de celebrar concurso general para
proveer, conforme á derecho, los curatos vacantes de la diócesi. A
ese fin publicará, con la conveniente anticipación, el edicto oficial de
convocatoria.

RESUMEN

de las observaciones meteorológicas efectuadas en el Colegio de Agustinos Filipinos de Valladolid en el mes de Abril de 1891.

ALTITUD EN METROS 715   LATITUD GEOGRÁFICA 41° 39'   LONGITUD EN TIEMPO 4ᵐ 7ˢ O.

DÉCADAS	BARÓMETRO, EN mm A 0.°						TERMÓMETRO CENTÍGRADO.										
	Altura media	Oscilación media.	Altura máxima.	Fecha.	Altura mínima.	Fecha.	Oscilación extrema.	Fecha.	Temperatura media.	Oscilación media.	Temperatura máxima.	Fecha.	Temperatura mínima.	Fecha.	Oscilación extrema.	Humedad relativa media	Tensión media del día en milímetros.
1.ª	698,2	0,8	703,3	10	695,0	1	8,3	8,5	10,8	26,0	2	3,6	9	29,6	69	6,1	
2.ª	702,4	1,1	708,1	16	696,2	15	11,9	10,6	14,2	35,6	17	2,6	17	38,2	54	6,9	
3.ª	697,6	0,8	704,7	21	691,2	27	13,5	13,2	13,5	35,5	30	0,2	29	35,5	63	7,7	
Mes	699,7	0,9	708,1	16	691,2	27	16,9	10,7	12,8	35,7	30	3,6	9	39,3	62	6,9	

DÉCADAS	ANEMÓMETRO.																					DÍAS			DÍAS DE									
	FRECUENCIA DE LOS VIENTOS								DÍAS DE				Velocidad media por día en kilómetros.	Velocidad máxima en un día.	Fecha.							Despejados.	Nebulosos.	Cubiertos.	Llovizna.	Niebla.	Rocío.	Escarcha.	Nieve.	Granizo.	Tempestad.	Lluvia total en milímetros.	Lluvia máxima en un día.	Evaporación media en milímetros.
	N.	N. E.	E.	S. E.	S.	S. O.	O.	N. O.	Calma.	Brisa.	Viento.	Viento fuerte.																						
1.ª	4	2	1	1	2	1		4	2	3	1	4	266,0	537,8	4							4	10	5	1		2	1				7,7	6,5	3,6
2.ª		4	1	1	2	4	3	5	3	3	4	3	322,1	642,0	14							1	5	4	1		2	1				10,0	8,5	4,3
3.ª	2	3		1		6	3	3	6	7	6	11	220,5	619,0	23							2	2	7	1		2					17,7	8,5	4,3
Mes	4	9	1	2	4	21	7	12	6	7	6	11	279,5	642,0	14							2	12	16	3		6	1						4,0

PROLOGO [(1)]

EL análisis, musa inspiradora del siglo que, en el decurso de las maravillosas conquistas con que va ensanchando las fronteras de la ciencia, no ha sabido dejar de la mano el escalpelo y el microscopio, se interna hoy en los dominios del arte y en el alma de sus cultivadores, imponiéndoles los procedimientos de la observación experimental, reconstituye y anima las literaturas muertas, escudriñando las profundidades donde yacían sepultadas como en infranqueables capas de yacimientos seculares, y arranca á viva fuerza sus secretos á la esfinge de lo pasado; fija impaciente en su placa fotográfica la imagen de los cambios á que vienen sometidas las creaciones del ingenio, las agrupa y colecciona en mapas sintéticos de todos tamaños y escalas, y multiplica las fuentes en que pueden saciarse la fiebre de la curiosidad vulgar y los generosos anhelos del sabio.

La crítica ha venido así á desempeñar el papel de inexorable Themis, que rectifica en su balanza los fallos del apasionamiento, y de piadosa madre que embalsama los orga-

_____

[(1)] De la obra intitulada *La Literatura española en el siglo XIX*, que acaba de publicarse.

nismos estéticos, inmortalizando la pasajera flor de la belleza. El contingente enorme de la producción, que rebosa
como un mar sin orillas con las nuevas corrientes que aflu-
yen á su seno, hace imprescindible el uso del filtro y de la
alquitara para concentrar las esencias y conservarlas libres
de todo elemento corruptor y allegadizo.

Por causas de distinta procedencia, y en especial por la
indolente apatía que constituye uno de nuestros caracteres
étnicos, España es quizá entre las naciones cultas la más
refractaria á ese impulso universal, la que con menor empeño trabaja en inventariar sus tesoros literarios, sin que le
sirvan de acicate ni la conciencia del propio valer, ni el
ejemplo de Alemania, Francia é Inglaterra, ni la bofetada
del desdén con que la han herido tantas veces los extranjeros que no conocen nuestras glorias porque no las estudian,
y no las estudian porque no disponen de otro recurso que
el imposible casi de la información directa. Exceptuando á
unos pocos representantes de la erudición sólida que apenas consiguen ser leídos, la generalidad de nuestros escritores no estilan otra manera de honrar al genio que la apo-
teosis y el ditirambo; y persuadidos de que brillan más esas
luces de bengala que las del estudio paciente, malversan en
labrar filigranas para un día dotes merecedoras de otro
empleo.

Si en la historia de la literatura patria quedan numerosos huecos que llenar, nieblas aún no disipadas, enigmas
que no alcanza á descifrar un hombre solo, aunque se llame
Amador de los Ríos ó Menéndez Pelayo, la parte contemporánea es entre todas, no la menos conocida, pero sí la que
menos han tratado de ilustrar los que fácilmente podían hacerlo, como si se desdeñasen de dar importancia á hombres
y cosas con que han vivido en íntima comunicación, ó como
si el riesgo de la parcialidad sirviera de disculpa á tan las-
timosa negligencia. Comparándola con la oficiosidad nimia
de los franceses, que cuentan por centenares el número de
monografías sobre cada uno de sus autores, aun los vivos y
más recientes, no creo que la elección resulte dudosa ni á
favor nuestro, aunque también haya algo de extremosidad

indiscreta en la exhibición de obscuros personajes é inútiles fruslerías.

¡Extraña paradoja! Se rehuye la apreciación en conjun-to de las letras contemporáneas, y en cambio se admiten como moneda corriente las adulaciones oficiales y las in-temperancias de la censura al día, los sahumerios y las em-boscadas de la prensa, en la que el velo del anónimo ú otros no tan tupidos sirven de escudo al compadrazgo y á los re-sentimientos del amor propio para perpetrar toda suerte de injusticias. ¿Quién duda que el poder moderador y directi-vo de la crítica será tanto más eficaz cuanto mayores sean sus responsabilidades y con más honrada independencia se ejercite?

Prescindiendo de esta utilidad inmediata, hay que aten-der á la de aquellos que no han sido espectadores del mo-vimiento literario en el siglo presente, ó quieren refrescar y sistematizar impresiones borrosas y de fecha lejana, ó ne-cesitan orientarse en el dédalo de publicaciones que surgen y desaparecen como relámpagos; hay que allanar el camino á la posteridad para que no le sea tan arduo el conocimiento de lo que ahora podemos consignar sin mucho trabajo.

Al impulso de tales consideraciones se despertó en mí la idea de escribir el libro que presento al público, idea reali-zada con gran temor á las dificultades de la empresa, sin otros medios que los de la investigación solitaria y prolija, ni otro estímulo que el de mis aficiones, acrecentadas por la atracción misteriosa de lo desconocido. Pero aún me resta la inestimable ventaja de repetir con libertad, respecto á los personajes cuyos nombres han de figurar en estas páginas, la frase del historiador latino: *Nec beneficio nec injuria cogniti.*

Hace ya muchos años, en el de 1846, apareció una *Gale-ria de la literatura española* en el siglo XIX, serie inco-nexa de apuntes biográficos con vistas á las obras de cada autor; pero el título y la fecha bastan para suponer las ne-cesarias deficiencias de este ligerísimo trabajo en el que don Antonio Ferrer del Río sólo trató de cumplir un compromi-so apremiante.

Así y todo, no podía incurrir, ni incurrió de hecho, en los errores de que está atiborrada la *Historia de la literatura contemporánea en España* (1), escrita en francés por el monomaniaco y cejijunto clerófobo Gustavo Hubbard, de la cual dieron buena cuenta en su día dos eminentes críticos españoles, Manuel de la Revilla y Federico Balart. No se trata de esas pretericiones que pueden disimularse en un extranjero, ni de esos desatinos que indican sólo falta de estudio ó de fijeza; se trata de un criterio sistemáticamente absurdo y de un desconocimiento total de la materia, caracterizados por Revilla con suma lucidez: "Racionalista y radical, Mr. Hubbard condena sin apelación todo lo que de su ideal se aparta; y lejos de colocarse en el punto de vista sereno é imparcial que es propio de la historia, desdeña y rechaza todo lo que no se adapta al molde de sus ideas; lo cual es un criterio que puede ser útil en política, pero que no lo es en literatura ciertamente. En la apreciación de las obras literarias se debe hacer que siempre predomine el punto de vista estético, relegando al segundo término los principios políticos, religiosos y sociales; de otro modo, el escritor se expone á ser injusto y á preferir una obra mediana porque conforma con las tendencias de su espíritu, y una obra maestra que las contradice... A esta preocupación política, á este imperio absoluto de las ideas preconcebidas, se une en el libro de Mr. Hubbard una ignorancia de los hechos casi constante, que proviene, sin duda, de que el autor no se ha tomado el trabajo de recurrir á las fuentes originales, ni de ponerse al corriente de nuestro movimiento literario. De aquí omisión de escritores y obras de gran importancia; transcripciones inexactas de nombres propios; menciones de obras que no lo merecen; testimonio de aprecio otorgados en igual medida á obras de primer orden y á producciones que nada valen; en resumen, errores de todo género que despojan al libro de todo valor histórico y le ha-

---

(1) *Histoire de la littérature contemporaine en Espagne, par Gustave Hubbard.* París, 1876. (De la *Bibliothèque Charpentier.*) Un volumen en 12.º de 422 páginas.

cen ser un guía infiel y engañoso, que harán bien en no seguir á ciegas los franceses que deseen conocer nuestra literatura contemporánea (1)., Y claro está que la tal historia
con sus formidables desatinos ha de desagradar doblemente
á los lectores españoles que son capaces de comprenderlos,
y para los cuales no sólo resulta incompleta, sino positivamente inútil, á no ser que la tomen en las manos como motivo de risa y pasatiempo, y yo no aconsejaré á nadie que
así lo haga.

Mucho más que del empecatado autor francés y de Ferrer del Río he podido entresacar de algunos estudios que
figuran en la espléndida antología de *Autores dramáticos
contemporáneos* (2), verdadero monumento erigido á las glorias del Teatro español por el ilustre escritor y poeta don
Pedro de Novo y Colson, del libro del Marqués de Molins
acerca de Bretón de los Herreros, de la monografía de don
Manuel Cañete sobre el Duque de Rivas, y de otras más ó
menos interesantes; pero la luz con que se han esclarecido
ciertos temas parciales no impide que el general de toda
nuestra moderna literatura esté aún inexplorado y envuelto
en caliginosas lobregueces.

(1) *Críticas de D. Manuel de la Revilla*, segunda serie, páginas 30-31. El artículo de que está tomada la cita se insertó en la *Revista Contemporánea* (30 de Octubre de 1876).

(2) *Autores dramáticos contemporáneos y joyas del Teatro español del siglo XIX. Única edición. Contiene el retrato, la biografía y juicio crítico, y la obra más selecta de cada uno de los autores
del Teatro moderno, con un prólogo general del Excmo. Sr. D. Antonio Cánovas del Castillo...* Dos volúmenes en folio menor. Madrid, 1881-
1882. Los juicios que comprende la obra son: *El Duque de Rivas*, por
D. Manuel Cañete; *Don Antonio García Gutiérrez*, por D. Cayetano
Rosell; *Don José Zorrilla*, por D. Isidoro Fernández Flórez; *Don Ventura de la Vega*, por D. Juan Valera; *Don Narciso Serra*, por D. José
Fernández Bremón; *Don Juan Eugenio Hartzenbusch*, por D. Aure-
lio Fernández-Guerra y Orbe (tomo I); *Don Francisco Martínez de la
Rosa*, por D. Marcelino Menéndez y Pelayo; *Don Tomás Rodríguez
Rubí*, por D. Jacinto Octavio Picón; *Don Manuel Bretón de los He-
rreros*, por el Marqués de Molins; *Don Antonio Gil de Zárate*, por el
Marqués de Valmar; *Don Gaspar Núñez de Arce* (de Menéndez y Pelayo); *Don Adelardo López de Ayala* (de Picón), *Don Manuel Tama-
yo y Baus* (de Fernández Flórez), y *Don José Echegaray*, por D. Luis
Alfonso (tomo II).

La misma preocupación que ha retraído de penetrar en
él con paso firme á personas más competentes que yo, contribuirá á que se censuren el método de composición que
desde un principio creí necesario adoptar, el relieve dado á
los grupos de figuras secundarias, las series de nombres
propios, la puntualizada descripción de pormenores, y algo
más que desdeñan los amigos de generalidades fantásticas
y vacías. He de recordar, no obstante, en mi descargo que
las grandes manifestaciones artísticas encarnadas en colosos como Shakspeàre, Calderón y Goethe, suponen casi
siempre el período de preparación en que interviene una
muchedumbre obscura y numerosa, al modo que en las transformaciones del suelo y en la fabricación de las islas ma-
drepóricas se consume la actividad lenta y colectiva de infinitos pólipos. Y si los genios no nacen por generación espontánea, ni habitan en un mundo distinto del en que se mueven los demás hombres, tampoco desaparecen sin dejar es-
tampada su huella luminosa en los artistas de menos vuelo,
y, como el sol, hacen vibrar los átomos esparcidos en torno
de su esfera.

Además, la vida en todos sus órdenes, sin exceptuar el
del arte, es compleja y multiforme, comprende una gama
variadísima de accidentes y matices que no cabe simplificar
por abstracción, y se difunde, como la savia, en árboles de
diferente altura y en flores de distinto aroma. Si la historia
ha de copiar exactamente la realidad de los hechos, no hará
bien en proceder por saltos donde hay puntos de sucesión y
enlace, ni en buscar la recta inflexible donde las leyes de la
naturaleza señalan curvas ondulantes y caprichosas, ni en
aspirar á la simetría ficticia de lo grande donde reina una
desigualdad que no carece de su natural y propia harmonía.

Es más lucido y halaga más á la pereza de algunos lectores amplificar en pomposas y altisonantes cláusulas los
datos generalmente conocidos, que allegar otros nuevos y
de difícil adquisición; pero también tiene sus quiebras el sacrificar la solidez del fondo al buen éxito inmediato y á la
ostentación lírica, y el construir sobre movediza arena cas-

tillos fantásticos que se desmoronan á poco que los roce el ala del tiempo.

No todos los autores menos notables juzgados en las páginas que siguen pueden colocarse en segunda fila, ni aun extendiendo mucho los límites de la benignidad. Lo que me determinó á descender á otras categorías inferiores fué el no tratarse aquí del mérito absoluto, sino del relativo, la aceptación que consiguen y la importancia que así adquieren ciertas obras desprovistas de uno y otro, la exuberante fecundidad de la materia, y el interés que para los que hoy vivimos ofrecen las particularidades relacionadas íntimamente con los hombres y la sociedad de nuestros días.

El presentar grupos completos en vez de personalidades aisladas é independientes, trae la ventaja de que por aquel medio se determinan mejor el aspecto externo y social de la literatura, y su representación histórica como signo de las inclinaciones y del carácter general de una época. Aunque los imitadores sin inspiración propia no mereciesen ser tomados en cuenta por el valor intrínseco de sus obras, merecen serlo en cuanto testifican con ellas la difusión y resonancia de cada género literario, y sirven de base á las inducciones de la crítica científica en lo que ésta tiene de admisible y racional. Es bien sabido que las teorías y el ejemplo de Taine, extremados por sus secuaces, tienden á convertir la historia de una literatura en historia de la psicología de un pueblo, considerando el libro como un documento para conocer á los hombres, y preconizando la crítica sociológica, así como Saint-Beuve introdujo y practicó la biográfica. Pero los mantenedores de estas novedades se han olvidado frecuentemente de lo principal, que es el análisis de la obra en sí misma, y se han propuesto explicar su formación más bien que aquilatar y hacer sentir sus bellezas, fin último al que debe dirigirse lo que llama Guyau (1) *el trabajo preparatorio de la crítica científica.* Por mi parte, ni he tratado de seguir los procedimientos del nuevo sistema bautizado por Hennequin con el nombre de *Esthopsico=*

_____

(1) *L'Art au point de vue sociologique*, pág. 47. (París, 1889.)

logía, y que lleva á las letras la aridez de las fórmulas algebraicas (1), ni me he ceñido á la apreciación meramente retórica y formalista de las producciones literarias, con las cuales pueden y deben ser estudiados el artista que las crea y el público que las admite ó rechaza.

Otro escollo no más fácil de salvar ofrecía la especificación del argumento en los dramas, novelas y demás obras similares; pues mientras los unos hacen gala de prescindir de él, contentándose con vagas alusiones, inteligibles sólo para los que lo conocen de antemano, hay quien lo diseca con la fastidiosa prolijidad de un entomólogo, de lo cual se ven en Zola ejemplos elocuentes. Adoptar una práctica media equidistante de ambos extremos, evitar la repetición de aquello que no ignora ningún español medianamente versado en la literatura patria, concentrar en breves rasgos sintéticos lo que baste á dar idea de la acción, del plan á que obedece y de la forma externa, simplificando las indicaciones á medida que son más excusadas ó menos importantes; tal es el criterio á que me he procurado conformar, seguro de no haberlo conseguido siempre.

El título de *Literatura española en el siglo XIX* exige también una aclaración, que será la última. Entiendo aquí la Literatura, no en su más amplio concepto, sino en cuanto significa el arte que tiene por fin único la manifestación de la belleza y por medio la palabra, y doy por excluídas la oratoria y la didáctica, en las que el efecto estético va subordinado á la utilidad. Esta limitación, fundada en la naturaleza misma del asunto, que entendido de otro modo apenas podría desenvolverse en numerosos y dilatados volúmenes, no se extiende á los géneros en prosa que participan del carácter desinteresado de la Poesía. Y como en el siglo presente han sido los Schlegel, los Macaulay, los Saint-Beuve y Durán heraldos de toda renovación literaria, auxiliares poderosos del progreso artístico, magos descu-

(1) Léase como prueba el ensayo acerca de Víctor Hugo que incluye Hennequin en un apéndice á su libro *La Critique Scientifique,* páginas 225-243. (Paris, 1890.)

bridores de mundos incógnitos, por los que después han podido explayarse la fantasía y el sentimiento, vendrán á completar cada una de las partes en que se divide esta his- toria sendos capítulos sobre la crítica literaria y sus más caracterizados representantes.

FR. FRANCISCO BLANCO GARCÍA,
Agustiniano.

Colegio del Escorial, 22 de Abril de 1891.

Santo Tomás de Villanueva, Moralista [1]

IV

Si el orador sagrado necesita vastos y profundos conocimientos de las verdades cristianas para instruir á los fieles en la doctrina evangélica, y preservarlos de los errores que contra ella formule la incredulidad atea y racionalista, no le es menos necesaria la dificilísima y complicada ciencia de la Teología moral para dirigir las almas por el estrecho camino del cielo y corregir las malas costumbres de los viciosos y pecadores. Claro es que no ha de exigirse al predicador que descienda en sus discursos á las minuciosidades, aclaraciones y razonamientos propios de obras didácticas; ni que discuta la mayor ó menor probabilidad de esta ó la otra opinión; ni que observe aquel tecnicismo peculiar de las aulas; ni que guarde al exponer las doctrinas aquel encadenamiento y orden lógico á que han de atenerse los que se dedican á la enseñanza: bástale exponer en frases claras y concisas el asunto que piensa desenvolver, aducir las pruebas más culminantes y exhortar á la práctica de la virtud ó alejamiento del vicio, pintando la hermosura de aquélla y la horrible fealdad de éste, haciendo ver los delicados y sabrosos frutos que el estricto cumplimiento de los deberes cristianos origina, y las amarguras y sinsabores que acarrea su in-

---

(1) Véase la pág. 462.

fracción. Esta es, á nuestro humilde juicio, la moral que hemos de buscar en los oradores sagrados, y sólo en este sentido es como vamos á considerar á Santo Tomás de Villanueva en el presente artículo, sin que por esto dejemos de exponer ciertas y determinadas cuestiones que el Santo trata admirablemente, y casi con la misma precisión y método con que acostumbran á tratarlas los moralistas.

Por donde quiera que abramos sus admirables conciones hallaremos rica y abundante doctrina moral, expuesta con sencillez, probada con brevedad, recomendada por la eficacia y unción de su palabra, y sobre todo por los bienes imperecederos prometidos á los que fielmente la observaren. Máximas, advertencias, consejos, fervientes exhortaciones relativas al cumplimiento de los deberes cristianos, indicación de medios adecuados para facilitar ese cumplimiento, deshacer las excusas que el amor propio y la rebeldía de las pasiones presentan como obstáculos insuperables, anatematizar el vicio, poner de manifiesto los extremos á que conduce, dar la mano al caído para ayudarle á salir del lodazal inmundo de la culpa, alentar á los que se mantienen firmes en la práctica de la virtud, y exhortar á todos para que vivamos atentos y vigilantes á los innumerables peligros que corremos mientras vivamos sujetos á la concupiscencia de la carne; he ahí en resumen la moral que encontraremos en todas las páginas de los escritos del Santo, moral sana y pura, estrictamente ajustada á la más escrupulosa ortodoxia.

Esto no obsta para que en determinadas ocasiones desenvuelva puntos concretos, cuestiones de capital importancia, por ser los medios ordinarios para la santificación de las almas. De la contrición, ya considerada como virtud y medio de absoluta necesidad para conseguir el perdón de las culpas en todos los tiempos y edades, ya como parte del sacramento de la Penitencia, habla frecuentemente en muchos lugares de sus conciones; explica su naturaleza, señala las condiciones que deben acompañarla para que produzca su efecto, y expone los motivos que tienen los pecadores para excitarse á ella. "Contrición, dice, es un dolor volunta-

rio del pecado con propósito de confesarse, satisfacer y no
volver á pecar., Distingue el dolor sensitivo del voluntario; éste consiste en un acto de la voluntad que aborrece,
detesta y abomina la culpa; aquél es cierta pasión y tristeza que reside en la parte inferior ó sensitiva, y hace que se
derramen lágrimas; el voluntario, y no el sensitivo, es el verdadero dolor y al único á que es preciso atender para la
contrición, por más que el sensitivo sea en muchos casos
efecto del voluntario. El dolor ha de ser no del daño, pena
ó infamia que pueda seguirse del pecado, sino del mismo
pecado en cuanto es ofensa de Dios; de suerte que, aun cuando ningún mal se siguiera de la culpa, se la detestara y abo-
rreciera sólo por no agradar á Dios. Recomienda el Santo
al pecador que advierta bien esto, porque hay muchos que
se duelen del pecado, no por ser ofensa de Dios, sino por la
infamia ú otros males que del pecado provienen, lo cual,
aunque es bueno y santo y constituye lo que se llama atrición, no basta para la perfecta contrición. "Por tanto, escribe, la atrición y contrición no se diferencian sólo porque
ésta es dolor intenso y aquélla remiso, sino más bien porque la contrición es dolor perfecto, por ser Dios quien es, y
la atrición dolor imperfecto y mezclado con otros motivos (1).,

"Añádese en la definición, continúa, con propósito de
confesarse y no volver á pecar, porque á la contrición han
de acompañar tres propósitos, á saber: el de confesarse, por
lo menos á su debido tiempo; el de satisfacer, aunque sólo
sea cumpliendo la penitencia que imponga el confesor, y el
de no volver á pecar (2)., Respecto de la confesión como
requisito necesario para la verdadera contrición, dice el
Santo, siguiendo en esto el sentir común de los teólogos
cristianos, que antes de la venida de Jesucristo, ó para aquellos que aún no tienen noticia de la ley evangélica, no era
ni podía ser condición precisa para justificarse mediante la
contrición; pero sí lo es para los cristianos por razón de

(1) Conc. 1.ª in Dom. Passion.
(2) Ibid.

haber instituído Jesucristo el sacramento de la Penitencia
como medio ordinario para obtener la remisión de las culpas. Bastaba antes confesarse á Dios y tener perfecta contrición del pecado para que éste se perdonara; mas después
es necesario, siempre que se pueda, manifestar las faltas al
confesor, ó tener propósito de hacerlo á su debido tiempo.
A los que reputan esta carga pesada é intolerable les contesta que desconocen el beneficio grandísimo que nos hace el
Señor con poner en manos de un hermano nuestro, pecador
como nosotros, y sujeto á las mismas debilidades y flaque-
zas, la remisión de nuestras culpas (1).

De la explicación dada infiere que la perfecta contrición
ha de tener cinco condiciones, á saber: que sea pura, esto
es, por amor de Dios y no por el daño que de la culpa se
siga; piadosa y confiada, ó sea con esperanza de alcanzar el
perdón; máxima, no intensiva, sino apreciativamente, esto
es, que se duela más del pecado que de cualquier otro infortunio, de suerte que si se le diera á escoger entre el pecado y otro mal, por grande que fuera, estuviese dispuesto
á sufrirlo todo, hasta la misma muerte, antes que ofender á
Dios; perpetua y constante, de modo que se proponga nunca
jamás volver á pecar; y, por último, universal, ó sea de todos los pecados mortales cometidos. Si estas condiciones
acompañan á la contrición, perdona infaliblemente todos
los pecados y justifica; pero si una sola falta, de nada sirve.
"Todos los demás medios varían, pues unos son los Sacramentos de la nueva ley, y otros los de la antigua y los de
la natural; pero la contrición en todo tiempo y en toda ley
persevera inmóvil y constante como remedio natural y propio del pecado. Los demás sin ella no bastan; por lo que
aun cuando dieres todas tus riquezas á los pobres y morti-
ficares tu cuerpo con azotes, y ayunaras toda la vida á pan
y agua, si el pecado te agrada ó no te desagrada, de nada
te sirve para el perdón (2).„

De la necesidad y utilidad de la confesión, de las condi-

(1)   Conc. 1.ª in Domin. III Quadrag.
(2)   Conc. 1.ª in Domin. Passion.

ciones que ha de tener para que sea fructuosa, de la obligación de confesarse y de manifestar sin empacho todas las
culpas de que la conciencia arguyere, por graves y vergon-
zosas que sean, trata extensamente en varias conciones (1),
en las cuales se encontrarán documentos y enseñanzas muy
provechosas para todo lo concerniente á esa misteriosa pis-
cina, de donde salen las almas puras y limpias por la aplicación de los méritos de Jesucristo. La doctrina del Santo en
todo lo que se relaciona con las condiciones de la confesión
es la generalmente admitida por los moralistas, como puede
verse leyendo detenidamente las conciones citadas. Respecto de la cuestión que más hondamente ha dividido á los autores católicos, á saber: si basta el dolor de atrición ó es
necesario el de perfecta contrición para poder recibir el
fruto de la absolución sacramental, asegura el Santo que es
sentencia común de los doctores el que mediante el sacramento de la Penitencia se convierta el atrito en contrito (2);
y como sienta esta doctrina al refutar los efugios que aducen algunos para dilatar la confesión después del pecado,
entre los cuales cuentan la contrición con propósito de confesarse, dedúcese que, en sentir del Santo, basta la atrición,
por más que recomiende eficazmente la contrición.

No hemos de pasar en silencio los sapientísimos y admirables consejos que da á los confesores para la buena y
fructuosa administración de este Sacramento. Encárgales
suma discreción y prudencia, particularmente en la imposición de penitencias, respecto de lo cual merecen transcri-
birse sus palabras por constituir la norma á que han de
ajustarse todos los confesores, según el parecer de San Alfonso María de Ligorio, autoridad irreprochable en tales
materias. Después de recomendar al penitente que acepte
gustoso cualquier penitencia que el confesor le impusiere,
por dura y áspera que le parezca, añade: "Sin embargo,
atienda el confesor, no sólo á la gravedad del pecado, sino

---

(1) Véase Conc. 5.ª et 6.ª Dom. IV Adv., et Conc. 1.ª, 2.ª et 3.ª
Dom. III Quadrag.
(2) Conc. 1.ª in Dom. III Quadrag.

también á la flaqueza y debilidad del pecador, y sea prudente al imponer la penitencia. Deseo que peque más de benigno
y misericordioso que de rigoroso y exigente, á fin de que se
muestre ministro digno de un Señor que tan generosamente perdona. Hay en el excesivo rigor peligro de que no se
cumpla la penitencia, aceptada tal vez por vergüenza (1).„
Lamentándose de aquellos confesores que adulan á los penitentes, y con su excesiva benevolencia son causa de que
prosigan ofendiendo á Dios por la falsa seguridad que les
dan del perdón, confesores á quienes llama *pie impios et
impie pios*, escribe: "A pesar de esto, no quiero que en imponer penitencias seas más severo de lo justo... porque en
la acción de la penitencia se ha de atender más al dolor que
al rigor y al tiempo... Juzgo más oportuno permitir que las
almas vayan al purgatorio con moderada penitencia, que
por el rigor de la misma exponerlas á peligro de condenar-
se... Modérese, por tanto, el rigor de la penitencia, de tal
suerte que ni por lo leve é insignificante se desprecie, ni por
lo grave y dificultoso haya peligro de que no se cumpla.
Esto, á mi juicio, se conseguirá si se impone una penitencia
moderada y se aconseja otra más difícil al pecador; pero
siempre de modo que se aplique la eficacia del Sacramento
á cualquier penitencia voluntaria que él hiciere (2).„ Excelente práctica, dice transcribiendo estas palabras San Alfonso; práctica que, si siempre la hubieran seguido los confesores, no tendría que lamentarse el sabio y piadoso fun-
dador·de los Redentoristas de haberse encontrado, durante
los treinta años que fué misionero, con muchas almas extra-
viadas por el demasiado rigor de las penitencias.

La conducta que ha de observarse con los reincidentes,
expónela también el santo Arzobispo en varios lugares. Su
doctrina en nada disiente de la comúnmente hoy seguida;
ante todo quiere que el confesor obligue al penitente antes
de absolverle á que salga de la ocasión próxima de pecar
si ésta es voluntaria, ó á que ponga los medios de conver-

---

(1) Conc. 6.ª in Dom. IV Advent.
(2) Conc. in Fer. VI post Dom. IV Quadrag.

tirla en remota si es necesaria. La misma regla aconseja que se siga con los que, teniendo deudas de justicia y con que satisfacerlas, pretenden dilatar esa obligación y quieren justificarse con decir que lo encargarán en el testamento á sus herederos. "No es eso seguro, escribe; no es ésa buena restitución de lo ajeno; con cierta razón dice el heredero: no quiero pagar, pague él en el infierno lo que robó (1)." Reprendiendo á aquellos que después de confesarse reinciden con facilidad suma en las mismas culpas, dice: "No es ésa verdadera penitencia, sino falsa... porque la verdadera penitencia consiste en llorar los males pasados y en no volver á cometerlos; no porque se exija para la verdadera penitencia el que no vuelva el pecador á caer en pecado, sino tan sólo que tenga verdadero y firme propósito de no volver á pecar, propósito que no tienen los que tan pronto con tan leve motivo y con tanta facilidad reinciden. Y aun cuando digan en la confesión que tienen verdadero propósito, no se les crea... Aconsejo á los confesores que á éstos los envíen á sus casas, y sólo los absuelvan cuando los encontraren corregidos y enmendados (2)." "¡Oh pecador! escribe en otra parte explicando en sentido moral la resurrección de Lázaro, si lloras con verdad, sal afuera; huye de la concupiscencia; deja la lascivia; arroja de casa á la mala mujer; rompe la cadena; de otro modo no creo en tus lágrimas... El médico á nadie resucita, sino Dios, y al que Dios resucita, el médico le desata; pero antes que eche á la concubina de casa, restituya lo ajeno, anule los contratos usurarios, pague los trabajos de los obreros y de los pobres, resarza del modo que pueda la fama del prójimo, reconcíliese con su enemigo, pida perdón, y luego que se presente al confesor para que le absuelva. Este es el orden que Jesucristo siguió en la resurrección de Lázaro; guardáos mucho de alterar ese orden (3)."

Como se colige de las palabras transcritas, la dificilísima

(1) Conc. 6.ª in Dom. IV Advent.
(2) Conc. 3.ª in Dom. III Quadrag.
(3) Conc. in Fer. VI post Dom. IV Quadrag.

y ardua cuestión de los reincidentes, que tanta divergencia de pareceres ha causado entre los moralistas, resuélvela nuestro Santo con el recto y sano criterio que, después de agrias y poco mesuradas disputas, ha llegado á prevalecer gracias á la autoridad y sólidos razonamientos de San Alfonso de Ligorio. Refuta éste la errónea opinión de los que sostenían que siempre debía absolverse á los reincidentes con tal que manifestasen con palabras estar arrepentidos; combate la de aquellos que, excesivamente rigorosos, opinaban que no eran acreedores á la absolución mientras no se tuviese evidencia de su arrepentimiento; y escogiendo un término medio entre esos extremos, defiende él que no debe absolvérselos si no dan indicios extraordinarios de dolor, contando entre esos indicios la restitución de lo ilegítimamente adquirido. No es otro el proceder que Santo Tomás aconseja seguir con esa clase de penitentes, según puede inferirse de lo que dejamos apuntado; y véase cómo el insigne agustino, anticipándose á San Ligorio dos siglos, había colocado en el verdadero punto de vista la cuestión quizá más difícil de toda la Teología moral. Otras muchas cosas relativas al sacramento de la Penitencia trató el Santo en las conciones citadas, cuya lectura recomendamos tanto á los predicadores como á los confesores, seguros de que encontrarán en ellas provechosísimas y sabias advertencias, dignas de tenerse siempre presentes.

Uno de los deberes cristianos más arduos y difíciles de cumplir, es tal vez el precepto de perdonar á nuestros enemigos y hacerles bien, conforme á aquellas palabras de Jesucristo: *Amad á vuestros enemigos y haced bien á los que os aborrecen* (Matth., V, 44). Y aumenta esa dificultad, como lo hace notar el santo Arzobispo, por no saber discernir lo que hay en esas palabras de precepto y lo que sólo es de consejo. Porque ¿á quién no se resiste tener que amar al que nos aborrece y procura por todos los medios perjudicarnos, denigrando nuestra fama y criticando siempre nuestras acciones? "En verdad, escribe el Santo haciendo hablar á los que reputan imposible semejante precepto, que eso es sobrehumano y no es propio de hombres tanta perfección. Pero guardémonos bien, continúa, de proferir la blasfemia de que Dios manda cosas imposibles... No sólo no son imposibles los preceptos de Dios, sino más bien fáciles de cumplir. Pero al hombre carnal, mundano y vicioso, y por lo mismo frágil, débil y enfermo, le parecen pesados, no porque lo sean, sino porque le faltan fuerzas para sujetarse á ellos; á la manera que á un anciano decrépito ó á un niño le parece pesada una carga ligerísima (1). „

Explica luego cómo en las palabras de Jesucristo hay algo de precepto y algo de puro consejo; lo perteneciente al precepto consiste, según el Santo, en amar al enemigo como á prójimo, en no excluirle del amor que á todos debemos, pues por ser enemigo no deja de ser prójimo; pero no se crea que por lo mismo que nos aborrece y persigue se nos impone una nueva obligación, la de amarle con especialidad. "Hay, pues, obligación de no aborrecerle, de no perseguirle, de no desearle mal, de no excluirle de las oraciones generales, de socorrerle como á otro cualquiera encontrándose en extrema necesidad, de corregirle si obra mal, y de desearle como á todos la gracia de Dios y la vida eterna. Pero hablarle con familiaridad, darle señaladas pruebas de benevolencia, obsequiarle como si fuera un amigo, esto es consejo y no precepto (2). „ Quizá á alguno le parezca dura la obligación de corregir al enemigo cuando obra mal; mas esta obligación, según el Santo, sólo existe en el caso de que se espere ha de ser fructuosa y bien recibida la corrección; pero no en el caso contrario, como de ordinario acontece. He ahí perfectamente explicada en pocas palabras la obligación que hay de amar á los enemigos. Las razones y motivos de esta obligación expónelas el Santo con tal energía y unción, que no sólo convencen á la inteligencia, sino que son capaces de conmover y arrancar el consentimiento á la voluntad más obstinada.

Relacionada con la cuestión anterior está la del perdón de las injurias, respecto de lo cual distingue el Santo tres.

---

(1) Conc. in Fer. VI post diem Ciner.
(2) Conc. in Fer. VI post diem Ciner.

cosas que nacen de la injuria, á saber: el odio, la enemistad exterior y el daño de la persona, de la fama ó de la honra. En cuanto á lo primero, dice que todo cristiano está obligado á perdonar de corazón, pida ó no perdón el ofensor, porque, como dice San Juan: *El que aborrece á su hermano* (y nadie deja de serlo por mucho que nos ofenda) *es homicida* (Epist., I, 3). En cuanto á lo segundo, ó sea no saludarle, ni corresponder á su saludo, ni mostrarle buena cara, afirma que no hay obligación de darle esas muestras comunes de benevolencia mientras no pida perdón el ofensor y se humille y satisfaga del modo que pueda la injuria; mas nunca se está obligado á tratarle con familiaridad, ni á manifestarle especial amor y cariño. Respecto de lo tercero, ó sea de los daños causados en los bienes de fortuna, ó en la honra ó fama, dice que nunca hay obligación de perdonarlos aun cuando se pida perdón; por tanto, se puede lícita y justamente reclamarlos por vía judicial; pero advierte que en estos casos se corre peligro de confundir las justas reclamaciones de los perjuicios causados con el odio y mala voluntad al ofensor, pues con frecuencia sucede reclamar la reparación de los daños, no sólo por indemnizarse, sino también por vengarse de su enemigo (1).

Lamentándose luego de que tan sabias y justas prescripciones no se observen, escribe: "Vean ahora los que están determinados á no perdonar injuria alguna, ni dejarla sin venganza, cuánto se apartan de la ley de Dios y del Evangelio. Tal es, dicen, la ley del soldado; y yo digo que es más bien una ley infernal, diabólica, satánica, ciega, que reputa por infamia, pusilanimidad, timidez y falta de nobleza grandes é insignes virtudes, como son la clemencia, benignidad, paciencia y mansedumbre (2)." Demuestra luego, ateniéndose sólo á los dictámenes de la recta razón, cómo lo que el mundo juzga infame cobardía constituye el verdadero honor y la verdadera nobleza; y, por el contrario, cómo lo que reputa honorífico es insigne y vil cobardía; y termina ex-

---

(1) Conc. 1.ª, in Fer. III post Dom. III Quadrag.
(2) Ibid.

hortando á no dejarse dominar por la pasión de la ira y deseo de venganza, proponiendo como modelos la mansedumbre del Salvador y de los Santos.

En uno de los últimos números de una Revista española
de gran circulación hemos leído un artículo en el que se
abomina de las corridas de toros desde el punto de vista social ó civilizador, aduciendo en comprobación de la amarga
censura que allí se hace de esa costumbre la autoridad de
algunos militares y literatos que enérgicamente la condenan. Desde el punto de vista moral trátala Santo Tomás de
Villanueva en una de sus conciones; y aun cuando quizá á
muchos les parezca exagerada y durísima la terrible exe-
cración del Santo, vamos á transcribir, sin comentario alguno, las palabras con que anatematiza tan inveterada costumbre.

"Omitiendo ahora, dice, otros vicios públicos, ¿quién
puede tolerar la bestial y diabólica costumbre de las corridas de toros de nuestra España? ¿Qué cosa más bestial que
excitar á los brutos para que despedacen á los hombres? ¡Oh
sangriento espectáculo y juego cruelísimo! Ves á tu hermano atropellado en un instante por la bestia, y perder la vida
del cuerpo y del alma, pues de ordinario muere en pecado,
¿y te deleitas y complaces? ¡Cuánto trabajaron aquellos Santos y antiguos doctores Crisóstomo, Agustín, Ambrosio y
Jerónimo para desterrar de la Iglesia esos espectáculos atroces, obscenos y gentílicos! Y consiguieron que desaparecie-
ran de toda la Iglesia: sólo en España quedó este rito gen-
tílico para la perdición de las almas, y no hay quien lo re-
pruebe y prohiba. Pero yo, aunque sé que nada he de conseguir, cumpliré con mi deber para salvar mi alma; no ca-
llaré en vista del peligro que corre mi alma y las vuestras.
Por tanto, en nombre de nuestro Señor Jesucristo os digo
que todos los que hacéis eso ó lo consentís, ó no lo impedís
pudiendo, no sólo pecáis mortalmente, sino que sois homi-
cidas y tendréis que responder de eso delante de Dios en el
día del juicio, se os exigirá estrecha cuenta de la sangre de
todos aquellos á quienes las bestias han destrozado, ya en
la arena, ya en el camino. Y no sólo vosotros, aun los me-

ros espectadores no están seguros de no cometer pecado mortal, por más que no me atrevo á condenarlos (1)„.

No queremos ser más molestos; bastan las indicaciones que dejamos hechas para que se venga en conocimiento del recto y sano juicio de Santo Tomás en cuestiones tan arduas y espinosas como las que dejamos expuestas; todo lo cual supone riquísimo caudal de doctrina y profundo conocimiento del corazón humano. Otros muchos é importantes puntos morales dilucida en sus conciones; mas no es del caso reproducirlos todos: quienes estén versados en sus obras no necesitan de estímulo para no dejarlas de las manos, y los que aún no las hayan leído tienen bastante con lo dicho para conocer su importancia, aun cuando sólo sea desde el punto de vista moral. No terminaremos este artículo sin recomendar encarecidamente, sobre todo á los párrocos, la sencilla pero luminosa explicación de los preceptos del Decálogo (2). Excusado nos parece decir que, tratándose de la exposición de la ley cristiana, ha de tocar y resolver las cuestiones morales más principales contenidas en esé divino código, de cuya observancia depende nuestra salvación.

FR. TOMÁS RODRÍGUEZ,
Agustiniano.

(Continuará.)

---

(1) Conc. 2.ª in Festo S. Joannis Baptista.
(2) Se encuentra en la colección del P. Vidal, y formará parte del sexto tomo de la edición de Manila, que aguardamos con impaciencia.

CONDICIONES ESTÉTICAS DEL CANTO GREGORIANO [1]

oy más que nunca se halla embrollada la cuestión sobre la belleza en la Música merced á las exageraciones de algunos estéticos modernos que reniegan de las tradiciones psicológicas, es decir, de la música expresiva, de la música del sentimiento, para proclamar el imperio de la *forma*. Y en realidad, nada obsta á una con-

[1] Rogado por varios amigos para que adelantásemos, como primicias del libro en prensa titulado *Tratado teórico-práctico de canto gregoriano*, algunos de sus capítulos, hemos preferido éste que lleva el número VI por ser el de menos tecnicismo, y por ende el más asequible á la generalidad de los lectores.

Mas como no se podrían aquilatar debidamente las buenas cualidades de las piezas que insertamos no interpretándolas según el ritmo que les conviene, sino de la manera desastrosa como hoy se practica; y como, por otra parte, para dar cabal conocimiento del ritmo gregoriano necesitaríamos reproducir, no ya algún capítulo más, sino todos aquellos en que de un modo directo ó por vía de preparación se expone punto tan importante, optamos por el justo medio, que consiste en no dejar á los lectores ayunos de las nociones rítmicas indispensables, sino darlas condensadas como Dios nos diera á entender, y tal como figuran en la advertencia final del capítulo *Del Ritmo*.

ADVERTENCIA.—Es de tan capital importancia el presente capítulo, y tal la dificultad de reducir á breves y comprensivas fórmulas las reglas de ejecución, que, aun á riesgo de repetirnos, hemos de insistir en la materia, añadiendo, á guisa de epílogo, las siguientes observaciones:

1.ª El que las notas del canto gregoriano afecten distinta forma, no quiere significar que sean unas de más ó menos valor que otras.

ciliación de extremos si se tienen en cuenta ciertas observaciones.

1.ª Al decir que la Música no expresa sentimientos fundándose en el hecho de la variedad de impresiones, en que
sin previo programa no sabríamos distinguir si una composición tumultuosa y alborotada, por ejemplo, representa una
batalla ó una tormenta, es caer en un sofisma, confundir la
representación de lo determinado (á que dudo pueda llegar
la Música por sus propias fuerzas) con la de lo indetermina-
do. ¿Por ventura no hay simbolismo real aun en lo indeter-
minado? ¿No hay alegorías vagas muy expresivas? Un cua-

Las teorías mensuralistas, es decir, las que asignan á las notas de
canto llano diversidad de valores, se ven destituídas de todo fundamento desde el momento que se examine cualquier manuscrito neu-
mático ó de puntos donde aparecen las notas uniformemente. Pierden, no obstante, éstas en intensidad conforme á las reglas de la acen-
tuación, ó lo que es lo mismo, las sílabas no acentuadas de cada
palabra son ménos intensas, más remisas que la acentuada. Independientemente de la letra, hay en cada *fórmula* musical cierta manera
de ondulación que resulta de la intensidad diversa y graduada. De la
observancia de esa regla nace el encanto de las series interminables
de notas acompañadas muchas veces de una sola sílaba.

2.ª En las notas unísonas repetidas  debe detenerse la voz el tiempo que había de invertir en cantarlas si fueran
distintas, graduando también la intensidad ó fuerza, como queda dicho, mediante un ligero apoyo de la voz en la primera nota de cada
fórmula simple.

3.ª A nuestro juicio, la manera más obvia de dar á entender el
movimiento conveniente al canto gregoriano es recomendar que se
consideren todas sus notas como *negras* de la música moderna en el
aire que llaman *allegretto*, ó un término medio entre *allegretto* y
allegro. Esto dicho sea, no como principio inconcuso, sino como regla de congruencia y de equivalencia aproximada, pero al fin suficiente para que todos puedan formarse idea de la ejecución del canto
gregoriano. Parece raro que el P. Pothier, cuyo libro es una exposición detenida, concienzuda y maravillosa del ritmo gregoriano, rehuya casi intencionadamente toda comparación en este punto entre
el canto litúrgico y la música moderna. Realmente, de la interpretación práctica de los PP. Benedictinos resulta la regla que hemos formulado; y aunque repetidas veces se haya dicho que la aceleración
ó la lentitud son cosas indiferentes en absoluto al ritmo gregoriano
siempre que haya proporcionalidad de tiempo, no lo son á tal punto

dro que, según la intención de su autor, quiera representar la resignación cristiana simbolizada en una doncella pudorosa en actitud meditabunda, ¿no admite tantas interpretaciones cuantos espectadores le contemplan? ¿Dejará por eso de haber allí fondo, una idea ó sentimiento? ¿Podría decirse impunemente que no hay más que habilidad artística y claro obscuro, y facciones más ó menos exactamente trazadas? Pues del mismo modo hay en toda buena música un fondo de sentimiento que, no por ser específicamente inapreciable en la mayoría de los casos, está peor representado.

Así se ve palpablemente la falsedad de la teoría que pro-

---

que pueda destituirse á la melodía de giros graciosos y al texto que la acompaña de las condiciones de una buena declamación. Para lo uno y para lo otro hace falta que no se alejen las relaciones íntimas de los distintos miembros con mal entendida lentitud; mas de esto se ha hablado ya en otro lugar.

4.ª Hay dos especies de pausas: la que podría llamarse suspensión de la voz (*pausa de prolongación* según el P. Pothier), y la pausa verdadera ó de *respiración*. La primera consiste en prolongar la voz en una nota sin respirar para decir las siguientes (1), como puede practicarse entre palabras distintas, nunca entre las sílabas de una misma palabra, á no ser en las largas vocalizaciones, que suelen llevar también signos divisorios. Elías Salomón expresa esta regla diciendo: *Licite potest pausari dummodo non debeat exprimi syllaba inchoatæ dictionis* (2). La *pausa de respiración* sirve para distinguir las frases unas de otras mediante un silencio más ó menos marcado, según las exigencias del texto. Así, después de un período, el silencio ó pausa debe servir para respirar libremente; y en las frases dependientes ó enlazadas, para lo que se llama tomar aliento.

5.ª Las palabras de la frase deben aparecer distintas pero no independientes, y las sílabas como lo que son y no como palabras; regla es ésta de sentido común que pisotean mal aconsejados cantores, emitiendo las sílabas con entera independencia.

6.ª Cuatro, cinco ó más notas (según las circunstancias) antes de terminar las frases, debe irse retardando gradualmente el movimiento (3). (Vid. *Les Mélodies grégoriennes.*) Decimos según las circunstancias, porque debe atenderse á que la frase esté más ó menos recargada de notas.

---

(1) *Sunt aliquando, et sine respiratione, quædam moræ.* (Quintiliano, *Instit. Orat.*)
(2) *Loc. cit.*
(3) «Item ut in modum currentis equi semper in fine distinctionum *varius* voces ad locum respirationis accedant, ut quasi gravi more ad repaussandum lassæ perveniant.» (Guido, *Micrólogo*, cap. XV.)

clama el exclusivo dominio de la forma, no admitiendo en la Música más que formas bellas y no bellas; teoría incompleta en cuanto no nos dice por qué son ó dejan de ser bellas las formas en cuestión.

2.ª El mundo ideal de la Música se extiende, como el de la Poesía, á todo lo existente con entidad física, y también á lo fantástico. Lo cual se comprende perfectamente si consideramos que la Música sugiere, no sólo los sentimientos que nos agitan á la vista de un espectáculo, sino la contemplación del espectáculo mismo, no ya minuciosamente y al pormenor, ni de un modo simultáneo, sino sucesivamente, como si se fuese desarrollando ante nuestros ojos un lienzo pintado, y con lentitud ó celeridad, que depende de las circunstancias y de la lógica del compositor. Los *rumores de la selva* del *Sigfrido* de Wagner, no nos presentan un paisaje con todos sus detalles, pero sí en globo, de una manera virtual y así como con rasgos geniales comprensivos, al modo del *fiat lux* de la Creación. Tampoco la palabra es pintoresca más que *virtualmente*, con *virtualidad* más precisa, pero no más potente que la de los sonidos inarticulados, que mediante las combinaciones musicales ganan en virtud dinámica lo que pierden en precisión.

Tenemos, pues, legitimados los géneros *lírico*, *dramático* y *descriptivo,* que serían vanas palabras si privásemos á la Música de la virtud expresiva, como pretenden E. Hanslick y Carlos Beauquier, estéticos de última moda.

3.ª Como expresión del mundo afectivo no necesita, ni acaso puede la Música, fijar el carácter específico y determinante de un sentimiento; bástale el carácter genérico, amplio, que huya de las antítesis y anomalías, y que lleve en sus alas la tristeza, la alegría ó el entusiasmo, sin enumerar los motivos que las causan, ni los grados y matices que alcanzan. Basta que la Música esté como sumergida en un piélago de sentimiento, que ese sentimiento quede encerrado, con cierta especie de compenetración, en los sonidos. A nuestro entender, la cuestión toda se resume en un símil: el sentimiento que se quiere expresar musicalmente, es como una esencia encerrada en el pulverizador (para nuestro caso, los sonidos musicales); se mueve el resorte (por medio de la ejecución), y se difunde por todo el recinto suavísima fragancia. El que la percibe conoce que aquello no es un hedor intolerable, sino un olor confortante, y no se desvive por saber si resulta esencia de rosas, Ilang-Ilang ó patcholí. Podrá tratar de analizarse en Música qué clase de sentimientos se expresan, y perderse en un laberinto de conjeturas; pero jamás se podrá deducir de la insuficiencia de ese análisis que no se trata de sentimiento alguno, sino de puras formas.

Con tales precedentes, muy bastantes á conciliar los extremos, podemos entrar de lleno en nuestro asunto, no sin advertir previamente que lo dicho hasta ahora se refiere á la música *pura*, á la música sin palabras; porque al aliarse con la letra adquiere la música, junto con nuevo esplendor, compromisos artísticos que no puede satisfacer sino cediendo algo de su libertad; de donde nace entonces un elemento nuevo de belleza que nosotros llamaríamos *oportunidad artística*.

Concretándonos ahora al canto gregoriano, podemos considerar de dos maneras su belleza: la que le compete como bella arte, independientemente del objeto á que se le destina, es decir, como música pura, y la que le realza y avalora en orden á su fin, ó sea en cuanto á su oportunidad artística.

El encanto melódico, esa fuerza ó virtud oculta, pero animadora de la música, y cuya presencia reconocen sin esfuerzo el instinto educado y el buen gusto, no hay duda que estriba en la acertada combinación de los intervalos. Estos intervalos, ¿han de estar en esta disposición, ó en aquella otra? Es un misterio en Música, y como tal no se somete á regla ninguna, aunque la diferencia sea palpable, como lo es también que unas mismas notas en tal sucesión nos embelesan, y en tal otra nos importunan é impresionan desapaciblemente. En la tonalidad diatónica, lo mismo que en la cromática y combinada, se han compuesto melodías frescas, variadas, elegantes, y universalmente y en todo tiempo admitidas como bellas. Luego la belleza de la Música no depende esencialmente de la multiplicidad de recursos; antes bien éstos sólo sirven muchas veces para suplir y disfrazar con apariencias la carencia de belleza efectiva. Luego la belleza no está reñida con la sencillez.

Sigamos analizando. Cuando oímos una composición académicamente hecha, acabada é intachable en sus formas, admiramos su estructura, pero no la calificamos de bella. Si se nos ofrece un canto chocarrero de ritmo bien determinado y asequible á toda clase de personas, pero trivial y plagado de reminiscencias, todo hombre de buen sentido lo califica de tabernario y sin asomo de belleza. Désenos, por el contrario, una composición, ya del género serio ó ya del festivo, en que haya verdadera inspiración, chispazos del genio, y la obra se abrirá paso en el camino del éxito y será duradera; porque en ella se prescinde de oportunidades, pero late y vive lo que siempre se buscará en el arte: la belleza.

En la composición de formas estudiadas y correctas hay sonidos, hay cálculo, pero no hay música. Los sonidos son signos de la música, como las letras del lenguaje. Escríbase una serie de letras en correcta formación, de elegantes curvas, variadas y simétricamente colocadas, pero en las cuales no se ha querido encerrar ningún pensamiento; ¿qué nos queda? Una colección de signos bien trazados, representación sin lo representado. ¿Queremos que signifiquen algo las letras? Podremos servirnos de las mismas, pero en otro orden, y este orden lo impone el talento, que según sus grados así producirá unos pensamientos ú otros. Fácil es aplicar el caso á la Música. ¿Qué es, pues, una composición correcta pero no sentida? Una colección de signos sin la cosa significada: un cuerpo bien organizado sin alma. Es decir, que los sonidos son signos representativos de un sentimiento, y este sentimiento está ausente; es decir, que aquellos miembros necesitan ser movidos por un principio vital que en el caso no se da. Luego una composición está constituída en su ser por el sentimiento que en ella debe encerrarse, y tanto será más bella cuanto más adecuadamente se contenga aquél, constituyendo la plenitud de compenetración el colmo de la belleza. Y tanto más fácilmente se conseguirá ese colmo ó plenitud, cuanto más lleno esté el compositor del sentimiento que quiere expresar y menos tenga que valerse del artificio.

Con estas ligeras indicaciones, que la índole del *Tratado* no permite ampliar, veamos ahora hasta qué grado puede llegar la belleza del canto gregoriano. Su tonalidad no se presta á simular la inspiración; sus autores fueron en su mayor parte varones doctísimos y fervorosos, que no atendieron á combinaciones artificiosas, ni tenían por qué, sino á encarnar en las notas el espíritu de fervor de que se hallaban llenos y poseídos. Eso sí: unas veces componían acentuando tan sólo dulcemente el texto sagrado (en la notación silábica), y otras se explayaban en el gozo espiritual, perdiéndose en suavísimas ondulaciones, de que dan testimonio infinidad de piezas litúrgicas verdaderamente anegadas en una lluvia de notas.

De suerte que, en virtud de la misma simplicidad de elementos artísticos, el sentimiento brotaba libre y alado, y encajaba en su molde propio sin disfraces ni golpes de efecto. Era cuando la fuerza del calor interno traducía en notas acentuadas las palabras de los Santos Doctores, y respondía el pueblo acorde y como influído por la virtud magnética del entusiasmo fervoroso. Era cuando San Ambrosio y San Agustín, en el momento más solemne y de suprema dicha, con aquella exaltación propia del sublime genio africano y de la virtud acendrada del Obispo de Milán, improvisaron (según opinión comunísima), ante un público numeroso que lloraba de emoción y regocijo, ese himno de eterna belleza que llamamos el *Te Deum*. Era cuando caballerosos príncipes daban gracias al cielo después de una victoria, desahogándose en inspiradas estrofas á la Madre de Dios (1). Hoy se hace difícil creer que tal fuese el origen de esas melodías celebradas por tantos siglos; pero la verdad es que aquellos augustos trovadores de los palacios de Dios no podían hacer alarde de hábiles harmonistas, ni buscar el atildamiento á que después se ha llegado. Por eso, siendo allí la forma externa cosa secundaria, hay que descubrir y hacer patente

(1)   Tales como las composiciones llamadas del rey Roberto.

el pensamiento musical, lo cual sólo se conseguirá, como queda dicho repetidas veces, mediante una buena ejecución.

Mas no por eso se crea que rige en el canto gregoriano una estética ajustada al criterio individual, arbitraria y veleidosa, ó cuando menos cerril é indisciplinada. Nada de eso: allí tienen cumplimiento todas las leyes naturales; allí, en medio de la sobriedad, hay elegancia no fingida, y se descubre una inteligencia ordenadora, y se admira la trabazón y encadenamiento de unas partes con otras; allí se dan todos los tonos y gradaciones del afecto, y canta el pueblo con sencillez enérgica en el *Credo,* brilla la ternura en los *Kiries,* regocijo y fruición interna en los *Glorias,* y siempre ardientes deseos, inefables esperanzas y sempiterno gozo, al modo de las aspiraciones del justo hacia su fin.

Con respecto á su forma externa, resplandece también en las melodías tradicionales variada riqueza, fundiéndose en harmónica unidad. El cap. XV del *Micrólogo* apenas tiende á otra cosa, en su luminosa exposición, que á conciliar y fundir esos dos elementos. "Sicut enim lirici poetæ nunc hos nunc alios adjunxere pedes, ita et qui cantum faciunt, rationabiliter discretas ac diversas componunt neumas; rationalis vero discretio est, si ita fit neumarum et distinctionum moderata varietas, ut tamen neumæ neumis et distinctiones distinctionibus quadam semper similitudine sibi consonanter respondeant, id est, ut sit *similitudo dissimilis,* more perdulcis Ambrosii... (1) *Sed hæc et hujusmodi*

---

(1)   No son menos elocuentes otros párrafos del mismo capítulo encaminados á idéntico propósito, y que, á más de hacernos formar alta idea de la estructura y trabazón ordenadas del canto gregoriano, desmienten la creencia, no poco común, de los que se lo figuran como arte sujeto á reglas arbitrarias; creencia á que ha dado origen la nunca bastante detestada y anatematizada práctica moderna. Presentamos los textos en latín en atención á que substancialmente quedan ya explanados. "Oportet ergo, dice Guido, ut more versuum distinctiones æquales sint, et aliquoties eædem repetitæ, aut aliqua vel parva mutatione variatæ, et cum plures fuerint duplicatæ, habentes partes non nimis diversas et quæ aliquoties eædem transformentur per modos, aut similes intensæ vel remisæ inveniantur. Item ut reciprocata neuma eadem via, qua venerat, redeat, ac

(podríamos añadir con él) *melius colloquendo quam cons-
cribendo mostrantur.„*

La disposición de los intervalos es en ellas acertadísima;
del juego de pocas notas resultan allí muchas veces cantos
de singular belleza, que para nosotros reunen además el
atractivo del arcaísmo y de los poéticos recuerdos. Véanse
como muestra de cuanto queda dicho las melodías que vamos á intercalar tomadas de la colección de los Padres Benedictinos (por ser ésa la versión más concienzudamente
hecha y conforme de todo punto á la tradición), y aplí-
quenseles los principios de la Estética.

Ave Regina, Kiries, Secuencias, etc.

Podrá haber mucha arbitrariedad en esas teorías alemanas en que se tiende á establecer una clasificación racional
de los tonos por su virtud expresiva y específica. Verdad es
que no son teorías nacidas hoy, sino que tuvieron arraigo
en el modo de sentir de aquel pueblo griego que extendió su
dominación por todas las esferas del saber. Bien conocidos
son de todos los peregrinos consejos de Platón en su *República,* y demás legisladores antiguos, acerca de cómo debía

---

per eadem vestigia recurrat. Item ut qualem ambitum vel lineam una
facit saliendo ab acutis, talem inclinatam altera é regione opponat
respondendo à gravibus, sicut fit, cum in puteo nos cum imagine nostra contra speculamur. Item aliquando una syllaba unam vel plures
habeat neumas, aliquando una neuma plures dividatur in syllabas.
Variabuntur hæ vel omnes neumæ, cum alias ab eadem voce inci-
piant, alias de dissimilibus secundum laxationis et acuminis varias
qualitates. Item ut ad principalem vocem, id est, finalem, vel si quam
affinem ejus pro ipsa elegerint, penè omnes distinctiones currant, et
eadem aliquando vox, quæ terminat neumas omnes, vel plures distinctiones finiat, aliquando et incipiat; sicud apud Ambrosium cu-
riosus invenire poterit..... (Ibid.)

Debemos advertir de pasada, ya que no es posible poner al lector
de lleno en antecedentes, que la palabra *neuma* se aplica á los grupos de dos ó tres ó más notas reunidas, y la *distinción* es el resultado
de varias de esas agrupaciones parciales; por donde generalmente
suele coincidir la *distinción* con la frase musical.

precaverse la juventud de ciertos *modos* musicales que, sugiriendo determinado género de sentimientos, afeminaban á los hombres. Sabido es igualmente el influjo avasallador que ejercían en el gran Alejandro el modo *frigio* y el *lidio*, con los cuales el músico Timoteo avasallaba el corazón de aquel gran capitán, ora excitándole hasta la más inaudita fiereza ó reduciéndole á la condición de manso cordero. ¿Qué más? Mi Padre San Agustín dice en el áureo libro de sus *Confesiones* que los tonos de la música tienen relaciones de simpatía con la variedad de afectos de nuestra alma, "como si para cada uno de ellos hubiese modo musical propio y privativo„; y durante el curso de la Edad Media hicieron variaciones sobre el mismo tema muchos escritores eclesiásticos como el Venerable Beda, San Isidoro, San Otón y otros. Podrá haber, repito, mucha arbitrariedad en todo eso, porque vemos que en el mismo *tono segundo* del canto gregoriano, considerado falsamente por algunos como exclusivo del oficio de difuntos, hay escritas muchísimas, innumerables piezas que nada tienen que ver con los muertos, ni siquiera con la Cuaresma. Pero no es totalmente arbitraria la predilección por uno ú otro tono, y aun cierta predeterminación en ellos para uno ú otro afecto.

De este modo, sin negar que en el tono primero cabe muy bien un vuelo de elegancia y grandiosidad distantes no poco de la ternura, podemos afirmar también que su fisionomía se presta con más naturalidad á la nota tierna. Se corrobora esto con el hecho constante de haberse adoptado casi siempre aquel tono para las Antífonas de la Virgen y los *Kiries* de la mayor parte de las Misas, piezas esencialmente suplicatorias. Así sucede con la Antífona *Ave Regina,* de uso frecuente en nuestra Orden, y que puede ponerse en parangón con las más suaves melodías. Está compuesta en el estilo medio, ó de mediana dificultad, y el corte casi simétrico de la letra la hace de formas regulares, más inteligible el fraseo y muy manifiestas la unidad y variedad, si se la compara con otras piezas en que aquellas dotes no aparecen tan de bulto para los no inteligentes. Al oir esta composición cualquiera reconoce que está escuchando un canto sentimental, de mucha sencillez y al mismo tiempo riqueza melódica, sin el aparato de los rodeos afectados.

AVE, REGINA CŒLORUM

A-ve, Regina cœ-ló- rum, Mater Regis Angeló-

rum: o Ma-rí- a flos vírgi-num,   velut ro- sa vel

lí-li-um: fun-de pre-ces ad Dómi-num   pro salú- te

fi- dé-li- um.

Los *Kiries* que presentamos por vía de ejemplo atesoran iguales condiciones que el *Ave Regina,* aunque más acentuada la melodía y más anhelosa la plegaria. Aquí el análisis fraseológico es insuficiente á declarar la belleza que reside en una virtud expansiva, pero oculta; á manera de las flores olorosas que no se ven y se sienten, arguyen también la presencia de la belleza en esas melodías la unción y el perfume regalado que de ellas emanan. El escalpelo de la crítica nada hallará reprobable, pero tampoco podrá desmenuzar como quisiera. Y es que con los cánticos de la Iglesia sucede algo parecido á lo que con el estilo arquitectónico á cuya sombra se desarrollaron: hay mucho espíritu y poca materia, la indispensable para la forma externa.

KYRIES

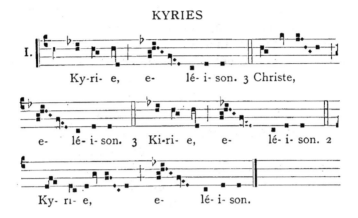

Ky-ri- e,   e-   lé- i- son. 3 Christe,

e-   lé- i- son. 3 Ki-ri- e,   e-   lé- i- son. 2

Ky- ri- e,   e-   lé- i- son.

Entre los muchos ejemplos que podrían traerse como muestra patente del cumplimiento de las propiedades con que se nos manifiesta la belleza, no es de los peores el siguiente período musical:

San-   ctus, San- ctus, San-   ctus

Dóminus De- us Sába-oth Ple- ni sunt cœli et

ter- ra gló-ri- a tu- a,   Hosán-na   in ex-célsis.

Bene-dictus   qui ve- nit in nómine Dómini,

Ho-sánna   in ex-célsis.

La primera estancia hasta las dos líneas divisorias viene á ser como el preludio y aun el motivo de la composición. El segundo *Sanctus* completa la frase musical sin apartarse de la ilación lógica requerida. El tercero es repetición del primero, ya no como entonación encomendada á uno solo, sino como miembro de frase que han de cantar todos los cantores. El *Dominus Deus Sabaoth* constituye ahora la segunda parte de la frase, igualmente relacionada con la primera y con notables·variantes. En *pleni sunt*, etc., comienza otra frase del período francamente distinta de las anteriores, pero no tan desligada que deje de reconocérsela solidaria del conjunto; es decir, que las cinco primeras notas, aparte del sabor general de las restantes, la retienen suficientemente dentro del período comenzado. Ya toma vuelo más amplio la melodía, y en los dos miembros recorre todo el diapasón, cerniéndose primero en sus alturas y descendiendo luego en graciosos giros y ondulaciones. El *Hosanna in excelsis* es á manera de coda ó eco en que se resumen miembros de las frases anteriores, redondeando el período con ondulaciones más acentuadas y variadas.

He ahí la unidad y variedad constituyendo los atributos formales de la belleza melódica, aparte del elemento esencial ó virtud intrínseca de la melodía, que, como queda dicho, resulta de la oportuna distribución de los intervalos y se siente mejor que se explica. Idéntico procedimiento puede aplicarse á las demás melodías gregorianas para juzgar de sus condiciones estéticas, sin que en caso alguno ese examen redunde en menoscabo de aquéllas.

Fr. Eustoquio Uriarte,
Agustiniano.

(Continuará.)

EL ARCHIPIÉLAGO FILIPINO [1]

OBSERVACIONES ACERCA DE SU ESTADO SOCIAL Y POLÍTICO

(APUNTES PARA UN LIBRO)

XIV

Razas mestizas.

No cabe dudar que los mestizos españoles, considerados como clase social y prescindiendo de las circunstancias que en casos determinados pueden extraviar ó pervertir los más nobles sentimientos, muéstranse y son sinceramente afectos á España, y miran como propios los intereses de nuestra dominación. Figúrasenos, sin embargo, que esta su actitud política, más que al natural impulso de la sangre española que circula por sus venas, obedece quizás á un mero instinto de conservación en la mayor parte de ellos, y á cálculo razonable y bien fundado en los pocos que sobre estos asuntos piensan y discurren.

La insistencia, el solícito cuidado con que oportuna é importunamente reivindican los derechos que estiman inherentes á la superioridad que sobre los indígenas les da la raza, no es ciertamente el procedimiento que debieran se-

---

(1) Véase la pág. 346.

guir para captarse las simpatías del indio; antes bien tales pretensiones, aun siendo justificadas, unidas al manifiesto desdén con que la mestiza española rechaza de ordinario los obsequios y galanterías del indígena, contribuyen poderosamente á despertar recelos y antipatías que sostienen cierta constante rivalidad, que ni,unos ni otros se cuidan de disimular, y difícilmente se oculta á quien con alguna atención observa las mutuas relaciones de ambas razas.

Sólo á la sombra del español alcanza el mestizo la consideración pública que vivamente ambiciona; y aun cuando al lado del peninsular no le falten desaires y humillaciones, por venir de arriba prefiérelas desde luego á las que suele prodigarle el indio cuando le ve en situación humilde y desvalida (1). Aunque nacidos de circunstancias que estimamos llamadas á modificarse y hasta desaparecer por completo, estos sentimientos de latente hostilidad hállanse tan profundamente arraigados en las dos clases que autorizan para creer que sólo á expensas de muchos años, y precediendo cambios muy radicales en las costumbres, podrán llegar á fundirse en un designio común las encontradas aspiraciones de indios y mestizos.

Por tal motivo, mas aún que por lo que deba esperarse de la gratitud y fuerza de la sangre, nos complacemos en creer que los mestizos españoles, elemento hoy ya muy importante en los destinos del Archipiélago, y cuya fuerza social habrá de aumentar rápidamente con el transcurso del tiempo, estarán siempre al lado de los intereses de España, y perseverarán fieles á la gloriosa bandera bajo cuya protección y amparo pueden alcanzar y sostener aquel predominio y superioridad moral que tanto les halaga, y al cual les da perfecto derecho su indiscutible superioridad de raza. No importa que un sentimiento de vanidad, hasta cierto

(1) Conocedores los indígenas del afán con que los mestizos aspiran á ser considerados como españoles, complácense en verlos obligados á vivir y vestir como indios y calificarles con el apodo despectivo de *castila-castilahan*—como si dijéramos—*españoles de dublé*, tan luego como advierten que el peninsular no les guarda consideraciones especiales.

punto disculpable, encarezca y exagere las favorables cualidades que como legítima herencia posee el mestizo español; éste, si con sentido práctico, y dando á los hechos lo que les corresponde, mira en torno suyo y estudia su propia situación en la sociedad filipina, ciego habrá de ser si no descubre que la superioridad inmensa del número da á los indígenas fuerza más que suficiente para contrarrestar, y hasta anular si necesario fuese, las ventajas todas con que al mestizo favorecen su origen y talento.

Aun suponiendo que sea, como lo es en realidad, muy débil y confusa la idea que de su propio valer tiene la raza indígena, bástales, sin embargo, este tenuísimo destello de su conciencia social para advertir la existencia y apreciar la significación de los hechos que acabamos de mencionar. Los mestizos, á su vez, ven y comprenden de sobra que sin el alto prestigio del nombre español toda la representación é influencia que como clase disfrutan perecería muy pronto en el choque, que indefectiblemente habría de sufrir, con los sentimientos y aspiraciones del indio. Harto conocen también que si España, abandonando el timón de aquella frágil nave, la dejase seguir los rumbos que habría de marcarla la sola iniciativa de sus inexpertos tripulantes, ciertamente que no serían ellos los llamados á ocupar el puesto del timonel. Si por un solo momento la metrópoli, olvidada de sus gloriosas tradiciones, dejase de amparar, sostener y fortificar los sentimientos de cariño, respeto y sumisión con pródiga mano depositados por nuestros padres en el alma y corazón de aquellos sencillos pueblos, es indudable que los destinos y dominación del Archipiélago quedarían planteados con la fórmula de un sencillo problema de fuerzas desiguales y encontradas; como el resultado en semejantes casos no puede ser dudoso para nadie que discurra, por eso abrigamos nosotros la convicción firmísima de que mientras posean el instinto de la propia conservación; mientras aspiren á ser un elemento fecundo y positivo en el seno de la civilización filipina; mientras la ambición ó el vértigo no les cieguen hasta el punto de querer y buscar su propia ruina y exterminio, los mestizos españoles identifi-

carán siempre sus intereses y su causa con la causa y los
intereses de la dominación española.

En la investigación de hechos sociales, como los en que
ahora nos ocupamos, no cabe fijar con precisión y exactitud
el alcance de su influencia ni el límite de su desenvolvimiento; sujetas en último término á la libre voluntad humana, y
expuesta ésta á la acción de múltiples causas y contingencias imprevistas, no todas las aspiraciones tienden á un mismo blanco, ni todos los sentimientos marchan por el mismo
cauce. El hecho, pues, de que no hayan faltado en pasados
tiempos, ni mucho menos falten ahora, mestizos españoles
animados de sentimientos de todo en todo contrarios á los
que nos complacemos en reconocerles como clase, no creemos pueda debilitar los fundamentos, ni alterar la exactitud
de las apreciaciones que dejamos hechas. El que los malos
tiradores yerren la puntería y conviertan en *bala perdida*
el proyectil que debiera ser *tiro hecho,* no prueba que la generalidad de los que disparan no aspiren á dar en el blanco,
ni la presencia clara y distinta de éste puede evitar que la
torpeza ó la intención dañada de alguno, con sólo desviar
el arma, convierta en sumamente peligroso el ejercicio de
tiro, de suyo nada ofensivo.

Existen, efectivamente, algunos mestizos españoles que,
ahogando sentimientos sagrados, aniquilando su propio porvenir y renunciando á generosas aspiraciones, ponen especial empeño en identificarse con el indio; que explotan indig-
namente las malas pasiones de los indígenas inspirándoles
ideas peligrosas y haciéndoles instrumento de proyectos criminales, y que aprovechan su credulidad y afición á las no-
velerías para convertirles en propaladores de rumores sub-
versivos y, sobre todo, en eco de las monstruosas patrañas
é infames calumnias con que se complacen en menoscabar
el prestigio de las autoridades y combatir la patriótica influencia de los párrocos, cuya vigilancia y celo es el mayor
obstáculo con que tropiezan en la propaganda de sus avie-
sos propósitos.

XVII

El tratar de estos renegados de la sangre que existen entre los mestizos españoles como los hijos ingratos en el seno
de las familias, como los hombres falsos ó criminales en
medio de la sociedad más honrada, oblíganos á decir algo
sobre otro asunto muy delicado que con este asunto se relaciona, y que contamos entre los más importantes de cuantos
afectan á la actual situación política del Archipiélago. Es el
siguiente: hemos consignado que la de los mestizos españoles, como clase, es de las más afectas á la dominación española; pues bien, no obstante la exactitud de esta afirmación
nuestra, cuantos con algún interés estudian las tendencias
políticas de aquellos pueblos saben que desde hace algunos años vienen fermentando allí aspiraciones separatistas,
y no pueden ignorar que los mestizos de la clase que nos
ocupa, lejos de contrariarlas, foméntanlas más ó menos directamente, y unos por resentidos, por negligentes otros,
dejan que se propaguen y cundan en sus propias filas gérmenes deletéreos, sentimientos de despecho y animadver-
sión hacia la dominación española, ocasionados á preparar
graves y sangrientas perturbaciones.

¿A qué obedece esta desviación anormal de los afectos y
naturales simpatías de tan importante clase? ¿Cuál es la
causa que produce y sostiene esta actitud suicida y antipa-
triótica?

Delicada es ciertamente la contestación, ya que, si ha de
ser sincera, entraña la necesidad de reconocer que existen
impaciencias prematuras, exigencias no siempre atendibles
por parte de los mestizos, y debilidad, abandono, y quizás
hasta recelos injustificados, por parte de la métropoli.

Si el propósito que tenemos hecho de manifestar con entera franqueza nuestras impresiones sobre el estado político
del Archipiélago fuese compatible con un absoluto silencio
sobre esta espinosa cuestión, gustosísimos renunciaríamos
á tratarla. Anímanos, sin embargo, á consignar aquí al-

gunas observaciones, la convicción de que, tanto como
en publicar y celebrar los éxitos de nuestra política colonial, sírvese á la patria cuando, sin hiel, prejuicios, ni recriminaciones injustas, denúnciase errores que se desea
ver corregidos, y manifiéstanse peligros que de lejos ó de
cerca amenazan á los fundamentos de esa misma dominación española, que felizmente es 'aún bastante fuerte y robusta para no alarmarse con exceso ante la presencia de
algunos malos humores que empiezan á invadir determinadas regiones de su poderoso organismo.

Desde este punto de vista, y sin más aspiración que la
de aportar datos al estudio y esclarecimiento de un problema cuya resolución se impone á cuantos se preocupan con
la suerte que el porvenir reserva á nuestros intereses en
Oriente, hacemos las siguientes apreciaciones, las cuales, á
falta de la autoridad de que por ser nuestras carecen, tienen toda la fuerza de la sinceridad más completa.

Por su constitución física, más bien fina y delicada que
resistente y robusta; por el predominio que en su organismo
tienen los nervios sobre los músculos, revela bien á las claras que no son las rudas faenas del trabajo material, que
por instinto rehuye, las que mejor cuadran á las naturales
aptitudes del mestizo español; por el contrario, su trato afable, el carácter suave y afectuoso que caracteriza á su raza,
parecen estar indicando su especial vocación para el trabajo del espíritu, para todas aquellas empresas en las cuales,
más que el vigor físico, requiere ejercitar el poder de la inteligencia. Por otra parte, no se siente animado de todo el
valor necesario para correr los riesgos que allí más que
en parte alguna son inherentes á toda empresa industrial
de alguna importancia; y como el comercio monopolizado
por capitalistas extranjeros no le ofrece tampoco campo en
que su actividad pueda resultar muy fecunda, el mestizo, en
su noble afán de sobreponerse al elemento indígena, .vése
impulsado por la fuerza de las circunstancias á buscar casi
exclusivamente en las carreras literarias el camino que puede conducirle á la conquista de una posición independiente
y honrosa. Por eso se le ve, en busca de su instrucción, con-

currir gustoso á las aulas, y aprovechar con celo cuantas
ocasiones se le presentan para aumentar el caudal de sus
conocimientos; y como realmente posee mejores aptitudes
para el estudio que el indio, en este terreno logra fácilmente poner de manifiesto aquella su intelectual superioridad de
que tanto se precia. Tales triunfos, por desdicha suya, son
tan fáciles como estériles, y lejos de resolver la incógnita
contribuyen á complicar aún más el difícil problema de su
existencia.

Terminada con más ó menos lucimiento una carrera
cualquiera, y poseedores de un título con vehemencia deseado, encuéntranse con que el ejercicio de la Medicina, abo-
gacía, etc., en que cifraran tan halagüeñas esperanzas, no
alcanza á satisfacer las exigencias de la situación en que su
profesión les coloca. Sea por preocupaciones de raza, por
espíritu de clase, ó, lo que nos parece más exacto, porque
el número de médicos y abogados excede con mucho á las
verdaderas necesidades de aquella sociedad (1), es lo cierto
que la mayor parte de los mestizos españoles que siguieron
tales carreras, si no consiguen ocupar algún puesto oficial,
no logran tampoco proporcionarse los recursos que les son
indispensables para alcanzar la consideración de los peninsulares y asegurarse el respeto de los indios.

Las costumbres vigentes, y aun la misma ley en deter-

(1)   No pretendemos decir con esto que el número de médicos, abogados, etc., sea en absoluto excesivo; antes bien afirmamos que es sumamente exigua la proporción con que están con el número de habitantes; provincias hay que no tienen más médico que el forense, y son
muchísimas las poblaciones que, pasando de 20.000, no tienen ninguno. Así y todo resulta exacto lo que arriba afirmamos, puesto que la
escasa cultura, las preocupaciones y hábitos rutinarios de los indígenas todavía rechazan, en la inmensa mayoría de los casos, los servicios facultativos de mestizos y europeos; los traviesos picapleitos y
funestos mediquillos tienen aún para con el indio más autoridad y
prestigio que los que ejercen en virtud de un título profesional. Rarísimas veces piden los auxilios del médico *castila*, y cuando los reclaman es por imposición del párroco, por vanidad de la familia ó por
compromisos de amistad, y aun en estos casos suelen esperar á que
no haya lugar á esperanza alguna de remedio.

minados casos, de acuerdo todavía con las prácticas establecidas en tiempos en que no se contaba en Filipinas con
más elementos aptos para el desempeño de los cargos públicos que los procedentes de la Península, hace sumamente
difícil para los mestizos el acceso á los puestos oficiales;
ajenos por lo general á las luchas é intereses de la política
propiamente peninsular, carecen 'de ordinario de las relaciones é influencias, que suelen ser el medio eficaz para obtener credenciales, al menos las que corresponden á destinos
de alguna importancia (1); por este motivo encuéntranse con
la disyuntiva de tener que someterse á disputar al indio las
plazas de maestros de escuela, *directorcillos* (2) y escri-
bientes en las oficinas públicas, cuyos mezquinos sueldos no
alcanzan á satisfacer sus legítimas aspiraciones, ó aplebe-
yarse hasta el extremo de ejercer de rábulas ó *mediquillos*
para proporcionarse, mediante el enredo, la intriga y hasta
el fraude en muchos casos, lo que con ventajas de la pública
tranquilidad y honra propia pudieran adquirir legítimamente al servicio del Estado.

Al abrirles de par en par las puertas de Universidades,
Seminarios y Academias se les hace forjar ilusiones y concebir esperanzas que luego han de ver frustradas; se les
deja adquirir hábitos y necesidades propias de gentes cultas, y nada, en cambio, se hace para que en aquella sociedad
ocupen el puesto que á su cultura y méritos corresponde.
Procede España en esta materia como esas madres de cariño imprudente y exaltado, que se imponen grandes sacrifi-

---

(1) Tenemos entendido que al presente está dispuesto que los destinos de oficiales quintos y cuartos se provean en lo sucesivo por el
Gobierno general de Filipinas. Esta justa determinación, unida al
amplio proyecto de instrucción primaria que para Filipinas prepara
con gran actividad y celo el actual señor ministro de Ultramar, esperamos mejorará notablemente la situación de los mestizos, facilitán-
doles la obtención de cargos públicos, cuya remuneración les permita vivir con el decoro que su clase les exige.

(2) Secretarios privados y verdadera *mano derecha* de los Gober-
nadorcillos, quienes, por no conocer el castellano ó por otras causas,
suelen confiarles el uso y abuso de toda autoridad.

cios y agotan todos sus recursos en dar á sus hijos educación brillante y distinguida; pero que, por no corresponder
á su clase ni satisfacer á las exigencias de su porvenir, en
lugar de contribuir á su bienestar y dicha, hácelos inútiles
y desgraciados.

En tal situación, no puede sorprendernos que en el corazón de los mestizos españoles, cómo en terreno bien dispuesto, vayan brotando gérmenes de indiferencia y descontento.
Tanto más cuanto que otra raza también mestiza, que por
instinto y por cálculo es poco afecta á España, estimúlales
constantemente á perseverar en la odiosa tarea de recordar
agravios, falsear hechos y engendrar desconfianzas.

Los pocos mestizos españoles que en el Archipiélago ó
fuera de él, con su dinero ó su talento, contribuyen á la actual propaganda separatista, han sido todos ellos reclutados
entre los descontentos ó perjudicados por algunas de las razones apuntadas. A través de las reformas que proyectan y
de las libertades que piden ciertos políticos alucinados ó
ambiciosos, el mestizo español, mal avenido con su situación, que ciertamente no es ventajosa ni envidiable, cree
vislumbrar, como en perspectiva halagüeña, un nuevo orden
de cosas, en el cual, más ó menos emancipado de la tutela
peninsular, espera mejorar su situación social á expensas
de la autoridad y soberanía de la metrópoli.

No es extraño que así se ilusionen: siéntese con méritos
y condiciones, no sólo iguales, sino superiores en muchos
casos á las de los peninsulares que allí ocupan elevados
puestos; no ven, porque en realidad no las hay, razones ni
de utilidad, ni de conveniencia que les obligue á resignarse
con la poca consideración que suele dispensárseles, y menos
aún con la desconfianza que, respecto á su actitud y patriotismo, entraña el empeño sistemático con que se procura
mantenerles alejados de los destinos públicos.

Que es ésta una de las causas que más contribuyen á que
cunda el descontento entre los mestizos españoles, cónsta-
nos por autorizadas y personales confesiones, y demuéstra-
lo también el cambio radical de conducta observado en algunos de ellos, que, si un día no se recataron en censurar con

acritud inmerecida los defectos y abusos de los peninsulares, dieron al olvido todos los agravios sufridos, y hasta hicieron públicas protestas de amor á España, tan pronto como
se les concedió una colocación decorosa; pruébalo además
el proceder de las mestizas de la misma clase, quienes, con
muy contadas excepciones, son sinceramente adictas á cuanto á España pertenece ó con ella se relaciona; esto es, sin
duda, porque el corto número de señoras peninsulares no
les disputa su puesto y representación en aquella sociedad,
ni esquiva tampoco su amistad y trato, y, sobre todo, porque
las ventajas que dan el tipo, el color y la inteligencia les facilita mucho el conseguir una posición bastante elevada
para no ser confundidas con las indias, y evitar así lo que
más mortifica su vanidad de raza.

Aunque la situación porque pasa actualmente este importantísimo factor de la civilización filipina requiere más
detenido estudio, para no hacer harto enojoso este ya demasiado largo artículo vamos á cerrarle con breves indicaciones.

Estamos firmemente persuadidos de que si el Gobierno, inspirándose en justos y patrióticos sentimientos, resiste
á las exigencias de la política de partido, y en vez de arrojar mensualmente sobre las playas filipinas un crecido número de empleados inútiles ó poco aptos provee en mestizos
españoles de aptitud acreditada y buenos antecedentes parte de los destinos públicos, principalmente aquellos cuyo
sueldo, escasísimo para un peninsular, bastaría á proporcio-
narles á ellos una decorosa existencia, no sólo acallaría
quejas que estimamos justificadas y que pueden dar lugar á
reclamaciones de otra índole, sino que favorecería en gran
manera los servicios del Estado. Y si al mismo tiempo fuese
posible que los peninsulares, sacrificando en obsequio de intereses, que para todos deben ser sagrados, preocupaciones, recelos y convencionalismos que nada justifica, y que
sólo sirven para alimentar rivalidades donde tanto conviene
vivir unidos, procediesen con más generosidad y confianza
con los mestizos españoles, es seguro que muy pronto deja-
rían éstos de sentir veleidades separatistas y fomentar aspi-

raciones insensatas, que tanto como puedan tener de alarmantes para España tienen seguramente de peligrosas y temibles para ellos (1).

FR. FRANCISCO YALDÉS,
Agustiniano.

(Continuará.)

(1) Todas nuestras observaciones acerca del mestizo español, en lo fundamental son también aplicables á los españoles filipinos, ó sean los descendientes peninsulares ó de peninsular y mestiza española nacidos en Filipinas.

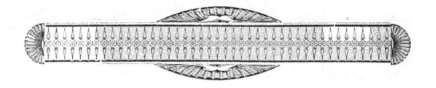

UN PROCESO INQUISITORIAL DE ALUMBRADOS

EN VALLADOLID

Ó VINDICACIÓN Y SEMBLANZA DE LA MONJA DE CARRIÓN (1)

APÉNDICES

CENSURA DEL P. VÁZQUEZ, CALIFICADOR DEL SANTO OFICIO, SOBRE LA RELACIÓN DE CUENTAS

"Es moralmente creible, atendiendo á lo revelado y al modo cumun de obrar de Dios, que Nuestro Señor ha hecho este favor á esta persona (Sor Luisa). Y no es pequeño argumento de credibilidad el grande efecto que Nuestro Señor ha puesto en toda la cristiandad con estas Cruces y Cuentas. Las cuales han venerado y con especial cuidado procurado tenerlas, no sólo personas idiotas y seculares, sino los mayores príncipes y señores, los hombres mas graves, doctos y espirituales de la Cristiandad. A esto se añade la *multitud de milagros* que en confirmacion de esto ha hecho Nuestro Señor, que más en particular se referirán, y sobre ello se hará particular ponderacion en el núm. 772 deste papel. Todo lo cual no solo hace esta revelacion moralmente creible, sino que parece increible que Nuestro Señor aya permitido tantos años un afecto tan universal sobre cosa que de suyo fuese falsa. Y si el comun aplauso de los fieles y devotos en cosa que evidentemente no consta de su falsedad no fuera argumento eficaz para comprobar la verdad, ni utilmente usara la Iglesia de las diligencias que hace para probar la virtud de los Santos haciendo tan particular informacion de la devocion de los fieles y afecto universal, el cual se juzga por voz del cielo y inspiracion celestial., (V. fol. 138, col. 2.ª)—"Quanto al preguntar si se debe permitir á los fieles el

_____

(1) Véase la pág. 301.

afecto que muestran á estas cruces, etc., decimos: lo primero, que la relacion de las cruces y cuentas originales que está en el núm. 449 del Memorial, y esta persona niega ser suya en la forma que allí se refiere; aunque en rigor metafísico y theológico entre doctos se pudiera defender: Juzgamos no se debe permitir por los inconvenientes que siempre se han esperimentado de andar en lengua bulgar estas doctrinas de predestinacion y reprobacion.„

TESTIMONIO DEL CRONISTA DE LA ORDEN SERÁFICA ACERCA DE LA AUTENTICIDAD DE LOS MANUSCRITOS QUE, REFERENTES AL PROCESO DE SOR LUISA, SE HALLABAN EN CARRIÓN EN 1680, Y QUE HE UTILIZADO PARA ESTE ESTUDIO

Fr. Fran.co Calderon, Predicador de su Magestad, excustodio y chonista de la Prov.ª de la Concepcion.=Digo q habiendo venido a este Monasterio de N.ª M.e Sta. Clara de la Villa de Carrion de los Condes, y abiendo entrado en su clausura p.ª ver diversos lugares devotos della donde se exercitava su espíritu la V.e M.e Luisa de la Ascension. Y asimismo p.ª ver los papeles del Archivo en q pudiese aver algunos escriptos pertenecientes a su Vida Maravillosa p.ª efecto de colocar su memoria insigne entre las mugeres ilustres desta Provincia, cuya chronica estoy escribiendo, registrando dichos papeles, solo hallé un libro alto manuscripto, escrito en folio, que lo mas dello está en pedazos en blanco, y lo que está escripto en él, es lo más de letra del M. R. P. Fr. Pedro de Balbas, que esté en gloria, procurador q fué de la causa de la V.e M.e, y assimismo saqué otro libro manuscripto en folio de menos ojas, q contiene 366 números, y es su contenido la censura q por órden del S.to Tribunal de la Suprema Inquisicion dieron los M. R. P.es Fr. Pedro de Vrbina y Fr. Joseph Vazques, de las proposiciones q se censuraron aesta sierva de Dios, y dejé en su lugar en dho. Archivo otro libro q contenía lo mismo, que solo lo troqué por ser de mejor letra, deste S.to Monasterio, y quando se vuelva uno y otro, se debe imbiar el que queda aca al Archivo de la Prov.ª de Valladolid. Todo lo q he dicho arriba, executé por orden y licencia de N. M. R. Fr. Antonio Bohordo, Lector Jub.o, Provincial desta Prov.ª, y p.ª q conste de q paran en mi poder dhos. papeles, di el presente firmado de mi nombre en dho. Monasterio de N. M. S.ta Clara de Carrion, en 11 de Julio de 1680 añ.s—Fr. Fran.co Calderon.

DOCUMENTO IMPORTANTÍSIMO (1)

ABSUELVE LA INQUISICIÓN Á SOR LUISA

En el Año de mil seiscientos y treinta y seis, y dia veinte y ocho de Octubre, se llevó Dios para sí á la Venerable M.ᵉ Sor Luisa de la Ascension, muy celevrada en su Siglo, por sus heroycas Virtudes. Estuvo Depositada por la Santa Inquisicion, en el Combento de la Encarnacion, Religiosas Agustinas Descalzas de Valladolid, para examinar su Causa, y *se feneció gloriosamente el año de mil seiscientos y cuarenta y ocho;* diré su plausible traslacion, en el año que fue, reservando su vida milagrosamente para mejor ocasion.

El R.ᵈᵒ Pr. Pedro de Balbás, Lector de Teolojia, dos vezes Juvilado, Calificador de la Suprema y General Inquisicion, fue nombrado, en el Capitulo Celevrado en Rioseco el dia cuatro de Mayo del año mil seiscientos y cuarenta y siete, Procurador de la Venerable Sor Luisa de la Ascension en su causa pendiente en el Santo tribunal, negocio tan arduo, que Solo se pudiera fiar de la destreza, y erudicion de tan Eminente Teologo. Hizole celevre su gloriosa conclusion, el año siguiente de mil seiscientos y cuarenta y ocho, *en que el Tribunal Supremo absolvio á la M.ᵉ Luisa de la Ascension, de la acusacion de el Fiscal, como consta del Auto de Revista, que se dio en la causa, y es del tenor Siguiente.*

"D.ⁿ Cristobal del Canpo, Secretario de su Majestad, de la Santa General Inquisicion, Certifico, que en la causa que se ha tratado contra Sor Luisa de la Ascension, monja profesa en el Combento de Sᵗᵃ. Clara, de la Villa de Carrion, y abiendose muerto se prosiguio contra su memoria y fama; á pedimento del P. Fray Pedro de Balbás, Relijioso de la Orden de S.ⁿ Francisco, en nombre y con poder de su Relijion, y vista por el Il.ᵐᵒ Señor Obispo de Plasencia, Inquisidor General, y los Señores del Consejo de su Majestad, de la Santa General Inquisicion la Causa que pende en el contra Sor Luisa de la Ascension, y el Auto prohivido por su Señoría Ilustrisima y Señores

---

(1) Hallado en una crónica antigua del convento de Santa Clara en Palencia, después de haber publicado los anteriores documentos.—Esto viene á corroborar de un modo admirable nuestra profunda convicción de la inocencia de Sor Luisa, reconocida últimamente por el Supremo Tribunal del Santo Oficio. Dios ha querido coronar nuestro humilde trabajo con este tan importante documento.

del Consejo en dos dias del mes de Mayo pasado de este año, en que mandaron que la dicha *Sor Luisa de la Ascension y su memoria y fama sea absuelta de la instancia de este Juizio*, etc. Así lo probeyeron, mandaron y rubricaron Su Señoría Ilustrisima y Señores Zapata, S.ⁿ Vicente, Bravo, Villavicencio, Diego de Villanueva, Secretario del Consejo; como Consta del dicho auto que orijinalmente esta en los de dicha causa, á que me remito, y para que de ello conste, de pedimento del dicho Padre Fray Pedro de Balbás calificador del Consejo, y por mandado de su Señoría Ilᵐᵃ. y Señores del consejo di la presente Sellada con el Sello de la Santa General Inquisicion en Madrid á nueve dias del mes de Diciembre de mil seiscientos cuarenta y ocho. D.ⁿ Cristobal Garcia del Canpo Secretario del Consejo.„

FR. MANUEL F. MIGUÉLEZ,
Agustiniano.

Revista Científica

Un propulsor cómodo para lanchas. — Hoy que con muy buen acierto durante los veranos se acostumbra abandonar los grandes centros de población en donde pueden existir todas las comodidades que se quieran con los más variados y sorprendentes pasatiempos, pero que casi siempre son á costa del pobre organismo, que se ve precisado á estar introduciendo un dia y otro día en su interior deletéreos gases que á la larga vienen á dar por final resultado las anemias, neuralgias, etc., para ir á gozar en el campo del diáfano y puro ambiente, que, unido á la tranquilidad en él nunca interrumpída, puede cambiarse de buen grado por todas las bulliciosas distracciones de las capitales, creemos muy del caso dar á conocer el nuevo modo de *remar* sin las consiguientes ampollas en las manos originadas por el antiguo. Los paseos en lancha al caer la tarde en los calurosos dias del estío, es indudablemente una de las distracciones más agradable, higiénica y adecuada á toda suerte de personas.

El nuevo propulsor no puede ser más sencillo, y une á la ventaja antes enunciada, nunca despreciable, y sobre todo si se trata del bello sexo, la de fatigarse mucho menos el que reme, y por lo tanto poder hacer grandes excursiones con toda comodidad.

Los pies son los encargados de poner en movimiento la embarcación, para lo cual existen dos pedales unidos por sus correspondientes bielas y manivelas á una paleta, que por el alternativo ascenso y descenso de los pedales toma un movimiento de vaivén de adelante hacia atrás, combinado con otro de arriba abajo, dentro de un tambor abierto por su parte inferior, y situado en forma de asiento en la parte posterior de la lancha: á tan sencillo mecanismo se reduce todo el aparato. Como quedan completamente desocupadas las manos, se añade un timón proporcionado á la barca, con el cual se puede dirigirla á voluntad del operador.

Con este nuevo propulsor ya todos pueden conducir una lancha sin los callos, sudores y chapuzones, inherentes siempre á los que quieren solazarse con la higiénica recreación del paseo en lancha sin la compañía de un remero que vaya fiscalizando todos sus dichos y hechos. Es una tarea análoga á la de tocar un harmonio, con la sola diferencia de emplear las manos en dirigir el timón en vez de pisar las teclas.

Más acerca de la tuberculosis.—Nada; está visto que los médicos no quieren dejar vivir en paz á los *microbios*, y les han declarado guerra sin cuartel con objeto de exterminar los microscópicos enemigos, tanto más temibles cuanto más oculta es su acción sobre el organismo humano. El cólera, la viruela, con otras epidemias análogas, son verdaderamente terribles cuando aparecen en un país y comienzan á diezmar las poblaciones; pero al fin es por un tiempo relativamente corto su duración, y existen remedios preventivos bastante eficaces, y los atacados, si no sucumben, no quedan heridos de muerte, ni se ven precisados á vivir meses y aun años con una enfermedad que va en progresivo aumento y les conduce inevitablemente á la sepultura. Mas no sucede lo mismo en la tisis, y de ahí el que en esta materia se redoblen los esfuerzos y el que cualquiera experimento, aunque haya sido muy dudoso su resultado, se reciba con universal alborozo, porque universal es también hoy la temible tuberculosis.

Desde que el Dr. Koch conmovió á Europa con sus célebres inyecciones, propaladas por toda la prensa como infalible remedio contra los tubérculos, sin excluir las pulmonares, y haberse referido no sé cuántos prodigios por la en sus principios misteriosa *linfa*, y haber puesto con estas exageraciones en movimiento á multitud de médicos y enfermos, al venir al fin la realidad con sus acerbos desengaños y paralizar este universal movimiento corporal, y que podríamos llamar de traslación, ha surgido otro más oculto, es cierto, pero no por eso menos intenso; hoy en los laboratorios particulares existen multitud de perros, cabras, conejos... consagrados á ensayos, de los que se pretende deducir el medio seguro de concluir, ó por lo menos atenuar, la gran plaga de los grandes centros de población en que predomine la vida sedentaria. ¿Se lograrán tan laudables deseos? ¡Ojalá! pudiéramos contestar con una afirmación rotunda; mas hasta la fecha los resultados podrán ser más ó menos lisonjeros por la ciencia que revelan y aun por lo que dejan entrever en lontananza; pero, por lo que hace á su aplicación práctica, no creo puedan contarse entre los grandes descubrimientos del siglo, no obstante las categóricas aseveraciones de sus partidarios.

Por el año 1888 dos bacteriólogos franceses, MM. Héricovart y Richet, comenzaron una serie larguísima de experiencias sobre el particular, y que hoy se anuncian como consoladora esperanza de los tísicos. Sus trabajos han tenido por fin demostrar que cuando un animal es refractario á contraer una enfermedad se puede conseguir, por la transfusión de su sangre á otro, hacer á éste participante de la misma propiedad. Con este objeto han hecho á centenares los ensayos, y todos, según los citados bacteriólogos, afirman con excelentes resultados. Los perros son animales sobremanera refractarios á la tuberculosis, y en cambio los conejos la contraen con suma facilidad; inocularon á los últimos el virus tuberculoso, y observaron en seguida los síntomas de la infección, viniendo á sucumbir á los pocos días; inyectaron después á otros varios de los citados roedores una poca de sangre de un perro, sometiéndolos luego á la inoculación tuberculosa, y notaron con agradable sorpresa de los operadores que los conejos continuaban perfectamente sin el menor asomo de enfermedad; repitieron los ensayos hasta quedar convencidos de que realmente se habian vuelto refractarios á un mal á que tanta propensión tiene su organismo. No contentos con lo anterior, pasaron más adelante para ver si con la sangre canina se curaban los ya inficionados por los microbios *staphylococcus pyosepticus*, y los resultados no fueron menos satisfactorios si hemos de creer á los bacteriólogos citados.

Todo esto estaba muy bien como fundamento y principio; pero al fin de nada servia si no había de tener otra aplicación que la de curar á los conejos y otros bichos análogos; por eso pasaron á hacer ensayos en el hombre, comenzando, para no aventurarse á complicaciones inesperadas si se realizaban sobre enfermos, por inyectar el suero de la sangre canina, puesto que es de ella lo único verdaderamente microbicida, en individuos que gozaban de perfecta salud y robustez, convenciéndose de esta suerte que la inyección podía verificarse sin peligro alguno; mas todavía esto no bastaba, ni de ello podia deducirse consecuencia alguna, porque sería inaudita crueldad, y á la que á sabiendas muy pocos se someterían, el inocular á un hombre, á pesar de todas las garantías de la sangre canina, los temibles *staphylococcus pyosepticus*, y sin esta última prueba no podría saberse si el suero de la sangre del perro había producido su efecto. Al fin llevaron sus experiencias con las debidas precauciones hasta su último punto, é inyectaron en individuos atacados de tuberculosis el bactericida líquido con éxito favorable *al parecer*.

Idénticos efectos han obtenido Bertin y Picq, empleando en vez de la sangre de perro la de cabra, por ser ésta también refractaria á la tuberculosis.

Mucho me temo que el hipnotismo haya hecho de las suyas en la presente cuestión, por estar los tísicos muy predispuestos á la sugestión; yo he presenciado un caso en que con un poquito de almidón y agua suministrados por el médico á un tísico ya en el último período de la enfermedad con objeto de alentarle en medio de la tristeza mortal que le postraba, se consiguió cortarle por espacio de veinticuatro horas la diarrea que suele presentarse á última hora en la referida dolencia, manifestando el pobre paciente que se encontraba notablemente mejorado y con esperanzas de ponerse á viajar no tardando mucho; y el infeliz no en todo se equivocaba, pues antes de ocho días se puso en marcha, pero fué con rumbo á la eternidad.

Contra la langosta y la filoxera.—Si son exactas las noticias publicadas por la prensa extranjera, están de enhorabuena los agricultores, pues se encuentran ya sin dos enemigos formidables contra los que se estrellaban todos sus esfuerzos, teniendo que ver, mal de su grado, devoradas sus mieses y destruídos sus viñedos por los terribles insectos, con los que no se puede luchar frente á frente.

Un comisionado del Gobierno francés para combatir la langosta en la Argelia de una manera científica, M. Brongniart, es el que ha descubierto un medio sencillo de destruir tan formidable plaga. Cumpliendo su comisión M. Brongniart, se encontró con algunas langostas muertas por el hongo llamado *entomophthoreo*, y este hecho tan sencillo fué lo que le sirvió de base para todos sus trabajos posteriores. Comenzó por ver si podia multiplicarse en grandes proporciones y con facilidad el referido hongo. Para lo cual recogió el polvillo amarillento que en una vidriera había dejado un moscardón, y lo sembró en insectos completamente distintos, como son el tenebrión, la avispa y la oruga de una mariposa *esfinge*; antes de las veinticuatro horas habían ya muerto todos los insectos de la experiencia, dejando cada uno gran copia de esporos del *entomophthoreo*. Convencido de lo fácil del desarrollo y multiplicación del *insecticida*, expuso su plan de campaña contra la langosta de la manera siguiente: se siembra en primer término el citado hongo en cualquiera especie de insectos, puesto que en todos ellos arraiga perfectamente y no hay dificultad en adquirirlos, porque aparte de las moscas, cuya cosecha nunca se malogra, en los puntos invadidos por los voraces ortópteros pueden servirse de estos mismos, que es fértil tierra para la multiplicación de los *entomophthoreos*. Los insectos muertos por este procedimiento se dejan secar, y después se pulverizan y arrojan á los campos invadidos por la langosta, con lo cual se conseguirá que á las veinticuatro horas de caer la plaga sobre el campo precisamente sembrado del referido hongo se halla cubierto de cuerpos de ortópteros, que á su vez serán foco de infección para otros muchos, y éstos para otros, y así sucesivamente hasta concluir con el formidable ejército que á tantos pobres deja sin pan.

El plan no puede ser más sencillo y encantador, por lo menos en teoría, y preciso es añadir que dos rusos de Odesa han montado un laboratorio para el cultivo del *entomophthoreo*, y que se ha aplicado para combatir un género de coleópteros nocivos á la remolacha, habiendo correspondido los efectos á las esperanzas.

Aparato portátil para duchas.—No siempre se tiene á discreción un salto de agua para poder instalar un baño de ducha; y aun suponiendo la existencia de agua con presión, resulta que es preciso colocarlo en los puntos más bajos del edificio y sin poder moverlo á voluntad del que lo use, y mucho menos trasladarlo, por ejemplo, al campo en que se esté pasando el verano. Por manera que no puede dudarse de la utilidad del ingenioso aparato de que vamos á dar cuenta, hoy, sobre todo, que los nervios tienen tal predominio en el organismo humano que muchas veces vibran extemporáneamente y le hacen sentir lo que el individuo no quisiera.

Consta de una plataforma ó disco de menos de un metro de diámetro; en su centro va colocado el depósito del agua de la forma de un cono truncado invertido, cuya base superior, que es de una substancia rígida, madera, mármol ó metal, viene á ser otro disco de las mismas dimensiones que la plataforma, y que se conservan siempre paralelos entre sí por medio de cuatro barritas verticales fijas á la periferia de la plataforma, y á las que está ligada por medio de unos anillos metálicos el disco superior. La superficie lateral del depósito es flexible y en forma de pliegues de fuelle. Del fondo del recipiente del agua arranca el tubo de la altura que se crea conveniente, y que, encorvado en su parte superior, ha de verter el agua sobre el que toma el baño. Supongamos que quiere utilizarse: se comienza por llenar el depósito por medio de un orificio que hay con válvula y embudo en la base superior del cono truncado, lo cual verificado hasta ponerse encima del depósito ya lleno, y el peso del cuerpo hará subir el agua por el tubo que arranca de la parte inferior del recipiente del agua merced al peso del cuerpo del que toma la ducha; si esto no fuese bastante para producir la presión necesaria, y determinar la salida del líquido con la velocidad y fuerza deseadas, se iría añadiendo los pesos convenientes hasta llegar á conseguirlo. Como se ve, no hay dificultad ninguna con este aparato para tomar duchas en todas partes sin necesidad de acudir á conducciones de agua con presión, pudiendo al propio tiempo instalarse el aparatito en cualquier piso, y trasladarlo de uno á otro cuando convenga.

Extracción de dientes por la electricidad.—Se han hecho ensayos, en el Instituto electro-médico de Londres, con un nuevo aparato eléctrico para la hasta ahora penosa operación de sacar las muelas y dientes, y según parece con muy satisfactorio éxito.

No es instrumento complicado y completamente nuevo; un carrete pequeño de Rhumkorff de hilo finísimo, con un interruptor de lámina de acero que puede dar más de 450 vibraciones por segundo, es á lo que se reduce el aparato.

Para usarlo, después de colocarse el paciente en la proverbial butaca, verdadero *banquillo de la paciencia*, coge el electrodo positivo con la mano derecha y el negativo con la izquierda, y entonces se hace circular por el carrete una corriente, á la que se dará toda la intensidad que pueda soportar el sometido á la operación; así las cosas, se pone en comunicación el polo positivo con el diente que se desea sacar, y por las vibraciones de la corriente quedará en seguida completamente descarnado sin haber sufrido más que el cosquilleo que la repetida interrupción de la corriente produce, especialmente en las manos y antebrazos.

No nos inspira gran confianza el aparato; porque eso de tener que someter todo el organismo á las convulsiones producidas por un carrete de Rhumkorff, que siempre se le debe tratar con mucho respeto y manejar con cuidado para no exponerse á una desgracia, para extraer un mísero diente no parece muy adecuado que digamos; pero si al cabo la práctica, piedra de toque de estas materias, llegase á darle el visto bueno, no podríamos menos de felicitar al inventor, pues no habría aliviado en poco á la doliente humanidad.

———————

Proyecto de un nuevo submarino. — ¡Cualquiera sabe qué decir en la materia después de lo que se ha dicho y escrito con motivo del submarino *Peral!* No obstante, aunque peque de osado, no dudo afirmar que la navegación submarina y aérea son los dos problemas que se encargará de resolver el siglo XX, si es que el XIX no llega á hacerlo; y como lo ordinario es antes de llegar á descubrir el tesoro tener que sacar mucha tierra y comenzar las excavaciones en diversos puntos hasta dar con el verdadero, síguese que, aunque sólo fuera bajo este concepto, serían acreedores á los plácemes de todos aquellos que se dedican al estudio de los utilísimos problemas citados. No es pequeña ventaja para el que busca la mina el que le hayan precedido otros en la misma tarea aunque sin fruto alguno, pues por lo menos ya sabe por donde debe ir y los escollos que debe evitar. De suerte que cuantos más ensayos se hagan en la navegación aérea y submarina, aunque sean sin la corona del éxito, más fácil y despejado queda el camino para los que vengan detrás, y, por consecuencia, mayores probabilidades de llegar á la meta deseada.

Apoyado en estas poderosas razones, no omitiré el dar cuenta de todos los proyectos y ensayos que sobre el particular se hagan, sin que

por eso crea que cada uno de ellos conduce en línea recta á la siempre
apetecida y tantas veces anunciada solución.

El proyecto del submarino eléctrico que vamos á reseñar á la ligera,
tiene sus propulsores de forma especial, compuestos de láminas de acero que producen el empuje oscilando á la manera de la cola de un pez.
De los tres propulsores que lleva el barco, dos colocados á un lado y á
otro de la parte anterior y posterior del submarino, sirven para sumergir, sacar á flote y mantenerlo á determinada profundidad, quedando á
cargo del otro el empuje en sentido horizontal.

El inventor no ha hecho más que ensayos en pequeño, pero que asegura que el modelito de que se vale marcha perfectamente por la superficie del agua, que cuando quiere se sumerge por completo, continuando
su marcha no de otra manera que los peces.

Claro está que, aun admitidas sin discusión todas estas propiedades
en el modelito de ensayo, no se sigue que al construir un verdadero
submarino, que tantas otras condiciones debe tener, salgan las experiencias satisfactorias; pero si llega á orillar una dificultad eso se va ade-
lantando, hasta que llegue el día de dominar el fondo de las aguas como
hoy se domina su superficie.

Simones eléctricos.—Se anuncia como muy próxima la aparición de coches de punto movidos por la electricidad en París. No hace
falta decir que los acumuladores son los encargados de suministrar la
energía de los nuevos vehículos. Algo prematura parece la innovación,
pero esperemos al tiempo, que todo lo aclara, y prometemos á nuestros
lectores el tenerlos al tanto de la cuestión.

FR. TEODORO RODRÍGUEZ,
Agustiniano.

BIBLIOGRAFÍA

OHANN BAPTISTA VON TAXIS. *Ein Staatsmann und Militär-unter Philipp II. und Philipp III.* 5530-1610. *Nebst einem exkurs. Aus der Urzeit der Taxis-schen Posten,* 1503-1520, *von Dr. Joseph Rübsam. Fürstlich und taxis-schem II Archivar.*—Freiburg im Breisgau, 1889.

Fruto copioso y sazonado de la fecunda labor que al estudio de los documentos y fuentes de la historia viene consagrando la paciente actividad germánica, es el Estudio que con gusto hemos leído y nos complacemos en recomendar al público ilustrado. Erudición sólida y extensa, crítica discreta, exposición metódica de los hechos y gran copia de datos, poco ó nada conocidos muchos de ellos, interesantes ó curiosos otros, son cualidades que no faltan en ninguna de las páginas de este libro.

Como del título se desprende, propónese su ilustrado autor dar á conocer, por manera detallada y completa, la importancia que por sus excepcionales condiciones de militar y estadista alcanzó, durante los años aquellos en que la historia de España fué la historia de Europa, el celebrado Embajador del Rey prudente, D. Juan Bautista de Taxis. Es ésta una figura histórica por múltiples razones muy digna de estudio, que encuadra perfectamente en el grandioso fondo en que se mueven Alba, Requesens, D. Juan de Austria, Alejandro Farnesio, el Duque de Guisa y D. Baltasar de Zúñiga, pero que, por injuria ó capricho de la suerte, yacía como obscurecida entre las sombras de los grandes acontecimientos sociales, religiosos y políticos desarrollados durante el último tercio del siglo XVI y principios del XVII.

Trescientos son los documentos citados en esta obra, cuyas noticias permiten á su autor seguir con fidelidad escrupulosa los pasos todos de la azarosa vida de su biografiado, desde el 1564, en que entró al servicio de España, hasta el 1610, en que, honrado y enaltecido cual á sus excepcionales merecimientos correspondía, murió en Madrid desempeñando el cargo de Consejero de guerra y considerado como uno de los personajes más influyentes en la corte de Felipe III. Maestre de Postas del Rey Felipe II, enviado del Duque de Alba en la corte del Conde Guillermo Kleve, Mayordomo después en el campo de D. Juan de Austria, y sucesivamente nombrado Consejero de guerra, proveedor de los tercios de Flandes, dos veces Embajador de S. M. en la corte de Francia, miembro del famoso *Triumviratus Hispanicus*, é Inspector general de los ejércitos españoles, J. B. de Taxis parece reunir y reflejar en su interesante personalidad algo de todos los grandes hombres de quienes le cupo en suerte ser servidor ó amigo.

Por tal razón, el libro que analizamos, mejor aún que de excelente biografía, merece ser calificado de monografía casi completa de un importantísimo período de nuestra historia. Y decimos casi completa, porque la índole misma del trabajo resístese á admitir toda la amplitud necesaria para que el estudio histórico resultase perfecto; y no permite tampoco ahondar en el conocimiento de cosas y personas que sólo directamente se relacionan con el asunto principal, y que, bien entendidas, quizás obligasen al Dr. Rübsam á modificar algunas de sus apreciaciones, que no nos parecen del todo justificadas. Tal estimamos, por ejemplo, la calificación de *crueles* y *tiránicas* con que designa ciertas disposiciones del Duque de Alba, las cuales, atendidas las causas que las motivaron, no es difícil demostrar que no deben considerarse como efecto de cruel tiranía, sino más bien como rigores indispensables, como consecuencias dolorosísimas, pero inevitables, del carácter de aquella lucha tenaz, encarnizada y sangrienta.

Avalora este libro, que de nuevo nos complacemos en recomendar á los aficionados á la historia, un apéndice que contiene numerosos datos sobre el antiguo servicio de Postas y sobre las primeras líneas internacionales de Correos, establecidas en Europa por la familia de Taxis, antecesores de los ilustres Villamedianas.

LA CUESTIÓN ROMANA.—*Discurso leído en el Congreso católico de Zaragoza por el Dr. D. Antonio Hernández Fajarnés, C., de la Academia de Ciencias morales y políticas y catedrático de la Universidad.*—Zaragoza, imprenta de Mariano Sales, 1891.

Jamás se borrará de mi memoria la enérgica impresión que produjo en el Congreso católico de Zaragoza el discurso del Sr. Hernández Fajarnés. No fueron, en verdad, las excelencias y encantos del asunto, aunque era de suyo notabilísimo y simpático, lo que sorprendió y se impuso, dominando la admiración de tan ilustre Asamblea; cabalmente en el propio tema de su discurso habían empeñado su ingenio, y ostentado con gloria la potencia analítica y el brío del pensamiento, filósofos cuyo entronque ó parentesco arranca de la medula misma de la pura raza escolástica, y la misma idea había sido embellecida y expuesta en todo su esplendor por ingenios poderosos y ya afamados en la habilidad y maestría para engastar sus conceptos en el brillante engarce del periodo oratorio. No obstante estos óbices para un cabal lucimiento, el señor Fajarnés logró conmover como quizá ninguno al auditorio y dominarle por completo, influyendo sus cláusulas en él á manera de ráfagas eléctricas, avivando generosas sublevaciones de espíritu y esos arranques iniciales con que hablan las almas de heroico temple al concebir una empresa levantada y gloriosa. Ya sus admirables tratados filosóficos han granjeado al Sr. Fajarnés, sin menoscabo alguno de la justicia, el envidiable título de pensador profundo, en quien se admiran y completan la solidez y nervio de los fecundos principios escolásticos y las amplias y galanas formas del estilo moderno. Nada más terrible que la lucha que viene hace años sosteniendo en todos sus libros, y especialmente en sus *Estudios críticos acerca de la filosofía positivista contra el materialismo en todos sus varios aspectos*, en el que ha dejado ya impresos todos los estragos de una zarpa de león, abriendo brecha espaciosa por entre la enmarañada urdimbre de principios é hipótesis barajadas sin tino y expuestas con el aparato y misterio de un lenguaje de sibilas. La firmeza y macicez de la doctrina, valiente y enérgica expresión siempre á punto, son, á mi juicio, las dotes características de las producciones del insigne profesor de Zaragoza, y estas mismas propiedades campean en su discurso *La cuestión romana* con un relieve quizá aún más enérgico y marcado. No es la minuciosa disección teórica de la gran *cuestión* el objeto capital de su examen; la expresión razonada de la filosofía terrible de los hechos, la interpretación del espíritu á que obedecen, y el estudio asimismo de las necesidades y remedios que con espantosa claridad lo demuestran, fueron indudablemente el fin de las aspiraciones del Sr. Hernández Fajarnés. Avaloran tan hermoso estudio, además de la solidez y valentía, que son, como he indicado, los rasgos fisiognómicos de sus obras, la riqueza de datos que constituyen la trama del largo proceso, los cuadros al vivo, tanto de las explosiones de tumultos populares engendrados al aire libre de las plazas, como de los amaños y perfidias de esa diplomacia arteramente impía, y de cuantos pasos se han dado de puntillas y en las sombras de las cámaras por esbirros y cancilleres. Allí se ven desfilar dibujados con rápidos é inconfundibles trazos las imágenes de los carceleros del Papa, con su fría sonrisa en los labios y la saña relampagueando en sus ojos, pretendiendo en vano adoptar en su rostro expresión de la amistad y del filial respeto, así como Judas al besar la mejilla de Jesús. No sé si obedecerá á la alta estima que con la lectura de sus libros he adquirido acerca del valor del Sr. Fajarnés; pero muchos pasajes de sus obras, y en especial este discurso, me traen á la memoria los períodos grandilocuentes, la entonación imperatoria, el espíritu sintetizador y toda la exuberante lozanía y pompas oratorias del

genio de Donoso Cortés, al cual se asemeja en el poderoso arranque del
pensamiento y en las ondulaciones y cadencias de los períodos, y á quien,
si no iguala en la universalidad de las síntesis, ni en el brío con que
asaltaba las cuestiones más escabrosas, quizá aventaje en la exactitud
de las ideas, en la potencia reflexiva y observación de detalles y pormenores. Lástima que quien recibió del cielo tan excepcionales dotes
de ingenio rehuya por estímulos de modestia las luchas del Parlamento,
y el tumulto y agitación de la prensa, en donde con frecuencia se prego-
na á grito herido, por algún revistero ó filosofastro informe, teorías y
sistemas con pretensiones de dar al traste con todas las creencias religiosas, científicas y sociales de los pasados y presentes tiempos.

EL ORDEN EN EL MUNDO FÍSICO, Y SU CAUSA PRIMERA SEGÚN LAS CIEN-
CIAS MODERNAS, *por D. L. de Sain-Ellier, traducido por D. F. P.*—Madrid. Sociedad editorial de San Francisco de Sales, Bolsa, 10, principal, 1890.—Páginas 302, 8.º—Precio en rústica, 1 peseta; en tela, 1'75.

Tanto como se viene abusando de las ciencias para trastornar las
cabezas de la juventud, y hacerla mirar con desprecio altísimas y fundamentales verdades, que jamás han puesto en duda los verdaderos sabios, ha obligado á los católicos á salir por los fueros de la legítima
ciencia, y demostrar á los pseudo científicos que no es ella la que se
opone á la fe y descarta del mundo la acción del Criador, sino las falsas
deducciones que contra toda lógica infieren de ella inteligencias falsea-
das y mal dirigidas. Entre las obras que tan laudable fin se proponen,
merece nuestra atención la que con el título que encabeza estas líneas
ha publicado en Francia el benemérito Saint-Ellier, y vertido al castellano la Sociedad editorial de San Francisco de Sales. Propónese el autor hacer ver cómo estudiada la naturaleza aun en sus más mínimos
detalles, se descubre siempre un orden y concierto maravillosos, orden
y concierto imposibles de concebir si, como el positivismo materialista
supone, no hay en el mundo más que materia en constante y perpetuo
movimiento. Para lograr su objeto no se entretiene en discusiones filosóficas ni largos razonamientos; conténtase con presentar un breve cuadro de los descubrimientos hechos por la ciencia en todos los ramos del
saber que se fundan en la experimentación, y esto le basta para que
cualquier mediana inteligencia, si voluntariamente no quiere extraviarse, deduzca que tantas, tan variadas y admirables obras pregonan sin
cesar y con arrebatadora elocuencia la intervención poderosa de una
inteligencia soberana é infinita, causa primordial de tan singulares maravillas.

  Cualquiera de las tres partes en que está dividido el libro es interesantísima; lo es la primera por ser un resumen de las conquistas hechas

hasta hoy por las ciencias experimentales, resumen que está al alcance de todos por haber ·esquivado el autor, con muy buen criterio á nuestro entender, el tecnicismo científico; lo es la segunda por la discusión metódica y clara del principio ó causa á que se deben los hechos estudiados en la primera parte, y por la refutación contundente de las explicaciones que á esos hechos dan los materialistas; y lo es, por último, la tercera, por las autoridades que aduce de sabios, tanto antiguos como modernos, á quienes el profundo y detenido examen de las maravillas del universo ha conducido al conocimiento de una inteligencia soberana, causa y origen de todo lo criado, en loor de la cual entonan fervientes himnos llenos de reconocimiento y amor.

La lectura de esa obrita, que eficazmente recomendamos á los católicos, es instructiva y amena, y desearíamos verla en manos de todos, particularmente de los jóvenes, á quienes fácilmente deslumbra el ostentoso aparato de la ciencia atea, seguros de que encontrarán en ella un preservativo contra las ideas antirreligiosas, que tanto cunden, por desgracia, hoy día.

CRÓNICA GENERAL

I

ROMA

EL tantas veces anunciado Consistorio parece que se celebrará en los primeros días del mes próximo, y comprenderá una parte llamada secreta para la preconización de los nuevos Obispos y la creación de los Cardenales. En la parte pública y solemne, el Soberano Pontífice impondrá el capelo á los Cardenales que no lo han recibido todavía, y son: Mons. Vannutelli, que sigue de Pro-Nuncio en Lisboa, y Mons. Albin, Obispo de Gracovia. En el Consistorio privado serán preconizados, entre otros, cinco Prelados españoles, y se tiene por seguro que serán elevados á la dignidad cardenalicia Mons. Rufo Scilla, Mayordomo de Su Santidad; Mons. Botelli, Nuncio Apostólico en París, y Mons. Gruska, Arzobispo de Viena. Tal vez sean creados algunos más; pero hasta ahora no hay suficientes motivos para asegurarlo.

—Ya se ha publicado la tan ansiada Encíclica de León XIII acerca de la cuestión obrera. Según el extracto que telegráficamente han comunicado á algunos periódicos, es un trabajo que no desdice de los anteriormente publicados por Ntro. Smo. Padre. Sin perjuicio de publicarla íntegra en los números siguientes, creemos oportuno dar á nuestros lectores el extracto que se atribuye al Cardenal Mannierg, el cual coincide con el comunicado á la prensa por telégrafo: «Después de breve introducción, en que trata de la importancia y dificultad de la cuestión y de la necesidad de resolverla rápidamente, la Encíclica comienza por rechazar la solución socialista, que acabaría por abolir la propiedad privada y constituir una propiedad colectiva y común en su organización.

»Habla inmediatamente de la solución que se puede encontrar en la enseñanza católica. Admite que, según esta enseñanza, deben contribuir varios principios y elementos á tal solución; pero en primer término, y como el principio de todos ellos, mantiene el documento la institución de la Iglesia, sin la cual todos los demás serían ineficaces. Al tratar este punto la Encíclica recuerda la enseñanza del Evangelio, según la cual los patronos y obreros no deben luchar entre sí, sino vivir en harmonía por el cumplimiento de los mutuos deberes impuestos por la idea de justicia. Además deben auxiliarse recíprocamente y vivir en compañía amigable, y aun fraternalmente unidos; como que todos ellos son miembros de una misma famil a.

»La Iglesia no solamente inculca esa enseñanza en el pensamiento de los hombres, sino que hace cuanto puede para realizarla prácticamente, y hace todo género de esfuerzos para prestar á las clases trabajadoras todos los auxilios morales y materiales que es dable adoptar en beneficio suyo mediante la caridad de Jesucristo, siempre viva y presente en la Iglesia.

»La Encíclica continúa después tratando de la acción que corresponde al Estado en este asunto. Comienza por sentar ante todo, como afirmación general, que el Estado debe cumplir su misión favoreciendo á las clases trabajadoras; y después, hablando en particular, afirma que dicha entidad puede y debe intervenir donde quiera que sea llamada á cumplir su deber de proteger el bienestar común y los derechos de cada parte. Con relación á esto, la Encíclica considera una por una las principales esferas en que es necesaria la acción protectora del Estado, á saber: la propiedad pública, la tranquilidad general y las necesidades de los mismos obreros, así espirituales como corporales. Al tratar de esos asuntos habla la Encíclica de las diversas cuestiones relativas á la suspensión del trabajo los domingos y días festivos, á las huelgas, á los salarios y á las horas de trabajo, considerándolas con relación á la índole de las tareas, y al sexo y edad de los trabajadores.

»La última parte de la Encíclica se refiere á las mismas clases trabajadoras, y especialmente á sus diversas instituciones y asociaciones para mutua ayuda, y para proporcionar recursos en casos de accidente, enfermedad, inutilización para el trabajo. Trata de las varias especies de patronato, considerando á éste llamado á proteger y fomentar el bienestar de niños jóvenes y adultos. También trata de los Sindicatos ó Compañías, y sobre todo de las corporaciones adecuadas á las diversas condiciones de estos tiempos, que el Estado, respetando la debida libertad en todos, debe favorecer, alentándolos y apoyándolos.

»La Encíclica trata de esas Asociaciones de trabajadores y de patro-

nos, examinando su organización con cierta amplitud, indicando cuáles
han de ser sus principales bases, y afirmando de una manera especial
que tales organismos deben estar animados por el espíritu cristiano.
Se expresa gratitud y se tributan aplausos en dicho documento por todo
lo bueno que se ha hecho en esta materia. La Encíclica pregunta si no
podría hacerse algo más, y concluye exhortando con frases calurosas
á todos cuantos están interesados en la cuestión obrera, para que cada
cual se resuelva á cumplir decididamente y sin vacilación los deberes
que sobre él pesan.»

—Anuncian desde Roma que hay graves sospechas de que la voladura del polvorín de la Porta Portese no ha sido casual, como se dijo,
aunque nosotros siempre lo pusimos en duda, sino preparada por manos criminales. Parece que entre los restos del edificio que fué polvorín
se han encontrado una tabla y una piedra que ofrecen señales de haber sido atacadas por un líquido corrosivo. También se han descubierto fragmentos de un recipiente que debió de contener el ácido á que,
según esta hipótesis, se atribuye la explosión. Dos días antes de ocurrir
la voladura entraron en el polvorín varios obreros para hacer algunas
reparaciones urgentes (y esto lo confirmó uno de los ministros al dar
cuenta en las Cámaras de la inmensa catástrofe, si bien añadiendo que
dichos obreros eran personas de toda confianza), y alguno de ellos, tal
vez afiliado á las Sociedades anarquistas, colocaría el líquido corrosivo,
que iría atacando las tablas de alguna de las cajas en que se guardaba
la pólvora, inflamándola al ponerse en contacto con ella. Las autoridades de Roma procuran desvanecer estos rumores á fin de impedir que
cunda la alarma, fomentada por el temor de nuevos atentados de los
anarquistas.

Adquiere nueva fuerza esta versión por la circunstancia de haber
ocurrido el suceso en los mismos días en que los anarquistas, haciendo
causa común con los socialistas, y aun impulsándolos al pillaje y al sa-
queo con discursos incendiarios, tenían en constante alarma á la Ciudad Eterna; y tampoco es de despreciar el dato de que muy pocos días
después se produjo en los cuarteles cercanos al Palacio apostólico del
Vaticano un formidable incendio, que hizo temer por la existencia de la
morada de León XIII.

Con motivo de estos sucesos se dice que va ganando terreno en
Roma la idea de que el Papa no puede continuar en Roma sin ninguna
garantía en las actuales circunstancias; pero semejante opinión no puede
menos de ser poco fundada, no porque deje de ser cierto lo de la falta
de garantías, sino porque, ante los anarquistas, se encuentran en situación idéntica el mismo Rey Humberto y cuantos residen habitualmente
en Roma. Se cometió la grandísima injusticia de privar al Papa de sus
Estados y de su libertad, y este ejemplo ha caído en tierra fecunda. Los
anarquistas no se satisfacen con la decantada unidad italiana, y hoy por
hoy más les estorba á ellos la Italia oficial que León XIII; y ya que los

carceleros del Papa han hecho oídos de mercader á las palabras de éste, los anarquistas se han encargado de hacer que los oigan hasta los sordos. Y es lo que dice toda persona sensata. ¿Qué remedio hay contra estas plagas modernas de socialistas y anarquistas? Ninguno, fuera de las palabras de vida eterna que salen del Vaticano, porque todos los ejércitos del mundo no son capaces de impedir que una fiera en figura de hombre reduzca á cenizas la gran ciudad con todos sus maravillosos monumentos y obras de arte.

—El Obispo de Montpellier, refiriendo la conferencia celebrada con Su Santidad, dice entre otras cosas: «¿Sabéis el problema que le preocupa? Paréceme que se pregunta cómo es posible que algunos millares de hombres dominen en Francia cuando en millones de ciudadanos existe fuerza moral bastante para devolver á Francia el papel que le corresponde en el Congreso de naciones cristianas. Pues lo necesario es la voluntad, es la unidad. Y de nosotros dependen aquélla y ésta. Cuando hay elecciones, suena la hora de elegir un hombre cristiano que lo sea franca y abiertamente. Os animo, amados hermanos míos, á que os unáis á la próxima peregrinación francesa para escuchar de los mismos labios del Romano Pontífice cuánto se interesa por la honra, la libertad y la grandeza de Francia.»

—Su Santidad ha recibido en audiencia privada, y con todos los honores concedidos á los individuos de familias reales, á S. A. el Príncipe Oscar Gustavo Adolfo, heredero de las coronas de Suecia y Noruega. También ha recibido el Papa á dos Ministros del Canadá, los Sres. Mercier y Sehy, con los que ha conferenciado largamente.

II

EXTRANJERO

ALEMANIA.—El joven Emperador de Alemania toma parte activa en todo; dijérase que quiere infundir su espíritu en todas las manifestaciones de la vida de aquel gran Imperio: ha querido encauzar al socialismo, dirigir personalmente la política exterior é interior, carga pesadísima para llevada inmediatamente después del gran Canciller Bismarck; educar al ejército, encauzar las ciencias, á lo menos en lo que directamente se relaciona con el bienestar del Imperio. Mas, aunque parezca muy extraño, se va á encontrar frente á frente con su antiguo amigo y Canciller, que no se manifiesta, que digamos, ni muy satisfecho de la dirección que á todas esas cosas imprime el joven Monarca, ni dispuesto á transigir con nadie en lo que considera de vital interés para los destinos del Imperio. Verdad es que los tiros van dirigidos al actual Canciller; pero todo el mundo entiende que apunta más alto, pues nadie ignora que las iniciativas parten del Emperador. Al recibir á los delegados del comité electoral de Geestemunde, declaró el excanciller que no es su intención la de hacer una oposición sistemática á su sucesor, pero que no podrá guardar silencio en presencia de nefastos proyectos de ley. «¿Por qué me había de callar yo?—dijo.—¿Acaso porque tengo más experiencia que otros? Mi conciencia me ordena hablar: es un deber que me obliga como una pistola cargada. Los que me atacan por mi actitud, no alcanzan á formarse idea alguna de ello. Cuando veo á mi patria en vías de recorrer peligrosas sendas, fuera traición mi silencio. No abrigo otro móvil sino el deseo de servir á mi país. Tal vez me acusen de ambición. ¿Por qué si mi empresa y mi cometido han terminado ya, y no tengo nada que esperar?»

.*.

RUSIA.—El Príncipe heredero de Rusia, Gran Duque Nicolás, ha estado á punto de perecer en su viaje por Oriente á manos de un japonés fanático. Paseaba dicho Príncipe, seguido de numeroso y brillante acompañamiento, por las pintorescas cercanías de Tokio, cuando después de haber atravesado el lago Biva, y al dirigirse á Ossu, recibió en la cabeza una herida que le infirió un agente de policía subalterno, que, abriéndose paso por entre el séquito del Príncipe, logró llegar hasta él. El Gran Duque cayó en tierra sin sentido, arrojando copiosa sangre por la herida. El agresor trató de repetir el golpe; pero fué desarmado por un terrible bastonazo que le descargó el Príncipe Jorge de Grecia, que formaba parte de la comitiva. El agente de policía fué maniatado y conducido á Tokio.

Reconocida la herida del Príncipe, se vió desde luego que, si bien ofrecía alguna gravedad, no ponía en peligro su vida. El Gran Duque recobró á los pocos instantes su sentido y logró incorporarse sin el menor esfuerzo. La herida, según reconocimiento facultativo, tiene tres pulgadas de largo, y es de escasa profundidad Inmediatamente se procedió á hacer la primera cura, que se llevó á cabo sin el menor contratiempo. El Gran Duque, con extraordinaria serenidad de ánimo, se trasladó por su propio pie al tren que le condujo á Tokio.

La noticia de este salvaje atentado ha producido gran indignación en San Petersburgo. Los periódicos de esta capital, al referir el suceso que hoy preocupa allí los espíritus, afirman que Rusia no olvidará jamás el acto de haber salvado el Príncipe Jorge de Grecia la vida del Zarevitz. Este ha telegrafiado á la familia imperial prra tranquilizarla y notificarla que sigue en buen estado, y que la herida no tiene el alcance que en un principio se suponía.

El Emperador del Japón y sus ministros han visitado al Zarevitz para felicitarle por haberse salvado del atentado contra su persona cometido, y dar á Rusia una prueba de su buena amistad y profundo sentimiento por lo ocurrido. El asesino es un agente de policía, que obró impulsado por el fanatismo religioso. Además de la herida en la cabeza, recibió el Gran Duque otra en la mano derecha, que no ofrece la menor gravedad.

.∗.
∗

FRANCIA.—Como era de prever, á pesar de la tendencia pacífica de las manifestaciones obreras del 1.º de Mayo, han ocurrido hechos aislados sí, pero por todo extremo lamentables. Uno de ellos ha ocurrido en Fourmies, población industriosa próxima á Avesnes, en el departamento del Norte. El alcalde de este pueblo había tomado grandes precauciones temiendo, sin duda, alguna catástrofe; y debido tal vez al miedo excesivo, en cuanto los obreros dieron comienzo á su manifestación las tropas cargaron contra los manifestantes, haciendo horrorosa carnicería; los muertos ó heridos ascendieron á 30, y muchos de ellos no habian tomado siquiera parte en la manifestación: eran curiosos é inocentes. Una infeliz mujer que salía de una tienda de comestibles con una niña en los brazos recibió un balazo en un pie, que ha sido necesario amputar para salvar á la herida. La criatura fué rozada por una bala. Un muchacho de trece años quedó muerto de un balazo hallándose en su propia casa. Una descarga cerrada hecha contra una taberna, produjo heridas á una docena de clientes que se hallaban tranquilamente sentados. A la cabeza de los manifestantes iba un joven obrero, llevando del brazo á su bellísima esposa. El sostenía la bandera, y ella llevaba la rama de un árbol adornada con cintas. La animosa joven gritaba: ¡Defendamos nuestros maridos! Un certero balazo contestó al apóstrofe de la joven; la bala hirió en el pecho á su marido, que cayó desplomado. En el mismo instante otro disparo hecho á bocajarro, levantó la tapa de los sesos á la desventurada viuda. Los trozos del cráneo fueron violentamente proyectados sobre una pared inmediata, en la que dejaron ancho y repugnante círculo sangriento. Esta tragedia elevó al paroxismo la indignación y el furor de los obreros, que se dispersaron horrorizados y clamando venganza para relatar el hecho y excitar el encono y el deseo de venganza entre sus convecinos. Por la noche se repartieron los obreros los sesos de la joven, recogidos cuidadosamente, á fin de que tan repugnante y terrible recuerdo mantenga viva la carnicería y el odio contra los burgueses.

Al sonar en la plaza de la iglesia las descargas, las puertas del templo fueron bruscamente abiertas, y por ellas salieron el párroco y dos sacerdotes más, que se precipitaron al centro de la plaza:—¡Alto! ¡Por caridad, alto!—empezaron á gritar los sacerdotes, abriendo los brazos como para proteger á la muchedumbre indefensa. Hubo un momento de vacilación en la tropa al ver el enérgico y heroico acto de los sacerdotes. Al fin bajaron los fusiles y cesó el fuego. La gente aprovechó el momento y huyó en todas direcciones.

La plaza quedó sola con los soldados y los sacerdotes. Aquéllos esperaron en su lugar descanso, y los sacerdotes empezaron á recoger y curar como pudieron los heridos, dando la absolución á los moribundos sobre el terreno.

Un soldado llamado Lebón, que nació en Fourmies, se hallaba en filas como los demás cuando se dió la voz de ¡fuego! Lebón apuntó sobre la multitud, y se detuvo. Entre las mujeres había visto á su madre, que le gritaba: «¡No tires! ¡No tires, hijo!» El soldado la oyó, arrojó iracundo el fusil y se cruzó de brazos.

—El Príncipe Víctor Napoleón, hijo primogénito del poco ha finado Jerónimo Napoleón, se ha creído en el deber de hacer algunas declaraciones políticas, como representante indiscutible de los imperialistas franceses. Dichas declaraciones, publicadas por *El Fígaro*, de París, son como siguen: «La felicidad de Francia depende de un Imperio plebiscitario.

»La transición de la República al Imperio se haría con gusto en vista del creciente descrédito en que ha caído el régimen parlamentario. El Príncipe añade que para coronar la obra de la Revolución y dar solución á las reformas sociales, los gobernantes todos debieran inspirarse en la política seguida por el segundo Imperio; pero entiende que el tiempo urge y que es preciso dar cuanto antes satisfacciones reales á los intereses industriales y obreros, sin descuidar tampoco el trabajo de encauzar el socialismo, que cada día se presenta más amenazador. Este trabajo cree el Príncipe que sólo puede llevarlo á feliz término un individuo de la familia Napoleón. Termina declarando que, siendo cada vez más difícil la unión conservadora, debe pensarse en la verdadera tradición napoleónica, marchando todos unidos de esta suerte á la restauración del Imperio.»

Lo de que sólo un Imperio puede salvar á Francia, pase. El Príncipe Víctor no podía hablar de otro modo. Lo que nos parece bastante obscuro, es lo de *coronar la obra de la Revolución.* Para esto nosotros no sentimos la menor prisa; si fuera para arrancar de una vez y para siempre hasta la última raíz de la Revolución, eso sí. Hay además otro punto borroso. Dicho Príncipe entiende que urge dar satisfacción á industriales y obreros: está bien. Y la Iglesia, ¿no necesita satisfacciones?

***

GRECIA.—Los antisemitas han cometido grandes desmanes, crímenes más bien, con los judíos de Corfú. Además de haber incendiado numerosas viviendas, han asesinado á nueve judíos por lo menos, y si el Gobierno griego no toma enérgicas medidas se temen gravísimos atentados. Para que se vea á qué estado llega en la citada ciudad el odio á los hijos de Judá, bastará saber que sólo por eso se ha declarado el estado de sitio, habiendo sido destituídos el Alcalde y el Gobernador por complacientes é ineptos. Verdad es que los judíos tienen en su mano la paz y la guérra de las naciones civilizadas; que sus riquezas son inmensas; que parece que el mundo entero está postrado á las plantas de un Rotschild ó de un Barhing; mas nada de esto impide que á veces sean tratados como parias é ilotas, negándoseles el agua y el fuego y persiguiéndoseles como fieras dañinas.

***

PORTUGAL.—La situación de este reino es sobremanera angustiosa. Como si fueran poca cosa las dificultades interiores y exteriores que le traen á mal andar, hoy por los ingleses en las cuestiones africanas, mañana por los republicanos con sus intentonas perpetuas y soeces amenazas, estos últimos días ha surgido una crisis económica extensa y profunda, que ha obligado al Gobierno á publicar un decreto suspendiendo por dos meses el pago de los vencimientos. Pero esta medida, que parece salvadora á primera vista, resulta desastrosa, porque destruye el crédito del primer establecimiento de crédito portugués y desequilibra á todo el comercio, que cuenta con los valores expedidos contra el Banco.

Dè ahí ha nacido que la renta interior, que se cotizaba á 62 por 100 antes de los conflictos africanos y la sublevación de Oporto, y que por dichas causas experimentó sensible depreciación, ahora ha bajado al tipo de 44 por 100. Atribúyese la principal causa de este desastre á que el Gobierno ruso ha retirado el oro que tenía depositado en los Bancos ingleses; esto ha producido escasez de numerario en el mercado inglés; y como el de Portugal no es más que sucursal de la Gran Bretaña, que hoy por hoy necesita todos sus recursos para hacer frente á sus propias necesidades, se ha visto en descubierto, esto es, imposibilitado de efectuar el pago de los vencimientos de que debía responder.

Se ve en todo bien clara una cosa: es que Portugal está cada lunes y cada martes, y á propósito de cualquier cosa, al borde del precipicio por su absoluta dependencia de la Gran Bretaña.

No paran ahí sus desgracias: consecuencia probablemente de todo esto es la crisis en que se encuentra hace días el Gabinete portugués, y el Rey sin saber de quién echar mano, y los partidos deseosos de que aparezca cualquier hombre político para desprestigiarle y triturarle; porque es imposible hallar en el mundo hombre de tan superiores condiciones que conserve su prestigio con una prensa tan desbocada como la portuguesa.

***

AMÉRICA.—El periódico *Las Novedades* de New-York da cuenta en los siguientes términos de un formidable incendio: «El fuego más destructor que hace muchos años se ha presenciado está haciendo grandes destrozos en el Sur de Jersey.

»La región de los grandes pinos y los arándonos del distrito cenagoso de Pleasant Point y Bay Head, está siendo víctima de las llamas en una extensión de muchas millas.

»Millares y millares de pinos y de cedros han sido devorados por el incendio; muchas ciudades se han visto amenazadas de desaparecer; docenas de casas han quedado reducidas á cenizas, y ha habido serios temores de que en este desastre se hubiesen perdido muchas vidas.

»El humo es tan denso que flota, pesado é inmóvil, sobre los bosques incendiados, y los labradores están expuestos á extraviarse al trasladarse de una á otra población.

»En algunos puntos los habitantes se han visto obligados á abandonar sus casas y dejarlas que sean presa del devorador elemento para salvar sus vidas.

»Calcúlanse las pérdidas materiales hasta ahora experimentadas en más de un millón de pesos, habiendo quedado muchos labradores enteramente arruinados.

»Dícese también que en las montañas próximas á Reading, Pensivalnia, y en las cercanías de Newburg (Nueva-York, están ardiendo los bosques.»

—Poco ó nada se sabe del estado de la guerra civil en Chile. En cambio en la prensa sud-americana hallamos un Manifiesto de los jefes del partido revolucionario de Chile, documento en el cual hacen constar que, estando ocupadas por sus tropas ocho de las principales provincias de la República, que son las que poseen más elementos de riqueza y las que proporcionan por consiguiente mayores rendimientos á la Hacienda, ha llegado el momento de normalizar la administración de las mismas Al efecto ha acordado constituir un Ministerio que gobierne esas provincias, y á continuación de la proclama aparecen los nombramientos de los nuevos consejeros responsables. Hay, pues, en Chile dos Ministerios, así como había dos Cámaras desde las últimas elecciones de Marzo.

En cuanto á los últimos hechos de la guerra civil, según noticias procedentes de Iquique no es exacto que pereciera 200 hombres de la tripulación del *Blanco Escalada* al ser echado á pique este buque por el torpedero *Almirante Lynch*. La mayor parte de la tripulación del acorazado fué salvada por los otros buques revolucionarios, y el vapor *Aconcagua* y la corbeta *Pilcomayo* obligaron á retirarse al citado torpedero y al *Almirante Condell*, que tomó parte también en este encuentro.

III

ESPAÑA

Han revestido singular interés las discusiones del Senado, en que han tomado parte los insignes Prelados de Valencia, Oviedo y Salamanca. Un senador demócrata explanó una interpelación contra una real orden del ministerio de Ultramar autorizando á las Corporaciones de Filipinas para que pudieran disponer libremente de sus bienes Los señores Obispos trituraron las argucias de dicho senador; y porque incidentalmente, hablando de los abusos que se habían cometido en nombre del Patronato Real, citó el señor Obispo de Salamanca lo acontecido en Filipinas con el obispo intruso Sr. Alcalá Zamora, saltó el señor Montero Ríos y negó hechos que todo el mundo tiene olvidados de puro sabidos, hasta que el Prelado salmantino le hizo ver con textos claros y terminantes que era muy verdad cuanto había asegurado.

En el Congreso se ha discutido el Mensaje de contestación al discurso de la Corona con alguna más animación que en la quincena anterior; y puesto que nosotros para nada hemos de entrar en cuestiones políticas, diremos ahora, y con igual razón que en el número anterior, que hemos oído elocuentes declaraciones católicas, que de todo corazón aplaudimos vengan de donde vengan, permitiéndonos únicamente manifestar nuestro vivísimo deseo de que unos y otros procuren hacer cuanto puedan por la difusión de las sanas ideas y por el triunfo de la Iglesia.

—Acaban de verificarse las elecciones municipales, que han sido algo así como un triunfo para los partidos republicanos, que luchaban unidos en ellas. Verdad es que el Gobierno ha sacado mayoría si se tiene en cuenta el resultado general; pero es innegable que los republicanos han llevado un contingente respetable de amigos á los Municipios, sobre todo en las grandes poblaciones. Véase el resultado de la elección en Madrid: elegíanse 27 concejales; de ellos 12 son republicanos, 11 conservadores y 4 fusionistas.

—Los socialistas han suscitado algunas revueltas; pero no han pasado á mayores, ni en España, ni en ninguna otra nación, si se exceptúa Bélgica, donde están haciendo esfuerzos heroicos para lograr, á fuerza de asonadas, huelgas y petardos, que prospere el proyecto de sufragio universal. No hay necesidad de advertir que en Bélgica el partido liberal alienta á los socialistas por fines puramente políticos, es decir, para derrocar al partido conservador; pero no será extraño que le pese más de una vez, y á no tardar.

—Se ha erigido en la plaza del Rey de Madrid una magnífica esta-

tua al héroe hasta ahora injustamente preterido, y compañero y auxiliar dignísimo de Daoiz y Velarde en la memorable jornada del Dos de
Mayo de 1808, teniente Ruíz Mendoza.

—Con gran solemnidad se verificó el día 7 del mes la colocación de
la primera piedra que la Academia Española va á erigir á sus expensas
en los terrenos inmediatos á la iglesia de San Jerónimo, entre las calles
de Felipe IV, Alarcón, Moreto y Academia. La obra se ha presupues-
tado en 1.500.000 pesetas. Asistieron á dicha solemnidad S. M. la Reina
Regente, S. A. R. la Infanta Isabel, varios Prelados, Ministros y altos
funcionarios.

—Escriben de Manila:

»El acontecimiento de estos días ha sido la inauguración de la primera línea férrea del Archipiélago. El entusiasmo es general, y se esperan grandes resultados del nuevo ferrocarril y de los que le sigan; pues
en estas comarcas, tan ricas en productos naturales, las vías modernas
de comunicación harán que se desarrollen prodigiosamente la industria
y el comercio, poniendo en contacto con los mercados á los centros
productores. El establecimiento del ferrocarril de Manila á Bagbag es
una nueva muestra de la solicitud de la madre patria por el progreso
de estas islas, que deben á la influencia de la metrópoli, secundada
eficazmente por las Ordenes religiosas, cuantos adelantos han conseguido hasta ahora. La apertura de la línea se verificó ayer 24 con gran
solemnidad. Ante la estación de Manila se levantó un sencillo templete,
adornado con follaje y vistosas banderas. El pórtico estaba también
adornado con banderas, follaje y elegantes guirnaldas, con tarjetones en
que estaban inscritos los nombres de las estaciones por donde habían
de pasar los primeros trenes, así como el reglamento y avisos al público, entre los cuales se leía el siguiente: «Esta Compañía tiene el honor
»de poner en conocimiento del público que por disposición del Excelen-
»tísimo Sr. Gobernador general del Archipiélago queda abierto al pú-
»blico desde el día 25 de Marzo de 1891 el trozo comprendido entre Ma-
»nila y Bagbag para viajeros, equipajes y mercancías.—La Dirección.»

»Delante de la estación tocaba la banda de artillería mientras se reunían los numerosos convidados que acudieron al acto, y que pasarían
de 300. El andén estaba profusamente adornado con guirnaldas, follaje
y colgaduras de los colores nacionales, y en la extremidad se hallaba
un altar con una cruz, algunas imágenes y ricos candelabros. El Exce-
lentísimo é Ilmo. Sr. Arzobispo, Revdo P. Nozaleda, bendijo, con
arreglo á las ceremonias del ritual, las tres locomotoras que habían de
tomar parte en la expedición inaugural. Estas se llaman *Alfonso XIII*,
Felipe II y *Cervantes*.

»La primera abrió la marcha como máquina exploradora. El primer
tren fué arrastrado por la locomotora *Cervantes*, en la cual iba el señor
Mackenzie. El tren se componía de tres coches de primera, tres salones
y cinco de segunda. En este tren iban el Sr. Betodano y el señor

Moreno, segundo jefe del movimiento, haciendo los honores á los convidados. La música de artillería iba también en éste. El segundo tren iba arrastrado por la máquina *Felipe II*, en que iba el Sr. Higgsins, y en los carruajes los señores Lisdle y Caujor, inspector de la sección. Los carruajes de primera clase compónense de dos departamentos de cinco asientos, cuarto de aseo independiente cada uno. Los de segunda los forman tres departamentos, corridos de techos y capaces cada uno para ocho personas. Los salones son iguales á los de primera, sin más diferencia que no existir la separación.

»Todas las estaciones ofrecen hermoso y elegante aspecto, y en breve se las rodeará de jardines. El numeroso personal de la línea, completamente uniformado, ofrecía un buen aspecto.

»Todo el servicio subalterno de guardas está perfectamente alojado, á juzgar por las casetas que desde las ventanillas veíamos. Además de todas las autoridades de diversos órdenes de Manila, concurrió el gobernador de Bulacán. El de la Pampanga, según noticias, llegó hasta Calumpit, creyendo que aquél fuese el término de la expedición. En todas las estaciones se encontraban, para saludar á los viajeros, los párrocos, jefes de Guardia civil, principalías, bandas de música y casi todos los vecinos de los pueblos.

»Las estaciones que comprende el trozo en explotación son las siguientes: Manila, Colocán, Polo, Meycauayán, Marilao, Bocauc (donde está el cruce), Bigáa, Guiguinto, Malolos y Bagbag. En Malolos, que fué el término de la expedición, habíase habilitado detrás de la estación un amplio y fresco comedor, donde se sirvieron emparedados, dulces y vinos en abundancia. La vuelta se efectuó en la misma forma que la partida, y á las ocho y media de la noche volvían á encontrarse los expedicionarios en la estación de Tondo, en donde fueron despedidos con la mayor amabilidad por los representantes de la Compañía.»

—La peregrinación alemana á Santiago de Compostela ha permanecido en dicha ciudad hasta el viernes último. Los romeros han visitado los monumentos que encierra Santiago, quedando altamente complacidos de su viaje. También visitaron al Excmo. Prelado de aquella archidiócesi, el cual les recibió con la amabilidad que le distingue, conversando con los piadosos alemanes durante algún tiempo. Los peregrinos sacerdotes celebraron el santo sacrificio de la Misa en el altar de la cripta, confesando también á los seglares.

—El *Boletín de Sanidad* trae algunos datos demográficos que es muy conveniente tener á la vista:

Aunque parezca imposible, hay poblaciones con mayor mortalidad que Madrid; pero no es en Europa. Es preciso ir á Africa para encontrar ese fenómeno. Port-Said, tuvo el 54,6 por 1.000; Suez é Ismalia, el 47,6; el Cairo, 46,8, y Alejandría, 46,6. Verdad es que los nacimientos superan también con mucho á las defunciones, pues la proporción por 1.000 habitantes fué respectivamente de 100, 0,73, 056,8 y 54,4, cifras á que no llega población alguna del viejo Continente. La mortalidad en las poblaciones más importantes de Europa fué la siguiente:

Madrid..	44,8
Moscou...	40,3
Bucharest.....	29,3
San Petersburgo...	27,5
Viena.	25,0
París.	24,9
Roma.	23,6
Amsterdám.	23,0
Berlín.	22,6
Copenhague	21,9
Bruselas	21,5
Londres	20,4
Basilea..	17,2

La población de menor mortalidad fué Zurich, que sólo tuvo 16,1. En los Estados Unidos de América, la de la mayor fué Nueva-York (38,5), y la de menor Oakland (13,3). Esta última fué también la de menos nacimientos de América y Europa, pues sólo llegó á 12,2.

MISCELANEA

Carta de Su Santidad á los Arzobispos y Obispos del Imperio austriaco.

A nuestros amados Hijos Federico Fürstenberg, Arzobispo de Olmutz, y Francisco de Paula Schoenborn, Arzobispo de Praga, Cardenales Presbíteros de la Santa Romana Iglesia, y á nuestros venerables Hermanos los demás Arzobispos y Obispos del Imperio de Austria.

LEÓN PAPA XIII

Amados Hijos y venerables Hermanos.—Salud y bendición apostólica.

En los primeros días del soberano pontificado á que la providencia de Dios nos quiso elevar, al pasear nuestra mirada por todo el mundo católico, hallamos un verdadero motivo de gozo en el buen número y excelencia de toda suerte de obras buenas y útiles proyectos en que, con el auxilio divino y suma solicitud, se ocupaban los Obispos, ambos cleros y hasta los mismos fieles; pero hubimos de experimentar al mismo tiempo un amarguísimo dolor viendo á los enemigos de la Iglesia, unidos en detestable conjuración, atreverse á todo para poner sitio y, si les fuera posible, derribar este edificio que Dios mismo edificó para que sirviera de refugio á toda la humanidad. Y aunque se emplean diversidad de armas y estratagemas, según lo pide la diferencia de lugar, en esta guerra que se mueve por do quier contra la Iglesia de Jesucristo, en todas partes responde á un mismo plan, á saber: borrar todo vestigio de religión en la familia, en la enseñanza, en las leyes y en las instituciones; despojar á la Iglesia de los medios y aun de la virtud que posee para procurar el bien común, é infiltrar en todas las arterias de la sociedad doméstica y civil el pernicioso veneno del error.

Ya no hay recurso de que para alcanzar tales fines no se hayan valido los enemigos con audacia suma. Violentos y numerosos, se han lanzado á combatir contra los derechos, la libertad, la dignidad de la Iglesia, contra los Obispos, contra el clero regular y secular, y principalmente contra la autoridad y soberana independencia de los Romanos Pontífices. De estos atentados cometidos contra la Religión católica se han seguido y se siguen para las naciones muchos y graves males, entre los cuales se ha de deplorar, ante todo, la perversión del general criterio, cada vez más extendida, y con ella la falta de probidad y el espiritu de rebeldía que van penetrando en las almas, haciéndose de este modo más difíciles los negocios públicos y rodeando á los Gobiernos de peligros cada día mayores. No podía esperarse otro resultado; porque si se procura debilitar, ó, lo que todavía es peor, si se menosprecia y rechaza el firmísimo apoyo de la Religión, que con sólo sus justos preceptos y sus saludables prohibiciones puede contener á los hombres dentro del límite de sus deberes, se conmoverán los mismos cimientos de la sociedad y no habrá poder humano que le mantenga en orden.

En ninguna ocasión hemos dejado de recordar, por medio de importantes cartas, estas verdades á los que gobiernan y á los que son gobernados, avisando á unos de cuán estrechamente se hallan unidos los intereses religiosos y los sociales, exhortando á otros á respetar como conviene y á seguir escrupulosamente la divina enseñanza de la Iglesia. Y especialmente nos hemos dirigido á los Obispos, puestos por el Espítu Santo para regir la Iglesia de Dios, y á quienes inunda con la abundante luz de su gracia; los cuales, en efecto, como vigías colocados en todas las comarcas del mundo, observando y conociendo por experiencia qué remedios convienen á cada nación y qué peligros deben evitarse en cada una de ellas, según las circunstancias, debían ser ciertamente nuestros mejores auxiliares en la obra en que nos empleamos y nos emplearemos con todas nuestras fuerzas, que es la de la salvación de las naciones católicas. Rendidas acciones de gracias debemos á Dios por la admirable unanimidad y el ardiente celo con que todo el Orden episcopal ha respondido á nuestras exhortaciones, pues con todos los recursos que sugieren el ingenio y el corazón, con toda la fuerza de su acción y de su palabra, ha defendido la verdad de la fe católica, y llamándola á la práctica de las virtudes de esta misma fe se emplea en salvar á la sociedad humana de los daños más terribles y en conducirla por los caminos de verdadera prosperidad.

En esta rivalidad nobilísima de pastoral celo, los Obispos de Austria se han distinguido de singular manera, y Nos queremos tributarles aquí los debidos elogios. Nos consta, efectivamente, con cuánta prudencia y constancia os empleáis en arrancar de vuestro pueblo la mala semilla y hacer que fructifique la de la vida cristiana, y sabemos además que recientemente habéis dirigido á los fieles de vuestras diócesis una pastoral colectiva, que fué para Nos la prueba más brillante de la íntima concordia de vuestras voluntades cuando se trata de defender los intereses católicos.

Sin embargo, para que semejante concordia se mantenga más firme todavía en el porvenir, y para que vuestra solicitud y vuestros esfuerzos busquen el mismo fin por los mismos caminos, nada nos parece más adecuado que las reuniones anuales de Obispos, que sean como base de esta eficaz concordia de pensamiento y de acción. Este sistema de celebrar reuniones, que deseamos ver adoptado generalmente, ya se practica en algunos pueblos, y ha producido hasta ahora frutos excelentes. De ellas han sacado los Obispos gran abundancia de luces, las almas fortaleza y estímulo el celo religioso, y han dado ocasión á numerosas resoluciones útiles por diversos modos á la Religión católica. Y conviene advertir que esta inteligencia y concordia de los Obispos entre sí, no solamente han aumentado el respeto y el amor que le profesan sus pueblos, sino que han servido de ejemplo y acicate aun á seglares de otras naciones para concertarse y entenderse sobre los medios que deben emplearse para defender á la Religión y al orden social, gravemente amenazado. Además, el ejemplo y las exhortaciones de los Obispos han excitado fuertemente la actividad y el entusiasmo de los católicos en procurar la celebración de Congresos nacionales, provinciales y locales, que es obra verdaderamente sabia. Si, en efecto, los perversos se reunen y conspiran para arrebatarles traidoramente el más precioso de todos los dones, la fe, y privarles de los bienes que la fe produce, justo es y necesario que, bajo la dirección de los Obispos, los católicos aunen sus fuerzas para mejor resistir, y con la frecuencia de tales Congresos más libre y vigorosamente podrán mantener la profesión de su fe religiosa y rechazar los asaltos del enemigo.

No faltarán asuntos, y asuntos de capital importancia, de que tratar en las venideras reuniones episcopales.

En estos desgraciados tiempos porque atravesamos, creemos que los esfuerzos y cuidados deben tender principalmente á apretar, con relaciones más íntimas cada día, los lazos entre la familia cristiana y el

orden jerárquico; de tal suerte que los fieles estén unidos á sus Obispos
con toda voluntad y sumisión, y qué, sobre todo, abriguen con entusiasmo y confiesen con valor, obediencia y piedad filiales, al Obispo de
la Iglésia universal. Y puesto que desear que el Romano Pontífice no
viva sometido á ningún poder humano, sino que sea plena y perfectamente libre, es obligación sagrada para los católicos de todas las naciones, y no para la de una sola, los Obispos deben concertarse entre sí á
este propósito, y á aplicarse á mantener y excitar en los fieles el celo
por esta santa causa, abreviando de esta manera la hora de su triunfo.

En esas reuniones de que hablamos los Obispos hallarán facilida-
des para conocer la opinión de todos ellos en los asuntos graves que se
hayan suscitado en la Iglesia de cada cual, y podrán también, si lo cre-
yeren oportuno, hacer uso de cartas y actos colectivos sobre algún punto particular.

El cuidado en la formación y educación del Clero, que es el más
grave y fecundo de cuantos obligan á un Obispo, será también objeto
de vuestras deliberaciones Estudiaréis el modo de conformar la disciplina y regla de vida observadas en los Seminarios á las disposiciones del santo Concilio de Trento; los principales medios de fomentar
en esos centros de enseñanza la piedad y la generosa virtud; el fomento
de los altos estudios para que florezcan según conviene á nuestros tiempos, y las medidas que deben adoptarse con relación á todo el Clero á
fin de procurar más amplio........ ....

Por lo que toca á los fieles, á quien cercan tantos peligros y tantas
emboscadas, es del mayor interés que se hallen variados medios de acudir en su auxilio, ya con sermones y eutiquesis sobre asuntos religiosos
adecuados á las circunstancias de su edad, lugar y sexo, ya por medio
de cofradías de regulares aprobadas y recomendadas por la Iglesia, ora
fomentando la observancia y respeto de las fiestas de guardar, ora fundando obras que preserven á los fieles, y singularmente á la juventud,
de la perversidad y corrupción, y fomenten la saludable frecuencia de
Sacramentos, bien, finalmente, con la difusión de libros, periódicos y
otras publicaciones que defiendan el dogma y sean salvaguardia de las
costumbres.

En este punto importa grandemente recomendar á los Obispos lo
que constituye uno de nuestros más vivos deseos, y acerca de lo cual
hemos insistido frecuentemente, á saber, que se fomenten y difundan
los trabajos, bien ordenados y conformes á regla, de los escritores católicos.

Ciertamente, en todas las naciones se debe reconocer á estos excelentes trabajos, ya sean diarios ó no, suma utilidad para los intereses religiosos y sociales, ya sea porque directamente contribuyan á su desarrollo, ya porque rechacen los ataques de los adversarios, que intentan me-
noscabarlos, y porque eviten así el contagio de las ideas malsanas. Mas
en el Imperio austriaco es preciso reconocerles muy extremada utilidad.

Publícanse en él multitud de periódicos que sirven á los enemigos de la Iglesia, los cuales, con sus riquezas, los propagan más fácilmente y en grandísimo número; y es de absoluta necesidad, para que los católicos no tengan armas inferiores á las de sus enemigos, oponer periódicos á periódicos, y de este modo se podrán rechazar los ataques, descubrir las perfidias, impedir la propagación del error y atraer los corazones al deber y la virtud. Por lo cual sería conveniente y muy saludable que cada comarca ó región tuviera sus periódicos particulares, que fuesen los adalides del Altar y la familia, fundados de manera que jamás se apartaran del criterio de su Obispo, con quien justamente procurasen estar en completo acuerdo. El Clero favorecería con su benevolencia y asistiría con sus luces á estas publicaciones, y todos los verdaderos católicos las tendrían en grande estima y las apoyarían según las fuerzas y recursos permitiesen á cada cual.

Si los Obispos, en cuanto les sea posible, dedicasen á estas cuestiones su atención y sus esfuerzos; si cuidaran de que los preceptos evangélicos de justicia y caridad fueran debidamente respetados en todas las clases sociales; si consiguiesen, no importa de qué manera, mejorar con su acción y su influencia la precaria situación de las clases jornaleras y artesanas, habrían merecido bien de la Religión y de la Monarquía.

Estos y otros asuntos de igual importancia podrán tratarse en los Congresos episcopales, que aconsejamos que se reunan anualmente, y estamos convencidos de que los Obispos de Austria pondrán el celo más grande y la mayor diligencia en conformarse con los deseos que nos inspiran el interés de la Religión y nuestro vivo afecto hacia los pueblos católicos de Austria.

Entretanto os concedemos á vosotros, amados Hijos y venerables Hermanos, y á todo el pueblo austriaco, amorosamente en el Señor la bendición apostólica, como prenda de los divinos dones y testimonio de nuestro paternal afecto.

Dado en Roma, en San Pedro, el 3 de Marzo del año 1891, décimo cuarto de nuestro pontificado.

LEÓN PAPA XIII

⁂

Discurso del Soberano Pontífice al Sacro Colegio en la solemne audiencia del 2 de Marzo.

Acaba de cumplirse en estos días otro año de nuestro pontificado. También éste se ha desarrollado en medio de inquietudes y graves amarguras, á causa de las contrariedades de todo género por doquier suscitadas contra la Iglesia. En cuanto al año que comienza, si es que la Bondad divina nos lo concede, no sabemos con certeza lo que nos traerá. Pero las presentes condiciones de la sociedad humana nos hacen presagiar que este año será asimismo fecundo en nuevas tribulaciones. Por lo tanto, creemos oportunos y altamente agradables los ruegos que el Sacro Colegio de los Cardenales, en la presente ocasión, eleva por Nos á Dios, según acaba de manifestarnos por medio de su decano. Lo que aumenta á nuestros ojos el valor de estas plegarias y la satisfacción que nuestro corazón experimenta, es el que las hayáis confiado á la poderosa intercesión del Pontífice San Gregorio el Grande, mientras que en el décimotercio centenenario de su elección reviven y se comentan y estudian los hechos de su memorable pontificado.

Lejos de Nos hasta la más ligera sombra de pensamiento que tienda á establecer la comparación más lejana con un Pontífice por tantos títulos grande. Su grandeza no puede ser más que un estímulo para que Nos sigamos de lejos sus espléndidos ejemplos. Los tiempos se asemejan en muchas cosas, y es necesario sacar de esta semejanza relaciones y enseñanzas sobre los males y necesidades de nuestra época.

Entonces, como hoy, la Iglesia y el Pontificado tuvieron que combatir encarnizados enemigos: los lombardos y los otros bárbaros pusieron á prueba por largo tiempo la paciencia y la constancia de San Gregorio; pero quizá se vió obligado á probar más amargos sufrimientos á causa de otros enemigos interiores menos feroces que los bárbaros, pero más perniciosos y empedernidos. Los bárbaros al cabo, con la predicación evangélica, perdieron su ferocidad nativa, endulzaron sus costumbres, se convirtieron á la fe y adoptaron sentimientos cristianos y costumbres civilizadas. Los enemigos interiores, por el contrario, permanecieron ciegos en plena luz de la verdad, y hostiles al Papa y rebeldes á la Iglesia. El número de estos enemigos es más grande que nunca en nuestros días; su malicia es más refinada y más implacable en su encono; pero sus bastardos artificios, sus asaltos y emboscadas no prevalecerán jamás contra la roca sobre la cual se asienta la Iglesia por voluntad divina, y también hoy saldrá victoriosa del rudo combate que sostiene.

Por lo demás, aun en medio de los más violentos enemigos y del sinnúmero de dificultades de pontificado tan conmovido por tribulaciones, lleno estaba San Gregorio de solicitud para con todos los pueblos de la tierra; y mientras prodigaba sus cuidados al Oriente para conservar allí la fe íntegra y la unión sólida con la Iglesia de Roma, centro de todas las otras, enviaba á Inglaterra apostólicos varones para enriquecerla con los tesoros de la fe, que hicieron, en efecto, de esta nación la tierra de los Santos.

A imitación de tan gran Pontífice, consagramos Nos mismo el más vivo interés á las ilustres Iglesias de Oriente con el fin de que, adhiriéndose estrechamente al centro de la unidad católica, florezcan y gocen de nueva vida. También Nos, con los más ardientes votos de nuestro corazón, deseamos ardientemente llegue el día en que los consoladores progresos de la fe católica en Inglaterra lleguen á alcanzar el término deseado.

San Gregorio fué en su tiempo, por otra parte, la salud de Roma y el socorro y auxilio del pueblo italiano. Del mismo modo que la inmortal figura de San León el Grande hizo volver grupas sobre el Mincio á Atila, azote de Dios, de igual manera su majestad y su palabra hicieron retirar hasta el Tesino á Agilulfo y sus gentes, que, después de sembrar á su alrededor la devastación y la ruina, hallábanse próximos ya á dar el asalto á la Ciudad Eterna.

En cuanto al pueblo italiano, casi abandonado ya por los Emperadores de Bizancio y oprimido por sus representantes. Gregorio fué su constante defensor, le amparó en sus agravios, se opuso á los opresores, socorrió las necesidades públicas y animó á hacer otro tanto á los Obispos italianos. La historia misma de estos tiempos viene de este modo á confirmar luminosamente lo que constantemente repetimos á la Italia de nuestros días, á saber: que la Iglesia y los Papas son sus más insignes bienhechores y sus mejores amigos; combatirlos y tratarlos como enemigos, no sólo es una impiedad, sino una verdadera locura política.

Por fin, como vos habéis recordado, señor Cardenal, por palabra y obra se opuso San Gregorio á la esclavitud, y no perdonó sacrificios para devolver, en cuanto estuvo de su parte, la libertad á los esclavos. Mejores son sobre el particular las condiciones de nuestros tiempos: la lucha contra la esclavitud encuentra hoy el más grande apoyo y favor: los Príncipes y los Gobiernos se adhieren á la campaña. Nos, que en tiempo de nuestro Jubileo sacerdotal alentamos, por medio de Encíclicas, el proyecto de conceder la libertad á los esclavos del Brasil, nada hemos omitido después para hacer triunfar, particularmente en Africa, esta gran obra de la fe y de la civilización. La acción de la Iglesia, educadora y civilizadora por excelencia, es indispensable para conseguirlo, en vano quedarían abolidos el comercio, el negocio de esclavos y su condición servil si las almas y las costumbres continuaran siendo bárbaras. Por eso los misioneros católicos tienen encargo particular de consagrarse á este privilegiado y principal objeto. Debieran acudir desde todas las naciones, y fuera de desear que no les faltaran el favor y ayuda de sus Gobiernos respectivos. ¡Honor á los que ya prestan este apoyo y que están dispuestos á prestarlo!

En cuanto á Nos, si la bondad del Señor nos permite llegar á nuestro Jubileo episcopal, los recursos que con esta ocasión la generosidad de los católicos quiera poner en nuestras manos los destinaremos en gran parte á este tan noble objeto. Se amolda y adapta en efecto, admirablemente con la propia y divina misión de la Iglesia, que no es otra cosa sino la de propagar el reino de Jesucristo sobre la tierra y hacer gustar el fruto de la Redención á los que están todavía en las tinieblas y en las sombras de la muerte.

Pluguiese á Dios, por intercesión del Pontífice San Gregorio, dar prosperidad y desarrollo á estas obras que los tiempos reclaman, coronándolas del más dichoso triunfo y cumplimiento.

Con esta esperanza renovamos al Sacro Colegio nuestra satisfacción, y concedemos desde el fondo del corazón la bendición apostólica á todos sus miembros, como también á los Obispos y Prelados, y á todos los que aquí se hallan presentes.

SANCTISSIMI DOMINI NOSTRI

LEONIS DIVINA PROVIDENTIA PAPAE XIII

LITTERÆ ENCYCLICÆ

AD PATRIARCHAS PRIMATES ARCHIEPISCOPOS ET EPISCOPOS
VNIVERSOS CATHOLICI ORBIS GRATIAM ET COMMVNIONEM CVM APOSTOLICA
SEDE HABENTES

DE CONDITIONE OPIFICVM

VENERABILIBVS FRATRIBVS PATRIARCHIS PRIMATIBVS ARCHIEPISCOPIS
ET EPISCOPIS VNIVERSIS CATHOLICI ORBIS GRATIAM ET COMMVNIONEM CVM
APOSTOLICA SEDE HABENTIBVS

LEO PP. XIII

Venerabiles fratres salvtem et apostolicam benedictionem:

Rerum novarum semel exitata cupidine, quæ diu quidem commovet civitates, illud erat consecuturum ut commutationum studia a rationibus politicis in œconomicarum cognatum genus aliquando defluerent. —Revera nova industriæ incrementa novisque euntes itineribus artes: mutatæ dominorum et mercenariorum rationes mutuæ: divitiarum in exiguo numero affluentia, in multitudine-inopia: opificum cum de se confidentia major, tum inter se necessitudo conjunctior, præterea versi in deteriora mores, effecere, ut certamen erumperet. In quo quanta rerum momenta vertantur, ex hoc apparet, quod animos habet acri expectatione suspensos: idemque ingenia exercet doctorum, concilia prudentum, conciones populi, legumlatorum judicium, consilia principum, ut jam causa nulla reperiatur tanta, quæ teneat hominum studia vehementius. — Itaque, proposita Nobis Ecclesiæ caussa et salute communi, quod alias consuevimus, Venerabiles Fratres, datis ad vos Litteris de imperio politico, de libertate humana, de civitatum constitutione christiana, aliisque non dissimili genere, quæ ad refutandas opinionum fallacias opportuna videbantur, idem nunc faciendum *de conditione opificum* iisdem de causis duximus. — Genus hoc argumenti non semel jam per occasionem attigimus: in his tamen litteris totam data opera tractare quæstionem apostolici muneris consciencia monet, ut principia emineant, quorum ope, uti veritas atque æquitas postulant, dimicatio dirimatur Caussa est ad expediendum difficilis, nec vacua periculo. Arduum si quidem metiri jura et officia, quibus locupletes et proletarios, eos qui rem, et eos qui operam conferant, inter se opertet contineri. Periculosa vero contentio, quippe quæ ab hominibus turbulentis et callidis ad pervertendum indicium veri concitandamque seditiose multitudinem passim detorquetur. Utrumque sit, plane videmus, quod consentiunt universi, infimæ sortis hominibus celeriter esse atque opportune consulendum, cum pars maxima in misera calamitosaque fortuna indigne versentur. Nam verteribus artificum collegiis superiore sæculo deletis. nulloque in eorum locum suffecto præsidio, cum ipsa instituta legesque publicæ avitam religionem exuissent, sensim factum est ut opifices inhumanitati dominorum effrenatæque competitorum cupiditati solitarios atque indefensos tempus tradiderit. — Malum auxit usura vorax, qua· non semel Ecclesiæ judicio damnata, tamen ab hominibus avidis et quæstuosis per aliam speciem exercetur eadem: huc accedunt et conductio operum et rerum omnium commercia fere in paucorum redacta potestatem, ita ut opulenti ac prædivites perpauci prope servile jugum infinitæ proletariorum multitudini imposuerint.

Ad hujus sanationem mali *Socialistæ* quidem, sollicitata egentium in locupletes invidia, evertere privatas bonorum possessiones contendunt oportere, earumque loco communia universis singulorum bona facere. procurantibus viris qui aut municipio præsint, aut totam rempublicam gerant. Ejusmodi tralatione bonorum a privatis ad commune, mederi se posse præsenti malo arbitrantur, res et commoda inter cives æquabiliter partiendo. Sed est adeo eorum ratio ad contentionem dirimendam inepta, ut ipsum opificum genus afficiat incommodo: eademque præte rea est valde injusta, quia vim possessoribus legitimis affert, pervertit officia reipublicæ, penitusque miscet civitates.

Sane, quod facile est pervidere, ipsius operæ, quam suscipiunt qui in arte aliqua quæstuosa versantur, hæc per se causa est, atque hic finis quo proxime spectat artifex, rem sibi quærere privatoque jure possidere uti suam ac propriam. Is enim si vires, si industriam suam alteri commodat, hanc ob caussam commodat ut res adipiscatur ad victum cultumque necessarias: ideoque ex opera data jus verum perfectumque sibi quærit non modo exigendæ mercedis, sed et collocandæ uti velit. Ergo si tenuitate sumptuum quicquam ipse comparsit, fructumque parsimoniæ suæ, quo tutior esse custodia possit, in prædio collocavit, profecto prædium istiusmodi nihil est aliud, quam merces ipsa aliam

induta speciem: proptereaque coemptus sic opifici fundus tam est in
ejus potestate futurus, quam parta labore merces. Sed in hoc plane, ut
facile intelligitur rerum dominium vel moventium vel solidarum consistit. In eo igitur quod bona privatorum transferre *Socialistæ* ad commune nituntur, omnium mercenariorum faciunt conditionem deterio-
rem, quippe quos, collocandæ mercedis libertate sublata, hoc ipso au-
gendæ rei familiaris utilitatumque sibi comparandarum spe et facultate
despoliant.

Verum, quod majus est, remedium proponunt cum justitia aperte
pugnans, quia possidere res privatim ut suas, jus est homini a natura
datum.—Revera hac etiam in re maxime inter hominem et genus interest animantium ceterarum. Non enim se ipsæ regunt belluæ, sed reguntur gubernanturque duplici naturæ instinctu: qui tum custodiunt ex-
perrectam in eis facultatem agendi, viresque opportune evoluunt, tum
etiam singulos earum motus exsuscitant iidem et determinant. Altero
instinctu ad se vitamque tuendam, altero ad conservationen generis ducuntur sui. Utrumque vero commode assequuntur earum rerum usu
quæ adsunt, quæque præsentes sunt: nec sane progredi longius possent,
quia solo sensu moventur rebusque singularibus sensu perceptis.—
Longe alia hominis natura. Inest in eo tota simul ac perfecta vis naturæ
animantis, ideoque tributum ex hac parte homini est, certe non minus
quam generi animantium omni, ut rerum corporearum fruatur bonis.
Sed natura animans quantumvis cumulate possessa, tantum abest ut naturam circumscribat humanam, ut multo sit humana natura inferior, et
ad parendum huic obediendumque nata. Quod eminet atque excellit in
nobis, quod homini tribuit ut homo sit, et á belluis differat genere toto,
mens seu ratio est. Et ob hanc caussam quod solum hoc animal est ra-
tionis particeps, bona homini tribuere necesse est non utenda solum, quod
est omnium animantium commune, sed stabili perpetuoque jure possi-
denda, neque ea dumtaxat quæ usu consumuntur, sed etiam quæ, nobis
utentibus, permanent.

Quod magis etiam apparet, si hominum in se natura altius spectetur.—Homo enim cum innumerabilia ratione comprehendat, rebusque
præsentibus adjungat atque annectat futuras, cumque actionum suarum sit ipse dominus, propterea sub lege æterna, sub potestate omnia
providentissime gubernantis Dei, se ipse gubernat providentia consilii
sui: quamobrem in ejus est potestate res eligere quas ad consulendum
sibi non modo in præsens, sed etiam in reliquum tempus, maxime judi-
cet idoneas. Ex quo consequitur, ut in homine esse non modo terreno-
rum fructuum, sed ipsius terræ dominatum oporteat, quia e terræ fetu
sibi res suppeditari videt ad futurum tempus necessarias. Habent cujusque hominis necessitates velut perpetuos reditus, ita ut hodie exple-
tæ, in crastinum nova imperent. Igitur rem quamdam debet homini natura dedisse stabilem perpetuoque mansuram, unde perennitas subsidii

expectari posset. Atqui istiusmodi perennitatem nulla res præstare, nisi cum ubertatibus suis terra, potest.

Neque est, cur providentia introducatur reipublicæ: est enim homo quam respublica, senior: quocirca jus ille suum ad vitam corpusque tuendum habere natura ante debuit quam civitas ulla coisset. — Quod vero terram Deus universo generi hominum utendam, fruendam, dederit, id quidem non potest ullo pacto privatis possessionibus obesse. Deus enim generi hominum donavisse terram in commune dicitur, non quod ejus promiscuum apud omnes dominatum voluerit, sed quia partem nullam cuique assignavit possidendam, industriæ hominum institutisque populorum permissa privatarum possessionum descriptione. — Ceterum utcumque inter privatos distributa, inservire communi omnium utilitati terra non cessat, quoniam nemo est mortalium, quin alatur eo, quod agri efferunt. Qui re carent, supplent opera: ita ut vere affirmari possit, universam comparandi victus cultusque rationem in labore consistere, quem quis vel in fundo insumat suo, vel in arte aliqua operosa, cujus merces tandem non aliunde, quam a multiplici terræ fetu ducitur, cum eoque permutatur.

Qua ex re rursus efficitur, privatas possessiones plane esse secundum naturam. Res enim eas, quæ ad conservandam vitam maximeque ad perficiendam requiruntur, terra quidem cum magna largitate fundit, sed fundere ex se sine hominum cultu et curatione non posset. Jamvero cum in parandis naturæ bonis industriam mentis viresque corporis homo insumat, hoc ipso applicat ad sese eam naturæ corporeæ partem, quam ipse percoluit, in qua velut formam quamdam personæ suæ impressam reliquit; ut omnino rectum esse oporteat, eam partem ab eo possideri uti suam, nec ullo modo jus ipsius violare cuiquam licere.

Horum tam perspicua vis est argumentorum, ut mirabile videatur, dissentire quosdam exoletarum opinionum restitutores: qui usum quidem soli, variosque prædiorum fructus homini privato concedunt: at possideri ab eo ut domino vel solum, in quo ædificavit, vel prædium quod excoluit, ab plane jus esse negant. Quod cum negant, fraudatum iri partis suo laborerebus hominem, non vident. Ager quippe cultoris manu atque arte subactus habitum longe mutat: e silvestri frugifer, ex infecundo ferax efficitur. Quibus autem rebus est melior factus, illæ sic solo inhærent miscenturque penitus, ut maximam partem nullo pacto sint separabilis a solo. Atqui id quemquam potiri illoque perfrui, in quo alius desudavit, utrumne justitia patiatur? Quo modo effectæ res caussam sequuntur a qua effectæ sunt, sic operæ fructum ad eos ipsos qui operam dederint, rectum est pertinere. Merito igitur universitas generis humani, dissentientibus paucorum opinionibus nihil admodum mota, studioseque naturam intuens, in ipsius lege naturæ fundamentum reperit partitionis bonorum, possessionesque privatas, ut quæ cum hominum natura pacatoque et tranquillo convictu maxime congruant, omnium sæculorum usu

consecravit.—Leges autem civiles, quæ, cum justæ sunt, virtutem suam
ab ipsa naturali lege ducunt, id jus, de quo loquimur, confirmant ac vi
etiam adhibenda tuentur.—Idem divinarum legum sanxit auctoritas,
quæ vel appetere alienum gravissime vetant. *Non concupisces uxorem pro-*
ximi tui: non domum, non agrum, non ancillam, non bovem, non asinum, et uni-
versa quæ illius sunt (1).

Jura vero istiusmodi, quæ in hominibus insunt singulis, multo vali-
diora intelliguntur esse si cum officiis hominum in convictu domestico
apta et connexa spectentur.—In deligendo genere vitae non est dubium,
quin in potestate sit arbitrioque singulorum alterutrum malle, aut Jesu
Christi sectari de virginitate consilium, aut maritali se vinclo obligare.
Jus conjugii naturale ac primigenum homini adimere, caussamve nup-
tiarum præcipuam, Dei auctoritate initio constitutam, quoquo modo
circumscribere lex hominum nulla potest. *Crescite et multiplicamini* (2).
En igitur familia, seu societas domestica, perparva illa quidem, sed vera
societas, eademque omni civitate antiquior; cui propterea sua quædam
jura officiaque esse necesse est, quæ minime pendeant a republica.
Quod igitur demonstravimus, jus dominii personis singularibus natura
tributum, id transferri in hominem, qua caput est familiæ, oportet:
immo tanto jus est illud validius, quanto persona humana in convictu
domestico plura complectitur. Sanctissima naturæ lex est, ut victu omnique cultu paterfamilias tueatur, quos ipse procrearit; idemque illuc a
natura ipsa deducitur, ut velit liberis suis, quippe qui paternam referunt
et quodam modo producunt personam, anquirere et parare, unde se ho-
neste possint in ancipiti vitæ cursu a misera fortuna defendere. Id vero
efficere non alia ratione potest, nisi fructuosarum possessione rerum,
quas ad liberos hereditate transmittat.—Quemadmodum civitas, eodem
modo familia, ut memoravimus, veri nominis societas est, quæ potestate propria, hoc est paterna, regitur. Quamobrem, servatis utique finibus
quos proxima ejus caussa præscripserit, in deligendis adhibendisque
rebus incolumitati ac justæ libertati suæ necessariis, familia quidem
paria saltem cum societate civili jura obtinet. Paria saltem diximus,
quia cum convictus domesticus et cogitatione sit et re prior, quam civilis conjunctio, priora quoque esse magisque naturalia jura ejus officiaque consequitur. Quod si cives, si familiæ, convictus humani socie-
tatisque participes factæ, pro adjumento offensionem, pro tutela demi-
nutionem juris sui in republica reperirent, fastidienda citius, quam
optanda societas esset.

Velle igitur ut pervadat civile imperium arbitratu suo usque ad intima domorum, magnus ac perniciosus est error.—Certe si qua forte
familia in summa rerum difficultate consiliique inopia versetur, ut inde

---

(1) Deut., V, 21.
(2) Gen., I, 28.

se ipsa expedire nullo pacto possit, rectum est subveniri publice rebus
extremis: sunt enim familiæ singulæ pars quædam civitatis. Ac pari
modo sicubi intra domesticos parietes gravis extiterit perturbatio jurium
mutuorum, suum cuique jus potestas publica vindicato: neque enim hoc
est ad se rapere jura civium, sed munire atque firmare justa debitaque
tutela. Hic tamen consistant necesse est, qui præsint rebus publicis:
hos excedere fines natura non patitur. Patria potestas est ejusmodi, ut
nec extingui, neque absorberi a republica possit, quia idem et commune habet cum ipsa hominum vita principium. *Filii sunt aliquid patris*, et
velut paternæ amplificatio quædam personæ: proprieque loqui si volu-
mus, non ipsi per se, sed per communitatem domesticam, in qua gene-
rati sunt, civilem ineunt ac participant societatem. Atque hac ipsa de
caussa, quod filii sunt *naturaliter aliquid patris... antequam usum liberi ar-
bitrii habeant, continentur sub parentum cura* (1). Quod igitur *Socialistæ*,
posthabita providentia parentum, introducunt providentiam reipublicæ,
faciunt *contra justitiam naturalem*, ac domorum compaginem dissolvunt.

Ac præter injustitiam, nimis etiam apparet qualis esset omnium ordinum commutatio perturbatioque, quam dura et odiosa servitus civium
consecutura. Aditus ad invidentiam mutuam, ad obtrectationes et discordias patefieret: ademptis ingenio singulorum sollertiæque stimulis,
ipsi divitiarum fontes necessario exarescerent: eaque, quam fingunt cogitatione, æquabilitas, aliud revera non esset nisi omnium hominum
æque misera atque ignobilis, nullo discrimine, conditio. — Ex quibus
omnibus perspicitur, illud *Socialismi* placitum de possessionibus in commune redigendis omnino repudiari oportere, quia iis ipsis, quibus est
opitulandum, nocet; naturalibus singulorum juribus repugnat, officia
reipublicæ tranquillitatemque communem perturbat. Maneat ergo, cum
plebi sublevatio quæritur, hoc in primis haberi fundamenti instar oportere, privatas possessiones inviolate servandas. Quo posito, remedium,
quod exquiritur, unde petendum sit, explicabimus.

Confidenter ad argumentum aggredimur ac plane jure Nostro; propterea quod caussa agitur ea, cujus exitus probabilis quidem nullus, ni
si advocata religione Ecclesiaque, reperietur. Cum vero et religionis
custodia, et earum rerum, quæ in Ecclesiæ potestate sunt, penes Nos
potissimum dispensatio sit, neglexisse officium taciturnitate videremur.
—Profecto aliorum quoque operam et contentionem tanta hæc caussa
desiderat: principum reipublicæ intelligimus, dominorum ac locupletium, denique ipsorum, pro quibus contentio est, proletariorum: illud
tamen sine dubitatione affirmamus, inania conata hominum futura
Ecclesia posthabita. Videlicet Ecclesia est, quæ promit ex Evangelio
doctrinas, quarum virtute aut plane componi certamen potest, aut certe fieri, detracta asperitate, mollius: eademque est, quæ non instruere

---

(1° S. Thom., II-II, quæst. X, art XII.

mentem tantummodo, sed regere vitam et mores singulorum præceptis suis contendit; quæ statum ipsum proletariorum ad meliora promovet pluribus utilissime institutis: quæ vult atque expetit omnium ordinum consilia' viresque in id consociari, ut opificum rationibus, quam commodissime potest, consulatur: ad eamque rem adhiberi leges ipsas auctoritatemque reipublicæ, utique ratione ac modo, putat oportere.

Illud itaque statuatur primo loco, ferendam esse conditionem humanam: ima summis paria fieri in civili societate non posse. Agitant id quidem *Socialistæ:* sed omnis est contra rerum naturam vana contentio. Sunt ènim in hominibus maximæ plurimæque natùra dissimilitudines: non omnium paria ingenia sunt, non sollertia, non valetudo, non vires: quarum rerum necessarium discrimen sua sponte sequitur fortuna dispar. Idque plane ad usus cum privatorum tum cummunitatis accommodate; indiget enim varia ad res gerendas facultate diversisque muneribus vita communis; ad quæ fungenda munera potissimum impelluntur homines differentia rei cujusque familiaris.—Et ad corporis laborem quod attinet, in ipso *statu innocentiæ* non iners omnino erat homo futurus: at vero quod ad animi delectationem tunc libere optavisset voluntas, idem postea in expiationem culpæ subire non sine molestiæ sensu coegit necessitas: *Maledicta terra in opere tuo: in laboribus comedes ex ea cunctis diebus vitæ tuæ* (1).—Similique modo finis acerbitatum reliquarum in terris nullus est futurus, quia mala peccati consectaria aspera ad tolerandum sunt, dura, difficilia: eaque homini usque ad ultimum vitæ comitari est necesse. Itaque pati et perpeti humanum est, et ut homines experiantur ac tentent omnia, istiusmodi incommoda evellere ab humano convictu penitus, nulla vi, nulla arte poterunt. Siqui id se profiteantur posse, si miseræ plebi vitam polliceantur omni dolore molestisque vacantem, et refertam quiete ac perpetuis voluptatibus, næ illi populo imponunt, fraudemque struunt in mala aliquando erupturam majora præsentibus. Optimum factu res humanas, ut se habent, ita contueri, simulque opportunum incommodis levamentum uti diximus, aliunde petere.

Est illud in caussa, de qua dicimus, capitale malum, opinione fingere alterum ordinem sua sponte infensum alteri, quasi locupletes et proletarios ad digladiandum inter se pertinaci duello natura comparaverit. Quod adeo a ratione abhorret et a veritate, ut contra verissimum sit, quo modo in corpore diversa inter se membra conveniunt, unde illud existit temperamentum habitudinis, quam symmetriam recte dixeris, eodem modo naturam in civitate præcepisse ut geminæ illæ clases congruant inter se concorditer, sibique convenienter ad æquilibritatem respondeant. Omnino altera alterius indiget: non res sine operà, nec sine re potest opera consistere. Concordia gignit pulchritudinem rerum

---

(1) Gen., III, 17.

atque ordinem: contra ex perpetuitate certaminis oriatur necesse est
cum agresti immanitate confusio. Nunc vero ad dirimendum certamen,
ipsasque ejus radices amputandas, mira vis est institutorum christianorum, eaque multiplex.—Ac primum tota disciplina religionis, cujus est
interpres et custos Ecclesia, magnopere potest locupletes et proletarios
componere invicem et conjugere scilicet utroque ordine ad officia mutua revocando, in primisque ad ea quæ a justitia ducuntur. Quibus ex
officiis illa proletarium atque opificem attingunt; quod libere et cum
æquitate pactum operæ sit, id integre et fideliter reddere: non rei ullo
modo nocere, non personam violare dominorum: in ipsis tuendis rationibus suis abstinere a vi, nec seditionem induere unquam: nec
commisceri cum hominibus flagitiosis, immodicas spes et promissa in-
gentia artificiose jactantibus, quod fere habet pœnitentiam inutilem et
fortunarum ruinas consequentes.—Ista vero ad divites spectant ac dominos: non habendos mancipiorum loco opifices: vereri in eis æquum
esse dignitatem personæ, utique nobilitatam ab eo, character christianus qui dicitur. Quæstuosas artes, si naturæ ratio, si christiana philosophia audiatur, non pudori homini esse, sed decori, quia vitæ susten-
tandæ præbent honestam potestatem. Illud vere turpe et inhumanum,
abuti hominibus pro rebus ad quæstum, nec facere eos pluris, quam
quantum nervis polleant viribusque. Similiter præcipitur, religionis et
bonorum animi haberi rationem in proletariis oportere. Quare dominorum partes esse, efficere ut idoneo temporis spatio pietati vacet opifex:
non hominem dare obvium lenociniis corruptelarum illecebrisque peccandi: neque ullo pacto a cura domestica parsimoniæque studio abdu-
cere. Item non plus imponere operis, quam vires ferre queant, nec id
genus, quod cum ætate sexuque dissideat. In maximis autem officiis
dominorum illud eminet, justa unicuique præbere. Profecto ut mercedis statuatur ex æquitate modus, caussæ sunt considerandæ plures: sed
generatim locupletes atque heri meminerint, premere emolumenti sui
caussa indigentes ac miseros, alienaque ex inopia captare quæstum,
non divina, non humana jura sinere. Fraudare vero quemquam mercede debita grande piaculum est, quod iras e cœlo ultrices clamore devo-
cat. *Ecce merces operariorum... quæ fraudata est a vobis, clamat, et clamor eorum
in aures Domini Sabaoth introivit* (1). Postremo religiose cavendum locupletibus ne proletariorum compendiis quicquam noceant nec vi, nec
dolo, nec fenebribus artibus: idque eo vel magis quod non satis illi sunt
contra injurias atque impotentiam muniti, eorumque res, quo exilior,
hoc sanctior habenda.

His obtemperatio legibus nonne posset vim caussasque dissidii vel
sola restinguere?—Sed Ecclesia tamen, Jesu Christo magistro et duce,
persequitur majora: videlicet perfectius quiddam præcipiendo, illuc

---

(1) Jac., V. 1.

spectat, ut alterum ordinem vicinitate proxima amicitiaque alteri con-
jungat.— Intelligere atque æstimare mortalia ex veritate non possumus, nisi dispexerit animus vitam alteram eamque immortalem: qua
quidem dempta, continuo forma ac vera notio honesti interiret: immo
tota hæc rerum universitas in arcanum abiret nulli hominum investiga-
tioni pervium. Igitur, quod natura ipsa admonente didicimus, idem
dogma est christianum, quo ratio et constitutio tota religionis tamquam
fundamento principe nititur, cum ex hac vita excesserimus, tum vere
nos esse victuros. Neque enim Deus hominem ad hæc fragilia et caduca, sed ac cœlestia atque æterna generavit, terramque nobis ut exulan-
di locum, non ut sedem habitandi dedit. Divitiis ceterisque rebus, quæ
appellantur bona, affluas, careas, ad æternam beatitudinem nihil interest: quemadmodum utare, id vero maxime interest. Acerbitates varias,
quibus vita mortalis fere contexitur, Jesus Christus *copiosa redemptione*
sua nequaquam sustulit, sed in virtutum incitamenta, materiamque bene
merendi traduxit: ita plane ut nemo mortalium queat præmia sempiterna capessere, nisi cruentis Jesu Christi vestigiis ingrediatur. *Si sustine-
bimus et conregnabimus* (1). Laboribus ille et cruciatibus sponte suscep-
tis, cruciatuum et laborum mirifice vim delenivit: nec solum exemplo,
sed gratia sua perpetuæque mercedis spe proposita, perpessionem dolo-
rum effecit faciliorem: *id enim quod in præsenti est momentaneum et leve tri-
bulationis nostræ, supra modum in sublimitate æternum gloriæ pondus operatur
in cælis* (2).

Itaque fortunati monentur, non vacuitatem doloris afferre, nec ad
felicitatem ævi sempiterni quicquam prodesse divitias, sed potius obesse (3): terrori locupletibus esse debere Jesu Christi insuetas minas (4):
rationem de usu fortunarum Deo judici severissime aliquando red-
dendam.

De ipsis opibus utendis excellens ac maximi momenti doctrina est,
quam si philosophia incohatam, at Ecclesia tradidit perfectam plane,
eademque efficit ut non cognitione tantum, sed moribus teneatur. Cujus
doctrinæ in eo est fundamentum positum, quod justa possessio pecuniarum á jùsto pecuniarum usu distinguitur. Bona privatim possidere,
quod paulo ante vidimus, jus est homini naturale: eoque uti jure, maxime
in societate vitæ, non fas modo est, sed plane necessarium. *Licitum est quod
homo propria possideat. Et est etiam necessarium ad humanam vitam* (5). At vero
si illud quæratur, qualem esse usum bonorum necesse sit, Ecclesia quidem
sino ulla dubitatione respondet: *quantum ad hoc, non debet homo habere res
exteriores ut proprias sed ut communes, ut scilicet de facili aliquis eas communicet*

(1) II ad Tim., II, 12.
(2) II Cor., IV, 17.
(3) Matth., XIX, 23-24.
(4) Luc., IV, 24-25.
(5) II-II, quæst. LXVI, a. II

*in necessitate aliorum   Unde Apostolus dicit: divitibus hujus sæculi præcipe...
facile tribuere, communicare* (1). Nemo certe opitulari aliis de eo jubetur,
quod ad usus pertineat cum suos tum suorum necessarios: immo nec
tradere aliis quo ipse egeat ad id servandum quod personæ conveniat,
quodque deceat: *nullus enim inconvenienter vivere debet* (2). Sed ubi necessitate satis et decoro datum, officium est de eo quod superat gratificari
indigentibus. *Quod superest, date eleemosinam* (3). Non justitiæ, excepto in
rebus extremis, officia ista sunt, sed caritatis christianæ, quam profecto
lege agendo petere jus non est. Sed legibus judiciisque hominum lex
antecedit judiciumque Christi Dei, qui multis modis suadet consuetudinem largiendi; *beatius est, magis dare quam accipere* (4): et collatam ne-
gatamve pauperibus beneficentiam perinde est ac sibi collatam nega-
tamve judicaturus. *Quamdiu fecistis uni ex his fratribus meis minimis, mihi
fecistis* (5) —Quarum rerum hæc summa est, quicumque majorem copiam bonorum Dei munere accepit, sive corporis et externa sint, sive
animi, ob hanc caussam accepisse, ut ad perfectionem sui pariterque,
velut minister providentiæ divinæ, ad utilitates adhibeat ceterorum.
*Habens ergo talentum, curet omnino ne taceat: habens rerum affluentiam, vigilet
ne a misericordiæ largitate torpescat; habens artem qua regitur, magnopere stu-
deat ut usum atque utilitatem illius cum proximo partiatur* (6).

Bonis autem fortunæ qui careant, ii ab Ecclesia perdocentur, non
probro haberi, Deo judice, paupertatem, nec eo pudendum, quod victus labore quæretur. Idque confirmavit re et facto Christus Dominus,
qui pro salute hominum *egenus factus est, cum esset dives* (7): cumque esset
filius Dei ac Deus ipsemet, videri tamen ac putari fabri filius voluit:
quin etiam magnam vitæ partem in opere fabrili consumere non recu-
savit. *Nonne hic est faber, filius Mariæ* (8)? Hujus divinitatem exempli
intuentibus, ea facilius intelliguntur: veram hominis dignitatem atque
excellentiam in moribus esse, hoc est in virtute, positam: virtutem vero
commune mortalibus patrimonium, imis et summis, divitibus et proletariis æque parabile: nec aliud quippiam quam virtutes et merita, in
quocumque reperiantur, mercedem beatitudinis æternæ sequuturam.
Immo vero in calamitosorum genus propensior Dei ipsius videtur voluntas: beatos enim Jesus Christus nuncupat pauperes (9): invitat pe-

(1)   II-II, quæst. LXV, a. II
(2)   II-II, quæst XXXII, a. VI.
(3)   Luc., XI, 41.
(4)   Act., XX, 35.
(5)   Matth., XXV, 40.
(6)   S Greg. Magn. in Evang. Hom. IX. n. 7.
(7)   II Cor., VIII, 9.
(8)   Marc., VI, 3.
(9)   Matth., V, 3. •Beati pauperes spiritu.•

ramanter ad se, solatii caussa, quicumque in labore sint ac luctu (1): infimos et injuria vexatos complectitur caritate præcipua. Quarum cognitione rerum facile in fortunatis deprimitur tumens animus, in ærumnosis demissus extollitur: alteri ad facilitatem, alteri ad modestiam flectuntur. Sit cupitum superbiæ intervallum efficitur brevius, nec difficulter impetrabitur ut ordinis utriusque, junctis amice dextris, copulentur voluntates.

Quos tamen, si christiánis præceptis paruerint, parum est amicitia, amor etiam fraternus inter se conjugabit. Sentient enim et intelligent, omnes plane homines a communi parente Deo procreatos: omnes ad eumdem finem bonorum tendere, qui Deus est ipse, qui afficere beatitudine perfecta atque absoluta et homines et Angelos unus potest: singulos item pariter esse Jesu Christi beneficio redemptos et in dignitatem filiorum Dei vindicatos, ut plane necessitudine fraterna cum inter se tum etiam cum Christo Domino, *primogenito in multis fratribus*, contineantur. Item naturæ bona, munera gratiæ divinæ pertinere conmmuniter et promiscue ad genus hominum universum, nec quemquam, nisi indignum, honorum cœlestium fieri exheredem. *Si autem filii et heredes: heredes quidem Dei, coheredes autem Christi* (2).

Talis est forma officiorum ac jurium, quam christiana philosophia profitetur. Nonne quieturum perbrevi tempore certamen omne videatur, ubi illa in civili convictu valeret?

Denique nec satis habet Ecclesia viam inveniendæ curationis ostendere, sed admovet sua manu medicinam. Nam tota in eo est ut ad disciplinam doctrinamque suam excolat homines atque instituat: cujus doctrinæ saluberrimos rivos, Episcoporum et Cleri opera, quam latissime potest, curat deducendos. Deinde pervadere in animos nititur flectereque voluntates, ut divinorum disciplina præceptorum regi se gubernarique patiantur. Atque in hac parte, quæ princeps est ac permagni momenti, quia summa utilitatum caussaque tota in ipsa consistit, Ecclesia quidem una potest maxime. Quibus enim instrumentis ad permovendos animos utitur, ea sibi hanc ipsam ob caussam tradita a Jesu Christo sunt, virtutemque habent divinitus insitam. Istiusmodi instrumenta sola sunt, quæ cordis attingere penetrales sinus apte queant hominemque adducere ut obedientem se præbeat officio, motus animi appetentis regat, Deum et proximos caritate diligat singulari ac summa, omniaque animose perrumpat, quæ virtutis impediunt cursum. Satis est in hoc genere exempla veterum paulisper cogitatione repetere. Res et facta commemoramus, quæ dubitationem nullam habent: scilicet civilem hominum communitatem funditus esse institutis christianis

---

(1) Matth., XI, 28. «Venite ad me omnes, qui laboratis et onerati estis, et ego reficiam vos.»

(2) Rom., VIII, 17

renovatam: hujusce virtute renovationis ad meliora promotum genus
humanum, immo revocatum ab interitu ad vitam, auctumque
perfectione tanta, ut nec extiterit ulla antea, nec sit in omnes consequentes ætates futura major. Denique Jesum Christum horum esse be-
neficiorum principium eumdem et finen: ut ab eo profecta, sic ad eum
omnia referenda. Nimirum accepta Evangelii luce, cum incarnationis
Verbi hominumque redemptionis grande mysterium orbis terrarum di-
dicisset, vita Jesu Christi Dei et hominis pervasit civitates, ejusque fide
et præceptis et legibus totas imbuit. Quare si societati generis humani
medendum est, revocatio vitae institutorumque christianorum sola me-
debitur. De societatibus enim dilabentibus illud rectissime præcipitur,
revocari ad origines suas, cum restitui volunt, oportere. Hæc enim omnium consociationum perfectio est, de eo laborare idque assequi, cujus
gratia institutæ sunt: ita ut motus actusque sociales eadem caussa pa-
riat, quæ peperit societatem. Quamobrem declinare ab instituto, cor-
ruptio est: ad institutum redire, sanatio. Verissimeque id quemadmodum de toto reipublicæ corpore, eodem modo de illo ordine civium dicimus, qui vitam sustentant opere, quæ est longe maxima multitudo.

Nec tamen putandum, in colendis animis totas esse Eclesiæ curas
ita defixas, ut ea negligat quæ ad vitam pertinent mortalem ac terre-
nam.—De proletariis nominatim vult et contendit ut emergant e miser-
rimo statu fortunamque meliorem adipiscantur. Atque in id confert hoc
ipso operam non mediocrem, quod vocat et instituit homines ad virtutem. Mores enim christiani, ubi serventur integri, partem aliquam pros-
peritatis sua sponte pariunt rebus externis quia conciliant principium
ac fontem omnium bonorum Deum: coercent geminas vitæ pestes, quæ
nimium sæpe hominem efficiunt in ipsa opum abundantia miserum, rerum appetentiam nimiam et voluptatum sitim (1): contenti denique
cultu victuque frugi, vectigal parsimonia supplent, procul a vitiis, quæ
non modo exiguas pecunias, sed maximas etiam copias exhauriunt, et
lauta patrimonia dissipant. Sed præterea, ut bene habeant proletarii,
recta providet instituendis fovendisque rebus quas ad sublevandam
eorum inopiam intelligat conducibiles. Quin in hoc etiam genere bene-
ficiorum ita semper excelluit, ut ab ipsis inimicis prædicatione effera-
tur. Ea vis erat apud vetustissimos christianos caritatis mutuæ, ut per-
sæpe sua se re privarent, opitulandi caussa, divitiores: quamobrem *neque... quisquam egens erat inter illos* (2). Diaconis, in id nominatim ordine
instituto, datum ab Apostolis negotium,. ut quotidianæ beneficentiæ
exercerent munia: ac Paulus Apostolus, etsi sollicitudine districtus omnium Ecclesiarum, nihilominus dare se in laboriosa itinera non dubita-
vit, quo ad tenuiores christianos stipem præsens afferent. Cujus gene-

---

(1) I Tim., VI. 10. «Radix omnium malorum est cupiditas.»
(2) Act., IV, 34.

ris pecunias, a christianis in unoquoque conventu ultro collatas, *deposi-*
ta pietatis nuncupat Tertullianus, quod scilicet insumerentur *egenis alen-*
dis humandisque, et pueris ac puellis re ac parentibus destitutis, inque domesticis
senibus, item naufragis (1).

Hinc sensim illud extitit patrimonium, quod religiosa cura tamquam
rem familiarem indigentium Ecclesia custodivit. Immo vero subsidia
miseriae plebi, remissa rogandi verecundia, comparavit. Nam et locupletium et indigentium communis parens, excitata ubique ad excellen-
tem magnitudinem caritate, collegia condidit sodalium religiosorum,
aliaque utiliter permulta instituit, quibus opem ferentibus, genus mise-
riarum prope nullum esset, quod solatio careret. Hodie quidem multi,
quod eodem modo fecere olim ethnici, ad arguendam transgrediuntur
Ecclesiam hujus etiam tan egregiae caritatis: cujus in locum subrogare
visum est constitutam legibus publicis beneficientiam. Sed quae chris-
tianam caritatem suppleant, totam se ad alienas porrigentem utilitates,
artes humanae nullae reperientur. Ecclesiae solius est illa virtus, quia
nisi a sacratissimo Jesu Christi corde ducitur, nulla est uspiam: vagatur
autem a Christo longius, quicumque ab Ecclesia discesserit.

At vero non potest esse dubium quin, ad id quod est propositum, ea
quoque, quae in hominum potestate sunt adjumenta requirantur. Omnino omnes, ad quos caussa pertinet, eodem intendant idemque laborent
pro rata parte necesse est. Quod habet quandam cum moderatrice mun-
di providentia similitudinem: fere enim videmus rerum exitus a quibus
caussis pendent, ex earum omnium conspiratione procedere.

Jamvero quota pars remedii a republica expectanda sit, praestat ex-
quirere. — Rempublicam hoc loco intelligimus non quali populus utitur
unus vel alter, sed qualem et vult recta ratio naturae congruens, et pro-
bant divinae documenta sapientiae, quae Nos ipsi nominatim in litteris
Encyclicis de civitatum constitutione christiana explicavimus. Itaque per
quos civitas regitur, primum conferre operam generatim atque universe debent tota ratione legum atque institutorum, scilicet efficiendo ut
ex ipsa conformatione atque administratione reipublicae ultro prosperi-
tas tam communitatis quam privatorum efflorescat. Id est enim civilis
prudentiae munus, propriumque eorum, qui praesunt officium. Nunc vero
illa maxime efficiunt prosperas civitates, morum probitas, recte atque
ordine constituae familiae, custodia religionis ac justitiae, onerum publi-
corum cum moderata irrogatio, tum aequa partitio, incrementa artium
et mercaturae, florens agrorum cultura, et si qua sunt alia generis ejusdem, quae quo majore studio provehuntur, eo melius sunt victuri cives
et beatius. — Harum igitur virtute rerum in potestate rectorum civitatis est, ut ceteris prodesse ordinibus, sic et proletariorum conditionem
juvare plurimum: idque jure suo optimo, neque ulla cum importunita-

(1) *Apol.*, II, XXXIX.

tis suspicione: debet enim respublica ex lege muneris sui in commune
consulere. Quo autem commodorum copia provenerit ex hac generali
providentia major, eo minus oportebit alias ad opificum salutem ex-
periri vias.

Sed illud præterea considerandum, quod rem altius attingit, unam
civitatis esse rationem, communem summorum atque infimorum. Sunt
nimirum proletarii pari jure cum locupletibus naturâ civis, hoc est partes veræ vitamque viventes, unde constat, interjectis familiis, corpus
reipublicæ: ut ne illud adjungatur, in omni urbe eos esse numero longe
maximo. Cum igitur illud sit perabsurdum, parti civium consulere,
partem negligere, consequitur, in salute commodisque ordinis proletariorum tuendis curas debitas collocari publice oportere: ni fiat, violatum
iri justitiam, suum cuique tribuere præcipientem. Qua de re sapienter
S. Thomas: *sicut pars et totum quodammodo sunt idem, ita id, quod est totius,
quodammodo est partis* (1). Proinde in officiis non paucis neque levibus populo bene consulentium principum illud in primis eminet ut unumquen-
quem civium ordinem æquabiliter tueantur, eâ nimirum, quæ *distributiva*
appellatur, justitiâ inviolate servandâ.

Quamvis autem cives universos, nemine excepto, conferre aliquid in
summam bonorum communium necesse sit, quorum aliqua pars virilis
sponte recidit in singulos, tamen idem et ex æquo conferre nequaquam
possunt. Qualescumque sint in imperii generibus vicissitudines, perpetua futura sunt ea in civium statu discrimina, sine quibus nec esse, nec
cogitari societas ulla posset. Omnino necesse est quosdam reperiri, qui
se reipublicæ dedant, qui leges condant, qui jus dicant, denique quorum consilio atque auctoritate negotia urbana, res bellicæ administren-
tur. Quorum virorum priores esse partes, eosque habendos in omni populo primarios, nemo non videt, propterea quod communi bono dant
operam proxime atque excellenti ratione. Contra vero qui in arte aliqua
exercentur, non eâ, qua illi, ratione nec iisdem muneribus prosunt civitati: sed tamen plurimum et ipsi, quamquam minus directe, utilitati
publicæ inserviunt. Sane sociale bonum cum debeat esse ejusmodi, ut
homines ejus fiant adeptione meliores, est profecto in virtute præcipue
collocandum. Nihilominus ad bene constitutam civitatem suppeditatio
quoque pertinet bonorum corporis atque externorum, *quorum usus est
necessarius ad actum virtutis* (2). Jamvero his pariendis bonis est proletariorum maxime efficax ac necessarius labor, sive in agris artem atque
manum, sive in officinis exerceant. Immo eorum in hoc genere vis est
atque efficientia tanta, ut illud verissimum sit, non aliunde quam ex
opificum labore gigni divitias civitatum. Jubet igitur æquitas, curam
de proletario publice geri, ut ex eo, quod in communem affert utilita-

tem, percipiat ipse aliquid, ut tectus, ut vestitus, ut salvus vitam tolerare minus ægre possit. Unde consequitur, favendum rebus omnibus esse quæ conditioni opificum quoquo modo videantur profuturæ. Quæ cura tantum abest ut noceat cuiquam, ut potius profutura sit universis, quia non esse omnibus modis eos míseros, a quibus tam necessaria bona proficiscuntur, prorsus interest reipublicæ.

Non civem, ut diximus, non familiam absorberi a republica rectum est: suam utrique facultatem agendi cum libertate permittere æquum est, quantum incolumi bono communi et sine cujusquam injuria potest. Nihilominus eis, qui imperant, videndum ut communitatem ejusque partes tueantur. Communitatem quidem, quippe quam summæ potestati conservandam natura commisit usque eo, ut publicæ custodia salutis non modo suprema lex sed tota caussa sit ratioque principatus: partes vero, quia procurationem reipublicæ non ad utilitatem eorum, quibus commissa est, sed ad eorum, qui commissi sunt, naturâ pertinere, philosophia pariter et fides christiana consentiunt. Cumque imperandi facultas proficiscatur a Deo, ejusque sit communicatio quædam summi principatus, gerenda ad exemplar est potestatis divinæ, non minus rebus singulis quam universis cura paterna consulentis. Si quid igitur detrimenti allatum sit aut impendeat rebus communibus, aut singulorum ordinum rationibus, quod sanari aut prohiberi alia ratione non possit, obviam iri auctoritate publica necesse est.—Atqui interest salutis cum publicæ, tum privatæ pacatas esse res et compositas: item dirigi ad Dei jussa naturæque principia omnem convictus domistici disciplinam: observari et coli religionem: florere privatim ac publice mores íntegros: sanctam retineri justitiam, nec alteros ab alteris impune violari: validos adolescere cives, juvandæ tutandæque, si res postulet, civitati idoneos Quamobrem si quando fiat, ut quippiam turbarum impendeat ob secessionem opificum, aut intermissas ex composito operas: ut naturalia familiæ nexa apud proletarios relaxentur: ut religio in opificibus violetur non satis impertiendo commodi ad officia pietatis: si periculum in officinis integritati morum ingruat a sexu promiscuo, aliisve perniciosis invitamentis peccandi: aut opificum ordinem herilis ordo iniquis premat oneribus, vel alienis a persona ac dignitate humana conditionibus affligat: si valetudini noceatur opere immodico, nec ad sexum ætatemve accommodato, his in caussis plane adhibenda, certos intra fines, vis et auctoritas legum. Quos fines eadem, quæ legum poscit opem, caussa determinat: videlicet non plura suscipienda legibus, nec ultra progrediendum, quam incommodorum sanatio, vel periculi depulsio requirat.

Jura quidem, in quocumque sint, sancte servanda sunt: atque ut suum singuli teneant, debet potestas publica providere, propulsandis atque ulciscendis injuriis. Nisi quod in ipsis protegendis privatorum juribus, præcipue est infimorum atque inopum habenda ratio. Siquidem natio divitum, suis septa præsidiis, minus eget tutelâ publicâ: míserum

vulgus, nullis opibus suis tutum, in patrocinio reipublicæ maxime nititur. Quocirca mercenarios, cum in multitudine egena numerentur, debet
curâ providentiâque singulari complecti respublica.

Sed quædam majoris momenti præstat nominatim perstringere. —
Caput autem est, imperio ac munimento legum tutari privatas possessiones oportere. Potissimumque, in tanto jam cupiditatum ardore, con·
tinenda in officio plebs: nam si ad meliora contendere concessum est
non repugnante justitia, at alteri, quod suum est, detrahere, ac per speciem absurdæ cujusdam æquabilitatis in fortunas alienas involare, justitia vetat, nec ipsa communis utilitatis ratio sinit. Utique pars opificum longe maxima res meliores honesto labore comparare sine cujusquam injuria malunt: verumtamen non pauci numerantur pravis imbuti
opinionibus rerumque novarum cupidi, qui id agunt omni ratione ut
turbas moveant, ac ceteros ad vim impellant. Intersit igitur reipublicæ
auctoritas, injectoque concitatoribus freno, ab opificum moribus cor-
ruptrices artes, a legitimis dominis periculum rapinarum coerceat.

Longinquior vel operosior labos, atque opinatio curtæ mercedis
caussam non raro dant artificibus quamobrem opere se solvant ex composito, otioque dedant voluntario. Cui quidem incommodo usitato et
gravi medendum publice, quia genus istud cessationis non heros dumtaxat, atque opifices ipsos afficit damno, sed mercaturis obest reique publicæ utilitatibus: cumque haud procul esse a vi turbisque soleat, sæpe-
numero tranquillitatem publicam in discrimen adducit. Qua in re illud
magis efficax ac salubre, antevertere auctoritate legum, malumque ne
erumpere possit prohibere, amotis mature caussis, unde dominorum
atque operariorum conflictus videatur extiturus.

Similique modo plura sunt in opifice, præsidio munienda reipublicæ:
ac primum animi bona. Siquidem vita mortalis quantumvis bona et op-
tabilis, non ipsa tamen illud est ultimum, ad quod nati sumus: sed via
tantummodo atque instrumentum ad animi vitam perspicientia veri et
amore boni complendam. Animus est, qui expresam gerit imaginem si-
militudinemque divinam, et in quo principatus ille residet, per quem
dominari jussus est homo in inferiores naturas, atque efficere utilitati
suæ terras omnes et maria parentia. *Replete terram et subjicite eam: et do·
minamini piscibus maris et volatilibus cœli et universis animantibus, quæ moventur super terram* (1). Sunt omnes homines hac in re pares, nec quippiam
est quod inter divites atque mopes, inter dominos et famulos, inter principes privatosque differat: *nan idem dominus omnium* (2). Nemini licet hominis dignitatem, de qua Deus ipse disponit *cum magna reverentia*, impune violare, neque ad eam perfect onem impedire cursum, quæ sit vitæ in
cœlis sempiternæ consentanea. Quin etiam in hoc genere tractari se non

---

(1) Gen., I. 28.
(2   Rom , X, 12.

convenienter naturæ suæ, animique servitutem servire velle, ne sua quidem sponte homo potest: neque enim de juribus agitur, de quibus sit integrum homini, verum de officiis adversus Deum, quæ necesse est sancte servari. — Hinc consequitur requies operum et laborum per festos dies necessaria. Id tamen nemo intelligat de majore quadam inertis otii usura, multoque minus de cessatione, qualem multi expetunt, fautrice vitiorum et ad effusiones pecuniarum adjutrice, sed omnino de requiete operum per religionem consecrata. Conjuncta cum religione quies sevocat hominem a laboribus negotiisque vitæ quotidianæ ut ad cogitanda revocet bona cœlestia, tribuendumque cultum numini æterno justum ac debitum. Hæc maxime natura atque hæc causa quietis est in dies festos capiendæ: quod Deus et in Testamento veteri præcipua lege sanxit: *memento ut diem sabbati sanctifices* (1); et facto ipse suo docuit, arcana requiete, statim posteaquam fabricatus hominem erat, sumptâ: *requievit die septimo ab universo opere quod patrarat* (2).

Quod ad tutelam bonorum corporis et externorum, primum omnium eripere miseros opifices e sævitia oportet hominum cupidorum, personis pro rebus ad quæstum intemperanter abutentium. Scilicet tantum exigi operis, ut hebescat animus labore nimio, unàque corpus defatigationi succumbat, non justitia, non humanitas patitur. In homine, sicut omnis natura sua, ita et vis efficiens certis est circumscripta finibus, extra quos egredi non potest. Acuitur illa quidem exercitatione atque usu, sed hac tamen lege ut agere intermittat identidem et acquiescat. De quotidiano igitur opere videndum ne in plures extrahatur horas, quam vires sinant. Intervalla vero quiescendi quanta esse oporteat, ex vario genere operis, ex adjunctis temporum et locorum, ex ipsa opificum valetudine judicandum. Quorum est opus lapidem e terra excindere, aut ferrum, æs, aliaque id genus effodere penitus abdita, eorum labor, quia multo major est idemque valetudini gravis, cum brevitate temporis est compensandus. Anni quoque dispicienda tempora: quia non raro idem operæ genus alio tempore facile est ad tolerandum, alio aut tolerari nulla ratione potest, aut sine summa difficultate non potest. — Denique quod facere enitique vir adulta ætate beneque validus potest, id á femina puerove non est æquum postulare. Immo de pueris valde cavendum, ne prius officina capiat, quam corpus, ingenium, animum satis firmaverit ætas. Erumpentes enim in pueritia vires, velut herbescentem viriditatem, agitatio præcox elidit: qua ex re omnis est institutio puerilis interitura. Sic certa quædam artificia minus apte conveniunt in feminas ad opera domestica natas: quæ quidem opera et tuentur magnopere in muliebri genere decus, et liberorum institutioni prosperitatique familiæ naturâ respondent. Universe autem statuatur, tantum esse oppificibus tribuendum otii,

(1) Exod., XX, 8.
(2) Gen., II, 2.

quantum cum viribus compensetur labore consumptis; quia detritas usu
vires debet cessatio restituere. In omni obligatione, quæ dominis atque
artificibus invicem contrahatur, hæc semper aut descripta aut tacita
conditio inest, utrique generi quiescendi ut cautum sit: neque enim honestum esset convenire secus, quia nec postulare cuiquam fas est nec
spondere neglectum officiorum, quæ vel Deo vel sibimetipsi hominem
obstringunt.

Rem hoc loco attingimus sat magni momenti: quæ recte intelligatur
necesse est, in alterutram partem ne peccetur. Videlicet salarii definitur
libero consensu modus: itaque dominus rei, pacta mercede persoluta,
liberavisse fidem, nec ultra debere quidquam videatur. Tunc solum fieri injuste, si vel pretium dominus solidum, vel obligatas artifex operas
reddere totas recusaret: his caussis rectum esse potestatem politicam
intercedere, ut suum cuique jus incolume sit, sed præterea nullis. Cui
argumentationi æquus rerum index non facile, neque in totum assentia-
tur, quia non est absoluta omnibus partibus: momentum quoddam ra-
tionis abest maximi ponderis. Hoc est enim operari, exercere se rerum
comparandarum caussâ, quæ sint ad varios vitæ usus, potissimumque
ad tuitionem sui neccesariæ. *In sudore vultus tui vesceris pane* (1). Itaque
duas velut notas habet in homine labor naturâ insitas, nimirum ut *personalis* sit, quia vis agens adhæret personæ, atque ejus omnino est propria, a quo exercetur, et cujus est utilitati nata: deinde ut sit *necessarius*,
ob hanc caussam, quod fructus laborum est homini opus ad vitam tuendam: vitam autem tueri ipsa rerum, cui maxime parendum, natura jubet. Jamvero si ex ea dumtaxat parte spectetur quod personalis est, non
est dubium quin integrum opifici sit pactae mercedis angustius finire
modum: quemadmodum enim operas dat ille voluntate, sic et operarum
mercede vel tenui vel plane nulla contentus esse voluntate potest. Sed
longe aliter judicandum si cum ratione *personalitatis* ratio conjungitur *ne-
cessitatis*, cogitatione quidem non re ab illa separabilis. Reapse manere
in vita, commune singulis officium est, cui scelus est deesse. Hinc jus
reperiendarum rerum, quibus vita sustentatur, necessario nascitur:
quarum rerum facultatem infimo cuique non nisi quæsita labore merces
suppeditat. Esto igitur, ut opifex atque herus libere in idem placitum,
ac nominatim in salarii modum consentiant: subest tamen semper aliquid ex justitia naturali, idque libera paciscentium voluntate majus et
antiquius, scilicet alendo opifici, frugi quidem et bene morato, haud im-
parem esse mercedem oportere. Quod si necessitate opifex coactus, aut
mali pejoris metu permotus duriorem conditionem accipiat, quæ, etiamsi nolit, accipienda sit, quod a domino vel a redemptore operum impo-
nitur, istud quidem est subire vim, cui justitia reclamat. Verumtamen
in his similibusque caussis, quales illæ sunt in unoquoque genere artifi-

(1) Gen., III. 19.

cii quotâ sit elaborandum horâ, quibus praesidis valetudini maxime in officinis cavendum, ne magistratus inferat sese importunius, præsertim cum adjuncta tam varía sint rerum, temporum, locorum, satius erit eas res judicio reservare collegiorum, de quibus infra dicturi sumus, aut aliam inire viam, qua rationes mercenariorum, uti par est, salvæ sint, accedente, si res postulaverit, tutela præsidioque reipublicæ.

Mercedem si ferat opifex satis amplam ut eâ se uxoremque et liberos tueri commodum queat, facile studebit parsimoniæ, si sapit, efficietque, quod ipsa videtur natura monere, ut detractis sumptibus, aliquid etiam redundet, quo sibi liceat ad modicum censum pervenire. Neque enim efficaci ratione dirimi caussam, de qua agitur, posse vidimus, nisi hoc sumpto et constituto, jus privatorum bonorum sanctum esse oportere. Quamobrem favere huic juri leges debent, et, quoad potest, providere ut quamplurimi ex multitudine rem habere malint. Quo facto, præclaræ utilitates consecuturæ sunt: ac primum certe æquior partitio bonorum. Vis enim commutationum civilium in duas civium classes divisit urbes, immenso inter utramque discrimene interjecto. Ex una parte factio præpotens, quia prædives: quæ cum operum et mercaturæ universum genus sola potiatur, facultatem omnem copiarum effectricem ad sua commoda ac rationes trahit, atque in ipsa administratione reipublicæ non parum potest. Ex altera inops atque infirma multitudo, exulcerato animo et ad turbas semper parato. Jamvero si plebis excitetur industria in spem adipiscendi quippiam, quod solo contineatur, sensim fiet ut alter ordo evadat finitimus alteri, sublato inter summas divitias summamque egestatem discrimine.—Præterea rerum, quas terra gignit, major est abundantia futura. Homines enim, cum se elaborare sciunt in suo, alacritatem adhibent studiumque longe majus: immo prorsus adamare terram instituunt sua manu percultam, unde non alimenta tantum, sed etiam quamdam copiam et sibi et suis expectant. Ista voluntatis alacritas, nemo non videt quam valde conferat ad ubertatem fructuum, augendasque divitias civitatis. Ex quo illud tertio loco manabit commodi, ut qua in civitate homines editi susceptique in lucem sint, ad eam facile retineantur: neque enim patriam cum externa regione commutarent, si vitæ degendæ tolerabilem daret patria facultatem. Non tamen ad hæc commoda perveniri nisi ea conditione potest, ut privatus census ne exhauriatur immanitate tributorum et vectigalium. Jus enim possidendi privatim bona cum non sit lege hominum sed natura datum, non ipsum abolere, sed tantummodo ipsius usum temperare et cum communi bono componere auctoritas publica potest. Faciat igitur injuste atque inhumane, si de bonis privatorum plus æquo, tributorum nomine, detraxerit.

Postremo domini ipsique opcices multum hac in caussa possunt, iis videlicet institutis, quorum ope et opportune subveniatur indigentibus, et ordo alter propius accedat ad alterum. Numeranda in hoc genere so-

dalitia ad suppetias mutuo ferendas: res varias, pri vatorum providentiâ
constitutas, ad cavendum opifici, itemque orbitati uxoris et liberorum.
si quid subitum ingruat, si debilitas afflixerit, si quid humanitus accidat:
instituti patronatus pueris, puellis, adolescentibus natuque majoribus
tutandis. Sed principem locum obtinent sodalitia artificum, quorum
complexu fere cetera continentur. Fabrum corporatorum apud majores
nostros, diu bene facta constitere. Revera non modo utilitates præclaras
artificibus, sed artibus ipsis, quod perplura monumenta testantur, decus
atque incrementum peperere. Eruditiore nunc ætate, moribus novis, auctis
etiamrebus quas vita quotidiana desiderat, profecto sodalitia opificum
flecti ad præsentem usum necesse est. Vulgo coiri ejus generis societates,
sive totas ex opificibus conflatas, sive ex utroque ordini mixtas, gratum
est: optandum vero ut numero et actuosa virtute crescant. Etsi vero de
iis non semel verba fecimus, placet tamen hoc loco ostendere, eas esse
valde opportunas, et jure suo coalescere: item qua illas disciplina uti.
et quid agere oporteat.

Virium suarum explorata exiguitas impellit hominem atque hortatur.
ut opem sibi alienam velit adjungere. Sacrarum litterarum est illa sententia: *melius est duos esse simul, quam unum: habent enim emolumentum socie-*
tatis suæ. Si unus ceciderit, ab altero fulcietur. Væ soli: quia cum ceciderit, non
habet sublevantem se (1). Atque illa quoque: *frater, qui adjuvatur a fratre,*
quasi civitas firma (2). Hac homo propensione naturali sicut ad conjunc-
tionem ducitur congregationemque civilem, sic et alias cum civibus
inire societates expetit, exiguas illas quidem nec perfectas, sed societates tamen. Inter has et magnam illam societatem ob differentes caussas
proximas interest plurimum. Finis enim societati civili propositus pertinet ad universos, quoniam communi continetur bono: cujus omnes et
singulos pro portione compotes esse jus est. Quare appellatur *publica*
quia per eam *homines sibi invicem communicant in una republica constituen-*
da (3). Contra vero, quæ in ejus velut sinu junguntur societates, privatæ
habentur et sunt, quia videlicet illud, quo proxime spectant, privata
utilitas est, ad solos pertinens consociatos. *Privata autem societas est, quæ*
ad aliquod negotium privatum exercendum conjungitur, sicut quod duo vel tres so-
cietatem ineunt, ut simul negotientur (4). Nunc vero quamquam societates
privatæ existunt in civitate, ejusque sunt velut partes totidem, tamen
universe ac per se non est in potestate reipublicæ ne existant prohibere.
Privatas enim societates inire concessum est homini jure naturæ: est
autem ad præsidium juris naturalis instituta civitas, non ad interitum:
eaque si civium cœtus sociari vetuerit, plane secum pugnantia agat.

(1 Eccl., IV, 9-12.
(2) Prov., XVIII. 19.
(3) S. Thom., *Contra impugnantes Dei cultum et religionem*, cap. II.
(4) Ib.

propterea quod tam ipsa quam cœtus privati uno hoc e principio nas-
cuntur, quod homines sunt natura congregabilis. —Incidunt aliquando
tempora cum ei generi communitatum rectum sit leges obsistere: scilicet
si quidquam ex instituto persequantur, quod cum probitate, cum justitia, cum reipublicæ salute aperte dissideat. Quibus in caussis jure quidem potestas publica, quo minus illae coalescant, impediet: jure etiam
dissolvet coalitas: summam tamen adhibeat cautionem necesse est, ne
jura civium migrare videatur, neu quidquam per speciem utilitatis publicæ statut, quod ratio non probet. Eatenus enim obtemperandum legibus, quoad cum recta ratione adeoque cum lege Dei sempiterna consentiant (1)..

Sodalitates varias hic reputamos animo et collegia et ordines religiosos, quos Ecclesiæ auctoritas et pia christianorum voluntas genuerant:
quanta vero cum salute gentis humanæ, usque ad nostram memoriam
historia loquitur. Societates ejusmodi, si ratio sola dijudicet, cum initæ
honestâ caussâ sint, jure naturali initas apparet fuisse. Qua vero parte
religionem attingunt, sola est Ecclesia cui juste pareant. Non igitur in
eas quicquam sibi arrogare juris, nec earum ad se traducere administrationem recte possunt qui præsint civitati: eas potius officium est reipublicæ vereri, conservare, et, ubi res postulaverint, injuriâ prohibere.
Quod tamen longe aliter fieri hoc præsertim tempore vidimus. Multis locis communitates hujus generis respublica violavit, ac multiplici quidem
injuria: cum et civilium legum nexo devinxerit, et legitimo jure personæ moralis exuerit, et fortunis suis despoliarit. Quibus in fortunis suum
habebat Ecclesia jus, suum singuli sodales, item qui eas certæ cuidam
caussæ addixerant, et quorum essent commodo ac solatio addictæ. Quamobrem temperare animo non possumus quin spolationes ejusmodi tam
injustas ac perniciosas conqueramur, eo vel magis quod societatibus catholicorum virorum, pacatis iis quidem et in omnes partes utilibus, iter
præcludi videmus, quo tempore edicitur, utique coire in societatem per
leges licere: eaque facultas large revera hominibus permittitur consilia
agitantibus religioni simul ac reipublicæ perniciosa.

Profecto consociationum diversissimarum, maxime ex opificibus, longe nunc major, quam alias frequentia. Plures unde ortum ducant, quid
velint, qua grassentur via, non est hujus loci quærere. Opinio tamen est,
multis confirmata rebus, præesse ut plurimum occultiores auctores, eos-
demque disciplinam adhibere non christiano nomini, non saluti civitatum consentaneam: occupataque efficiendorum operum universitate, id
agere ut qui secum consociari recusarint, luere pœnas egestate cogan-
tur.—Hoc rerum statu, alterutrum malint artifices christiani oportet,

---

(1) *Lex humana in tantum habet rationem legis, in quantum est secundum rationem rectam,
et secundum hoc manifestum est quod a lege æterna derivatur. In quantum vero a ratione re-
cedit, sic dicitur lex iniqua, et sic non habet rationem legis, sed magis violentiæ cujusdam.*
(S. Thom., *Summ. theol.*, I-II, quæst. XIII, a. III.)

aut nomen collegiis dare, unde periculum religioni extimescendum: aut sua inter se sodalitia condere, viresque hoc pacto conjungere, quo se animose queant ab illa injusta ac non ferenda opressione redimere. Omnino optari hoc alterum necesse esse, quam potest dubitationem apud eos habere, qui nolint summum hominis bonum in præsentissimum discrimen conjicere?

Valde quidem laudandi complures ex nostris, qui probe perspecto quid a se tempora postulent, experiuntur ac tentant qua ratione proletarios ad meliora adducere honestis artibus possint. Quorum patrocinio suscepto, prosperitatem augere cum domesticam tum singulorum student: item moderari cum æquitate vincula, quibus invicem artifices et domini continentur: alere et confirmare in utriusque memoriam officii atque evangelicorum custodiam præceptorum; quæ quidem præcepta, hominem ab intemperantia revocando, excedere modum vetant, personarumque et rerum dissimillimo statu harmoniam in civitate tuentur. Hac de caussa unum in locum sæpe convinere videmus viros egregios, quo communicent consilia invicem, viresque jungant, et quid maxime expidere videatur, consultent. Alii varium genus artificum opportuna copulare societate student: consilio ac re juvant, opus ne desit honestum ac fructuosum, provident. Alacritatem addunt ac patrocinium impertiunt Episcopi: quorum auctoritate auspiciisque plures ex utroque ordine Cleri, quæ ad excolendum animum pertinent, in consociatis sedulo curant. Denique catholici non desunt copiosis divitiis, sed mercenariorum velut consortes voluntarii, qui constituere lateque fundere grandi pecunia consociationes adnitantur; quibus adjuvantibus facile opifici liceat non modo commoda præsentia, sed etiam honestæ quietis futuræ fiduciam sibi labore querere. Tam multiplex tamque alacris industria quantum attulerit rebus communibus boni plus est cognitum, quam ut attineat dicere. Hinc jam bene de reliquo tempore sperandi auspicia sumimus, modo societates istiusmodi constanter incrementa capiant, ac prudenti temperatione constituantur. Tutetur hos respublica civium cœtus jure sociatos: ne trudat tamen sese in eorum intimam rationem ordinemque vitæ: vitalis enim motus cietur ad interiore principio, ac facillime sane pulsu eliditur externo.

Est profecto temperatio ac disciplina prudens ad eam rem necessaria ut consensus in agendo fiat conspiratioque voluntatum. Proinde si libera civibus cœundi facultas est, ut profecto est, jus quoque esse oportet eam libere optare disciplinam easque leges, quæ maxime conducere ad id, quod propositum est, judicentur. Eam, quæ memorata est temperationem disciplinamque collegiorum qualem esse in partibus suis singulis oporteat, decerni certis definitisque regulis non censemus posse, cum id potius statuendum sit ex ingenio cujusque gentis, ex periclitatione et usu, ex genere atque efficientia operum, ex amplitudine commerciorum, aliisque rerum ac temporum adjunctis, quæ sunt prudenter

ponderanda. Ad summam rem quod spectat, hæc tamquam lex genera-
lis ac perpetua sanciatur, ita constitui itaque gubernari opificum collegia oportere, ut instrumenta suppeditent aptissima maximeque expedita
ad id, quod est propositum, quodque in eo consistit ut singuli e societate incrementum bonorum corporis, animi, rei familiaris, quoad potest,
assequantur. Perspicuum vero est, ad perfectionem pietatis et morum
tamquam ad caussam præcipuam spectari oportere: eâque potissimum
caussâ disciplinam socialem penitus dirigendam Secus enim degenera-
rent in aliam formam, eique generi collegiorum, in quibus nulla ratio
religionis haberi solet, haud sane multum præstarent. Ceterum quid
prosit opifici rerum copiam societate quæsisse, si ob inopiam cibi sui
de salute periclitetur anima? *Quid prodest homini, si mundum universum
lucretur, animæ vero suæ detrimentum patiatur* (1)? Hanc quidem docet
Christus Dominus velut notam habendam, qua ad ethnico distinguatur
homo christianus: *hæc omnia gentes inquirunt... quærite primum regnum Dei,
et justitiam ejus, et hæc omnia adjicientur vobis* (2). Sumptis igitur a Deo
principiis, plurimum eruditioni religiosæ tribuatur loci, ut sua singuli
adversus Deum officia cognoscant: quid credere oporteat, quid sperare
atque agere salutis sempiternæ caussâ, probe sciant: curâque præcipuâ
adversus opinionum errores variasque corruptelas muniantur Ad Dei
cultum studiumque pietatis excitetur opifex, nominatim ad religionem
dierum festorum colendam. Vereri diligereque communem omnium pa-
rentem Ecclesiam condiscat: itemque ejus et obtemperàre præceptis et
sacramenta frequentare, quæ sunt ad expiandas animi labes sanctita-
temque comparandam instrumenta divina.

Socialium legum posito in religione fundamento, pronum est iter ad
stabiliendas sociorum rationes mutuas, ut convictus quietus ac res flo-
rentes consequantur. Munia sodalitatum dispartienda sunt ad communes rationes accomodate, atque ita quidem ut consensum ne minuat
dissimilitudo. Officia partiri intelligenter, perspicueque definiri, plurimum ob hanc caussam interest, ne cui fiat injuria. Commune adminis-
tretur integre, ut ex indigentia singulorum præfiniatur opitulandi modus: jura officiaque dominorum cum juribus officiisque opificum apte
-conveniant. Si qui ex alterutro ordine violatum se ulla re putarit, nihil
optandum magis, quam adesse ejusdem corporis viros prudentes atque
íntegros, quorum arbitrio litem dirimi leges ipsæ sociales jubeant. Illud
quoque magnopere providendum ut copia operis nullo tempore deficiat
opificem, utque vectigal suppeditet, unde necessitati singulorum subveniatur nec solum in subitis ac fortuitis industriæ casibus, sed etiam cum
valetudo, aut senectus, aut infortunium quemquam oppressit. — His legibus, si modo voluntate accipiantur, satis erit tenuiorum commodis ac

---

(1) Matth., XVI, 26.
(2) Matth., VI, 32-33.

saluti consultum: consociationes autem catholicorum non minimum ad prosperitatem momenti in civitate sunt habituræ. Ex eventis præteritis non temere providemus futura. Truditur enim ætas ætate, sed rerum gestarum miræ sunt similitudines, quia reguntur providentia Dei, qui continuationem seriemque rerum ad eam caussam moderatur ac flectit, quam sibi in procreatione generis humani præstituit.—Christianis in prisca Ecclesiæ adolescentis ætate probro datum accepimus, quod maxima pars stipe precaria aut opere faciendo victitarent. Sed destituti ab opibus potentiaque, pervicere tamen ut gratiam sibi locupletium, ac patrocinium potentium. adjungerent. Cernere licebat impigros, laboriosos, pacificos, justitiæ maximeque caritatis in exemplum retinentes. Ad ejusmodi vitæ morumque spectaculum, evanuit omnis præjudicata opinio, obtrectatio obmutuit malevolorum, atque inveteratæ superstitionis commenta veritati christianæ paullatim cessere.—De statu opificum certatur in præsens: quæ certatio ratione dirimatur an secus, plurimum interest reipublicæ in utramque partem. Ratione autem facile dirimetur ab artificibus christianis, si societate conjuncti ac prudentibus auctoribus usi, viam inierint eamdem, quam patres ac majores singulari cum salute et sua et publica tenuerunt. Etenim quantumvis magna in homine vis opinionum præjudicatarum cupiditatumque sit, tamen nisi sensum honesti prava voluntas obstupefecerit, futura est benevolentia civium in eos sponte propensior, quos industrios ac modestos cognoverint, quos æquitatem lucro, religionem officii rebus omnibus constiterit anteponere. Ex quo illud etiam consequetur commodi, quod spes et facultas sanitatis non minima suppeditabitur opificibus iis, qui vel omnino despecta fide christiana, vel alienis a professione moribus vivant. Isti quidem se plerumque intelligunt falsa spe simulataque rerum specie deceptos. Sentiunt enim, sese apud cupidos dominos valde inhumane tractari, nec fieri fere pluris quam quantum pariant operando lucri: quibus autem sodalitatibus implicati sunt, in iis pro caritate atque amore intestinas discordias existere, petulantis atque incredulæ paupertatis perpetuas comites. Fracto animo, extenuato corpore, quam valde se multi vellent e servitute tam humili vindicare: nec tamen audent, seu quod hominum pudor, seu metus inopiæ prohibeat. Jamvero his omnibus mirum quantum prodesse ad salutem collegia catholicorum possunt, si hæsitantes ad sinum suum, expediendis difficultatibus, invitarint, si resipiscentes in fidem tutelamque suam acceperint.

Habetis, Venerabiles Fratres, quos et qua ratione elaborare in caussa perdifficili necesse sit. — Accingendum ad suas cuique partes, et maturrime quidem, ne tantæ jam molis incommodum fit insanabilius cunctatione medicinæ. Adhibeant legum institutorumque providentiam, qui gerunt respublicas: sua meminerint officia locupletes et domini: enitantur ratione, quorum res agitur, proletarii: cumque religio, ut initio diximus, malum pellere funditus sola possit, illud reputent universi, in pri-

mis instaurari mores christianos oportere, sine quibus ea ipsa arma pru-
dentiæ, quæ maxime putantur idonea, parum sunt ad salutem valitura.
—Ad Ecclesiam quod spectat, desiderari operam suam nullo tempore
nulloque modo sinet, tanto plus allatura adjumenti, quanto sibi major
in agendos libertas contigerit: idque nominatim intelligant, quorum
munus est saluti publicæ consulere. Intendant omnes animi industriæ-
que vires ministri sacrorum: vobisque, Venerabiles Fratres, auctoritate
præeuntibus et exemplo, sumpta ex Evangelio documenta vitæ hominibus ex omni ordine inculcare ne desinant: omni qua possunt ope pro
salute populorum contendant, potissimumque studeant et tueri in se, et
excitare in aliis, summis juxta atque infimis, omnium dominam ac regi-
nam virtutem, caritatem. Optata quippe salus expectanda præcipue est
ex magna effusione caritatis: christianæ caritatis intelligimus, quæ totius Evangelii compendiaria lex est, quæque semetipsam pro aliorum
commodis semper devovere parata, contra seculi insolentiam atque im-
moderatum amorem sui certíssima est homini antidotus: cujus virtutis
partes ac lineamenta divina Paulus Apostolus iis verbis expressit: *Ca-
ritas patiens est, benigna est: non quærit quæ sua sunt: omnia suffert: omnia
sustinet* (1).

Divinorum munerum auspicem ac benevolentiæ Nostræ testem vobis singulis, Venerabiles Fratres, et Clero populoque vestro apostoli-
cam benedictionem peramanter in Domino impertimus.

Datum Romæ apud S. Petrum die XV Maji an. MDCCCXCI,
Pontificatus Nostri Decimoquarto.

LEO PP. XIII.

(1) I Cor., XIII, 4-7.

Condiciones Estéticas del Canto Gregoriano [1]

Salve Regina [2].

Acaso no hay pieza alguna en el repertorio gregoriano que sobrepuje á ésta en belleza y expresión. Su corte periódico, la elegancia é intimidad del fraseo, el sentido dominante de ternura, debido á las delicadas inflexiones que la matizan, junto con una variedad natural

---

(1) Véase la pág. 114.

(2) Por una distracción disculpable, entre las piezas insertas en el número anterior figura un *Sanctus* por otro, no resultando el análisis adecuado á pesar del corte uniforme de aquella melodía y la que debe sustituirla. Véase:

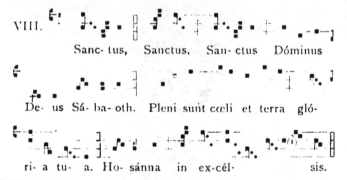

VIII.

Sanc-tus, Sanctus, San-ctus Dóminus De- us Sá- ba- oth. Pleni sunt cœli et terra gló- ri- a tu- a. Ho- sánna in ex-cél- sis.

---

y no estudiada; y, finalmente, la rara propiedad con que se acomoda la letra á la música, todo ello avalora la composición hasta hacerla dechado inimitable de eterna y nunca gustada belleza. Como en todas las melodías litúrgico-populares, hay en ésta algunas repeticiones ó ecos generalmente separados por las dos líneas que indican dónde debe callarse un coro para comenzar el otro. Pero aun estas repeticiones encajan bien y se hallan conformes con las leyes estéticas. Véase con cuánta propiedad, después de la frase *Ad te clamamus*, etc., se ha introducido una pequeña variante en la repetición *ad te suspiramus*; la oportunidad y gracia del *do* correspondiente á la sílaba *sus*, no hay palabras con qué encarecerlas; sólo se ve claro que las otras variantes de *gementes et flentes* dependen de aquélla como las notas bajas de una cadencia de la culminante. ¡Y qué animación, y qué vuelo tan encumbrado, y qué amplitud tan sonora y alada las del *Eja ergo advocata nostra, illos tuos miseri= cordes oculos ad nos converte!*

Asimismo podríamos estudiar la gradación tranquila y admirable de las últimas palabras laudatorias, con otras circunstancias y pormenores dignos de cuenta, que resaltan á maravilla en cada una de las notas de esta composición. Y el nexo y encadenamiento de los intervalos, en cuyo acertado uso consiste el halago melódico, no hay lengua que lo pueda ponderar debidamente. Transfórmese esa Salve del modo que se quiera, redúzcasela á un compás ú otro, y se verá que no puede menos de ser música religiosa, que no puede desprenderse de la virtud sugestiva que lleva latente. Las impresiones personales no dicen bien en una obra didáctica; pero ni es eso necesario: para cualquiera encierra esa composición tesoros de ternura, y es expresión de la nostalgia del cielo.

Damos por terminado, no su análisis (que no puede hacerse), sino el ligero examen que precede con añadir que es de las piezas más características del canto gregoriano; que además en la clasificación que hemos hecho corresponde al género compuesto ó complejo, y no de lo menos erizado.

t. 1

Sal- ve Re- gi- na, ma-ter mi-se-ri-cór-

di- æ: Vi- ta, dul-cé- do, et spes nostra,

sal- ve. Ad te clamá-mus, éxsu-les fí- li- i He- væ.

Ad te suspi- rá-mus, geméntes et flen-tes in hac la-

cri-má- rum val- le. E- ia ergo advo-cá- ta nostra,

il-los tu- os mi-se-ri-cór- des ó-cu-los ad nos

con- vér- te. Et Jesum, be-ne-dí-ctum fructum ventris

tu- i, no-bis post hoc exsí- li- um os-ténde. O

cle- mens! O pi- a! O dul-cis Virgo

Ma- rí- a!

Para completar en cuanto nos es permitido este ligero
estudio estético, no dejaremos de llamar la atención sobre
dos *Secuencias*, canciones eclesiástico-populares antiquísi-

mas que desde el principio hasta el fin están respirando,
junto con un gusto arcaico acendrado y sin mezcla, la más
pura efusión, la más santa y simpática tristeza. Hay en sus
altos y bajos, en sus vuelos y caídas, tal tinte de semiopaca
claridad, aquel *amore langueo* del *Cantar de los Cantares,*
que no me figuro oir bien ejecutados esos cantos si no es á la
incierta luz del crepúsculo y por un coro de ascetas que vue-
lan con la esperanza á su verdadera patria. ¡Qué delicadeza
en los giros! ¡Qué energía y cuánto anhelo en la frase: *Salva
nos, Christe!*... ¡Qué sencillez en la sucesión melódica, como
dispuesta para el pueblo! En una palabra, tienen la contextura
de un canto popular genuino, con más la unción religiosa, que
los avalora sobre toda ponderación. Recuérdese aquí lo que
ya llevamos dicho: que en todo canto destinado al pueblo, tal
como en los *Credos, Secuencias,* en las llamadas *Prosas,* etc.,
va repitiendo un coro á modo de eco lo que el otro acaba de
cantar. Es decir, que son cantos por su naturaleza alternativos.

reple cordis íntima tu- órum fidé- li- um.   Sine

tu- o númine,   nihil est in hómine,   nihil est in-

nó- xi- um.   Lava quod est sórdidum,   riga quod est

á- ridum,   sana quod est sáu-ci- um.   Flecte quod est

rí- gidum,   fove quod est frí-gidum,   rege quod est

dé-vi- um.   Da tu- is fidé-libus,   in te con-fidéntibus,

sacrum septená-ri- um. Da virtútis méritum, da   salútis

éxi-tum, da perénne gáudi- um.   Amen.   Alle-   luia.

Consideremos ahora bajo el concepto de lo bello el ritmo del canto gregoriano. Yo no sé hasta qué punto es la regularidad matemática elemento informador de la belleza del movimiento. Sólo sé que el sentimiento rítmico natural se contenta con menos: con percibir un todo dividido en partes proporcionales y ordenadas. Sé también (tal juzgo por lo menos) que están en un lamentable error los que creen que el compás es parte esencial de la música, ó por lo menos la manifestación rítmica más perfecta. Decir lo primero es defender que antes de la invención del compás no había Música en el mundo; y asegurar lo segundo, es decir que la última expresión de la belleza consiste en formas estrictamente simétricas. Tan no es así, que cuando la Música se explaya en sus legítimos dominios prescinde del yugo que se le quiere imponer, y se adelanta y retrasa según las exigencias, no de la exacta proporcionalidad, sino del sentimiento, degenerando, si así pudiera decirse, en ritmo libre. El artificio de la Música, en virtud de la multiplicidad harmoniosa de las voces, ha necesitado el compás, como el tren los rails que le regulan la marcha. Si la locomotora pudiese andar y ser dirigida sin esas trabas, seguramente á nadie se le ocurriría ponérselas. Cierto es que el compás no deja de causar placer vivísimo en razón inversa, generalmente, de la aptitud para contemplar la belleza serena del arte, y que por lo mismo fascina al vulgo un aire marcial ó el vertiginoso ritmo de un vals; pero eso sucede con los que sólo se fijan en la parte externa y allegadiza del arte, no en las regiones ideales donde éste se mueve eternamente antes y después de la introducción del compás.

Plácenos confirmar nuestra opinión con un testimonio respetabilísimo. "Reducido á su *mínimum* el elemento rítmico, dice Gevaert, consiste en cierta proporción observada en la disposición, número y extensión de los miembros y períodos de que consta el discurso ó la cantilena. En este primer grado del arte tenemos el ritmo libre de la prosa oratoria y del canto llano... Es, pues, un error querer hacer del compás una condición indispensable de la música (1)„

De todo lo dicho se podrá inferir que los efectos causados por el compás más tienen que ver con los movimientos de la sangre y el sistema nervioso, que con las nobles facultades del alma y la serena contemplación de la belleza, más cerca están de ser fenómeno fisiológico que psicológico. No podemos desconocer su utilidad en el sentido de que abrevia mucho el trabajo de la inteligencia dándonoslo todo partido y alineado; pero de ahí á decir que el sentimiento rít-

(1) Gevaert, *La musique de l'antiquité*, tomo II, libro III, capítulo I, páginas 2 y 3.

mico es la aptitud para conocer si sobra ó falta alguna parte ó compás de las frases facticias modernas, media un abismo. Podrá llamarse á lo sumo *hábito rítmico*, ó de cualquier otro modo con que se designe más propiamente la facultad adquirida por educación y convencionalismo, de comparar las partes de un todo que se quiere conste de tantas ó cuantas piezas; pero el sentimiento rítmico natural es aquella facultad de comparar y ordenar en el movimiento las partes proporcionales con· respecto á un todo. Así hay ritmo en una buena lectura, y este ritmo aplicado á la Música es el del·canto gregoriano. Si se canta prosa litúrgica, el ritmo conveniente será el de una buena lectura en prosa: "*Sunt vero quasi prosaici cantus, qui hæc minus observant, in quibus non est curæ, si aliæ majores, aliæ minores partes et distinctiones per loca sine discretione inveniantur more prosarum.* (Guido, *Microl.*) Y esto porque, si bien "*el músico* debe proponerse la manera de regularizar el canto mediante las divisiones indicadas, así como el versificador piensa con qué pies ha de construir el verso; sin embargo, al músico no le liga tan estrechamente esa ley„ (1) (la de las divisiones simétricas que acaba de exponer): *quia in omnibus se hæc ars in vocum dispositione rationabili varietate permutat.* La cual razonabilidad, aunque muchas veces no se nos aparezca clara, con todo, se ha de tener por razonable aquello de que la inteligencia, ó sea la razón, recibe deleite. *Quam rationabilitalen etsi sæpe non comprehendamus, rationale tamen creditur id, quo mens, in qua est ratio, delectatur.* Dígasenos ahora si no es esto proclamar en alta voz la definición agustiniana del ritmo *motus qui per se appetitur* (2), y sentar como base del ritmo de la prosa gregoriana la proporcionalidad racional con arreglo á las divisiones rítmicas del texto, tal como la dejamos expuesta en el capítulo IV.

---

(1) "Proponatque sibi musicus, quibus ex his divisionibus incedentem faciat cantum, sicut metricus, quibus pedibus faciat versum; nisi quod musicus non se tanta legis necessitate constringit„.„ (*Microl.*, ibid.)

(2) San Agustín, lib. I *De Musica.*

Aplicado el verso, como sucede en los Himnos y algunas *Secuencias,* el ritmo resultará más regular y simétrico. *Metricos autem cantus dico quia sæpe ita canimus, ut quasi versus pedibus scandere videamur, sicut fit cum ipsa metra canimus... (Microl.,* cap. XV.)

Hay también en el canto gregoriano notas de adorno y signos de expresión. De las primeras, algunas se refunden en las fórmulas ya explicadas; pero merece mención aparte la conocida con el nombre de *quilisma.*

Ese signo expresivo, fácil de reconocer por su figura, tiene, según la interpretación del P. Pothier, el efecto de un mordente, que aquel sabio benedictino traduce del modo que queda dicho en el capítulo II; bien que él mismo recomienda que en la práctica se considere el *quilisma* como una nota cualquiera por la dificultad de interpretarla debidamente cuando son muchos los que cantan. A mí me parece poco tradicional el procedimiento si la equivalencia es exacta. *Unusquisque in suo sensu abundet.*

Por lo que hace á los signos de expresión, llamados también *romanianos* por haber sido hallados en el libro que el monje Romanus llevó á la Abadía de San Galo (en Suiza), y en las copias que de ellos se hicieron, baste decir que consisten en las letras *c* y *t,* en los signos ◡ — y alguna otra indicación, que respectivamente deben traducirse por *celeriter* y *tenete,* equivalentes á nuestros *accelerando* y *ritardando.* Con esta observación queda dicho cuanto se refiere á sus efectos (1).

Si el canto gregoriano tiene tan singulares dotes de belleza en sí, es decir, en su trabazón y estructura artísticas; si resulta un conjunto harmónico y racional con sus sobrios y convenientes adornos, su ritmo cadencioso, sus signos auxiliares y su perfecta constitución tonal, todavía se eleva

---

(1) Las ediciones de libros de coro hechas hasta el presente por los benedictinos de Solesmes, no llevan signo alguno de los preinsertos; pero tenemos entendido que en las ediciones sucesivas del *Liber Gradualis* no han de faltar ni esos accidentes, que, á la verdad, se hallan en muy contados manuscritos por la razón sencilla de que se transmitían por tradición oral.

quince codos si se le examina con relación al fin nobilísimo
á que naturalmente está destinado. No vacilamos en afirmar que las melodías gregorianas son las más propias del
culto religioso, y esto porque, á más de estar consagradas
por el uso y la tradición como eminentemente hieráticas,
son también las que en sus cualidades privativas presentan
mayor afinidad con el modo de ser y de entenderse la plegaria religiosa. Ellas son la expresión más digna de nuestra
comunicación respetuosa y familiar con Dios por el cúmulo
de cualidades ó condiciones que las avaloran, y que pueden
resumirse de este modo:

1.ª   Dan vida y expresión enfática al texto sagrado.

2.ª   Por su medio las verdades provechosas penetran en
el ánimo sin aspereza y quedan más fijamente grabadas.

3.ª   Constituyen por sí oración muy encumbrada.

4.ª   Poseen en alto grado la virtud sugestiva de las ideas
religiosas y los sentimientos piadosos, sirviendo como de escala misteriosa al alma.

5.ª   A diferencia de toda otra música, nada hay en ellas
que envuelva reminiscencias profanas, admitiendo, sin embargo, rica variedad de efectos conforme á aquella recomendación de Guido de Arezzo á los compositores: *Rerum
eventus sic cantionis imitetur effectus ut in tristibus re-
vus graves sint neumæ, in tranquilis rebus jucundæ, in
prosperis exultantes, et reliquæ.* (Obra cit.)

Esa determinación genérica que Guido de Arezzo exige
del compositor, llena la medida de la música expresiva. De
donde nace que una misma pieza musical pueda adaptarse
con igual oportunidad á textos diferentes en la forma, y afines, por lo menos en el fondo, tal como sucede en los cantos
populares de un solo asunto, una sola música y diversidad
de estrofas literarias, y en muchas canciones eclesiásticas,
especialmente en la salmodia.

Pero en el tesoro litúrgico no escasean tampoco melodías íntimamente adaptadas al texto, de tal modo que no
sufren separación. Como ejemplo único entre los muchos
que podríamos citar, véase lo siguiente:

Vi-dens Dóminus flentes soróres Lázari ad monu-

mén-tum lacrymá-tus est co-ram Judæ- is et excla-

mávit: Lá-za- re, ve-ni fo-ras; etc.

Pláceme dar fin á este capítulo con un testimonio de Baini, profundo conocedor de la buena música religiosa: "Las antiguas y verdaderas melodías gregorianas (por más que digan y escriban algunos compositores modernos) son absolutamente inimitables. Se podrán copiar ó adaptar (sabe Dios cómo) á otras palabras; pero crearlas nuevas y tan ricas como las antiguas, no cabe ni cabrá jamás en lo posible. No tengo por qué decir que la mayor parte de ellas son obra de los primitivos cristianos, muchas también de la antigua Sinagoga y nacidas, por tanto, al calor del arte viviente, permítaseme la frase. Ni quiero añadir que no pocas se deben á San Dámaso, San Gelasio, y principalmente á San Gregorio Magno, Pontífices privilegiadamente inspirados por Dios á este fin. Ni que en gran número fueron compuestas por muy santos y sabios monjes de los siglos VIII, IX, X, XI y XII, y no ignoramos que para escribir sus obras se preparaban con oración y ayuno. Tampoco es menester decir que (como lo atestiguan tantos monumentos conservados hasta nuestros días) antes de componer un canto eclesiástico su autor estudiaba y observaba atentamente la naturaleza, el carácter, el sentido de las palabras y las circunstancias en que debía ser ejecutado. Clasificando así los resultados de ese estudio determinaban el modo ó tono correspondiente, ya para regular la elevación ó gravedad del canto, ya para el movimiento ó ritmo, ora para la disposición de los semitonos, ora para la contextura particular de las modulaciones ó para la marcha y sucesión propias de la melodía. Sabían distinguir el carácter peculiar de los cantos de la Misa, del que conviene al *Oficio;* uno era el estilo del *Introito,* otro el del *Gradual* y del *Tracto;* distintos también el del *Ofertorio,* de la *Comunión,* de las *Antífonas* y *Responsorios,* y diferente la *Salmodia* del *Introito* de la empleada en las Horas Canónicas; y por último, caracterizaban de diverso modo el canto para una sola voz y el escrito para un coro. Y en todo eso se circunscribían á los límites de cuatro ó cinco, y rara vez á siete ú ocho intervalos. Nada diré, lo repito, de esas cosas en particular; pero afirmo que el canto antiguo es admirable é inimitable por una delicadeza de expresión indecible, por algo patético que conmueve, por su sencillez natural y espontánea: que siempre es fresco, nuevo y hermoso, y que jamás se gasta ni envejece... mientras que las melodías modernas arregladas ó añadidas desde mediados del siglo XIII hasta nuestros días no pueden hacerse oir sin que luego aparezcan como son, insignificantes, fastidiosas, llenas de arrugas é incoherencias (1).„

Cántico de Adviento.

Ro-rá-te cœ-li dé-su-per,   et nubes plu- ant Justum.
Repetitur Roráte.

℣. Ne i-rascá- ris Dómine,   ne ultra memíneris i- ni-

qui- tá- tis: ecce ci- vi-tas Sancti facta est de-sérta: Si-

on de-sérta fac-ta est: Je-rú-sa-lem de- so-lá- ta est:

---

(1) De sus *Memorias histórico-críticas sobre la vida y obras de Palestrina.*

domus sancti-fi- ca- ti- ó- nis tu-æ et gló-ri- æ tu- æ,

u- bi laudavé-runt te pa-tres nostri. ℟. Roráte.

℣. Peccávimus, et facti sumus tanquam immúndus nos

et ce- cí- dimus qua-si fó- li- um u- ni-vér-si: et i- ni-

qui-tátes nostræ quasi ventus abstu-lé-runt nos: abs-

condís-ti fáci-em tu-am á nobis, et alli-sisti nos in ma-

nu i-ni-qui-tá- tis nos-træ. ℟. Rorate.

℣. Vide, Dómine, afflicti-ó-nem pópu-li tu- i, et mitte

quem missú-rus es: e-mitte Agnum Dominatórem tér-

ræ, de petra de-sérti ad mentem fí-li-æ Si- on: ut áu-

fe-rat ip-se jugum capti-vi-ta- tis nostræ. Roráte.

℣. Conso-lámini, conso-lámini pópu-le me-us: ci-to vé-ni-et sa-lus tu- a: qua- re mœrore con-súmeris, qui- a innovávit te dolor? Salvá-bo te, noli timére: e- go enim sum Dóminus De-us tu- us Sanctus Is-ra- el, redemptor tu- us. Rorate.

Fr. Eustoquio de Uriarte,
Agustiniano.

RECURSOS QUE OFRECEN NUESTROS CAMPOS
Á LOS POBRES [1]

REINO VEGETAL

EJANDO á un lado las plantas cultivadas que también pueden propagar los pobres sin ser terratenientes, como he visto lo hacen algunos en suelos abandonados las que espontáneamente crecen sin cuidarlas en baldíos, dehesas, bosques, charcas, arroyos y lagunas y hasta en los peñascales, sitios por lo regular no vedados, y se llaman espontáneas ó silvestres, éstas son las que considero patrimonio de los infelices.

De ellas pueden formarse tres grupos, según sea el objeto á que se destinen. El primero es el de las alimenticias, y por consiguiente comestibles. El segundo el de las medicinales, destinadas al alivio ó curación de las enfermedades. Y el tercero el de las industriales, que de un modo más ó menos directo sirven como primeras materias para las diversas artes.

Grupo primero.

La recolección de las plantas de este grupo pueden prestar á los pobres dos beneficios, que consisten en propor-

[1] Véase la pág. 34.

cionarles las verduras y legumbres necesarias para su alimento, y para, vendiéndolas, ganar dinero con que atender á otras necesidades.

Bien puede encabezarse este grupo con la familia de las compuestas, por ser una de las que más especies suministra cocidas ó crudas, que á todo se prestan, y hasta algunas partes de ellas para ser fritas ó asadas. Sean muestra de esto las alcachofas silvestres *(Cynara cardunculus L., ó Spinossisima Presl.)*, vulgo cardo de arrecife y alcaulcil silvestre en castellano, y *herbacol* en catalán, que si sus flores no se comen por lo espinosas que son, las escamas de los *anthodios* son muy buscadas *petiolorum gratia, qui cocti olus sapidum præbent*. De esta alcachofera silvestre, tan común en nuestros campos, procede el cardo comestible de las huertas y la misma alcachofera cultivada, *Cynara sativa Moris.*, que, aporcadas sus hojas, se hacen tiernas y carnosas, y dejadas crecer al aire libre produce las cabezuelas, que constituyen lo que llaman alcachofas.

Como de éstas también se comen los receptáculos de las *Cynara Tournefortii B. R., Cynara alba B., Cynara integrifolia V.*, que los franceses llaman *font d'artichau*, y los de algunos cardos borriqueros *(Onopordon)*. El *Silybum Marianus G.*, cardo lechero, *Card gallofa* de los catanes, cuyas hojas tienen el nervio central carnoso y puede comerse como los cardillos *(Scholimus hispanicus)* cuando aún es tierno.

De todas las compuestas, son las chicoráceas las que más tributo ó limosna dan á los pobres. De la achicoria silvestre *(Chicorium intivus L.)* se come toda la planta cuando tierna, cocida ó cruda y aderezada con aceite y vinagre, resultando un alimento sano y tónico por el principio amargo que encierra, amargor que se disminuye si se recuece mudando aguas á dicha planta. Lo mismo puede decirse de los amargones, dientes de león ó achicoria amarga en castellano, y *Xicoria de burro, Caxals de vella* y *Llacsó d'Ase* en catalán *(Taraxacum officinale W. y T. Pyrrhopappum B. R.)* De igual categoría son los *Talpis, Thrincia, Uros-*

permum y *Podospermum*, conocido vulgarmente con los nombres de barbujus, barbajas, tetas de vaca, matacandil, en castellano; farfallos, zaragallos, marvallos y margallos en Aragón, y *Cuxabarba* en Cataluña. La ajonjera ó achicoria dulce *(Chondrilla juncea L.)* es abundantísima hasta en los campos labrados, y cuando tierna se come como lechuga y escarola, cruda y también cocida, como estas dos hortalizas cultivadas.

Las malváceas tiernas son igualmente comestibles y sanas como la *Silene inflata L.*, planta que se cría en los sembrados, y en Castilla es conocida con el nombre de collejas; con el de colellas, coneles y conillos en Aragón, y *Cosco= nillas, Colixas* y *Eclafidas* en Cataluña, por el ruido que producen cuando los muchachos revientan los cálices inflados de tales flores pegando contra sus frentes.

Se comen igualmente cocidas las hojas tiernas de la *Reseda alba et lutea*, las de las amapolas de las borrajas y de otras de esta familia, como son las de la *Anchusa Lycopsiss, Syn= phitum* ó suelda-consuelda, *Echium* ó viborera morada y lengua de buey; las de algunas *Campanulas, Amarantus, Blitum, Beta* ó acelga silvestre; las *Chenopodium album L.*, ó cenizos que infestan los campos, y el *Murale L.*, que crece sobre las tapias, como también el *Bonus=Henricus L.*, ó armuelle silvestre, jarrones, pie de ánade y de ganso, que tan abundante crece en nuestras sierras, y lo comen los pastores como las espinacas de las huertas.

Son comestibles igualmente las ortigas tiernas cocidas, y no pocas crucíferas que pertenecen al mismo grupo de las berzas, rábanos y nabos, hortalizas cultivadas cuyo origen fué silvestre.

Otras muchas de tales plantas condecoradas con la cruz de su corola podría el hombre, cultivándolas, hacer que alcanzaran las mismas cualidades benéficas, y en prueba de ello véase el aprecio que ya se hace de la ruca ó rucas *(Eruca sativa D. C.)* y de los berros *(Nasturtium officina= le R. Br.)*, que de pocos años á esta parte los vemos figurar en los catálogos de plantas oleráceas.

No son las umbelíferas las que menos tributo pagan á los

camperos, pues en esto corren pareja con el que cobran los hortelanos; y á la par que éstos se aprovechan del perejil, apio, chirivías y zanahorias, aquéllos recogen el hinojo marino *(Crithmum Maritimum L.)*; los quijones *(Scandix australis L.)*, que comunican á las ensaladas un aroma anisado delicioso; la alcarabea ó comino de prado (*Carum Carvi L.)*, el hinojo, finucho y Fenoll *(Feniculum officinale A.).* ¿Y dónde dejamos las verdolagas y los capullos y frutos de las alcaparras, là primera de las cuales por todas partes se encuentra y la pisamos, y la segunda, encastillada en los muros viejos y peñascales, llama la atención de los transeuntes con sus bellísimas flores blancas, amarillas y violáceas?

Pero aún hay más materias alimenticias vegetales que, ocultas bajo tierra, sólo están destinadas para el que las sabe buscar. Me refiero á las plantas bulbosas y tuberculíferas, que, más conocedores varios animales de sus propiedades alimenticias, con avidez las buscan; tal vemos hacen los cerdos, conejos y otros roedores, y hasta muchos insectos en su estado perfecto ó de larva. Los bulbos de la cebolla y del ajo, á pesar del aceite volátil cáustico que contienen, y que al desprenderse cuando se les machaca nos irrita los ojos hasta hacernos llorar, ¿no son comestibles? Pues sirviéndonos de ejemplo estas dos plantas, de tan antiguo por el hombre usadas como alimento, hasta el punto de existir un adagio que dice "contigo pan y cebolla me basta„, apenas es creíble se hayan dejado olvidadas las de las demás plantas bulbosas, de las cuales sólo algunas se usan por sus propiedades excitantes diuréticas, drásticas é irritativas de las membranas mucosas, y que en determinadas preparaciones ó estados se hacen sedativas y hasta emolientes; cosa que nos demuestra que las propiedades deletéreas contenidas en las cebollas ó bulbos de algunas especies se pueden modificar hasta hacerse nutritivas las venenosas. Según refiere el profesor Heldreich, ya citado, los campesinos griegos comen los bulbos de todos los matacandiles ó cebollas de lagarto (*Muscari comosum Mill, botriaides Mill* y *Racemosum D. C.*), que tan comunes son en nuestros campos, donde su floración nos anuncia la primavera. Dioscórides ya recomendaba los bulbos de esta *Hyacinthea* como estomacal, excelente y sana.

Cocidas ó asadas las cebollas de las plantas bulbosas, se modifican mucho sus cualidades acres, y después de echadas en vinagre con sal se conservan mucho tiempo, aunque pueden comerse á las veinticuatro horas. Para comerlas se sazonan. con aceite de olivas y zumo de limón; y aunque suelen amargar un poco, este gusto las hace agradables, habiendo algunas que saben á nuez y avellana; tal es las cebollas de los azafranes silvestres, que en algunas partes comen crudas los pastores, así como también las de varias especies de a;os.

Entre las plantas tuberosas no sólo encontramos los tubérculos de las juncias redonda, castañeta, chincota, chufas ó juncia avellanada, especies todas del género *Cyperus* de Linneo, sino los de las numerosas orquídeas que tanto abundan en nuestras praderas desde las regiones litorales hasta las alpinas elevadas. El salep que venden los drogueros y boticarios, no es otra cosa que los tubérculos de las raíces de los *Orchis Morio, Máscula, saccigera, Coriophora* y *longicruris*, traídos de Tesalia y del Epiro, plantas que tanto abundan en nuestros prados, y que, por no conocerlas los campesinos españoles, las pagamos á buen precio á los negociantes extranjeros, pudiéndoselos vender más baratos y con provecho de los pobres si, como se puede, los recogieran éstos con poco trabajo, pues podrían llenar sacos en la primavera de los mencionados tubérculos, y los de tantas otras orquídeas como tenemos y el vulgo conoce con el nombre de flor de la abeja ó abejera, testículos de perro, compañón, sangre de Cristo, dedos citrinos, palmacristi, satirión, etc. Con la harina de tales tubérculos cocida con agua de miel, hacen en Oriente una bebida muy grata, que venden en todos los pueblos por la madrugada, como aquí el café con leche en las plazuelas y por las calles, y también, como nuestros marchantes de plazuela, para endulzar dicho brebaje en vez de miel ponen una decocción de higos secos con el fin de que salga más barato, y para halagar al paladar añaden los polvos aromáticos de la raíz de jengibre.

La familia de las leguminosas es otra de las que también pueden contribuir con su óbolo á matar el hambre de los pobres si éstos llamaran á su puerta. Como el nombre lo anuncia, lo que puede repartir esta familia son legumbres tiernas y secas, alimentos feculentos notablemente nutritivos, sobre todo sus semillas secas, que tanto papel representan en el potaje de los hospicios y cuarteles; pertenecen á esta familia los géneros *Glicirrihza* (regaliz), *Cicer* (garbanzo), *Vicia* (arvéja, vezas, algarrobillas, guisetas, arvellas, veses, garrosins), nombres vulgares de este género, *Lathyrus* (guigerras, guixons, guijas, muelas, guixas) y *Pisum,* que son los chícharos, guisantes, pesuls, tirabechs, cuyas vainas tiernas, y después las semillas secas, se sirven hasta en las mesas de la gente acomodada.

Por fin, no es posible olvidar las setas tratándose de vegetales comestibles, á pesar de encontrarse al lado de especies deliciosas otras acres y hasta en alto grado venenosas, motivo por el cual *sunt pabulum suspectum* que repugna mucha gente, sin que esto impida que los que bien las conocen se aprovechen, pero sin perder nunca de vista que *venenati et suspecti, esculentis simillimi, vix satis distinguendi.* Tal sucede, por ejemplo, con la *Amanita Cesarea* y la *muscarina,* exquisita la primera y mortífera la segunda, y entre los *Tubiporus fistulosus* y *extensus,* de excelentes condiciones el primero y el segundo en alto grado venenoso, tal que le ha valido el calificativo vulgar de mataparientes. Por lo demás, los hongos y setas comestibles reunen condiciones nutritivas de primer orden, pues entran en su composición, además del agua, substancias azoadas y grasas, como la oleína, margaritina y agaricina, la celulosa dextrinada, materia azucarada, mannita, fosfato, cloruros alcalinos, calcáreos y magnesianos, sílice, etc. El análisis de las criadillas de tierra, por ejemplo, que son de las setas más estimadas y abundantes, y que, por consiguiente, tienen más á mano nuestros pobres, nos da 72,340 de agua, 9,958 de ázoe, 0,442 de materias grasas, 15,158 de celulosa dextrinada, materias azucaradas, mannita y otras materias no azoadas, y 2,102 de sales fosfatadas, cloruradas, alcalinas calcáreas, magnesiadas y sílice.

Pero para que nada falte en el *menu* que en su mesa el campo ófrece á los pobres, señalaré también las salsas con que pudieron sazonarse los potajes en la primitiva cocina del hombre, llamado por algunos prehistórico, salsas que debió encontrar como nuestros camperos de hoy, sobre todo en las labiadas, como el almovaduz, hierbabuena, ajedrea, orégano y tomillo, que por eso el vulgo llama salsero, amén de algunas umbelíferas también aromáticas. De estas salsas pueden, como los poderosos, servirse los pobres, á la par que vender á las cocineras las materias citadas con beneficio propio.

Por fin, hasta postres ofrecen los campos á los pobres; tales son: la deliciosa fresa y aromática frambuesa, la mora azucarada y acídula grosella y agracejo, los madroños y maillas, endrinas y majuelas, y el llamado cascajo de Nochebuena, compuesto de piñones, castañas silvestres y fabucos, los almeces y las clásicas bellotas de la encina *Quercus ilex.* Y para que nada se eche de menos en el *menu* referido, el te y café de Ultramar pueden con ventaja sustituirse con los infusos de la tila, salvia, manzanilla y el ambrosiaco *Chenopodio,* endulzadas con el cocimiento de higos, pasas ó de las raíces del regaliz.

Grupos 2.° y 3.°

Como las plantas de estos dos grupos, aunque con destinos diversos, tienen un mismo objeto para procurar dinero á los pobres vendiéndolas á los herbolarios, boticarios y drogueros, ó bien á los industriales que de ellas hacen uso, por eso voy á enumerarlas en una misma lista, indicando á la vez los precios que suelen tener en el comercio, lo cual demuestra, como dejo dicho, que dedicándose los pobres á recoger los vegetales pertenecientes á estos dos grupos, su venta les producirá dinero contante, que, como el herbolario de Viladrau consiguió, podrán alcanzar también ellos sumas cuantiosas.

¡Ah! Cuántas veces, recorriendo nuestras praderas á fines de invierno, al verlas cubiertas de alfombras de violetas, cuyo subido aroma casi atonta, yo mismo me he preguntado: ¿Es posible que pudiendo nuestros pobres recogerlas á puñados y llenar costales de ellas para exportarlas de España, tengan que traérnoslas de Alemania y Francia nuestros tratantes en hierbas y pagar el kilo á 4 y 5 pesetas? Ejemplos como éste tenemos con la flor de amapola, que en el mes de Mayo y Junio enrojece los sembrados, así como las retamas doran con sus amarillas flores, de forma amariposada y virtud medicinal, las cumbres de nuestras montañas, y las de la digital purpúrea nos embellecen los valles; flores que, recogidas por manos tan diligentes como las de Jaime Bofill, las convertirían en monedas de oro, evitando que la desidia de nuestros menesterosos deje que tanta hermosura y virtudes medicinales se pierdan, y tantos deliciosos aromas se disipen por el aire sin provecho para nadie.

No creo pecar si, para hacer un bien al prójimo necesitado, le excito la codicia del trabajo para que honradamente gane el substento que le es necesario, y como, según dice el diccionario de la lengua, "la codicia es también el deseo vehemente de algunas cosas buenas„; á este concepto me atengo para tranquilizar mi conciencia, protestando no ser mi intención dar pábulo al apetito desordenado de riquezas, sino darle al racional del trabajo para ganar el substento; que pretendo conseguirlo llamando en las siguientes listas la atención sobre los precios á que se venden en las boticas, droguerías y herbolarios infinidad de plantas ó de sus raíces, hojas, flores y semillas ó productos vegetales que nos traen de fuera, pudiendo ser recolectados en nuestros campos por cualquiera, siempre que por su parte ponga diligencia bastante en conocerlos por los nombres triviales con que el vulgo les ha bautizado, ó bien con los científicos que los botánicos les dieron.

RAÍCES

	Pts.	Cts.
De Abedul (*Betula alba L.*)		50
— Abrótano (*Santolina rosmarinifolia L.*)	1	13
— Acederas (*Rumex acetosa L.*)		62
— Acónito (*Aconitum napellus L.*)	1	12
— Adormideras (*Papaver somniferum L.*)		75
— Adelfa (*Nerium Oleander L.*)		62
— Achicoria (*Cichorium Intyvus L.*)		62
— Alcornoque (*Querens suber L.*)	1	
— Almesto ¡Quercus sp. var.)		50
— Ancusa Tintoria (*Akanna tinctoria T.*)		9
— Angelica (*Angelicapachicarpa Laug*)	1	25
— Apio silvestre (*Apium graveolens L.*)		75
— Arlo tintorio (*Berberis vulgaris L.*).	1	
— Bistorta (*Polygonus bistorta L.*)	1	
— Brionia (*Bryonia dioica L.*)		75
— Brusco (*Ruscus aculeatus L.*)		62
— Caña (*Arundo Donax L.*)		28
— Cardo santo (*Cnicus benedictus Vaill.*)		12
— Carlina (*Carlina accutis L.*)	2	25
— Celidonia menor (*Ficaria ranunculoides Mœnch*)	1	
— Cicuta (*Conimu maculatum L.*)	1	50
— Coclearia (*Cochlearia officinalis L.*)	1	25
— Cohombrillo amargo (*Cucumis Colocynthis L.*)		75
— Cólchico (*Colchioum Autumnale L.*)	1	75
— Consuelda mayor (*Symphitum officinale L.*)		62
— Cinoglosa (*Cynoglossum pictum Ait*)	1	
— Dictamo blanco (*Dictamus Fraxinella L.*)	2	
— Eléboro negro (*Heleborus niger L.*)		50
— Gamón (*Asphodens albus W.*)	1	
— Gatuña (*Teucrinus spinosum L.*)		50
— Genciana (*Gentiana Lutea L.*)		25
— Gordolobo (*Vervascum Thapsus*)	1	
— Granado (*Punica Grianatum L.*)	1	
— Hinojo (*Feniculum officinale Ass.*)		50
— Ortiga (*Urtiea urens L.*)	1	25
— Jabonera (*Saponaria officinalis L.*)		75
— Juncia (*Ciperus olivaria Targ.*)		25
— Junquillos (*Narcisus Junquilla L.*)	1	25
— Junco (*Juncus conglomeratus L.*)		50

	Pts.	Cts.
De Lirio común *(Iris germanica L.)*	1	
Lirio espadañal *(Iris Pseudoarus L.)*	1	
— Lirio fétido *(Iris fœtidissima L)*		50
— Lirio de los valles *(Convallaria majalis L.)*	4	
— Madroño *(Arbutus Unedo L.)*		50
— Malvavisco *(Althœa officinalis L.)*		75
— Membrillo *(Cydonia vulgaris Pers)*	1	
— Pelitre *(Pyrethresus Parthœnium L.)*	1	50
— Peonia *(Pœonia peregrina M. M.)*		64
— Perejil *(Petroselinum sativum Hffns)*		75
— Pie de león *(Alchemilla vulgaris L)*		50
— Pimpinella *(Pimpinella Anisum L.)*	1	
— Poligala *(Poligala vulgaris L.)*	1	25
— Rábano rusticano *(Cochlearia Armoracea L.)*		75
— Regaliz *(Gliscyrrhicia glabra L.)*		75
— Retama *(Spartium juncenus L.)*		50
— Romaza *(Rumex Patientia L.)*		62
— Romero *(Rosmarinus officinalis L.)*		62
— Rubia *(Rubia tinctorum L.)*		50
— Ruda *(Ruta graveolens et Rut-montana L.)*		62
— Sabina *(Juniperus Sabrina L.)*	1	
— Salep *(Tubera Orchidorum mascula, militaris, Morio A. L.)*.	5	
— Saúco *(Sambuens nigra L.)*		50
— Tabaco *(Nicotiana tabacum L.)*	1	25
— Valeriana *(Valeriana officinalis L.)*	1	
— Valeriana fu *(Valeriana Phu. L.)*		62
— Vencetóxico *(Vincetoxicum officinale Mœnchs.)*	1	50
— Yezgo *(Sambucus Ebulus L.)*		50
— Zarzaparrilla de España *(Smilax aspera)*.	1	25

HOJAS

	Pts.	Cts.
De Abedul *(Betula alba L.)*		50
— Acebo *(Ilex aquifolium L.)*		75
— Acederillas *(Oxalis Acetosella L.)*		75
— Acónito *(Aconitum Napellus L.)*	1	25
Achicoria amarga *(Cichorium Intybus L.)*		50
Adormideras *(Papaver somniferum L.)*		50
Arnica *(Arnica montana L.)*	2	
— Beleño *(Hostiamus niger L.)*		62
— Belladona *(Atropa Belladona L.)*	1	25
— Betónica *(Betonica officinalis L.)*	1	

	Pts.	Cts.
De Borrajas (*Borrago officinalis L.*)	1	
— Buglosa (*Buglossum officinale Lam.*)		50
— Celedonia major (*Chelidonium majus L.*)	1	
— Coclearia (*Choclearia officinalis L.*)	1	
— Cicuta (*Cicuta virosa L.*)		50
— Cinoglosa (*Cynoglossum officinale Brot.*)	1	
— Dafne mecerón (*Daphne Mecereum L.*)	1	
— Drosera (*Drosera rotundifolia L.*)	5	
— Dulcamara (*Solanum Dulcamara L.*)	1	
— Epática (*Anemone hepatia L.*)	3	
— Escrofularia (*Escrophularia aquatica L.*)	1	
— Estramonio (*Datura Stramonium L.*)	1	
— Fresa (*Fragria vesca L.*)	1	
— Fresno (*Fraximus excelsior L.*)	1	
— Gauba (*Artrocarpas. Uba-ursi Lpr.*)		75
— Gordolobo (*Verbascum Thapsus L.*)		50
— Graciola (*Graciola officinalis L.*)	2	25
— Laurel cerezo (*Prunus Lauro cerasus L.*)		50
— Litro-salicaria (*Lythrum Salicaria L.*)	1	50
— Llantel (*Plantago major L.*)		50
— Madroño (*Arbustus Unedo L.*)		50
— Malvas (*Malva sylvestris et rotundifolia L.*)		50
— Mirto (*Myrtus communis L.*)	1	
— Muérdago (*Viscum album L.*)		62
— Naranjo agrio (*Citrus vulgaris L.*)		87
— Nogal (*Inglans regia L.*)		50
— Orégano (*Origanum vulgare L.*)		50
— Oreja de ratón ó Pilosela (*Hieracium Pillosella L.*)	2	50
— Perifollo (*Anthrisechus Cerefolium Hffns.*)	4	
— Trébol acuático (*Memyanthes trifoliata L.*)	1	
— Uña de caballo (*Tussilago Farfara L.*)	1	
— Valeriana (*Valeriana officinalis L.*)	1	
— Verónica oficinal (*Veronica officinalis L.*)	1	75
— Veronica becabunga (*Veronica Beccabunga L.*)	1	
— Vincapervincla (*Vinca minor L.*)	1	
— Violeta (*Viola odorata L.*)		62
— Yedra común (*Hedera Helix L.*)		50
— Yedra terrestre (*Glechoma herederacea L.*)		62
— Yezgo (*Sambus Ebulus*)		50
— Zarzamora (*Rubus fruticosus L.*)		50
— Zumaque (*Rhus coriaria L.*)		50

FLORES

	Pts.	Cts.
De Acónito (*Aconitum Napellus L.*)	2	12
— Adelfas (*Nerium Oleander L.*)	2	50
— Alazor (*Carthamus tinctorius*)	1	35
— Alamo blanco (*Populus alba L.*)	2	12
— Algarrobo (*Ceratonia siliqua L.*)	5	50
— Almendro (*Amígdalus communis L.*)	4	35
— Altea (*Althæa officinalis L.*)	2	75
— Amapola (*Papaver Rheas L*)	1	35
— Arnica (*Arnica montana L.*)	5	
— Azahar (*Citrus Aurantium Riss*)	1	50
— Borraja (*Borrago officinalis L.*)	3	12
— Buglosa (*Buglossum officinale L.*)	1	62
— Boj (*Buxus sempervivens L.*)	2	25
— Cardillo (*Scolimus Hipanicus L.*)	15	75
— Cardo estrellado (*Centaurea Caleitrapa L.*)	15	
— Caléndula (*Calendula officinalis L.*)	2	12
— Cardo lechero (*Silybum Marianus*)		75
— Cardo santo (*Cnicus benedictus Vaill*)		75
— Carquesa (*Pterospartum sagittale Gartn*)		75
— Castaño (*Castanea vesca Gartn*)	1	62
— Centeno (*Secale cereale L.*)	11	
— Cerezo (*Cerasus arinum Monch, Prunus L.*)	5	50
— Claveles (*Dianthus Caryophyllus L.*)	3	50
— Convalaria (*Convallaria Majalis L.*)	3	75
— Cohombrillo (*Cucumis Colocynthis L.*)	2	12
— Dedalera (*Ecbalium Elaterium Rich.*)	3	
— Encina (*Quercus Ilex L.*)	2	12
— Estramonio (*Datura Stramonium L.*)	4	25
— Escabiosa (*Scabiosa Succisa L.*)	3	
-- Espliego (*Lavandula spica L.*)	24	
— Espino blanco (*Cratægus Oxyachanta L.*)	3	75
— Genciana (*Gentiana lutea L.*)	1	
— Globularia (*Globularia Alypum L.*)	3	50
— Gordolobo (*Verbascum Thapsus L.*)	4	50
— Granado (*Punica Granatum L.*)	3	25
— Higo chumbo (*Opuntia vulgaris Mill.*)	2	25
— Jazmin (*Jasminum officinale L.*)	»	
— Junco (*Juncus conglomeratus L.*)	2	
— Laurel real (*Prunus Laurocerasus L.*)	4	25

	Pts.	Cts.
De Lúpulo del país (*Humulus Lupulus L.*)	2	50
— Lino (*Linum usitatissimum L.*)		
— Malvas (*Malva rotundifolia Cav.*, *sylvestris L. vulgaris Fr.*).	4	
— Madroño (*Arbustus Unedo L.*)	1	50
— Manzanilla (*Ormenis nobilis Gay.*)	1	
— Matricaria (*Pyrethrum Parthenium Sus.*)		
— Melocotón (*Persica vulgaris Mill.*)	2	75
— Mostaza negra (*Brassica nigra Koch*)		
— Mostaza blanca (*Sinapis alba*)		
— Nogal (*Inglans regia L.*)	2	50
— Ninfea (*Nymphœa alba*)	15	
— Ortiga blanca (*Laminum album L.*)	1	50
— Idem mayor (*Urtica dioica L.*)		
— Idem menor (*Urtica urens L.*)		75
— Olivo (*Olea europœa L.*)	3	25
— Peonía (*Pœonia peregrina Mill.*)	1	12
— Pensamientos (*Viola tricolor L.*)	5	
— Pie de gato (*Antenuaria dioica Gartu*)	3	
— Pulsátila (*Anemone Pulsatilla L.*)	4	25
— Ranúnculo (*Ranunculus bulbosus L. et Repens L.*)	2	12
— Retama (*Spartium Junceum L.*)	1	62
— Roble (*Querens Robur L.*)	2	75
— Romero (*Rosmarinus officinalis L.*)		50
— Rosa pálida (*Rosa damascena Mill.*)	1	50
— Idem roja (*Rosa Gallica L.*)	1	12
— Ruda montana (*Ruta montana*)		
— Salvia (*Salvia officinalis*)	2	12
— Sanguinaria (*Paronychia argentea Laus*)		50
— Saponaria (*Saponaria officinalis L.*)	2	12
— Saúco (*Sambucus niger L.*)	1	
— Siempreviva (*Sempervivum tectorum L.*)		50
— Tusílago (*Tusilago Farfara L.*)	2	12
— Valeriana oficinal (*Valeriana officinalis L.*)	2	75

SEMILLAS

De Adormideras (*Papaver somniferum L*)	1	
— Alcaravea (*Carum Carvi L.*)		75
— Anís (*Pimpinella Anisum L.*)	1	
— Angelica (*Angelica silvestris L.*)	1	50
— Beleño (*Hiosciamus niger L.*)	1	
— Belladona (*Atropa Belladona L.*)	4	

	Pts.	Cts.
De Cebadilla (*Asterisus spinosus* Gadr.)	4	50
Cidra (*Cucumis Citrullus* S. a.)	1	50
Cilandro acuático (*Coriandrum sativum* L.)	1	
Cólchico (*Colchicum autumnale* L.)	5	
Comino rústico (*Laserpitium Siler*. L.)	1	50
Estramonio (*Datura Stramonium* L.)	1	50
Hinojo común (*Foeniculum officinale* Au.)		62
Idem dulce (*Idem*)		87
Linaza (*Linum usitatissimum* L.)		37
Malvas (*Malva species variae: rotundifolia, sylvestris*)	5	
Mostaza negra (*Brassica nigro Koch*): blanca (*Sinapis alba* L.)		87
— Peonía (*Paeonia peregrina* Mill.)	1	75
— Perejil (*Petroselinum sativum* Hffm.)		75
Retama (*Spartium juncenus* L.)	1	
— Tártago (*Euphorbia Lathyris* L.)	3	75
— Zanahoria (*Daucus Carota* L.)		
Zaragatona (*Plantago Psyllium* L.)		80
Zumaque (*Rhus Coriaria* L.)	1	

Pudiera alargar esta lista de un modo indefinido si pretendiera señalar tantos y tantos otros recursos como el campo ofrece á los pobres para atender al sustento y necesidades de la vida: porque no sólo entre las plantas existen socorros de importancia grande, sino también en los mismos animales, de los cuales pueden sacarse, y se sacan, alimentos nutritivos, remedios y productos de aplicaciones distintas, como dejo demostrado nos proporcionan las plantas. Hoy día no encontramos desperdicio en la materia creada por el Todopoderoso, *quia nihil fecit in natura supervacaneum*, y los adelantos modernos de la ciencia lo van demostrando; porque hasta aquello que por creerlo inútil se tiraba á principios de este siglo mismo, hoy con avidez se busca y recoge para negociar con ello, transformándolo en substancias sorprendentes, como el fósforo, la gelatina y la cal, que se saca de los huesos tirados en los muladares.

Materia muy azoada la del cuerpo de los animales, es sumamente nutritiva para los seres zoófagos; y tratándose del hombre, que se ha hecho, sobre todo en los pueblos civilizados, polífago, no puede faltarle comida habiendo en el campo habitantes de las diferentes clases y órdenes de la escala zoológica. Verdad que no son todos comestibles, como hemos visto sucede en las plantas; pero, aunque acontezca así, es tan inmenso el número que en la tierra y en las aguas puede aprovechar el pobre, que no es posible le falte alimento de esta clase.

Alguno quizás me pregunte, teniendo en cuenta de dónde procede la carne que nos surten los mercados, si es posible se haga con ella la gente necesitada. Será mi contestación un distingo hecho á la antigua: "no„, si va por ella á las plazuelas; "sí„, si la busca en el campo como se buscan las malvas; porque si está vedado apoderarse de lo que tiene dueño sin su expreso consentimiento, á todos es permitido hacerse con lo que pertenece *primo capienti,* como decían los latinos. De este modo, los desdichados que, como dice el adagio, *omnia bona sua comportant,* esto es, traducido al catalán, "tantarantena tot lo que tens ó dus á la squena„, podrán hacerse con carnes que, si no fueran de vaca, ternera, carnero, cordero ó cedo, podrán serlo de aquellos ganados salvajes que no pertenecen á nadie, verbigracia, los corzos y cabras monteses, los rebezos y jabalíes, las liebres y conejos, las lutras, erizos y ratas de agua, los turones y garduñas, cuyas pieles se venden, y las carnes son comestibles y tiernas, y en manera alguna repugnantes, como lo es la de la zorra vieja por el hedor que exhala. Para disfrutar tal ventaja precisa que el individuo sea cazador con escopeta ó con trampas, que exigiendo ciertos dispendios no están al alcance de todos los pobres, pudiéndose decir otro tanto por lo que se refiere á la mayoría de las aves y los peces, cuya captura exige igualmente instrumentos especiales, que no obstante saben substituir con otros medios muchos camperos hábiles. Para los no habilidosos quedan los caracoles y otros moluscos de agua dulce y salada, que son para algunos manjar apetitoso y como recursos para ganar dinero no poco; en la Primavera pululan en el campo las carralejas, que se pagan á 4 pesetas el kilo; las cantáridas y milabris, tan abundantes en España por todas partes,

y que pagamos á 7o pesetas el kilo al comercio de Alemania, Francia é Italia; dinero que podría quedar en las manos
de nuestros pobres si se dedicaran á la recolección de tales
insectos medicinales, así como á la de las sanguijuelas, tan
comunes en nuestras lagunas, y nos cuestan á real cada una
las que nos traen de Hungría.

¿Y qué diremos de la langosta, cuya plaga trae todos los
años la miseria á varias de las provincias meridionales de
España, al paso que en otros países vecinos, como Marruecos, califican de maná ese ortóptero que nos aterra? Hace
algunos años que hablé de este asunto en el Consejo superior de Agricultura, publicándose la noticia que di de que
la langosta salada y embarrilada había adquirido crédito y
buen precio en las costas oceánicas de Europa, por sustituir á la raba y gueldo en la pesca de la sardina. ¡Bien pudieran los pobres de las referidas provincias haberme es-
cuchado, y no dejar que los extranjeros se aprovechen de
aquellos consejos!

A pesar de mis buenos deseos, conozco que voy siendo
pesado, y que ya basta y sobra con lo que llevo expuesto
para mi propósito, que no ha sido otro sino patentizar que
en el campo ha existido siempre, desde la creación, la sub-
sistencia del hombre como la de los demás animales, *quia
dixit Deus*:

29. Ecce dedi vobis omnem herbam afferentem semen
super terram, et universi ligna quæ habent in semetipsis se-
mentem generis sui ut sint vobis in escam.

30. Et cunctis animantibus terræ omnique volucri cœli
et universis quæ moventur in terra, et in quibus est anima
vivens, ut habeant ad vescendum. Et factum est ita. —*(Ge-
nesis.)*

MARIANO GRAELLS,
de la Real Academia de Ciencias.

PEREDA

AL PRIMER VUELO

(IDILIO VULGAR)

UY difícil será que después del estruendo causado en todas las esferas sociales de España por la célebre novela del P. Coloma, *Pequeñeces,* que aún sigue dando qué rumiar á no pocos espíritus, logre ninguna otra obra de amena literatura llamar la atención del público durante alguna tanda de meses. Mientras no pase la marejada que ha motivado el escándalo farisaico de algunos, los escrúpulos y escozores de otros, y de todos la admiración de que un sacerdote haya lanzado con tal atrevimiento á la faz del mundo aristocrático el formidable ariete de su acerada crítica, dejando ver el cáncer que corroe las entrañas de la presente sociedad, no es hacedero que los ánimos se tranquilicen y queden con holgura para solazarse en atmósfera más serena y menos expuesta á inquietudes y sobresaltos. Pasará, no lo dudo, ese turbión, como pasaron las rachas de tempestad traída por el *Fray Gerundio* y *El Escándalo,* y como pasó también, y no hace mucho, el *Pa=*

lique de Pereda, llevando, eso sí, alguna telilla del corazón
entre las uñas y dejando el consabido dolor en la parte enferma del paciente; pero entretanto, ¿qué obra, que no sea
de un ingenio tan poderoso como el de Pereda, podrá torcer
el rumbo del público sobresaltado? Así se explica que haya
tenido tan poca resonancia la última novela de Galdós, titu-
tulada *Angel Guerra,* escrita por el mismo molde que todas
las suyas, con el mismo espíritu sectario y más recargada,
si cabe, de apóstrofes contra la Religión más ó menos embo-
zados, amén de un estilo inculto y pedestre que hace sopo-
rífera su lectura. ¿Sucederá otro tanto con esta de Pereda,
Al primer vuelo, á pesar de que entre una y otra media un
abismo por el fondo y por la forma? No me atrevo á asegurarlo, porque es sabido que el talento del nunca bien alabado novelista montañés se impone por sí mismo, y sus
obras producen siempre inusitada sensación aun en aquellos
á quienes no importa mucho las escenas locales que describe, siempre con la misma novedad y chispazos de ingenio.
Por de pronto, y á juzgar por el lujo de la impresión y ser
publicada en dos gruesos tomos con grabados é ilustracio-
nes, parece que el insigne novelista ha puesto en esta obra
especialísimo cuidado y esmero, innecesario á mi modo de
ver, porque todos sus libros llevan de antemano el sello de
fábrica y el privilegio de invención que nadie osará usur-
párselo; pues aunque las interesantes producciones de Pereda no llevasen al frente el nombre del autor, nadie las con-
fundiría con otras.

No voy á hacer el examen de esta obra, porque no soy
crítico ni por asomos, y porque mirando además con cierto
horror toda esa crítica de periódicos sosa, enteca y desleí-
da, que nada en substancia viene á decir y que es la profanación más descocada de las obras de ingenio, no quiero que
esto se le parezca. Yo tengo también mis teorías estéticas,
nada transcendentales, que no se acomodan á ese almana-
que de frases hechas que tanto abunda para criticar á cualquier autor y hombrearse con él. Por lo mismo que el insigne
Pereda conoce mi programa y abomina también de ese cri-
tiqueo menudo que él ha puesto en solfa con tanta gracia en

el *Palique* de *Nubes de estío,* allá van mis impresiones á la
pata la llana y como Dios me de á entender, bien seguro de
que mi ilustre amigo perdonará mi osadía no echándola á
mala parte.

Si quiere el lector saber en general de qué se trata en
Al primer vuelo, traslade con su imaginación las escenas
que Pereda ha pintado de las capitales, y hasta de los más
insignificantes pueblucos, á una villa más ó menos poblada,
y verá en miniatura las mismas miseriucas y torpezas de los
centros de más ebullición y hormigueo; pero con la especialísima circunstancia de no ver repetido absolutamente nada
de lo que Pereda ha estampado en otras obras, y de que la
acción lo mismo puede verificarse en una villa costeña del
Cantábrico, que de tierra adentro en lo tocante á la pintura
interior y á las costumbres de sus moradores; pues lo mismo
se ve aquí el intrépido piloto con la fraseología peculiar de
los marinos, que el gracioso ceceo de la serrana ó el horror
al mar del maragato. Que de todo hay en *Al primer vuelo,*
como si Pereda se hubiese propuesto al escribirla demostrar
que su hermoso y variado talento no conoce fronteras y que
lo mismo puede describir las costumbres de los mareantes
y callealteros, que las de cualquier villa ó ciudad de España.
Y de tal modo comprueba este libro lo que voy diciendo,
que cada cual puede ir acomodando en su interior la fisonomía de los personajes que pinta Pereda á otros que el lector
conoce y de seguro ha tratado. Como el insigne novelista
montañés ha escrito tanto y tan bueno, parecerá difícil que
logre ahora decir lo que no haya dicho ya en otras obras,
gala y ornato de la literatura clásica. Y no obstante, á medida que se avanza por las páginas de este libro, el interés
y la admiración persuaden que no ha cogido Pereda la pluma para repetirse ni gastar el tiempo en lo que puede leerse
con fruto en sus demás obras. Es cierto que aquí se habla
de indianos, de padres modelos, del doméstico hogar, de hijas bien y mal educadas, modestas y sensatas, ó de la crema
fina de las villas, de comidas y excursiones campestres, de
regatas por el mar y de cuanto ya Pereda ha escrito; pero
la vista interior de *Al primer vuelo,* el bello contraste de

los caracteres, el retrato al óleo y en cuatro pinceladas de
todos los personajes, el aroma apacible y bonachón que en
todas sus páginas se advierte, dan al conjunto un sabor tan
original y nuevo, que hacen aplaudir el derroche de imaginación y de inventiva que ha necesitado el autor para hacer
de este libro una de sus más hermosas producciones.

Desde el capítulo V, en que comienza el verdadero interés de la narración, no se acierta ya á dejarla de la mano, y hasta se siente al concluirla que en vez de dos tomos
no hayan sido cuatro, ó lo que quisiera el autor, el cual se
apodera del ánimo de los lectores y hace de éstos lo que
quiere. A D. Alejandro Bermúdez y Peleches, el tipo mejor
retratado en la novela, se le pasea con holgura la vida por
el cuerpo; su cariño por la única hija, Nieves, raya en lo
sublime por lo tierno y paternal; su bien sentida admiración
por los prodigios naturales que el Creador desparramó con
tanta abundancia en el mundo, el apego al país natal, del
que había largo tiempo vivido ausente, no pueden menos de
suscitar en todos los lectores ráfagas de entusiasmo y el
innato amor hacia el pedazo de tierra en que se deslizó la
infancia entre sonrisas primaverales. Aunque Pereda escriba cien libros para demostrarlo, me parece difícil que
logre retratar otro tipo tan admirable como el bueno y cariñoso Peleches, con las descripciones que en labios de éste
pone el autor acerca del mar, de tanto y tanto paisaje hermosísimo que su vista descubre desde la casa solariega al
irla enseñando á su hija y á la graciosa y medio selvática
serrana. El campechano y noblote Sr. de Peleches, que no
suelta de la boca la sentencia de *mens sana in corpore sano*,
podrá equivocarse en sus teorías de que en un cuerpo re-
gordete y frescachón habite siempre un alma joven, despe-
jada y abierta á las más gratas expansiones de la vida,
aunque él sea el ejemplar más perfecto y la mejor comprobación del apotegma; podrá equivocarse también en sus
arraigados proyectos de toda la vida sobre el destino que á
Nieves reservaba de casarla con su primo Nacho, á quien
sólo conocía en pintura; pero al fin y á la postre, como por
los ojos de su adorada Nieves veía, y por el entendimiento

de Nieves pensaba, y como su amor hacia la candorosa y buena hija estaba por encima de todos los apasionamientos de su corazón, viene á ser lo que Pereda quiere que sea y lo que el lector estaba deseando que fuese: hombre franco, de alma nobilísima, corazón entero y noble, pegado como una ostra á cuanto agradable le rodea, y sobre todo á la tierruca, de la cual no quisiera jamás separarse con tal de tener á su lado á Nieves. Si el entrañable amor hacia ésta le hacían al principio concebir planes un tanto egoístas y terrenos, ese mismo amor, ya purificado con los disgustos, hácele entrar en la esfera de los padres perfectos, fieles guardadores de los derechos y buenas inclinaciones naturales de sus hijos.

Don Claudio Fuertes y León, otro personaje importante de la novela con su discupable horror al mar, pues era de los secanos de Astorga, constituye un nuevo carácter en esta obra de Pereda, como modelo de los administradores rectos y desinteresados. Su hombría de bien; su amor hacia los Peleches, cuya fortuna administraba en Villavieja; su amena conversación y conocimiento del mundo con los episodios que narra de la guerra de Africa, en la que sirvió de comandante, y de la que habla siempre con calor y entusiasmo, le hacen muy simpático y llanote. Él interviene en las cosas de D. Alejandro y de Nieves como si fuesen propias, y con tan buen tino y dotes de hombre práctico que bien puede desde luego darse por arreglado cualquier asunto que á su fallo se someta. Se hace tan agradable su intervención en los disturbios domésticos de Peleches por el rumbo que toman los deseos de la buena hija, que se le ve con gusto llevar el bálsamo del consuelo y la prudencia á todas partes en que se le busca.

Si el ilustre Pereda se ha propuesto hacer encarnar la virtud de la humildad bien entendida en algún personaje, lo ha conseguido de veras en el bueno y bondadoso boticario don Adrián, padre de Leto, que parece uno de esos hombres bienaventurados que abundan poco en el mundo, y que parecen con su rectitud y mansedumbre estar pidiendo la gloria eterna á voz en cuello. El novelista premia tanto á don

Adrián como á Leto con más de lo que en la tierra podían
ambicionar, y como si quisiese justificar de ese modo el dicho del Evangelio: quien se humilla será ensalzado; así
como castiga á las presuntuosas escribanas en aquello mismo que tanto deseaban y no consiguen.

Cuanto se diga de los dos personajes principales de esta
novela, de Nieves y Leto, resultará muy pálido comparado
con la realidad. Acostumbrados tiene Pereda á sus lectores á que admiren bellezas literarias de primer orden con
tanta abundancia que parece no queda más que ver, é insuperables por la forma y por el fondo; pero creo que ahora
ha echado el resto de su habilidad artística en esos dos tipos tan hermosos, tan reales á la vez que prácticos y sublimes. Dos almas nacidas para formar una sola por la secreta atracción de simpatía y cariño, que, sin saberlo, uno á
otro se comunican mutuamente y sin declararse nunca sus
pensamientos, que parecen velados por una forma aérea,
impalpable y nacidos en una esfera superior á los sentidos.
No se buscan, y se encuentran como dispuestos por la Providencia para unirse y sembrar de flores el camino de la
vida, de esas flores que no se marchitan porque nacen en el
jugoso terreno del alma y extienden sus hojas hasta el verjel de la eternidad. Las contrariedades les hacen heroicos
hasta lo temerario, y el sufrimiento y el trabajo interior les
da más tarde la aureola que les faltaba. A Nieves se la ve
desarrollarse y convertirse de niña amada en doncella sesuda y formal de altos méritos, embalsamando con su purísimo aliento las páginas del libro; se la sigue con interés y
cariño á Villavieja para aplaudir sus entusiasmos por la
pintura, su afición sincera y profunda por la música, todo
ello sin esos remilgos y discreteos de las damiselas cursis;
y es tan honda su admiración por el mar y por los lances
apurados del mismo, que parece imposible unir una alma
tan bella, intrépida y arriesgada en cuerpo tan joven; pero
que por obra y gracia del ingenio de Pereda cuadra muy
bien lo uno con lo otro, resultando el conjunto tan natural
y artístico que, después de verlo, no es fácil imaginarlo
de otra manera sin perjuicio de ambas cosas. A Nieves

sí que puede aplicarse el resobado tema de su padre: *mens sana in corpore sano*. Y aunque el autor le da un carácter intrépido, sincero y franco que no consiente imposiciones, es por otra parte candorosa y sencilla como ave que sale por primera vez del nido, y *al primer vuelo* sabe ya donde posar sus alas, y ve con acierto lo que más le conviene, como si la naturaleza, de que es entusiasta admiradora, le hubiera adoctrinado largo tiempo en su regazo, ya que no conoció otra madre que con sus besos le hablase al corazón. Hasta en sus deseos heroicos de sacrificarse á los infundados antojos del bueno de D. Alejandro aparece más grande y bella su figura, redondeada con la manifestación sincera de su cariño filial, y con las tribulaciones y luchas anteriores.

Analizando en mi interior el placer estético que esta obra me causaba á medida que iba devorando sus páginas, y el regocijo inmenso, indescriptible, que á la vuelta de una hoja ó conclusión de un capítulo sus interesantes episodios en mí suscitaban, hacía la comparación con lo que Pereda debió de sentir al escribirla, y me lo imaginaba con la pluma sobre las cuartillas, los ojos echando chispas de entusiasmo ya estremeciéndose de placer ó saltando de la silla para lanzarse con Leto entre las olas y salvar á Nieves de una muerte segura. Dicen que Pereda, cuando escribe en tres ó cuatro meses, como acostumbra, cualquier obra, de tal modo se posesiona del papel que siente y piensa como sus personajes; y tan crispados y de punta se le quedan los nervios, que el producir una obra le cuesta casi una enfermedad neuropática. Y esto se explica fácilmente en su carácter, porque no es posible escribir esas cosas tan tiernas y chispeantes sin sentirlas muy de veras allá dentro, en las entretelas del corazón. Al retratar Pereda á sus héroes con tan vivos y naturales colores, se retrata también, aunque sin pretenderlo, á sí propio, y resulta su retrato más bello que el de sus protagonistas, con serlo tanto. ¡Qué serena placidez se nota en su interior! ¡Cómo refleja lo que siente! ¡Qué bien se acomoda con la vida, y sabe sacar luz del pedernal de las miserias humanas para iluminar los caminos ásperos y dulcificar las penas del destierro! Leyendo este libro se convence uno de que no todas son *pequeñeces,* de que hay cosas grandes y sublimes en el hombre, que no todo es miseria y podredumbre, y que el sol que Dios hizo lucir en la tierra no mancha sus rayos en los lodazales que alumbra, y entran deseos ardientes de vivir en ese *idilio vulgar,* en esa Arcadia venturosa, y que ese *primer* vuelo dure mucho, mucho, hasta que Dios disponga otra cosa, y posemos eternamente las alas del alma en el árbol infinito. Causa por eso honda pena ver que se va concluyendo la lectura, y que aquellas escenas tan primororosamente descritas tocan á su fin; pues de tal manera nos acostumbra el autor á pensar y sentir con sus personajes, que no se acierta á desprenderse de ellos.

Esta novela del insigne escritor santanderino es, si vale la frase, así como anfibia, porque lo mismo huele á tomillo y mejorana, que á agua salina. Tan pronto se pasea el lector con su magín por pintorescas llanuras ó ásperas y deliciosas montañas, como recrea la vista por el mar, siempre bello y sublime, que "se encrespa, ruge y babea, y comienza á hacer corcovos, y echa las crines al aire, y no cabe ya en su redondel, y embiste contra las barreras bramando á más y mejor, y se esquila canto á canto, y vuelve á caer, y vuelve á embestir por aquí, por allá y por cincuenta partes á un tiempo... ¡Dios, qué rugidos aquellos, y qué espumarajos, y qué...„ ¡Y qué bellezas, Sr. Pereda, digo yo; y qué primores hace Ud. con la pluma! ¡Cuánta gracia y energía, y qué modo de admirar y describir esos prodigios de la creación! Cincuenta veces ha hablado Ud. del mar, y otras tantas aparece Ud. nuevo y sublime; y ahora, como si nunca lo hubiese visto y lo adivinara por primera vez, canta lleno de asombro sus grandezas, y prorrumpe en frases que comunican al lector el entusiasmo de que Ud. se halla poseído. ¡Raro poder de los artistas de pura raza! Nadie como Pereda ha sabido sacar tanto jugo de la madre naturaleza, nadie pintarla y sentirla como él; porque aun cuando Pereda no exclama como Zorrilla

¡Bello es vivir, la vida es la harmonía!,

este verso y algo más se le ocurre á cualquiera leyendo esta obra, mezcla de idilio bucólico y de hermosa realidad, íntimo abrazo de la prosa y la poesía tal como debe ser el realismo: haciendo brotar la poesía de la prosa.

Bien ajeno de adivinar lo que ha de suceder en el desarrollo de la novela; cuando todas las probabilidades son de que Nacho vendrá de América para casarse con su prima Nieves, según arreglo de D. Alejandro con su hermana la gordiflona Doña Lucrecia, se encuentra el lector de manos á boca con el simpático Leto. Nada de descripciones y preámbulos; pues con cuatro frases interrumpidas que pone Pereda en labios de D. Adrián cuando van á visitarle don Alejandro y Nieves, queda Leto pintado, mejor aún que sus acuarelas, de pies á cabeza; y con tal gusto se ve la conformidad de la pintura y el original al entrar Leto en acción, que la misma simpatía que escarba en el espíritu de Nieves por conocer á tan raro muchacho, se apodera también de los lectores, y quedan desde luego ocupando todo el ánimo las dos simpáticas figuras de Leto y Nieves. El llanote y meticuloso hijo de D. Adrián, desconfiado de sí mismo al presentarse delante de personas de alto vuelo, desconociendo ó aminorando sus propios méritos y raras aptitudes, es el modelo de esos hombres humildes por naturaleza y educación que tienen en poco su valía, que, aunque miran mucho para dentro dónde ven cosas grandes, no se atreven, por temor, á manifestarlas creyendo que son vulgaridades; y necesitan del eslabón para que la piedra, algunas veces impulimentada, de su espíritu arroje fulgor agradable. Tal aparece Leto; y Nieves, por rara coincidencia ó porque Pereda así lo ha querido, viene á ser como la mano que saca la perla escondida entre la concha para que brille con toda su lucidez. De qué manera tan hábil y sencilla se verifica esto, qué medios pone en juego el ingenioso autor para que el cuadro, visto á buena luz, resulte tan acabado y primoroso, no me corresponde á mí decirlo, ni es ése el oficio de la crítica: profanar con el análisis y el escalpelo obra de tal índole.

Donde si me atreveré á meter baza, y con grande regocijo porque se me figura estarlo viendo, es en el ligero y airoso *flash* ó balandro inglés, con sus excursiones atrevidas por el mar, donde se ve á Leto, no cobarde y encogido por los respetos humanos, sino dirigiendo con intrepidez la rápida embarcación, haciéndola moverse entre las olas con la destreza del que maneja una caña. Allí es el Leto de la madera y el arrojo de los grandes marinos, de la raza de los héroes que tienen por patria el mar y su mayor contento en abatir la osadía de las olas. Nieves desea con vehemencia correr los mismos lances, pasear la mirada extática por el Cantábrico bien lejos de la playa, y que casi se sumerja el *flahs* por ver la impresión que le causan tales aventuras. Sus palabras comprometedoras obligan á Leto á darle gusto en sus raros deseos; y cuando se lleva el alma presa del movimiento del balandro, y se admira el temerario afán de Nieves, y el balanceo del barco y asomar los toninos sus enormes cabezas como haciéndole escolta de honor... una imprecación de Nieves hace á Leto lanzar un grito que hiela el alma, y echarse al mar para que Nieves no perezca entre las olas. La rapidez de esta conmovedora escena deja en el ánimo tan triste y honda huella con la terrible conclusión de ese capítulo, como suave y deleitosa la había producido antes. No parece sino que Pereda se ha complacido en jugar aquí con los lectores haciéndoles pasar tan rápidamente de lo sublime á lo trágico, de la suave sonrisa á las lágrimas que abrasan. La ansiedad en que nos deja ese capítulo por no saber si Nieves queda sepultada entre las olas, ó si Leto con su sublime arrojo logra salvarla, hace que el capítulo siguiente, más bien que leído, sea devorado con los ojos, máxime viendo que las escenas dulces y tristes, castas y consoladoras, se suceden y dan al conjunto un ambiente divino, lo más bello quizá de la novela. Si Pereda hubiese hecho representar en el teatro tales escenas, el aplauso más ruidoso resonaría en las tablas como explosión del asentimiento universal, y hubieran llovido sobre su cabeza coronas de inmarchitables flores. ¡Y cómo sabe Pereda ocultar y velar lo humano y naturalista que se desprende de ese cuadro! Leto recatándose de poner las manos en el cuerpo de Nieves, desmayada en el camarote, aun con el fin de rom-

perle el corsé, que le oprimía los pulmones, y mandando al
fielísimo é intrépido Cornias que le tapase las manos con el
impermeable para que los ojos no pudiesen ir tras ellas... es
la mejor prueba del buen gusto y recto sentido del autor, y
de cómo sabe harmonizar la moral con el arte. Y siguen des-
envolviéndose los sucesos, y Leto se agiganta con sus terribles luchas interiores, y fácilmente se le perdonan sus
fuertes recriminaciones y deseos de entregarse codo con codo á la Guardia civil á pesar de haber salvado á Nieves de
una muerte segura, rasgo que él siempre consideraba de
insignificante mérito mirando el caso por la parte que á él
le tocara de culpa por haber consentido en los temerarios
solaces de Nieves. Y el capítulo que sigue es tan bello é interesante como el anterior, y los otros... más si caben, y así
hasta el último, donde el ingenio de Pereda quiso desbordar-
se por completo. Pues cuando el lector iba adivinando, aunque con cierto temorcillo, en qué habían de parar tanto lío,
y las contrariedades, que crecen como la espuma, se encuentra con que Pereda, adivinándole también los pensamientos,
le sale al paso, y en un brillante y hermosísimo capítulo "en
el que todos quedan satisfechos menos el lector„, da un giro
inesperado á la novela, que no concluye por boda, pero que
se ve á dónde dirige la acción el novelista. Si éste fuese aficionado á las conclusiones de Galdós, que dejan siempre la
novela interrumpida sin saber á qué carta quedarse, faltan-
do de ese modo á la unidad que toda obra de arte exige, di-
ríase que Pereda quiso imitar á Galdós en esto; pero no es
así, porque el inimitable dialoguista santanderino tiene dentro de sí mismo recursos suficientes para salir airoso de las
dificultades artísticas que le ocurran, dejando al lector satisfecho y tranquilo. Lo que Pereda ha hecho en ese último
capítulo es un alarde de ingenio, no por lo que dice, que es
mucho y bueno, sino por lo que deja traslucir, haciendo
quedar el pensamiento flotando entre ráfagas de hermosa
luz, de ideas caprichosas, que van y vienen en incesante tor-
bellino sobre cómo recibirían D. Adrián y Leto la consoladora embajada que les llevaba D. Claudio, qué comentarios
harían la escribana mayor y la presuntuosa é infatuada Ru-

fita...; en fin, queda el lector haciendo con aquellos cabos sin atar otra novela á su modo, pues tela hay cortada para ello. Uno de los principales méritos de esta obra me parece á mí que es esa ingeniosa conclusión que casi obliga á preguntar á Pereda lo que un lector preguntó también á Dumas en caso análogo: ¿Qué ha hecho usted por fin de aquellos personajes? Si Pereda continuase la·acción aparentemente interrumpida, resultaría otro tanto tan interesante como los dos anteriores; pero no es necesario para la unidad, que está salvada; y eso de que el lector pueda hacer los comentarios que·guste sobre lo que Pereda se calla, constituye uno de los principales méritos de la obra, la cual no dudo ha de ser considerada con el tiempo una de·las más lindas y frescas que han salido de la correcta pluma del autor.

Convencido de que por mucho que extendiese yo este mal pergeñado bosquejo, y buscase frases retóricas y revolviese en el magín algo que sonara á nuevo, no había de dar idea clara del conjunto hermoso de la novela, haré aquí punto redondo; pero rogando antes al Sr. Pereda que disculpe mi atrevimiento, que por grande que sea no lo es tanto como mi admiración á su maravilloso ingenio. Escriba mucho el Sr. Pereda, sea *Al primer vuelo,* sea al *segundo,* pues el título importa poco, para que los amantes de la buena y sana literatura le aplaudan de veras y den gracias al cielo por haber otorgado á España en este siglo un nuevo Cervantes tan sensato y probo, tan ingenioso y original como el del siglo de oro de la ciencia y la literatura españolas.

Fr. Manuel F. Miguélez,

Agustiniano.

Colegio de Valladolid 23 de Mayo de 1891.

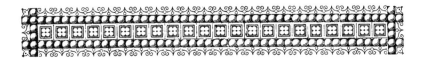

RESOLUCIONES Y DECRETOS

DE LAS SAGRADAS CONGREGACIONES

De la Sagrada Congregación del Concilio.

ULGINATEN.—*Conventus casuum moralium quoad Canonicos*.—Existía en la diócesi de Fuligno una antigua costumbre por la cual las dignidades y Canónigos de aquella Iglesia se eximían de la resolución de los casos morales y litúrgicos que suelen proponerse en las Conferencias. De esta costumbre, según el Sr. Obispo, procedían algunos inconvenientes y contiendas que él desea evitar, y para ello suplica á la Sagrada Congregación del Concilio le resuelva algunas dudas, que verán nuestros lectores en la siguiente exposición del Obispo de Fuligno: «Al precepto de varios Pontífices, y entre ellos al del Papa Benedicto XIII, por el cual los Sacerdotes están obligados á asistir á las Conferencias morales y litúrgicas que se tienen todos los meses, se agregan en nuestro tiempo muchas otras causas, en virtud de las cuales no conviene que los Canónigos y dignidades se eximan de dicha obligación. 1.º Porque sucede por el pequeño número de Sacerdotes, como en esta diócesi de Fuligno, que tales reuniones no pueden tenerse con aquel método y aquella utilidad que determinaron los Sumos Pontífices si los Canónigos y dignidades se eximen de la obligación de asistir á ellas y resolver los casos morales y litúrgicos que en ellas se presentan. 2.º Obligando la necesidad á los Obispos á recibir entre los Canónigos y dignidades á muchos Sacerdotes dotados de muy poca ciencia, sucede con frecuencia encontrarse algunos de cuyos conocimientos para ejercer los cargos sacerdotales no tiene conocimiento el Obispo, ó de los cuales sabe ciertamente que carecen de los conocimientos necesarios para ejercerlos. No obstante, cuando el Obispo manda á todos los Sacerdotes

asistir á las Conferencias y resolver los casos propuestos en ellas, ale-
gan los Canónigos y dignidades que no están obligados á ello, ya por la
antigua costumbre que los exime, ya también porque es indecoroso que
ellos sean equiparados á los demás Sacerdotes. Pero como si los Canónigos se exceptúan de esta obligación se haria casi imposible la ejecución de los preceptos pontificios y no podria promoverse por medio alguno la ciencia necesaria á los Sacerdotes, cuyo defecto, por la malicia
de los tiempos, es cada día mayor, pido humildemente se resuelva la
duda que presento al fin de este escrito.»

La duda presentada á los Eminentísimos Intérpretes del Tridentino,
y que suponemos será la misma que el Sr. Obispo del Fuligno pedía se
resolviese en las preces transcritas, dice así: «*An possit Episcopus cogere
omnes Sacerdotes, non exceptis canonicis et dignitatibus, ut adsint conventui de
re morali et liturgica, et ductis sortibus quæstionum solutionem scripto vel oretenus
præbeant; vel potius standum sit consuetudini.*» A ella respondió la Sagrada
Congregación del Concilio, con fecha 12 de Julio de 1890, diciendo:
«*Servetur consuetudo.*»

En el examen de la causa se alegó contra la excepción de los Canónigos y dignidades de Fuligno la antiquísima costumbre citramontana,
por la cual se reunían los Sacerdotes alguna vez al año ante los Arce-
dianos ó decanos rurales para resolver casos morales y litúrgicos, introducida en Italia por San Carlos Borromeo, y las disposiciones del Sino-
do romano de Benedicto XIII, á cuya provincia pertenecía Fuligno,
así como la pregunta puesta por el mismo Benedicto en la relación *ad
SS. Limina* acerca de la celebración de las Conferencias morales y litúrgicas, y las alabanzas tributadas por la Sagrada Congregación del
Concilio á los Obispos que las implantan ó fomentan en sus diócesis,
todo lo cual demuestra la mente de los Papas acerca de la celebración
de las mismas, y la obligación de ejecutarla, según Benedicto XIV en
su *Inst.* XXXII, n. 7

Con estos principios combatíase la costumbre de los Canónigos, añadiendo que si podía tolerarse antes de Benedicto XIII y su Sínodo romano, es insostenible después de él y de posteriores declaraciones de la
Sagrada Congregación del Concilio, que han introducido nueva y más
estricta disciplina, declarando que los Canónigos, no simplemente como
confesores, sino también como Canónigos, estaban obligados á la asistencia y resolución de dichos casos. Decíase, contra el respeto debido á
las antiguas costumbres, que si son respetables en ciertas circunstancias, y cuando *non disrumpunt nervum ecclesiasticæ disciplinæ*, dejan de serlo
cuando no son racionales y pasan á ser corruptela, como acaece con la
presente, por la cual al Obispo fuliginatense se le priva del conocimiento de sus Sacerdotes, tan necesario para poder encomendarles ó no el
ejercicio de las funciones eclesiásticas, y deben ser abolidas, como lo
hizo Benedicto XIV en su diócesi de Bolonia con una costumbre pare-

cida á ésta (*Instit.* XXXII), y la Sagrada Congregación del Concilio, en la causa *Acerr.* 13 *Aug.* 1727, á la duda «*an Canonici qui respondere debent casibus moralibus, in dicta Congregatione proponendis, teneantur pati extractio- nem, ut dicitur a sorte, sive potius servanda sit consuetudo respondendi*», que resolvió diciendo: «*Affirmative ad primam partem negative ad secundam.*»

Si los Canónigos y dignidades, continúa el defensor del Obispo, no pueden alegar en su favor la costumbre, mucho menos valor tendrá la razón que aducen «de ser indecoroso el que ellos sean equiparados á los demás Sacerdotes», toda vez que, ni el Sínodo romano, ni Benedic- to XIV, ni los demás Pontífices, ni la Sagrada Congregación del Con- cilio lo consideraron así, ni ellos están en estado tan excelso que no puedan, sin menoscabo de su dignidad, reunirse en las Conferencias con los demás Sacerdotes. Por tanto, semejante excepción, más que razón favorable, es argumento de hinchada soberbia, ó excusa de su omními- da pereza, ó confesión de torpe ignorancia, y por tanto, de ningún valor en la cuestión presente.

El Capítulo nada expuso en la primera vista de la causa, y la Sagra- da Congregación, á pesar de la defensa hecha á favor de la petición del Obispo, respondió en 6 de Julio del 89 á la pregunta propuesta «*Dilata et audiatur Capitulum*». El Capítulo entonces reunió todos los argumentos que pudo, así de conveniencia como de equidad, para defender sus de- rechos á continuar en la costumbre; y aunque el Obispo procuró respon- der á todos los argumentos de los Canónigos y disminuir su fuerza para que prevaleciera la ley común á la costumbre, la Sagrada Congregación del Concilio respondió á favor del Cabildo, como consta de la resolución transcrita. De cuya resolución deducen los Redactores del *Acta Sanctæ Sedis*: «Consuetudinem antiquam favore canonicorum prævaluisse lege communi, novamque constituísse legem privilegii.»

CRÓNICA GENERAL

I

ROMA

No es menester digamos nada acerca de la Encíclica de Su Santidad, puesto que nuestros lectores han podido saborearla, admirando, como nosotros, las bellezas de fondo y forma que la avaloran. Del efecto producido por tan admirable documento sólo apuntaremos por hoy que no solamente los católicos, sino también los declarados enemigos de la Iglesia, reconocen, ya que no otra cosa, la profunda sabiduría y la consumada prudencia de León XIII, una y otra bien potentes y manifiestas para el que atentamente lea la carta mencionada. Aseguran algunos periódicos alemanes que ha quedado el Emperador tan altamente complacido con la lectura de la Encíclica, que ha determinado dirigir una proclama á los obreros alemanes recomendándoles la lectura de tan importante documento. La admirable carta del Sumo Pontífice no prueba solamente el elevado espíritu político de León XIII y su admirable comprensión de la situación actual de Europa, sino que demuestra también que las reclamaciones obreras han sido escuchadas en todas partes. No sólo en Alemania ha producido la Encíclica *Rerum novarum* impresión profunda y agradable; según vemos en la prensa extranjera, en muchos países se está organizando Juntas con el objeto de hacer imprimir y repartir millones de ejemplares del documento pontificio.

Si hace veinte años se hubiera leído esta frase: «Unos cuantos hombres extraordinariamente ricos han impuesto un yugo casi servil á la multitud de proletarios», se la habría atribuído á un socialista muy avanzado, y hoy ha salido de la pluma del Santo Padre. A causa precisamente del carácter sagrado de la elevada personalidad que dirige esa palabra á las clases directivas es por lo que debe esperarse que esa palabra será escuchada. Pocos días ha dirigía el Conde de Mun á los alumnos de la Universidad de Lovaina un discurso, en el cual recordaba que el partido católico fué el primero que indicó, hace cinco años, la necesidad de atender á algunas peticiones de las clases obreras. La Encíclica acaba de demostrar palpablemente que la Santa Sede comprende la gravedad de la situación y piensa en buscar garantías para el porvenir.

— En el Consistorio secreto del día 1.º de este mes han sido preconizados cinco Obispos españoles, entre los cuales se encuentra nuestro respetable hermano y querido compañero de Redacción P. José López Mendoza para la diócesis de Jaca.

— Según el *Anuario de las Misiones*, dependen de la Congregación de Propaganda como Colegios de rito latino: el Urbano de Propaganda, con 138 alumnos; San Pedro y San Pablo, de Misiones extranjeras, colegio inglés, con 26; colegio escocés, con 19; colegio irlandés, con 36; americano del Norte, con 95; colegio del Canadá, con 21; Seminario de Lyón para las Misiones extranjeras, con 72; Seminario de Milán para las Misiones, con 15; Seminario de París, con 259; de Verona, con 13; Pontificio de Albania, con 27; Colegio Americano de la Inmaculada Concepción de Lovaina, con 13; Colegio inglés de Valladolid, con 32; Colegio inglés en Lisboa, con 37; Colegio Brignole Sale, de Génova, con 19, sin contar otros establecimientos en Francia, Italia y Holanda; el Colegio griego ruteno, con 23 alumnos, y con 22 el armenio.

— El telégrafo nos da cuenta del fallecimiento del Cardenal Arzobispo de Turín, Mons. Cayetano Alimonda. Nació en Génova el 23 de Octubre de 1818, recibiendo muy joven las sagradas Ordenes; en su ciudad natal se distinguió como predicador y como uno de los principales redactores del periódico *El Católico*. Después de haber sido canónigo en dicha población, fué nombrado Obispo de Albenga en 1877, recibió el capelo en 1879 y el nombramiento de Arzobispo de Turín. Había publicado varias obras notables, entre ellas una colección de conferencias sobre los problemas del siglo XIX.

— El Gobierno italiano no sabe á qué carta quedarse en la cuestión africana. En la Cámara de Diputados hay un grupo respetable de representantes, de ideas avanzadas en general, que desea el abandono inmediato de toda aventura en Africa, pues desde el primer día entendió que era una falta gravísima gastar en tierra ingrata los tesoros y soldados de Italia; cuando por una parte el Tesoro está exhausto, y por otra

hay fundados motivos de graves complicaciones en Europa, complicaciones que han de reclamar todas las energías de la nación italiana si
no ha de hacer un papel desairado, erizado de peligros gravísimos para
su porvenir. Otra de las opiniones, muy seguida entre los políticos italianos, es la conveniencia de limitarse á la ocupación de Massauah y sus
contornos, ya que no promete grandes ventajas el gastar millones sobre
millones para adquirir un dominio problemático en territorios malsanos
y muy foco fértiles, mucho más sabiendo de antemano que el soberano
actual de Abisinia, á pesar de sus protestas de amistad á Italia, ha dado
muestras de ser un enemigo temible de ella. El Ministerio por su parte
tampoco siente mayor entusiasmo por nuevas aventuras coloniales; mas
por lo mismo que ya lleva gastados cerca de 120.000.000 de pesetas,
amén de los miles de soldados que ha perdido sin gloria ni provecho
para la nación hasta ahora, juzga que es muy duro haber de abandonar
un país en tales condiciones. Por eso ha propuesto disminuir el contingente del ejército regular en Africa y aumentar la milicia indígena, rebajando de esta suerte á 10 000.000 al año los 19 que de otro modo cos-
taría la colonia africana; único modo de que él, el Ministerio, acepte la
continuación de una empresa á que fué siempre contrario.

II

EXTRANJERO

ALEMANIA. — Guillermo III se propone este año visitar á todo el
mundo, y no sería extraño que hasta le diese por visitarnos, esto es, visitar á los que actualmente manejan la cosa pública en España si comprende que esto puede contribuir á que se realicen sus planes políticos
De todos modos, hasta ahora no tiene en proyecto más que las corre-
rías siguientes: viaje á Amsterdám, Bruselas y Londres; después á cazar
con el Emperador de Austria, y finalmente, una entrevista con el Czar
en uno de los puertos del Báltico. Será que intentará con esto hacer
que éntre todo el mundo en la triple alianza, que, entre paréntesis, parece ha sido renovada para no sabemos cuántos años; pero entonces se
va ha encontrar con una gran dificultad, y es que si todas las potencias entran en la famosa alianza va ha resultar inútil, á menos que se
alíen para un caso de guerra con la República de San Marino ó con el
Valle de Andorra.

—El Gobierno ha abierto en Prusia una política de reconciliación
con los polacos. El nuevo Ministro de Cultos ha dispuesto que en la
provincia polaca de Possen los profesores de escuelas populares, en ellas
ó en la enseñanza privada, puedan emplear la lengua polaca. Durante

el mando de von Gossler se prohibió del todo el polaco en las escuelas, y no se consentía tampoco en la enseñanza privada. Consecuencia de esto fué que quedase descuidadísima la instrucción de los niños, quienes no dominaban ni una lengua ni otra, ni el polaco ni el alemán. Más sensibles fueron todavía estos resultados en la instrucción religiosa, en la cual han de fundarse la educación y las costumbres, ya que sólo era posible darla sirviéndose del idioma materno. Se comprenderá bien que el Gobierno prusiano sólo de una manera general emprenda el camino de la reconciliación, puesto que se ha esforzado en que su política no sea ni se presente como un rompimiento con el antiguo sistema, sino sólo como desarrollo de lo que reclaman las condiciones del tiempo.

RUSIA.—Entretiénese la prensa estos días en comentar la noticia de la translación definitiva de la corte rusa á Moscou, y con tal motivo ponderan el pro y el contra de semejante medida, que aseguran será un hecho muy pronto. Como el asunto ha de comentarse largo y tendido, procuraremos enterar á nuestros lectores si en efecto llega á realizarse el pensamiento.

—La prensa extranjera publica extensos pormenores del atentado de que fué objeto el Czarevitch en Tokío. Como se dijo desde un principio, el agresor es un agénte de policía japonesa llamado Tsudo Sauzo, y las heridas fueron hechas con una *catana* ó sable muy afilado. El primer golpe fué amortiguado por el casco de corcho muy grueso que llevaba el Príncipe, que impidió que la herida de la cabeza fuera mortal. Otro golpe en la mano izquierda produjo al Gran Duque Nicolás una herida muy ligera. El crimen fué cometido el 11 de Mayo por la mañana durante una excursión á Otsu, aldea situada á orillas del lago Vivanmi, á diez kilómetros de Tokío. La excursión á Otsu es de rigor para todos los extranjeros que van al Japón. En el momento del crimen, el Czarevith se encontraba solo con el Príncipe Jorge de Grecia. Tsudo Sauzo, encargado de velar por la seguridad de los viajeros, se lanzó repentinamente sobre el primero sin pronunciar palabra. Los Príncipes pudieron volver á Tokío una hora después del atentado.

Lo que no se dice en ninguno de los despachos, es qué ha sido del asesino; probablemente se habrá suicidado, porque se sabe que pertenecía á la secta de los *soschis*, fanáticos muy peligrosos, cuyo programa es oponerse por todos los medios á los progresos de la civilización europea en el Japón, y que se suicidan para escapar á la justicia cuando han cometido un crimen. Un *soschi* fué quien el año pasado trató de matar en Yokoama al Duque de Connaught; un *soschi* quien mató al Conde Mori, ministro del Mikado; un *soschi* quien hirió al Conde Okama, uno de los grandes reformadores japoneses, y *soschis* los que incendiaron hace algunos meses el palacio del Parlamento.

—Con ocasión de la llegada del Czarevitch á Siberia, el Senado ha promulgado un *ukase*, en virtud del cual se han decretado numerosas gracias y conmutaciones de pena. Los condenados á trabajos forzados obtienen una reducción de dos tercios de su condena. Otros diversos penados obtienen perdón ó atenuación en sus castigos, sobre todo los desterrados, á quienes se les absuelve en su forzosa permanencia en Siberia en dos terceras partes del tiempo que les corresponde. Pasados diez años podrán optar por la residencia que quieran escoger entre las varias ciudades del Imperio, excepción hecha de las grandes capitales. Los interesados entrarán, pasados quince años, en la posesión de sus derechos, y no gozarán de esta gracia y benevolencia imperial más que los que sean dignos de ella á juicio de los gobernadores.

***

FRANCIA.—A título de curiosidad vamos á dar cuenta á nuestros lectores de un proyecto que un diputado radical, M. Manjau, ha presentado á la Cámara francesa modificando radicalmente el sistema general de tributación.

Este asunto merece ser mencionado con tanto mayor motivo cuanto que el referido proyecto se presenta con el apoyo de 130 firmas de la izquierda y que el Gabinete acepta la declaración de urgencia, sin perjuicio de reservarse su opinión sobre el fondo. Dicho proyecto, cuya realización no sería otra cosa que un verdadero despojo social, trastornaría por completo la organización actual de Francia. Suprime todos los impuestos que existen en la actualidad y los sustituye por otros nuevos, ó sean los siguientes: 1.º Un impuesto de mil millones de francos sobre el alcohol, cuya renta sería un monopolio del Estado. 2.º Una transformación del impuesto sobre las sucesiones, que equivaldría á una confiscación casi completa de las herencias. 3.º Un impuesto «mixto radical» sobre el capital y la renta.

Los dos puntos esenciales de este proyecto de reforma son la supresión de la herencia en la línea colateral, y el impuesto sobre el capital y la renta. Los socialistas y los comunistas atacan la propiedad individual; el proyecto de M. Manjau la aboliría indirectamente por medio del fisco. ¡Y semejante aberración se presenta en la Cámara firmada por 130 diputados, y el Gobierno acepta la urgencia de su discusión!

En Dunkerque, departamento del Norte, ha ocurrido una catástrofe que ha llenado de consternación á toda la comarca. En un depósito de petróleo ocurrió una explosión, prendiéndose fuego al edificio, y propagándose con maravillosa rapidez á otras siete casas vecinas. Diez personas, entre las cuales se encontraban dos niños, perecieron entre las llamas, y se temía que aún fuera mayor el número de víctimas.

—El presidente de la República, M. Carnot, ha hecho una larga excursión por los departamentos del Mediodía de Francia. Algunos cándidamente creyeron que visitaría la prodigiosa gruta de Lourdes; pero bien pronto los periódicos republicanos se alborotaron, asegurando que no se détendría en Lourdes más que el tiempo necesario para recibir en la estación de la vía férrea á las autoridades de la villa. Con esto, si alguna vez pensó en la visita, se acobardó, temiendo la iras de sus liberalismos correligionarios.

BÉLGICA.—Ya saben nuestros lectores que el partido liberal belga trae entre manos desde hace algún tiempo el proyecto del sufragio universal; tampoco ignoran que los liberales se han servido de la clase obrera para imponerse al Gobierno en este punto. De ahí nacieron, más que de las propias aspiraciones de los socialistas, las formidables huelgas con que han alborotado el reino en los primeros veinte días del mes de Mayo último. Pues bien; la sección central de la Cámara de representantes aprobó el día 20 del referido mes, en principio, el proyecto de revisión constitucional. A pesar de esto, creemos que por ahora todo quedará reducido á la ampliación del censo ó á la *universalización* del sufragio, como se decía en España hace un par de años. Si no es que los belgas, entusiasmados con los grandes resultados que nos ha dado el sufragio, no se apresuran á establecerlo tan amplio como puedan.

SERVIA.— Nunca fué para envidiada, á lo menos desde hace algunos años, la situación de este reino; pero ahora las cosas han llegado á situación dificilísima. Diferentes veces los Ministros servios habían invitado á la Reina á abandonar el país, obteniendo siempre la respuesta de que sólo cedería á la fuerza. El ex Rey Milano quejábase entretanto desde París de que no se cumplía el pacto con él concertado, y enviaba telegrama sobre telegrama anunciando que si la Reina Natalia no salía de Belgrado, volvería él inmediatamente á la capital servia.

En el Consejo de ministros celebrado el 17 de Mayo se acordó definitivamente la expulsión de la madre del Rey Alejandro. Se dió orden al capitán del buque austriaco *Deligrad* de que estuviera preparado en el puerto, y el prefecto de policía y el gobernador militar recibieron instrucciones para el caso de que se turbara el orden público. El 18 por la mañana circuló la noticia por Belgrado; la Reina tenía conocimiento desde la noche anterior de la resolución del Ministerio. En toda la ciudad notábase agitación extraordinaria; en los cafés peroraban los estudiantes, sosteniendo que era ignominioso para el país que se obligara á la Reina Natalia á separarse de su hijo, y que el pueblo debía apelar á la fuerza para impedirlo. Pronto se formaron grupos en las calles, especialmente en los alrededores del palacio que ocupaba la Reina. La policía trató de disolverlos, pero instántáneamente volvían á formarse; y como la actitud de la muchedumbre era cada vez más amenazadora, el gobernador militar hizo salir del cuartel un batallón de infantería, la mitad del cual se situó en los alrededores del palacio y la otra mitad en el embarcadero. La tropa fué acogida con silbidos y gritos de ¡abajo el Ministerio! Entretanto el prefecto de policía, acompañado de otros dos funcionarios, se presentaba á la Reina y la comunicaba la orden de expulsión. La Reina Natalia repitió que sólo cedería ante la fuerza, y entonces el prefecto la hizo ver desde el balcón los agentes de· policía y los soldados que ocupaban la calle. Salió por fin la Reina, llevando únicamente un saquito de mano con algunas joyas. Mas, apenas el coche que la conducía se puso en movimiento, la muchedumbre agolpada en la calle prorrumpió en gritos de ¡viva la Reina! ¡Que se quede! El carruaje tuvo que detenerse, porque las masas le cerraban el camino; la escolta de caballería dió una carga; pero los soldados, que eran pocos, fueron en un momento desarmados. Avanzó la infantería con bayoneta calada y los agentes de policía sable en man o. La multitud hizo frente disparando piedras y algunos tiros de revólver, y después de una corta lucha los coches volvieron á ponerse en movimiento. A los cinco minutos volvió á producirse una nueva colisión, en que hubo más de veinte heridos de uno y otro bando También esta vez logró la fuerza pública hacer retroceder á los revoltosos. Mas cuando los coches llegaban cerca de la catedral, la muchedumbre triunfó momentáneamente de los soldados, desenganchó los caballos del coche de la Reina y la condujo de nuevo á palacio, arrastrando el carruaje varios de los manifestantes. El Gobierno hizo salir á la calle nuevas tropas, que hicieron varias descargas, y por fin, después de una lucha sangrienta, se consiguió despejar los alrededores de palacio, y la Reina salió con dirección á Senlim.

∗
∗ ∗

PORTUGAL.—Tras larguísima y laboriosa crisis, el anciano general Abreu Souza, jefe también del Gabinete dimisionario, ha logrado formarle nuevo, sirviéndose para ello de progresistas y regeneradores en proporción suficiente para que ninguno de los partidos que aspiran al poder agrave el estado actual de cosas con una oposición sistemática. No es, sin embargo, un Ministerio que puede prometerse larga vida; harto hará con resolver las dos gravísimas cuestiones pendientes: la colonial y la económica. Ambas parecen estar en vías de arreglo más ó menos definitivo; pero no hay que perder de vista que difícilmente pasa un mes sin que surja un nuevo entorpecimiento, porque la Compañía inglesa Sud-Africana no puede llevar en paciencia que una nación como Portugal entorpezca la marcha desahogada de sus fáciles conqu stas.

* * *

AMÉRICA.—La situación económica de la República Argentina se agrava por momentos, temiéndose gravísimos conflictos. Los Bancos están literalmente sitiados, no por batallones de tropa, sino de acreedores, que acuden á retirar los depósitos que tienen consignados en ellos. Han suspendido sus pagos tanto el Banco italiano como el del Comercio, y el Banco francés y el del Río de la Plata. Los Bancos, viéndose comprometidos, han vendido en gran cantidad sus reservas de oro, debiéndose á esto la baja de dieciocho enteros que tuvo dicho metal el día 2 de este mes. La miseria es espantosa.

—Según telegramas de última hora, el Gobierno de Chile ha llevado rudísimo golpe.

El buque de guerra insurrecto *Magallanes* atacó el 27 de Abril en Valparaíso á los buques del Gobierno *Sargento Aldrea* (así dice el telegrama), *Almirante Lynch* y *Almirante Condell*. En la lucha entablada, el *Magallanes* salió victorioso. Desarbolado el *Sargento Aldrea* y con la mitad de su gente fuera de combate, los rebeldes lo volaron con un torpedo. Un torpedero con diez hombres del *Almirante Lynch* y el *Condell*, se fué á fondo. La mitad de la tripulación del *Almirante Lynch* fué muerta, incluso el comandante y tres oficiales. De este terrible choque naval han resultado en junto cien muertos, de ellos cincuenta pertenecientes al *Magallanes*. Este, después de pasar por el fuego de los fuertes del Gobierno, salió del puerto y se fué á Caldera.

—En Haití estalló una revolución el día 28 de Mayo; y habiendo caído en poder del Gobierno los principales insurrectos, fueron éstos fusilados inmediatamente. A pesar de represión tan enérgica, se cree, dice un parte del día 1.º de este mes, que el Gobierno será derribado por la revolución.

III

ESPAÑA

El proyecto del descanso dominical en el Senado y los económicos del señor Ministro de Hacienda en el Congreso, han sido los asuntos de verdadera importancia que se han discutido en los Cuerpos colegisladores durante la quincena. Sólo un Senador, el Sr. Merelo, ha impugnado la totalidad del primer proyecto. Razones de cuantía, no ha aducido ninguna para ello; pero ha demostrado una vez más que la escuela liberal democrática, fuertemente influida por doctrinas que no tienen nada de españolas, prescinde por completo de la realidad y se forja un mundo ideal *sui generis*. Afortunadamente el señor Conde de Esteban Collantes le hizo confesar una y otra vez que semejantes ideas estaban ya muy anticuadas aun en las naciones más individualistas de Europa; con lo cual dicho se está que, llamándose progresistas nuestros liberales, quedan á la zaga de los que hasta ahora han sido calificados por ellos de retrógrados. Inspirado el Emmo. Sr. Cardenal Arzobispo de Valencia en las enseñanzas del Catecismo, pronunció un hermoso discurso, iluminado por los resplandores de la caridad cristiana, haciendo ver la necesidad de que el Estado, si ha de llamarse con razón cristiano, necesita empapar su legislación en las enseñanzas evangélicas. Los señores Obispos de Zamora y Salamanca han pronunciado tambien elocuentes oraciones parlamentarias, exponiendo cuál es el espíritu de la Iglesia en frente de los problemas sociales y en orden al proyecto del descanso dominical, añadiendo que, tal como hoy se presenta, no satisface por completo los deseos de la Iglesia.

La substancia de los proyectos económicos del Sr. Cos-Gayón se reduce á lo siguiente: El Banco de España podrá emitir billetes al portador, sin relación con su capital, siempre que conserve en sus cajas, en metálico, barras de oro ó plata, la tercera parte cuando menos del importe de los billetes en circulación, y la mitad de esa tercera parte precisamente en oro. Si la circulación llegase á exceder de 1.500 millones de pesetas, estará el Banco obligado á conservar además en caja metálico ó barras de oro ó plata por una suma igual á la mitad del exceso de esa cifra, y precisamente en oro la mitad de esa suma, ó sea la cuarta parte de lo que la circulación de billetes exceda de los 1.500 millones de pesetas. Se prorroga la duración del Banco Nacional de España que establece el decreto-ley de 19 de Marzo de 1874 hasta el 31 de Diciembre de 1921. En compensación de estas concesiones el Banco de España anticipará al Tesoro público 150 millones de pesetas, por lo que no cobrará interés ni tendrá derecho al reintegro hasta el 31 de Diciembre de 1921, en cuyo día será reembolsable.

Todos los partidos, y aun algunos diputados de la mayoría, se han opuesto á este proyecto, que algo se ha modificado y que ha de dar que pensar al Gobierno.

—Este año, como el pasado, han retoñado las huelgas, después de pasado el 1.º de Mayo, en Bilbao, donde han llegado las cosas á un extremo lamentable. Porque el delegado de la autoridad disolvió una reunión en que se blasfemaba de Dios y de la Iglesia, se exacerbaron los ánimos, tomando los huelguistas una actitud amenazadora. Quiso la autoridad imponerse; pero los obreros no se intimidaron, y sonaron algunos tiros, y hubo un muerto y varios heridos. En vista de esto se publicó la ley marcial, declarando el estado de sitio. El Capitán general de Vitoria se trasladó á Bilbao con tropas de refuerzo en vista del grave peligro en que se encontraba el orden público. Se han hecho muchas prisiones, y creemos que por ahora la cosa no pasará más adelante. En Cartagena y Barcelona tampoco han terminado aún las huelgas, y se hacen grandes esfuerzos por algunos obreros para que la huelga se generalice.

—Después de grandes esfuerzos han logrado entenderse hasta cierto punto las diversas fracciones republicanas. Como una muestra de esa unión, y programa al propio tiempo de los coalicionistas, ha visto la luz pública un Manifiesto, que ha sido recibido con frialdad hasta por los mismos republicanos. El hecho de suprimir todas las provincias, volviendo á los antiguos reinos (que no otra cosa pueden ser las regiones reduciendo todas las de Cataluña á la de Barcelona, todas las andaluzas á la de Sevilla, todas las castellanas á Madrid y Valladolid ó Burgos, todas las gallegas á la Coruña, y así hasta acabar con la inmensa mayoría), ha sido de un efecto deplorable, y lo será mayor cuando se conozca fuera de Madrid.

Entretanto, las vaguedades en que se envuelve el principio de la unidad de la patria, ante las cuales dícese que han rehusado firmarle caracterizados republicanos, quitan al Manifiesto todo carácter práctico, siendo un ensueño más que ocupará por algún tiempo la atención de los devotos de la grey republicana, y nada más.

RESUMEN

de las observaciones meteorológicas efectuadas en el Colegio de Agustinos Filipinos de Valladolid en el mes de Mayo de 1891.

ALTITUD EN METROS 715   LATITUD GEOGRAFICA 41° 39'   LONGITUD EN TIEMPO 4ʰ 7' 0.

DÉCADAS	BARÓMETRO, EN mm Y A 0.°						TERMÓMETRO CENTÍGRADO								Humedad relativa media	Tensión media del día en milímetros
	Altura media	Oscilación media	Altura máxima	Fecha	Altura mínima	Fecha	Oscilación extrema	Fecha	Temperatura media en media	Oscilación media	Temperatura máxima	Fecha	Temperatura mínima	Fecha	Oscilación extrema	
1.ª	704,3	0,3	704,1	6	690,4	9	13,7	9	11,1	11,8	31,0	7	0,5	5	31,5	56	7,4
2.ª	690,0	1,3	704,1	13	694,7	20	9,4	13	13,4	15,7	37,2	13	2,0	17	39,2	57	7,8
3.ª	697,4	0,1	703,1	24	692,9	22	10,2	26	10,6	6,6	25,0	24	1,6	24	23,4	54	7,1
Mes	693,2	0,3	704,1	6	690,4	9	13,7	9	11,8	11,3	37,2	13	2,0	17	39,2	55	7,4

ANEMOMETRO.

DÉCADAS	FRECUENCIA DE LOS VIENTOS									DIAS DE				Velocidad media por día en kilómetros.	Velocidad máxima en un día.	Fecha	DIAS			DIAS DE								Lluvia total en milímetros.	Lluvia máxima en un día.	Evaporación media en milímetros.
	N.	N.E.	E.	S.E.	S.	S.O.	O.	N.O.	Calma	Briza	Viento	Viento fuerte				Despejados	Nebulosos	Cubiertos	Lloviznа	Niebla	Escarcha	Rocío	Nieve	Granizo	Tempestad.			
1.ª	1	10	1	»	4	3	»	2	»	2	3	5	334,4	520,0	9	2	2	6	»	»	»	3	»	»	1	9,3	6,4	4,9
2.ª	2	3	1	»	4	11	»	6	»	3	4	3	268,0	434,0	18	1	7	2	5	»	»	5	»	1	1	12,5	10,7	6,9
3.ª	1	13	1	»	6	22	»	6	»	»	5	6	342,1	550,7	22	»	1	10	5	»	»	1	»	1	1	29,9	15,2	4,3
Mes	4	13	1	»	6	22	»	6	»	5	12	14	314,8	550,7	22	3	10	18	5	»	»	9	»	1	2	51,7	15,2	5,3

CARTA ENCÍCLICA
DE SU SANTIDAD EL PAPA LEÓN XIII

SOBRE EL ESTADO ACTUAL DE LOS OBREROS [1]

Á LOS VENERABLES HERMANOS

PATRIARCAS, PRIMADOS, ARZOBISPOS Y OBISPOS TODOS DEL ORBE CATÓLICO

QUE ESTÁN EN GRACIA Y COMUNIÓN CON LA SEDE APOSTÓLICA

LEÓN PAPA XIII

Venerables hermanos, salud y apostólica bendición:

NA vez despertado el afán de novedades, que hace tanto tiempo agita los Estados, necesariamente había de suceder que el deseo de hacer mudanzas en el orden político se extendiese al económico, que tiene con aquél tanto parentesco.— Efectivamente; los aumentos recientes de la industria y los nuevos caminos porque van las artes, el cambio obrado en las relaciones mutuas de amos y jornaleros, el haberse acumulado las riquezas en unos pocos y empobrecido la multitud; y en los obreros la mayor opinión que de su propio valer y poder han concebido, y la unión más estrecha con-que unos á otros se han juntado; y, finalmente, la corrupción de las costumbres, han hecho estallar la guerra. La cual guerra, cuánta gravedad entrañe se colige de la viva expectación que tiene los ánimos suspensos, y de lo que ejercita los ingenios de los doctos, las juntas de los prudentes, las asambleas populares, el juicio de los legisladores, los consejos de los príncipes; de tal manera, que no se halla ya cuestión ninguna, por grande que sea, que con más fuerza que ésta preocupe los ánimos de los hombres.—Por esto, proponiéndonos como fin la defensa de la Iglesia y el bien común, y

---

(1) Traducción oficial publicada por la Nunciatura Apostólica.

La Ciudad de Dios.—Año XI.—Núm. 171.

como otras veces os hemos escrito sobre el gobierno de los pueblos, la
libertad humana, la constitución cristiana de los Estados y otras cosas
semejantes, cuanto parecía á propósito para refutar las opiniones enga-
ñosas, así ahora y por las mismas causas creemos deber escribiros algo
del estado y condición de los obreros.—Materia es ésta que ya otras
veces, cuando se ha ofrecido la ocasión, hemos tocado; mas en esta Encíclica amonéstanos la conciencia de nuestro deber apostólico que tratemos la cuestión de propósito y por completo, y de manera que se vean
bien los principios que han de dar á esta contienda la solución que demandan la verdad y la justicia. Pero es difícil de resolver y no carece
de peligro. Porque difícil es dar la medida justa de los derechos y deberes en que ricos y proletarios, capitalistas y operarios deben encerrarse.
Y peligrosa es una contienda que por hombres turbulentos y maliciosos
frecuentemente se tuerce para pervertir el juicio de la verdad y mover
á sediciones la multitud. Como quiera que sea, vemos claramente, y en
esto convienen todos, que es preciso dar pronto y oportuno auxilio á los
hombres de la ínfima clase, puesto caso que sin merecerlo se hallan la mayor parte de ellos en una condición desgraciada y calamitosa. Pues destruídos en el pasado siglo los antiguos gremios de obreros, y no habién-
doseles dado en su lugar defensa ninguna, por haberse apartado las
instituciones y leyes públicas de la Religión de nuestros padres, poco
á poco ha sucedido hallarse los obreros entregados, solos é indefensos,
por la condición de los tiempos, á la inhumanidad de sus amos y á la
desenfrenada codicia de sus competidores.—A aumentar el mal vino la
voraz usura, la cual, aunque más de una vez condenada por sentencia
de la Iglesia, sigue siempre, bajo diversas formas, la misma en su ser,
ejercitada por hombres avaros y codiciosos. Júntase á esto que los contratos de las obras y el comercio de todas las cosas está casi todo en
manos de pocos, de tal suerte, que unos cuantos opulentos hombres y
riquísimos han puesto sobre los hombros de la multitud innumerable de
proletarios un yugo que difiere poco del de los esclavos.

Para remedio de este mal, los *socialistas*, después de excitar en los pobres el odio á los ricos, pretenden que es preciso acabar con la propiedad privada y sustituirla con la colectiva, en que los bienes de cada
uno sean comunes á todos, atendiendo á su conservación y distribución
los que rigen el municipio ó tienen el gobierno general del Estado. Con
este pasar los bienes de las manos de los particulares á las de la comunidad y repartir luego esos mismos bienes y sus utilidades con igualdad
perfecta entre los ciudadanos, creen que podrán curar la enfermedad
presente. Pero tan lejos está este procedimiento suyo de poder dirimir
la cuestión, que antes perjudica á los obreros mismos; y es, además,
grandemente injusto, porque hace fuerza á los que legítimamente poseen, pervierte los deberes del Estado é introduce una completa confusión entre los ciudadanos.

A la verdad, todos fácilmente entienden que la causa principal de emplear su trabajo los que se ocupan en algún arte lucrativo, y el fin á que próximamente mira el operario, son éstos: procurarse alguna cosa y poseerla como propia suya con derecho propio y personal. Porque si el obrero presta á otro sus fuerzas y su industria, las presta con el fin de alcanzar lo necesario para vivir y sustentarse; y por esto, con el trabajo que de su parte pone adquiere un derecho verdadero y perfecto, no sólo para exigir su salario, sino para hacer de éste el uso que quisiere.

Luego, si gastando poco de ese salario ahorra algo, y para tener más seguro este ahorro, fruto de su parsimonia, lo emplea en una finca, síguese que la tal finca no es más que aquel salario bajo otra forma; y, por lo tanto, la finca que el obrero así compró debe ser tan suya propia como lo era el salario que con su trabajo ganó. Ahora bien; en esto precisamente consiste, como fácilmente se deja entender, el dominio de bienes muebles ó inmuebles. Luego al empeñarse los *socialistas* en que los bienes de los particulares pasen á la comunidad, empeoran la condición de los obreros, porque quitándoles la libertad de hacer de su salario el uso que quisieren, les quitan la esperanza y aun el poder de aumentar sus bienes propios y sacar de ellos otras utilidades.

Pero, y esto es aún más grave, el remedio que proponen pugna abiertamente con la justicia; porque poseer algo como propio y con exclusión de los demás es un derecho que dió la naturaleza á todo hombre.—Y á la verdad, aun en esto hay grandísima diferencia entre el hombre y los demás animales. Porque éstos no son dueños de sus actos, sino que se gobiernan por un doble instinto natural que mantiene en ellos despierta la facultad de obrar y á su tiempo les desenvuelve las fuerzas y excita y determina cada uno de sus movimientos. Muéveles el uno de estos instintos á defender su vida y el otro á conservar su especie. Y entrambas cosas fácilmente las alcanzan con sólo usar de lo que tienen presente; ni pueden en manera alguna pasar más adelante, porque los mueve sólo el sentido y las cosas singulares que con los sentidos perciben.— Pero muy distinta es la naturaleza del hombre. Existe en él toda entera y perfecta la naturaleza animal, y por eso, no menos que á los otros animales, se ha concedido al hombre, por razón de esta su naturaleza animal, la facultad de gozar del bien que hay en las cosas corpóreas. Pero esta naturaleza animal, aunque sea en el hombre perfecta, dista tanto de ser ella sola toda la naturaleza humana, que es muy inferior á ésta y de su condición nacida á sujetarse á ella y obedecerla. Lo que en nosotros campea y sobresale, lo que al hombre da el ser de hombre y por lo que se diferencia específicamente de las bestias, es el entendimiento ó la razón. Y por esto, por ser el hombre el solo animal dotado de razón, hay que conceder necesariamente al hombre la facultad, no sólo de usar, como los demás animales, sino de poseer con derecho estable y perpetuo así las cosas que con el uso se consumen, como las que, aunque usemos de ellas, no se acaban.

Lo cual se ve aún más claro si se estudia en sí y más íntimamente la naturaleza del hombre.—Éste, porque con la inteligencia abarca cosas innumerables y á las presentes junta y enlaza las futuras, y porque además es dueño de sus acciones, por esto, sujeto á la ley eterna y á la potestad de Dios que todo lo gobierna con providencia infinita, él á sí mismo se gobierna con la providencia de que es capaz su razón, y por esto también tiene libertad de elegir aquellas cosas que juzgue más á propósito para su propio bien, no sólo en el tiempo presente, sino aun en el que está por venir. De donde se sigue que debe el hombre tener dominio, no sólo de los frutos de la tierra, sino además de la tierra misma, porque de la tierra ve que se producen para ponerse á su servicio las cosas de que él ha de necesitar en lo por venir. Dan en cierto modo las necesidades de todo hombre perpetuas vueltas, y así, satisfechas hoy, vuelven mañana á ejercer su imperio. Debe, pues, la naturaleza haber dado al hombre algo estable y que perpetuamente dure, para que de ello perpetuamente pueda esperar el alivio de sus necesidades. Y esta perpetuidad nadie sino la tierra con sus frutos puede darla.

Ni hay para qué se entrometa el cuidado y providencia del Estado, porque más antiguo que el Estado es el hombre, y por esto, antes que se formase Estado ninguno, debió recibir el hombre de la naturaleza el derecho de cuidar de su vida y de su cuerpo.— Mas el haber dado Dios la tierra á todo el linaje humano para que use de ella y la disfrute, no se opone en manera alguna á la existencia de propiedades particulares. Porque decir que Dios ha dado la tierra en común á todo el linaje humano, no es decir que todos los hombres, indistintamente, sean señores de toda ella, sino que no señaló Dios á ninguno, en particular, la parte que había de poseer, dejando á la industria del hombre y á las leyes de los pueblos la determinación de lo que cada uno en particular había de poseer. Por lo demás, aun después de repartida entre personas particulares, no cesa la tierra de servir á la utilidad común, pues no hay mortal ninguno que no se sustente de lo que produce la tierra. Los que carecen de capital lo suplen con su trabajo, de suerte que con verdad se puede afirmar que todo el arte de adquirir lo necesario para la vida y mantenimiento se funda en el trabajo que, ó se emplea en una finca, ó en una industria lucrativa, cuyo salario, en último término, de los frutos de la tierra se saca ó con ellos se permuta.

Dedúcese de aquí también que la propiedad privada es claramente conforme á la naturaleza. Porque las cosas que para conservar la vida, y más aún, las que para perfeccionarla son necesarias, prodúcelas la tierra, es verdad, con grande abundancia, mas sin el cultivo y cuidado de los hombres no las podría producir. Ahora bien; cuando en preparar estos bienes naturales gasta el hombre la industria de su inteligencia y las fuerzas de su cuerpo, por el mismo hecho se aplica á sí aquella parte de la naturaleza material que cultivó y en la que dejó impresa una como huella ó figura de su propia persona; de modo que no puede menos de ser conforme á la razón que aquella parte la posea el hombre como suya y á nadie en manera alguna le sea lícito violar su derecho.

Tan clara es la fuerza de estos argumentos, que causa admiración ver que hay algunos que piensan de otro modo resucitando envejecidas opiniones; los cuales conceden, es verdad, al hombre, aun como particular, el uso de la tierra y de los frutos varios que de ella, cuando se cultiva, se producen; pero abiertamente le niegan el derecho de poseer como señor y dueño el solar sobre que levantó un edificio, ó la hacienda que cultivó. Y no ven que al negar este derecho al hombre le quitan cosas que con su trabajo adquirió. Pues un campo, cuando lo cultiva la mano y lo trabaja la industria del hombre, cambia muchísimo de condición; hácese de silvestre fructuoso, y de infecundo feraz. Y aquellas cosas que lo han así mejorado, de tal modo se adhieren y tan íntimamente se mezclan con el terreno, que muchas de ellas no se pueden ya en manera alguna separar. Ahora bien; que venga alguien á apoderarse y disfrutar del pedazo de tierra en que depositó otro su propio sudor; ¿permitirálo la justicia? Como los efectos siguen la causa de que son efectos, así el fruto del trabajo es justo que pertenezca á los que trabajaron. Con razón, pues, la totalidad del género humano, haciendo poco caso de las opiniones discordes de unos pocos, y estudiando diligentemente la naturaleza, en la misma ley natural halla el fundamento de la división de bienes y la propiedad privada, tanto que, como muy conformes y convenientes á la paz y tranquilidad de la vida, las ha consagrado con el uso de todos los siglos.—Este derecho de que hablamos lo confirman, y hasta con la fuerza lo defienden, las leyes civiles que, cuando son justas, de la misma ley natural derivan su eficacia.—Y este mismo derecho sancionaron con su autoridad las divinas leyes, que aun el desear lo ajeno gravísimamente prohiben. *No codiciarás la mujer de tu prójimo, ni su casa, ni campo, ni sierva, ni buey, ni asno, ni cosa alguna de las que son suyas.* (Deut., V, 21.)

Estos derechos, que á los hombres aun separados competen, se ve que son aún más fuertes si se los considera trabados y unidos con los deberes que los mismos hombres tienen cuando viven en familia. — Cuanto al elegir el género de vida, no hay duda que puede cada uno á su arbitrio escoger una de dos cosas: ó seguir el consejo de Jesucristo guardando virginidad, ó ligarse con los vínculos del matrimonio. Ninguna ley humana puede quitar al hombre el derecho natural y primario que tiene á contraer matrimonio, ni puede tampoco ley ninguna humana poner en modo alguno límites á la causa principal del matrimonio, cual la estableció la autoridad de Dios en el principio. *Creced y multiplicáos.* (Gén., I, 28). He aquí la familia ó sociedad doméstica, pequeña, á la verdad, pero verdadera sociedad y anterior á todo Estado, y que, por lo tanto, debe tener derechos y deberes suyos propios, y que deninguna manera dependan del Estado. Menester es, pues, traspasar al hombre, como cabeza de familia, aquel derecho de propiedad que hemos demostrado que la naturaleza dió á cada uno en particular; más aún, el derecho éste es tanto mayor y más fuerte, cuanto son más las cosas que en la sociedad doméstica abarca la persona del hombre. Ley es santísima de la naturaleza que deba el padre de familia defender, alimentar, y con todo género de cuidados, atender á los hijos que engendró; y de la misma naturaleza se deduce que á los hijos, los cuales, en cierto modo, reproducen y perpetúan la persona del padre, debe éste querer adquirirles y prepararles los medios con que honradamente puedan en la peligrosa carrera de la vida defenderse de la desgracia. Y esto no lo puede hacer sino poseyendo bienes útiles que pueda en herencia transmitir á sus hijos.—Lo mismo que el Estado es la familia, como antes hemos dicho, una verdadera sociedad regida por un poder que le es propio, á saber: el paterno. Por esto, dentro de los límites que su fin próximo le prescribe, tiene la familia, en el procurar y aplicar los medios que para su bienestar y justa libertad son necesarios, derechos iguales, por lo menos, á los de la sociedad civil. Iguales, por lo menos, hemos dicho, porque como la familia ó sociedad doméstica se concibe y de hecho existe antes que la sociedad civil, síguese que los derechos y deberes de aquélla son anteriores y más inmediatamente naturales que los de ésta. Y si los ciudadanos, si las familias, al formar parte de una comunidad y sociedad humanas hallasen en vez de auxilio estorbo, y en vez de defensa disminución de su derecho, seria más bien de aborrecer que de desear la sociedad.

Querer, pues, que se entrometa el poder civil hasta lo íntimo del hogar, es un grande y pernicioso error. Cierto que si alguna familia se hallase en extrema necesidad y no pudiese valerse ni salir por sí de ella en manera alguna, justo sería que la autoridad pública remediase esta necesidad extrema, por ser cada una de las familias una parte de la sociedad. Y del mismo modo, si dentro del hogar doméstico surgiere una perturbación grave de los derechos mutuos, interpóngase la autoridad pública para dar á cada uno el suyo; pues no es esto usurpar los derechos de los ciudadanos, sino protegerlos y asegurarlos con una justa y debida tutela. Pero es menester que aquí se detengan los que tienen el cargo de la cosa pública: pasar estos límites no lo permite la naturaleza. Porque es tal la patria potestad, que no puede ser ni extinguida ni absorbida por el Estado, puesto que su principio es igual é idéntico al de la vida misma de los hombres. *Los hijos son algo del padre*, y como una amplificación de la persona del padre: y si queremos hablar con propiedad, no por sí mismos, sino por la comunidad doméstica en que fueron engendrados, entran á formar parte de la sociedad civil. Y por esta misma razón, porque los hijos son *naturalmente algo del padre... antes de que*

lleguen á tener el uso de su libre albedrío, están sujetos al cuidado de sus padres.
(S. Thom., II, II, quæst. X, art. 12.) Cuando, pues, los *socialistas*, des-
cuidada la providencia de los padres, introducen en su lugar la del Estado, obran *contra.la justicia natural* y disuelven la trabazón del hogar
doméstico.

Y fuera de esta injusticia, vése demasiado claro cuál sería en todas
las clases el trastorno y perturbación á que se seguiría una dura y odiosa esclavitud de los ciudadanos. Abriríase la puerta á mutuos odios,
murmuraciones y discordias; quitado al ingenio y diligencia de cada
uno todo estímulo, secaríanse necesariamente las fuentes mismas de la
riqueza, y esa igualdad que en su pensamiento se forjan, no sería, en
hecho de verdad, otra cosa que un estado tan triste como innoble de
todos los hombres sin distinción alguna. De todo lo cual se ve que aquel
dictamen de los *socialistas*, á saber, que toda propiedad ha de ser común,
debe absolutamente rechazarse, porque daña á los mismos á quienes se
trata de socorrer; pugna con los derechos naturales de los individuos y
perturba los deberes del Estado y la tranquilidad común. Quede, pues,
sentado que cuando se busca el modo de aliviar á los pueblos, lo que
principalmente y como fundamento de todo se ha de tener, es esto: que
se debe guardar intacta la propiedad privada. Esto probado, vamos á
declarar dónde hay que ir á buscar el remedio que se desea.

Animosos y con derecho claramente Nuestro, entramos á tratar de
esta materia, porque cuestión es ésta á la cual no se hallará solución ninguna aceptable si no se acude á la Religión y á la Iglesia. Y como la
guarda de la Religión y la administración de la potestad de la Iglesia á
Nós principalísimamente incumbe, con razón, si calláramos, se juzgaría
que faltábamos á nuestro deber. — Verdad es que cuestión tan grave demanda la cooperación y esfuerzos de otros, es á saber: de los Príncipes
y cabezas de los Estados, de los amos y de los ricos, y hasta de los mismos proletarios de cuya suerte se trata; pero, sin duda alguna, afirmamos que serán vanos cuantos esfuerzos hagan los hombres, si desatienden
á la Iglesia. Porque la Iglesia es la que del Evangelio saca doctrinas
tales, que bastan, ó á dirimir completamente esta contienda, ó, por lo
menos, á quitarle toda aspereza y hacerla así más suave: ella es la que
trabaja, no sólo en instruir el entendimiento, sino en regir con sus preceptos la vida y las costumbres de todos y cada uno de los hombres; ella,
la que con muchas utilísimas instituciones promueve el mejoramiento
de la situación de los proletarios; ella, la que quiere y pide que se aunen
los pensamientos y las fuerzas de todas las clases, para poner remedio,
el mejor que sea posible, á las necesidades de los obreros; y para conseguirlo, cree que se deben emplear, aunque con peso y medida, las leyes mismas y la autoridad del Estado.

Sea, pues, el primer principio y como la base de todo, que no hay
más remedio que acomodarse á la condición humana; que en la sociedad

civil no pueden todos ser iguales, los altos y los bajos. Afánanse, es verdad, por ello los *socialistas;* pero es en vano y contra la naturaleza misma de las cosas ese afán. Porque ha puesto en los hombres la naturaleza misma grandísimas y muchísimas desigualdades. No son iguales los
talentos de todos, ni igual el ingenio, ni la salud, ni las fuerzas; y á la
necesaria desigualdad de estas cosas síguese espontáneamente desigualdad en la fortuna. Lo cual es claramente conveniente á la utilidad, así
de los particulares como de la comunidad, porque necesita para su
gobierno la vida común de facultades diversas y oficios diversos; y lo
que á ejercitar estos oficios diversos principalísimamente mueve á los
hombres, es la diversidad de la fortuna de cada uno. Y por lo que al
trabajo corporal toca, ni aun en el *estado de la inocencia* había de estar
el hombre completamente ocioso; mas lo que para esparcimiento del
ánimo habría entonces libremente buscado la voluntad, eso mismo después por necesidad, y no sin fatiga, tuvo que hacer en expiación de su
pecado. *Maldita será la tierra en tu obra; con afanes comerás de ella todos los
días de tu vida.* (Gén., III, 17.) Y del mismo modo no han de tener fin
en este mundo las otras penalidades, porque los males que al pecado siguieron son ásperos de sufrir, duros y difíciles, y de necesidad han de
acompañar al hombre hasta lo último de su vida. Así que sufrir y padecer es la suerte del hombre, y por más experiencias y tentativas que el
hombre haga, con ninguna fuerza, con ninguna industria podrá arrancar enteramente de la vida humana estas incomodidades. Los que dicen
que lo pueden hacer, los que al desgraciado pueblo prometen una vida
exenta de toda fatiga y dolor, y regalada con holganza é incesantes
placeres, lo inducen á error, lo engañan con fraudes de que brotarán algún día males mayores que los presentes. Lo mejor es mirar las cosas
humanas como son en sí, y al mismo tiempo buscar en otra parte, como
ya hemos dicho, el remedio conveniente á estas incomodidades.

Hay en la cuestión que tratamos un mal capital, y es el figurarse y
pensar que son unas clases de la sociedad por su naturaleza enemigas
de otras, como si á los ricos y á los proletarios los hubiera hecho la naturaleza para estar peleando los unos contra los otros en perpetua guerra. Lo cual es tan opuesto á la razón y á la verdad, que, por el contrario, es ciertísimo que, así como en el cuerpo se unen miembros entre sí
diversos, y de su unión resulta esa disposición de todo el ser, que bien
podríamos llamar simetría, así en la sociedad civil ha ordenado la naturaleza que aquellas dos clases se junten concordes entre sí y se adapten
la una á la otra de modo que se equilibren. Necesita la una de la otra
enteramente; porque sin trabajo no puede haber capital, ni sin capital
trabajo. La concordia engendra en las cosas hermosura y orden; y a
contrario, de una perpetua lucha no puede menos de resultar la confusión junta con una salvaje ferocidad. Ahora bien; para acabar con esa
lucha y hasta para cortar las raíces mismas de ella, tiene la Religión

cristiana una fuerza admirable y múltiple. Y en primer lugar el conjunto de las enseñanzas de la Religión, de que es intérprete y depositaria
la Iglesia, puede mucho para componer entre sí y unir á los ricos y á
losproletarios, porque á ambos enseña sus mutuos deberes, y en especial los que dimanan de la justicia. De estos deberes, los que tocan al
proletario y obrero son: poner de su parte íntegra y fielmente el trabajo
que libre y equitativamente se ha contratado; no perjudicar en manera
alguna al capital, ni hacer violencia personal á sus amos; al defender
sus propios derechos abstenerse de la fuerza, y nunca armar sediciones
ni hacer juntas con hombres malvados que mañosamente les ponen delante desmedidas esperanzas y grandísimas promesas, á que se sigue
casi siempre un arrepentimiento inútil y la ruina de sus fortunas. A los
ricos y á los amos toca: que no deben tener á los obreros por esclavos;
que deben en ellos respetar la dignidad de la persona y la nobleza que
á esa persona añade lo que se llama carácter de cristiano. Que si se
tiene en cuenta la razón natural y la filosofía cristiana, no es vergonzoso para el hombre ni le rebaja el ejercer un oficio por salario, pues le
habilita el tal oficio para poder honradamente sustentar su vida. Que
lo que verdaderamente es vergonzoso é inhumano es abusar de los hombres, como si no fuesen más que cosas, para sacar provecho de ellos, y
no estimarlos en más que lo que dan de sí sus músculos y sus fuerzas.
Ordénase asimismo que en los proletarios se tenga cuenta con la Religión y con el bien de sus almas. Y por esto, deber es de sus amos hacer
que á sus tiempos se dedique el obrero á la piedad; no exponerlo á los
atractivos de la corrupción ni á los peligros de pecar, ni en manera alguna estorbarle el que atienda á su familia y el cuidado de ahorrar. Asimismo, no imponerle más trabajo del que sus fuerzas puedan soportar,
ni tal clase de trabajo que no lo sufran su sexo y su edad. Pero entre
los principales deberes de los amos, el principal es dar á cada uno lo
que es justo Sabido es que para fijar conforme á justicia el límite del
salario, muchas cosas se han de tener en consideración; pero en general
deben acordarse los ricos y los amos que oprimir en provecho propio á
los indigentes y menesterosos, y de la pobreza ajena tomar ocasión para
mayores lucros, es contra todo derecho divino y humano. Y el defrau-
dar á uno del salario que se le debe es un gran crimen que clama al
cielo por venganza. *Mirad que el jornal que defraudasteis á los trabajadores
clama, y el clamor de ellos suenaen los oídos del Señor de los ejércitos.* (Jac., V, 4.)
Finalmente, con extremo cuidado deben guardarse los amos de perju-
dicar en lo más mínimo á los ahorros de los proletarios, ni con violencia, ni con engaño, ni con los artificios de la usura: y esto aún con mayor razón, porque no están ellos suficientemente protegidos contra
quien les quite sus derechos ó los incapacite para trabajar, y porque sus
haberes, cuanto más pequeños son, tanto deben ser más respetados.
    La obediencia á estas leyes, ¿no es verdad que bastaría ella sola á

quitar la fuerza y acabar con las causas de esta contienda? Pero la Iglesia, enseñada y guiada por Jesucristo, aspira á algo más grande; es decir, ordena algo que es más perfecto, y pretende con ello juntar en unión
íntima y amistad una clase con otra. Entender lo que en verdad son y
apreciar en lo que de veras valen las cosas perecederas, es imposible, si
no se ponen los ojos del alma en la otra vida que no ha de tener fin; la
cual vida si se quita, perecerá inmediatamente el concepto y verdadera
noción del bien, y hasta se convertirá este universo en un misterio inex-
plicable á toda investigación humana. Así, pues, lo que del magisterio
de la naturaleza misma aprendimos, es también dogma de la fe cristiana en que como en principal fundamento estriba la razón y el ser todo
de la Religión, á saber, que cuando salgamos de esta vida entonces hemos de comenzar de veras á vivir. Porque no crió Dios al hombre para
estas cosas quebradizas y caducas, sino para las celestiales y eternas;
ni nos dió la tierra por habitación perpetua, sino por lugar de destierro.
Abundar ó carecer de riquezas y de las otras cosas que se llaman bienes, nada importa para la bienaventuranza eterna: lo que importa más
que todo, es el uso que de esos bienes hagamos. Las varias penalidades
de que está como tejida la vida mortal, no las quitó Jesucristo con su
copiosa redención, sino las trocó en incentivos de virtudes y materia de me-
recer, de tal suerte que ninguno de los mortales puede alcanzar los bienes sempiternos, si no es caminando sobre las ensangrentadas huellas
de Jesucristo. *Si sufriéramos, reinaremos también con él.* (II Tim., II, 12.)
Tomando él de su voluntad trabajos y tormentos, por admirable modo
templó la fuerza de esos mismos trabajos y tormentos; y no sólo con su
ejemplo, sino con su gracia y con la esperanza que delante nos pone de
un premio eterno, hizo más fácil el sufrir dolores: *porque lo que aquí es
para nosotros de una tribulación momentánea y ligera, engendra en nosotros de un
modo muy maravilloso un peso eterno de gloria.* (II Cor., IV, 17.)
    Adviértese, por lo tanto, á los que tienen riquezas, que no libran
ellas de dolor, ni en nada aprovechan para la eterna bienaventuranza,
sino que antes dañan (Matth., XIX, 23-24); que deben á los ricos infundir terror las extraordinarias amenazas que les hace Jesucristo (Lu-
cas, VI, 24-25), y que ha de llegar un día en que darán en el tribunal
de Dios severísima cuenta del uso que hicieron de sus riquezas. Acerca
del uso que se debe hacer de las riquezas hay una doctrina excelente é
importantísima, que la filosofía vislumbró, pero que la Iglesia perfec-
cionó y enseña y trabaja por que no sea sólo conocida, sino observada
ó aplicada á las costumbres. El principio fundamental de esta doctrina
es el siguiente: que se debe distinguir entre la justa posesión del dinero
y el uso justo del mismo dinero. Poseer algunos bienes en particular,
es, como poco antes hemos visto, derecho natural al hombre; y usar de
ese derecho, mayormente cuando se vive en sociedad, no sólo es lícito,
sino absolutamente necesario. *Lícito es que el hombre posea algo como propio.*

Es, además, para la vida humana necesario. (II, II, quæst. LXVI, a. 2.) Mas si se pregunta qué uso se debe hacer de esos bienes, la Iglesia, sin titubear, responde: *Cuanto á esto, no debe tener el hombre las cosas externas como propias, sino como comunes; es decir, de tal suerte que fácilmente las comunique con otros cuando éstos las necesiten. Por lo cual dice el Apóstol: manda á los ricos de este siglo... que den y que repartan francamente.* Verdad es que á nadie se manda socorrer á otros con lo que para sí ó para los suyos necesita, ni siquiera dar á otros lo que para el debido decoro de su propia persona ha menester, *pues nadie está obligado á vivir de un modo que á su estado no convenga.* (II, II, quæst. XXXII, a. 6.) Pero satisfecha la necesidad y el decoro, deber nuestro es, de lo que sobra, socorrer á los indigentes. *Lo que sobra, dadlo de limosna.* (Luc., XI, 41.) No son éstos, excepto en casos de extrema necesidad, deberes de justicia, sino de caridad cristiana, á la cual no tienen derecho de contradecir las leyes. Porque anterior á las leyes y juicios de los hombres es la ley y juicio de Jesucristo, que de muchas maneras aconseja que nos acostumbremos á dar limosna: *cosa más bienaventurada es dar que recibir* (Actor., XX, 35); y que tendrá por hecha ó negada á sí propio la caridad que hiciéremos ó negáremos á los pobres: *en cuanto lo hicisteis á uno de estos mis hermanos pequeñitos, á mí lo hicisteis.* (Matth., XXV, 40.) En suma; los que mayor abundancia de bienes han recibido de Dios, ya sean esos bienes corporales y externos ó espirituales é internos, para esto los han recibido, para que con ellos atiendan á su perfección propia y al mismo tiempo, como ministros de la divina Providencia, al provecho de los demás. *Así, pues, el que tuviere talento, cuide de no callar; el que tuviere abundancia de bienes, vele, no se entorpezca en él la largueza de la misericordia; el que supiere un oficio con que manejarse, ponga grande empeño en hacer al prójimo participante de su utilidad y provecho.* (S. Greg. Magn., in Evang. *Hom.* IX, n. 7.)

A los que carecen de bienes de fortuna enséñales la Iglesia á no tener á deshonra, como no la tiene Dios, la pobreza, y no avergonzarse de tener que ganar el sustento trabajando. Todo lo cual lo confirmó con sus obras y hechos Cristo Nuestro Señor, que para salvar á los hombres *se hizo pobre siendo rico* (II Cor., VIII, 9); y aunque era Dios é hijo de Dios, quiso, sin embargo, mostrarse y ser tenido por hijo de un artesano; y aun no rehusó gastar una gran parte de su vida trabajando como artesano. *¿No es éste el artesano hijo de María?* Quien este divino ejemplo tuviere ante los ojos, entenderá más fácilmente lo que sigue, á saber: que la verdadera dignidad y excelencia del hombre en las costumbres, es decir, en la virtud consiste; que la virtud es patrimonio común á todos los mortales, y que igualmente lo pueden alcanzar los altos y los bajos, los ricos y los proletarios; y que sólo á las virtudes y al mérito, en quien quiera que se hallen, se ha de dar el premio de la eterna bienaventuranza. Y no sólo esto, sino que á los afligidos por alguna calamidad se ve más inclinada la voluntad del mismo Dios; pues bienaventurados llama Jesucristo á los pobres; amantísimamente llama á sí, para consolarlos, á los que están en algún trabajo ó aflicción; y á los más abatidos, y á los que injustamente son oprimidos, abraza con especial amor Cuando estas verdades se conocen, fácilmente se reprime la hinchazón de ánimo de los ricos y se levanta el abatimiento del de los pobres, y se doblegan los unos á ser benignos y los otros á ser humildes. Y de esta suerte, la distancia que entre unos y otros quisiera poner la soberbia, se acorta, y no habrá dificultad en conseguir que se unan con estrecho vínculo de amistad la una y la otra clase.

Las cuales dos clases, si á los preceptos de Cristo obedecieren, no sólo en amistad, sino en amor verdaderamente de hermanos se unirán. Porque sentirán y entenderán que todos los hombres sin distinción alguna han sido criados por Dios, Padre común de todos; que todos tienden al mismo bien, como fin, que es Dios mismo, único que puede dar bienaventuranza perfecta á los hombres y á los Angeles; que todos y cada uno han sido por favor de Jesucristo igualmente redimidos y levantados á la dignidad de hijos de Dios, de tal manera que no sólo entre sí, sino aun con Cristo Señor Nuestro, *primogénito entre muchos hermanos*, los enlaza un parentesco verdaderamente de hermanos. Y asimismo, que los bienes de naturaleza y los dones de la gracia divina pertenecen en común y sin diferencia alguna á todo el linaje humano, y que nadie, como no se haga indigno, será desheredado de los bienes celestiales. *Si hijos, también herederos, herederos verdaderamente de Dios y coherederos con Cristo.* (Rom., VIII, 17.)

Tal es la naturaleza de los deberes y derechos que la filosofía cristiana enseña. ¿No es verdad que en brevísimo tiempo parece que se acabaría toda contienda donde en la sociedad civil prevaleciese esta doctrina?

Finalmente, no se contenta la Iglesia con mostrar los medios con que este mal se ha de curar; ella, con sus propias manos, aplica las medicinas. Porque todo su afán es educar y formar los hombres conforme á sus enseñanzas y doctrina; y con el auxilio de los Obispos y del Clero, procura extender cuanto más puede los saludabilísimos raudales de su doctrina. Esfuérzase, además, en penetrar hasta lo íntimo del alma y doblegar las voluntades para que se dejen regir y gobernar en conformidad con los divinos preceptos. Y en esta parte, que es la principal y más importante, por depender de ella la suma toda de los provechos y la solución completa de la cuestión, sola la Iglesia es la que tiene el mayor poder. Porque los instrumentos de que para mover los ánimos se sirve, para ese fin precisamente se los puso en las manos Jesucristo, y del mismo Dios reciben su eficacia. Semejantes instrumentos son los únicos que pueden convenientemente llegar hasta los senos recónditos del corazón, y hacer al hombre obediente y pronto á cumplir con su deber, y que gobierne los movimientos de su apetito, y ame á Dios y al

prójimo con singular y suma caridad, y se abra animosamente camino
á través de cuanto le estorbe la carrera de la virtud.

Basta en esta materia renovar brevemente la memoria de los ejemplos de ñuestros mayores. Las cosas y los hechos que recordamos son
tales, que no dejan lugar á duda alguna, á saber: que con las máximas
cristianas se renovó de alto á bajo la humana sociedad civil; que por
virtud de esta renovación se mejoró el género humano, ó más bien re-
sucitó de muerte á vida y adquirió tan grande perfección que ni hubo
antes ni habrá en las venideras edades otra mayor. Y, por fin, que de
todos estos beneficios es Jesucristo el principio y es el término; porque
nacidos de Él, á Él todos se deben referir. Efectivamente, cuando recibió el mundo la ley evangélica; cuando aprendió el grande misterio de
la Encarnación del Verbo y Redención del género humano, la vida de
Jesucristo, Dios y hombre, penetró en las entrañas de la sociedad civil,
y toda la impregnó de su fe, de sus preceptos y de sus leyes. Por esto,
si remedio ha de tener el mal que ahora padece la sociedad humana,
este remedio no puede ser otro que la restauración de la vida é instituciones cristianas. Cuando las sociedades se desmoronan, exige la rectitud que, si se quieren restaurar, vuelvan á los principios que les dieron
el ser. Porque en esto consiste la perfección de todas las asociaciones,
en trabajar por conseguir el fin para que fueron establecidas; de manera
que los movimientos y actos de la sociedad, no los produzca otra causa
que la que produjo la misma sociedad. Por lo cual, desviarse de su fin
es enfermar; volver á él es sanar. Y lo que decimos de todo el cuerpo
de la sociedad civil, del mismo modo y con perfectísima verdad lo decimos de aquella clase de ciudadanos, la más numerosa, que sustenta
su vida con su trabajo.

Y no se vaya á creer que la Iglesia de tal manera tiene empleada
toda su solicitud en cultivar las almas, que descuide lo que pertenece á
á la vida mortal y terrena. — De los proletarios quiere, y con todas sus
fuerzas procura, que salgan de su tristísimo estado y alcancen suerte
mejor. Y á esto no poco ayuda aún con atraer á los hombres y formar-
los á la virtud. Porque las costumbres cristianas, cuando se guardan en
toda su integridad, dan espontáneamente alguna prosperidad á las cosas exteriores, porque hacen benévolo á Dios, principio y fin de todos
los bienes; reprimen esas dos pestilencias de la vida, que con harta frecuencia hacen al hombre desgraciado aun en la abundancia, el apetito
desordenado de riquezas y la sed de placeres (*Radix omnium malorum est
cupiditas*, I Tim., VI, 10); y hacen que los hombres, contentos con un
trato y sustento frugal, suplan la escasez de las rentas con la economía,
lejos de los vicios, destructores, no sólo de pequeñas fortunas, sino de
grandísimos caudales, y dilapidadores de riquísimos patrimonios. Pero
fuera de esto, provee la Iglesia lo que ve convenir al bienestar de los
proletarios, instituyendo y fomentando cuantas cosas entiende que pue-

den contribuir á aliviar su pobreza. Y sobresalió siempre tanto en este género de beneficios, que la colman de elogios hasta sus mismos enemigos. Tanta era entre los cristianos de la antigüedad más remota la fuerza de la caridad. que muchas veces se despojaban de sus bienes los ricos para socorrer á los pobres, y así *no había ningún necesitado entre ellos.* (Actor., IV, 34.) A los Diáconos, orden instituída precisamente para esto, dieron los Apóstoles el cargo de ejercitar cada día los oficios de la caridad; y el Apóstol San Pablo, aunque oprimido bajo el peso del cuidado de todas las Iglesias, no dudó, sin embargo, emprender trabajosos viajes para llevar él en persona una limosna á los cristianos más pobres. Los dineros que los cristianos, cuantas veces se reunían, voluntariamente daban, los llama Tertuliano *depósitos de la piedad,* porque se empleaban *en alimentar en vida y enterrar en muerte á los necesitados, á los niños y niñas pobres y huérfanos, á los ancianos que tenían en sus casas y también á los náufragos. (Apol.,* II, 39.) De aquí poco á poco se fué formando aquel patrimonio que, con religioso esmero, guardó la Iglesia como propiedad de familia de los pobres. Y no sólo esto, sino que halló el modo de socorrer á la multitud de desgraciados. quitándoles el empacho del mendigar. Porque como Madre común de ricos y pobres, promoviendo en todas partes la caridad hasta un grado sublime, estableció comunidades de religiosos é hizo otras muchísimas útiles fundaciones, para que, distribuyéndose por ellas los socorros, apenas hubiese género alguno de males que careciese de consuelo. Hoy, en verdad, hállanse muchos que, como los gentiles de otros tiempos, hacen capítulo de acusación contra la Iglesia de esta misma excelentísima caridad, y en su lugar les parece que pueden poner la beneficencia establecida y regulada por leyes del Estado. Pero la caridad cristiana, de la cual es propio darse toda al bien del prójimo, no hay ni habrá artificio humano que la supla. De sola la Iglesia es esta virtud. porque si no se va á buscar en el Sacratísimo Corazón de Jesucristo, no se halla en parte alguna, y muy lejos de Cristo van los que de la Iglesia se apartan.

No puede, sin embargo, dudarse, que para conseguir el fin propuesto se requieren también medios humanos. Todos, sin excepción alguna, todos aquellos á quienes atañe esta cuestión, es menester que conspiren al mismo fin y en la medida que les corresponde trabajen por alcanzarlo: á semejanza de la Providencia divina reguladora del mundo, en el cual vemos que resultan los efectos de la concorde operación de las causas todas de que dependen.

Bueno es, pues, que examinemos qué parte del remedio que se busca se ha de exigir al Estado.—Entendemos hablar aquí del Estado, no como existe en este pueblo ó en el otro, sino tal cual lo demanda la recta razón conforme con la naturaleza, y cual demuestran que debe ser los documentos de la divina sabiduría, que Nós particularmente expusimos en la carta Encíclica en que tratamos de la constitución cristiana de los Estados. Esto supuesto, los que gobiernan un pueblo deben primero ayudar en general, y como en globo, con todo el complejo de leyes é instituciones, es decir, haciendo que de la misma conformación y administración de la cosa pública espontáneamente brote la prosperidad, así de la comunidad como de los particulares. Porque éste es el oficio de la prudencia cívica, éste es el deber de los que gobiernan. Ahora bien; lo que más eficazmente contribuye á la prosperidad dé un pueblo, es la probidad de las costumbres, la rectitud y orden en la constitución de la familia, la observancia de la Religión y de la justicia, la moderación en imponer y la equidad en repartir las cargas públicas, el fomento de las artes y del comercio, una floreciente agricultura, y si hay otras cosas semejantes, que cuanto con mayor empeño se promueven, tanto será mejor y más feliz la vida de los ciudadanos.—Con el auxilio, pues, de todas éstas, así como pueden los que gobiernan aprovechar á todas las clases, así pueden también aliviar muchísimo la suerte de los proletarios, y esto en uso de su mejor derecho y sin que pueda nadie tenerlos por entremetidos; porque debe el Estado, por razón de su oficio, atender al bien común. Y cuanto mayor sea la suma de provechos que de esta general providencia dimanare, tanto será menos necesario tentar nuevas vías para el bienestar de los obreros.

Pero debe además tenerse en cuenta otra cosa que va más al fondo de la cuestión, y es ésta: que en la sociedad civil una es é igual la condición de las clases altas y la de las ínfimas. Porque son los proletarios, con el mismo derecho que los ricos y por su naturaleza, ciudadanos; es decir, partes verdaderas y vivas de que, mediante las familias, se compone el cuerpo social; por no añadir que en toda ciudad es la suya la clase sin comparación más numerosa. Pues como sea absurdísimo cuidar de una parte de los ciudadanos y descuidar otra, síguese que debe la Autoridad pública tener cuidado conveniente del bienestar y provechos de la clase proletaria; de lo contrario, violará la justicia, que manda dar á cada uno su derecho. A este propósito dice sabiamente Santo Tomás: *Como las partes y el todo son en cierta manera una misma cosa, así lo que es del todo es en cierta manera de las partes.* (II, II, quæst. LXI, a. 1 ad 2.) De lo cual se sigue que entre los deberes, no pocos ni ligeros de los Príncipes, á quienes toca mirar por el bien del pueblo, el principal de todos es proteger todas las clases de ciudadanos por igual, es decir, guardando inviolablemete la justicia llamada *distributiva.*

Mas aunque todos los ciudadanos, sin excepción ninguna, deban contribuir algó á la suma de los bienes comunes, de los cuales espontáneamente toca á cada uno una parte proporcionada, sin embargo, no pueden todos contribuir lo mismo y por igual. Cualesquiera que sean los cambios que se hagan en las formas de gobierno, existirán siempre en la sociedad civil esas diferencias, sin las cuales ni puede ser ni concebirse sociedad alguna. De necesidad habrán de hallarse unos que gobiernen, otros que hagan leyes, otros que administren justicia, y otros, en fin, que con su consejo y autoridad manejen los negocios del municipio ó las cosas de la guerra. Y que estos hombres, así como sus deberes son los más graves, así deben ser en todo pueblo los primeros, nadie hay que no lo vea; porque ellos inmediatamente y por excelente manera trabajan por el bien de la comunidad. Por el contrario, distinto del de éstos es el modo, y distintos los servicios con que aprovechan á la sociedad los que se ejercitan en algún 'arte ú oficio, si bien estos últimos, aunque menos directamente, sirven también muchísimo á la pública utilidad. Verdaderamente el bien social, puesto que debe ser tal que con él se hagan mejores los hombres, en la virtud es en lo que principalpalmente se ha de poner. Sin embargo, á una bien constituída sociedad toca también suministrar los bienes corporales y externos, *cuyo uso es necesario para el ejercicio de la virtud*. (S. Thom , *De Reg. Princip.*, I, c. 15.) Ahora bien; para la producción de estos bienes no hay nada más eficaz ni más necesario que el trabajo de los proletarios, ya empleen éstos su habilidad y sus manos en los campos, ya los empleen en los talleres. Aun más; es en esta parte su fuerza y su eficacia tanta, que con grandísima verdad se puede decir que no de otra cosa, sino del, trabajo de los obreros, salen las riquezas de los Estados. Exige, pues, la equidad que la Autoridad pública tenga cuidado del proletario, haciendo que le toque algo de lo que aporta él á la común utilidad; que con casa en que morar, vestido con que cubrirse, y protección con que defenderse de quien atente á su bien, pueda con menos dificultades soportar la vida. De donde se sigue que se ha de tener cuidado de fomentar todas aquellas cosas que se vea que en algo pueden aprovechar á la clase obrera. El cual cuidado tan lejos está de perjudicar á nadie, que antes aprovechará á todos, porque importa muchísimo al Estado que no sean de todo punto desgraciados aquellos de quienes provienen esos bienes de que el Estado tanto necesita.

Bien es, como hemos dicho, que no absorba el Estado ni al ciudadano ni á la familia; justo es que al ciudadano y á la familia se les deje la facultad de obrar con libertad en todo aquello que, salvo el bien común y sin perjuicio de nadie, se puede hacer. Deben, sin embargo, los que gobiernan, proteger la comunidad y á los individuos que la forman. Deben proteger la comunidad, porque á los que gobiernan les ha confiado la naturaleza la conservación de la comunidad de tal manera, que esta protección ó custodia del público bienestar es, no sólo la ley suprema, sino el fin único, la razón total de la soberanía que ejercen; y deben proteger á los individuos ó parte de la sociedad, porque la filosofía, igualmente que la fe cristiana, convienen en que la administración de la cosa pública es por su naturaleza ordenada, no á la utilidad de los que la ejercen, sino á la de aquellos sobre quienes se ejerce. Como el poder de mandar proviene de Dios, y es una comunicación de la divina soberanía, debe ejercerse á imitación del mismo poder de Dios, el cual, con solicitud de padre, no menos atiende á las cosas individuales que á las universales. Si, pues, se hubiera hecho ó amenazara hacerse algún daño al bien de la comunidad ó al de alguna de las clases sociales, y si tal daño no pudiera de otro modo remediarse ó evitarse, menester es que le salga al encuentro la pública Autoridad.— Pues bien; importa al bienestar del público y al de los particulares que haya paz y orden; que todo el ser de la sociedad doméstica se gobierne por los mandamientos de Dios y los principios de la ley natural; que se guarde y se fomente la Religión; que florezcan en la vida privada y en la pública costumbres puras; que se mantenga ilesa la justicia, ni se deje impune al que viola el derecho de otro; que se formen robustos ciudadanos, capaces de ayudar, y, si el caso lo pidiere, defender la sociedad. Por esto si acaeciere alguna vez que amenazasen trastornos, ó por amotinarse los obreros, ó por declararse en huelga; que se relajasen entre los proletarios los lazos naturales de la familia; que se hiciese violencia á la Religión de los obreros no dándoles comodidad suficiente para los ejercicios de piedad; si en los talleres peligrase la integridad de las costumbres ó por la mezcla de los dos sexos ó por otros perniciosos incentivos de pecar; ú oprimieren los amos á los obreros con cargas injustas ó condiciones incompatibles con la persona y dignidad humanas; si se hiciera daño á la salud con un trabajo desmedido ó no proporcionado al sexo ni á la edad, en todos estos casos claro es que se debe aplicar, aunque dentro de ciertos límites, la fuerza y autoridad de las leyes. Los límites los determina el fin mismo por que se apela al auxilio de las leyes; es decir, que no deben éstas abarcar más ni extenderse á más de lo que demanda el remedio de estos males ó la necesidad de evitarlos.

Deben, además, religiosamente guardarse los derechos de todos en quien quiera que los tenga; y debe la autoridad pública proveer que á cada uno se le guarde el suyo, evitando y castigando toda violación de la justicia. Aunque en el proteger los derechos de los particulares, débese tener cuenta principalmente con los de la clase ínfima y pobre. Porque la raza de los ricos, como que se puede amurallar con sus recursos propios, necesita menos del amparo de la pública autoridad; el pobre pueblo, como carece de medios propios con que defenderse, tiene que apoyarse grandemente en el patrocinio del Estado. Por esto, á los jornaleros, que forman parte de la multitud indigente, debe con singular cuidado y providencia cobijar el Estado.

Pero será bien tocar en particular algunas cosas aún de más importancia. Es la principal que con el imperio y valladar de las leyes se ha de poner en salvo la propiedad privada. Y, sobre todo, ahora, que tan grande incendio han levantado todas las codicias, debe tratarse de contener al pueblo dentro de su deber; porque si bien es permitido esforzarse, sin mengua de la justicia, en mejorar la suerte, quitar á otro lo que es suyo, y so color de una absurda igualdad apoderarse de la fortuna ajena, es cosa que prohibe la justicia, y que la naturaleza misma del bien común rechaza. Es cierto que la mayor parte de los obreros quieren mejorar de suerte á fuerza de trabajar honradamente y sin hacer á nadie injuria; pero también es verdad que hay, y no pocos, imbuídos de torcidas opiniones y deseosos de novedades, que de todas maneras procuran trastornar las cosas y arrastrar á los demás á la violencia. Intervenga, pues, la autoridad del Estado, y poniendo un freno á los agitadores, aleje de los obreros los artificios corruptores de sus costumbres y de los que legítimamente poseen el peligro de ser robados.

Una mayor duración ó una mayor dificultad del trabajo, y la idea de que el jornal es corto, dan no pocas veces á los obreros pretexto para alzarse en huelga y entregarse de su voluntad al ocio. A este mal frecuente y grave debe poner remedio la autoridad pública, porque semejante cesación del trabajo, no sólo daña á los amos y aun á los mismos obreros, sino que perjudica al comercio y á las utilidades del Estado; y como suele no andar muy lejos de la violencia y sedición, pone muchas veces en peligro la pública tranquilidad. Y en esto lo más eficaz y más provechoso es prevenir con la autoridad de las leyes é impedir que pueda brotar el mal, apartando á tiempo las causas que se ve han de producir un conflicto entre los amos y los obreros

Asimismo hay en el obrero muchas cosas que demandan que el Estado, con su protección, las asegure. Las primeras son los bienes del alma. Porque esta vida mortal, aunque buena y apetecible, no es lo último para que hemos nacido, sino camino solamente é instrumento para llegar á aquella vida del alma que será completa con la vista de la verdad y el amor del sumo bien. El alma es la que lleva expresa en sí la imagen y semejanza de Dios, y donde reside el señorío que se ordenó al hombre ejerciese sobre las naturalezas inferiores á él, obligando á las tierras todas y al mar á que para provecho del hombre se le sujetasen. *Henchid la tierra y tened señorío sobre los peces de la mar, y sobre las aves del cielo, y sobre todos los animales que se mueven sobre la tierra.* (Gén., I, 28.) En esto son todos los hombres iguales; ni hay distinción alguna entre ricos y pobres, amos y criados, Príncipes y particulares, *puesto que uno mismo es el Señor de todos.* (Rom., X, 12.) Nadie puede impunemente hacer injuria á la dignidad del hombre, de la que el mismo Dios dispone *con gran reverencia,* ni impedirle que tienda á aquella perfección. que es á propósito para la vida sempiterna que en el cielo le aguarda

Más aún; ni el hombre mismo, aunque quiera, puede en esta parte permitir que se le trate de un modo distinto del que á su naturaleza conviene, ni querer que su alma sea esclava; pues no se trata aquí de derechos de que libremente pueda disponer el hombre, sino de deberes que le obligan para con Dios y que tiene que cumplir religiosamente.— Síguese de aquí la necesidad de descansar de las obras ó trabajos en los días festivos. Lo cual no se ha de entender de una mayor facultad que al hombre se conceda de vagar ociosamente, y mucho menos de esa vacación, que muchos desean, fautora de vicios y promotora del derramamiento del dinero, sino del descanso completo de toda operación laboriosa consagrado por la Religión. Cuando al descanso se junta la Religión, aparta al hombre de los trabajos y negocios de la vida cotidiana para levantarle á pensar en los bienes celestiales y dar el culto que de justicia debe á la eterna Divinidad. En esto principalmente consiste, y éste es el fin primario del descanso que en los días de fiesta se ha de tomar; lo cual Dios sancionó con una ley especial en el antiguo Testamento: *acuérdate de santificar el día de sábado* (Exod., XX, 3); y con su mismo ejemplo lo enseñó, con aquel descanso misterioso que tomó cuando hubo fabricado el hombre: *y reposó el día séptimo de toda la obra que había hecho.* (Gén., II, 2.)

Por lo que toca á la defensa de los bienes corporales y externos, lo primero que hay que hacer es librar á los pobres obreros de la crueldad de hombres codiciosos, que, á fin de aumentar sus propias ganancias, abusan sin moderación alguna de las personas, como si no fueran personas, sino cosas. Exigir tan gran tarea que con el excesivo trabajo se embote el alma y sucumba al mismo tiempo el cuerpo á la fatiga, ni la justicia, ni la humanidad lo consienten. En el hombre toda su naturaleza, y consiguientemente la fuerza que tiene para trabajar, está circunscrita con límites fijos, de los cuales no puede pasar. Auméntase, es verdad, aquella fuerza con el uso y ejercicio, pero á condición de que de cuando en cuando deje de trabajar y descanse. Débese, pues, procurar que el trabajo de cada día no se extienda á más horas de las que permiten las fuerzas. Cuánto tiempo haya de durar este descanso, se deberá determinar teniendo en cuenta las distintas especies de trabajo, las circunstancias del tiempo y del lugar, y la salud de los obreros mismos. Los que se ocupan en cortar piedra de las canteras, ó en sacar de las profundidades de la tierra hierro, cobre y cosas semejantes, como su trabajo es mayor y nocivo á la salud, así á proporción debe ser más corto el tiempo que trabajen. Débese también atender á la estación del año; porque no pocas veces sucede que una clase de trabajo se puede fácilmente soportar en una estación, y en otra, ó absolutamente no se puede, ó no sin mucha dificultad.

Finalmente, lo que puede hacer y á lo que puede abalanzarse un hombre de edad adulta y bien robusto, es inicuo exigirlo á un niño ó á una mujer. Más aún; respecto de los niños hay que tener grandísimo cuidado que no los coja la fábrica ó el taller antes que la edad haya suficientemente fortalecido su cuerpo, sus facultades intelectuales y toda su alma. Como la hierba tierna y verde, así las fuerzas que en los niños comienzan á brotar, una sacudida prematura las agosta; y cuando esto sucede, ya no es posible dar al niño la educación que le es de-

bida. Del mismo modo hay ciertos trabajos que no están bien á la mujer, nacida para las atenciones domésticas: las cuales atenciones son
una grande salvaguardia del decoro propio de la mujer, y se ordenan
naturalmente á la educación de la niñez y prosperidad de la familia.
En general debe quedar establecido que á los obreros se ha de dar tanto descanso cuanto compense las fuerzas empleadas en el trabajo, porque debe el descanso ser tal que renueve las fuerzas que con el ejercicio se consumieron. En todo contrato que entre sí hagan los amos y los
obreros, haya siempre expresa ó tácita esta condición: que se ha provisto convenientemente al uno y al otro descanso; pues contrato que
no tuviera esta condición sería inicuo, porque á nadie es permitido ni
exigir ni prometer que descuidará los deberes que con Dios y consigo
mismo le ligan.

Vamos ahora á apuntar una cosa de bastante importancia, y que
es preciso se entienda muy bien para que no se yerre por ninguno de
dos extremos. Dícese que la cantidad de jornal ó salario la determina
el consentimiento libre de los contratantes, es decir, del amo y del obrero; y que, por lo tanto, cuando el amo ha pagado el salario que prome-
tió, queda libre y nada más tiene que hacer; y que sólo entonces se
viola la justicia cuando, ó rehusa el amo dar el salario entero, ó el
obrero entregar completa la tarea á que se obligó; y que en estos casos,
para que á cada uno se guarde su derecho, puede la autoridad pública
intervenir; pero fuera de éstos en ninguno.—A este modo de argumen-
tar asentirá difícilmente, y no del todo, quien sepa juzgar de las cosas
con equidad; porque no es cabal en todas sus partes: fáltale una razón
de muchísimo peso. Esta es que el trabajo no es otra cosa que el ejercicio de la propia actividad, enderezado á la adquisición de aquellas
cosas que son necesarias para los varios usos de la vida, y principalmente para la propia conservación. *Con el sudor de tu rostro comerás el
pan.* (Gén., III, 19.) Tiene, pues, el trabajo humano dos cualidades que
en él puso la naturaleza misma: la primera es que es *personal*, porque la
fuerza con que se trabaja es inherente á la persona, y enteramente propia de aquel que con ella trabaja, y para utilidad de él se la dió la naturaleza; la segunda es que es *necesario*, porque del fruto de su trabajo necesita el hombre para sustentar la vida, y sustentar la vida es deber primario natural que no hay más remedio que cumplir. Ahora, pues, si se
considera el trabajo solamente en cuanto es personal, no hay duda que
está en libertad el obrero de pactar por su trabajo un salario más corto,
porque como de su voluntad pone el trabajo, de su voluntad puede con-
tentarse con un salario corto, y aun con ninguno. Pero de muy distinto
modo se habrá de juzgar si á la cualidad de *personal* se junta la de *necesario*, cualidad que podrá con el entendimiento separarse de la *personalidad*, pero que en realidad de verdad nunca está de ella separada. Efectivamente: sustentar la vida es deber común á todos y á cada uno,

y faltar á este deber es un crimen. De aquí necesariamente nace el derecho de procurarse aquellas cosas que son menester para sustentar la
vida, y estas cosas no las hallan los pobres sino ganando un jornal con
su trabajo. Luego, aun concedido que el obrero y su amo libremente
convienen en algo, y particularmente en la cantidad del salario, queda,
sin embargo, siempre una cosa que dimana de la justicia natural y que
es de más peso y anterior á la libre voluntad de los que hacen el contrato, y es ésta: que el salario no debe ser insuficiente para la sustenta-
ción de un obrero, que sea frugal y de buenas costumbres. Y si acaeciere alguna vez que el obrero, obligado de la necesidad ó movido del miedo de un mal mayor, aceptase una condición más dura que, aunque no
quisiera, tuviere que aceptar por imponérsela absolutamente el amo ó
el contratista, sería eso hacerle violencia, y contra esa violencia reclama la justicia.—Pero en estos semejantes casos, como es cuando se
trata de determinar cuántas horas habrá de durar el trabajo en cada
una de las industrias ú oficios, qué medios se habrán de emplear para
mirar por la salud, especialmente en los talleres ó fábricas, para que
no se entremeta en esto demasiado la autoridad, lo mejor será reservar
la decisión de esas cuestiones á las corporaciones de que hablaremos
más abajo, ó tentar otro camino para poner en salvo, como es justo, los
derechos de los jornaleros, acudiendo el Estado, si la cosa lo demandare,
con su amparo y auxilio.

Si el obrero recibe un jornal suficiente para sustentarse á sí, á su
mujer y á sus hijos, será fácil, si tiene juicio, que procure ahorrar y hacer, como la misma naturaleza parece que aconseja, que después de
gastar lo necesario sobre algo, con que poco á poco pueda irse formando un pequeño capital. Porque ya hemos visto que no hay solución capaz de dirimir esta contienda de que tratamos si no se acepta y establece antes este principio: que hay que respetar la propiedad privada. Por lo cual, á la propiedad privada deben las leyes favorecer y, en
cuanto fuere posible, procurar que sean muchísimos en el pueblo los
propietarios. De esto, si se hace, resultarán notables provechos, y en
primer lugar será más conforme á equidad la distribución de bienes.
Porque la violencia de las revoluciones ha dividido los pueblos en dos
clases de ciudadanos, poniendo entre ellas una distancia inmensa. Una
poderosísima, porque es riquísima, que como tiene en su mano ella sola
todas las empresas productoras y todo el comercio, atrae á sí para su
propia utilidad y provecho todos los manantiales de riqueza y tiene no
escaso poder aun en la misma administración de las cosas públicas. La
otra es la muchedumbre pobre y débil, con el ánimo llagado y pronto
siempre á amotinarse. Ahora bien; si se fomenta la industria de esta
muchedumbre con la esperanza de poseer algo estable, poco á poco se
acercará una clase á otra y desaparecerá el vacío que hay entre los que
ahora son riquísimos y los que son pobrísimos. Además se hará produ-

cir á la tierra mayor copia de frutos. Porque el hombre, cuando trabaja en terreno que sabe que es suyo, lo hace con un afán y un esmero
mucho mayores; y aun llega á cobrar un grande amor á la tierra que
con sus manos cultiva, prometiéndose sacar de ella, no sólo el alimento, sino aun cierta holgura ó comodidad para sí y para los suyos.
Y este afán de la voluntad nadie hay que no vea cuánto contribuya á la
abundancia de las cosechas y al aumento de la riqueza de los pueblos.
De donde se seguirá en tercer lugar este otro provecho: que se mantendrán fácilmente los hombres en la nación que los dió á luz y los recibió en su seno; porque nadie trocaría su patria con una región extraña
si en su patria hallara medios para pasar la vida tolerablemente. Mas
estas ventajas no se pueden obtener sino con esta condición: que no
se abrume la propiedad privada con enormes tributos é impuestos. No
es la ley humana, síno la naturaleza, la que ha dado á los particulares
el derecho de propiedad, y por lo tanto, no puede la autoridad pública
abolirlo, sino solamente moderar su ejercicio y combinarlo con el bien
común. Obrará, pues, injusta é inhumamente si de los bienes de los
particulares extrajere, á título de tributo, más de lo justo.

Por último, los amos y los mismos obreros pueden hacer mucho para la solución de esta contienda estableciendo medios de socorrer convenientemente á los necesitados y acortar las distancias entre
unos y otros. Entre estos medios deben contarse las asociaciones de socorros mutuos, y esa variedad de cosas que la previsión de los particulares ha establecido para atender á las necesidades del obrero, y á la
viudedad de su esposa y orfandad de sus hijos, y en caso de repenti-
nas desgracias ó de enfermedad, y para los otros accidentes á que está
expuesta la vida humana, y la fundación de patronatos para niños y
niñas, jóvenes y ancianos. Mas corresponde el primer lugar á las asociaciones de obreros, que abarcan ordinariamente casi todas las cosas
dichas. Muchos años duraron entre nuestros mayores los beneficios que
resultaban de los gremios de artesanos. Los cuales, en hecho de verdad, no sólo fueron excelentemente provechosos á los artesanos, sino á
las artes mismas, dándoles el aumento y esplendor de que son testimonio muchísimos documentos. Como este nuestro siglo es más culto, sus
costumbres distintas, y mayores las exigencias de la vida cotidiana,
preciso es que los tales gremios ó asociaciones de obreros se acomoden
á las necesidades del tiempo presente. Con gusto vemos que en muchas
partes se forman asociaciones de esta clase, unas de solos obreros, otras
de obreros y capitalistas; pero es de desear que crezca su número y su
actividad. Y aunque de ellas más de una vez hemos hablado, queremos,
sin embargo, aquí hacer ver que son ahora muy del caso, y que hay derecho de formarlas, y al mismo tiempo cuál debe ser su organización y
en qué se ha de emplear su actividad.

La experiencia de la poquedad de las propias fuerzas mueve al hombre y le impele á juntar á las propias las ajenas. Las Sagradas Escrituras dicen: *mejor es que estén dos juntos que uno solo, porque tienen la ventaja de su compañía. Si uno cayere, le sostendrá el otro. ¡Ay del solo, que cuando cayere no tiene quien le levante!* (Eccl., IV, 9-10.) Y también: *el hermano ayudado del hermano, es como una ciudad fuerte.* (Prov., XVIII, 19.) Esta propensión natural es la que mueve al hombre á juntarse con otros y formar la sociedad civil, y la que del mismo modo le hace desear formar con algunos de sus conciudadanos otras sociedades, pequeñas, es verdad, é imperfectas, pero verdaderas sociedades. Mucho difieren estas sociedades de aquella grande sociedad (la civil), porque difieren sus fines próximos. El fin de la sociedad civil es universal, porque no es otro que el bien común, de que todos y cada uno tienen derecho á participar proporcionadamente. Y por esto se llama *pública*, porque por ella *se juntan entre sí los hombres formando un Estado.* (S. Thom., *Contra impugnantes Dei cultum et religionem*, cap. H.) Mas al contrario, las otras sociedades que en el seno, por decirlo así, de la sociedad civil se adunan, llámanse y en verdad son *privadas*, porque aquello á que próximamente se enderezan es al provecho ó utilidad privada que á solos los asociados pertenece. *Es, pues, sociedad privada la que se forma para llevar á cabo algún negocio privado, como cuando dos ó tres hacen sociedad para negociar de consuno.* (S. Thom., l. c.)

Ahora bien; aunque estas sociedades privadas existen dentro de la sociedad civil, y son de ella como otras tantas partes, sin embargo, de suyo y en general no tiene el Estado autoridad pública ó poder para prohibir que existan. Porque el derecho de formar tales sociedades privadas es derecho natural al hombre, y la sociedad civil ha sido instituída para defender, no para aniquilar, el derecho natural; y si prohibiera á los ciudadanos hacer entre sí estas asociaciones, se contradiría á sí propia, porque lo mismo ella que las sociedades privadas nacen de este único principio, á saber: que son los hombres por naturaleza sociables.—Hay algunas circunstancias en que es justo que se opongan las leyes á esta clase de asociaciones, como es, por ejemplo, cuando de propósito pretenden algo que á la probidad, á la justicia, al bien del Estado claramente contradiga. Y en semejantes casos, está en su derecho la autoridad pública si impide que se formen; usa de su derecho si disuelve las ya formadas; pero debe tener sumo cuidado de no violar los derechos de los ciudadanos, ni so pretexto de pública utilidad establecer algo que sea contra razón. Porque á las leyes, en tanto hay obligación de obedecer, en cuanto convienen con la recta razón, y consiguientemente con la sempiterna ley de Dios. («La ley humana, en tanto tiene razón de ley en cuanto se conforma con la recta razón, y según esto, es manifiesto que se deriva de la ley eterna. Mas en cuanto se aparta de la razón, se llama ley inicua, y así no tiene ser de ley, sino más bien de cierta violencia.»—(S. Thom., *Summ. Theol.*, I-II, quæst. 13, a. 3.)

Y aquí traemos á la mente las varias asociaciones, comunidades y órdenes religiosas que la autoridad de la Iglesia y la piadosa voluntad de los cristianos produjeron, las cuales cuánto hayan contribuído al bienestar del género humano, la historia aun de nuestro días lo está diciendo. Semejantes sociedades, si con la luz sola de la razón se examinan, se ve claro que, como fué honesta la causa por que se fundaron, fué natural el derecho con que se fundaron. Pero por lo que tienen de religiosas, sólo á la Iglesia están en rigor de justicia sujetas. No pueden, pues, sobre ellas arrogarse derecho ninguno, ni tomar sobre sí la administración de ellas los poderes públicos del Estado; á éste más bien toca respetarlas, conservarlas y, cuando el caso lo demandare, impedir que se violen sus derechos. Lo cual, sin embargo, vemos que se hace, sobre todo en nuestros tiempos, muy al contrario. En muchos lugares ha hecho el Estado violencia á estas comunidades, y se la ha hecho violando múltiples derechos; porque las ha aprisionado en una red de leyes civiles, las ha desnudado del legítimo derecho de persona moral y las ha despojado de sus bienes. Sobre los cuales bienes tenía su derecho la Iglesia, tenían el suyo cada uno de los individuos de aquellas comunidades y lo tenian también los que á un fin determinado dedicaron aquellos bienes y aquellos á cuya utilidad y consuelo se dedicaron. Por lo cual, no Nos sufre el ánimo que no Nos quejemos de semejantes despojos tan injustos y perjudiciales, tanto más, cuando vemos que á estas asociaciones de hombres católicos, pacíficas de veras y de todas maneras útiles, se les cierra completamente el paso, y al mismo tiempo se establece por ley la libertad de asociación, y de hecho se concede esa libertad con largueza á los hombres que meditan planes perniciosos á la Religión lo mismo que al Estado.

Cierto es que hay ahora un número mayor que jamás hubo de asociaciones diversísimas, especialmente de obreros. De muchas de ellas no es éste lugar de examinar de dónde nacen, qué quieren y por qué caminos van. Créese, sin embargo, y son muchas las cosas que confirman esta creencia, que las gobiernan, por lo común, ocultos jefes que les dan una organización que no dice bien con el nombre cristiano y el bienestar de los Estados, y que acaparando todas las industrias, obligan á los que con ellos no se quieren asociar á pagar su resistencia con la miseria. Siendo esto así, preciso es que los obreros cristianos elijan una de dos cosas: ó dar su nombre á sociedades en que se ponga á riesgo su Religión, ó formar ellos entre sí sus propias asociaciones y juntar sus fuerzas de modo que puedan animosamente libertarse de aquella injusta é intolerable opresión. Y que esto último se deba absolutamente escoger, ¿quién habrá que lo dude, si no es el que quiera poner en inminentísimo peligro el sumo bien del hombre?

Muy de alabar son algunos de los nuestros, que conociendo bien lo que de ellos exigen los tiempos, hacen experiencias y prueban cómo podrán con honrados medios mejorar la suerte de los proletarios, y haciéndose sus protectores, aumentar el bienestar, así de sus familias como de los individuos, y asimismo suavizar con la equidad los vínculos que unen entre sí á los amos y á los obreros, vivificar y robustecer en los unos y en los otros la memoria de sus deberes y la observancia de los preceptos evangélicos, los cuales preceptos, apartando al hombre de todo exceso, le impiden traspasar los debidos límites, y por muy desemejante que sea la condición de las personas y de las cosas, mantienen la harmonía en la sociedad civil. A este fin, vemos que se reunen en un lugar hombres excelentes para comunicarse unos á otros sus pensamientos, adunar sus fuerzas y discutir sobre lo que más conviene. Esfuérzanse otros en congregar en convenientes asociaciones las diversas clases de obreros, los ayudan con su consejo y con sus bienes, y proveen que no les falte trabajo honrado y provechoso. Danles ánimo y extienden á ellos su protección los Obispos, y bajo su autoridad y auspicios muchos individuos del Clero secular y del regular tienen cuidado de suministrar á los asociados cuanto á la cultura del alma pertenece. Finalmente, no faltan católicos muy ricos que, haciéndose en cierto modo compañeros de los obreros, se esfuerzan, á costa de mucho dinero, por establecer y propagar en muchas partes estas asociaciones, con la ayuda de las cuales, y con su trabajo, puedan fácilmente los obreros procurarse, no sólo algunas comodidades en lo presente, sino también la esperanza de un honesto descanso en lo por venir. El bien que tan múltiple y tan activa industria ha traído á todos, es demasiado conocido para que debamos decirlo. De aquí que concibamos buenas esperanzas para lo futuro si semejantes asociaciones van constantemente en aumento y se constituyen con una prudente organización. Proteja el Estado estas asociaciones, que en uso de su derecho forman los ciudadanos; pero no se entremeta en su ser íntimo y en las operaciones de su vida, porque la acción vital de un principio interno procede, y con un impulso externo fácilmente se destruye.

Para que en las operaciones haya unidad y en las voluntades unión, son de cierto necesarios una organización y un reglamento prudentes. Por lo tanto, si los ciudadanos tienen libre facultad de asociarse, como en verdad la tienen, menester es que tengan también derecho para elegir libremente aquel reglamento y aquellas leyes que se juzga les ayudarán mejor á conseguir el fin que se proponen. Cuál haya de ser en cada una de sus partes esta organización y reglamento de las asociaciones de que hablamos, creemos que no se puede determinar con reglas ciertas y definidas, puesto que depende esta determinación de la índole de cada pueblo, de los ensayos que acaso se han hecho y de la experiencia, de la naturaleza del trabajo y de la cantidad de provechos que deja, de la amplitud del tráfico y de otras circunstancias, así de las cosas como de los tiempos, que se han de pesar prudentemente. Pero en cuanto á la substancia de la cosa, lo que como ley general y perpetua debe establecerse es que en tal forma se han de constituir y de tal manera gobernarse las asociaciones de obreros, que les proporcionen medios aptísimos y los más desembarazados para el fin que se proponen, el cual consiste en que consiga cada uno de los asociados, en cuanto sea posible, un aumento de los bienes de su cuerpo, de su alma y de su fortuna. Mas es clarísimo que á la perfección de la piedad y de las costumbres hay que atender como á fin principal, y que él debe ser, ante todo, el que rija íntimamente el organismo social. Pues, de lo contrario, degenerarían en otra suerte de sociedades, y valdrían poco más que las asociaciones en que ninguna cuenta se suele tener con la Religión. Por lo demás, ¿qué importa al obrero haberse hecho rico con ayuda de la asociación, si por falta de su alimento propio corre peligro de perderse su alma? *¿Qué aprovecha al hombre si ganare todo el mundo y perdiere su alma?* (Matth., XVI, 26.) Esto dice Jesucristo que se debe tener por nota distintiva entre el cristiano y el gentil, *porque los gentiles se afanan por todas estas cosas... buscad primeramente el reino de Dios y su justicia, y todas estas cosas os serán añadidas.* (Matth., VI, 32-33.)—Comenzando, pues, de Dios, dése muchísimo lugar á la instrucción religiosa; que cada uno conozca los deberes que tiene para con Dios; que sepa bien lo que ha de creer, lo que ha de esperar y lo que ha de hacer para conseguir su salvación eterna, y con especial cuidado se los arme contra las opiniones erradas y los varios peligros de corrupción. Excítese al obrero á dar á Dios el culto que le es debido, y al amor de la piedad, y, en particular, á guardar religiosamente los días festivos. Aprenda á respetar y amar la Iglesia, Madre común de todos, y asimismo á obedecer sus preceptos y frecuentar sus Sacramentos, que son los instrumentos que nos ha dado Dios para lavar las manchas del alma y adquirir la santidad.

Puesto en la Religión el fundamento de las leyes sociales, llano está ya el camino para establecer las relaciones mutuas de los asociados de modo que se siga la paz de la sociedad y su prosperidad. Distribúyanse las cargas sociales de un modo conveniente á los intereses comunes, y de tal suerte que la diversidad no disminuya la concordia. Repartir los oficios con inteligencia y definirlos con claridad, es importantísimo para que no se lastime el derecho de ninguno. Adminístrense los bienes comunes con integridad, de modo que la necesidad de cada uno sea la medida del socorro que se le dé, y harmonícense convenientemente los derechos y deberes de los amos con los derechos y deberes de los obreros. Para el caso en que alguno de la una ó de la otra clase (de amos y de obreros) creyese que se le había faltado en algo, lo que sería más de desear es que hubiese en la misma corporación varones prudentes é íntegros, á cuyo arbitrio tocase, por virtud de las mismas leyes sociales, dirimir la cuestión. Débese también con gran diligencia proveer que al obrero en ningún tiempo le falte abundancia de trabajo, y que haya subsidios suficientes para socorrer la necesidad de cada uno, no sólo en los accidentes repentinos y fortuitos de la industria, sino también cuando la enfermedad ó la vejez, ú otra desgracia pesase sobre alguno.— Con estas leyes, si se quieren aceptar, bastará para proveer á la utilidad y bienestar de los más pobres; mas lasasociaciones de los católicos influirán no poco en la prosperidad de la sociedad civil. No es temerario de los sucesos pasados sacar el pronóstico de los futuros. Sucédense los tiempos unos á otros; pero hay en los acontecimientos extrañas semejanzas, porque los rige la providencia de Dios, el cual gobierna y encamina la continuación y serie de las cosas al fin que se propuso al crear el género humano. A los cristianos, en la primera edad de la naciente Iglesia, sabemos que se les echaba en cara que en su mayor parte vivían, ó de pedir limosna, ó de trabajar. Pero destituídos de riquezas y de poder, lograron, sin embargo, ganarse el favor de los ricos y el patrocinio de los poderosos. Veíaseles activos, laboriosos, pacíficos, guardadores ejemplares de la justicia, y sobre todo de la caridad. A la vista de tal vida y tales costumbres se desvaneció toda preocupación, enmudeció la maledicencia de los malévolos, y las ficciones de una superstición inveterada cedieron poco á poco á la verdad cristiana.

Dispútase ahora del estado de los obreros; y cualquiera que sea la solución que se dé de esta disputa, buena ó mala, importa muchísimo al Estado. La solución buena la darán los obreros cristianos si, unidos en sociedad y valiéndose de prudentes consejeros, entran por el camino que, con singular provecho suyo y público, siguieron sus padres y antepasados. Pues por grande que en el hombre sea la fuerza de las preocupaciones y la de las pasiones, sin embargo, si una depravada voluntad no ha embotado por completo el sentimiento del bien, espontáneamente se inclinará más la benevolencia de los ciudadanos á los que vieren laboriosos y modestos, á los que se sepa que anteponen la equidad á la ganancia y el cumplimiento religioso del deber á todas las cosas. De donde se seguirá también esta ventaja: que se dará no pequeña esperanza, y aun posibilidad de remedio, á aquellos obreros que viven, ó despreciada por completo la fe cristiana, ó con costumbres ajenas de quien la profesa. A la verdad, entienden éstos muchas veces que los han engañado con falsas esperanzas y vanas ilusiones, porque sienten que son muy inhumanamente tratados por amos codiciosos que no los estiman sino á medida del lucro que con su trabajo les producen; que en las sociedades en que se han metido, en vez de caridad y amor, hay intestinas discordias, compañeras perpetuas de la pobreza, cuando á ésta le faltan el pudor y la fe. Quebrantados de ánimo y extenuados de cuerpo, ¡cuánto quisieran muchos de ellos verse libres de tan humillante servidumbre!; pero no se atreven, porque se lo estorba, ó el respeto humano, ó el temor de caer en la indigencia. Ahora bien; para salvar á todos éstos no es decible cuánto pueden aprovechar las asociaciones de los obreros católicos si á los que vacilan los invitan á su seno, allanándoles las dificultades, y á los arrepentidos los admiten á su confianza y protección.

Aquí tenéis, Venerables Hermanos, quiénes y de qué manera deben trabajar en esta dificilísima cuestión.—Aplíquese cada uno á la parte que le toca, y prontísimamente, no sea que con el retraso de la medicina se haga incurable el mal, que es ya tan grande. Den leyes y ordenanzas previsoras los que gobiernan los Estados; tengan presentes sus deberes los ricos y los amos; esfuércense, como es razón, los proletarios, cuya es la causa; y puesto que la Religión, como al principio dijimos, es la única que puede arrancar de raíz el mal, pongan todos la mira principalmente en restaurar las costumbres cristianas, sin las cuales esas mismas armas de la prudencia, que se piensa son muy idóneas, valdrán muy poco para alcanzar el bien deseado.

La Iglesia, por lo que á ella toca, en ningún tiempo y en ninguna manera consentirá que se eche de menos su acción, y será la ayuda que preste tanto mayor cuanto mayor sea la libertad de acción que se le deje, y esto entiéndanlo particularmente aquellos cuyo deber es mirar por el bien público. Apliquen todas las fuerzas de su ánimo y toda su industria los sagrados ministros; y precediéndolos vosotros, Venerables Hermanos, con la autoridad y con el ejemplo, no cesen de inculcar á los hombres de todas las clases las enseñanzas de vida tomadas del Evangelio; con cuantos medios puedan, trabajen en bien de los pueblos, y especialísimamente procuren conservar en sí y excitar en los otros, lo mismo en los de las clases más altas que en los de las más bajas, la caridad, señora y reina de todas las virtudes. Porque la salud que se desea, principalmente se ha de esperar de una grande efusión de caridad; es decir, de caridad cristiana, en que se compendia la ley de todo el Evangelio, y que dispuesta siempre á sacrificarse á sí propia por el bien de los demás, es al hombre, contra la arrogancia del siglo y el desmedido amor de sí, antídoto ciertísimo, virtud cuyos oficios y divinos caracteres describió el Apóstol Pablo con estas palabras: *La caridad es paciente, es benigna: no busca sus provechos: todo lo sobrelleva; todo lo soporta.* (I Cor., XIII, 4-7.)

En prenda de los divinos dones y en testimonio de Nuestra benevolencia, á cada uno de vosotros, Venerables Hermanos, y á vuestro Clero y pueblo, damos amantísimamente en el señor la Apostólica Bendición.

Dado en Roma, en San Pedro, el día 15 de Mayo del año 1891, de nuestro pontificado el décimocuarto.

LEON, PAPA XIII.

LA RELIGIÓN DEL PORVENIR [1]

IV

VERSARÁ el presente artículo sobre el Cristianismo y la civilización moderna, asunto tan traído y llevado en el presente siglo por racionalistas y católicos que dificilmente puede decirse nada nuevo acerca del mismo. Siempre, á pesar de todo, es de vital interés cuanto con él se relaciona directa ó indirectamente; y si los racionalistas no cejan en su tarea de desacreditar por este concepto el Catolicismo, y un día tras otro repiten la misma canción, justo es, necesario mejor dicho, que nosotros en nuestra causa sigamos el ejemplo de los adversarios; cuando menos para que no caigan los flacos en la fe y los de buena voluntad abran los ojos á la luz de la evidencia. Parecerá tal vez á alguno que no; pero es un hecho demostrado por la triste experiencia cuotidiana el de que no pocos, sin dificultad ninguna, dan por innegables ciertas afirmaciones en materia de religión que nada tienen de verdaderas, y sí mucho de ridículas.

La de que el progreso y la Iglesia católica son enemigos irreconciliables porque no puede existir harmonía entre la ciencia y la fe, es, sin duda, de las que mejor suerte han te-

---

(1) Véase la pág. 490.

nido, y que aún sigue teniéndola, sin que para ello hayan
sido obstáculo, debiendo serlo, los admirables trabajos apologéticos que en los últimos tiempos se han hecho á fin de
poner en claro las relaciones íntimas y amistosas entre la
fe católica y la verdadera ciencia. Figura Hartmann como
uno de los principales sostenedores de esa pretendida antipatía de la Iglesia hacia el progreso y cultura, y quizá por
este motivo más que por otro ha logrado nuestro racionalista rodear su nombre de la triste fama de que goza, ni más
ni menos que ha sucedido á muchos impíos contemporáneos.

Tantas y tan increíbles son sus afirmaciones sobre este
punto, tan burdos los errores por él vertidos en su artículo III, que uno se encuentra indeciso al refutarlos á causa de no saber por cuáles comenzar. Para decir un error
se necesita muy poco: basta tener audacia; pero al tratar
de rebatirle se encuentra muchas veces el defensor de la
verdad cohibido por falta de espacio suficiente unas veces,
y otras por la baraúnda de especies que sus adversarios
sueltan, cada una de las cuales reclama de nosotros un correctivo. Acerca del punto hoy en cuestión, la idea culminante de Hartmann se resume en estas breves palabras:
"Ninguna religión muestra, como tal, amor á la ciencia, y el
Cristianismo, no es solamente hostil á la ciencia, sino á toda
cultura. La religión brota del sentimiento; cuando no le es
posible pasar sin ideas que le den alguna consistencia, echa
mano de las menos abstractas, las menos teóricas, las menos complejas posibles; la idea con la que se aspire á conmover fuertemente el sentimiento religioso debe ser intuiti-
va, figurada, fantástica, confusa." (!)

La religión brota del sentimiento: ninguna, como tal,
muestra amor á la ciencia; el Cristianismo, no sólo es hostil
á la ciencia, sino también á toda cultura; he aquí tres proposiciones cuya falsedad no se oculta á cualquier mediana
inteligencia libre de preocupaciones, y que, sin embargo, se
afirman por *sabios* que tienen la incalificable pretensión de
derramar á torrentes la luz en todas las cuestiones, hasta
el punto de llamar ciegos á cuantos no se avienen con lo que

ellos enseñan. A fe que no está muy conforme semejante
conducta con la tan decantada autonomía individual de la
razón, ni es Hartmann el menos exigente y despótico en
este punto, ya que tienen la osadía de afirmar que la Teología católica, desde Santo Tomás de Aquino próximamente,
es una especie de lengua muerta, un cadáver embalsamado
con esmero, y que los escritos apologéticos más acabados
de la ortodoxia en nuestros días no pueden menos de excitar
un sentimiento de repugnancia en el lector ilustrado. Según
Hartmann, todo cuanto él afirma á nadie parece paradójico,
sino al que ha falseado desde la infancia sistemáticamente
la inteligencia de los documentos universalmente conocidos,
de suerte que no puede leerlos más que con parcialidad y
prevención. Dejando á un lado la ilustración ó no ilustración
de Hartmann, veamos en el punto presente quién lleva la
mejor parte, la parte del buen sentido y de la razón, para
saber si los racionalistas son los que leen sin parcialidad y
prevención los documentos por todos reconocidos como
auténticos y los *únicos* capaces de comprender la *verdad;*
para saber, en fin, si aquello de que las orejas del asno son
demasiado largas para la piel del león tiene lugar en los
católicos ó en los racionalistas.

La religión brota del sentimiento, es una frase que, dicha
por un racionalista, significa que el fundamento de la religión no es otro que el sentimiento individual, excitado por
la fantasía, única que en todos los desarrollos religiosos,
según Hartmann, ha prestado sus alas á estos movimientos, sin que la ciencia haya intervenido en ellos para nada.
De manera que, según esto, la religión sería una cosa subjetiva, particular, que depende del estado más ó menos *afec=
table* del hombre, pudiéndose contar por lo mismo tantas
clases de religiones cuantos son los individuos dotados de
sentimientos contrarios acerca de Dios. Mas, ¿quién no ve
que con esto la religión sería una palabra vacía de significado y contradictoria en sí misma? Podemos, sí, considerar
á la religión subjetivamente en cuanto que, como virtud,
existe en alguno, pero suponiendo siempre la existencia real
y objetiva, anterior á todo sentimiento. Si la religión tiene

por objeto aproximar, unir moralmente el hombre á Dios, el vínculo ha de ser en sí distinto de los extremos; si expresa, como es evidente, el conjunto de relaciones entre las criaturas racionales y su Criador, y el fundamento de la relación real, con existir y todo en uno de los términos, debe ser distinto de ellos, claro es que la religión es una verdad objetiva, independiente de nuestras impresiones y sentimientos más ó menos profundos. Entre Dios y el hombre hay inmensa distancia; pero esa distancia se acorta por medio de la religión, que, digámoslo así, en cierta manera diviniza al hombre y humaniza á Dios; esa distancia no significa independencia, porque es indudable que dependiendo, como depende, el hombre de Dios, por ser éste su Criador y su último fin, no podría tender hacia otro punto sin quebrantar una ley á que está sujeto. Hay en el mundo material un punto que es fijo con relación á todos los cuerpos porque, exprésémonos de esta manera, en él se apoya el lazo misterioso que los pone en comunicación unos con otros; podría representarse por el centro de una circunferencia. Pues bien; en el orden suprasensible, en el orden de los espíritus, sucede otro tanto. Dios es el punto fijo, el centro de nuestros corazones, que no pueden descansar sino en Él, porque para Él han sido criados, según lo acredita el sello de grandeza que grabó Dios en la frente del hombre. Por lo mismo en nuestra condición de criaturas racionales estamos también sometidos á una ley que podríamos llamar la ley de la gravedad de los espíritus, y el lazo de unión que bajo este concepto existe entre Dios y nosotros constituye la Religión. Pero el hombre, como libre que es, hoy por hoy puede separarse de ese fin, de ese punto fijo; de ahí que la Religión es la libre dependencia que tiene de Dios, ó el conjunto de relaciones que con Él tiene, relaciones que comprenden las verdades que debe el hombre creer y las obras que ha de practicar. De donde se sigue que la Religión, en su concepto cabal y adecuado, abarca dos partes: la teórica y la práctica; ésta dependiente de aquélla en cuanto que siempre la presupone ni más ni menos que la presupone el *sentimiento religioso*. Admítase por un solo mo-

mento que la Religión prescinde de verdades que deben
profesarse, y no habrá razón de exigir el cumplimiento de
ciertos deberes, y veremos desaparecer por necesidad las
manifestaciones todas del espíritu religioso. El sentimiento
en general ha de presuponer una causa que la produzca; el
sentimiento religioso debe, pues, presuponer la existencia
de verdades religiosas que afecten á nuestro espíritu y
causen en él las sensaciones de que es capaz; unas veces de
alegría, otras de tristeza, de temor ahora, luego de esperanza, según que obre en él con mayor fuerza y energía la
verdad de que respectivamente provienen estos sentimientos. Mal podrá uno tener y experimentar el sentimiento religioso sin la idea por lo menos de Dios, y de Dios creador
y bienhechor al mismo tiempo, que de nuestra dependencia
respecto de Él. Harmann, supongo, no habrá experimentado el sentimiento de la gratitud, ni las dulces emociones de
la amistad, sin conocer ante todo el bien que de él haya recibido y los lazos de la amistad que le unirían con otro.
Así, pongo por caso, en la muerte del que le dió el ser mal
hubiera experimentado el peso de la tristeza si no se supone que conocía el bien perdido y los motivos en que se apo-
yaba aquel culto y veneración del padre. Independientemente del sentimiento, y de un modo objetivo y real, existe
el conjunto de relaciones que sin privarnos de la libertad
nos unen y ligan al Ser Supremo, como existe, v. gr., la
obligación de que el hijo respete y ame á su padre aunque
el corazón no sienta el cariño filial. Es, pues, el sentimiento
efecto, no causa ni fundamento, de la Religión; mal, por
consiguiente, puede ésta brotar de aquél aunque así lo afirme nuestro adversario, que tan libre de preocupaciones y
parcialidades sabe leer en los documentos por todos admitidos.

La idea de Dios, dice bellísimamente Hettinger, está
viva en el alma del hombre, brota, se desarrolla y se levanta; es un germen ó semilla que tiende á convertirse en
flor. La flor que nace de la idea divina, la que ha sembrado
el celeste Jardinero, según la expresión de San Agustín, en
el alma humana, es la Religión. De donde se sigue que sien-

do, como es, la idea de Dios una idea universal ó patrimonio del género humano, y si Hartmann quiere hasta instintiva, figurada, fantástica, confusa, todo hombre es más ó menos religioso, aunque Ud., señor racionalista, afirme lo contrario. Y si el conocimiento de Dios presupone y lleva consigo otros conocimientos que son objeto de la parte teórica de la Religión; si aquí se nos manifiesta Dios como el sumo bien que lleva ó arrastra hacia sí nuestros corazones, la Religión podríamos decir que no es otra cosa sino el arte de conocer y de amarle, dándole el debido culto en protestación y reconocimiento de su dominio soberano. Por consiguiente, como la cultura del hombre consiste en el perfeccionamiento de sus dos nobilísimas facultades, inteligencia y voluntad, y á eso tiende la Religión, y eso procura por todos los medios, sin excluir la ciencia verdadera, antes considerándola como uno de los principales, es de todo punto erróneo afirmar que la Religión, como tal, no muestre amor á la ciencia y que está reñida con toda cultura. No hay ciencia superior á la de Dios; porque éste, que constituye su objeto, es la verdad ó la idea madre; luego, cuando menos, acerca de esta ciencia la Religión muestra verdadero amor científico, puesto que se interesa, como es indudable, por que el hombre progrese cada día en ella, y vaya subiendo como por grados de las criaturas al Criador, del efecto á la causa, de lo contingente á lo necesario. Los grandes problemas científicos, los que más directamente se relacionan con el origen de las cosas, el fin y destino de las mismas, y sobre todo el conocimiento de Dios y del hombre en todas sus principales manifestaciones y constitución íntima, que se habían escapado á la penetración de los mayores filósofos, han sido puestos en clara luz por la Religión, por los que han tenido más exacta idea de los deberes que ella impone y mejor los han cumplido. Por algo ha dicho un ilustre apologista que la Religión es la fuente donde el género humano bebe sus ideas más grandes y más profundas, las ideas de verdad, de belleza y de bien; el suelo donde ha sido plantado desde el principio el árbol de la ciencia, cuyos frutos gusta aún la humanidad aun contra su voluntad; la

roca sobre la que se ha edificado el edificio de la moral, y la
patria y la grande escuela de las artes. Las ciencias, las
costumbres y las artes han salido de la Religión, á la que
vuelven necesariamente al término de su carrera y por sus
últimos resultados. La Historia, en efecto, nos atestigua que
en aquellos pueblos donde se ha dado más importancia á las
religiones han solido alcanzar un florecimiento muy superior
las ciencias, y eso aun cuando la idea que tenían de Dios no
fuese la del verdadero. De ahí, sin duda, el que la civilización
ó cultura científica en los tiempos antiguos llegase á un grado incomparablemente más alto entre los indios que el que
tuvo entre los africanos. Es un hecho observado por todos
en la historia de los pueblos y de las religiones que los progresos de éstas y de las ciencias han solido ser paralelos,
así como también el de que, á medida que la indiferencia religiosa ha cundido en una república, las ciencias, y las artes
han retrocedido.

Nada, pues, más falto de verdad que afirmar con Hartmann que la Religión en general no muestra ningún amor á
la ciencia y que tiene mucho que temer de ella. Las bases sobre que estriba la Religión son las bases de la verdad: de ahí
el que no teme absolutamente en nada la verdadera crítica
de los hechos históricos sobre que se apoya la fe religiosa;
no le intimida la crítica filosófica de sus conceptos metafísicos, ni tiene por qué recelar que con eso se extinga el fervor de la vida interna. Si la ciencia busca la verdad, nunca
sus deducciones serán opuestas á la Religión: antes bien se
ayudarán mutuamente; y entonces, aunque el hombre religioso vea en la Religión la cosa más importante de la vida,
no por eso juzgará, como pretende Hartmann, todo lo demás indiferente, vedando á la ciencia la entrada en los dominios que la Religión ha hecho suyos, si bien le exigirá que
reconozca la superioridad de ésta sobre aquélla. Luego no
por ser uno religioso se entregará con menos interés á la
investigación de las verdades propias de la ciencia.

¿Y qué diremos, después de esto, de aquella otra afirmación: el Cristianismo no es solamente hostil á la ciencia, sino
á toda cultura? Oiga ante todo el lector la razón casi *a priori*

en que pretende fundar el racionalista su aserto. El Cristianismo, dice, tiene del mundo una noción absolutamente transcendente; el alma que está saturada de él elige domicilio en otra parte, y los negocios de ultratumba la absorben tan por completo que permanece indiferente á los del siglo. De modo que, según la manera de discurrir de Hartmann, á proporción que el alma más se vaya saturando de cristianismo, ó adquiriendo mayores grados de perfección, irá decayendo la ciencia. Este sistema, que en su parte teórica queda ya refutado en la aplicación de Hartmann al Cristianismo, no tiene otro inconveniente que estar en abierta contradicción con los hechos históricos y con los documentos por todos admitidos, y tal como los lee y entiende el sentido común. Porque hecho histórico es, y no un misterio, que en la Iglesia católica—concretemos los términos—precisamente los mayores Santos, aquellos cuya alma más saturada estaba de cristianismo, son, ó los que nada han dicho en contra de la ciencia, ó los que de un modo especial han recomendado siempre el estudio como necesario y han llegado á ser ellos mismos los más distinguidos sabios de su tiempo, con la circunstancia particularísima de haber muchos de ellos profesado antes las doctrinas de filósofos contrarias á las del Cristianismo. San Dionisio, que al escuchar á San Pablo en el Areópago conoció la verdad de la religión cristiana; San Justino y Atenágoras, convertidos, de secuaces de Platón, en fervientes y temibles apologistas del Catolicismo; los grandes maestros de la escuela de Alejandría, San Panteno, Clemente y Orígenes; los de la africana, Tertuliano, Cipriano, Arnobio y Lactancio; la brillante pléyade de los Santos Padres en los siglos IV y V, y sobre todo el portentoso genio de Hipona, San Agustín, que con su mirada de águila penetró en los cielos para escudriñarlos, y desde aquella altura dominar la inmensa esfera de todos los seres, examinándolos en sus múltiples y variadas relaciones, genio universal, centro adonde convergen los rayos todos de la ciencia hasta entonces esparcidos aquí y allá; San Gregorio el Magno, San Leandro, San Fulgencio, San Isidoro, enciclopedia de su siglo; Beda y Alcuino; los monjes de la Edad Media que salvan del universal naufragio los restos de la cultura antigua; las grandes y florecientes Universidades católicas, fundadas en el último tercio de la misma época y principios de la moderna, con sus innumerables maestros; Santo Tomás de Aquino, ingenio el más admirable del siglo XIII y organizador de la Teología; los grandes hombres del siglo de la Reforma, en su mayor parte sacerdotes y religiosos, sapientísimos en todo género de disciplinas; los genios, finalmente, de la ciencia moderna que dan principio á sus tareas haciendo la señal de la cruz, y cuya alma está *saturada* de catolicismo, son la prueba más convincente, el testimonio más inequívoco para Hartmann de que el Cristianismo es, no sólo hostil á la ciencia, sino á toda cultura (!!!). ¡Vaya si los racionalistas saben leer sin parcialidad ni prevención los documentos históricos universalmente admitidos!

Paréceme estar oyendo ya que alguno replica: ¿y el incendio de la biblioteca de Alejandría, y el asesinato de Hipatía, y la Inquisición, y el proceso de Galileo, y las modernas teorías cosmogónicas, y las ciencias geológicas, cómo se concilian con esa tan decantada ciencia, con ese amor á los estudios en toda clase de conocimientos y disciplinas? Mas no es cosa de tratar asuntos tan claramente dilucidados, ni ocasión la presente para alargarnos en consideraciones. Basta decir que echar mano de esos lugares comunes á estas alturas, es demostrar, ¿por qué no he de decirlo? ignorancia crasísima ó muy mala voluntad después de lo que nuestros modernos apologistas han contestado, sin dejar lugar á réplica, en cuestiones como ésas. Sabido es que nadie tiene razón para culpar á la Iglesia católica, ni por el incendio de la biblioteca de Alejandría, ni por el asesinato de la filósofa Hipatía, ni la Inquisición ha chamuscado á los sabios que se dice, ni del proceso de Galileo resulta nada en contra del Catolicismo, ni, finalmente, las ciencias geológicas han descubierto cosa alguna que ponga en contradicción á la Fe con la tan decantada ciencia moderna. Ganarían muy poco en reputación los que de esas armas se sirvieran hoy para impugnar el Catolicismo y presentarle por esos motivos como enemigo de la ciencia y de la cultura en lo que éstas tienen de racional y verdadero.

Ante hechos que tan claro y tan alto hablan en pro del amor y entusiasmo de la Religión cristiana por el estudio y la ciencia, Hartmann viene á reconocer, sin darse cuenta, lo que decimos, si bien trata de quitarle importancia buscando una explicación á su modo y manera. Juzguen los lectores de esto que sigue. Después de una serie de afirmaciones destituídas de pruebas, viene á formular así su conclusión: "En tanto cuanto los representantes de la Religión representan intereses que arrancan de la cultura, en esa misma proporción están *mundanizados*, quizá sin darse cuenta de ello; después, cuando manifiestan la pretensión de representar tales intereses, ó se toman la libertad de afirmar que el Cristianismo, como tal, guarda relación con la civilización moderna, ó el solo móvil que les guía en la mayor parte de los casos es la esperanza de que un Cristianismo exornado con las plumas de la cultura moderna parecerá más aceptable á los hijos de nuestro siglo mundanizado." Luego, según esto, los Santos Padres y apologistas, los Papas más sabios y los heroicos monjes, lo mismo que los sacerdotes más distinguidos por sus trabajos y escritos, como verdaderos representantes en el Catolicismo de los intereses religiosos y de los que arrancan de la cultura, serán los más mundanizados y los que peor comprenderán la frase: ser religioso, ser cristiano. Pero entonces vea Harttmann la manera de conciliar esto con aquello, verbigracia, de que el Cristianismo exotérico ó más perfecto se refugió en el asilo de las Órdenes y de los claustros para conservarse puro de toda mancha mundana. Designe si no qué otros reunen en el Catolicismo mejores títulos para ser representantes de la ciencia y la cultura. ¿Cómo se explicará eso de ser el Catolicismo enemigo de las ciencias, y no obstante las Órdenes religiosas, flor y nata de la Iglesia, prescribir á sus miembros el estudio, hasta considerarlo como un medio seguro de mantener la observancia en todo su vigor, y, por el contrario, su descuido como síntoma de relajación? ¡Ah! Otras veces, señores racionalistas, echáis en cara al Catolicismo su intransigencia, su fanatismo según vosotros; mas cuando conviene para salir del paso, como ahora, sabéis cambiar de táctica, y al reconocer que nosotros proclamamos la alianza entre la Iglesia y la civilización legítima no teméis afirmar que transigimos con el siglo mundanizado, no proponiéndonos otra cosa entonces sino hacer más aceptable á los hijos de ese siglo un Cristianismo que deja de ser tal en el mero hecho de admitir esa amalgama con la ciencia! ¿En qué quedamos? ¿Somos ó no somos intransigentes? Un hecho es innegable: que la Iglesia ha sido la única que á la caída del Imperio romano se interesó de alguna suerte por la antigua civilización, é impidió que pereciese en el naufragio que á las letras amenazaba; pero Hartmann, para, en cuanto está de su parte, quitarle importancia, añade que esta conducta no respondía de ningún modo á un interés religioso cristiano, sino á un interés mundano y jerárquico. Lo mismo sucedía en la Edad Media según él; de ahí que, si el Cristianismo mostró algún cuidado por los autores clásicos, la explicación de tal hecho no está en su afición ó simpatía por la cultura que de ello podría sacar, sino en la persecución de fines completamente exteriores y jerárquicos; las obras de la antigüedad pagana estaban consideradas como un mal necesario que debía soportarse con el objeto de formar un clero ilustrado. ¿Por dónde habrá averiguado nuestro adversario ese móvil ó fin que atribuye á la Iglesia? Porque en su escrito no nos lo dice; pero de cualquier manera, fuera tal ó cual el movil, el Cristianismo procuraba tener un clero ilustrado, según confesión de parte, y conservaba los restos de la cultura clásica confinada en los monasterios; merced al trabajo de los monjes pudieron los renacientes, cuando llegó el tiempo, gustar las bellezas literarias de griegos y latinos, y la Iglesia fué la primera en promover este renacimiento literario y científico, si bien reprobando el fondo de paganismo que había en los clásicos; esto basta para dejar probado claramente que la tan ponderada antipatía entre la ciencia y el Cristianismo no existe más que en la imaginación de Hartmann y de cuantos, como él, á diario lo están afirmando. La indignación estalla y se desborda al oir á tantos necios que no saben otra cosa sino ser ecos y órganos de la descocada impiedad; contra tan falsas afirmaciones protestan á una la razón y la historia imparcial.

Lo que nuestro racionalista afirmó de las relaciones entre el Cristianismo y la ciencia, intenta hacerlo extensivo también al *arte*, y es tal su ignorancia —sí señor— en este punto, ó su mala fe, que á trueque de dar visos de verdad á sus palabras no duda afirmar que los iconoclastas y los destructores de órganos han estado en todas las épocas dentro de la idea cristiana pura. ¡Es cuanto hay que ver la frescura de Hartmann! Si la Iglesia fuera indiferente al arte, si los iconoclastas estaban dentro de la idea verdaderamente cristiana, ¿á qué las luchas entre los Emperadores de Oriente y los Obispos de la Iglesia católica? ¿á qué condenar y arrojar de su seno á cuantos con León Isáurico ó Constantino Coprónimo querían desterrar las estatuas de las iglesias? ¿Ignora, por ventura, nuestro adversario lo que San Germán, Patriarca de Constantinopla, hubo de sufrir por no prestarse á confirmar el edicto de León Isáurico? ¿Desconoce acaso el fin que tuvieron aquellos heroicos profesores de bellas letras por negarse á prestar obediencia al Emperador en la cuestión relativa á las imágenes de los Santos? ¿Cómo, si no desconoce todo esto, se atreve á estampar esa paradoja?... Es demasiado negar que el *arte* deba á la Iglesia sus principales monumentos, porque la Estatuaria, la Arquitectura, la Pintura y la Música, para no mencionar la Poesía, desmienten categóricamente á cuantos lo nieguen. Es tanta la mala fe de Hartmann en este punto, que ya que no puede menos de reconocer las íntimas relaciones de la idea cristiana y la artística en los tiempos pasados, acude á que la admisión del arte en el culto católico no ha sido jamás otra cosa que un incentivo mundano para la gran masa de aquellos en quienes el sentimiento religioso por sí sólo no era bastante intenso para producir el recogimiento y la edificación. Pero esto, en último resultado, no probaría otra cosa sino que la Iglesia se sirve de las artes para sus fines, como también se sirve de la ciencia verdadera; pues sabido es que así como la mucha ciencia conduce á la religión, también el mucho arte contribuye á lo mismo. No es cierto, ni tampoco artístico, afirmar que hoy, donde quiera que el arte hace brotar aún retoños vigorosos, se presente absolutamente secular, es decir, anticristiano; porque el arte católico puede presentar modelos vivos y acabados lo mismo en las artes plásticas que en las más espirituales, la Música y Poesía; modelos en que se reune lo bueno de las obras antiguas, y lo que exigen los progresos últimos en la ciencia y en el arte. Concluyo recomendando á los iconoclastas de hoy día una obra que ha recorrido los cuatro ángulos del mundo, y lleva por título *Genio del Cristianismo*.

FR. IGNACIO MONASTERIO,
Agustiniano.

(Continuará.)

Colegio de La Vid, Febrero de 1891.

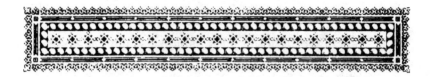

El estudio de la lengua hebrea [1]

A todavía muy pocos años que los enemigos de la Iglesia católica presentaron una objeción, al parecer algo seria, contra la veracidad de Moisés, y por consecuencia, contra la divinidad de la Sagrada Escritura.

Era opinión común y corriente, fundada en la Vulgata (2), hasta que á fines del siglo pasado se comenzó á cultivar la *Egiptología,* que el Faraón que persiguió á los hebreos fué sumergido, juntamente con todo su ejercito, en las ondas del Mar Rojo. Pero esta opinión ha sido declarada errónea por los modernos egiptólogos; pues, según sus descubrimientos, el Faraón que persiguió á los hebreos era Menephtah I, el cual sobrevivió mucho tiempo á las terribles catástrofes narradas por Moisés en el *Éxodo,* y su tumba existe aún entre las sepulturas reales de Biban-el-Moluk, en Tebas. Luego, dicen los racionalistas, es evidente que Moisés ha dado como cierto un relato erróneo.

La objeción, como se ve,—si hemos de dar crédito á los

---

(1) Véase la pág. 34.

(2) El texto de la Vulgata dice así: *Ingressus est enim eques Pharao cum curribus et equilibus ejus in mare; et reduxit super eos Dominus aquas maris.*—(Exod., XV, 19.)

que pueden estar enterados en la materia—es fuerte; pero, á vista de ella, nos queda el recurso de prescindir del texto de la Vulgata y consultar el original, y de ese modo veremos desvanecerse como humo una objeción que pretendía deshacer el fundamento mismo de la Religión católica: la infalibilidad de la divina Escritura.

El texto original dice así: *Ingressus est equus Pharao= nis cum curribus suis*. Las palabras hebreas: סוּס פַּרְעֹה *(sus Farho)*, literalmente significan: "el caballo de Faraón„; pero aquí tienen un sentido colectivo, como si dijéramos: "la caballería egipcia„; y por lo mismo, el verdadero sentido de esta frase será: *Ingressi sunt equi Pharaonis cum curribus suis*. Y no puede decirse que esta traducción se ha inventado para salir del apuro en que nos pusieran los egiptólogos, pues muchísimo antes que éstos encontrasen la tumba de Menephtah I teníamos la versión de Alejandría, que traduce de la siguiente manera: *Quoniam ingressus est equi= tatus Pharaonis cum curribus suis,* y la autoridad de los doctos hebraístas Vatablo, Arias Montano y Gesenio, los cuales han adoptado también esta traducción. Resultado: que el historiador de los hebreos, al decirnos que la caballería egipcia fué sumergida en el Mar Rojo, no habla de ningún modo del Rey mismo, como lo hacen notar MM. Chabas y Lenormant, y que su narración en nada se opone á los progresos de la *Egiptología*.

Dirá quizá alguno: el Profeta David debía conocer muy bien el texto hebreo y la tradición del pueblo judío, y no obstante, dice en el Salmo CXXXV, versículo 15: *Et excus= sit Pharaonem, et virtutem ejus in mari Rubro*. Es cierto; pero la ciencia hermenéutica enseña que, cuando dos lugares de la Sagrada Escritura se hallan en aparente oposición, se debe explicar el menos probable por el que tenga razones mejor fundadas; y es evidente, y hasta de sentido común, que un pasaje de un libro poético no debe servir de norma para destruir otro de un libro histórico (1).

(1) Puede verse tratada esta cuestión en un estudio del abate L. de Saint-Aignan, titulado *Egiptología* (artículo III), traducido al castellano por D. Vicente Calatayud y Bonmati. Alicante, 1887.

Por muy poco versado que esté cualquiera en los estudios teológicos y geológicos, es imposible que no tenga alguna noticia de las controversias habidas entre los representantes de una y otra ciencia acerca de la antigüedad de
la Tierra y de la naturaleza de los días mosaicos. Muchos
Santos Padres y teólogos, interpretando á la letra el capítulo I del *Génesis*, sostienen que los días de que allí nos
habla Moisés no pueden tener otra significación que de
períodos de veinticuatro horas, y, por consiguiente, que la
formación del mundo sólo precede á la creación del hombre en seis días. Pero otros, previendo las graves dificultades que más adelante se habían de levantar contra esta
interpretación, trataron de dar á los días mosaicos un sentido mucho más amplio, tomándolos por períodos mucho
más largos que el día ordinario, la mayor parte de las veces incierto y de una duración indeterminada (1).

La importancia de esta cuestión es indiscutible en estos
días. Por una parte parecen rechazar la interpretación literal de los días mosaicos, y por otra los descubrimientos modernos como que exigen una interpretación más amplia.

(1) San Agustín, que á pesar de su inteligencia privilegiada jamás tuvo el prurito de dogmatizar en cuestiones de libre controversia, previene á todos los cristianos que jamás sostengan sus opiniones
tan aferrados á la letra de la Escritura que tengan por herejes á todos aquellos que no sigan su propio parecer. "Pues habiendo en la
Escritura, prosigue el santo Doctor, muchos pasajes que pueden interpretarse de diversas maneras sin ningún daño de la Fe, es preciso
no adherirse temerariamente de un modo positivo á una ó á otra de
estas opiniones (*a*)." Y como si previese los grandes descubrimientos
que había de hacer en los siglos posteriores la moderna ciencia geológica, añade: "Sucede muchas veces que el que no es cristiano tiene nociones ciertas, apoyadas en la experiencia ó en pruebas incon-
testables, sobre la tierra, los cielos y otros elementos de este mundo,
respecto del movimiento y de las revoluciones, del grandor y distancia de las estrellas, de los eclipses del sol y de la luna.... Es, pues,
una cosa deplorable, perniciosa, y que es preciso evitar, el que un
cristiano que trate de tales asuntos sin conocerlos ose apoyarse en
la autoridad de la Escritura, cuando el infiel que le oye ó comprende la extravagancia de su error apenas puede contener la risa (*b*)."

(*a*) *De Genes. ad litteram*, lib. I, cap. XVIII, n. 37.
(*b*) *De Genes. ad litteram*, lib. I, cap. XIX, n. 39.

En vista de esto, los esfuerzos de los sabios católicos
modernos tienden, desde hace algún tiempo, á harmonizar el
sagrado texto con la moderna Geología, examinando para
ello las acepciones en que puede tomarse la palabra יום
(yom) en la lengua de Moisés.

No puede negarse que la palabra hebrea *(yom)* en su primera acepción significa *día,* ó sea período de veinticuatro
horas; pero también es cierto que esta misma palabra está
empleada por Moisés, y por algunos otros escritores sagrados, para significar un período de tiempo mucho más largo
que el día natural y ordinario. Así, queriendo aquél resumir
todo lo que narrara en el cap. I del *Génesis,* dice en el cap. II,
versículos 4 y 5: "Tales son las generaciones del cielo y de
la tierra cuando fueron creados, en el día *(yom)* en que hizo
el Señor Dios el cielo y la tierra, y toda planta antes que
naciera de la tierra, y que la hierba de los campos hubiese
brotado., Aquí, como se ve, da Moisés una acepción muy
distinta á la palabra *día* de la que quieren aquellos que de-

---

Esta misma teoría, que el Obispo de Hipona sienta como regla de
prudencia para todos los cristianos, la puso él en práctica en la cuestión que tratamos. Pareciéndole al santo Doctor más probable la
opinión de la creación simultánea, fundado en el texto del *Eclesiástico: Qui vivit in æternum creavit omnia simul* (Eccles., cap. XVIII,
vers. 1), sostiene que la creación de la materia primordial fué obra
de un solo momento, y que el desarrollo de la misma se debe al impulso
que Dios dió á las causas segundas para que obrasen por sí mismas
secundando las miras del Creador (c). Y tratando de interpretar los
días mosaicos, se expresa de una manera verdaderamente original
y propia de su privilegiado ingenio. Juzga como probable que los
días del *Génesis* no son otra cosa que seis momentos angélicos en
que los espíritus bienaventurados, después de conocerse á sí mismos, conocían las cosas en Dios y luego en sí mismas. Y como el conocimiento que se adquiere contemplando la mente divina es mucho
más luminoso y perfecto que el que se adquiere contemplando las
cosas en sí mismas, de ahí que Moisés haga división entre *mane* et
vespere (d).

(c) *De Genes. ad litteram*, lib. V, cap. IV.
(d) *De Civit. Dei*, lib. XI, cap. VII.

lienden que los días del *Génesis* deben entenderse por períodos de veinticuatro horas. Porque, una de dos: ó los días del cap. I no pasan de cuatro horas, ó este día del cap. II tiene que pasar de veinticuatro; lo primero nadie lo admite; luego hay que admitir lo segundo. Por consiguiente, tenemos que Moisés emplea la palabra *yom* para significar un período más largo que de veinticuatro horas, y en este mismo sentido la emplean también Amós (1), Jeremías (2), Ezequiel (3), Sofonías (4) y David (5). Ahora bien; este *día,* que indudablemente es mayor que el intervalo transcurrido entre la salida del sol de un día y la del sol del día siguiente, lo mismo puede ser un período de muchos días, que de centenares y aun de millones de años. ¿Quién se atreverá, por tanto, á negar que los días mosaicos no son períodos de un tiempo indefinido, tan largos ó más que los que señalan los geólogos para la formación del globo que habitamos? Del texto sagrado nada se desprende en contra; los descubrimientos geológicos parecen exigirlo; por consiguiente, somos libres para interpretar los días del *Génesis* del mejor modo que nos pareciere con tal que procuremos conservar incólume la verdad dogmática, que es lo que se propuso Moisés al historiar las maravillas que al principio de los tiempos obró el Omnipotente.

Tenemos, además, otra razón poderosa para creer que los días del *Génesis* son períodos mayores que de veinticuatro horas. Si consultamos los diccionarios hebreos que gozan de mejor fama entre los hebraístas, veremos que al tratar de la palabra יום *(yom)* la dan en segundo lugar el significado de *tiempo ó período indefinido de tiempo.*

Véase, pues, cómo una cuestión tan debatida, que ha puesto en tortura á las inteligencias más privilegiadas, incluso á la de San Agustín, se puede dar casi por terminada

---

(1) Amós, VIII, 11-13.
(2) Jeremías, L. 24-32; LI, 1-2; XLVI, 3 10, 19-21.
(3) Ezech., XXIX, 19-21; XXX, 3-9.
(4) Sophon., III, 8-11, 14-17.
(5) David, Psal. II, 7.

con sólo haber examinado una palabra hebrea considerada como fundamental para la interpretación del primer capítulo del *Génesis*.

Sería prolijo referir cada uno de estos aparentes conflictos entre la Sagrada Escritura y la ciencia, que pueden ser satisfactoriamente explicados con sólo estudiar el significado de las palabras del original hebreo. Tal vez, si hoy existe tan grande diversidad de pareceres acerca de la universalidad del diluvio, se deba, sin duda, á no haber examinado á fondo el texto primitivo. ¡Ojalá que los aficionados á la literatura de los hebreos nos saquen cuanto antes de estas dudas, como nos han sacado de otras muchas que al principio escandalizaban á los buenos, y daban motivo á que se envalentonasen los malos creyéndose vencedores de la Iglesia católica y de Dios mismo!

Otro de los pasajes que, según nuestro humilde parecer, se debía estudiar profundamente, es el famoso texto del capítulo III del *Génesis*, vers. 22, citado por comentadores y retóricos como ejemplo de *ironía*. La Vulgata dice: *Ecce Adam quasi unus ex nobis factus est, sciens bonum et malum·*

Aunque en muchas cosas no estamos conformes con el parecer del Sr. García Blanco, no obstante, nos parece que tiene razón al decir que es impropio del corazón compasivo de Dios este modo de hablar irónico, y más bien sarcástico, con el desgraciado Adán, que después de haber perdido el cetro y corona que le entregara su Criador para que ejerciese la autoridad de Rey de la creación, se contempla el ser más despreciable, esclavo de sus desordenadas pasiones y sujeto á sufrir un castigo ejemplar.

Que el pasaje de la Vulgata es una *ironía* fortísima, y que esta *ironía* es de las que los retóricos denominan *sarcasmo* por dirigirse á una persona colocada en gravísimos trabajos, está fuera de toda duda por defenderlo así muchos y graves autores. Y siendo el *sarcasmo* una locución que *sólo puede ponerse en boca de un personaje bárbaro y brutal,* como dice Hermosilla, ¿no se le irrogará á Dios una gravísima injuria al poner en su boca la frase citada, aunque se le suponga hablando *móre humano?* Luego es necesario hacer un esfuerzo para que desaparezca de la boca dulcísima de Dios una frase tan dura (1).

Sabido es de todos el aprecio que hoy se hace del estudio de la antigüedad. Y por esa razón muchos hombres ilustres consagran todas sus fuerzas á desenterrar del sepulcro del olvido los apreciables restos de pueblos antiquísimos. ¿Y qué pueblo de entre todos los que tenemos noticia merece que se fije en él más la atención de los sabios que el pueblo judío? ¿Por ventura es indigno de ser estudiado un pueblo que, á excepción de todos los demás, y á pesar de tantas vicisitudes porque ha pasado, ha logrado perpetuarse hasta nuestros días, conservándonos al mismo tiempo su doctrina, su legislación y su literatura tan completas como en los días de su mayor engrandecimiento? ¿Acaso la historia del pueblo de Israel no ofrece mayor interés para el anticuario que la historia de los egipcios y asirios? Y, sin embargo, mientras el Egipto y la Asiria han logrado atraer hacia sí las miradas de los aficionados á estudiar cosas antiguas, la Palestina tiene muchos menos admiradores que la tierra de los Faraones y la región del Éufrates.

Siendo, por consiguiente, tan importante el estudio de la *Palestinología*, ¿quién no ve la transcendencia que puede tener el estudio de la lengua hebrea para hacer con fruto esta clase de investigaciones? ¿Carecerá, por ventura, de monumentos cuyas inscripciones sea necesario descifrar? ¿No es fácil que se dé con algún escrito antiquísimo que haya necesidad de interpretar?

El estudio de las costumbres de un pueblo antiguo es también ocupación digna de todo el que desee ser tenido

---

(1) El autor de la *Paráfrasis caldaica*, Onkelos, traduce el pasaje arriba citado de la siguiente manera: *Ecce Adam est unicus in sœculo, ex se sciens bonum et malum.* Y el Sr. García Blanco, pareciéndole muy probable que la palabra original מִמֶּנּוּ *(mimennú)* pueda traducirse lo mismo *como uno de él*, que *como uno de nosotros*, fundado en que la palabra hebrea puede ser la partícula מִן repetida, con la afija *de él ó de nosotros*, traduce así: "HE AQUÍ EL HOMBRE HA SIDO COMO UNO DE ÉL, *como uno de su casta, como uno de tantos*, decimos nosotros: *ha hecho una de las suyas, se ha portado como quien es*, AL CONOCER Ó SABER DE BIEN Y MAL., *(Diqduq.*, tomo II, pág. 263.)

por hombre ilustrado, y está fuera de toda discusión que para conocer con toda exactitud las costumbres de una raza cualquiera no hay medio más proporcionado que poseer con alguna perfección su mismo idioma, y viceversa. Ahora bien; ¿quién se atreverá á negar la importancia del estudio de las costumbres judías, que tanta aplicación puede tener en la interpretación de los libros santos? El conocer á fondo la organización y modo de ser de ese pueblo admirable, ¿no puede ser suficiente muchas veces para ilustrar todo un pasaje de la Historia inspirada? Todo esto es indudable, y por eso no puede ponerse en duda tampoco la importancia del estudio de la lengua hebrea, como no la pusieron los Santos Padres, constantes admiradores de la Biblia; pues más ó menos trataron todos, cuanto les permitían sus imperiosas obligaciones, de familiarizarse con la lengua de Moisés y de los Profetas (1).

Aunque solamente fuera útil el estudio de la lengua hebrea para conocer con toda perfección el sentido de la Sa-

---

(1) Le Clerc y Ernesto han dicho que San Agustín no puede figurar al lado de otros intérpretes de primer orden por no haber sabido el griego ni el hebreo. Pero San Agustín, así como ha tenido muchos censores, así también ha tenido otros muchos que le han defendido admirablemente. Uno de éstos es el Dr. Enrique Clausen (protestante), el cual, después de probar irrebatiblemente, en un librito publicado en Copenhague contra Rosenmüller el mayor, que el Doctor de la Gracia es uno de los Padres más beneméritos de la Iglesia por haber interpretado tan bién como el primero los libros santos, ha demostrado del mismo modo que San Agustín sabía bastante griego para poder servirse de él al hacer sus comentarios. Y hemos de añadir aquí que también sabía el hebreo necesario para poder consultar, en caso de duda, el original sagrado.

Que la lengua púnica es muy parecida por su naturaleza á las lenguas semíticas, que las relaciones que la unen con la lengua hebrea son estrechísimas, y que más bien que una lengua distinta era un dialecto de la lengua de Moisés, son cuestiones que ningún filólogo pone en duda. Ya en tiempo de San Jerónimo era muy común esta opinión, pues dice el Santo: *Lingua quoque punica quæ de fontibus hebræorum manare dicitur.* Ahora bien; si tan íntimas relaciones existen entre estos dos idiomas, San Agustín, que con la leche materna aprendió el primero, ¿estaría completamente ignorante del segundo? No es creíble. Además, afirma el Santo *(Quæst. in Judic.,*

grada Escritura, esto sólo bastaría para dar por bien empleado el trabajo que pusiéramos en adquirir el conocimiento
de ella; pero existe además otra clase de literatura hebraica que, si no es tan apreciable como la de la divina Escritura, es, no obstante, muy digna de estudiarse, no sólo por
el escriturario y el teólogo, sino también por todo aquel que
se consagra con todas sus fuerzas á conocer la antigüedad:
la literatura rabínica.

La importancia del pueblo de Israel entre todos los pueblos antiguos no dependía de su genio belicoso y emprende-
dor, ni de haber subyugado poderosos y florecientes Imperios, ni de las grandes riquezas que poseyera, pues en todo
esto le aventajaron otros muchos, sino por la visible protección con que le favorecía Dios y por la sublime doctrina que recibió de su boca. Y mientras los demás pueblos
de la tierra estaban sumidos en la ignorancia más crasa y
degradante respecto de su primer origen y de su último fin,

---

lib. VIII, quæst. 16) "que las lenguas hebrea y púnica se diferencian
muy poco entre sí... Aquí, como se ve, compara San Agustín una lengua con otra; y como para comparar se necesita conocer los términos
de comparación, se deduce que el Obispo de Hipona conocía la lengua
hebrea. Otra razón parecida á la anterior puede sacarse también de
la obra que escribió titulada *Contra litteras Petiliani*, lib. II, capítulo CIV, donde dice: "*Hunc (Christum) hebræi dicunt Messiam, quod
verbum linguæ punicæ consonum est, sicut alia permulta et pene
omnia.*„ Tenemos, pues, que, según San Agustín, los diccionarios pú-
nico y hebreo se distinguen muy poco entre sí.

Entre otras cualidades que el ilustre Obispo de Hipona exige de
todo aquel que desee interpretar la Sagrada Escritura, una de ella es
que tenga conocimiento del hebreo y del griego *(linguæ hebreæ et
græcæ cognitio)*; ¿y dejaría él de observar esta regla de conducta
que prescribía á los demás? Imposible. Por eso vemos que el mismo
Santo se remite en muchos pasajes de sus *Comentarios* al texto original diciendo: "Esto significa en hebreo tal cosa.„

Dirá quizás alguno que San Agustín, cuando hablaba de esta
materia, "lo hacía, como se suele decir vulgarmente, por boca de
ganso„; pero á los que tan bajamente piensan de un Santo que para
ejercitar su humildad publicó el admirable libro de sus *Confesiones*,
se les puede contestar con lo que dice un su biógrafo: "Que no era el
genio de San Agustín tan altivo que hiciese alarde de saber lo que
ignoraba.„

el pueblo judío tenía ideas clarísimas respecto de lo uno y de lo otro, así como también de otras muchas verdades del todo desconocidas ó sumamente desfiguradas entre las gentes.

Y no se crea que la doctrina de los judíos se encuentra toda ella en la Biblia; pues entre ellos, lo mismo que entre los cristianos, existe la tradición, fuente viva y perenne que jamás se agota. Esta tradición, que es como el complemento de la divina Escritura, se halla en los escritos de los sabios rabinos; y así como nosotros, para conocer qué es lo que enseña la tradición respecto de una verdad católica, tenemos necesidad de consultar las obras de los Santos Padres, del mismo modo para conocer la tradición judía es indispensable leer las obras de los doctos rabinos. Por esa razón son muy dignos de ser estudiados la *Masorah,* los *Targums,* la *Mischnah* y el *Talmud,* por contenerse en ellos, no sólo la doctrina tradicional respecto de las verdades religiosas y morales, sino también otras muchas civiles y científicas "que ilustraban á los hebreos, como dice Buxtorf, en todo género de conocimientos."

En suma, la lectura é inteligencia de los rabinos es utilísima; primero, para refutarlos; y segundo, porque están llenos de erudición, según dice Gilberto Genebrardo: *"Non temere quis affirmaverit de multitudine librorum, etiam nunc extantium in qualibet disciplinarum specie, hebræos cum quibuslibet gentibus facile posse contendere."*

Esta razón, suficientemente poderosa para inducir á cualquiera á estudiar un idioma en el cual se han escrito cosas tan importantes como curiosas, es una prueba especial para los españoles que se precien de ser amantes de sus gloriosas tradiciones.

Después que el pueblo judío dejó de existir como nación, y cuando el anatema pronunciado por Jesucristo ante los muros de Jerusalén hubo surtido todo el efecto que se propuso un Dios justamente irritado, los descendientes de aquel pueblo deicida tuvieron por necesidad que esparcirse por las demás naciones, en las que vivieron tan aferrados á sus antiguas costumbres que, á pesar de los siglos que han transcurrido, todavía conservan su carácter peculiar, que los hace aborrecibles á todos.

En esta dispersión judaica, nuestra nación fué la primera en ofrecer hospitalidad á tantos infelices que á todas horas llegaban á pedírsela. Y fué tan generosa con aquella raza proscripta, que, no solamente le dispensó una libertad que no merecía, sino que le permitió vivir prósperamente como podía haber vivido en su tierra prometida bajo la dirección de sus famosos Jueces y Reyes. Por eso mismo pudieron dedicarse con entusiasmo á adquirir toda clase de conocimientos, primero en las academias de Pombeditá y Mehasia, en la Persia, adonde enviaban sus hijos los judíos acaudalados, y después en las Academias de Córdoba y Toledo, en donde brillaron, como astros de primera magnitud entre sus correligionarios, los famosos rabinos R. Moisés, el fundador de la primera, su hijo R. Hanoc, los célebres médicos y astrónomos Aben Ezra y Maimónides, Ben Gabirol y otros muchos que sería prolijo referir.

La literatura rabínica española es digna de que se la trate con respeto y de que se la estudie con entusiasmo, pues ninguna de las razas que han habitado en nuestra Península puede competir con la raza judía, si se exceptúa la musulmana, en cuanto á su rica y abundante literatura (1). Para poder saborear ésta es indispensable el conocimiento de la lengua en que se escribió, pues la mayor parte de las obras de los escritores judíos sólo se hallan en su original, por no haber sido traducidas á ningún otro idioma.

Extraño parecerá á primera vista el afirmar que á nuestra hermosa lengua española unen estrechísimas relaciones con la lengua hebrea. El Sr. D. Severo Catalina del Amo, en su discurso de recepción en la ilustre Academia Española, demostró elocuente y sólidamente que "si el diccionario de la lengua castellana tiene más de latino que de semítico,

---

(1) El Sr. J. Rodríguez de Castro escribió en el siglo pasado la Bibliografía rabínica española, formando con ella un grueso volumen en folio de 648 páginas, que es el tomo I de su *Biblioteca española*.

la gramática de la lengua castellana tiene más de semítica que de latina„. Y como entre las lenguas semíticas la principal y la madre de todas, según el mismo Sr. Catalina, es la hebrea, por eso el fin principal adonde tiende la argumentación del ilustre académico es á hacer ver las relaciones íntimas que guardan entre sí los dos idiomas, hebreo y español, y á demostrar la influencia grandísima que ha ejercido la lengua de los antiguos Profetas en la formación de la nuestra.

Entre otras muchas razones con que prueba esto mismo, se sirve de la excelente traducción que resulta de transladar palabra por palabra el original hebreo al idioma castellano. Traduce al efecto de la manera que hemos dicho dos trozos hebreos, uno del *Génesis* y otro de un célebre rabino, de la cual traducción resulta, como él dice, un castellano tan fluído y hermoso como el de Fr. Luis de León. Luego deberemos sacar en consecuencia que para conocer á fondo la estructura de la gramática castellana es importantísimo el estudio de la hebrea.

Por poco que se reflexione sobre las razones que dejamos expuestas, abrigamos la firme persuasión de que no habrá ninguno que se atreva á negar que el estudio de la lengua hebrea sea importantísimo. Desearíamos, por tanto, que todos aquellos á cuyo cargo se halle la redacción de programas en los centros de enseñanza pública obrasen en conformidad con este mismo parecer, ampliando cuanto sea posible la enseñanza de este idioma, hasta que los aficionados á su estudio, después de obviar las principales dificultades, puedan trabajar por cuenta propia. De ese modo no nos veremos supeditados á los protestantes y racionalistas alemanes, que interpretan muchas veces las palabras hebreas en conformidad con sus ideas heterodoxas, sin que haya un profundo hebraísta católico que se decida á refutarlos.

Por eso no puede leerse sin indignación lo que dice Gesenio de la palabra עַלְמָה (H*alma)*, con que el sublime Isaías declaró al Rey Acaz, y en él á todas las generaciones futuras, uno de los prodigios más admirables que obró el Omnipotente, á saber: que una *virgen* había de concebir y parir. El filólogo racionalista niega este prodigio porque niega también que la palabra empleada por Isaías signifique *una virgen*. Por consiguiente, anímense todos los católicos, y en especial los eclesiásticos, al estudio de un idioma que tan sabrosos frutos ha producido y está llamado á producir á la Religión de Jehová.

FR. FÉLIX PÉREZ-AGUADO,
Agustiniano.

EL REALISMO IDEALISTA [1]

(LOTZE.—WUNDT.—FOUILLÉE.)

III

UIEN sólo atendiese á la aspiración general del realismo idealista, le juzgaría tal vez sistema privado
de verdadera originalidad. El proyecto de conciliar escuelas y opiniones, propuesto bajo una ú otra forma
en épocas pasadas de la historia de la Filosofía, ha sido renovado en nuestro mismo siglo por una escuela distinguida,
cuyo notable influjo en la pública opinión no ha acabado de
desaparecer. Si al realismo idealista no caracterizara más
que su tendencia harmonizadora, claro es que habría motivo
para considerarle como simple modificación del eclectismo
cousiniano, con toda la conveniencia de adaptación á las
presentes circunstancias que se quisiera, pero sin el mérito
y virtud de la originalidad propia de los sistemas que aparecen por primera vez, inspirados en nuevo *ideal* y vivifica-
dos con la vitalidad de nuevas soluciones. ¿Es ó no el realismo idealista escuela nueva á que deba reconocerse modo de
ser propio? ¿Se reduce su novedad á la aplicación del principio ecléctico á las condiciones actuales de la controversia
filosófica?

---

(1) Véase la pág. 600 del volumen precedente.

Sin pasar de la exposición á la crítica que después haremos del sistema, baste por ahora advertir que los partidarios del realismo idealista han comprendido la necesidad de
precisar sus relaciones con la escuela ecléctica exponiendo
sus propios principios en la forma más peculiar y característica, y señalando las diferencias más notables que separan sus propósitos de los del eclecticismo cousiniano. Es
cierto que también han protestado de que su teoría tenga
nada que ver con otras modernas precedentes, con las cuales de hecho tiene que ver muy poco, por más que en su espíritu conciliador, en su amplitud de criterio, el realismo idealista se las asimile de vez en cuando; pero en el modo frío y de
paso con que hacen estas otras declaraciones, muestran que
las creían innecesarias, aunque las hayan juzgado oportunas
ó convenientes para eludir todo equívoco. Así, supuesta la
tributación del elemento experimental y físico que exige en
toda la nueva escuela, ¿podrá nadie confundir sus aspiraciones con las de la escuela hegeliana? Los excesos de especulación en que pueden incurrir partidarios del realismo idealista, que, procediendo de escuelas eminentemente racionales,
no acaban de acomodarse á un criterio mixto de especulativo
y experimental, harán tal vez conveniente esa declaración;
pero el hegelianismo es ante todo un sistema ideal que difícilmente admitiría la reconciliación á que se tiende en el
realismo idealista entre el elemento mental y el físico, entre
la abstracción y el conocimiento de la experiencia inmediata (1). No es tan evidente la distinción que media entre las
soluciones del nuevo sistema y las del escepticismo positivista; porque, como hemos de ver más adelante, el nuevo
sistema no ofrece al fin más que soluciones dudosas, contentándose con responder á muchas de las grandes cuestiones

(1) "Hegel prétend avoir trouvé la formule universelle et absolue,
le *sésame ouvre-toi*, et il l'impose d'avance a toutes choses; il faut au
contraire proceder *a posteriori*, ne présenter la construction idéale,
que comme une hypothèse construite avec des éléménts réels et toujours soumise au contrôle de la réalité."—Fouillée, *L'Avenir de la
Métaphysique*, pág. 130.

metafísicas con una x, que convierte en perpetua incógnita las afirmaciones determinadas de las demás escuelas; así y todo, en cuanto admite ciertos principios mixtos de virtualidad reconocida, en cuanto supone que un criterio, á la vez real é idealista, puede contribuir al esclarecimiento de las verdades adquiridas por la ciencia dándoles un carácter más transcendente y general, el realismo idealista no es propiamente escéptico; y confiando, como él confía, en la eficacia del elemento mental, no lo es de todos modos con el escepticismo de la escuela positivista (1).

Algo peor deslindadas quedan sus relaciones con el eclecticismo cousiniano (2). Pero al fin el realismo idealista, por medio de uno de sus representantes más conspicuos, protesta contra la comunidad de aspiraciones con esa escuela, y no estará de más conocer y examinar las explicaciones dadas á este propósito, ya que, enumerando las diferencias que le distinguen del eclecticismo, precisa, en cuanto pueden ser precisadas, sus propias aspiraciones. Sin negar que haya cierta semejanza entre algunos conceptos suyos y otros del eclecticismo cousiniano, de quien tampoco son originales, puesto que podrían atribuirse á Leibnitz y á Platón con igual ó mejor derecho que á Cousin, sostienen los partidarios del realismo idealista que su doctrina difiere de la cousiniana en todo lo más esencial y característico de un sistema: en principios, en criterio, en aspiraciones, en formas. En *principios*, porque mientras el eclecticismo cousiniano parte de la suposición de que la verdad filosófica está ya totalmente dicha, y sólo falta recoger las porciones

---

(1) "La méthode de conciliation que nous venons d'exposer n'est évidemment pas le scepticisme, car elle ne consiste point à dire: tout est vrai, tout est faux, suivant le côté où on regarde la chose. Il ne s'agit pas de concilier les conceptions métaphysiques dans leurs erreurs, mais seulement dans leurs vérités.„—Fouillée, obra citada, pág. 129.

(2) ¿Quién no tomaría por eclécticas las siguientes declaraciones de Fouillée?: "Sceptique, il ne faut l'être qu'à l'égard des systèmes exclusifs qui se prétendent en possession de l'absolu... Au lieu de dire: Hors de l'Église point de salut, disons: Dans une église, même philosophique, point de salut.„—Obra citada, pág. 129.

de ella que se han apropiado las diversas escuelas, el realismo idealista cree, por lo contrario, que está aún por
decir, y que lo hecho hasta ahora, aprovechable y útil sin
duda, no debe retraer la investigación filosófica de dirigir
el pensamiento hacia nuevos ideales y por nuevos caminos;
de aquí que el método cousiniano sea esencialmente *histórico*, fundado en el estudio del modo de pensar de los grandes filósofos, y *crítico*, enderezado á inquirir la parte de verdad con que cada sistema puede contribuir á la reconstitución de la verdad absoluta (1). En *criterio*, porque si para
el eclecticismo cousiniano, que contrapone la *espontaneidad* á la *reflexión*, no hay medio de conocer más seguro que
el *sentido común*, para el realismo idealista, pagado ante
todo del conocimiento discursivo y experimental, el criterio
del sentir común tiene valor muy secundario; el realismo
idealista busca la verdad en sí misma, no en la opinión de
los hombres; y la busca tan completa y racional como no
puede dársela el sentido común, que sólo tiene por patrimonio una parte insignificantísima de la ciencia humana. En
aspiraciones, porque el eclecticismo de la escuela cousiniana no tiende más que á una simple *selección (choix)* de teorías, al paso que el nuevo sistema aspira á la formación de
una verdadera síntesis; para distinguir la clase de harmo-
nismo á que cada una de estas teorías tiende, habría que llamar *sintética* á la del realismo idealista, y puramente *sin-
crética* á la del eclecticismo cousiniano. En *procedimientos*, porque en Cousin el eclecticismo adopta cierta crítica
entre filosófica y literaria, pone á su servicio una psicología
demasiado ligera *(trop littéraire)*, y viene á resumirse, en
último resultado, en una yuxtaposición de doctrinas, don-

(1) Hay, sin embargo, quien da tanta importancia al elemento *crítico* en el realismo idealista, que parece convertirle en objetivo de
esta escuela. (Véase el estudio de González Serrano *La Filosofía alemana y la cultura filosófica moderna*, publicado en la *España Moderna*, casi á la vez que nuestro primer artículo en LA CIUDAD DE
DIOS.) El favor con que González Serrano juzga al realismo idealista
nos confirma en nuestra suposición de que la recomendación del sistema, hecha entre nosotros por personas doctísimas, no sería inútil.

de, sobre lo caprichoso de la clasificación, se juzgan los sistemas, no tanto por sus principios y conclusiones, cuanto por el diverso valor que cada uno da á los varios medios de conocer; pero el realismo idealista no puede satisfacerse con llegar en último término á una mezcla de principios, á un convenio *(compromis)* entre filósofos y escuelas, sino que busca como resultado último la unidad doctrinal, y la busca por una verdadera sistematización de principios, por el estudio de la realidad completa, por una crítica filosófica, que atienda á la verdad en sí misma más que al sentir de los hombres (1).

Bien examinadas, tal vez no parezcan tan reales esas diferencias entre el eclecticismo cousiniano y el realismo idealista, como los partidarios de este sistema creen y se esfuerzan por demostrarnos; pero dejando toda observación á este propósito para cuando entremos en la crítica del sistema, aceptaremos en general y como provisionalmente cierta distinción entre escuela y escuela, que de todos modos existe, sin fijarnos en las diferencias indicadas más que en cuanto exponen fases peculiares del realismo idealista. Tenemos, pues, que la nueva escuela, si ha de creerse á sus fundadores ú organizadores más notables, aspira á la indagación de la verdad, juzgándola aún en gran parte desconocida; que toma como medios para obtener ese resultado el razonamiento y el conocimiento experimental; que tiende, como á fin supremo, á la formación de una síntesis doctrinal en que se halle representada la realidad completa; que, en fin, buscando la unidad, y no la yuxtaposición de doctrinas, cree necesaria una organización y sistematización rigurosa de principios, fundada en la naturaleza de las cosas. y no en clasificaciones arbitrarias. No todo esto es esencial al realismo idealista, como sistema propio y nuevo; pero tratándose de un examen comparativo de su programa con el del eclecticismo cousiniano, todas esas declaraciones auténticas, hechas por el principal representante actual del sistema, pueden tener su utilidad, y sirven de todos modos para

---

(1) Fouillée, *L'Avenir de la Métaphysique,* págs. 130 y siguientes.

darnos un concepto más determinado de lo que el sistema pudiera ser en la práctica y de lo que ya es en la mente de sus fautores.

Descartando lo accidental y resumiendo los principales propósitos de la nueva escuela, parécenos que el realismo idealista pone todos sus proyectos de organización filosófica en un gran proceso formado de dos tendencias generales que se completen sin contradecirse, por más que, al parecer, vayan en dirección opuesta (1). Tanto la realidad física como la inmaterial, así la experiencia como la especulación, deben entrar á modo de elementos ó de medios en la constitución de la ciencia filosófica, si no se quiere sustraer á la fuerza inquisitiva de la inteligencia humana la mitad de la verdad cognoscible (2). Pero antes de venir al hecho de la conciliación entre los elementos divorciados deben presuponerse ciertos trabajos preliminares, para que la conciliación, en vez de reducirse á un simple convenio de escuelas, llegue á ser una verdadera unidad doctrinal; es necesario comenzar por un *estudio analítico*, con cuyo auxilio, examinando los datos de la experiencia y de la especulación, los principios del conocimiento positivo y los del intelectual, se determine cuáles y en qué forma pueden entrar á constituir un cuerpo de doctrina filosófico; y es necesario perfeccionar la obra recurriendo á un gran trabajo de *síntesis,* en cuya virtud se reconstituya la ciencia filosófica con los distintos elementos procedentes de ese doble orden de la realidad cognoscible, haciéndolos entrar con el carácter, orden y proporción que corresponda á cada

(1) Para la exposición de esta parte concreta del realismo idealista hemos tenido presente á Fouillée, por ser el último y el que más minuciosamente ha hablado de ella en su libro *L'Avenir de la Métaphysique.*

(2) "Mais la marque de notre développement scientifique parait être, en général, une philosophie unitaire, monistique. Personne ne meconnaît que notre science a des bornes, et qu'elle en aura toujours. Mais si loin qu'elle s'étende, elle veut former un tout intimement uni, et proteste contre la tentative de la diviser en deux parts tout à fait distinctes...—Wundt, *Discurso* pronunciado en Zurich sobre la tendencia de la filosofía contemporánea.

uno (1). Así considerada, la Filosofía no es más que una *generalización de la ciencia,* distinta de la simple ciencia por lo que tiene de *generalización,* y diferente -de la Metafísica abstracta por lo que encierra de *positiva y experimental.*

IV

Pero, ¿cómo verificar esas operaciones previas de análisis y síntesis, de modo que se llegue sin tropiezo á la generalización de la ciencia? Los partidarios del realismo idealista contestan desde luego que teniendo en cuenta en cada una de ellas los caracteres especiales de *racional* y *positiva* que han de distinguir á la indagación filosófica según el nuevo sistema; así, por el trabajo de análisis se buscará en los datos experimentales y científicos lo radical, lo más comprensivo, lo menos complejo, eliminando todas aquellas circunstancias que los convierten en mera expresión de hechos individuales, á la vez que se elegirán en las nociones metafísicas principios y problemas que consideren la realidad de un modo positivo, prescindiendo cuanto sea posible de la parte hipotética y de opinión que suele mezclarse en la Metafísica abstracta (2). Por lo que hace á la operación *sintética,* el propio trabajo de análisis bien hecho es la primera condición, como la principal garantía de llegar á un

---

(1) Fouillée, *L'Avenir de la Métaphysique,* cap. IV.

(2) Fouillée, *L'Avenir de la Métaphysique,* pág. 56. Wundt decía más concretamente: "Les derniers éléments, dont une théorie psychologique indépendante doit déduire les conséquences complexes de l'expérience interne, ne sont pas quelques suppositions métaphysiques...., mais les faits *les plus simples, immédiatement donnés, de l'expérience interne...* Grâce à *l'analyse* soigneuse des faits complexes de conscience, elle doit découvrir ces phénomènes *fondamentaux,* qui sont supposées être les éléments absolument irréductibles de l'événement interne, afin d'arriver, par la demonstration des liaisons qu'ils contractent et des transformations qu'ils subissent, à prouver que de ces phénomènes peut découler un développement *synthétique* futur des faits psychologiques."—*Psychologie physiolog.,* t. II, página 516.

resultado satisfactorio en la tentativa de pasar del orden
científico al filosófico por medio de la generalización; aun
cuando no sea posible despojarla de todo carácter hipotético, la generalización de la ciencia que deben buscar las
escuelas filosóficas será tanto más real y positiva cuanto
mejor se haya sabido determinar por el procedimiento analítico los últimos resultados, los, más generales, del conocimiento experimental. Pero, contando con esa primera condición, la síntesis debe además, por razón de sí misma, ir
basada en un elemento real que pueda servir de punto común á las partes unidas ó conciliadas; porque la generalización científica á que tiende la nueva escuela no ha de consistir en una simple abstracción, sino en considerar las realidades del orden cognoscible comprendidas bajo una propiedad ó nota común, que la experiencia haga ver de un
modo positivo que existe en todas ellas; si en cuanto existe
ó puede ser objeto de nuestra experiencia se halla un elemento volitivo ó mental, ó la facultad de sentir, ó cierta simple virtualidad que llamaríamos fuerza, cualquiera que ello
sea, habrá algo real, que podría tomarse por base de la síntesis, dando á la generalización un carácter eminentemente
positivo (1).

Sin embargo, hasta ahora no se habría expuesto más
que en principio la multitud de operaciones secundarias á
las cuales confía el realismo idealista el trabajo preparatorio que debe preceder al resultado de la generalización.
Como lo que impide la conciliación doctrinal, el acuerdo en
los puntos principales, es ante todo la deficiencia y exclusi-
vismo de los sistemas, habrá que empezar por poner á éstos
en disposición de aproximarse ó reducirse al menor número
por los procedimientos de *determinar las partes neutras y
comunes,* de *rectificar y completar* sus elementos especiales, de *analizar sus principios, separando* en ellos *la parte positiva de la negativa.* La determinación de las partes

_____

(1) Fouillée, *L'Avenir de la Métaphysique,* pág. 66. Wundt parece
señalar el *instinto* como hecho primordial hasta en los seres inani-
mados: *Éléments de Psychologie physiologique,* sec. VI, capítulo XXIV, núm. 3.

neutras ó comunes de los varios sistemas facilitaría la inteligencia entre ellos; hay en cada sistema su forma peculiar y exclusiva que imposibilita el que, considerados por
ese aspecto, se presten á una interpretación harmónica y
común; pero si se los despoja de esas fases particulares, resulta como *substratum* y base una porción de conceptos
neutros que, faltos de determinada forma, lo mismo pueden
hallarse en un sistema que en otro (1). No contribuiría menos á la posibilidad de un acuerdo doctrinal el que los sistemas, ya versaran sobre problemas reales, ya se ciñesen
al orden conjetural é hipotético, tuvieran todo el desarrollo
que pudieran recibir de la exposición lógica de sus principios; muchas veces la oposición entre sistema y sistema
nace de una interpretación errónea é inexacta, más bien
que del concepto sistematizado; ampliados y rectificados,
tal vez parecería fácil la conciliación entre doctrinas que,
mal é incompletamente expuestas, parecen contradictorias
é inconciliables. Convertidos así los sistemas en *sistemas-
tipos*, todavía podría facilitarse el trabajo de reducirlos á
una conciliación más íntima por el procedimiento de análisis crítico de sus respectivas afirmaciones; una vez estudiados con una crítica prudente y racional, que es, por desgracia, poco común, los principios de cada sistema, reducidos
á su valor y extensión propia, purificados de los errores
que se les adhieren en la exposición privada, resultarían
menos exclusivos y excepcionales y se prestarían mejor á
una inteligencia harmónica (2).

Hay, por otra parte, en cada sistema dos elementos distintos y al parecer separables (uno individual y subjetivo,
otro objetivo y general) que influyen de distinto modo en

---

(1) Wundt justifica la creación de la Psicología fisiológica por la
existencia de un campo neutral entre la Fisiología y la Psicología:
"C'est ainsi que se forme un cercle de phénomènes biologiques simul-
tanément accessible à l'observation externe et interne; un domaine
limitrophe qui, aussi longtemps que la physiologie et la psychologie
seront en général separées l'une de l'autre, sera convenablement
assigné à une science particulière qui leur est intermédiaire.„—*Eléments de Psychologie physiologique*, tomo I, pág. 1.

(2) Fouillée, *L'Avenir de la Métaphysique*, págs. 103-114.

el hecho de la conciliación. Los grandes pensadores suelen comunicar á sus teorías cierto carácter original y propio, que hace que, miradas por ese lado, no puedan confundirse con ninguna otra, por más que la originalidad se reduzca á sistematizar con formas concretas é individuales principios é ideas comunes. Hay, por tanto, en todo sistema cierto elemento objetivo que no puede considerarse como exclusivamente propio de una escuela determinada, y cierta parte artística, consistente en la habilidad ó ingenio con que ha sabido reducirse á sistema original, presentarse bajo nueva forma conceptos generales, cuya paternidad nadie puede reclamar para sí propio. El valor primario de los sistemas no está en su parte artística, que, aunque digna de tenerse en cuenta, es al fin accidental y secundaria; si se busca la verdad en sí misma, que es como debe buscarse, no personalizada en este ó en aquel filósofo, la forma particular de un sistema determinado influirá muy poco en la idea que nos formemos de sus principios. Pues bien; para llegar á la conciliación doctrinal á que el idealismo realista tiende, el procedimiento más útil es el de separar esos dos elementos de cada sistema y buscar la síntesis, no en la parte subjetiva, sino en la objetiva; no en la forma individual, sino en los principios; no en las opiniones, sino en las verdades. De desear sería que la conciliación llegara hasta poner de acuerdo á los hombres; pero, caso de ser posible semejante resultado, el mérito de la conciliación doctrinal no estaría en que todos pensaran de la misma manera, sino en que la verdad, considerada objetivamente, no pareciese más que una. Ni lo uno ni lo otro será posible en mucho tiempo ó nunca; pero el realismo idealista debe de todos modos buscar la conciliación doctrinal en la manera que sea posible, y uno de los mejores medios para llegar á ella sería este de prescindir de la parte subjetiva de cada sistema, insistiendo en el *estudio comparativo de principios y verdades* (1).

A los procedimientos expuestos deben añadirse otros no menos importantes como complementarios, designados

(1) Fouillée, *L'Avenir de la Métaphysique*, pág. 115.

con los títulos de método *de convergencia, de términos medios, de equivalentes, de inducción de límite*. Por el método *de convergencia* deberían ser estudiados los sistemas,
no simplemente en los principios y consecuencias que explícitamente patrocinan, sino en sus principios más generales,
aunque sólo supuestos, y en todas sus consecuencias lógicamente deducidas; así estudiados, veríamos tal vez que sistemas que parecen inconciliables respecto de los principios
y consecuencias más inmediatos se aproximan *convergen,*
en vez de divergir, cuando se estudia la idea sistematizada
en toda su extensión. Pero si aun así fuera imposible obtener la conciliación de dos sistemas, podría recurrirse al medio más fecundo de buscar términos medios que sirvan de
lazo de unión á los principios opuestos; sistemas que, considerados en sus afirmaciones absolutas, difícilmente se acomodan á una reducción, pueden convenir en un principio
medio que patrocinen á la vez ambos; si se acierta, pues, á
introducir entre los sistemas términos comunes que hagan
menos brusco el tránsito de una afirmación á otra, se habrá
dado un gran paso en la empresa de conciliación doctrinal.
Sería también conveniente, si no necesario, valerse del método *de equivalencia* para aminorar ó hacer desaparecer la
oposición que existe á veces entre doctrina y doctrina; cuando se quiere dar una solución directa sobre ciertos problemas
reales, es frecuente caer en la contradicción, porque la realidad absoluta en ninguno de ellos llega á ser completamente conocida; pero si en vez de buscar la verdad absoluta se busca la verdad relativa, si en vez de inquirir la realidad en sí misma se la considera en sus determinaciones y
equivalencias, podría facilitarse la posibilidad de un acuerdo. Y, últimamente, el uso *de inducción de límite* no dejaría de ser á este propósito de alguna utilidad, sobre todo en
la consideración práctica de ciertos problemas metafísicos,
si se procede con la debida precaución; transladadas por suposición á la realidad misma las relaciones y determinaciones de ella que la experiencia propia nos hace concebir, habría un medio de ponerse de acuerdo sobre puntos importantes en que ahora se disiente; ni afirmaríamos ni negaría-

mos que la realidad sea exactamente igual á como se nos presenta en esos hechos, pero podríamos convenir en la realidad y eficacia de su representación (1).

Tales son los procedimientos secundarios que el realismo idealista señala como otros tantos medios de llegar á la formación de una síntesis general del conocimiento científico, y de obtener el difícil resultado de reducir á un acuerdo doctrinal á las escuelas filosóficas que hasta ahora se han combatido como opuestas é inconciliables. En la exposición de cada procedimiento, como en la aspiración general de la escuela, manifiéstase la doble tendencia de dar al estudio filosófico un carácter á la vez experimental y metafísico; pero se nota especialísimo empeño en que la Filosofía tenga el valor positivo de las ciencias experimentales, y que las cuestiones filosóficas se formulen y resuelvan en condiciones idénticas ó semejantes á las que suelen reunir los problemas científicos. De ahí que se traigan al orden filosófico procedimientos peculiares del estudio positivo; que se haga entrar las conclusiones de la ciencia en las resoluciones de la Filosofía; que, en fin, quiera eliminarse, como puramente hipotético, cuanto no tiene base positiva en la experiencia interna ó externa. La verdad es que, si la Filosofía ha de reducirse á ser una generalización del conocimiento científico, los procedimientos propuestos y recomendados por el realismo idealista no podrían ser más propios y naturales; pero, ¿es exacto semejante concepto de la ciencia filosófica? ¿Se llegará en Filosofía á una conciliación doctrinal por los procedimientos indicados? ¿El sistema harmónico propone en realidad soluciones que satisfagan?

FR. MARCELINO GUTIÉRREZ,
Agustiniano.

(Continuará.)

_____

(1) Fouillée, obra cit., páginas 121 y siguientes.

Revista Científica

Transporte de la energía por la electricidad.—En esta misma *Revista* publiqué tiempo atrás un artículo titulado, si mal recuerdo, *Los motores*, en donde trataba de demostrar que, en el estado actual de la ciencia, el verdadero motor del porvenir era la electricidad, é indicaba que existen fuerzas inmensas en la naturaleza de las cuales el hombre no podía sacar partido alguno por tener su asiento en lugares agrestes y de dificilísimo acceso, por no decir imposible, y carecer de vías de comunicación para los transportes de materias primeras, en cuya transformación se había de aprovechar la energía y los productos de esta transformación resultantes. Afirmaba asimismo que el único motor capaz de realizar económicamente este proyecto era el eléctrico, y que, por consecuencia, poseía una prerrogativa especialísima que lo avaloraba y ponía por encima de todos los demás.

Muy poco tiempo ha transcurrido desde que hice las antedichas afirmaciones, y hoy podemos ya consignar que el aprovechamiento en grande escala de las agrestes fuerzas de la naturaleza ha dado ya su primer paso; paso de gigante como todos los dados por la electricidad.

Una de las graves dificultades que surgía desde el punto de vista económico, al tratar de obtener la utilización de energías desarrolladas en lugares intransitables por medio de la corriente eléctrica, consistía en el capital que era necesario amortizar para conseguir el transporte de la fuerza, pues con corriente de baja ó media tensión la sección de los cables sería necesariamente ruinosa para la Empresa. Mas esta dificultad se encuentra hoy resuelta con las máquinas de ele-

vadísimo potencial y los transformadores. La necesidad de los últimos
es evidente para todo el que sepa que las corrientes de la alta tensión son peligrosísimas, pues un descuido cualquiera puede producir
instantáneamente la muerte, y claro está que nadie querría que se
estuviese paseando por todos los ámbitos de su casa ó fábrica tan
formidable enemigo, siempre dispuesto á sacrificar á todo el que le
toque en el pelo de la ropa. Los transformadores, como su mismo
nombre lo indica, son aparatos destinados á convertir una corriente
de alta tensión en otra de baja ó media, ó viceversa.

No es para despreciada la cuestión del aislamiento cuando se trata
de corrientes de gran potencial, pues sabido es que la división de los
cuerpos en idioeléctricos y aneléctricos, ó malos y buenos conductores,
no debe entenderse literalmente, porque todos los cuerpos conducen
más ó menos la electricidad, así como también todos oponen más ó menos resistencia al paso de la corriente eléctrica; por manera que tan
sólo se pueden llamar aisladores y conductores á ciertos cuerpos cuando se los compara con otros; en absoluto, no hay ningún aislador ni conductor. Una insignificante envoltura de gutapercha y algodón es suficiente aislador para corrientes de 30 á 40 *volts*, mientras será punto-
menos que inútil si se tratase de 6.000 á 8.000 *volts*. La casa Oerlikon
ha demostrado, con experiencias realizadas el 24 de Enero de este
año, lo acabado del procedimiento por ella empleado en la materia:
ha hecho circular una corriente de 30.000 *volts* por una línea de 7 kilómetros sin que se perturbasen los sonidos telefónicos transmiti-
dos por conductores sostenidos en los mismos postes. Para evitar
que con la lluvia y humedad atmosférica peligre el aislamiento en
los soportes, los usa de porcelana sistema Johnson-Philips; pero con
una modificación muy interesante, que consiste en dejar la parte superior de la porcelana, donde se apoya el conductor, aislada en su
superficie por medio del aceite; para lo cual rodea la porcelana de
una especie de cornisa ahuecada donde coloca el líquido aislador;
de suerte que, aunque la lluvia deposite la capa de humedad acos-
tumbrada sobre la superficie del soporte, como ésta queda interrumpida por el aceite, no peligra el aislamiento.

Con estos auxiliares es como ha podido proyectar la casa de Oerlikon el transporte de unos 300 caballos de fuerza á Francfort desde
un punto situado á la *respetable* distancia de 180 kilómetros.

El dinamo es de corrientes alternativas, y produce la electricidad
á la tensión de unos 100 *volts*, con objeto de evitar las desgracias que
con más potencial pudieran ocurrir por descuido de los operarios
de la fábrica; antes de entrar en la línea aérea va á un transformador,
del cual sale ya con 30.000 *volts*; recorre en estas condiciones la línea, y termina en un segundo transformador que la deja sólo con
los 100 *volts* primitivos, y aplicable sin peligro alguno á los usos domésticos ó fabriles.

El problema no puede ser más halagüeño, sobre todo hoy que, dado el extraordinario desarrollo de la industria, cuyo principal motor es el vapor, la crisis hullera se dejaba entrever con todas sus consecuencias en época no muy lejana. Ya el Niágara y demás cataratas ó saltos de agua de menor cuantía no se consumirán en azotar el viento, excavar la tierra, desgastar las peñas y retumbar en los valles; el hombre ha construído ya la cadena con que ha de avasallar esas fuerzas rebeldes, y por tanto tiempo emancipadas de la obediencia debida á su rey.

El café como antiséptico.—Por si al temible huésped del Ganges se le antojase visitarnos en el verano próximo, no estará de más el conocer el arma con que combatirle, si es que hay alguna capaz de pararle el golpe, mortal cuándo arremete con todo su furor ó *cólera*.

Costumbre muy antigua es entre los persas el propinar á los coléricos grandes tazas de café cargadísimas de la excitante semilla, y obligarles al propio tiempo á salir de su postración con un ejercicio higiénico proporcionado, consiguiendo en la mayoría de los casos excelentes resultados. Sin duda alguna, impulsado por esta práctica de un pueblo que tiene motivos para conocer mejor que ningún otro la enfermedad á que nos referimos merced á la multitud de experiencias por él realizadas, es por lo que M. Luderitz se ha dedicado á estudiar detenidamente las propiedades antisépticas del café y aquilatar lo científico y racional de aquella costumbre vulgar. Las conclusiones deducidas por Luderitz de sus ensayos, son las siguientes: el *bacillus* del tifus muere en una infusión del café al 30 por 100 en dos días próximamente; el del cólera, en las mismas condiciones, en poco más de media hora y al 1 por 100, en cosa de una semana; las bacterias del pus no pasan de tres días si se las introduce en una infusión al 20 por 100 de café, etc. De todo lo cual se puede concluir que el café es un antiséptico de los más enérgicos.

Cualquiera creería que la cafeína, que como todos los alcaloides es una substancia activísima, era la encargada de dar muerte á los microbios de las referidas enfermedades, y quizá ayudada en su obra de destrucción por el tanino, astringente de primer orden y no desprovisto de su correspondiente energía; mas, según el citado experimentador, no es á aquel alcaloide ni á este ácido á quienes debe el café sus antisépticas propiedades; en la *cafeone*, conjunto de principios empireumáticos, aislables por la destilación, es donde reside la virtud microbicida de la sabrosa infusión.

No es dato despreciable este último; porque habiendo individuos á quienes por circunstancias especiales de su organismo les es en

gran manera dañoso el café, que tomado en grandes proporciones
es notablemente perjudicial para la inmensa mayoría, precisamente
debido á la cafeína y tanino, como se le puede privar de estas substancias sin menoscabo de sus cualidades antisépticas, resulta un me-
dicamento aplicable á toda suerte de personas; lo cual no sucedería
en el caso contrario, porque, á no ser en casos extremos, nadie se de-
cide á tomar una medicina que sabe de cierto ha de agravar considerablemente sus crónicos achaques del estómago y del hígado, por
ejemplo, con mera probabilidad de corregir otra enfermedad que,
aunque más grave, es del momento y tiene otros remedios eficaces
en ocasiones.

Obscuridades eléctricas. —La electricidad, hoy tan generali-
zada que hasta la utilizan para sus tocados los idólatras de la moda, es
de esencia para nosotros, hasta el día, desconocida; y esto no es de admirar, porque al fin y al cabo, por mucho que se engría la pobre razón humana, resulta claro como la luz del día su pequeñez y miseria,
pues son contadísimas las cosas cuya esencia y constitución íntima
conoce á fondo; mas lo que parece extraño es que, estando todos los
días gran número de individuos ocupados en el manejo y estudio del
luminoso agente, se escapen, no obstante, á su continuada fiscaliza-
ción propiedades manifiestas y que á voluntad pueden experimen-
tarse. Recuérdese, si no, los casos en que poderosas corrientes alter-
nas de elevadísimo potencial no han producido alteración grave en
el organismo de algunos individuos, mientras otras veces, con la mitad de la energía de la corriente, han quedado muertos en el acto los
infelices que, por ignorancia ó poca precaución, han sufrido la terrible descarga.

Prueba de mi aserción lo es asimismo el fenómeno ó conjunto de
fenómenos resultantes de establecer una corriente eléctrica entre
una punta y una esfera. Mucho se ha discutido sobre el particular, rea-
lizándose abundantes experiencias para corroborar cada cual sus peculiares opiniones, y al fin ha resumido y comentado el estado de la
cuestión Nichols.

Como el asunto reviste considerable interés, vamos á exponer,
aunque sea á la ligera, lo más importante de lo que ha dado margen á
la discusión. Si los extremos de un conductor por el que circula una
corriente alternativa se los hace terminar á uno en punta y al otro en
una esferita, y los ponemos primero en contacto y luego los separamos poco á poco, se observan los siguientes fenómenos, hechos sensibles por medio de un galvanómetro intercalado en el circuito. Fór-
mase desde luego un arco voltaico, brillante y de intensísima temperatura, que concluirá en seguida con la punta si no se ha tenido la

precaución de construirla de platino, á poder ser con bastante cantidad de iridio; el galvanómetro señala una corriente, no ya alternativa, sino continua, que va de la esfera á la punta. Si sin variar la corriente del generador se trocan la punta y la esfera, es decir, se hace
terminar en una esfera el extremo que antes concluía en punta, y en
punta al que antes tenía por límite la esfera, tendremos que el galvanómetro nos indica una corriente de tendencia contraria á la anterior,
es decir, que la dirección de corriente es siempre de la esfera á la
punta.

Si después separamos paulatinamente los dos extremos, se comienza á sentir un sonido uniforme, que va creciendo con la distancia de los conductores, llega á extinguirse el arco voltaico, quedando la punta al rojo obscuro; señala entonces el galvanómetro una corriente constante, aunque débil. Continuando la separación aumenta
el sonido, y el rojo de la punta es más intenso, así como la desviación
de la aguja del gasómetro, pero con ciertas irregularidades. Y por
fin, hay un punto en la distancia donde el sonido disminuye considerablemente, siendo muy tenue y uniforme, llegando entonces la punta al blanco y la corriente á su mayor intensidad y constancia.

¿Cómo pueden explicarse los sorprendentes fenómenos relatados?
No es fácil hallar solución satisfactoria á la pregunta; pero, á falta
de otra más probable, ahí va la siguiente, que por lo menos merece
los honores de la publicación. En un principio, cuando los extremos
del conductor se hallan muy próximos, se forma el arco saltando la
corriente de la esfera á la punta, y de la punta á la esfera; mas al separarse hay una distancia salvada constantemente por la corriente
desde la esfera á la punta, mientras que de la punta á la esfera sólo
lo hace con intermitencias; de ahí la irregularidad é inconstancia en
las desviaciones de la aguja del galvanómetro y en los sonidos. Se
llega por fin á colocar la esfera y la punta á más distancia, y entonces resulta imposible la corriente de la punta á la esfera, permané-
ciendo sola la que va de ésta á aquélla; con lo cual se puede explicar
la regularidad y constancia de los sonidos y la desviación galvano-
métrica nuevamente observada.

He dicho que á falta de otra mejor exponía la precedente hipótesis, porque, á decir verdad, me parece algo acomodaticia á las exigencias y rarezas de los fenómenos que la motivaron.

Fr. Teodoro Rodríguez,
Agustiniano.

CRÓNICA GENERAL

I

ROMA

A prensa extranjera sigue ocupándose en la última Encíclica de Su Santidad acerca del estado actual de los obreros, y aun los periódicos más hostiles á la causa de la Iglesia se muestran en general muy comedidos en este punto, reconociendo que León XIII ha manifestado profundo conocimiento de la temerosa cuestión obrera. El *Don Chisciotte*, periódico italiano poco sospechoso, y que critica más bien que aplaude dicha Encíclica, siendo en esto una excepción del coro de alabanzas, dice, sin embargo, lo siguiente: "Ha demostrado León XIII por su última Encíclica que conoce mejor que algún publicista italiano los temas dignos de la atención de un escritor inteligente. León XIII, al menos en cuanto á la intención, vale más que todos esos hombres políticos que pierden el tiempo discutiendo sobre el pasado de la derecha ó de la izquierda, mientras que el porvenir se presenta obscurecido y triste por las gravísimas é importantes cuestiones cuya solución desconocemos. Ciertamente el Papa actual vale más que todos nuestros periodistas, hombres de más ó menos educación literaria que derraman ríos de tinta sobre cincuenta mil estúpidas vanidades." *Il Fanfulla* dice sobre una parte de la Encíclica: "Sus frases sobre el dolor son elevadas y llenas de efecto religioso. Para las almas de los escépticos,

sobre las que pasan como lava la poesía de Leopardi, la tristeza de
Wertleer, la filosofía de Schoppenhauer, para marchitar las flores de
la esperanza, la voz de lo pasado que viene llena de optimismo religioso, produce una dulcísima impresión, y aun los incrédulos se incli-
nan para dejarla pasar, porque, como decía Pío VI en su prisión, la
bendición de un anciano jamás ha hecho mal á nadie.„

—He aquí algunos datos biográficos de los dos únicos Cardenales
nombrados en el último Consistorio: Mons. Albino Adojerwoki nació
en la Polonia austriaca el 1.º de Marzo de 1817. Estudió en Neo-Sàn-
deck y en Leopold Derecho civil y.canónico, y siendo aún muy joven
fué sentenciado á varios años de prisión como partidario de la independencia de su desgraciada patria. Abrazó luego el estado eclesiástico, y no mucho después el Arzobispo de Varsovia le hizo Rector
del Seminario diocesano. Fué después nombrado Arzobispo de Cra-
covia,·donde se le deben muchos y notables establecimientos de beneficencia. Su ciencia y virtudes son admiradas por los fieles, y el
Gobierno austriaco le profesa la más alta estimación. Mons. Rotelli,
promovido también á la púrpura, nació en 1833 en un pueblo próximo
á Perusa, donde le conoció Su Santidad y le distinguió siempre entre
todos los individuos del clero. Sus principales servicios los prestó en
Constantinopla, donde, con el título de Arzobispo de Farsalia, supo
conciliarse el respeto del Gobierno turco. Actualmente desempeña la
Nunciatura de Francia.

 —¡Lo que vamos aprendiendo con las lecciones que nos dan los políticos italianos! Cuando Rudini subió al poder, todo su empeño era
hacer creer á todo el mundo que se había observado una política de-
sastrada respecto de Francia, y que, por lo que hace á la triple alianza, si bien sería fiel á los compromisos contraídos, no experimentaba
gran entusiasmo por ella. Ahora, sin embargo, parece que el mismo
Gabinete de Humberto se ha mostrado el más afecto á la renovación·
del acuerdo de las tres potencias consabidas. ¿A qué obedecen estas
veleidades? Es muy sencillo: á que al principio el ministro italiano tenía necesidad de un tratado de comercio con Francia, y creyó que
podría ultimarlo fácilmente manifestándose afecto, hasta cierto punto, á la República vecina. Es lo cierto que parece renovada la alianza, según se dice, por otros cinco años, cosa que á los franceses debe
de hacerles poquísima gracia.

II

EXTRANJERO

ALEMANIA.—Los últimos telegramas de Berlín están contestes en
afirmar que la cuestión relativa á los cereales ha de producir serios
disgustos al Gobierno alemán. La mayor parte de los diputados de

oposición se proponen interpelar al Gobierno y discutir ampliamente las últimas declaraciones del Canciller Caprivi, negándose en absoluto á reducir los derechos de entrada en Alemania de trigos extranjeros. Están de igual modo resueltos á exigir que el Gobierno presente á la Cámara un estado demostrativo de la cantidad de cereales que existe en los depósitos y los resultados probables de la cosecha de este año.

* *

RUSIA.—Siguen cumpliéndose al pie de la letra las severas medidas de expulsión dictadas recientemente en Rusia contra los judíos. No pasa día sin que los corresponsales ingleses comuniquen á sus periódicos detalles conmovedores de las mil penalidades á que los infelices hijos de Israel se ven sometidos en el Imperio moscovita.

Díjose ha poco, y nosotros desde luego nos hicimos eco de la noticia, que, á consecuencia tal vez de la actitud tomada por los grandes banqueros judíos en la fracasada operación del empréstito ruso, los ministros del Czar habían aconsejado á su amo, si no la abrogación del ukase en cuya virtud son expulsados, por lo menos un aplazamiento en su ejecución que concediera un pequeño respiro á los individuos de la raza perseguida. Por desgracia, noticias posteriores, cuya autenticidad no puede ser objeto de duda, destruyen por completo la esperanza de que el ánimo del Czar se hubiera dejado vencer por la clemencia.

La persecución se lleva á cabo con saña. Artesanos, estudiantes, hombres de negocios, se ven obligados á abandonar en brevísimo plazo el país donde vieran la primer luz, á malbaratar su hacienda y á buscar en extrañas tierras, no abrigo y sustento, que tal pretensión seria exagerada, sino únicamente permiso de residir, autorización para dedicarse en paz al ejercicio de las industrias y profesiones que constituyen su modo de vivir.

De ser cierto cuanto se dice respecto á la manera de cumplir el terrible ukase, no seria posible, ni aun retrocediendo á las épocas de mayor barbarie, encontrar nada comparable á la persecución emprendida á fines del siglo XIX contra todos los individuos de una raza. Un corresponsal de San Petersburgo comunica al *Times* que los judíos, al ser transladados de un lugar á otro, van encadenados como si fueran reos de los más atroces delitos; que en las prisiones donde están detenidos no se les puede ver sino á través de espesas rejas; y que es tal el espectáculo de miseria que ofrecen aquellos infelices, que en las horas que se concede entrada al público, no para comunicarse con ellos, sino para verlos á cierta distancia, no faltan almas caritativas, entre la harapienta multitud que acude á contemplar á los detenidos, que, compadecidos de su infortunio, les arrojen pan y hasta algunas monedas, que tratan de ocultar á la vista de sus guardianes.

INGLATERRA.—Han armado un escándalo más que regular algunos personajes ingleses con motivo de ciertas *irregularidades,* por otro nombre fullerías, en que sorprendieron á uno de ellos en el juego del *baccara.* Los tribunales han entendido en este asunto, y el Príncipe de Gales ha tenido que acudir como testigo, puesto que era uno de los jugadores. La prensa inglesa, aun la más sesuda, ha tratado con desusada acritud á dicho Príncipe, y hasta han corrido voces de que abdicaría en su hijo sus derechos á la corona. De esto último no se sabe nada de positivo; pero sí que ha perdido mucho el primogénito de la Reina Victoria en el concepto de sus futuros súbditos. Y como una desgracia no suele venir sola, han corrido también por la prensa europea noticias alarmantes acerca de las enormes deudas del heredero de la Gran Bretaña.

FRANCIA.—El acontecimiento político de actualidad en París, es el discurso pronunciado en el banquete de la prensa monárquica por el Conde de Haussonville, representante oficial del Conde de París. Cerca de doscientas personas concurrieron á dicho banquete, figurando entre ellas senadores, diputados, hombres políticos, escritores monárquicos de París y de los departamentos, y delegados de la juventud monárquica de las principales ciudades de Francia. El orador felicitó á esta juventud por su fidelidad, encargándola que fuese activa y confiada; dió las gracias á los escritores por su perseverancia valerosa y adicta; proclamó la necesidad de la unión entre todos los grupos conservadores, y después de haber trazado un elocuente cuadro de las reparaciones que la Monarquía proporcionaría á la Francia cristiana y liberal, terminó con un brindis, calurosamente aclamado, por el Príncipe que la personifica. Este discurso, muy elocuente y entusiasta, será distribuído en número de muchos miles de ejemplares en la Francia entera.

—M. Lesseps, el *gran francés,* como fué llamado en su patria el ilustre ingeniero que unió con su potente genio dos mundos y acometió una obra de gigantes, la perforación del istmo de Panamá, sufre ahora las amarguras de la injusticia, viéndose envuelto en un proceso vulgar. El Conde de Lesseps, cuyos éxitos en Suez le valieron una de las reputaciones más altas y legítimas de Europa, pasó algún tiempo en Panamá estudiando la forma de abrir un paso á la navegación á través del istmo. Vencidas, al parecer, las enormes dificultades técnicas que oponía la naturaleza, abiertos ante sus ojos los obscuros horizontes de una empresa colosal, invitó al público á secundar su pensamiento, prometiéndole inaugurar el canal en el término de seis años, con ganancias considerables. Se reunió el capital necesario, mostrando los franceses grandísimo entusiasmo por Lesseps; la subscripción superó á todos los cálculos, siendo el nombre del ilustre ingeniero vara mágica que hizo que brotasen de pronto ríos de oro.

Al principio todo fué bien; pero al cabo de algún tiempo, no mucho, ya se vió que los cálculos no estaban bien hechos, por lo cual hubo necesidad de recurrir al público, que respondió también. Agotados los nuevos capitales se pidieron otros, y entonces empezó á propagarse la desconfianza y el temor entre los innumerables accionistas, especialmente los interesados en parte más pequeña. El resultado es que se va á abrir una información judicial para exigir á la magna Empresa del Panamá responsabilidades en la administración de fondos. Lesseps, pues, tendrá que aparecer en los tribunales como uno de tantos. No le faltaba para su gloria más que esta injusticia de sus compatriotas. El hombre que reformó el mundo á su capricho, tendrá que sentarse en el banquillo de los acusados. Francia, el país civilizado, añade una ingratitud más á las muchas que aparecen en la historia rodeando á los grandes hombres. Lesseps, como Colón, se ve amargado y perseguido. Claro es que debe apurarse la verdad en este asunto, pues se trata de grandes capitales, y se trata también de las fortunas modestas de muchos accionistas que se entregaron ciegamente á la confianza de un gran hombre; pero natural que se tengan en cuenta los inmensos servicios que ha hecho á su patria y al mundo.

-La prensa católica en Francia detalla minuciosamente la solemne inauguración de la basílica de Montmartre, grandioso monumento que la piedad de más de cinco millones de católicos consagra al Corazón de Jesús. Al acto de la inauguración han asistido: el Arzobispo de París y el Nuncio de Su Santidad, Mons. Rotelli; los Arzobispos de Burdeos y de Tours; los Obispos de Madagascar, Blois, Angers, Nevers, Viviers y otros, además de gran número de párrocos y sacerdotes; la Condesa de París, la Princesa María de Orleans, el Conde de Perceval, el Duque de Alençón y muchos otros personajes importantes. En el momento de la ceremonia ocupaban las vastas naves de la monumental basílica más de cuarenta mil personas, calculándose pasan ya de quinientas mil las que la han visitado desde el día de la inauguración á la fecha. Esta importante manifestación de fe católica no puede menos de llenar de santo regocijo á todo pecho cristiano, porque es prueba de que aún hay, gracias á Dios, almas escogidas que aspiran á una vida mejor por la imitación de las virtudes divinas que resplandecen en el Corazón amantísimo de Jesús.

* *
*

AMÉRICA.—La *Agencia Renter* ha recibido del Presidente Balmaceda el siguiente telegrama, fechado el 10 de Junio en Santiago: "Con sorpresa y con desdén leemos aquí las falsas y calumniosas informaciones que publican los rebeldes en la prensa europea sobre los asuntos de Chile. El Congreso rebelde cerró sus puertas el día 1.º de Junio, y el nuevo Congreso, recientemente elegido, trabaja ya con regularidad.

„Ha aprobado las actas del Gobierno, investiéndole de poderes extraordinarios y autorizándole á contratar nuevos impuestos. Reina orden perfecto en Chile; la escuadra está bien disciplinada y animada de verdadero espíritu de unión. No puede ser vencido el Gobierno por los rebeldes, que no pueden hacer ya más que prolongar la lucha y enriquecerse apoderándose de los depósitos de nitrato. No han intentado ataque alguno contra las fuerzas del Gobierno, y en la actualidad se encuentran desacreditados completamente. Los barcos de guerra *Imperial*, *Almirante Lynch* y el *Almirante Condell* se dirigen al Norte en expedición. La división del general Stephan llegó aquí después de haber cruzado por dos veces las montañas de los Andes, cubiertas de nieve. Es inmejorable la disciplina de las tropas. Causa gran malestar la continuación de esta desventurada guerra, y los rebeldes, que ocupan á Tarapaca, están ocasionando gran perjuicio al comercio francés, inglés y alemán.„ El *Journal de Genève* dice que el Cónsul suizo en Valparaíso ha presentado al Consejo federal numerosas quejas de los colonos suizos establecidos en Chile, referentes á las pretensiones del Gobierno de Balmaceda, que quiere obligar á los extranjeros á que se hagan chilenos, probablemente para arrastrarles al servicio militar. El Consejo federal se ha dirigido á los Gobiernos europeos para saber si á sus colonos les ocurre lo mismo en aquella República americana, y, en caso de que así fuera, para entablar una demanda colectiva ante el Gobierno chileno.

III

ESPAÑA

En ésta, como en la quincena anterior, lo más importante que se ha discutido en los Cuerpos Colegisladores ha sido el proyecto de descanso dominical en el Senado, y el aumento de la circulación fiduciaria en el Congreso. Ya estaba á punto de aprobarse definitivamente el primer proyecto, profundamente modificado gracias á la intervención de los Prelados en las discusiones, y á las buenas disposiciones, no solamente del Gobierno y de la Comisión, sino también de la inmensa mayoria de los senadores adictos y no adictos, cuando el Sr. Merelo, apoyándose en un artículo del reglamento, exigió la intervención de la

mitad más uno de los senadores; y no habiendo concurrido ese número, será preciso esperar tal vez al otoño á que pueda verificarse la
aprobación definitiva. De los 131 senadores que votaron, 115 lo hicieron en pro, incluso los cinco Prelados que asistieron, y 16 en contra,
que fueron los siguientes: Marqués de Castro Serna, Gullón (D. Pío),
Núñez de Arce, Martínez del Campo, Drake de la Cerda, Marqués de
Perijaá, Montero Ríos, Rivera, Barón de Benifayó, Duque de Fernán
Núñez, Conde de Rascón, Ramírez Carmona, Marqués de la Habana,
Mazo, Page y Rodríguez Arias.

No queremos hacer ningún género de comentarios, aunque para
omitirlos tengamos que violentarnos no poco.

—Como indicábamos hace quince días, la autorización al Banco de
España para el aumento de circulación fiduciaria ha encontrado en el
Congreso formidable oposición, y primero en la discusión de la totalidad del proyecto y después en la del articulado, las oposiciones han
echado mano de todos los medios imaginables para impedir que prospere. No obstante, el Gobierno, que cuenta con la mayoría, ha sacado
adelante su proyecto. Créese que en el Senado ha de encontrar mayores dificultades aún que en el Congreso.

—Del 9 al 11 de este mes celebróse en Santander el Sínodo diocesano con asistencia del Cabildo catedral y de más de trescientos
sacerdotes. El entusiasmo que con tal motivo ha reinado en la ciudad
ha sido grande, y se espera que han de ser muy importantes los bienes que produzcan los acuerdos y determinaciones de dicha respetable asamblea.

—Han corrido estos días rumores alarmantes acerca de un desgraciado hecho de armas en Filipinas; pero el señor ministro de Ultramar los ha desmentido. Un caracterizado periódico ministerial publica
una carta de Manila en que se habla de dicho asunto, y entre otras
cosas dice:

"Como el general Weyler ha prohibido, y es natural, que la prensa hable de su última expedición, la Censura de Imprenta no permite
decir una palabra á los periódicos. Hasta el presente sólo se sabe
que S. E. estuvo á mediados de Abril en Zamboanga, y que de esta
plaza recogió una compañía del regimiento peninsular de artillería,
que fué á engrosar los batallones que ya se encontraban con antelación en Parang-Parang, junto á Pollox. Los soldados que ha reunido
el general Weyler en dicho punto pasan de 4.000, y á éstos se unirán
los de desembarco que están á bordo del crucero *Ulloa* y del aviso
Marqués del Duero. La fuerza peninsular la manda el coronel de artillería Sr. Iloré, la cual tuvo, al hacer el embarque en Zamboanga,
la desgracia de que cayera al mar, á cincuenta brazas de profundidad, la caja del regimiento, que contenía unos tres mil pesos. La fuerza indígena la forman tres regimientos mandados por sus respectivos jefes. El general Weyler se dirigió á Parang-Parang, donde lle-

gó el 20 ó 21 del citado mes; y después de haber desembarcado la infantería de marina, dícese que trabó combate con los moros, quienes causaron más de treinta bajas á los nuestros, entre ellos un oficial de dicho cuerpo, que quedó muerto, y dos heridos. Que los combates deben haber sido empeñados, lo prueba el hecho de haberse levantado en Parang-Parang un hospital por orden del general Weyler; pero sobre aquéllos corren versiones muy diferentes en Manila, si bien se espera que dicho general domine á los rebeldes.,,

—Se ha incoado ruidosísimo proceso criminal contra la Duquesa de Castro-Enríquez, á quien se acusa de haber maltratado horriblemente, y por espacio de cinco meses, á una niña de diez años. No faltan maliciosos que aseguren que todo el estruendo y aparato promovido por una parte de la prensa, que se muestra muy celosa por los fueros de la ley y muy enternecida en vista de las crueldades que se suponen cometidas con dicha niña, obedece á razones económicas de mucho *peso*. Y una vez en este terreno—¡vaya Ud. á poner puertas al campo!—los susodichos maliciosos recuerdan que esa misma prensa, tan tierna de corazón y tan amiga del exacto cumplimiento de la ley, no dijo palabra cuando hace poco tiempo se batieron, con escándalo de toda la villa y corte, un exministro y el hijo mayor de un personaje político. —La ley, dice la prensa consabida toda indignada y fuera de sí, debe ser igual para todos. ¿Es una Duquesa la delincuente? Pues que caiga sobre ella todo el peso de la ley.—Muy bien. Pero por lo mismo, dicen los otros, debían ustedes haber hecho uso de una partecita siquiera de esa indignación que no les cabe en el cuerpo cuando se cometió ese otro crimen, porque crimen es, digan ustedes lo que quieran, el duelo, de la manera que se verificó en las Ventas del Espíritu Santo.

No pára ahí la cosa: los periodistas, en su afán de velar por el cumplimiento de la ley, se han tomado el ímprobo trabajo de inventar novelas; de reunir antecedentes de dudosa ó de ninguna verdad; de sacar á relucir mil y mil asuntos de la vida privada, como el de averiguar cuántas veces se mudaba de ropa la desdichada Duquesa, y otras cosas de este jaez, todas muy conducentes al mejor esclarecimiento de los horrendos crímenes que se suponen cometidos por la encausada. Como se ve, los esfuerzos de la prensa periódica no pueden ser más desinteresados. Es verdad que el Sr. Romero Robledo ha dado á entender en el Congreso que hay en todo esto un crimen ó conjunto de crímenes más grandes aún que los que se imputan á la Duquesa de Castro-Enríquez; pero ¿qué importa eso, si por de pronto lo que interesa es regocijar al pueblo con el espectáculo de un título de Castilla en la cárcel? Si á crímenes vamos, estos mismos días se ha sabido que ha sido muerto un niño por sus propios padres, y la prensa no se ha escandalizado poco ni mucho. En suma: que este asunto dará mucho que hablar, y que probablemente no es la honra de la Duquesa de Castro-Enriquez la única que corre grave peligro.

—Se ha dedicado una sesión del Congreso á encomiar el comportamiento heroico del capitán D. Vicente Moreno, natural de Antequera, ahorcado por el general francés Sebastiani por no reconocer al Rey intruso José Bonaparte, aunque le prometieron la vida al pie del patíbulo si juraba á dicho Rey, y á pesar de haberle presentado á su mujer y á su hijo para vencer su resistencia. Las Cortes de Cádiz acordaron que en el regimiento de Málaga, al cual había pertenecido el héroe, pasase siempre revista de presente el capitán Moreno, y cobrasen el sueldo íntegro de aquél su viuda y sus hijos durante toda su vida. En el Congreso se votó por unanimidad inscribir su nombre en el salón de sesiones, y los antequeranos le erigirán un monumento.

PROBLEMAS CIENTÍFICO-RELIGIOSOS

La existencia de Dios y la actividad del alma humana en las modernas teorías científicas.

I

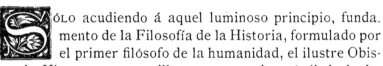

ÓLO acudiendo á aquel luminoso principio, funda. mento de la Filosofía de la Historia, formulado por el primer filósofo de la humanidad, el ilustre Obispo de Hipona, con sencillo y comprensivo símil, la lucha eterna entre la *Ciudad de Dios* y la *Ciudad del diablo,* llego á comprender un hecho histórico que en la triste realidad no puede negarse, no obstante que, estudiado en sus fundamentos, parece de todo punto inconcebible. He aquí el problema: Cómo siendo la naturaleza el gran libro en que con páginas de oro, ó mejor dicho, con páginas de *luz* y de *vida,* dejó impresa el omnipotente brazo del Creador la solución de los problemas más fundamentales y de mayor interés para la humanidad; cuando, después de titánicos esfuerzos, se ha llegado á desdoblar gran parte de sus innumerables hojas y leer á colosales distancias, y han sido sorprendidos los misteriosos secretos de ese mundo inmenso de pequeñísimos vivientes, cuya existencia está tan íntimamente enlazada

con la nuestra, y cuya fecundidad y número nos asombran;
cuando la Química ha llegado á adquirir en su mayor parte
el patrimonio para ella reservado, el soberano dominio de
la materia, osando acometer la atrevida empresa de formar
en sus retortas y matraces mundos en miniatura, aunque
siempre materiales y de elementos preexistentes; cuando la
constancia y paciencia del naturalista en la observación y
análisis han llegado á arrancar á los animales brutos, á los
seres de vida puramente vegetativa, y, lo que es más, á las
ciclópeas rocas y resquebrajados peñascos, revelaciones
asombrosas acerca de su origen, época de aparición en el
globo y relación mutua entre tantos y tan diversos seres
como en la Tierra han existido; cuando los matemáticos y
los físicos, adunando sus esfuerzos, han seguido con el
cálculo los solitarios astros, midiendo las inmensas órbitas
que con majestad sublime describen, sin escaparse á su es-
cudriñadora vista las vacilaciones que padecen en su constante y regular marcha, al sentirse presos de la atracción
ejercida por rutilante estrella; cuando la luz impalpable,
vaporosa y casi espiritual se ha sometido á las inflexibles é
intransigentes leyes de la Mecánica, se ha determinado la
velocidad de la brillante y etérea carroza con que instantáneamente salva los abismos interplanetarios, se ha hecho
la anatomía completa de su deslumbradora naturaleza, re-
solviéndola en los hermosos colores del iris y determinando
el número de vibraciones que á cada uno corresponde; cuando se ha desarmado con sencillo é interesantísimo instrumento, el pararrayos, á las sombrías y revueltas nubes que
en su furor titánico exhalan el hálito de la tempestad con
el horrible cortejo de aterradores truenos y pavorosos relámpagos; en una palabra, cuando la inteligencia humana,
puesta en la luminosa vía de la experimentación, ha podido
comprobar en parte la grandeza, magnificencia y portentosa
sabiduría que revelan en el Supremo Hacedor cada ser, por
primitivo y rudimentario que sea, cada molécula, cada átomo imperceptible de la grosera materia, con inconcebible
contradicción se ve al hombre revolverse soberbio é insensato contra Aquel que con el creador aliento de su omni-

potente ser ha hecho brillar en la fría obscuridad del vacío millones de resplandecientes soles que han llenado de luz, calor, animación y vida los insondables abismos del espacio. Tan inconcebible y monstruosa me parece la triste realidad de este fenómeno, como el que un hombre serio y en el pleno uso de sus facultades mentales, al contemplar el monumento del Escorial, donde escribo estas líneas, y todas las joyas que en arquitectura, pintura, tapicería, etc., en él se atesoran, dijese con todo el aplomo y solemnidad de arraigado convencimiento: "Prodigiosa ha sido en este punto la fuerza de la atracción, pues tan grandioso edificio ha levantado y le conserva hace ya tres siglos; no ha sido menos admirable la afinidad química, pues con sus ocultas reacciones ha hecho frescos como *La batalla de San Quintín* y cuadros al óleo como el de la *Sagrada Forma,,,* suprimiendo con sus pujos de *científico* los ilustres é imperecederos nombres de Toledo, Herrera, Jordán y Coello.

No creo del caso tejer aquí la historia, verdaderamente ridícula. amén de impía, de todas las monstruosidades filosófico-teológicas con que se ha querido coronar los descubrimientos científicos; afortunadamente, la supuesta hostilidad entre la Religión y la ciencia y progreso verdaderos va corriendo la misma suerte que los sofismas, argucias y vulgaridades de los Ebiones, los Nestorios, los Donatos, etcétera..., cuyos nombres son conocidos por estar citados en la historia de los *triunfos* de la Iglesia. No obstante, por vía de consecuencia de mi estudio, y como de rechazo, haré notar algunos de los absurdos en que caen escritores por desgracia bastante leídos, cuya *encantadora* filosofía consiste en negar lo que bien les viene y afirmar lo que se les antoja, sin tener escrúpulo en saltar por encima del mismo principio de contradicción con tal de llegar á deducir una consecuencia contra la pesadilla que eternamente los atormenta, la verdad católica.

II

Como nuestro propósito es demostrar que, aun admitidas como ciertas las modernas teorías físicas, no se puede prescindir de los dos factores que los materialistas, con insensato empeño, quieren eliminar de los grandes problemas planteados en la creación, vamos á exponer con la mayor claridad posible las que hoy se disputan la palma entre los científicos, sin dejar de ser breves en nuestro relato. Adviértase que hasta tal punto hemos de ser imparciales que daremos como absolutamente ciertas afirmaciones de muy dudosa y difícil comprobación.

Muy variados son los fenómenos naturales, y muy distintos también los nombres de sus causas; la atracción, la cohesión, la afinidad, la gravedad, la tensión, la luz, el calor, el magnetismo, la electricidad, la radiación, etc..., son palabras con que designamos la única y *multicolora* fuente de todos los efectos materiales realizados á cada instante en nuestro organismo y en la multitud inconmensurable de seres que nos rodean; el movimiento, variado hasta lo indefinido, es el universal principio de los múltiples y aparentemente opuestos fenómenos de la naturaleza material; desde el confuso y lamentable ruido del edificio desplomado por el empuje de la metralla, hasta el suave y harmonioso sonido arrancado con toda maestría del fondo de un piano ó las cuerdas de un violín; desde el desconcertado estruendo del rayo y su centelleante resplandor, hasta la pálida y melancólica luz de la reina de la noche y la apacible fragancia de las flores primaverales; desde la suave brisa que con delicadeza columpia los tiernos tallos de los arbustos, hasta los deslumbradores destellos del rey de los astros; desde el vendaval furioso que arranca de cuajo seculares encinas y arrolla todo obstáculo puesto á su marcha, hasta los hermosos reflejos del iris que orla nuestros horizontes, todo, absolutamente todo es movimiento.

Salta á la vista que, siendo todos los fenómenos naturales idénticos en su esencia y sólo distintos en la forma, podrán convertirse unos en otros; la ciencia experimental no solamente ha confirmado la posibilidad de la transformación, sino que ha dado un paso más: ha descubierto el hecho. Arrójese una semilla en la tierra, aíslesela de todo foco de calor, y permanecerá siglos enteros sin señales de germen alguno; por el contrario, permítase libre acceso hasta ella á los fecundantes rayos del astro del día, y su vivificante calor, perdido, al parecer, en los antros de la tierra, se hallará transformado en afinidad química, que producen una revolución intestina en las entrañas de la simiente, en donde cada átomo rompe los lazos comunes con que estaba ligado á los demás, buscan todos el objeto de su inclinación y de sus simpatías, y apiñándose en inmensa hueste rasgan el seno materno, extienden sus dominios por las profundidades de la tierra, le roban todo lo necesario para su mantenimiento y perfecto desarrollo, y llega, por fin, con el tiempo la insignificante pepita á ser corpulento y robusto árbol cargado de sazonado y sabroso fruto. Introdúzcase éste en un organismo viviente, y se verá transformado por la afinidad y reacciones químicas, es decir, por el movimiento, en encarnados músculos llenos de vigor, fuerza y lozanía, en delicados nervios que vibran instantáneamente bajo la menor impresión externa, en hirviente sangre que, condenada á recorrer un ciclo sin fin, es despedida del fondo del corazón á la superficie del cuerpo, volviendo encadenada en débiles venas al centro común para ser una y otra vez despedida sin piedad alguna al mismo punto. La enorme cantidad de calórico consumida en la formación del tronco y ramas del árbol tampoco se ha perdido; se ha condensado, adoptando caprichosas formas: quémense aquéllas, y se la verá aparecer otra vez en oscilantes llamas y enrojecidos carbones, que, aplicados á una caldera de agua, la harán salir de su inactivo estado, y quebrantada la fuerza de cohesión se lanzarán las moléculas al espacio en busca de más amplios horizontes, arrollando con descomunal empuje todo lo que osa coartar la libertad adquirida. La fuerza del vapor la utiliza el hombre para imprimir rapidísimo movimiento á extensa cadena de pesados vagones ó á enormes volantes, que ligados, bien sea por medio de ruedas dentadas, bien por correas sin fin, etc., con diversas máquinas, legan á la posteridad, estereotipados á millares, los pensamientos de razas ya muertas; fabrican en pocos minutos artefactos sorprendentes por su gran complicación y lo acabado de sus formas; elaboran en proporciones colosales los productos necesarios para el sustento y regalo del Rey de la creación; desarrollan intensas corrientes de electricidad transformables en poderosos imanes ó en raudales de blanca y encantadora luz. Si tuviéramos aparatos de precisión para tan delicadas medidas, podríamos convencernos prácticamente de cómo el calor consumido en el desarrollo y crecimiento del árbol quenos sirve de ejemplo era equivalente mecánicamente á cada uno de los sucesivos estados porque ha pasado.

Aunque expuesto á la ligera, creemos suficiente lo anteriormente dicho para comprender con claridad la moderna y bellísima teoría de la unidad de las fuerzas físicas; su base y principio fundamental es que todos los fenómenos físicos y químicos no son más que materia en movimiento. Vibra el aire; sus ondas oscilantes se propagan en todas direcnes, llegando al oído humano 65 vibraciones por segundo, y decimos que se ha producido un sonido, el *do* fundamental; si hubieran sido 73, le llamaríamos *re;* si 81, *mi;* si 86, *fa;* si 97, *sol;* si 108, *la;* si 127, *si*; si el doble de 65, es decir, 130, resultaría el *do* de la siguiente gama, y así sucesivamente. Un artista combina, según las leyes desconocidas de su inspiración, las diversas notas de la gama musical, ó sean las vibraciones del aire, para que hieran agradablemente el nervio acústico, y nos dará una pieza de música.

Vibra, en vez del aire, el éter, y llegan á la retina humana 470.000.000.000.000 de oscilaciones por segundo, y vemos la luz de color rojo; si hubieran llegado 548.000.000.000.000, la veríamos de color amarillo; si 580.000.000.000.000, de color verde; si 680.000.000.000.000, de color azul; si 730.000.000.000.000, de violado; combínense y fúndanse en uno solo estos colores, es decir, coincidan todas estas vibraciones en el espacio ó al proyectarse sobre un cuerpo, y el color resultante será el blanco.

Vibraciones son asimismo los fenómenos caloríficos, los eléctricos, los magnéticos y hasta los químicos, explicándose satisfactoriamente su diversidad por la distinta amplitud, rapidez ó sentido de las ondas vibrantes; de suerte que la Física, y en general todas las ciencias, tienden, á medida que van progresando, á la gran síntesis del universo, á la unidad de origen, de desenvolvimiento y de fin. Es, en verdad, sorprendente que sean una misma cosa, con forma distinta, la atracción universal, que voltea á millones de enormes estrellas como el niño la piedra puesta en la honda, y los delicados matices de que se cubren las flores al recibir el ósculo ardiente del sol.

La materia, desde el primer momento de su existencia, está en movimiento continuo, siempre agitada, siempre inquieta y sin reposo; el término de una de sus especies de movimiento se eslabona con el principio de la que le sigue, sin poder substraerse á esta poderosa y universal influencia lo más íntimo y secreto de su mudable ser. De tal suerte está ligada la existencia del mundo con el movimiento de la materia, que si llegase á tomar un solo instante de descanso en su inmenso vaivén, lo que hoy es grandioso y brillante ornato de la inmensidad del espacio, vendría á ser confuso caos cubierto de las tinieblas del abismo. La manera más segura de cerciorarnos de si un hombre vive ó está muerto, es el pulso, los latidos del corazón; mientras éste vibre, el hombre existe; mas si, por el contrario, se detiene en su monótona y continuada marcha, el hombre deja de vivir, pasa á ser cadáver; mientras la materia vibre, el mundo existe; mas si, por desgracia, algún día cesasen sus vivificantes vibraciones, el mundo habría muerto, pasaría á ser cadáver en descomposición, cuyo término final sería inmensa masa de informe y obscura materia.

Si se hace reaccionar la sal amoniaco (cloruro amónico $ClNH_4$) con la cal apagada (hidrato de calcio CaO_2H_2), obtendremos cloruro de calcio (Cl_2Ca), agua (H_2O) y amoniaco (NH_3); el peso de la sal amoniaco y la cal antes de la reacción, es igual al de los cuerpos resultantes, cloruro de calcio, agua y amoniaco. Si se quema un pedazo de madera ó carbón, y se pesan las cenizas y el humo, nos dará un peso igual al de la madera ó carbón consumido; es más: si se pone fuego á una libra de pólvora y se recogen todos los gases desprendidos, se verá que pesan también una libra. De aquí se sigue que en las diversas modificaciones experimentadas por un ser material cualquiera nunca hay pérdida ni ganancia de materia, sino que persiste siempre la misma con forma distinta ó combinada con substancias diferentes. La conservación de la materia es un hecho, ó más bien un principio nunca desmentido por la experiencia, y sin el cual jamás la Química podría llegar á ser ciencia

Del mismo modo en las diferentes manifestaciones de que es susceptible una misma fuerza, por ejemplo, expansión, movimiento, trabajo, calor, luz, magnetismo, electricidad, afinidad química, etc , se encuentra siempre equivalencia completa, sin que haya el menor aumento ó diminución en la fuerza primordial. Hecho tan constantemente repetido y experimentado ha servido de sólida base al luminoso principio de la conservación de la energía, según el cual no hay nuevas fuerzas materiales en la naturaleza, siendo las de hoy hijas de las de ayer y fecundas madres de las de mañana.

A los Spencer y Büchner, y á los que en sus ideas comulgan, que creen ser, tanto el principio de la conservación de la materia, como el de la conservación de la fuerza, conquistas de la ciencia atea que dan al traste con los fundamentos de la fe católica, seguramente les llamará la atención el saber que los Padres de la Iglesia y los escolásticos han sido los primeros en enunciar el mismo principio, aunque con palabras distintas: no hay, decían, en la naturaleza ninguna nueva creación, ni Dios aniquila nada de cuanto salió de su omnipotente mano. Por no interrumpir nuestro trabajo nos reservamos para su final el hablar de las falsas consecuencias deducidas de los anteriores principios.

FR. TEODORO RODRÍGUEZ,
Agustiniano.

'Continuará '

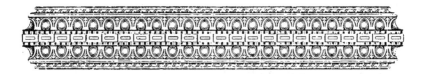

CONFERENCIAS

dadas en el Ateneo de Madrid (curso de 1889-91) por D. Francisco Iñiguez
é Iñiguez, profesor de Astronomía en la Universidad central [1]

I

EL UNIVERSO Y LA FORMACIÓN DE LOS MUNDOS

> «Autrefois, je veux dire, il y a
> une vingtaine d'années, on avait
> les coudées franches pour imagi-
> ner un système cosmogonique...
> Il n'en est plus de même aujour-
> d'hui...»
> (Faye, *Sur l'origine du Mon-
> de*. Paris, 1885, pág. 6.)

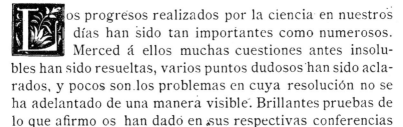os progresos realizados por la ciencia en nuestros días han sido tan importantes como numerosos. Merced á ellos muchas cuestiones antes insolubles han sido resueltas, varios puntos dudosos han sido aclarados, y pocos son los problemas en cuya resolución no se ha adelantado de una manera visible. Brillantes pruebas de lo que afirmo os han dado en sus respectivas conferencias mi docto y querido maestro Sr. Vicuña y nuestro ilustrado consocio Sr. Carracido.

---

(1) Nuestro respetable amigo el Sr. Iñiguez ha tenido la bondad de poner á nuestra disposición sus doctas conferencias en el Ateneo. La reputación del autor, distinguido profesor de la Universidad central, nos excusa de llamar la atención sobre el trabajo con cuya publicación honraremos nuestra Revista.—(*La Redacción*.)

Como resultado necesario del perfeccionamiento de las ciencias naturales, la inteligencia humana va posesionándose del dominio que en el mundo físico le fué concedido, y la imaginación ve restringirse más y más el espacio donde aún puede tender su vuelo. No ha llegado todavía, ni es de creer que llegue nunca dado nuestro imperfecto modo de conocer, la hora de que las hipótesis desaparezcan de la ciencia; pero sí sucede que van disminuyendo en número, ganando á la vez en extensión; puesto que crece sin cesar la multitud de hechos bien conocidos que en ellas han de comprenderse, y de los cuales tienen que dar una explicación provisional ciertamente, pero satisfactoria, en tanto que se logra encontrar la definitiva y verdadera.

En este general progreso de los conocimientos científicos, la Astronomía no ha permanecido estacionaria; por el contrario, enriquecida con nuevos y más perfectos medios auxiliares, así teóricos como prácticos, se ha dedicado con afán más ardiente á las investigaciones que le son propias, y el éxito más lisonjero ha coronado sus esfuerzos; descubrimientos tan notables como inesperados han venido á aumentar el tesoro de verdades antes poseídas, y ante la vista del astrónomo han surgido horizontes desconocidos cuyos límites no se divisan, pero que, lejos de ofrecer semejanza con desolados desiertos, donde el viajero sólo puede esperar penalidades sin fin, parécense más bien á selvas frondosas y fecundas vegas, ricas en ya sazonados frutos.

Exponer ante vosotros algunas de las principales conquistas astronómicas es el objeto de esta conferencia; algunas no más, porque imposible sería en una sola noche desenvolver en todo su contenido tema tan vasto como "El universo y la formación de los mundos„. Procuraré en cuanto de mí dependa ceñirme al asunto lo más estrechamente que me sea posible, confiando en que por vuestra parte no habéis de escasearme las pruebas de vuestra benevolencia.

Entiéndese por universo el conjunto de los astros que vemos proyectarse sobre la esfera celeste; sus diversos componentes son las nebulosas, los conglomerados de estrellas,

las estrellas aisladas simples ó múltiples, el Sol con su acompañamiento de planetas y satélites, los cometas y los innumerables corpúsculos que, girando en el espacio, penetran á veces en la atmósfera terrestre y producen lo que llamamos bólidos y estrellas fugaces. La palabra *mundo*, de significado más concreto, expresa sólo una estrella, un sol, con los planetas que en torno suyo giran, constituyendo un sistema particular del universo.

Imposible parece á primera vista enumerar y distinguir los astros que pueblan la inmensidad del espacio, y formarse idea de la constitución físico-química de cada uno de ellos, de las influencias que entre sí ejercen, de sus distancias y movimientos, y, en fin, de los fenómenos especiales que en cada uno se realizan y constituyen su vida. Sin embargo, la ciencia ha llegado á adquirir medios para estudiar siquiera, si no para resolver por completo, cuestiones tan arduas é importantes. Ya en la escuela de Alejandría, Hiparco, con motivo del descubrimiento de una estrella nueva, comenzó la tarea de formar un catálogo de estrellas, determinando sus.posiciones por análogo procedimiento al empleado en la Geografía para distinguir los puntos de la superficie terrestre, es decir, por longitudes y latitudes. Desde la antigüedad más remota son conocidos también los movimientos aparentes de los planetas, las causas de los eclipses con los períodos en que se suceden, así como algunas particularidades curiosas relativas al conjunto de la bóveda celeste. En cuanto á la naturaleza de los astros, imposible es que pidamos nada á las primitivas escuelas astronómicas, ni aun á otras de fecha más próxima á nosotros, pues no hay que olvidar que la Astronomía es esencialmente tributaria de las demás ciencias, cuyo progreso estimula y cuyos descubrimientos utiliza inmediatamente. No es, por tanto, de extrañar que cuando los medios de observación eran por extremo rudimentarios, las Matemáticas estaban en sus comienzos, y no habían nacido aún la Física ni la Química, los astros fuesen considerados como seres de naturaleza especial, constituídos de muy diverso modo que los cuerpos observados en la superficie de la Tierra.

El primer paso de verdadera transcendencia dado en el conocimiento de la naturaleza de los astros, fué la invención del anteojo. No se utilizó éste en un principio más que como medio de favorecer el alcance de la vista; pero bastó dirigirlo á las regiones celestes para comprender en primer término que la riqueza estelar del espacio era muy superior á cuanto había podido sospecharse; reconocióse también muy pronto que el Sol tiene manchas, montañas la Luña, fases Venus, Júpiter satélites y Saturno anillos. Más tarde, á medida que el anteojo fué perfeccionándose, continuaron los descubrimientos; pero los llevados á cabo desde el principio fueron suficientes para llamar la atención general y demostrar el valor incuestionable de la nueva adquisición.

Bien fácil es hoy, á los que no hayan tenido tal suerte, participar de las sorpresas que á los astrónomos causara el descubrimiento del anteojo. Todos conocéis el precioso grupo de estrellas conocidas con el nombre de pléyadas, vulgarmente *cabrillas,* que en la época actual tenemos sobre nuestro horizonte desde las primeras horas de la noche; si dirigís á ellas, y yo os invito á hacerlo, unos buenos gemelos de teatro ó un anteojo de mayor alcance, cautivará vuestra atención el asombroso conjunto (tanto más numeroso cuanto mayor sea la potencià del instrumento) de brillantes estrellas, que reemplaza á las seis y muy pocas más que las vistas más perspicaces llegan á distinguir en el grupo mencionado. Si observáis la Luna con un anteojo de regulares condiciones ópticas, notaréis cómo en aquellos espacios, obscuros unos, brillantes otros, sobre los cuales la imaginación popular ha forjado tan poéticas fábulas, se dibujan y aparecen con toda claridad variados detalles topográficos que revelan inmediatamente la constitución variadísima del suelo de nuestro satélite.

Bastan estas observaciones, y otras análogas hoy al alcance de todos, para comprender desde luego cuán vivamente tuvieron que impresionar á los astrónomos que por primera vez pudieron realizarlas; pero considerad sobre todo el asombro de quien, acostumbrado á considerar el Sol como un astro purísimo é incorruptible, encuentra su disco empañado por feos y negros borrones; y figuráos también la sorpresa que causaría ver primero la imagen de Saturno prolongada en dos opuestas direcciones, y más tarde reconecer que tal apariencia resulta de que el astro se halla en realidad cercado de un anillo, que se sostiene en el espacio á distancia considerable del planeta; el descubrimiento de las manchas del Sol, sobre todo, causó tal asombro á los hombres de ciencia, que dió lugar á animadas discusiones entre ellos, y fué necesario que pasase algún tiempo, y se hiciesen numerosas observaciones, para que á nadie quedase duda de que talés fenómenos se verifican realmente en la superficie solar.

Posteriormente se ha dado al anteojo otra aplicación que no cede en importancia práctica al empleo que recibió primitivamente; consiste en servirse de él para fijar la dirección de un objeto. Bastó para ello colocar en el foco del objetivo una cruz formada por dos hilos sumamente finos; con esta modificación ha sido posible unir el anteojo á los círculos graduados, reemplazando con ventaja á las alidadas de pínulas en la medición de los ángulos. Los instrumentos astronómicos formados de anteojos y círculos son muy variados en su construcción, y se utilizan, generalmente en unión de los relojes, para determinar la posición de los astros, obedeciendo á las exigencias teóricas de sistemas distintos; ora dan á conocer la posición de los cuerpos celestes con relación al Ecuador y al meridiano de un lugar, ora con relación al Ecuador y al punto vernal, ora, en fin, respecto del horizonte y de cualquier círculo vertical.

En fin, entre las varias disposiciones y distintos accesorios de un anteojo, según el fin que con su uso quiere lograrse, merece que se recuerde el que consiste en colocar en su plano focal un hilo movible conducido por un tornillo de paso finísimo y cuya cabeza se halla graduada; se consigue con su empleo medir distancias tan pequeñas que muy difícilmente podrían conocerse por otros medios de observación.

La delicadeza con que se ha conseguido llegar á construir toda clase de aparatos, y los medios teóricos y prácti-

cos que se poseen para calcular los errores siempre inevitables, y su transcendencia á los resultados que se desea obtener, hacen que éstos se acerquen á la perfección ideal; tal
es el adelanto en esta parte realizado.

No es menor el conseguido en la parte teórica. El descubrimiento de la ley de Newton, del principio de la gravitación universal, reduciendo las particularidades del movimiento planetario á simples problemas de Mecánica, así
como el conocimiento de los movimientos propios de las estrellas, juntamente con los aparentes que presentan por
efecto de los movimientos del Sol y de la Tierra, permiten
hoy calcular de antemano la posición que ocupará en el
cielo en un momento cualquiera un astro cuyos elementos
sean bien conocidos. El cálculo es laborioso en muchas ocasiones, pues el análisis dista mucho en la actualidad de poseer medios sencillos aplicables á todos los problemas; pero
siempre permite llegar á una aproximación suficiente. Puede, por tanto, decirse que la Astronomía matemática ha llegado, prácticamente al menos, al *desiderátum* de toda
ciencia.

La Astronomía física se ha formado en nuestros días,
teniendo por base el análisis espectral. No son las radiaciones luminosas el único medio de relación de unos astros
con otros, pero sí las más fácilmente asequibles á la observación. Permitidme que me detenga unos momentos en consideraciones sobre dicho análisis; las consecuencias que de
él se desprenden exigen que antes se haya formado idea
exacta de lo que este precioso medio de observación permite apreciar, pues sus resultados no son tan sencillos como
generalmente se divulga en algunas obras populares.

Bien sabido es que cuando la luz atraviesa un prisma de
vidrio, por ejemplo, no se limita á desviarse respecto de la
dirección primitiva de los rayos, sino que además se des-
compone en matices diversos. No salen los colores en desor-
denada mezcla y en confusión indescifrable, sino en el orden
más completo resultante del valor propio del índice de re-

fracción de cada uno: todo depende de esté último. Si la luz
es blanca, compuesta por consiguiente de todos los matices,
teniendo éstos índices de refracción crecientes desde el rojo
más obscuro al violado extremo, claro es que en el orden
consiguiente se distribuirán los colores al salir del prisma,
y su conjunto, que constituye el *espectro de la luz*, proyectado sobre una pantalla formará una banda continua. Pero
si la luz no posee todos los matices, la continuidad de la
banda no podrá conservarse, y aparecerán aquéllos separados unos de otros por espacios obscuros, correspondientes
á los colores que faltan en la luz examinada.

La manera mejor de estudiar estos fenómenos se halla
realizada en el *espectroscopio*, instrumento que consta esencialmente de un *colimador*, un prisma y un anteojo *analiza-
dor*. La luz penetra en el colimador por una ranura longi-
tudinal estrechísima, y atraviesa luego una lente que hace
paralelos todos los rayos, en cuyo estado van á caer sobre
el prisma; dispersados por éste, penetran en seguida en el
anteojo, el cual, amplificando la imagen del espectro resultante, permite hacer de él un estudio completo. Además de
los elementos esenciales mencionados, posee el instrumento otros accesorios, como son: un prisma de reflexión para
dar entrada á la luz procedente de otro foco cuando se trata de comparar dos espectros distintos; un tubo, cuyo objeto es proyectar en el campo del instrumento una escala que
permita apreciar la situación relativa de cada color en el
espectro; y, en fin, un micrómetro, destinado á medir las
distancias entre unos y otros colores.

La extensión del espectro depende de la temperatura del
foco luminoso, y la *pureza* es consecuencia del poder de
dispersión empleado; se dice que el espectro es puro cuando, proyectado sobre una pantalla, no caen sobre un mismo
espacio rayos de desigual índice de refracción. Si las consecuencias del análisis espectral han de ser fundadas, es
preciso á todo trance conseguir la pureza del espectro; el
no haber dado toda la importancia debida á esta condición
ha sido causa de que en algunas ocasiones se hayan interpretado los hechos de una manera errónea. Para evitar

esto se emplean espectroscopios de gran poder dispersivo,
donde la luz es descompuest a, ya por una serie de prismas,
ya por una lámina metálica finamente rayada.

Los resultados generales á que han conducido los estudios espectroscópicos son los siguientes:

1.º El espectro de un cuerpo sólido ó líquido en estado
candente consiste en una banda perfectamente continua; es
decir, que posee todos los colores entre los extremos de
aquélla comprendidos.

2.º En el espectro de un gas luminoso faltan matices; de
modo que la luz de los gases es incompleta, y su espectro se
reduce á algunas rayas brillantes separadas por espacios
obscuros. Sin embargo, el espectro de un gas depende de la
temperatura y presión á que se halla sometido, y si aquéllas
son considerables, el espectro puede llegar á ser continuo
como el de un sólido ó líquido.

3.º Cuando la luz producida por un cuerpo candente, sólido ó líquido, atraviesa un gas cuya temperatura sea inferior á la del foco luminoso, el espectro se halla surcado por
rayas obscuras, correspondientes á los puntos en que se hallarían las rayas brillantes del gas si éste alumbrase sólo.
Este fenómeno, conocido con el nombre de inversión del espectro, es de los más curiosos que ofrece este estudio, y ha
encontrado en Astronomía interesantes aplicaciones.

4.º Si el gas atravesado por la luz emitida por un cuerpo
no gaseoso se halla á temperatura más elevada que este
cuerpo, las rayas luminosas del espectro propio del gas se
proyectan más brillantes sobre la banda continua correspondiente á la luz del foco primero.

De estos hechos se desprende que el análisis espectral
permitirá desde luego conocer si la luz estudiada pertenece
ó no á un cuerpo gaseoso. Pero además se ha visto que
cada substancia química posee su espectro propio; de modo
que, una vez reconocidas sus rayas, se podrá afirmar la
presencia de los elementos químicos correspondientes. Hay
aquí, sin embargo, algunas causas de error que deberán
siempre tenerse presentes antes de deducir consecuencias:
en primer lugar, una raya luminosa en ciertos espectros

puede muy bien, en lugar de ser la raya brillante propia de un elemento químico, no ser más que una parte del espec-tro continuo contenida entre dos bandas de absorción. Ade-más se ha reconocido que una misma substancia química puede producir diferentes espectros, según sea la tempera-tura á que esté elevada.

Este último fenómeno parece indicar que existe una re-lación íntima entre la luz que emite un cuerpo y el estado molecular del mismo. Considerada hoy la luz como un mo-vimiento vibratorio de las partículas materiales, existen en-tre ella y el sonido muy estrechas analogías, siendo los co-lores en la primera lo que las notas musicales en el segun-do: consecuencia del número de vibraciones en la unidad de tiempo. Y del mismo modo que se observa que una placa vibrante produce sonidos distintos cuando se la sujeta de distinta manera ó se varía el modo de excitar sus vibracio-nes, se comprende que un cuerpo emita también colores dis-tintos cuando varía el enlace íntimo que existe entre sus mo-léculas.⁻

Un hecho importante se desprende del análisis espectral, y me parece oportuno que fijéis un momento sobre él vues-tra atención antes de pasar más adelante. La velocidad ad-quirida por un cuerpo bajo la acción de una fuerza deter-minada, se halla en muy íntimo enlace con la masa del mó-vil; luego la circunstancia de tomar las partículas, de cuyas vibraciones resulta la luz, toda clase de velocidades, desde el rojo al violado, impone condiciones que no pueden olvi-darse al tratar de la constitución molecular de la materia, circunstancia que no todos tienen en cuenta.

La aplicación del análisis espectral á la Astronomía se hace adaptando al anteojo un espectroscopio, de modo que la ranura del colimador de éste quede situada en el plano focal del objetivo de aquél.

————

Con otro auxiliar poderoso, además de los ya menciona-dos, cuentan actualmente los astrónomos; tal es la fotografía. Aplicada á las estrellas, facilita muchísimo todos los traba-

jos relativos á la determinación de las posiciones de aquéllas en la esfera celeste, de sus magnitudes, de sus paralajes
y movimientos propios. Las nebulosas son tambiém fotogra-
fiadas, y han dado en las pruebas obtenidas detalles que la
vista no aprecia, ni aun con el auxilio de los mejores anteojos. De la propia manera se han obtenido fotográficamente
representaciones del Sol, de la Luna y de los planetas (1); en
fin, vencidas muchas dificultades que se originan de las diferencias de acción de los rayos luminosos sobre las sales
de plata, se ha conseguido fotografiar los espectros de los
cuerpos celestes. Cuánto hay que esperar de este nuevo procedimiento de observación, lo revela claramente la empresa,
de todos conocida, acometida en estos momentos por los Ob-
servatorios astronómicos de todos los países.

No se crea, sin embargo de su gran importancia, que de
la fotografía puede esperarse todo, de modo que de hoy más
pueda suprimirse la observación directa; detalles existen
que por las circunstancias de su aparición, por sus alteraciones ó por otras varias causas, no pueden obtenérse fotográficamente en condiciones útiles, por ahora al menos, y
no queda más remedio que observarlos á la vista y repre-
sentarlos por el dibujo cuando esto sea necesario, por pe-
noso que sea uno y otro.

Expuestos así los principales medios empleados en los
estudios é investigaciones astronómicas, pasemos ya á hacer
una descripción sucinta de los principales componentes del
universo estelar.

Llaman nuestra atención, en primer término, las nebulosas. Preséntanse á la vista, auxiliada del anteojo en la
mayoría de los casos, como manchas blanquecinas de formas muy variadas y frecuentemente irregulares; cuando el
análisis espectral era desconocido, habiéndose notado que
muchas nebulosas, observadas con grandes aumentos, apa-

---

(1) Mucho sentimos no poder reproducir aquí las bellísimas figuras que, por medio del aparato de proyección que posee el Ateneo, se
presentaron sucesivamente al auditorio en estas conferencias; esto
nos obliga á variar algún tanto ciertos puntos de las mismas.

recían como agrupaciones de estrellas, se creyó que lo propio debería suceder para todas cuando se llegase á disponer de instrumentos suficientemente poderosos para observarlas; pero el espectroscopio ha patentizado el error de tal creencia, haciendo ver que existen nebulosas dotadas de un espectro discontinuo, y, por tanto, formadas por gases luminosos. Se ha demostrado que existe en ellas el hidrógeno, muy probablemente el ázoe, y además otra substancia, con la cual no se ha hallado hasta ahora correspondencia en ninguno de los elementos químicos terrestres.

La materia luminosa no se encuentra distribuída con igualdad en el espacio ocupado por cada uno de los astros de que ahora hablamos, que en algunos, como en la gran nebulosa de Orión, es muy considerable; muchas de ellas ofrecen signos evidentes de condensación, sin perder por ello su naturaleza gaseosa, revelada por el respectivo espectro. En algunas nebulosas de forma irregular la masa que las compone presenta extensas prolongaciones, por lo cual han recibido el nombre de nebulosas de *tentáculos,* particularidad que hace algo difícil admitir que no existan en ellas más acciones que la gravitación y el calor.

El P. Secchi no juzga imposible que, transladándose en el espacio estas acumulaciones gaseosas, penetren en nuestro mundo solar y den así origen á los cometas, cuyo aspecto y composición física tiene con ellas algunos puntos de contacto.

Las nebulosas dotadas de espectro continuo han sido en general descompuestas; de modo que no cabe llamarlas sino conglomerados de estrellas. La disposición en que aparecen los componentes de estos interesantes grupos, entre los cuales son muy notables y frecuentes las formas globular y en espiral, dan mucha probabilidad á la idea de que proceden de un origen común; es, no obstante, dificilísimo explicar la distribución de las fuerzas que relacionan unas con otras á las estrellas de cada grupo, manteniendo á éste en equilibrio.

Aplicando á las estrellas el análisis espectral, se ha reconocido que todas, con muy pocas excepciones, ofrecen un espectro continuo surcado por rayas obscuras más ó menos numerosas. Se puede, por lo tanto, afirmar que las estrellas se hallan constituídas por núcleos fuertemente condensados, sobre los cuales se extiende una atmósfera gaseosa dotada de gran poder absorbente. Las variedades más marcadas que tales espectros presentan, han dado lugar á la clasificación en estrellas blancas, amarillas y rojas.

Caracterízanse las blancas por una gran extensión de las partes azul y violada del espectro, que contrasta con el escaso desarrollo de la extremidad roja; á esto deben tales estrellas su color, que realmente no es blanco, sino azulado. Su espectro se halla surcado por algunas rayas finísimas, correspondientes á distintos metales, poseyendo además como distintivo las rayas del hidrógeno fuertemente acentuadas, lo cual prueba que la atmósfera de estas estrellas, que constituyen un 70 por 100 de las existentes, posee enorme cantidad de dicho gas en estado libre y á tensión muy alta, y en relativa escasez los demás componentes.

En las estrellas amarillas el espectro presenta menor desarrollo en la extremidad violada que en el grupo anterior, y se halla atravesado por numerosas rayas obscuras, correspondientes á varios elementos químicos terrestres, siendo perceptibles también las del hidrógeno, sin diferenciarse de las otras por excesivo grueso. El Sol ofrece caracteres espectrales idénticos á los que poseen las estrellas de este grupo.

En fin, las estrellas rojas no manifiestan las rayas del hidrógeno, en sus espectros, atravesados por anchas bandas de absorción, que les dan un aspecto acanalado.

Interpretando estos detalles, los astrónomos han podido afirmar que las estrellas se hallan en distintos grados de condensación y enfriamiento, tendiendo todas lentamente hacia su extinción, á la cual se hallan tanto más próximas cuanto más se manifiestan en ellas los fenómenos del tercer grupo.

A los tres principales, cuyos caracteres quedan indicados, hay que añadir un cuarto grupo, constituído por las estrellas llamadas nuevas ó temporales, que Faye designa con el nombre significativo de estrellas de *catástrofes*. Al aparecer estos astros alcanzan rápidamente un brillo tan intenso, que en ocasiones las ha hecho visibles en pleno día; después pierden gradualmente su luminosidad, y en pocos meses llegan á desaparecer por completo, ó se hacen de magnitud perceptible sólo con los más poderosos telescopios. Observado el espectro de estas estrellas, se han reconocido en él las rayas del hidrógeno, pero brillantes, revelando la existencia de grandes masas candentes de dicho gas acumuladas en torno del núcleo del astro. Para explicar los fenómenos que acompañan á la aparición súbita y á la degradación progresiva de estas estrellas, se admite que, por efecto de la radiación anterior, habían llegado á cubrirse de una costra fría, y dotada de poder luminoso tan escaso que no era suficiente para hacerlas perceptibles, al menos entre las primeras magnitudes; pero, no estando agotada aún la energía térmica del núcleo, un hundimiento de materiales de la superficie coloca á éstos bajo la acción inmediata del fuego interno, y una rápida disociación, poniendo en libertad enormes cantidades de hidrógeno, da lugar á una explosión inmensa, que proporciona temporalmente á la estrella el brillo superior con que aparece, hasta que el enfriamento hace que las cosas vuelvan á su anterior estado.

Y no estará de más recordar en este punto que los fenómenos que notamos en las estrellas no se realizan contemporáneamente á la observación; dadas las distancias que de tales astros nos separan, puede muy bien suceder que estos fenómenos, que tanto llaman nuestra atención, hayan sucedido muchos años antes de que nosotros tengamos noticia de ellos. Porque, si bien es cierto que la velocidad de la luz se cuenta por miles de leguas en un segundo, no lo es menos que á su vez las distancias de las estrellas se cuenta por billones y trillones de leguas, números ante cuya magnitud excesiva resulta impotente nuestra imaginación.

Constituyen, por último, categoría muy especial entre las estrellas las llamadas *variables*. Bien mirado, la mayoría de los astros experimenta notables cambios de brillo; pero el nombre de variables se ha reservado para aquellos que ofrecen estos cambios periódicamente.

No en todas las estrellas se verifican, sin embargo, en circunstancias idénticas; en algunas, como en *Algol*, los cambios de brillo se suceden con exactitud matemática, y el espectroscopio no manifiesta que en tanto se verifiquen alteraciones en la constitución físico-química de los astros que así varían; en otras el período es más incierto en alguna de sus fases, y las variaciones concomitantes de sus espectros permiten afirmar que en la superficie de la estrella tienen lugar violentas agitaciones. Dedúcese de aquí que en el primer caso asistimos á verdaderos eclipses, debidos á la interposición de astros opacos entre nosotros y las estrellas que en tal forma varían; mas no sucede lo mismo en las que se hallan en el segundo caso, pues claramente manifiestan hallarse sometidas á variaciones reales en su actividad, idea que se corrobora por la circunstancia de que estas estrellas pertenecen al tipo de las rojas, astros decadentes, como antes hemos visto. Cuando tratemos del Sol en la próxima conferencia veremos en qué forma se producen las alteraciones superficiales que dan lugar á fenómenos periódicos tan notables; pues nuestro Sol, este astro que los antiguos juzgaron incorruptible, es en realidad una estrella que va envejeciendo.

(*Continuará.*)

EL REALISMO IDEALISTA [1]

(LOTZE.—WUNDT.—FOUILLÉE.)

V

CONSIDERADO en sus formas generales, el pensamiento del realismo idealista parece tanto más aceptable y simpático cuanto que los idealistas por 'un lado y los materialistas por otro van quitando, con sus extremosidades opuestas, el gusto de seguirlos por caminos tan escabrosos. Pero las principales dificultades con que había de tropezar la nueva escuela no se hallan, ni en la idea vaga de unidad doctrinal, ni en las tendencias generales á la conciliación filosófica, ni en la oposición á sistemas deficientes ó desacreditados, sino en las formas concretas y principios determinados en que expone su proyecto de harmonización filosófico-científica, así como en los procedimientos por cuyo medio confía llevarle á cabo. Aun la tendencia general á dirigir la indagación filosófica por camino más real que el seguido por las escuelas idealistas, y más especulativo que el trazado 'por el empirismo científico, es decir, el pensamiento más digno de estudio y tal vez el único aceptable de la moderna teoría, no es tan nueva como sus modernos ex-

---

(1) Véase la pág. 306.

positores se esfuerzan por hacernos creer después de haberse engañado á sí propios.

Adviértese desde luego, no sabremos decir si injusticia ó inexactitud, en el juicio que el realismo idealista se ha formado de todas las demás escuelas. Es cierto que, tendiendo la vista á la situación actual de los estudios filosóficos, apenas si se ven más que dos tendencias extremas que ponen al hombre pensador en la precisión de conocer la realidad sólo por un lado; pero, por humilde que sea el estado á que se halla reducida la filosofía tradicional en nuestros tiempos, ni nos parece tan insignificante y de tan escaso interés que no deba ser contado para nada, ni aun cuando ahora careciese de virtualidad y representación sería justo prescindir de escuela tan respetable, supuesta su importancia histórica y el influjo que ejerció sobre la opinión común en siglos anteriores. Pase que la conciliación doctrinal últimamente ideada nada tenga que ver con el eclecticismo cousiniano; nosotros también creemos que existe real y notable distinción entre una y otra escuela, no tanto por las diferencias que señalan algunos partidarios del realismo idealista, ya expuestas en nuestro artículo precedente, como porque Cousin y sus partidarios han propendido á un espiritualismo exagerado, mientras que en esta otra escuela se da tal importancia al elemento positivo y experimental que gracias que se admita el elemento metafísico en la proporción mínima necesaria para que haya apariencia de conciliación filosófica. Lo que no puede justificarse es que se presente como nuevo el propósito de conciliar la experiencia y la especulación, como si realmente hubieran andado siempre separados, ó á nadie se hubiera ocurrido hasta ahora conciliarlos sistemáticamente, considerándolos como elementos necesarios para conocer la verdad en todas sus fases. Comprenderíamos que se censurara la preponderancia dada en las antiguas escuelas á la especulación sobre la observación, no sin advertir que aun en este punto se incurre en grandes exageraciones; pero no vemos que pueda decirse con plena exactitud que hasta aquí no hemos tenido más que escuelas empíricas ó idealistas, y menos que se afirme que la Metafísica antigua se proponía como objeto de estudio al ser abstracto, y no al ser real (1). En el concepto de Aristóteles primero, y mejor después en la opinión de los escolásticos, el objeto de la misma Metafísica general, la parte más abstracta de toda la Filosofía, cuanto más de los otros tratados metafísicos en que se estudian cosas determinadas, como el hombre, era el ser real, aunque considerado en sus propiedades más radicales y comunes, que no por ser tales dejan de ser realísimas.

No queremos decir, con todo, que el nuevo sistema carezca de originalidad. Nos parecía que su proyecto de conciliación filosófica daba por supuesto que la idea de una metafísica mixta, ó mejor dicho, completa y conciliadora, no se había aún concebido ó, por lo menos, no se había formulado; y como la suposición es en nuestro sentir falsa ó infundada, comenzamos la crítica del sistema llamando la atención sobre la inexactitud de una de sus apreciaciones primordiales. La originalidad del realismo idealista, notable por cierto, se halla en otros puntos. Se halla, en primer lugar, en traer al orden filosófico, no simplemente el elemento real, la observación, elemento con que siempre se contó en la antigua Filosofía, aunque utilizándolo con la imperfección y poco acierto que era de suponer dado el esta-do en que se hallaban los estudios experimentales, sino en traer la observación, el elemento real, con aparato científico bajo la forma de conclusiones positivas. De modo que si el nuevo sistema no tiene el mérito de haber dado antes que nadie un valor real á los estudios filosóficos, debe reconocérsele el que pueda haber en considerar la Ciencia y la Filosofía tan estrechamente ligadas que aquélla éntre directamente con sus conclusiones en ésta como constitutivo nece-

_____

(1) El mismo Fouillée confiesa que la tendencia experimental tiene antecedentes en algunas escuelas especulativas. De Aristóteles dice: "Quant à Aristote, il fait ouvertement profession de fonder son système sur l'expérience, mais sur la plus radicale à son avis de toutes les expériences, celle où la pensée se pense et se saisit dans son acte constitutif: c'est la conscience érigée en principe universel.„— _L'Avenir de la Métaphysique,_ pág. 69.

sario, y ésta venga á servir á aquélla de simple prolongación y complemento. Buscando en origen más alto y racional la originalidad del realismo idealista, la hallaríamos nosotros en el concepto que se ha formado esta escuela de la ciencia filosófica: reducir la Filosofía á una mera *generalización* del conocimiento científico es idea que difícilmente se hallará, por lo menos explícitamente expuesta y sistematizada, en ningún sistema precedente; las escuelas empíricas han gustado siempre muy poco de generalizaciones que se eleven del orden concreto é inmediatamente observable; las idealistas, por lo contrario, han contado muy poco ó nada en sus generalizaciones abstractas con los datos de la experiencia, fuesen vulgares ó científicos; y, en fin, la Filosofía cristiana, el aristotelismo cristianizado, aunó, con la imperfección que se quiera, en sus estudios la experiencia y el raciocinio, pero hizo de la Filosofía una ciencia aparte con objeto y medios propios que la ponían en condición de vivir independiente, y no supeditada á ninguna otra ciencia (1). Supuesta la originalidad del concepto de la Filosofía como forma de combinación entre el elemento real y el metafísico, reconocemos también en el realismo idealista originalidad de procedimientos, no tanto porque, los procedimientos sean en sí nuevos ó desconocidos, sino porque, en materias filosóficas, han sido hasta ahora de rara ó ninguna aplicación.

Pero la originalidad no supone que un sistema sea verdadero y útil, condiciones principalísimas del mérito de todo sistema. Poco importa que en la sistematización de una doc-

(1) ·Le rôle de la philosophie--decía Wundt en su *Discurso* de Zurich,—est de vivre en bons rapports avec les sciences particulières; elle leur emprunte ce qui lui est nécessaire, la base de l'expérience, et leur communique ce dont elles ont besoin, l'accord général des connaissances...—Y Fouillée dice: "Le premier problème concerne les *rapports et connexions des objects* étudiés partiellement par les sciences particulières; l'autre, les *rapports et connexions des sciences*. Ce sont les deux questions acceptés par Comte lui-même comme constitutives de la philosophie première, qui devient ainsi une *codification des lois de la nature* et une *classification des sciences*. La philosophie est alors *l'unité* des sciences, elle est *la science*.„—*L'Avenir de la Métaphysique*, pág. 21.

trina haya derroche de ingenio, fuerza de inventiva, novedad de aspiraciones, si, después de todo, las cuestiones quedan por resolver, en la misma incertidumbre, ó sólo se ofrecen soluciones dudosas y de aplicación estéril. Demos que el realismo idealista tenga carácter propio y originalidad suficiente para no ser confundido con ninguna escuela anterior, que innove y no simplemente restaure principios ya expuestos; ¿su concepto de la Filosofía es exacto? ¿Las aspiraciones de las escuelas filosóficas deben tender á solo una generalización de la Ciencia? La Filosofía y la Ciencia conciliadas como el realismo idealista supone, ¿pueden llegar á la unidad doctrinal? ¿Por los procedimientos indicados se obtendría al fin una verdadera síntesis filosófica que sirviera de medio de conciliación entre las escuelas contendientes? Verificado todo esto, es cuando sería importante la discusión sobre la originalidad del sistema; porque si bien de interés puramente histórico, no sería inútil el inquirir á qué escuela debía la ciencia filosófica el bien tan deseado de adaptarse de una vez á una forma definitiva que excluyera contradicciones y desacuerdos. Pero mientras no se vean realizadas las esperanzas del realismo idealista su originalidad será lo de menos, y lo de más la probabilidad y garantía que ofrezcan sus propósitos de conciliación filosófica. Veamos, pues, qué debe pensarse del programa doctrinal del realismo idealista.

Ante todo, su idea de la ciencia filosófica es inexactísima; considerar la Filosofía como mera prolongación de la Ciencia, reducir la indagación filosófica á una simple generalización del conocimiento científico, dejar reducido el objeto de la Metafísica á poco más que á inquirir las conclusiones últimas de las varias ciencias, y buscar modo y manera de sintetizarlas, nos parece, no sólo desconocimiento de la naturaleza y carácter propios de la Filosofía, sino también negación del modo de ser autónomo y peculiar de esta ciencia y de los límites que la separan de las demás ciencias experimentales y racionales. Si la Filosofía ha de distinguirse de las otras ciencias, especialmente de las positivas, y en ello convienen todos, hasta los mismos partidarios del realismo idealista, no será sino teniendo naturaleza propia, carácter peculiar, medios y procedimientos particulares; pero es imposible que tenga nada de esto reducida toda su esfera de acción á una simple generalización del conocimiento científico; porque si el objeto *formal* es el mismo, la mayor ó menor generalización no basta para producir distinción específica en las ciencias. Supóngase que el filósofo se ciñe de hecho, como quiere el positivismo realista, á inquirir y determinar los últimos resultados de una ciencia determinada, que, haciendo lo propio con cada ciencia, resume y enlaza los principios más generales de cada una; mientras no transforme esos datos, asimilándoselos y convirtiéndolos en conceptos racionales; mientras no estudie en ellos los objetos y observaciones de la ciencia bajo una fase enteramente nueva y peculiar, ¿pasará todo eso de ser un resumen puramente científico? Creemos innecesario salir del terreno de la ciencia positiva para llegar á generalizaciones de este género; cada ciencia podría resumir sus principios sin necesidad de extralimitarse; y si bien la determinación y enlace de los principios generales de todas las ciencias no toca á ninguna en particular, porque la parte no es posible que tenga la extensión del todo, de hacerse alguna vez tocaría, no á la Filosofía, sino á la gran ciencia positiva, de la cual cada ramo particular de los estudios experimentales es una sola parte. Se comprenderá que la mera generalización no es suficiente para dar á un estudio carácter filosófico con sólo advertir que la generalización es elemento esencial de toda ciencia; la misma ciencia positiva no es ciencia por la simple aglomeración de hechos individuales, sino por la determinación de leyes, es decir, por la generalización del conocimiento adquirido en observaciones aisladas; generalización que puede extenderse cada vez más, como de hecho se extiende, amenguando el número de principios y leyes, y haciéndolos en cambio más comprensivos, sin introducirse por eso en el orden filosófico (1).

_____

(1)   Fouillée se hace á sí mismo esta observación, dejándola sin solución satisfactoria: "Maintenant, pour la systematization des connaissances, suffirat-t-il, comme le croient Auguste Comte et les posi-

   Los partidarios del realismo idealista insisten en afirmar
que la Filosofía, tal como ellos la conciben, se distingue realmente de la Ciencia; pero las razones en que fundan la distinción no hacen más que confirmar los principios que la
excluyen. La Ciencia, dicen, divide la realidad en distintas
esferas, y no la considera más que por un lado, en *partes;*
mientras que la Metafísica, por lo contrario, extiende su
consideración al *todo*, tratando de representársele en conjunto bajo un concepto *monista* y comprensivo. Pero si el
todo y las *partes*, replicamos nosotros, son de una misma
naturaleza, ¿podrá haber distinción específica, única distinción de que aquí debe tratarse, entre la ciencia que estudie
al uno y las que consideren las otras? Si la naturaleza del
estudio es la misma, si es el mismo el objeto formal, no vemos que pueda haber más que distinción cuantitativa ó nu-
mérica entre la ciencia que estudia la realidad toda y las
que sólo consideran partes de esa misma realidad. Es cierto
que se añaden otras diferencias entre la Filosofía, como
ciencia del *todo*, y los estudios positivos, como ciencia de
partes; pero no hacen más que ampliar la indicada, que todas ellas suponen é imitan en la futilidad é insuficiencia de
explicación. Así, se dice que la Filosofía, en el concepto del
realismo idealista, tendría de peculiar el darnos una representación *sistemática é inteligible* del universo, como si las
ciencias particulares no nos dieran también cierto concepto
inteligible y *sistemático* de realidades determinadas que
entran en el universo como elementos componentes; se
añade que el conocimiento de cualquiera de las ciencias positivas es *relativo*, y el de la Metafísica *absoluto*, con lo cual
no se viene á decir, expuesto en términos más claros, sino
que el conocimiento de una parte de la realidad que nos da
toda ciencia positiva es *parcial*, y el de todo el universo
proporcionado por la Metafísica, en cuanto generalización

tivistes, de yuxtaposer les résultats les plus généraux des sciences
particulières? Non, car les résultats mêmes des sciences peuvent être
en un désaccord apparent...—Il n'y a point, direz-vous, de désaccord
réel entre les sciences.—Je le crois; mais c'est là précisément une
croyance métaphysique.„—Obra cit., pág. 21.

de la ciencia, sería *completo;* verdad evidente con visos de
perogrullada, que nada quita para que uno y otro conocimiento sean de la misma naturaleza; y, en fin, se supone
además que sólo en la *Metafísica,* concebida según la nueva
escuela, puede verificarse la síntesis de lo mental con lo
físico (1), la unión por conocimiento del *yo* con la realidad
externa, debiendo decirse que sólo entonces se verifica *totalmente,* pues en todo conocimiento de la realidad obtenido por el estudio de una ciencia determinada hay de hecho
ó puede haber cierta síntesis *parcial* de lo mental con lo físico, cierta unión, *parcial* también, entre la realidad interna y el mundo exterior. Mientras hagamos la comparación
entre la Metafísica y las ciencias con el criterio de la nueva
escuela, siempre tendremos que la Metafísica y los estudios
experimentales son igualmente ciencias positivas, sin más
diferencia de que aquélla sería ciencia *total,* y estas otras
ciencias *parciales.*

La generalización sólo da carácter filosófico al estudio
cuando va acompañada del conocimiento *causal* de las cosas, cuando busca el *porqué,* y no el *cómo,* de los fenómenos,
tanto del mundo físico como del intelectual; y aun acompañada del conocimiento *causal* no basta si se detiene en las
razones inmediatas y próximas, porque hasta entonces no
hay más que lo que hoy se llama ciencia. Para la indagación filosófica se necesita además que el elemento racional
éntre, no ya como mero auxiliar, sino como constitutivo
primario del conocimiento metafísico. ¿Y hay nada de esto
en el concepto que de la ciencia filosófica se finge el realismo

---

(1) "Cette tâche de la *métaphysique* ne peut se confondre ni avec
la science ni avec la *poésie.* La science s'occupe des diverses parties
de la réalité; elle isole différentes sphères pour les examiner à part.
Proportionnellement à l'étroitesse de la sphère choisie ou au degré
de l'abstraction, chaque science particulière possède une connaissance positive, quoique toujours *relative,* des phénomènes dont elle
veut rendre compte. La Métaphysique, au contraire, considère le
tout; elle s'efforce de le présenter comme un système *intelligible,*
par conséquent comme un système où l'apparente séparation de *l'In-
telligence* et de ses *objects* est finalement résolue en unité; c'est le
monisme..—Fouillée, *L'Avenir de la Métaphysique,* pág. 290.

idealista? Por lo pronto, el elemento racional, fielmente aplicada la nueva teoría, sería realmente nulo ó de valor muy secundario; si ha de rechazarse como hipotético todo lo especulativo que no tenga base positiva y experimental, si el estudio filosófico ha de consistir en cierto análisis de la experiencia, y por orden inverso en cierta reconstrucción del conocimiento científico, ¿qué cabida ha de haber para el elemento racional? Se dirá que la razón debe intervenir para velar por que las operaciones de *análisis* y *síntesis* se realicen con todo rigor lógico, con toda exactitud. Pero si á la razón no se la permite trabajar más que sobre datos experimentales y positivos; si esas operaciones han de açomodarse al método y orden de la ciencia; si se la veda el salirse de la esfera de lo positivo, ¿será la razón otra cosa qué puro regulador del trabajo científico, no fuente que suministre principios é ideas superiores al orden de la experiencia? Lejos de conseguir la conciliación entre la experiencia y la especulación, la anula el realismo idealista, ó mejor dicho, empieza por excluirla, contando con el elemento especulativo sólo como auxiliar ó, cuando mucho, como constitutivo secundario; la conciliación que se necesita no es simplemente la que deje influir la actividad mental de algún modo sobre los conocimientos experimentales, porque en esa forma no la ha negado nadie, sino aquella otra que enlaza las nociones positivas con principios en todo rigor metafísicos y *a priori*. Ya veremos si semejante conciliación puede obtenerse de modo que la ciencia, formada por ese doble elemento, resulte verdaderamente *una;* pero es indudable que, eliminados los principios propiamente metafísicos, con el simple conocimiento experimental, tan analizado y sintetizado como se quiera á la luz *de la razón*, no tendremos más que *ciencia* (1).

---

(1) Más franco en este punto Wundt que Fouillée, confiesa sin rodeos que la experiencia no puede encargarse de la solución de los problemas metafísicos, y que la influencia especulativa debe reducirse á dirigir el conocimiento experimental: "D'où l'expérience tirerait-elle les réssources pour résoudre des problèmes comme celui de la généralité, de la causalité?... Il n' y a du moins ici qu'une exigence

Por lo que hace al conocimiento *causal* de los seres, la filosofía de la nueva escuela no le tendría, porque el realismo idealista explícitamente le rechaza, por lo menos considerado como objetivo y resultado principal de la indagación filosófica. La nueva escuela, por boca de uno de sus representantes más ilustres, ha manifestado recientemente que la verdadera Metafísica no debe presuponer la existencia de causas ni de substancias, sino reducirse al estudio de la experiencia para buscar en ella los elementos y datos del saber filosófico, y, una vez hallados, coordinarlos en una clasificación y organización intrínseca, es decir, no simplemente de forma y apariencia. Verificada esta clasificación, es cuando el realismo idealista admite que se indague si los últimos datos del conocimiento experimental podrían ampliarse en otro orden superior, si la realidad conocida por medio de la experiencia tiene algún modo de ser que la experiencia no pueda revelarnos; entonces, según el realismo idealista, podrá preguntarse si bajo las cualidades sensibles que hemos estudiado en el conocimiento experimental se ocultan cosas que existan en sí y por sí, *noumenos*, en fin, substancias; entonces podrá inquirirse si la realidad conocida tiene una causa, y si la tiene, cuál es ó puede suponerse que sea en su forma concreta y determinada. Pero como al llegar aquí cree el realismo idealista que se toca ya en lo problemático é incierto, resulta que la indagación causal no tiene importancia alguna en la nueva Metafísica. La Filosofía no debe empezar por un estudio de las causas, porque se vería obligada á presuponer su existencia, saliéndose así, desde el comienzo, de la esfera de lo positivo, donde se ha comprometido á mantenerse; no debe tampoco ocuparse durante sus trabajos de indagación del examen de las causas, porque el estudio de la realidad á la luz de

---

justifié, c'est que l'on cherche une réponse, autorisée par le travail de la pensée sur l'expérience, et sous la forme d'une idée qui ne soit pas tant un objet de la science que d'une croyance, destinée à compléter notre science dans la direction qui lui trace la réflexion de la pensée sur l'expérience.„—*Eléments de Psychologie Physiologique*, tomo I, pág. 567.

la experiencia, caso que no excluya ese éxamen. tampoco le necesita: y, en fin, no debe proponerse el conocimiento causal como verdadera meta, porque su finalidad se hallaría entonces en terreno extraño al en que debe moverse (1). Indáguese, si se quiere, cuando ya la fuente de la experiencia esté agotada, si fuera del orden llamado positivo existe algo que interese al conocimiento de la realidad, pero á título de curiosidad y sin que se dé otro valor que el de problemas y dudas insolubles ó de solución hipotética á las cuestiones suscitadas á este propósito. Es, pues, evidente que el conocimiento causal tiene en el nuevo sistema representación tan secundaria que puede considerarse como circunstancia meramente accidental é innecesaria para el estudio filosófico; y si no es causal, ¿será otra cosa la indagación filosófica que un simple proceso de generalizaciones y resúmenes substancialmente idénticos á los usados por la llamada ciencia positiva?

Fr. Marcelino Gutiérrez,
Agustiniano.

(Concluirá.)

---

(1) "Commencer la Métaphysique par la recherche de la cause, c'est prendre pour accordée une des idées que sont en question et qui doivent être l'objet d'une analyse critique... Le tout de la réalité saisie par l'expérience a-t-il une substance? Y a-t-il des choses *en soi*, des noumènes, de l'inconnaisable? Ces interrogations sont les dernières questions de la Métaphysique; elles n'en sont point les principes. La Métaphysique, on ne saurait trop le répéter, est la recherche des *eléménts* et du *tout;* elle n'est nullement par définition la recherche des causes, ni celle des substances.„—Fouillée, *L'Avenir de la Métaphysique*, págs. 288 y 289.

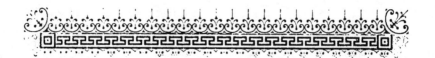

SANTO TOMÁS DE VILLANUEVA, ASCÉTICO Y MÍSTICO [1]

ON la Ascética y la Mística dos ciencias tan íntimamente enlazadas, que es difícil discernir en muchos
casos los límites que las separan. Sabemos que
allí donde la Ascética termina comienza la Mística, y hasta en el orden especulativo señalamos las fronteras de una
y otra; pero teniendo ambas por fin el perfeccionamiento
del alma, y ayudándose mutuamente para el logro de tan noble fin, es en la práctica cosa ardua y espinosa determinar
lo que á cada cual corresponde. No siempre ha existido esa
distinción; por mucho tiempo se les ha considerado como
una misma cosa, y escritores muy ilustres que han consagrado su talento al estudio de tan provechoso y transcendental asunto ni mencionan siquiera esa distinción, sin que dejen por eso de proyectar vivísima luz sobre los serios é in-
trincados problemas que tratan de resolver esas dos ciencias hermanas. Cuando la abundancia y dificultad de las
cuestiones hicieron comprender la necesidad de proceder
con orden y método en su enseñanza, es cuando se comenzó á distinguirlas, asignando á la Ascética todo lo perteneciente á la perfección cristiana dentro del camino ordinario
y trillado de la práctica de las virtudes, y reservando para

la Mística las interioridades y secretos que median entre Dios y el alma cuando ésta es conducida por sendas extraordinarias, como son revelaciones, éxtasis y raptos.

En nuestra rica y esplendente literatura tiene un lugar distinguido lo perteneciente á Ascética y Mística, tanto por la abundancia de obras, como por la sólida y bien fundada doctrina que contienen, merced á lo cual serán siempre clásicos el Beato Orozco, Fr. Luis de León, Granada, Santa Teresa de Jesús, San Juan de la Cruz, Palma, La Puente y otros mil que consagraron sus vigilias al esclarecimiento de la misteriosa y oculta acción de la gracia sobre el alma. El arte, penetración y maestría con que dilucidaron esos preclaros ingenios todo lo relacionado con la vida espiritual, y el fervor y unción que supieron comunicar á sus escritos, será siempre uno de los más gloriosos timbres de nuestra historia y testimonio irrecusable de nuestra pujanza intelectual en aquella memorable época que no podemos menos de bendecir y ensalzar los católicos, á pesar de los dicterios, imposturas y maldiciones con que tratan de empequeñecerla y denigrarla los racionalistas é impíos así antiguos como modernos. Cabe á la Orden Agustiniana la honra de haber sido la primera en iniciar ese movimiento; pues si es verdad que antes de Santo Tomás de Villanueva y del Beato Orozco corrían ya impresas algunas obras espirituales escritas en castellano, no es menos cierto que eran tan escasas y poco conocidas que con razón puede afirmarse no haber ejercido influencia alguna en el maravilloso desenvolvimiento de esta parte de nuestra literatura (1). Quien dió el primer impulso y contribuyó poderosa y eficazmente á ese movimiento, á pesar de no haberse publicado durante su vida ninguno de sus excelentes escritos, fué Santo Tomás de Villanueva, no-sólo por haber sido maestro del

---

(1) No faltan escritores que consideran al Venerable P. Avila cómo el fundador de nuestra literatura mística; pero no están en lo cierto, pues antes del 1560, fecha en que publicó su primera obra, *Audi filia*, el insigne Apóstol de Andalucía, llevaba ya publicadas nuestro Beato Orozco muchas y muy excelentes, entre otras *Verjel de Oración* y *Monte de Contemplación*, impresa en Sevilla en 1544.

Beato Orozco, cuyo espíritu amamantó y formó con las máximas de los Santos, sino también por sus hermosas conciones, llenas de celestial sabiduría y escuchadas por toda clase de personas con la veneración y respeto que merecen
siempre las enseñanzas del que es movido por el espíritu de
Dios. Ya hemos dicho que la predicación del Santo, con su
palabra viva y eficaz y su arrebatadora elocuencia, fué con-
curridísima escuela de perfección, adonde acudían las almas deseosas de su aprovechamiento espiritual; y hemos de
consignar ahora que copias de algunos· de sus escritos co-
rrían·de mano en mano, siendo, en sentir de un religioso
cartujo, saetas encendidas que avivaban la llama del amor
divino en los corazones de cuantos tenían la fortuna de leerlos. Por consejo de los Superiores escribió algunos opúsculos para fomentar en el pueblo la piedad; y aun cuando no
hay noticia de que se imprimieran en vida del Santo, es de
creer, dado el celo del Santo y los cristianos deseos de los
Superiores, que se proporcionarían copias á cuantos los
deseasen. Merced á una de esas copias, que vino á parar á
manos del P. Méndez, podemos hoy saborear tan preciosos
opúsculos.

Riquísima mina y tesoro inexhausto de máximas y sentencias espirituales son sus conciones y opúsculos; en ellos
se encuentran docta y magistralmente dilucidadas todas las
cuestiones relativas á la perfección cristiana; se explican
las virtudes, se señalan sus grados, se indican los medios
seguros de alcanzarlas; píntanse con negros colores los vicios que á ellas se oponen; propónense las dificultades que
hay para vencerlos, y con sentidas y elocuentes frases ex-
hórtase al vencimiento y negación de sí mismo como medio
el más adecuado para alcanzar la virtud. Con mano diestra
y segura penetra el celoso predicador en las interioridades
del alma, analiza los diversos movimientos del espíritu,
pone de manifiesto las sutilezas y ardides con que el amor
propio pretende sacudir el yugo de la mortificación y represión de los apetitos desordenados, y cerrando la puerta
á todo efugio obliga á la voluntad á encariñarse con la virtud y á aborrecer y detestar el vicio, por más que se pre-

sente bajo halagüeños y seductores disfraces. Con igual tino y maestría explica los extraordinarios favores que algunas almas privilegiadas reciben de Dios; los éxtasis, raptos y visiones; los maravillosos efectos que causan en quien los recibe, y los medios de discernir los verdaderos de los falsos son descritos por Santo Tomás con tal penetración é ingenio que bien puede asegurarse ser muy contados los escritores que se le aventajen. Como experimentado maestro, favorecido repetidas veces con tan señaladas gracias, derrama vivísima luz sobre esas obscuras é inextricables cuestiones, aclara las secretas y escabrosas vías por las que Dios conduce á algunos de sus escogidos, enseña cómo han de portarse las almas encumbradas á esas alturas, y señala los peligros que corren si en medio de su elevación no saben conservarse humildes.

Recopilar en breves artículos de Revista la doctrina espiritual del Santo es, si no imposible, harto difícil, y quizá molesto para muchos de nuestros lectores, exponiéndonos además á privarla de la unción y suavidad que tiene leyéndola en sus obras originales. Siguiendo, por tanto, el método observado en los anteriores artículos, consignaremos tan sólo algunos puntos de importancia y como fundamentales para que de ellos pueda inferir el lector la destreza y acierto con que el sapientísimo Agustino trató las materias relativas á todas las fases de la vida espiritual.

Partiendo del principio de que la perfección cristiana consiste en la caridad (1) y en la imitación de Jesucristo (2), con quien hemos de estar unidos como los miembros con el cuerpo y los sarmientos con la vid si queremos participar de sus divinas influencias, establece la distinción de la vida espiritual en activa, contemplativa y mixta, figurada la primera en Marta, la segunda en María, y proponiendo como ejemplo de la tercera la de los Apóstoles, especialmente la de San Pablo (3). Después de enumerar las obras que son

---

(1) Conc. 3.ª in Dom. 3. Advent.
(2) Conc. 3.ª in Festo Nat. B. M. V. et in Conc. S. Matthiæ Apost.
(3) Conc. 6.ª in Assumpt. B M. V.

propias de cada una, discute cuál de ellas es la mejor, y
demuestra con argumentos enteramente convincentes que
es preferible la contemplativa, sin que por eso deje de reconocer el mérito de la activa; pero si las dos como buenas
hermanas se ayudan mutuamente, reálzase su excelencia y
hermosura, y resulta mayor perfección por reunirse en una
sola los méritos de ambas. A pesar de ser la vida contemplativa superior á la activa, y gozar de mayores ventajas,
tanto por la paz y quietud del alma como por los inefables
consuelos que en ella se encuentran, advierte muy oportunamente el Santo que sería vana pretensión querer llegar
á la contemplativa sin antes haberse ejercitado en la activa,
porque nadie llega á la cumbre de la contemplación sin pasar por el campo de la acción, ni alcanza las dulzuras del
espíritu sin haber experimentado las amarguras de la mor
tificación.

Seis grados señala el Santo como necesarios para que
el alma deseosa de la perfección obtenga la recompensa de gustar de las delicias inefables de la contemplación:
consiste el primero en resistir con firmeza y constancia los
ataques del enemigo; el segundo, en vivir recogida y como
aislada dentro de sí misma, para que pueda conocer su pequeñez y miseria, y los beneficios inmensos que Dios la hace; es el tercero una voluntad pronta y dispuesta á hacer
siempre con alegría lo que es del agrado de Dios; el cuarto
comprende los ejercicios de la vida activa, y el quinto el
modo con que deben hacerse, á saber, no tibia y flojamente,
sino con todo fervor y diligencia; y, por último, el sexto es
oración asidua, en la que pidamos con insistencia las gracias y auxilios para perseverar en el bien. "Estos, prosigue
el Santo, son los grados de marfil, los grados purpúreos por
los que se asciende al trono del gran Salomón. Son de marfil por la pureza, son purpúreos por la caridad; no puede re-
correrlos el alma mancillada porque son blanquísimos, ni la
que es tibia porque son purpúreos; mas la que, limpia ya de
las manchas del vicio, suspire vivamente por las cosas celestiales, llegará por esos grados al trono del verdadero Salomón, donde no le inquietará la solicitud de las cosas tem-

porales, como á Marta, sino que gozará de dulcísimos é inefables consuelos, como María (1).„

Acontece con frecuencia que, al sentir los principiantes vivísimos deseos de recuperar el tiempo perdido, quieren de pronto y como por asalto llegar adonde se encuentran aquellas almas que por espacio de muchos años se han ejercitado en vencer sus pasiones y pacificar su espíritu con la mortificación y el retiro. Aunque semejante aspiración parece noble y desinteresada es en realidad muy peligrosa, pues nace del fondo de cierta secreta soberbia y amor propio que, revistiendo las formas de sincera y acendrada piedad, empeñan al alma en obras superiores á sus fuerzas, y causan en ella profundo desaliento aun para aquellas que son propias del estado de principiantes. Al señalar este peligro tan común y de tan fatales consecuencias, escribe el Santo: "El camino de la perfección no ha de recorrerse al vuelo, sino paso á paso *(non pervolanda, sed perambulanda est);* para llegar al fin se necesita mucha paciencia y longanimidad y constante trabajo... Algunos recientemente convertidos al Señor, á manera de las maricas quieren, omitidos los medios, llegar de un salto á la perfección, y muchas veces esa pretensión se les convierte en ruina; pues debiendo á los principios ocuparse en examinar su conciencia, pensar con ánimo contrito su vida pasada, llorar las culpas cometidas, ejercitarse en la humildad y obediencia, y dedicarse constantemente á santas lecturas y piadosas meditaciones, omitiendo todo esto emprenden con arrogancia lo que sólo es propio de los perfectos, discuten las Sagradas Escrituras, predican públicamente, desean anteponerse á los mejores, y pareciéndoles ser de los más aprovechados, buscan con avidez, antes de haber obtenido la limpieza de corazón, los gozos espirituales y las especulaciones de las cosas divinas. Estos que con tanto aceleramiento y por camino desusado ascienden, no tardan en caer (2).„

Las vías ó sendas que el alma ha de recorrer para llegar

---

(1)   Conc. 2.ª in Fest. Assumpt. B. M. V.
(2)   Conc. in Festo Visitat. B. M. V.

á la perfección son tres, á saber: la purgativa, la iluminativa y la unitiva. Estas tres vías explícalas el Santo en uno de los opúsculos castellanos que escribió para el pueblo, valiéndose para que todos le entiendan de un ejemplo tomado de la vida de Nuestro Señor Jesucristo. "Considera, dice, nuestra ánima á nuestro Redentor atado en la columna ó enclavado en la cruz, y entiende que por nuestros pecados padece el Cordero inocente. De esta consideración se entristece, gime y llora por haber ofendido á Dios, siendo causa de su muerte. Llámase ésta vía purgativa, porque en ella se purga de sus pecados. Y considera el mismo paso ya dicho, y conoce que por aquellas benditas llagas, azotes y clavos es libre el ánima de los azotes y tormentos del infierno y hecha hábil de la gloria del Cielo; dilata y ensancha su afecto, alegrándose y diciendo con San Pablo: *Alabado sea Dios, que nos dió victoria por Jesucristo, nuestro Señor.* Llámase ésta vía iluminativa, en la cual el ánima, con la luz de la gracia ilustrada, se emplea en dar gracias á Dios por tan grandes mercedes y beneficios como recibe. Finalmente, contemplando el ánima en la cruz al Señor, entiende un amor caritativo y grande; y vista esta grandeza de amor con que padeció por la redimir y darla gloria, es inflamada de tan gran deseo y fervor de ya verse con su esposo, que ni ya se acuerda de pecados pasados, ni se detiene en considerar beneficios recibidos, sino con un dulce vuelo y suave arrebatamiento dice por el Profeta David: *¿Quién me dará alas como paloma, y volaré á mi amado Dios, y descansaré?,* procurando de se ayuntar y unir con Dios. Llámase ésta vía unitiva, porque en ella el alma se hace una por amor con su Esposo amado, Jesucristo. De manera que debemos purgar ó alimpiar el ánima de pecados; debemos dar gracias con alegría al Señor por tantos beneficios, de donde resulta un amor y afección tan íntima que nos haga una misma cosa con nuestro amado Jesucristo (1).„

Sentada esta doctrina, enteramente conforme con la de los más insignes y celebrados místicos, pasa el santo Arzo-

---

(1) Opúsculos castellanos, págs. 13 y 14. Valladolid, 1885.

bispo á decirnos lo que se entiende por varón santo ó perfecto. Seis condiciones son necesarias para esto, á saber: que guarde la ley de Dios, que la ame, que se deleite en ella, que ajuste á ella todos sus actos, y que adelante y persevere siempre en tan buena obra. La primera condición es tan fundamental que sin ella ni es posible siquiera salvarse, mucho menos, por tanto, adquirir la perfección. Pero no basta observar la ley en cuanto·á la substancia; es necesario amarla, ó sea encontrarse en tal disposición de ánimo que, aun cuando fuere lícito el pecado, estuviere resuelto á no cometerlo, no por el temor de la pena, sino por amor á la ley santa. Quien de este modo amare la ley seguro es que tendrá sus complacencias en meditarla noche y día, y en esa meditación encontrará suavísimos consuelos, que le hagan correr con holgura por los mandatos del Señor, ajustando á ellos sus pensamientos, sus palabras, sus acciones, sus afectos y los movimientos todos de su corazón, de suerte que todas sus obras, aun las más pequeñas é insignificantes, sean agradables á Dios. Y aun esto no basta para ser perfecto; necesita además procurar, tanto con el ejemplo como con la palabra, que otros lo sean, pues dice el Santo: "El perfecto trabaja por que todos se le asemejen, y no ha llegado aún á la cumbre de la perfección quien sólo busca su aprovechamiento, por lo cual dijo el Señor en el Evangelio: *El que hiciere y enseñare, éste será llamado grande en el reino de los cielos* (Matth., cap. V). Pero ¿qué diremos, prosigue, del que en todo lo anterior ahora crece y luego decrece, y se muda como la luna? En verdad aún no merece el nombre de Santo ó perfecto, á no ser que de día en día aumente, crezca, adelante y persevere hasta adquirir estabilidad y firmeza en la virtud (1).„

Para llegar á esa estabilidad y firmeza en la virtud necesita el alma subir por la escala que ha conducido á los Santos al cielo, escala que tiene ocho grados, los cuales, en sentir del Santo, no son otra cosa que la práctica de lo que se nos recomienda en las ocho bienaventuranzas. Después

(1) Conc. 2.ª in Festo S. Nicolai.

de explicar una por una con la unción y claridad que acostumbra, hace un resumen de todas diciendo: "Quien desee, por tanto, subir á la perfección, debe ante todo despojarse de todas las cosas, para que, libre de cuidados terrenales, pueda vacar á Dios, y esto se consigue por la pobreza de espíritu, pues *no es posible servir á Dios y á las riquezas* (Matth., VI). Pero libre ya de la pesada carga de la concupiscencia prepare su alma para la tentación, porque dice el Sabio: *Hijo, al acercarte al servicio de Dios prepara tu alma para la tentación* (Eccles., II), pues para impedírselo pone en juego el demonio todas sus asechanzas. La mejor preparación es la paciencia y mansedumbre, mediante las cuales se mantiene firme y persevera constante en su propósito de no mirar atrás una vez que ha puesto la mano en el arado (Luc., IX). Mas porque, como dice nuestro Padre San Agustín, nadie es tan dueño de su voluntad que pueda comenzar nueva vida sin arrepentirse de la pasada, es justo en un principio llorar los pecados cometidos y recapacitar en la amargura de su alma los años transcurridos. He ahí el tercer grado. Purificada ya el alma de los pecados por abundantes lágrimas y limpia de los malos humores, comienza á tener hambre y sed de justicia; y libre ya de la podredumbre de las cosas terrenas, suspira al punto por el fin para que ha sido criada... Mas ¿qué aprovecha que tenga hambre de justicia si no la hace, ó que la desee si no la practica? Por eso son bienaventurados los misericordiosos, quienes ponen por obra la justicia que desean con el corazón, haciendo bien á muchos del modo que pueden hacerla. Al que llega á este grado y se encuentra libre de todas las cosas por la pobreza, constante en el servicio de Dios por la mansedumbre, limpio de los pecados por el llanto, deseoso de la justicia y pronto para ponerla por obra, ¿qué le falta sino purificar el corazón de todo afecto, aun cuando sea lícito, y tener los ojos del alma puros y limpios para la contemplación de Dios? Bienaventurado quien así lo hiciere, pues, purificado el corazón, nacerá en su alma una paz inmensa, una tranquilidad suma, que sean como el comienzo de la bienaventuranza futura. He ahí el camino por el cual puede el hombre perfeccionarse cuanto le es posible en esta vida (1)."

No contento con señalar el camino, exhorta á todos á seguirlo ponderando lo llano y espacioso que es y las dulzuras que experimentan los que lo recorren; pone como modelos que hemos de imitar á los Santos, quienes, con las mismas pasiones y sujetos á las mismas miserias que nosotros, supieron recorrerle hasta el fin; reprende nuestra pusilanimidad y cobardía por no atrevernos á emprender lo que llevaron á cabo tiernos y delicados niños, decrépitos ancianos y débiles mujeres; nos anima á confiar en la gracia de Dios, que vence las dificultades y suaviza las asperezas; y por fin, amenaza con la pérdida de la gloria á los que no se determinan á subir por esa escala, ardua y difícil para los cobardes, pero suave y deleitosa para los esforzados (2).

Sentadas las bases precedentes, veamos cómo han de conducirse los que aspiren á la perfección cristiana según la doctrina de nuestro Santo. "Ante todas cosas, escribe, es menester corazón muy determinado para servir á Dios, y aparejado para romper con quien lo estorbare, pensando lo que va en ello, que es la gloria ó el infierno para siempre, y que cosa tan grande no se alcanza sin gran riesgo y trabajo, y esta determinación seguilla con mucha constancia y perseverancia (3)." Cuán necesaria sea esa determinación en los que aspiren á conformar su vida con la ley evangélica, no es menester ponderarlo; basta reflexionar en lo que pasa de ordinario en las cosas más comunes para convencerse de que sin ella no es posible dar un paso en la senda de la perfección. Por eso decía San Agustín que toda la vida de un buen cristiano se compendia en un santo deseo de aprovechar siempre en la vida del espíritu, pues el que desea ardientemente una cosa pone los medios para alcanzarla. Si en el que pretende servir á Dios del modo más perfec-

_____

(1) Conc. 3.ª in Festo omnium Sanct.
(2) Ibid.
(3) Opúsculos castellanos, prólogo á las *Reglas para servir á Dios.*

to que le sea posible no hay ese santo deseo, esa generosa
determinación de la voluntad para vencer todas las dificultades y obstáculos que en el camino se le presentaren, seguro es que nunca conseguirá lo que se propone.

Dada esa determinación, las obras en que conviene ejercitarse al principio son, según Santo Tomás, "remediar la vida pasada confesándose generalmente y escudriñando con
gran diligencia su conciencia; satisfaciendo al Señor con
mucho dolor y lágrimas, y con mucha vergüenza y humilla-
ción; pensando la ceguedad pasada, y tratando en su memoria la historia de su vida perdida, y llorando y doliéndo-
se mucho de ella; y para más satisfacción, tomando alguna
aspereza de ayunos, ó vigilias, ó disciplinas, ó silicio que
aflija la carne y hagan venganza del deleite pasado; y este
ejercicio durará algún tiempo, porque hasta que aqueste sea
bien fecho no cumple entender en otro (1)., A nadie que entienda algo en materias de espíritu se le oculta la sabiduría
é importancia de esta regla. El pecado, aun después de per-
donado, deja en el alma señales tan manifiestas de su tirá-
nico dominio, que es necesario ímprobo y constante trabajo
para hacerlas desaparecer. La inclinación al mal, los hábitos viciosos, la debilidad y falta de fuerzas para la práctica
del bien, son otras tantas malas hierbas que han de extirpar-
se para que puedan brotar, crecer y desarrollarse en el alma las hermosas flores de la virtud. De aquí el que el Santo
aconseje con tanto encarecimiento que los principiantes
se ejerciten mucho en obras de mortificación y penitencia
si desean levantar el edificio de la vida espiritual, no sobre
arena, sino sobre sólidos y duraderos cimientos. La prudencia y dirección en las mortificaciones y penitencias reco-
miéndalas el Santo como virtudes que han de presidir á todos nuestros actos si han de ser del agrado de Dios; por eso
aconseja al pecador que al llorar sus pecados atienda á la
malicia de la culpa, pero sin apartar la vista de la bondad y
misericordia de Dios, no le suceda que el demonio se valga
de su mismo arrepentimiento para arrojarle en la desespe-

(1) Ibid. Regla 2.ª

ración (1). Aun cuando quiere el Santo que se mortifiquen los sentidos con ayunos y penas corporales, dícenos que el ayuno más provechoso es la abstención de toda obra mala: "Ayune, escribe, el entendimiento absteniéndose de los malos pensamientos, la voluntad de los malos deseos, los ojos de miradas curiosas y deleitables, la lengua de palabras ociosas y chocarreras, los oídos de murmuraciones y cantilenas, los pies de negocios ilícitos, las manos de las rapiñas, y todo el cuerpo privándose de los deleites aunque sean lícitos. Este es perfecto ayuno y agradable á Dios: huir de todo lo mundano para ocuparse sólo en el servicio del Señor (2).„

Los principales vicios contra los que han de luchar los principiantes son los siete capitales, porque de ellos, según dice el Catecismo, proceden como de fuentes ó cabezas los demás. La descripción de estos vicios, las fatales consecuencias que de ellos se siguen, la esclavitud á que reducen á los que se dejan dominar por ellos, así como los medios y consideraciones de que se han de valer para obtener completa victoria de enemigos tan crueles, forman una gran parte de las obras del Santo; pues dirigiéndose sus predicaciones al pueblo, justo era que insistiera 'en los vicios más dominantes y en los que mayores estragos causan en la grey cristiana. De la soberbia y vanagloria en todas sus fases y manifestaciones habla con frecuencia, y por ser ese vicio, en concepto del Santo, el más opuesto á la santidad; dedícale varias conciones (3), en las cuales con todo género de argumentos hace ver los perniciosos efectos de ese abominable vicio, proponiendo á la vez eficacísimos medios para combatirle. "La soberbia, dice, destruye todas las virtudes y dones, porque es ponzoña de las virtudes, peste de los dones y polilla de las gracias (4).„ Lo mismo hace con

(1) Conc. 6.ª in Domin. IV Advent.
(2) Conc. 1.ª in Domin. I Quadrag.
(3) Vid. Conc. 1.am et 2.am Dom. 10.æ post Pentec., 2.am Feriæ 3. æ post Dom. 2.am Quadrag. et Feriæ 5.æ post Dom. 3.am Quadrag.
(4) Conc. 2.ª Feriæ, 3.æ post Dom. 2.am Quadrag.

la avaricia (1) y la ira (2); y en cuanto á los otros vicios capitales, combátelos con la energía y santo celo que le ani-
maban siempre que se le presenta ocasión propicia (3). Com-
pendiar las enseñanzas y consejos que en los lugares citados nos da el Santo creémoslo inoportuno, puesto que su
doctrina coincide en todo con la que se enseña en los libros
espirituales, que tanto abundan; pero no nos cansaremos de
recomendar la asidua y constante lectura de las obras del
insigne Arzobispo por reputarlas provechosísimas para
todos, ya sean justos, ya pecadores.

Por lo que acabamos de decir se comprenderá la importancia y transcendencia de los sabios documentos y excelentes máximas que nuestro Santo propone á los que comienzan á vervir á Dios y aspiran á la perfección cristiana si
quieren ver coronados sus esfuerzos con los consuelos espirituales y santas alegrías que reserva el Señor á los que
perseveran constantes en la práctica de las virtudes.

Fr. Tomás Rodríguez,
Agustiniano.

(Continuará.)

---

(1) Vid. Conc. 2.^{am} Feriæ 3.^æ post Dom. 1.^{am} Quadrag. et Feriæ
2.^æ post Dom. 4.^{am} Quadrag.

(2) Vid. Conc. Feriæ 5.^æ post Domin. 3.^{am} Quadrag..

(3) Conf. Conc. in Dom. 8.^{am} post Pentec., Conc. 2.^{am} Sti. Ildephon-
si, Conc. in Fer. 6.^{am} post Dom. Passion. et alibi passim.

CATALOG O

LE

Escritores Agustinos Españoles, Portugueses y Americanos [1]

VANDA (Fr. Manuel) C.

Natural de Michoacán. Fué Prior de los conventos de Guadalajara, Valladolid y Zacatecas, Definidor y Secretario de Provincias y Maestro de la misma.

Escribió:

Panegírico de la prodigiosa imagen de Cristo Crucificado de la ciudad de Zacatecas. México, por Hogal, 1732, 4.º—Bert., tomo III, pág. 236.

VARELA (Fr. Sebastián) C.

Natural de la villa de Alcobaça, del patriarcado de Lisboa. Vistió el hábito agustiniano en el convento de Goa. Terminada la carrera, vino á Portugal y fué Prior del convento de Montemor. Volvió á la India por los años de 1675, y aquí permaneció el resto de su vida. A instancias del gran Duque de Toscana

Escribió:

Relaçao de tudo que tiverao os Portuguezes, e tem hoje na India. Manuscrito en folio de mucha extensión.—Barb. Mach., tomo III, pág. 703.—Oss., pág. 916.

VARGAS (Fr. Francisco) C.

Nació en Sevilla de padres muy honrados y ricos, de los cuales heredó muchos bienes de fortuna; mas vivió con tanto desenfreno y licencia que presto los gastó todos y fuése á las Indias con el fin de mejorar de suerte. Al cabo de muchas revueltas y peripecias paró en Lima, donde adquirió riquezas y pudo alimentar vicios. Así pasaba vida desarreglada, cuando acertó á entrar un día á oir Misa en el convento de agustinos de dicha ciudad. Comenzó á considerar sobre la vida tempestuosa que traía, y la tranquila y apacible de que gozaban los religiosos, y su corazón se sintió tocado tan fuertemente con la gracia, que en aquel punto determinó abandonar el mundo para hacer penitencia en el claustro. Y tan eficaz fué su determinación, que causan espanto los rigores con que mortificó su cuerpo en los treinta y ocho años que vivió en la Religión. Quisieran los Superiores se ordenara de sacerdote, pero instó con tantas veras y con tantas lágrimas para que le dejasen en el humilde estado de lego, que hubieron aquéllos de condescender con sus ruegos. Debió de morir por los años de 1606.

"Con tanta penitencia y oración, dice el P. Portillo, salió doctísimo en la mística teología. Hablaba con grande acierto de los misterios de nuestra santa fe y de las perfecciones divinas sin haber estudiado, lo que causaba maravilla. Escribió un tomo grande de materias espirituales, intitulado *Reglas y mejoras de espíritu,* con estilo tan afectuoso y encendido en amor divino, que inflamaba los corazones más helados...—El mismo, tomo IV, pág. 32.— Aran de Var., núm. 4, pág. 109.

VARGAS (Fr. José) C.

Natural de Tenerife, en las Islas Canarias. Pasó á Méjico y fué Regente en el convento de Veracruz.

Publicó: *Elogio fúnebre del Sr. D. Carlos II en las solemnes exequias que le hizo la ciudad de Veracruz en la Nueva España.* México, 1701, 4.º—Ber., tomo III, pág. 238.

VARGAS (Fr. Manuel) C.

Natural de Méjico y Predicador jubilado de la Provincia del Santísimo Nombre de Jesús de la Nueva España.

Escribió:

Ejercicios para desagraviar á Ntro. Señor Jesucristo. México, 1758, 8.º—Ber., tomo III, pág. 238.

VARGAS (Fr. Melchor) C.

No tendríamos noticia alguna de este Agustino como escritor á no haber tropezado D. Joaquín García Icazbalceta con una obra suya que luego apuntaremos. Por otra parte, las noticias que acerca del mismo encontramos en las crónicas son escasísimas. Solamente el P. Grijalva nos dice, hablando del P. Juan Adriano, Provincial, lo siguiente: "Tomó nuestro P. Provincial casa en la villa de Atrisco, y púsola en la tutela de la gloriosa Santa Cecilia. Envió por su fundador al P. Fr. Melchor de Vargas, Presentado, persona de muchas letras y autoridad, Difinidor y Visitador de las nuevas constituciones en la Provincia.„—Fol. 200, x.

Escribió:

Doctrina Christiana, muy util, y necessaria en Caste= llano, Mexicano y Otomí; traducida en lengua Otomí, por el muy R. padre fray Melchor de Vargas, de la orden de sant Augustín, Prior de Atocpan. Ordenada por mãdado del yllustrissimo y Reverendissimo señor Dõ Pedro Mayo de Contreras, Arçobispo de México, del consejo de Majes= tad: y cõ licencia impresa.

(Un grabado en madera de San Agustín, y luego): "Con privilegio. En México, en casa de Pedro Ballí. Año de 1576.

"En 4.°, letra gótica y romana, con muchos toscos grabaditos en madera. La vuelta de cada folio contiene el mexicano en una sola columna, let. gót., y al frente, que es en dos columnas, el castellano en una, let. rom., y el otomí en la otra letra gótica. A la vuelta de la portada está la dedicatoria (en letra cursiva), y es como sigue:

"Al Illustrissimo y Reverendíssimo Sr. D. Pedro Moya de Contreras, Arzobispo de México del consejo de S. M.„

„Es la obediencia de tanta virtud y fuerza, Ilustrísimo Señor, que hace, aun á las cosas que no tienen algún principio ni raíz para crecer, ser fértiles y fructificar, como habrá V. Señoría Ilma. visto en las vidas de los Padres. Que fué de tanta eficacia la obediencia de un monje, á quien su Prelado mandó plantar una vara seca sin raíz y sin virtud; y obedeciéndole, regándola y cultivándola, hizo con el favor divino que brotase y diese fructo. Eso mesmo he sentido de mí, siervo sin provecho é inútil; mas confío la Majestad Divina, que por subjetar á la obediencia de V. Señoría

24

que me mandó interpretar esta Doctrina Christiana en lengua otomí, haciendo lo que es en mí, así en ésta como en
las demás obras que muy presto saldrán á luz, como á
V. Señoría consta, se ha mucho de servir nuestro Señor, y
hacerse gran provecho en las almas. En el entretanto que lo
demás se examina, puede V. Señoría mandar se imprima
ésta, que aunque breve es muy provechosa, y va lengua
otomí muy propia y clara, y será un principio para con más
ánimo (cognosciencia ya no ser tan espantable la lengua
como se pinta), acepten lo futuro. Confío en la bondad de
Dios, que después de seguirse su servicio, y bien común de
las almas, no perderá el mérito V. Señoría Ilma., cuyo feliz estado prospere nuestro Señor muchos años. De Atocpan, veinte y dos de Agosto de MDLXXVI. Illmo. Señor.
Besa las manos á V. Señoría Illma. su obediente é indigno
Capellán, Fr. Melchor de Vargas.„

"La foja siguiente comienza con el A. b. c. para la lengua otomí, y luego: "Los avisos para saber leer la lengua
otomí van á la postre en la última hoja deste libro.„

Manda su Señoría Ilma. á todos los Curas y Vicarios de
este Arzobispado, que so pena de diez pesos de minas, tengan y enseñen esta Doctrina Christiana á sus súbditos, y se
la hagan tomar, para que sean instruidos en las cosas de la
fe, como en ella se contiene, y que no enseñen por otra, porque no haya confusion, y ruega y encarga á todos los Prelados, así Obispos como religiosos, así mesmo hagan enseñar á los indios por ella....

"De la dedicatoria resulta, continúa despúes el Sr. Icazbalceta, que el P. Vargas había escrito otras obras, las
cuales estaban prontas para la prensa, puesto que habían
pasado ya á la censura. Aunque no se indican sus asuntos,
es probable que fueran análogos al de la presente, la cual
mereció tal estimación al Sr. Arzobispo que la declaró de
texto para su clero regular. Pero, á pesar de todo, casi nada
sabemos de la vida del autor; y á no ser por el hallazgo casual de este fragmento, aún ignoraríamos que hubiese sido
escritor, como ignoramos el paradero de sus demás obras.
¡Tan obscura, tan olvidada así está nuestra literatura!„ —
El mismo, pág. 211.

FR. BONIFACIO MORAL,
Agustiniano.

(Continuará)

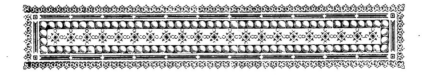

BIBLIOGRAFÍA

LA LITERATURA ESPAÑOLA EN EL SIGLO XIX, *por el P. Francisco Blanco García, Agustino, profesor en el Real Colegio del Escorial.*—Madrid, 1891. Parte primera. Precio: 5 pesetas.

La circunstancia de ser el autor de este libro redactor asiduo de LA CIUDAD DE DIOS, donde se publicaron sueltos algunos capítulos de *La Literatura española en el siglo XIX,* nos impide hablar por cuenta propia, y nos obliga á contentarnos con recordar á nuestros lectores que así los periódicos católicos de más importancia como los mismos liberales han hecho unánimes y extraordinarios elogios de la parte publicada de la obra. Entre los artículos que se le han consagrado descuellan, por lo ilustre de la firma, el de D. Juan Valera en *El Heraldo de Madrid,* y por lo bien pensados y escritos los insertos en *El Correo Español* y *La Fe.*

QUIEN MAL ANDA, ¿CÓMO ACABA? *Novela original, por D. Manuel Polo Peyrolón.* Valencia, 1891.—DISCURSOS ACADÉMICOS, *por el mismo.* Valencia, 1891.

No es el nombre del Sr. Polo desconocido para ninguno de nuestros ilustrados lectores. Sus deliciosos cuadros de costumbres, sus novelas y sus múltiples trabajos de propagandista católico, le han conquistado una reputación sólida y merecida, de que nos regocijamos los amigos y que respetan los adversarios. Las dos obras anunciadas son dos nuevas hojas de laurel añadidas á la corona del distinguido catedrático de Valencia, que se leen con avidez creciente y que llenan el alma de deleite purísimo, fruto del consorcio de lo bueno con lo bello. La novela *Quien mal anda, ¿cómo acaba?*, en la que sólo nos desagradan el título y unas palabras del final, encierra tesoros de habilidad descriptiva y dramático interés, páginas de rico colorido y enseñanzas de gran precio, no prodigadas enojosamente, sino deducidas del conjunto con la sobriedad y el buen gusto que distinguen á los artistas verdaderos.

RITUALE ROMANUM *Pauli V. Pontificis Maximi jussu editum et a Benedicto XIV, auctum et castigatum, cui novissima accedit benedictionum et instructionum appendix.—Editio secunda post typicam.*—Ratisbonæ, Neo Eboraci et Cincinnatii.—Sumptibus et typis Friderici Pustet, S. Sedis Apost. et S. Rit. Congr. typogr.—1891.—1 vol. en 8.° de x-404 págs; más 256 del apéndice de bendiciones y 86 del apéndice del ritual toledano para España. Precio en rústica: 6 francos.

La nitidez, hermosura y elegancia de las ediciones de Pustet, sobre todo las de los libros destinados á las funciones eclesiásticas, son bien conocidas para que nos detengamos á elogiarlas. La del ritual que hemos recibido no desmerece de las anteriores; es recomendable tanto por el tamaño, que la hace muy manual, como por la limpieza de los tipos, y particularmente por el copioso apéndice de bendiciones, en el cual se encuentran, no sólo las usuales en la Iglesia, sino también las que son peculiares de las Ordenes y Congregaciones religiosas. Llamamos la atención del Sr. Pustet para que en otra edición incluya en ese apéndice la bendición de los panecillos de San Nicolás de Tolentino y la de las rosas de Santa Rita, propias de la Orden de N. P. San Agustín, omitidas, tal vez por olvido, en la edición presente.

El apéndice del ritual toledano contiene las prácticas especiales de España en la administración de los Sacramentos y de otras funciones sagradas, con las correspondientes advertencias traducidas al castellano. La impresión es á dos tintas, y en el texto se intercalan algunos grabados, figurando al principio un hermoso cromo. La baratura de este ritual y las ventajas que sobre los hasta aquí publicados tiene, son su mejor recomendación.

DE INSIGNIBUS EPISCOPORUM COMMENTARIA.—*Auctore Petro Josepho Rinaldi-Bucci, philosophiæ et mathematicæ Baccalaureo sacræ Facultatis et I. U. Doctore, SSmi. D. N. ab intimo cubiculo, a ceremoniis S. R. C. et Sedis Apostolicæ Decano emerito, Sacrosanctæ Basilicæ Transtiberinæ Canonico, Academiæ liturgiæ sacræ censore emerito, et aliarum Academiarum socio.*—Ratisbonæ, Neo Eboraci et Cincinnatii.—Sumptibus, chartis et typis Friderici

Pustet, S. Sedis Apostolicæ et S. Rit. Congreg. typographi, 1891.—
Un vol. en 8.º de 74 págs. Precio en rústica: 1,50 francos.

Curioso é instructivo es el libro de Rinaldi acerca de las insignias
episcopales, cuyo origen, materia, color, forma, uso y significación
se examinan con gran copia de datos. La vasta y bien digerida erudición que en el decurso de la obra manifiesta el autor, la claridad y
método con que expone las materias, y el substancioso compendio
que hace de cuanto sobre el particular han dicho escritores así antiguos como modernos, son títulos que recomiendan con eficacia ese
trabajo. Los tres últimos comentarios, á saber, el de la mitra, báculo
y palio, son, á nuestro entender, los mejor tratados, sin que por eso
dejen de ofrecer interés el del anillo y el de los guantes. Quien en
poco tiempo desee enterarse de todo lo concerniente á las insignias
episcopales lea la obrita de Rinaldi, seguro de que encontrará en
ella lo que busca, con la ventaja de que, si quiere ampliar esas noticias, se le indican las fuentes á que puede acudir.

SEGUNDA CARTA AL SR. D. JUAN VALERA SOBRE LA RELIGIÓN DE LA HU-
MANIDAD, *por Juan Enrique Lagarrigue.*—Santiago de Chile, 1890.

Muéstrase el autor de este opúsculo partidario entusiasta de un
positivismo religioso que encierre el culto en el orden de lo puramente humano; y en su celo de apóstol de la religión positiva, tan
ideal y ardiente que podría considerársele como caballero armado
de la Humanidad, nos llama á todos, pero especialmente á los españoles, á entrar en el seno de la nueva Iglesia. El Sr. Lagarrigue juzga á la raza española de condiciones especiales para aceptar el evangelio de Comte, por más que reconozca que los llamamientos hechos
hasta aquí han sido poco satisfactorios ó inútiles, y que, por lo menos en la Península, la evangelización se halla en sus principios, y
pudiera decirse que sin adeptos y sin apóstoles. Los resultados obtenidos hasta ahora entre nosotros por la predicación positivista nos
dan una prueba de hecho que en buen juicio haría dudar á cualquiera
de la especial aptitud de nuestra España para comulgar y progresar
en la nueva fe.

Pero dejando al Sr. Lagarrigue que se forje sobre este punto las
ilusiones y optimismos que quiera, parécennos gastados lastimosa-
mente tanto entusiasmo y tan cándida buena fe en favor de un culto
sin base sólida, sin virtualidad para mover al hombre al cumplimiento de sus deberes, una religión sin Dios; porque la Humanidad, si no
es un fantasma, no creemos que tenga nada de divina, empieza por
quitar al hombre el objeto del culto, y dejarle muy ancho y desaho-
gado para entender á su modo las prescripciones religiosas. Ni acer-

tamos á comprender cómo puede llamarse *positiva* una religión que sustituya el Dios concreto y personal del Catolicismo por el ser ó concepto abstracto de la Humanidad; creíamos que el positivismo, en religión como en filosofía, abominaba de las abstracciones y se refugiaba en el estudio y culto de realidades concretas. ¡Y que el Sr. Lagarrigue nos hable aún de oración! Orar, ¿á quién? La oración es la exposición que un ser débil y necesitado hace de sus temores, dolores y trabajos á un Ser superior que puede oírle y socorrerle. Pero ¿á qué recurrir á la Humanidad si está tan necesitada y doliente como cualquier hombre, si la Humanidad somos nosotros?

La religión positiva ha querido revestirse de cierta forma seductora, y viene predicando el *altruismo*, es decir, el desinterés, el amor á otro, el culto del prójimo. Pero á quien no se pague de nombres, ni se satisfaga con un estudio superficial de las cosas, fácil le será ver que el amor al prójimo en la religión positiva va necesariamente enlazado con el amor propio, es decir, que el desinterés del altruismo es muy dudoso. Hay en realidad en el fondo del altruismo positivista cierta egolatria, tanto más refinada y repugnante cuanto más hipócritamente se encubre con el nombre de caridad, de amor al prójimo. Si se quita todo otro motivo sobrenatural y superior, ¿qué amaremos en el hombre sino al hombre, es decir, á nuestro propio ser? Honrando y amando á la Humanidad, ¿no nos amaremos y honraremos á nosotros mismos? Por eso, desengáñese el Sr. Lagarrigue, o hay *altruismo* como el predicado por la Religión católica: amando al hombre por Dios, ejercemos un acto de caridad desinteresada y sublime, porque comenzamos por excluirnos en el hombre como término de nuestro propio amor. Dudamos mucho que el altruismo positivista logre sustituir al altruismo católico mientras haya almas nobles capaces de comprender la grandeza y delicadeza del amor teológico y sobrenatural. En prueba de que el teologismo católico, como el Sr. Lagarrigue dice, no tiene una forma caduca y perecedera, impuesta por la moda ó por pasajeras circunstancias, no aduciremos razones teológicas y metafísicas, sino simplemente un hecho; á la consideración del Sr. Lagarrigue, que como positivista se pagará más de hechos que de razones, ofreceremos el problema positivo de que la Religión católica lleve diecinueve siglos de existencia, cada vez más arraigada y vigorosa, á pesar de las radicales transformaciones de la vida social en cultura, tendencias y modo de ser. ¿No prueba todo esto que la Religión católica tiene una forma compatible con todos los estados del hombre, perenne é inmortal? ¿La constancia del hecho no podrá servirnos para deducir legítimamente la existencia de una ley que responda de la perpetuidad del culto católico?

Como satisfactoria, la religión positiva no puede entrar en comparación con el Catolicismo. El Sr. Lagarrigue parece mostrarse

muy satisfecho de su nueva religión; pero si hiciera una comparación
detenida é imparcial entre el culto positivo y el culto católico, es seguro que la buena fe le traería resueltamente á nuestro campo. No
atribuya á ignorancia el desdén por la religión positiva, ni trate de
animarnos á la adopción de la nueva fe remitiéndonos á Comte, porque nada prueba mejor la insuficiencia del *altruismo* que el estudio
de la religión positiva en la vida y obras de su fundador; es de creer
que Comte conocería la religión que predicaba, y gustaría sus dulzuras tan bien ó mejor que sus discípulos; é ¿ignora el Sr. Lagarrigue
que Comte vino á buscar en las páginas de *La Imitación de Cristo* el
consuelo que sin dudá no hallaba en sus principios religiosos? El
ejemplo de Comte es para hacer desfallecer á sus discípulos más entusiastas.

Ahí tiene el Sr. Lagarrigue expuesto brevemente, pero con sinceridad y seriedad, nuestro juicio del *altruismo* positivista. Quéjase el
Sr. Lagarrigue de que un *Agustino español* haya hablado *burlesca-
mente* de la religión de la Humanidad. No sabemos quién de nosotros
habrá procedido de ese modo, porque no pecamos por tratar á la ligera y como en broma los errores de alguna transcendencia; pero
hay cosas y candideces acerca de las cuales apenas si es posible ha-
biar con seriedad. El Sr. Lagarrigue subscribe su carta consignan-
do su residencia, su patria y su fecha de nacimiento, como práctica
aconsejada por la religión de la Humanidad. Nosotros ni siquiera ponemos nuestro nombre en este juicio, porque datos de ese género
maldita la importancia que tienen para el prójimo y la Humanidad,
como en la Humanidad y el prójimo no se envuelva nuestra vanidosi-
lla personalidad, que gusta de dejar en todo rastros de sí propia.

La Filosofía cristiana y su restauración, *por D. José Miralles y
Sbert, Presbítero,* Palma, 1891.—La Filosofía mallorquina en 1890,
por D. José Miralles y Sbert, Presbítero, Palma, 1891.

El distinguido profesor del Seminario de Palma, Sr. Miralles, ha
expuesto en estos sus opúsculos observaciones y datos que gustarán
de conocer los amantes de la filosofía cristiana y cuantos se interesen por el movimiento filosófico nacional. En el primero, formado por
el discurso què el Sr. Miralles leyó en el Seminario de Palma con
motivo de la inauguración del curso de 1889-90, se discurre atinada-
mente sobre las vicisitudes de la filosofía cristiana, sobre el desconcierto introducido en las escuelas al amparo de una desenfrenada libertad de pensar, sobre la conveniencia de la restauración filosófica
iniciada oportunísimamente por la publicación de la Encíclica *Æter-
ni Patris*, y, en fin, sobre los resultados que podrán esperarse, y que
en parte ya se tocan, de una cumplida restauración. Si en general

nos parecen acertadas las observaciones del Sr. Miralles, nos agradan especialmente las que se refieren á la manera y forma con que debe llevarse á cabo la restauración filosófica, punto práctico de grandísimo interés en que convendría que los amantes de la filosofía tradicional nos halláramos conformes. Distingamos entre lo esencial y lo accidental de la antigua filosofía, y no la hagamos antipática cerrándola en absoluto á toda modificación y perfeccionamiento.

En el segundo opúsculo nos da el Sr. Miralles curiosa noticia del movimiento filosófico de Mallorca durante el año 1890. Cuanto se ha publicado con carácter filosófico por autores domiciliados en Mallorca, ó por mallorquines residentes fuera de su patria, ediciones y traducciones de escritos filosóficos hechas en la isla, todo está diligentemente consignado y expuesto por el Sr. Miralles en este opúsculo. Completa la noticia del movimiento filosófico mallorquín una breve reseña de las Sociedades científicas y centros de enseñanza, con curiosas indicaciones acerca de los profesores y textos de materias filosóficas. El Sr. Miralles advierte que al hablar de filosofía mallorquina no quiere significar un cuerpo doctrinal con caracteres propios, sino el conjunto de trabajos de este género que tengan alguna relación con Mallorca, aunque en sí estén animados por criterio y espíritu diferentes. No cabe duda que reseñas como la del Sr. Miralles, hechas con inteligencia y discreción, pueden servir de mucho para el estudio de nuestras ideas filosóficas. Si abundaran estos trabajos, ni el desconocimiento de nuestras cosas seria tan grande, ni el influjo de extrañas doctrinas vendría á torcer el curso propio del pensamiento nacional.

ESPERA, *por Aurora Lista.—Dibujos de Paciano Ross*, Barcelona 1891.

Hemos recibido la segunda de las novelitas ilustradas que publica la *Biblioteca del hogar*, debida á la pluma de la conocida escritora Aurora Lista, quien con castizo y cautivador estilo, y como si no se lo propusiese de un modo preferente, infunde en el ánimo de sus lectores preciosísimas enseñanzas, máximas sanas y acomodadas á las necesidades de la vida social en nuestros días. El interés que despierta el argumento, realzado con los finos dibujos del distinguido artista D. Paciano Ross, y lo elegante de la parte tipográfica y de la encuadernación, hacen este libro sumamente á propósito para honesto recreo de las familias cristianas.

Expéndese á 75 cénts. en rústica, y 1,25 pesetas en percalina y plancha dorada, en la Librería y Tipografía Católica, Pino, 5, Barcelona.

EL PAPA Y LOS PROBLEMAS SOCIALES, SEGUIDO DE UN ESTUDIO DE LEÓN XIII ÍNTIMO, PUBLICADO EN LA "REVIEW OF REVIEWS„.—*Versión castellana de Rafael Sereix, ingeniero de Montes y correspondiente de la Real Academia Española.* Madrid, 1891. Un folleto de 38 páginas en 8.º mayor. Precio: 1 peseta.

El infatigable escritor y queridísimo amigo nuestro D. Rafael Alvarez Sereix ha prestado un nuevo servicio á la propaganda católica y á la difusión de las buenas ideas sobre la pavorosa lucha social traduciendo esmeradamente al castellano un artículo de la *Review of Reviews*, en el que se hace la apología razonada de la última y admirable Encíclica, y un retrato acabado de las condiciones de carácter y gobierno que adornan al sabio y santo Pontífice que hoy rige los destinos de la Iglesia. Numerosos y auténticos datos sobre la vida íntima de Su Santidad dan á este estudio un atractivo de curiosidad biográfica y anecdótica que no perjudica en nada á su importancia.

PROGRESOS DE LA ANTROPOLOGÍA, POR EL MARQUÉS DE NADAILLAC.— *Versión castellana de Rafael Alvarez Sereix.* Madrid, 1891. Un folleto de 47 páginas en 8.º mayor. Precio: 1 peseta.

Tal es el título de una interesantísima Memoria en que su autor resume con magistral competencia los verdaderos progresos, los datos admisibles que hoy por hoy ofrece una ciencia de reciente origen, y sobre la que, sin embargo, se escriben innumerables y voluminosos libros de imposible lectura para el mero aficionado, y cuya quinta esencia se le da condensada en las breves pero substanciosas páginas de este folleto. El nombre del marqués de Nadaillac, tan conocido por otros escritos análogos, nos releva de insistir en el elogio del presente. La versión es tan castiza y correcta como todas las que brotan de la pluma del distinguido académico é ingeniero Sr. Alvarez Sereix.

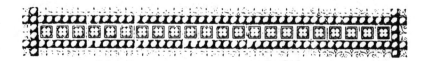

RESOLUCIONES Y DECRETOS

DE LAS SAGRADAS CONGREGACIONES

De la Sagrada Congregación del Concilio.

OMANA.—*Executionis rescripti.*—Bajo este título y epígrafe se presentó á los Eminentísimos Padres Intérpretes del Tridentino, en 10 de Mayo de 1890, la siguiente cuestión: *«An et quomodo ad executionem demandandum sit rescriptum, diei 7 Martii 1887 in casu»*, á la que respondieron: *«Consulendum SSmo., ut, dempta clausula collocandi summam in utiliori investimento, facultatem tribuat S. Congregationi concedendi ulteriorem Missarum reductionem ad effectum tribuendi petitum subsidium oratori: et ad mentem.»*

Para entender la resolución es necesario referir el hecho que dió margen á la cuestión, cuya historia es ésta: «José Santarelli, patrono de una capellanía laical erigida en la iglesia de las Sagradas Llagas, en Roma, la redimió para librarla de las manos del fisco; pero no teniendo la cantidad de dinero suficiente para la redención, se la prestó la Archicofradía de las Sagradas Llagas, invirtiendo después el capital en cédulas del censo público italiano. Para indemnizar á la Archicofradía se suspendió con autorización la celebración de Misas, quedando al presente libre de deudas la capellanía. En este estado pidió el patrono á Su Santidad que se vendiesen las cédulas, que estaban en poder de la Archicofradía, y se colocasen en títulos más seguros y útiles, y se redujese el número de Misas, para que, aumentados los productos y disminuídas las cargas, se le diese lo restante para dar carrera á un hijo del Santarelli, que deseaba ser eclesiástico. Se pidió el parecer de la Archicofradia, que se opuso á la petición del patrono, y manifestó que no debía permitirse la reducción de Misas porque la iglesia carece de ellas, y el dinero en cuestión reditúa poco para las Misas. Esto no obstante, con autofización de Su Santidad se dió en 7 de Marzo de 1887 el siguiente rescripto: «*Collocata enunciat summa in tutiori ac utiliori investimento, pro gratia reductionis oneris missarum ad effectum percipiendi, ex annuis fructibus ejusdem summam annuam libellarum* 80 *ad effectum de quo in precibus ad triennium.*» Desagradó este rescripto á la Archicofradía y recurrió á la Sagrada Congregación manifestándola que esperaba revocaría el edicto, ya en virtud de las razones alegadas, ya también en virtud del documento de Santorelli dado á la Archicofradía, en que declaró, al darles las cédulas, que se lo entregaba para que se conservase perpetuamente en la iglesia para la celebración de Misas. A pesar de esta protesta, no parece tan opuesta la Archicofradía á la ejecución del rescripto; pues instando por ella el patrono, le pidieron datos acerca de la nueva inversión del dinero; y no gustando ésta á los cofrades continuó la causa, defendiendo aquél la ejecución del rescripto y éstos la suspensión ó anulación, por ser dañoso á la Archicofradía, zanjando la cuestión los Eminentísimos Padres del Tridentino en la forma que hemos transcrito al principio de este compendio, omitiendo la nueva investidura, ó inversión del dinero, mandado en el primer rescripto que era la razón principal de la Archicofradía para no ejecutarle, y concediendo la gracia suplicada por el patrono, quien, prescindiendo de una nueva investidura, distinguía dos partes en el rescripto; á saber, dicha investidura y la gracia que se le hacía de los 80 francos para dar carrera á su hijo, y defendía que debía cuando menos ejecutarse esta segunda parte del rescripto, como de hecho se le concede. Añade la Sagrada Congregación del Concilio la limitación *ad mentem*, pero sin manifestar cuál sea ésta, de la que tampoco nos dicen nada los redactores romanos. Según nuestro pobre entender, creemos que este *ad mentem* se refiere al primer rescripto, é indica que la concesión se hace por un trienio.

WRATISLAVIEN.—*Irregularitatis.*—La licencia desenfrenada de los tiempos presentes, que, despreciando las leyes divinas, eclesiásticas y civiles, se atreve á contrariar hasta las mismas leyes de la naturaleza y de la razón, necesita cada día más fuerte y poderoso freno, si no para encauzarla por las estrechas sendas del deber, lo cual, sin especialísimo auxilio del cielo puede tenerse por imposible atendida la satánica soberbia que la acompaña, á lo menos para impedir que haga mayores progresos é invada aquel pequeño número de hombres racionales y creyentes que aún piensa y vive racionalmente, y teme, acata y respeta las santas prescripciones de la Iglesia católica, nuestra Madre. A esto se encamina la causa cuyo título y epígrafe acabamos de transcribir, en que, como veremos, se declara contra la bárbara é inhumana costumbre de los duelos, que de cualquier manera y bajo cualquier condición que éstos se verifiquen, aunque al parecer disminuya la intrínseca malicia y crueldad ferina que en ellos existe, además de las penas ya establecidas por la Iglesia, que quedan todas vigentes, inducen irregularidad de derecho para recibir las Ordenes sagradas en los duelantes y en sus padrinos. Nos detendremos algo más que lo ordinario en el compendio de esta causa, tanto por el interés que en sí encierra, como por oponer á tan detestable costumbre un dique saludable que la contenga, haciendo ver la razón y justicia de las leyes eclesiásticas dadas contra ella.

La resolución en que se declaró la pena contra los duelantes y sus padrinos de que acabamos de hacer mención, se dió en 9 de Agosto de 1890; pues preguntando á la Sagrada Congregación del Concilio: «*An, et a quibus et ex quonam titulo irregularitas contrahatur, quando duellum ex ratione committitur, qua his temporibus inter Germaniæ Universitatis alumnos fieri solet in casu*», respondió: «*Affirmative, a duellantibus eorumque patrinis, ex infamia juris.*» Advertimos de paso que la Sagrada Congregación no respondió *in casu* según su costumbre, cuando se la pregunta acerca de casos particulares, sino omitió esta cláusula para dar á entender que en su respuesta hay una declaración general interpretativa del Concilio Tridentino (sess. XXIV, cap. XIX *De Ref.*) (1), y extensivas á duelos, distintos en la forma exterior de aquellos de que trataba el Concilio, como veremos en la historia del hecho y en el compendio de las pruebas.

El hecho le refiere el Obispo de Wratislavia en estas palabras: «Exponen humildemente á Su Santidad los oradores Enrique Bienau, Edmundo Holthoff, Francisco Forsshe, José Golenia, Bernardo Yoppich y Antonio Bugiel, de la diócesi de Wratislavia, que viven actualmente en mi Seminario eclesiástico, que desean ardientemente iniciarse en la sagrada tonsura y Ordenes mayores; pero como dichos oradores, alumnos en otro tiempo de la Universidad literaria de Wratislavia, fueron algunas veces cómplices en los duelos, á saber: Enrique Bienau batiéndose una vez, y cooperando y asistiendo á ellos infinidad de veces; como asistentes y espectadores Golenia una vez; Forsshe, dos; Holthoff y Yoppich muchas; y, finalmente, Bugiel, provocando á la monomaquia ó aceptándola cuatro ó cinco veces, han incurrido al parecer en irregularidad, se ha suscitado una cuestión, y es si esta irregularidad procede *ex defectu famæ*, según el Santo Concilio Tridentino sess. XXIV, cap. XIX *De Ref.*, ó *ex defectu lenitatis* Según la opinión común y el uso vigente en la ciudad y diócesi de Wratislavia, se cree que procede

---

(1) Decíase en el capítulo citado: «*Qui vero pugnam, duellum, commiserint, et qui eorum patrini vocantur, excommunicationi ac omnium bonorum suorum præscriptionis, ac perpetuæ infamiæ pœnam incurrant.*»

ex defectu lenitatis, porque el duelo, tal como se acostumbra en estos tiempos entre los alumnos de la Universidad, es más un entretenimiento temerario sin peligro alguno de vida que cosa de gran interés, y los asistentes y espectadores van á él ordinariamente por mera curiosidad y sin convenio anterior ni consentimiento. Tengo, como mis antecésores, concedida por Su Santidad, en 23 de Junio del año próximo pasado, la facultad de absolver de esta irregularidad; pero con el fin de quitar toda duda para lo por venir, ruego humildemente á Su Santidad se digne declarar de qué irregularidad se ha de dispensar en el caso propuesto.»

Conforme á esta súplica, se formuló la pregunta que arriba hemos transcrito, y, por tanto, la declaración de la Sagrada Congregación, respuesta á dicha pregunta, reprobó la opinión y uso común de la diócesi de Wratislavia, declarando que la irregularidad contraída por los duelantes y sus familias procedía *ex infamia juris*, siguiéndose de aquí el no poder ser dispensada por los Obispos, ni en virtud de la especial autoridad·que se les concede.

Las razones que movieron á dar esta solución á los Eminentísimos Intérpretes del Tridentino, así como á omitir en ella á los espectadores de tales duelos, que por lo mismo no incurrirán en dicha pena, las pondremos á continuación, después de describir las circunstancias especiales de los precitados duelos, como nos las ofrece la introducción de la causa, donde se dice: «Algunas veces se verifican los duelos entre los estudiantes de las Universidades como se hace ordinariamente y en otros países; pero generalmente no es así, sino que los duelos escolares, así llamados vulgarmente, se verifican usando en ellos los estudiantes pequeños cuchillos, con los cuales intentan herirse levemente en la cara, cuyas heridas se curan generalmente en poco tiempo, teniendo las demás partes del cuerpo perfectamente cubiertas. Nunca se intenta la muerte ni la mutilación, y sólo rarísimamente, y por algún accidente extrínseco al duelo, acaecen estos tristes hechos. Tampoco se traban estas peleas por venganza ó para reparar el honor propiamente, sino por juego y ejercicio. A este fin, so pretexto de dar este espectaculo ó ejercicio, hay Sociedades entre los alumnos de las Universidades, en las cuales se prescribe cierto número de duelos como condición para subir á grados mayores, y pasado algún tiempo sin ellos se reunen los Presidentes de aquéllas con el fin de suscitar pretextos para provocar los duelos. Generalmente los católicos se abstienen de estos crímenes, aunque, como dice el señor Obispo, no siempre, porque lo consideran más como un juego ó entretenimiento sin peligro, que como cosa perjudicial ó prohibida.»

En la exposición de las pruebas empiezan por ponderar la dificultad de determinar las irregularidades, doctrina difícil y compleja siempre, y más en el caso presente, en que hay opinión y uso común que acepta como irregularidad *ex defectu lenitatis*. Expónese cuándo se contrae dicha irregularidad, y cómo en los duelos de que se trata no puede admitirse sino la que procede *ex delicto*, la cual no parece tener lugar en ellos, en los que no se seguiría sino *effutu sequuto*, y se entra á demostrar que la irregularidad que en ella se contrae procede *ex infamia juris*.

Aducen la pena de infamia impuesta por el Tridentino (1) á los duelantes y sus padrinos, y de la cual procede la irregularidad para recibir las Órdenes sagradas, y prueba que la incurren los que aceptan ó provocan estos duelos ó los patrocinan, y qué, por tanto, quedan irregulares, y luego prosigue:

«Todos los elementos que los Doctores requieren para que haya verdadero duelo se hallan en aquellas peleas de que se trata, pues son peleas singulares entre dos ó más en igual número trabadas, por propia ó privada autoridad, de común acuerdo, designados lugar, tiempo y armas, con peligro, si no de muerte ó mutilación, sí de herida (2), lo que basta para que sea propiamente duelo, según los Doctores. Además, para que sea duelo verdadero y esté sujeto á las penas, no es necesario que sea á muerte, pues Clemente VIII, en su Constitución *Illius vices* (1592), los declaró tales, y sujetos á las penas los que se tienen con el pacto de terminarle á la primer herida ó efusión de sangre, y Benedicto XIV condenó esta proposición: *«Pueden excusarse los que aceptan el duelo ó le provocan para defender el honor ó evitar el deshonor y vilipendio, cuando saben de cierto que no se seguirá la pelea porque ha de ser impedida por otros.»* Luego los duelos en cuestión, aunque en ellos no haya peligro de muerte ni mutilación, son verdaderos duelos y sujetos á las penas impuestas por ellos.»

Además, los duelos de que se trata repugnan á la recta razón y leyes eclesiásticas, lo mismo que los duelos á muerte; pues aunque no se dirigían propiamente á tomar venganza ó reparar el honor, no dejan de participar de estas cualidades y abren la puerta á los duelos peligrosos, sin que haya razón alguna que los excuse, pues no son lícitos ni para demostrar el valor, las fuerzas ó la pericia de la lucha (3), ni tampoco se ha de considerar el fin que en ellos se intenta, ya el de dar un espectáculo como antiguamente, ya el de manifestar el valor, sino sólo si concurren las circunstancias que determinan el duelo; y existiendo éstas, defienden los Doctores que basta haya peligro de herida para que se incurra en las penas (4).

Opónese á esta doctrina el que, no considerándose como infames de hecho los que aceptan ó provocan estos duelos, no deben contraer la irregularidad, y responden que la *infamia juris* impuesta por el Tridentino

(1) Sess. XXIV, cap. XIX, *De Ref.*
(2) Ferraris *Bibliot.*, v. *Duellum*, núm. 1.
(3) Cap. I, *De torcament.* Reiffenst. *Ad libr. V Decret*, tít. XIV, núm. 16.
(4) Ferraris, *l. c.*, núm. 6.

para corregir las costumbres y extirpar el *uso detestable de los duelos* no puede derogarse por ninguna costumbre contraria ú opinión vulgar, porque tal costumbre *disrumperet nervum ecclesiasticæ disciplinæ*, y la opinión merecería el mismo aprecio y consideración que aquella otra muy seguida en aquellas regiones, y que defendía poderse ordenar sin dificultad los herejes convertidos, porque no existía entre ellos la infamia pública y vulgar procedente de la herejía, la cual reformó, ó mejor reprobó el Santo Oficio en 11 de Julio de 1884 escribiendo al Obispo Harleme, y mandándole el decreto *In Posen.* de 25 de Julio de 1866, en que se lee: *«Filios hæreticorum, qui in hæresi persistunt et mortui sunt, esse irregulares etiam in Germania aliisque locis ubi hæreses impune grassantur.»* Luego, aunque contraria costumbre ó errada opinión no tenga por infames á los duelantes, no se desvirtuará la ley ecclesiástica, que los considera y declara tales *ipso jure*. Luego los duelantes de que tratamos y sus padrinos son irregulares *ex infamia juris*

Contra estos argumentos tan concluyentes se presentaron en la vista de la causa las razones siguientes: La primera, apoyándose en aquel principio: *«in pœnis benignior est interpretatio facienda»*, dice que deben ser excluídos de la pena en cuestión los espectadores y cómplices de estos duelos porqué el Tridentino no los incluye en ella, pues no permite la buena interpretación que en materias penales se haga la extensión á los que la ley no determina.

Por el mismo principio quieren excluir de ella á los mismos duelantes y sus padrinos, para lo cual raciocinan de esta manera: no se incurre en la pena impuesta á los duelantes y sus padrinos mientras no exista verdadero duelo; pues tratándose de otra pelea se mudará la especie del crimen, pero no se incurrirá en la pena. Ahora bien; muchos Doctores de gran nota exigen para que haya duelo tal, como se describe en el Tridentino, que se usen armas mortales, ó haya peligro de muerte ó mutilación (1); luego cesando éste ó usándose armas no mortales, como los puños, bastones ó armas sin punta ni corte, aunque se siga la muerte por casualidad no existirá verdadero duelo, digno de ser castigado como tal. Los duelos en cuestión se verifican de esta manera; luego...

No quita la fuerza á este argumento la opinión de aquellos Doctores que no exigen más que el peligro de herida para constituir el verdadero duelo, pues los tales hablan de la herida que va unida al peligro de la vida, ó del duelo en su acepción ordinaria, en que, aunque se excluyan la muerte ó mutilación, siempre son posibles, á lo que parece aludir la Constitución de Clemente VIII ya citada, pero no de las heridas de los duelos en cuestión.

Finalmente, porque la mente del Tridentino, al imponer la pena de

(1) D'Annibale, *Summ.*, pág. 207, vol. II, edit. 2. Reiffemt, *loc. cit.*, n. 12.

infamia al duelo, fué reprobar el duelo en que haya peligro de muerte, pues dijo: *Detestabilis duellorum usus fabricante diabolo instructus, ut CRUEN-TA CORPORUM MORTE animorum etiam perniciem lucretur*, y de tal duelo aña-dió: *Qui vero pugnam commiserint et qui eorum patrini vocantur etc. .*, y no los duelos de que tratamos, ó á lo menos de las penas de aquéllos, y por lo tanto no deben extenderse á éstos aquellas penas.

Contra estas reclamaciones declaró la Sagrada Congregación estar dichos duelos incluídos en las penas del·Concilio, como hemos visto al principio, y de su declaración sacan estos *colliges* los canonistas romanos:

I.   Irregularitatem quoad ordines suscipiendos aut in eisdem minis-trandum enasci vel ex défectu lenitatis, vel ex infamia juris.

II.   Ex defectu lenitatis irregularitatem enasci, quoties humanus san-guis,·juste vel in bello vel in causa capitali, funditur effectu sequuto (1).

IV.   Duellum proprie dictum esse pugnam initam inter duos vel plu-res in pari numero, privata auctoritate, vel ex condicto, statuto loco et tempore cum armis ad occidendum sive graviter vulnerandum aptis, cum periculum occisionis, mutilationis vel vulneris.

V   Ex jure pro duello habetur et duelli pœnis subjicitur, pugna illa in qua tantum sit periculo vulneris quæque inititur cum pacto de diri-mendo certamine, cum primum alteruter vulneratus fuerit, seu sangui-nem fuderit.

VI.   Duellis in themate omnia esse elementa quæ veris duellis con-veniunt haud dubitari posse videtur; nam effera sunt certamina quæ rectæ rationi et legibus Ecclesiæ repugnant ex iis motivis, ac si cum periculo occisionis aut mutilationis institue rentur

VII.   Nihil referre, ad verum duellum constituendum, an initum fuit spectaculi ut olim, aut virtutis ostendendæ causa; sed tantum requiri ut sit singulare certamen, susceptum ex condicto, et armis lethalibus, ut duellantes et patrini censuris subjiciantur.

VIII.   Ex hæresi quoque enasci infamia juris certum est, ita ut hæ-reticorum filii irregulares habendi sint, si eorum patres in hæresi per-sistant, aut in eadem demortui fuerint

----

FERETRANA.—*Commutationis voluntatis.*—En esta causa, examinada *per summaria precum*, se refiere esta súplica: Carlota Scavolini, muerta en 1888, nombró heredera á su criada, disponiendo que la suma de 1.250 francos que tenía dada á rédito se emplease en los gastos del funeral y en Misas, que se celebrarían en la iglesia de los Capuchinos y en la de San Marino, y que la única finca que tenía se administrase diez años

----

1)   III.   Ex infamia juris irregulares fieri duellantes, eorumque patrinos, qui ideo ordines sacros suscipere prohibentur, absque dispensatione pontificia.

por el ejecutor del testamento antes de ser entregada á la heredera, aplicando sus frutos á la celebración de Misas en la iglesia de los Capuchinos.

La heredera ruega á la Sagrada Congregación del Concilio se le adjudique la finca antes de cumplir los diez años para sacar de ella mayores frutos, y que se la conceda constituir un legado de 500 francos con obligación de aplicar cuatro Misas en la iglesia de Capuchinos la vigilia de San José, y que de los 1.250 francos sólo 1.000 se empleen según la voluntad de la testadora, y los restantes en la restauración del presbiterio de la iglesia de la Consolación.

Pedido el voto é información al Obispo, responde que el Arcipreste de San Marino y el ejecutor del testamento están conformes, y no se oponen los Padres Capuchinos, y que la suplicante, cargada de hijos y con su esposo en la casa de locos, está cargada de deudas, necesita que se la haga esta gracia para salir de trampas con las condiciones siguientes: primera, que se entregue la finca á la suplicante por los 500 francos, y que éstos se entreguen á la Cofradía de la Consolación para que los invierta de un modo provechoso, para que con sus productos se digan anualmente cuatro Misas en la vigilia de San José y dos en el día; segunda, que concedidos los 250 para el fin pedido, 325 se aplicasen en Misas en varias iglesias, y las restantes de los 1.000 se empleen como las demás y en la restauración de la iglesia de la Consolación.

La Sagrada Congregación despachó estas preces en 14 de Junio de 1890 diciendo: «*Pro facultate alienandi hæreditarium fundum sub conditio ne, ut summa libellarum quingentarum, ex pretio retrahenda, Ordinario tradatur, et quamprimum erogetur, in missarum celebrationem, juxta mentem testatricis, quoad reliqua non expedire.*»

MELEVITANA.—*Locationis.*—En esta causa, de la misma naturaleza que la anterior, se concede á un procurador de bienes nombrado por testamento, á quien por sus trabajos se le adjudica el habitar la casa del testador, que en vez de habitar la casa pueda alquilarla y quedarse con el precio del alquiler. 6 de Agosto de 1890.

De la Sagrada Congregación de Obispos y Regulares.

ARIMINEN.—*Decimorum seu præstationum.*—La Sagrada Congregación mencionada examinó en 27 de Septiembre del 89 esta cuestión: «*An et in quanam quantitate Archipresbyster loci Mondaino annuam frumenti præstationem, præter cathedraticum mensæ episcopali arimin. persolvere teneatur in casu*», que resolvió diciendo: «*Affirmative in consueta quantitate nempe* DI-

SACCHI QUINDICI *et amplius.»* El caso era el siguiente: La dote de la mesa episcopal de Arimini se componía desde muy antiguo de ciertos cáno-nes que, con el nombre de décimas, las pagaban los párrocos. En virtud de esta costumbre, el párroco de Mondaino pagaba 15 saços de grano y 19 francos por el catedrático. Rehusando pagar estas cuotas el párroco actual, cedió el Obispo su derecho á un seglar, y éste llevó al párroco á los tribunales, quien antes de presentarse á ellos recurrió á la Sagrada Congregación de Obispos y Regulares alegando que por haberse dis-minuído las décimas no le era posible pagar lo que se le exigía, y supli-cando se obligase al Obispo á aceptar lo que pudiera darle, según los tiempos. Resistió el Obispo, y declaró que no eran décimas lo que debía pagársele, sino un canon que pesaba sobre todos los bienes de la parro-quia. No pudiendo avenirles la Sagrada Congregación por las tergiver-saciones del párroco, mandó que se resolviese la causa *ad tramites juris,* como se hizo. De esta resolución deducen los canonistas romanos los siguientes corolarios, fundamento de la misma:

I. In definiendis controversiis, quæ circa solutionem decimorum vel aliarum præstationum oriri possunt, attendendum esse illud quod ab initio inter partes conventum fuit.

II. Præsertim vero si illud quod ab initio inter partes cautum fuit, longissimi temporis observantia fuit confirmatum.

III. Consuetudinem plusquam centenariam vel immemorabilem ti-tulum meliorem præbere ac vim legis præseferre.

IV. Decimas ecclesiasticas solvendas esse integras, absque ulla de-ductione seminis vel impensarum.

V. In casu autem controversiam favore mensæ episcopalis definitam esse, quia S. C. videtur retinuisse non decimis agi, sed de onere favore mensæ, præbendæ parochiali imposito.

Contiene además el fascículo 4 del vol. XXIII del *Acta Sancte Sedis,* compendiado en este número, un decreto *Urbis et orbis* de la Sagrada Congregación de Ritos, en que se extiende á la Iglesia universal el rezo de San Juan Damasceno, San Silvestre Abad y San Juan Capistrano des-de el año 1892, y se aprueba la adición que se ha de hacer á la sexta lec-ción del oficio del Santísimo Sagrado Corazón de Jesús, que empieza: *Quam caritatem Christi patientis,* etc..., y termina: *prima classis evexit* (19 de Agosto de 1890), y la sentida Encíclica de Su Santidad á los Obispos, clero y pueblo de Italia, en que, pintando con vivos colores el mal es-tado de aquella Península, preparado, sostenido y fomentado por la ma-sonería, señala los medios para conjurar los males que amenazan, ani-mando á todos á ponerlos en práctica (15 de Octubre de 1890).

CRÓNICA GENERAL

I

ROMA

A última Encíclica *Rerum novarum* sigue mereciendo calurosos elogios de la prensa europea, aun de la nada afecta y de la positivamente enemiga de la Santa Sede. *La Gaceta de la Cruz,* periódico ultraprotestante de Berlín, dice que esta Encíclica es el documento más memorable que jamás se ha publicado en Roma. ¡Y cuidado, decimos nosotros, si en Roma se han publicado documentos memorables! *El Norte,* órgano de la Cancillería rusa, y *La Nueva Prensa Libre,* que lo es de los judíos austriacos, se explican en igual sentido, afirmando el segundo que el Papa es aún hoy la primera potencia moral que existe sobre la tierra. *The Daily Chroni. cle,* de Londres, dice que el Papa tiene motivos para estar satisfecho de la buena acogida que ha tenido en todos los países la última Encíclica, y asegura que, sobre tódo en Alemania y en Inglaterra, la impresión que ha producido ha sido profunda. Hasta un periódico socialista alemán dedica artículos á dicho documento. En este concierto universal de encomios, los únicos que desafinan son algunos periódicos italianísimos. ¡Qué habían de decir los desventurados!

—La nueva iglesia de San Joaquín, en Roma, se erigirá, en un terreno de 5.000 metros de extensión, en Prati di Castello. Próximamente, y bajo la dirección administrativa del Presbítero francés M. Brugidon, comenzarán los trabajos. Se dedicarán altares al Sagrado Corazón de Jesús, á la Santa Faz y al Arcángel San Miguel, y en otros lugares del nuevo templo se verán magníficas estatuas de San Benito, en representación del Occidente latino; de San Agustín, en la del África cristiana; de Santa Rosa de Lima, en la de América; de San Francisco Javier, en la del Asia, y del Beato Chanel, en la de la Oceanía. También habrá otras imágenes de Santa Teresa y de la Beata Margarita María. Las naves laterales tendrán cinco capillas cada una y altares dedicados: á San Carlos Borromeo, por Italia; á San Remigio, por Francia; á Santiago el Mayor, por España; á San Esteban, por Austria-Hungría; á San Antonio de Padua, por los portugueses; á San Bonifacio, por Alemania; á Santa Juliana, por Bélgica; á San Agustín de Cantorbery, por Inglaterra; á San Patricio, por Irlanda; y á San Wenceslao, por Polonia.

— El Revdo. P. Glynn, Superior de los Agustinos irlandeses de Roma, ha logrado adquirir para la iglesia de San Patricio, en esta capital, una verdadera joya artística, á saber: un tabernáculo que perteneció á la iglesia de San Esteban de Fiano Romano. El Museo Británico de Londres había ofrecido al propietario, doctor Montenovesi, grandes cantidades si consentía en venderlo; pero el generoso protector de la Orden Agustiniana ha preferido entregarlo á ésta, para que se conserve perpetuamente en la iglesia de la nación irlandesa.

El doctísimo arqueólogo De Rossi, á fin de hacer resaltar el incalculable valor artístico é histórico de dicho tabernáculo, dió una admirable conferencia ante numeroso y distinguido auditorio, compuesto en gran parte de Prelados romanos. Lo mismo De Rossi que el P. Glynn fueron calurosamente felicitados por los concurrentes; el primero por la conferencia que acababa de dar, y el otro por la adquisición del tabernáculo.

— En todas partes se ha celebrado con inusitado fervor el tercer centenario de la muerte de San Luis Gonzaga, y no ha sido seguramente España la nación que menos se ha distinguido en las manifestaciones de su devoción al angélico joven, patrono de la juventud. Mas donde las fiestas del centenario han revestido una grandiosidad pocas veces vista ha sido en Roma, en la iglesia de San Ignacio, donde se conservan las preciosas reliquias del Santo en una urna de lapislázuli y plata. En diversas naciones se organizan numerosas peregrinaciones de jóvenes á Roma, y esperamos que la juventud española dará con este motivo buena muestra de su acendrado catolicismo.

—Se ha abierto al público en el Vaticano la nueva Biblioteca Leonina, debida á la munificencia de Su Santidad León XIII; Biblioteca riquísima en volúmenes y obras de todos los ramos científicos y literarios, hermosamente colocadas en estantes adaptados con orden.

perfecto. El aspecto de la amplia sala es magnífico, y en el fondo se ha colocado la estatua de mármol de Santo Tomás de Aquino, esculpida por el célebre artista Aureli, la cual fué donada en su jubileo sacerdotal al Padre Santo por los seminaristas de Italia. La apertura de esta nueva Biblioteca Leonina permitirá dejar vacías las célebres *salas Borgia*, en las cuales continuarán los trabajos que dejarán libres de todo impedimento al observador las pinturas de Pinturicchio, de Juan de Udina y de otros grandes maestros del arte. Así el Vaticano se va convirtiendo cada día más en un verdadero gran templo de las ciencias, de las letras y de las artes por el trabajo inteligente y generoso de estos Papas, á quienes la Revolución llama "fautores de la ignorancia y del *oscurantismo*„.

—Al formarse el Ministerio Rudini se dijo que era un Gabinete de Negocios, y algo así como un compás de espera, mientras políticos de más arranque, contando con una Hacienda más desahogada, se preparaban á formar una situación que acometiese de frente y con resolución los problemas políticos, tanto interiores como exteriores. Mas el Ministerio italiano, ó ha considerado siempre como depresivos de su dignidad semejantes cálculos, ó, admitiéndolos y todo al principio, se ha creído después con talla suficiente para realizar lo que cualquiera otro pudiera en igual caso. Es lo cierto que no quiere dejarse imponer de nadie; que ha declarado *urbi et orbi* su inquebrantable voluntad dé renovar la triple alianza; de prohibir en lo interior con mano enérgica toda manifestación pública contra dicha alianza, y romper, en suma, todos los andadores y manifestar un desembarazo de que no se le creía capaz. Pero he aquí que este mismo desembarazo y soltura manifestados á deshora por el Ministerio Rudini–Nicotera han llegado á ser sumamente peligrosos para su vida política, y ya se anuncia como inminente una crisis ministerial á consecuencia de ruidosos incidentes á que ha dado lugar la discusión de la política exterior del Gabinete. Aconteció, pues, que el día 29 del pasado Junio el diputado Brin quiso interpelar al Gobierno sobre el asunto indicado: los radicales entendieron que aquello no era interpelación ni cosa que se le pareciese, sino más bien un pretexto para justificar el proceder del Ministerio, y la emprendieron á grito herido contra el Sr. Brin. Exaltados los ánimos, un tal San Martino, pidiendo la palabra para hablar de las circunscripciones electorales de Nápoles, empezó á atacar rudamente á los radicales; pero éstos, que ya habían agotado el diccionario juntamente con su paciencia, se dejaron de palabras y empezaron á descargar sendos golpes sobre sus enemigos, armándose con tan *plausible* motivo la zambra más monumental que se ha visto en Parlamento alguno. Suspendióse la sesión, que siguió después en secreto; pero el Gobierno quedó quebrantado, y de ahí han nacido las voces de crisis más ó menos amplia, que es difícil se evite.

II

EXTRANJERO

ALEMANIA.—El Emperador Guillermo acaba de visitar la isla de Eligoland, nuevamente cedida por Inglaterra á Alemania. Los isleños le han recibido con grandes muestras de entusiasmo. Se conoce que á ellos lo mismo les da Pedro que Juan, es decir, igual cariño muestran ahora á los alemanes que mostraban ayer á los ingleses.

—La visita á Eligoland es una de las etapas de las inacabables andanzas del joven Emperador, que piensa tener largas entrevistas dentro de poco con su abuela materna la Reina Victoria de Inglaterra, para proseguir después sus viajes por el continente. Es muy extraño lo que acontece con el soberano alemán: se gloria de seguir paso á paso la política de su abuelo, pero no se puede dudar que las palabras no convienen con los hechos; el viejo fundador del Imperio se dejó guiar toda su vida por otros, si bien eran habilísimos consejeros; el actual monarca no puede sufrir otros consejeros que humildes servidores que realicen sus planes. Cuanto á los esfuerzos por coligarse con todo el mundo, previas interminables visitas á casi todas las cortes europeas, en esto no ha podido imitar á nadie.

—Un diputado socialista alemán ha declarado que si un día se hallase en peligro la patria alemana, el partido socialista la defendería aun á costa de los mayores sacrificios. Este pobre diputado no está al tanto de la clásica doctrina de la escuela á que pertenece, é ignora que una de sus aspiraciones es la abolición de la patria, que quedará ventajosamente substituída por la humanidad. Por eso ha sido al punto desautorizado por sus colegas, declarándole solemnemente indigno de defender los intereses de la Asociación.

* *

INGLATERRA.—Sigue haciendo estragos en Lóndres la *influenza*, duplicándose la mortalidad por causa de ella. Algunos personajes políticos han muerto, y otros tan conspicuos como Gladstone han estado en gravísimo peligro de llevar igual camino.

—Mister Parnell ha coronado sus extravíos con uno que vale por mil: se ha casado, digámoslo así, con la que fué esposa del capitán Oshea, agregando escándalo sobre escándalo, é inutilizándose defi-

nitivamente para ejercer la jefatura de un partido que alardea, y con
razó.1, de soste.1er las doctrinas más puras. Los irlandeses, que habían
depositado ilimitada confianza en su *leader*, jamás le habían pedido
cuent·s acerca de la manera como invertía los fo.1dos para atender
á los gastos que ocurrieran; mas ahora ha variado de aspecto la cuestión, y al examinar minuciosamente la gestión financiera de su antiguo jefe han hallado sapos y culebras, y no se recatan, ni tienen
por qué, de decirles las verdades del barquero. *The National Press*,
por ejemplo, acusa á Míster Parnell de haber empleado, en provecho
suyo personal, sumas de mucha consideración que sólo debían haber
servido para atenciones de la causa. El Arzobispo Mons. Croke
le acusa también de haber estafado á un Míster Morroyh 1.000 libras
esterlinas, y á un Míster Rhodes 5.000, y además el saldo que resulta-
ba á favor de la Liga irlandesa en las cuentas de sus depositarios. La
National Press ha dicho á Mister Parnell que ella sostiene todas estas acusaciones y que se le ofrece un medio muy se.1cillo de desmen-
tirlas eficazmente, que es demandarla ante los tribunales por calumnia; pero Mister Parnell se hace el sordo, lo cual prueba que, á su
juicio, el resultado de la demanda le sería adverso.

*
* *

FRANCIA.—Dos hechos al parecer insignificantes han dado motivo para que la prensa europea se dedique á hacer largos comentarios acerca de la cordialidad de relaciones entre el Vaticano y la
República francesa. Es el uno la aparición de un artículo en *L'Osser-
vatore Romano* en el cual se hace.1 observaciones sobre el aísla-
miento en que se encuentra Francia enfrente de la formidable alianza de casi todas las naciones ·de Europa, y las simpatías que ese
estado despierta en la Iglesia, que, como otras veces, salvará á su
primogénita la nación cristianísima. Como en dicho artículo se hicieran algunas indicaciones no muy favorables á Austria por su adhesión á la triple alianza, la prensa liberal cuenta que el representante
austriaco en el Vaticano ha pedido explicaciones, y que el Cardenal
secretario de Estado de Su Santidad ha respondido que el Vaticano
no ha tenido participación alguna en la publicación del mencionado
artículo. Ya queda dicho que esta noticia es de origen sospechoso. El
otro hecho que apuntamos al principio es la franca cordialidad que
se nota en los discursos que se cambiaron entre Carnot y el Eminenti-
simo Rotelli al recibir éste de manos de aquél el birrete cardenalicio.
Los aficionados á los augurios políticos deducen de todo esto que la
Santa Sede, en vista de las circunstancias porque atraviesa Francia, sin estar, ni mucho menos, conforme con la política hasta ahora
seguida por la República vecina, y aun por eso mismo, y porque no

ve en los partidos militantes garantías de un porvenir más ventajoso para los intereses católicos, quiere contribuir á que se consolide el régimen político actual impulsando á los elementos sanos que andan dispersos por los diferentes partidos llamados conservadores para que dentro de la República se esfuercen por que ésta legisle y gobierne en católico, lo que hace mucho tiempo no se hace en Francia por ninguno de los Gobiernos que se han sucedido.

Los agoreros políticos mencionados entienden que sus augurios pasan á la categoría de verdades incuestionables desde el momento en que bajo los auspicios del Emmo. Cardenal Arzobispo de París, y con la adhesión de sesenta y tres Prelados franceses, acaba de formarse una Asociación con el título de *Unión de la Francia cristiana*, con el objeto que se indica en las primeras palabras de un documento que con el nombre de *Declaración* acaba de publicar la Junta directiva de la Asociación indicada:

"Respondiendo, dice, al llamamiento de su Eminencia Reverendisima el señor Cardenal Arzobispo de París, y aceptando el profundo pensamiento de unión que inspiró su Pastoral acerca de los deberes sociales de los católicos, solicitamos el concurso de los hombres cristianos, de todas las personas honradas, cualesquiera que sean sus opiniones políticas, para defender y proclamar de común acuerdo las libertades civiles, sociales y religiosas de que á todos se nos ha privado. En nombre de la fe amenazada, en nombre de la salvación de la patria, que la impiedad acabaría de sumir en la esclavitud y la decadencia si el programa de las sectas anticristianas y masónicas siguiera cumpliéndose en las leyes y en la administración del país, conjuramos á todos para que se unan á fin de reivindicar la libertad religiosa, la libertad de enseñanza, la libertad de las obras caritativas, la libertad de asociación, y para obtener la modificación de cuanto en las leyes militares, fiscales y de instrucción pública las viola y anula. El único medio de recobrar esas indispensables libertades es no elegir para desempeñar cargos municipales ni provinciales, ni enviar á la Cámara de diputados ni al Senado, sino hombres francamente adictos á esta nobilísima causa. Desde el momento en que la Religión y la patria se hallan en peligro, abstenerse seria desertar, y dar el voto por miedo ó por flaqueza á los cómplices de las sectas anticristianas, una traición..»

Este documento lleva las firmas de los Sres. Chesnelong, senador; Keller, exdiputado; barón de Makau, diputado; conde de Mun, diputado; Herbelot, magistrado jubilado; Riant, concejal del Ayuntamiento de París; Terrat, presidente del Círculo católico del Luxemburgo (París); Ancel, individuo de la Junta de los Círculos de obreros católicos; el P. Bailly, director de *La Croix*; Beaucourt, presidente de la Sociedad Bibliográfica; Brun, senador; Buffet, senador; Clave, director de *La Défense*; conde de Lanjuinais, diputado; Levé, director de *Le Monde*; Rainbeaux, de la Junta de los Patronatos de obreros; barón de Ravignán, exsenador; conde de Roquefeuil, presidente de la Asociación católica de la juventud francesa; Thellier de Poncheville, diputado, y Eugenio Veuillot, director de *L'Univers*.

PORTUGAL.—Ha llamado la atención dentro y fuera de Portugal, y por varios conceptos, un discurso pronunciado en la Cámara de los Pares por Mons. Ayrés, Obispo de Bethsaida, al tratar la cuestión obrera. En primer lugar, ha abogado por una íntima unión entre España y Portugal, tocando ya en los confines de una especie de federación; ha hecho además declaraciones que bien pueden calificarse de democráticas, irritando no poco á los defensores de la dinastía reinante.

Las dificultades que habían surgido con Inglaterra por los sucesos de Africa las va orillando hasta hora decorosamente, gracias á que la Gran Bretaña tiene en consideración las complicaciones á que daría lugar una mayor exigencia de su parte.

AMÉRICA.—Recordarán nuestros lectores que en la quincena pasada, según noticias directas de Chile, los insurrectos debían de encontrarse próximos á sucumbir ó á implorar la clemencia del presidente Balmaceda: tan maltrechos y desalentados nos les ponían. Ahora se vuelven las tornas, y aparece Balmaceda en la situación en que él colocaba á los insurrectos. A ser cierto lo que se dice, ha invadido la indisciplina al ejército del Gobierno, y por diferentes conductos se asegura que la guarnición de Coquimbo, después de dar muerte á cuatro oficiales, se declaró por los insurrectos, saliendo después en número de 800 hombres hacia Caldera, para unirse con el grueso de las tropas enemigas de Balmaceda.

La prensa europea en general opina que la situación del famoso presidente es sumamente difícil; verdad es que ese hombre político encuentra contadas simpatías en el antiguo continente.

III

ESPAÑA

La lucha parlamentaria que en grande escala se había desarrollado durante el mes de Mayo en el Congreso, se ha trasladado al antiguo Colegio de Doña María de Aragón, donde los abuelos de la patria, vulgo senadores, discuten el proyecto del Banco con un ardimiento impropio de sus muchos años. A las oposiciones se han agregado algunos conservadores para combatir el asendereado proyecto, y alguno de éstos lo ha hecho con tal denuedo que es difícil le igualen los más enconados enemigos del partido imperante. El empeño que hay en que no prosperen los planes del Sr. Cos-Gayón en lo relativo al Banco de España es muy grande, y sólo comparable al que tiene el Gobierno en que se apruebe. Para impedirlo se hacen esfuerzos desesperados, y una Comisión del Círculo Mercantil se ha presentado á S. M. la Reina pidiéndola que no los sancione con su aprobación soberana aunque las Cortes aprueben el referido proyecto. Suponemos que nada de esto obstará para que muy pronto llegue á ser ley lo que las oposiciones califican hoy de desdichadísimo y ruinoso proyecto.

—Los partidos republicanos, cuyo número en España es crecidísimo, han realizado un simulacro de unión, exceptuando el histórico ó posibilista, que campa solo por sus respetos. Después del desastroso ensayo de república que tuvimos ya va para veinte años, era razón que aprendieran sus adeptos algo siquiera de lo mucho que necesitan saber; queremos decir, que se desengañaran de que en España no es viable una forma de gobierno que empieza por declarar guerra á la Iglesia, pero nada: tan ciegos y empedernidos son, que en las reuniones celebradas estos días han proclamado sinnúmero de desatinos. Lo primerito que piensan establecer es la separación de la Iglesia del Estado. Después... lo menos que pueden hacer es declarar como religión del Estado la de la Humanidad. Se nos olvidaba decir que el federalista portugués Magalhaes Lima está haciendo activa propaganda entre nuestros vecinos para que se realice su ferviente deseo de la federación ibérica bajo la forma republicana.

—Del proceso de la Duquesa de Castro Enríquez no hay noticias de interés. Terminado el sumario por el juez de instrucción, éste lo ha entregado á la Audiencia. La niña Juliana San Sebastián queda en el Asilo de la Sociedad Protectora de los Niños ínterin el Tribunal superior resuelve en vista de los autos.

—Terminado y aprobado en brevísimo plazo por el Sumo Pontífice el Concilio provincial celebrado hace pocos meses en Valencia, el día de San Pedro se verificó su promulgación con las solemnidades acostumbradas en tales casos.

Por voto unánime del Jurado, en la reciente Exposición de Bellas Artes celebrada en Buda-Pesth, adonde concurrieron cuadros de artistas españoles, se ha otorgado la única medalla de oro para los extranjeros al insigne pintor Sr. Moreno Carbonero por su celebrado cuadro La conversión del Duque de Gandía. Al lado de esta magistral obra figuraban La bendición de los campos, de Viniegra, y La silla de Felipe II, de Alvares, que también han sido muy admirados del público.

—Ya estamos asomando la cara al siglo XX, y cuando creíamos estar muy lejos de ciertos fanatismos y supersticiones, nos encontramos con que en nuestra villa y corte funcionan y ejercen por todo lo alto ciertos curanderos y casamenteros, con gran regocijo del pueblo que acude. Véase cómo refieren los periódicos de la corte esta quisicosa:

En la casa núm. 9 de la calle del Sombrerete, cuarto principal, existe un santuario "apostólico„, donde más de trescientas personas se han estado reuniendo frecuentemente bajo la presidencia de un "pontífice máximo„ conocido en el mundo por el nombre de Jimena. Oigamos de labios de éste la exposición de los fines y prácticas de la doctrina que predica: "Nuestra misión—ha dicho—consiste en curar á los asociados enfermos y unirles con el vínculo matrimonial cuando lo pretenden. Es esta ceremonia la más importante de todas.

„A ella acuden todos los congregados, y yo, como presidente, después de saludarles les digo:

„—¡Hermanos, quien no esté en salud pida su curación! Si alguno está enfermo, se le administra el "agua sagrada„, dándole un botijo para que en su casa continúe tomando la única medicina de que nos valemos, y con la cual cura si Dios quiere. Después se procede al casamiento de los que pretenden desposarse. Comienza la ceremonia por varios rezos del ritual, colocándose en el centro del salón los novicios; y terminado el rezo, el *pontífice* se acerca á ellos, une sus cabezas, les bendice, y quedan casados para siempre.„ Como se ve, los apóstoles son, en medicina, decididos alópatas; y en lo tocante á la forma y modo de verificar la ceremonia de la coyunda, se dejan atrás á los libérrimos negros del Congo.

Inocentes é ignorantes vivían en paz con sus prácticas, sin contar con que existía un D. Gastón Guantín, que, poco conforme sin duda con las "prácticas apostólicas„, tuvo por conveniente denunciarlos ante el Juzgado municipal del distrito de la Inclusa en escrito presentado el 25 del corriente. Ya en la Inclusa la Asociación, se verificó ayer el oportuno juicio, en el que el Sr. Guantín se ratificó en lo que manifestó en su denuncia, y D. Juan Jimena, en representación de la "clave„, asistió, demostrando con nuevos datos la exactitud de los hechos denunciados. El juez, en vista de la gravedad de los hechos, ordenó que el fiscal Sr. Aguilera, acompañado del secretario y el alguacil del Juzgado, practicase una inspección ocular en el sitio donde se reunen los congregados. En efecto, el propio Sr. Aguilera, en unión de sus acompañantes, personóse en la catacumba apostólica, y en ella Jimena le explicó detenidamente los fines de la Asociación, modo de celebrar sus "concilios„ y progresos de la "buena idea„, manifestando de paso que ya se han celebrado varios matrimonios, y que cuenta la Sociedad con corresponsales en algunas provincias, entre otras, Valencia. El Sr. Aguilera estimó que los hechos eran

constitutivos de varios delitos penados por el Código en sus articu-
los 240, 344 y 456, retirándose al Juzgado municipal, donde el juez ordenó que se pasase lo actuado al juez de instrucción, Sr. Fonseca,
que es el que á estas horas entiende ya en el asunto. Se instruye activamente el proceso, que promete ser de los que adquieren cele-
bridad.

MISCELANEA

Misiones de los Padres Recoletos en los Llanos de Casanare (Colombia) [1]

J. M. J.

Tunja 10 de Diciembre de 1890.

Mi querido P. Santiago: Ya es hora de que disponga de un poco
de tiempo para poder decirle algo más extensamente lo que he ido
diciéndole por telegramas.

Cuando salí de ésa ofrecí á Vuestra Reverencia darle noticia de
cuanto fuera sucediendo y de cuanto fuéramos haciendo en nuestra
expedición, y doy principio por ésta á mi relato.

El día 21 del pasado mes de Noviembre salí de nuestro convento
de El Desierto de la Candelaria en compañía del P. Ramón, dejando en buena salud á todos los religiosos. La salida fué en dirección á
esta ciudad de Tunja con el objeto que ya sabía Vuestra Reverencia,
de dar ejercicios á los sacerdotes de esta diócesi. Llegamos á Sama-
cá por la mañana, y después de almorzar montamos en los caballos
para proseguir nuestro viaje; pero fué tanto lo que llovió, y se puso
tan resbaladizo el páramo, que nos vimos precisados á volver á Sa-
macá, donde pasamos la noche.

El día 22, después de haber celebrado el santo sacrificio de la

---

(1) De *El Congregante de San Luis*, revista de Bogotá, transcribimos y comenzamos á publicar hoy una serie de cartas acerca de las Misiones de nuestros hermanos
los Padres Agustinos Recoletos en algunos pueblos de Colombia. Van dirigidas al
P. Santiago Matute, residente en Bogotá.—(*La Redacción*.)

Misa y confesado á algunas personas, salimos para ésta, adonde llegamos sin novedad algo más tarde de lo que hubiéramos llegado con
buenos caminos, porque tuvimos que ir rodeando en varias partes
para evitar los malos pasos que había. A nuestra llegada fuimos recibidos por el Ilmo. Sr. Obispo Perilla con afecto verdaderamente paternal; afecto que, como sabe bien Vuestra Reverencia, nos lo ha tenido desde nuestra llegada á esta tierra, que tan bién nos ha recibí-
do, y cuyos habitantes tantas pruebas de consideración nos tienen
dados. Dios nuestro Señor les pague todo en abundancia.

Muchos eran ya los sacerdotes que había en ésta cuando llegamos, y aun fueron llegando al día siguiente 23, en que dimos principio
á los santos Ejercicios, predicándoles yo la plática de entrada en
ellos. Sesenta y cinco sacerdotes se reunieron con el señor Obispo á
la cabeza, instalados todos en el Seminario, donde también nos aloja-
jamos nosotros. Seguí predicándoles por las tardes, y el P. Ramón
lo hizo por las mañanas, hasta el viernes 28, en que ya no pudo hacerlo porque no le permitió la enfermedad de que le he dado noticia,
y que hasta ahora le tiene postrado en cama. Tuve que suplirle; pero,
gracias á Dios, concluí los Ejercicios sin la menor novedad en mi salud y dejando á todos los ejercitantes satisfechos, según me manifestó el Ilmo. Sr. Obispo en presencia de todos ellos, después de haber-
les predicado la plática de conclusión de Ejercicios. Reconozco, sin
embargo, que, en su bondad, apreciaron mis trabajos en más de lo que
valían, y yo agradezco en el alma esa fineza.

La conclusión de Ejercicios tuvo lugar el martes 2 de éste al medio día, y después me han tenido ocupado predicando y confesando
por varias iglesias de esta ciudad. El día de la Purísima Concepción
prediqué en la catedral en la Misa mayor, en que ofició de pontifical
el Ilmo. Sr. Obispo; por la tarde prediqué á una Congregación de señoras en la iglesia de San Francisco, animándola á la obra, tan grata
á Jesús Sacramentado, de la Adoración perpetua.

El cuidado que exigía el enfermo no me hubiera permitido todo
lo que he hecho; pero el P. Manuel y el hermano Isidoro llegaron á
ésta el día 1.º de Diciembre por la tarde, y se encargaron del cuidado del enfermo, quedando yo algo libre para hacer otras cosas.

La enfermedad del P. Ramón ha sido una fiebre de mal carácter,
que llegó á ponerle en peligro de muerte, y por eso le administré el
día 3 por la mañana. Duró la fiebre hasta el día 6, muy subida siempre, teniéndonos en cuidado; en ese día bajó algo; al día siguiente, 7,
tenía aún por la noche cerca de 39 grados, y el día de la Purísima
Concepción, Patrona como sabe del enfermo, por ser ese misterio su
apellido de Religión, amaneció libre completamente de la fiebre, y
así ha seguido hasta hoy, encontrándose ya en estado de convalecencia, aunque no se levanta de la cama por la mucha debilidad en que
ha quedado.

Quiero hacer notar aqui una cosa digna de notarse y de que nos fijemos en ella. Sabe perfectamente Vuestra Reverencia que algunas personas nos aconsejaban que no hiciéramos nuestra expedición á Casanare dándonos varias razones, y como razón principal el que aquello es muy malsano y muy expuesto á calenturas. No hice caso á cuanto se decía, dispuse la expedición, y Dios nuestro Señor, en su bondad, me ha proporcionado con la enfermedad del P. Ramón (que precisamente ha sido una fiebre, y fiebre maligna) lo que he de contestar á los que hablaban de calenturas en los Llanos de Casanare. Les puedo decir que también Dios nuestro Señor manda calenturas fuera de los Llanos de Casanare, y que nuestra vida está en sus manos lo mismo allí que aqui, y en ambas partes y en todas nos la puede quitar cuando plazca á su divina voluntad, siempre santa y siempre justa. Estoy cierto de que si la calentura que el P. Ramón ha tenido en Tunja la hubiera tenido en Casanare, no me hubieran faltado reconvenciones; pero por la gracia del Señor no ha sido allí, sino aquí, proporcionándome con eso un medio admirable de defensa. Verdad es también que, aun sin eso, poca mella nos hubiera hecho lo que pudieran decir personas que no están en situación de apreciar debidamente lo grande de nuestra empresa, y lo poco que significa la salud de un hombre, y aun su misma vida, si se compara con lo que vale una sola alma, y con la magnífica recompensa que nos tiene preparada para premiar al que por su gloria y bien de sus prójimos da su salud ó su vida. Además, esa vida así dada y sacrificada por Dios siempre es fecunda en bienes para la Iglesia, para la sociedad y para la corporación á que pertenece el individuo. Sé que Vuestra Reverencia comprende perfectamente todo esto, y no me extiendo más sobre el particular.

Como la convalecencia del P. Ramón ha de durar mucho, y no podemos detenernos porque perderíamos este tiempo, el más á propósito para andar por los Llanos, he llamado al P. Marcos para que reemplace al enfermo, y á uno de los hermanos para que se quede aqui á cuidarle mientras no puede volver á nuestro convento.

Está determinada nuestra salida de ésta para el lunes próximo día 15.

Siga rogando por nosotros para que en todo cumplamos la voluntad santa del Señor, y quede en la seguridad de que hará lo mismo por Vuestra Reverencia su afectísimo y menor hermano en el Sagrado Corazón de Jesús y nuestro Gran Padre San Agustín,—FR. EZEQUIEL MORENO DE LA V. DEL ROSARIO.

Continuará.

RESUMEN

de las observaciones meteorológicas efectuadas en el Colegio de Agustinos Filipinos de la Vid (Burgos) en el mes de Mayo de 1891.

ALTITUD EN METROS 950   LONGITUD GEOGRÁFICA, 41 37' 30"   LONGITUD EN TIEMPO AL E DE MADRID, 42"

DÉCADAS	BARÓMETRO EN mm Y A 0.° Altura media	Oscilación media	Altura máxima	Fecha	Altura mínima	Fecha	Oscilación extrema	TERMÓMETRO CENTÍGRADO Temperatura media	Oscilación media	Temperatura máxima	Fecha	Temperatura mínima	Fecha	Oscilación extrema	PSICRÓMETRO Humedad relativa media	Tensión media-día en milímetros metros
1.ª	679,9	1,6	684,8	6	671,9	9	12,9	9,5	12,1	24,2	1	— 0,6	6	24,8	68	7,5
2.ª	680,4	1,7	684,9	13	674,8	20	10,1	12,1	16,0	26,0	14	— 0,8	17	27,0	57	8,0
3.ª	676,7	0,8	684,7	24	673,9	21	10,8	10,5	10,4	18,4	31	2,4	22	16,0	85	7,7
Mes	680,0	1,4	684,9	13	671,9	9	13,0	10,7	13,0	26,6	14	— 0,8	17	27,4	64	7,7

DÉCADAS	ANEMÓMETRO FRECUENCIA DE LOS VIENTOS N.	N.E.	E.	S.E.	S.	S.O.	O.	N.O.	FUERZA APROXIMADA DIAS DE Calma	Brisa	Viento	Viento fuerte	Velocidad media por día en kilómetros	Velocidad máxima en un día	Fecha	DIAS Despejados	Nebulosos	Cubiertos	DIAS DE Llovizna	Niebla	Rocío	Escarcha	Nieve	Granizo	Tempestad	Lluvia total en milímetros	Lluvia máxima en un día	Evaporación media en milímetros
1.ª	2	2	1	1	2	2	7	9	2	1	5	4	343,2	869,3	8	2	»	8	1	1	»	2	1	1	»	20,2	6,4	»
2.ª	3	1	»	1	1	5	6	5	2	3	1	4	224,2	435,5	18	7	1	2	»	»	»	1	»	»	»	10,4	10,4	»
3.ª	5	3	3	1	3	7	7	9	»	»	4	7	385,5	558,2	24	»	»	11	2	»	»	»	»	2	»	27,9	11,0	»
Mes	10	3	1	1	3	»	20	23	2	4	10	15	317,6	869,3	8	9	1	21	3	1	»	3	1	3	»	58,5	11,0	»

RESUMEN

de las observaciones meteorológicas efectuadas en el Colegio de Agustinos Filipinos de Valladolid en el mes de Junio de 1891.

ALTITUD EN METROS 715　　　LATITUD GEOGRÁFICA 41° 39'　　　LONGITUD EN TIEMPO 4ᵐ 7' O.

BARÓMETRO, EN mm Y A 0.° — TERMÓMETRO CENTÍGRADO

DÉCADAS	Altura media	Oscilación media	Altura máxima	Fecha	Altura mínima	Fecha	Oscilación extrema	Fecha	Temperatura media	Oscilación media	Temperatura máxima	Fecha	Temperatura mínima	Fecha	Oscilación extrema	Humedad relativa media	Tensión media del día en milím.
1.ª	688,0	0,3	703,3	9	694,3	7	9,0	7	12,5	9,6	26,8	5	0,9	7	26,6	68	7,7
2.ª	704,5	0,7	708,1	12	695,5	13	12,6	13	18,8	17,1	43,2	18	4,0	11	39,2	50	9,6
3.ª	694,0	1,0	703,3	28	694,3	28	9,0	28	18,4	15,4	43,2	21	10,3	21	32,7	50	10,6
Mes	698,1	0,6	708,1	12	694,3	12	13,8	28	16,5	14,0	43,2	21	0,2	7	43,0	56	9,3

ANEMÓMETRO

DÉCADAS	Lluvia total en milímetros	Lluvia máxima en un día	Evaporación media en milímetros	Temporal	Granizo	Nieve	Escarcha	Rocío	Niebla	Llovizna	Cubiertos	Nebulosos	Despejados	Fecha	Velocidad máxima en un día	Velocidad media por día en kilómetros	Viento fuerte	Viento	Brisa	Calma	N. O.	O.	S. O.	S.	S. E.	E.	N. E.	N.
1.ª	38,0	11,1	4,5	»	»	»	»	3	»	»	10	»	8	3	288,1	288,1	3	6	1	»	1	1	9	3	2	2	1	»
2.ª	»	0,5	8,9	»	»	»	»	1	»	1	2	4	6	12	395,1	252,8	4	3	2	»	»	1	10	5	1	2	4	1
3.ª	0,5	11,1	10,9	»	»	»	»	4	»	1	12	7	1	12	369,8	234,4	3	3	7	1	»	2	10	8	3	2	2	1
Mes	34,5	»	7,7	»	»	»	»	»	»	1	12	11	7	12	447,1	258,4	10	11	7	2	1	»	»	»	»	»	6	2

La Biblia y la Ciencia [1]

Los extraños fenómenos, mil veces repetidos en la historia de la Religión cristiana, han formado ya la fisonomía y carácter que la distingue de todas las religiones é instituciones sociales: las guerras y conflictos, sucediéndose en rigorosa alternativa con la paz y la concordia. Quizá no se ha realizado descubrimiento científico ó progreso intelectual de alguna importancia que no haya servido de pretexto para imaginar conflictos entre la Religión y la Ciencia. En cambio puede igualmente asegurarse que no surgió conflicto alguno en la larga vida del Cristianismo que no viniese por fin á terminar en amistosa concordia, determinada por la sumisión completa de la razón humana á la revelación divina. Esta constante alternativa de luchas y conciliaciones, que podría elevarse ya á la categoría de ley en la filosofía de la historia religiosa, es, en nuestro juicio, la confirmación más elocuente de este gran axioma, mil veces repetido en nuestro siglo, aunque no de todos respetado: es imposible crear conflictos reales y duraderos entre dos cosas en que no puede existir sino mutua concordia y harmonía.

Aunque demos la razón á amigos y enemigos, que, animados por muy distintos sentimientos, nos dicen que vivimos

---

(1) *La Biblia y la Ciencia,* por el Cardenal Zeferino, de la Orden de Santo Domingo (Madrid, Sáenz de Jubera, hermanos, editores, 1891).

en una época que no tiene semejante en la historia de la humanidad, que en la crisis porque cruzamos comienzan ya á estremecerse los fundamentos de la Religión y de la Filosofía, estas expresiones y otras semejantes, sin que dejen de estar bien motivadas, no probarían realmente otra cosa sino que la grandeza ó mayor extensión del conflicto presente debe ser el preludio de la mayor amplitud y fecundidad de la conciliación futura. La historia dejaría de ser maestra de la humanidad si los acontecimientos de los siglos que pasaron no fuesen el prototipo de los acontecimientos venideros.

Si en las luchas del siglo diecinueve aún no se ha visto llegar el momento de la conciliación entre la ciencia profana y la ciencia religiosa, quizá en gran parte es debido á que la distancia que ha separado á los dos campos de los combatientes ha sido tan respetable como la que media entre el positivismo científico y el espiritualismo cristiano, y la suspirada concordia no es fácil se realice sino á condición de que los defensores de la verdad religiosa desciendan á los dominios de la ciencia positiva para adoptar iguales armas y análogos procedimientos que sus adversarios y combatir á la ciencia con la ciencia. Afortunadamente esta importante evolución, que debe acelerar el triunfo tradicional de la verdad católica, se está realizando ya en las filas del Cristianismo, cuyos teólogos y apologistas más notables, sin retroceder un punto en el dogma religioso, abandonan, sin embargo, el antiguo procedimiento de la defensa, emprendiendo una nueva campaña con armas desconocidas á nuestros mayores.

La España del siglo XIX, que no puede gloriarse de ir al frente del movimiento científico, tampoco puede aspirar á la gloria de ser la primera fuerza en este movimiento apologético. No obstante, algo se ha intentado y algo se ha conseguido. Cuando apareció el famoso libro de Draper con todo el carácter agresivo que llevaba estampado en el nombre, fué, sin pretenderlo su autor, una ocasión de verdadero progreso para la apología española. El Excmo. señor Obispo de Salamanca, Fr. Tomás Cámara y Castro, con erudición copiosa y elegida, y con la lógica contundente que le distingue, presentó en su célebre refutación, á la vez que un modelo acabado de controversia, tan abundante copia de conocimientos científicos y de atinadas soluciones, que la publicación de su libro mereció ser celebrada en España como un verdadero acontecimiento. Otros sabios apologistas aparecieron entonces sucesivamente en el campo de la controversia, sobresaliendo entre ellos los Sres. Cluet, Orti y Lara, Rubió y Ors, y, finalmente, los ilustres miembros de la Compañía de Jesús, Mir y Mendive, que, prescindiendo de la forma esencialmente controversista del Excmo. Sr. Obispo de Salamanca, y ciñéndose á un método doctrinal y expositivo, consiguieron fomentar más el universal descrédito en que ha venido á caer la *Historia de los conflictos entre la Religión y la Ciencia.*

Apagados ya los rumores y alarmas suscitados por la obra tan calumniosa como agresiva del profesor norteamericano, la apología española reclamaba un trabajo más didáctico y sereno en su procedimiento, que, recogiendo todos esos datos dispersos de la Teología y de la Ciencia, dándoles unidad y sometiéndolos á un criterio elevado, consiguiera determinar el optimismo en el método de la apología y mayor claridad en las soluciones. La obra que ha poco vió la luz pública con el título *La Biblia y la Ciencia* es, en nuestro juicio, la que ha venido á llenar este vacío en nuestra apología católica.

No pretendemos hacer de ella un examen minucioso, ni mucho menos investigar ó discutir el valor que en muchos conceptos pueda entrañar una obra tan importante. La aureola de filósofo que se ha hecho ya inseparable del nombre de su Eminentísimo autor, el Cardenal Zeferino, sabemos que ha de ser para los españoles la mejor garantía del mérito indiscutible de esta última producción de su clara inteligencia. Nos limitaremos, por tanto, á describir el método de apología bíblica trazado por mano tan experta, y que es, en nuestro juicio, la nota más peculiar y característica que le vindica una superioridad indiscutible sobre todas las obras de este género que han salido de las prensas españolas.

Conviene advertir desde luego que el sabio Cardenal no
se ha propuesto hacer de su obra una apología completa de
la Religión católica, ni, por consiguiente, dar solución directa á los grandes y transcendentales problemas relativos á las hoy amplísimas ciencias de la Cosmología y la Psicología. Su principal objeto, suficientemente expresado en el
título, *La Biblia y la Ciencia,* se mueve en un círculo más
reducido, pero también de suma importancia. La Religión
católica, además de los dogmas fundamentales imprescin-
dibles á su existencia, como la naturaleza de la causa primera, la creación, la naturaleza del hombre, el orden sobrenatural, la existencia de la revelación, y muchísimos otros
íntimamente con éstos relacionados, posee otro orden de
verdades que forman una gran parte del sagrado tesoro de
la revelación divina; tal es el conjunto de afirmaciones históricas, científicas ó filosóficas contenidas en los libros santos, afirmaciones cuya defensa es tan importante y esencial
á la causa católica como los dogmas de la infalibilidad de
Dios ó la existencia de la revelación. Conciliar, pues, estas
enseñanzas de la Biblia con los modernos descubrimientos
de la Ciencia es el fin directo y principal á que van consagrados los importantes trabajos del ilustre filósofo y apologista.

Definida la naturaleza é importancia del objeto, será
fácil apreciar el valor indiscutible de tan excelente obra de
apología bíblica. La elevación de criterio con que expone
el vasto é interesante plan de su defensa, la claridad del
estilo y del método que le informa, la abundante y elegida
erudición teológica, filosófica y científica que hace servir á
la gran obra de la conciliación, son otras tantas apreciabi-
lísimas cualidades, que resaltan de un modo particular así
en el conjunto de toda la obra como en las partes más accidentales.

El optimismo del método se hace visible desde los primeros capítulos, consagrados á definir los dos grandes conceptos, el de la Biblia y el de la Ciencia, cuyo exacto conocimiento deberá ser siempre el punto de partida en una obra
que tiene por fin conciliar estos dos extremos del supuesto

conflicto. El eminente autor compendia al efecto toda la doctrina teológica sobre la autenticidad é inspiración de los libros santos, demostrando con tanta claridad como concisión que el verdadero y genuino concepto de la Biblia sólo existe en el Catolicismo, que la ha venerado siempre como la obra de Dios escrita por el ministerio del hombre bajo el influjo de su divina inspiración y asistencia. Sin embargo, las enseñanzas de la Sagrada Escritura no pueden separarse del magisterio infalible de la Iglesia, depositaria de toda la verdad revelada. Prescindir de esta autoridad suprema en la exégesis bíblica, es destruir por su base la autoridad de los libros santos. No ha sido otra, en efecto, la desgraciada suerte en que vino á caer la Biblia entregada al espíritu privado por los primeros padres de la Reforma. Con la oportuna concisión, y sin menoscabar en nada á la claridad, el sabio apologista describe toda la larga serie de evoluciones de la exégesis protestante, que en mayor escala había trazado ya el abate Vigouroux en el segundo tomo de su eruditísima obra *Les livres saints et la critique rationaliste,* patentizando con la evidencia de los hechos cómo el espíritu privado del protestantismo, después de ensalzar la Biblia cual único tesoro de la revelación, vino por fin á caer en los excesos de la exégesis racionalista, convirtiendo el antiguo ídolo de sus amores en un libro puramente humano, y no de los más autorizados.

Si el racionalismo exegético ha destruído el concepto genuino de la Biblia, á su vez el sistema positivista ha desfigurado la idea verdadera de la Ciencia. Una obra en dos gruesos volúmenes, *Le positivisme et la science expérimentale,* publicó el abate Broglie en 1880 para impugnar las múltiples aberraciones de este sistema pseudo científico. En su larga Introducción, escrita con mano maestra, puso de manifiesto la impotencia absoluta del método experimental para constituir la ciencia propiamente dicha. Adoptando el procedimiento del escritor francés, el sabio apologista español demuestra igualmente que la noción verdadera de ciencia sólo es dado encontrarla en el concepto cristiano; porque sólo el Cristianismo con su amplitud de criterio, sin excluir el método ex-

perimental, extiende sus miradas por todos los horizontes
que se ofrecen á la inteligencia, investigando con los principios supremos de la Metafísica las causas así próximas como
remotas de los fenómenos. El positivismo ha mutilado la
idea grandiosa de la Ciencia reduciendo el origen de nuestros
conocimientos á sólo el método experimental; aberración que
le obliga en todo el rigor de la lógica á detenerse desespe-
rado y mudo ante problemas tan formidables como la existencia de Dios y los destinos del hombre. Para disipar estos
temores y ansiedades del espíritu humano aparece el monis-
mo de Hæckel, que, rompiendo los diques que le trazara el
sistema positivista, ha osado establecer principios metafísicos para resolver el problema del mundo; pero al penetrar,
contra todos los principios de la lógica, en el campo vedado
de la Metafísica, asume la gran responsabilidad, para él inso-
portable, de explicar los grandes problemas cosmológicos
frente á la concepción grandiosa del espiritualismo cristiano.
Este análisis de los sistemas, sabiamente ejecutado por el escritor francés y el Eminentísimo apologista español, nos da
por última conclusión la verdad antes enunciada: el concepto
genuino y verdadero de la Ciencia, como el de la Biblia,
sólo existe en la idea católica.

Definidos los dos elementos extremos que han de aproximarse en la conciliación, preciso era conocer también las
mutuas relaciones generales, y determinar el criterio, así el
teológico como el científico, que deberá ser la base de la
concordia.

Todos los conflictos que surgieron hasta ahora entre
la Ciencia y la Revelación han sido más aparentes que
reales, debidos siempre á los excesos cometidos en los dos
campos de los combatientes. Para conjurar tales abusos en
la controversia religioso-científica será necesario establecer
los principios teológicos que deben presidir á la exégesis
bíblica, y los principios racionales á que deben someterse
las afirmaciones de la ciencia positiva. El Eminentísimo escritor dedica un largo é interesante capítulo para determinar las relaciones generales entre la revelación bíblica y
las ciencias profanas, y precisar los dos criterios extremos

que han de informar y dirigir á toda discusión religioso-
científica.

. Con vasta erudición teológica recuerda al efecto la amplia libertad que recomiendan los principios exegéticos inculcados por los Santos Padres, y la tolerancia consiguiente
que en este punto debe adoptar el teólogo á fin de no alejar
de la fe á ciertos sabios que quizá con mejor fundamento
abrigan opiniones contrarias á las suyas. En cambio el hombre de ciencia no tiene derecho á exigir la sumisión del teólogo cuando las teorías é hipótesis científicas van más allá
de los datos que suministra la ciencia real y positiva, y sobre
todo, al tratarse de la esencia íntima de las cosas y de sus
primeras causas, se abstendrá de proferir decisión alguna
en nombre de la ciencia positiva, cuya impotencia radical
para la solución de tales problemas debe ser un axioma indiscutible para ambos combatientes.

Volviendo al método que debe adoptar el apologista en
la exégesis, recuerda el sabio Cardenal la doctrina de Duilhé
de Saint-Projet sobre los dos sistemas exegéticos, el concordista y el idealista, y acepta la misma opinión del canónigo
francés, que juzga oportuno harmonizar los dos sistemas
para evitar los excesos de que ambos son susceptibles.

Señalados así los principios teológicos y científicos que
deben informar y presidir á todo tratado de apología moderna, el ilustre purpurado se abre camino á la gran obra
de la conciliación entre la Biblia y la Ciencia; dirige sus miradas primeramente al *Hexamerón* bíblico, cuyos primeros
capítulos han sido en todo tiempo el blanco de terribles ataques y agitadas controversias; describe á grandes rasgos
las enseñanzas, así religiosas como científicas, del primer
capítulo del Génesis, y antes de entrar decididamente en la
crítica de las cuestiones que serán objeto de la apología bíblica, se detiene á hacer una revista general de los grandes
descubrimientos de las ciencias físicas, astronómicas y geológicas; tales son la unidad y persistencia de las fuerzas físicas, las leyes de La Place y de Herschel sobre las nebulosas, la existencia real de los períodos geológicos, la antigüedad indiscutible de la Tierra antes de la aparición del

hombre. Distinguiendo con la posible exactitud lo que hay de cierto é incierto en los descubrimientos modernos, lo verda-deramente científico de lo puramente hipotético y arbitra-rio, el ilustre apologista español entra de lleno en el examen parcial de las cuestiones, cuyo resultado será la harmonía y concordia entre los libros santos y las ciencias naturales.

El acto de la creación, primer origen de la existencia del mundo según el *Hexamerón* bíblico, nunca podrá ser im-pugnado en nombre de la ciencia positiva, porque el origen primero de los seres está evidentemente fuera del alcance de la experiencia. La formación de los astros y los planetas, supuesta la creación de la materia primordial, á pesar de la obscuridad del texto sagrado en este punto, es menos con-traria que favorable á las modernas teorías astronómicas y cosmogónicas, y no faltaron en la antigüedad algunos San-tos Padres, como San Gregorio Niseno y San Agustín, que con admirable intuición científica llegaron á imaginarse algo semejante á las enseñanzas de la ciencia del siglo XIX. —La producción de la luz antes del Sol según el relato bí-blico, no podrá ser rechazada por la Ciencia moderna mien-tras no posea nociones exactas sobre la naturaleza de la luz; y la teoría de las ondulaciones, triunfando recientemente de la teoría de la emisión, lejos de perjudicar, favorece á la afirmación del texto sagrado.—Análogas soluciones presen-ta el sabio apologista para los días ó períodos del Génesis y el orden general de la creación; las afirmaciones más auto-rizadas de la Geología y de la Paleontología establecen el mismo orden, el mismo procedimiento en las diversas épo-cas geológicas y en la aparición de la vida que la narración del primer capítulo de los libros santos.

No juzgamos necesario continuar en la descripción de todo el procedimiento con que el Eminentísimo apologista resuelve y harmoniza todas las cuestiones religioso-científi-cas que son objeto de controversia. El darwinismo en su triple aspecto monista, selectivo y antropológico; la unidad de la especie humana en sus aspectos psicológico, moral, religioso y fisiológico; la antigüedad del hombre sobre la Tierra considerada en las diversas esferas de la Geología, la

Paleontología, la Historia, la Prehistoria y la Biblia; la existencia y extensión del diluvio: estos interesantísimos problemas que ocupan las tres cuartas partes de la obra están resueltos con tan abundante copia de datos teológicos, filosóficos, científicos é históricos, traídos de los mejores apologistas modernos, que nó es posible exigir más erudición y claridad á esta parte de la apología católica.

Aplicando el elevado criterio anteriormente establecido, reune en cada una de las cuestiones los datos más autorizados y decisivos de la Ciencia moderna, distingue lo cierto de lo incierto, la hipótesis probable de la arbitraria, y volviéndose luego á las enseñanzas de la Biblia y de la tradición católica investiga con criterio exclusivamente teológico lo que hay de cierto ó dudoso en la Revelación divina. Este método tan natural y sencillo da por resultado la conciliación que se deseaba. Cuando el lector ha llegado al fin de un capítulo, ve nacer espontáneamente y sin esfuerzo la harmonía más perfecta entre los dos elementos del supuesto conflicto. Cuanto ha sido demostrado por la Ciencia moderna encuentra su apoyo y confirmación en los libros santos; hasta las hipótesis razonables de la Ciencia caben dentro de las afirmaciones de la Sagrada Escritura; únicamente están condenadas por la palabra de Dios aquellas hipótesis arbitrarias que se hallaban ya reprobadas en la Filosofía y la ciencia positiva.

Hemos dicho poco, pero hemos dicho lo bastante para comprobar el juicio que habíamos adelantado al comenzar el estudio de tan importante trabajo apologético: su plan, su desenvolvimiento y su método no han podido concebirse con mayor claridad y precisión. Quizás los que se hallan al tanto del movimiento apologético moderno de Francia no encuentren mayor novedad en la doctrina y en las soluciones de los problemas; pero, supuesto el relativo atraso de España en este género de estudios, no cabe duda que *La Biblia y la Ciencia* será siempre una obra utilísima y muy digna de ser estudiada, tanto por el teólogo que tiene la obligación de promover la defensa del dogma católico, como por el hombre de conocimientos científicos que le impugna sin cono-

cerlo. Además de la apreciabilísima erudición y de la claridad de ideas que distingue á la obra del Emmo. Cardenal
Zeferino, ofrece al lector la garantía de lo atinado en las soluciones. Generalmente las opiniones á que se adhiere el
sabio apologista son (así lo juzgamos nosotros) las más autorizadas y razonables, ora se las considere en su aspecto
teológico, ora en su aspecto científico. En tal concepto, no
dudaremos afirmar que *La Biblia y la Ciencia*, no sólo es
una obra destinada á promover un verdadero progreso en
la apología española, y en general á satisfacer á todas las
necesidades presentes, sino que además, por la elevación
del criterio que la informa y lo atinado de sus soluciones,
tiene algo que no debe perderse de vista en la apología de
lo por venir.

Aquí deberíamos poner término á nuestro ligero estudio;
pero la importancia que suele atribuirse en España á las
obras del sabio Cardenal casi nos impone el deber de proseguir en el examen comenzado á fin de aclarar algunas
ideas del Eminentísimo escritor que sabemos han sido ya
mal interpretadas por algunos lectores.
Esto nos dará materia para otro artículo.

Fr. Honorato del Val,
Agustiniano.

El sonido articulado, el teléfono y el fonógrafo [1]

II

EL TELÉFONO

RIGEN.—El primer teléfono conocido es el aparatito que se vende en las tiendas de juguetes con el nombre de *porta-voz de hilo;* consta de dos pequeños tubos de hojalata ó de caña, abiertos por un extremo y cerrados por el otro merced á dos membranas tirantes, en cuyos centros interiores se insertan los cabos de un hilo común, de seda ó algodón, más ó menos largo, que pone en comunicación ambos tubos por sus respectivas membranas. Hablando por el uno y escuchando por el otro puede sostenerse en voz baja una conversación entre personas poco distantes entre sí, bien estén colocadas en balcones opuestos de una misma calle, en distintos pisos de un mismo edificio, etc. Quién haya sido el inventor de este sencillo instrumento, no se sabe; los alemanes reclaman la prioridad de invención; los franceses la atribuyen á dos muchachos de Marsella, y los españoles ¿por qué no hemos de hacer constar que donde primero se conoció el aparato fué en el Nuevo Mundo, después de descubierto y conquistado por Colón?

(1) Véase la pág. 24.

La teoría de su funcionamiento no puede ser más sencilla: cuando se habla por uno de los tubos vibra al unísono de la voz la membrana correspondiente, deslízase por el hilo el movimiento vibratorio, y en un instante, en una fracción pequeñísima de segundo, repítense íntregas, si no reforzadas, · en la membrana del otro tubo, que sirve para la audición, las vibraciones producidas en la primera, que son las mensajeras del sonido, de la voz ó la palabra. Tal es la teoría del porta-voz de hilo, de ese juguete que saben construir los niños de la aldea más refractaria á todo pro ;reso, y, ¿quién lo creyera? el porta-voz de hilo es un verdadero teléfono, más imperfecto, es verdad, que los modernos, en que el movimiento vibratorio se acelera y refuerza gracias á ese agente misterioso que se llama electricidad, pero basado en las mismas leyes, fundado en idéntica teoría y muy superior por su fecunda prioridad.

En 1837, Page, doctor americano, notó é hizo constar que la imantación y desimantación de una barra de hierro dulce por el paso y rápida supresión de una fuerte corriente eléctrica producía cierto sonido, originado, sin duda, por el alargamiento y contracción del metal bajo la influencia de la electricidad. De La Rive aumentó la intensidad del sonido observado por Page empleando largos hilos metálicos sometidos á cierta tracción, obligándolos á atravesar el eje de bobinas de inducción enrollados por otro hilo metálico aislado. Charles Bourseul, después de repetidas experiencias encaminadas á resolver el problema de la telefonía á distancia mediante la electricidad, publicó en 1854 una Memoria notabilísima donde, á más de sus trabajos, coronados todos con éxito favorable, bosquejaba los procedimientos hasta entonces empleados para dar solución al problema, exhortando de paso á los sabios de su tiempo á no cejar un instante en la obra emprendida, erizada, sí, de graves dificultades, pero superables todas con el tiempo y la constancia. L. Scott fué quien primero utilizó en los teléfonos las membranas vibrantes, como lo demuestran sus escritos publicados en 1855; y Reiss, reputado físico alemán, aprovechando los descubrimientos de Page y los no menos notables de

L. Scott, logró en 1860 que los miembros de la Asociación
científica alemana, reunidos en su salón de Conferencias,
percibiesen con toda claridad el canto ejecutado á 100 metros de distancia por un célebre artista de Francfort. Pero
el teléfono de Reiss, punto de partida de los modernos teléfonos por funcionar ¡como ellos por medio de membranas,
de'hilos metálicos y de variadas interrupciones magneto-
eléctricas, sólo podía transmitir sonidos musicales ó voces
bastante intensas, mas no palabras con su timbre é intensidad peculiares. De aquí los esfuerzos de eminentes sabios
para ver de aportar nuevos perfeccionamientos al teléfono
de Reiss, sin que nada definitivo lograsen, ni los del insigne
Wright, sustituyendo al receptor de Reiss un condensador
de Æpinus, ni aun los de la americana Gray, primera que
fundió en uno los dos medios hasta hoy conocidos de transmisión á distancia: la telegrafía y la telefonía. Estaba re-
servada al joven irlandés Graham Bell, profesor en un colegio de sordo-mudos de Boston, la solución completa del
manoseado problema. En efecto, el día 14 de Febrero de
1876, Graham Bell, acompañado de Gray, reclamaba privilegio de invención por su nuevo teléfono transmisor de la
palabra, justificando su honrosa petición con el resumen
de sus últimos trabajos y efectos obtenidos sobre la telefonía á distancia. Poco tiempo después, en el mismo año, presentó Bell en la Exposición de Filadelfia el primer modelo de su teléfono articulante, que, si dejaba que desear
por resultar la voz con un timbre áspero y chillón, no era
cosa que menguase en lo más mínimo la gloria de su inventor, quien pronto pudo sostener públicamente, y con general
aplauso, una conferencia con M. Watson entre Salem y Boston, separados entre sí por una distancia de 32 kilómetros.
Aumentáronse las distancias, y allanadas por el mismo Bell
no pocas dificultades que aún presentaba su teléfono, esta-
blecióse al fin comunicación telefónica entre New York y
Conway, que distan entre sí 230 kilómetros. Más tarde se
extendió á 415, y en 29 de Octubre de 1877, en substanciosa
Nota dirigida á la Academia de Ciencias de París, manifes-
taba M. Breguet haber obtenido resultados satisfactorios á

la distancia de 1.000 kilómetros. Por último, el 13 de Noviembre del mismo año 1877 inauguróse el enlace telefónico entre el antiguo y el nuevo mundo por medio del cable transatlántico. Desde entonces son innumerables los perfeccionamientos aportados y las comunicaciones abiertas, como á su tiempo lo haremos ver.

El teléfono de Bell, descrito á la ligera, se compone de una armazón de madera en forma de tubo de 20 á 25 centímetros de largo, que aloja en su interior, y casi en toda su longitud, una varilla de acero imanada, en uno de cuyos extremos enchufa un pequeño tornillo cuya cabeza sale fuera del tubo para poder empujar ó traer la varilla, según la dirección de las vueltas dadas al tornillo; por el extremo opuesto enróllase á la varilla un pequeño carrete de alambre de cobre de muchas vueltas, cuyos cabos, unidos desde el mismo carrete á dos hilos, también de alambre, pero de más sección, pasan á lo largo del tubo sin tocar la varilla imanada, que queda en medio y van á comunicarse con dos pequeños tornillos, cuyas cabezas, como la del anteriormente descrito, salen fuera del tubo y sirven para sujetar los conductores que han de transmitir las vibraciones, poniéndolos en contacto con los hilos de alambre que vienen de la bobina. Al extremo del tubo, donde ésta se encuentra enrollada al imán, se coloca horizontalmente, y perpendicular á dicho imán, la lámina vibrante de hierro, recubierta de barniz ó estaño, lámina delgadísima y sensible que no ha de tocar al imán, pero que ha de aproximársele cuanto sea posible; para esto se atornilla al tubo una especie de embudo ó pabellón de bocina ligeramente achatado y horadado en su eje, para que parte de la lámina vibrante quede al descubierto y pueda recibir las vibraciones; dicho pabellón, aparte del oficio de transmisor y receptor que desempeña, sirve para mantener la lámina á la distancia conveniente del imán por medio de tornillos ó roscas especiales. Los hilos conductores van á parar á otro aparato igual al descrito, y que, como él, puede servir de receptor ó de transmisor, según se aplique al oído ó á la boca.

La teoría del teléfono de Bell, tal como la explican las

obras elementales de Física, es por demás sencilla. Los polos Norte del acero imanado, que son los extremos más próximos al diafragma ó lámina vibrante, inducen en el centro de ésta polos opuestos. Así, pues, como entre el imán y el diafragma hay relaciones íntimas, sucede que al vibrar el diafragma es atraído ó rechazado el magnetismo del imán, según se aproxime ó separe de él la lámina vibrante; es decir, que cada movimiento de la membrana, y por consiguiente cada vibración de la palabra, se manifiesta por un cambio en la imanación del acero; y, como por otra parte, nos dice una ley física que cada variación del magnetismo del imán produce en el alambre de cobre una corriente inducida que tiende á alejarse del polo Sur de la lámina, resulta que dicha corriente, deslizándose con la velocidad del rayo á través de los conductores, llega al imán del otro teléfono, refuerza la acción de su polo Norte, y por su intermedio atrae y rechaza sucesivamente el polo Sur de la lámina correspondiente, y esto de tal suerte que vienen á ser simultáneas las vibraciones en ambas placas. Ahora bien; si á cada palabra pronunciada sobre la lámina transmisora le asignamos un cierto número de vibraciones, como éstas se repiten íntegras y por el mismo orden en la lámina receptora, dicha palabra será percibida por el oído aplicado al teléfono receptor.

Y hé aquí el secreto, para algunos insondable, del teléfono de Bell. Mas entiéndase que, ahondando en la cuestión y profundizando en la expuesta teoría, surgen gravísimas dificultades que no han sido resueltas, ni llevan camino de serlo por ahora, pudiendo decirse que aún es más lo que se ignora que lo que se sabe en este punto; pues ni la dirección de las corrientes, ni la naturaleza de las vibraciones de las membranas, las explican todos los físicos de la misma manera. Pero sea de ello lo que se quiera, que poco importa para nuestro objeto, pues no pretendemos entrar en alambicadas investigaciones, y sí sólo divulgar substanciosas generalidades acerca del origen, desarrollo y aplicaciones de teléfonos y fonógrafos, pasemos á exponer las principales modificaciones aportadas al teléfono de Bell, y por ende los incesantes progresos de la telefonía, ó, lo que es igual, su

DESARROLLO.—En la imposibilidad de enumerar siquiera todos y cada uno de los diferentes teléfonos fundados en el primitivo de Bell, puesto que á estas fechas son ya casi innumerables, haremos dos grandes divisiones, comprendiendo en la primera los llamados *magnéticos*, ó sean todos aquellos en que el generador de la corriente que se desliza por los alambres es el trabajo mecánico de la voz transformada en corriente inducida, y en la segunda los *micro-teléfonos*, en que el generador de la corriente es la fuerza electro-motriz de una pila, ó mejor aquellos en "que por la vibración de una placa varía la resistencia eléctrica de un circuito, modificando así en cada momento la intensidad de la corriente que lo atraviesa„. Llevan además los micro-teléfonos, como aparato adicional, el llamado micrófono, que sirve para reforzar y modular, digámoslo así, favorablemente la intensidad del sonido; pueden ser de dos clases: micro-teléfonos de corrientes primarias ó sin bobinas de inducción, y de corrientes inducidas ó con bobinas inductoras. De unos y otros, lo mismo que de los teléfonos magnéticos, describiremos solamente los más importantes, empezando, como es natural, por éstos, que son los más afines al primitivo de Bell.

TELÉFONO BIPOLAR DE GRAY.—Elisha Gray ideó un teléfono á que dió el nombre de bipolar porque los dos extremos del imán obraban sobre dos diafragmas distintos mediante una embocadura especial que, al vibrar, hería simultáneamente los dos diafragmas. Ofrecía este teléfono pocas ventajas sobre el primitivo, y además era muy costoso y de construcción muy delicada, por lo que fué desechado desde luego.

TELÉFONO GOWER.—Discurriendo Gower sobre los inconvenientes del teléfono de Siemens, ocurriósele aumentar el diámetro y el espesor del diafragma á fin de que sus vibraciones cambiasen más enérgicamente la posición de los polos del imán y el sonido resultase amplificado. Colocó el diafragma dentro de una caja metálica sonora, con lo que logró reforzar considerablemente los sonidos, y el imán, que es de gran potencia, tiene sus polos opuestos, uno enfrente de otro y á muy corta distancia, ni más ni menos que lo que se observa en el sistema de electro-imanes de Faraday. Para avisar lleva este teléfono, por lo menos el transmisor, una especie de tubo acústico que se adapta perfectamente á su embocadura; soplando por este tubo pónese en vibración una especie de tecla de harmonio inserta en el diafragma; vibra éste, y como las vibraciones son enérgicas, enérgicas son también las corrientes inducidas en el aparato, resultando en el teléfono receptor un sonido fuerte y penetrante, como el producido por los silbatos de los tranvías. Para hablar quítase el tubo y se aproxima la embocadura á los labios, como en los demás teléfonos. Fué muy ponderado el de Gower en un principio, pero desechado luego por la delicadeza de su construcción.

TELÉFONO ADER.—Fundado en los mismos principios que los anteriores, lleva algunos accesorios que aumentan notablemente sus energías. El secreto de este teléfono está en la sobrexcitación de los efectos magnéticos del núcleo imanado de la bobina influída por una armadura de hierro. En efecto, aproximando á una lámina elástica, sujeta por sus dos extremos, los polos de un imán en forma de herradura, de tal suerte que entre los polos y la lámina quede el espacio preciso para que ésta no ceda ó se doble, y colocando en seguida detrás de la lámina, y enfrente de los polos del imán, una armadura maciza de hierro, se nota que la atracción del imán aumenta, adquiriendo fuerza suficiente para doblar la lámina; asimismo, que la flexión cesa tan pronto como la armadura se separa. Por lo demás, el aparato se compone de un fuerte imán circular, cuyos dos polos magnéticos terminan en apéndices oblongos de hierro dulce, constituyendo los núcleos ó centros de bobinas de hilo fino, las cuales se colocan en el interior de una caja circular resonante formada por un diafragma, sobre la que se encuentra una armadura excitatriz, consistente en un anillo de hierro dulce que encaja perfectamente en la base de la embocadura de ebonita que sirve para la transmisión y recep-

ción del sonido. Ader trató después de reforzar los sonidos
de su teléfono empleando un diafragma de madera delgada,
y lo consiguió; pero el teléfono de polos conjugados (así
llama al construído de este modo), si bien ofrece la ventaja
de hablar muy alto y con mucha limpieza cuando está bien
regulado, ofrece también el inconveniente de ser de difícil
ajuste ó regulación por las própiedades higrométricas de
la madera; por lo cual se ha desechado como teléfono par-
lante, limitando su empleo á la reproducción de ciertas so-
natas campestres. Diversos físicos han contribuído á perfeccionar el primitivo teléfono Ader, que ha sido y sigue
siendo uno de los más generalizados.

TELÉFONO ARSONVAL.—Comprendiendo Arsonval que de
la acción de los polos del imán sobre la placa vibrante depende en gran parte la mayor ó menor potencia de un teléfono, y observando que siempre resultan ventajas de hacer
terminar el imán por pequeñas bobinas planas muy aproximadas, hizo construir un nuevo teléfono, llamado de polos
concéntricos por hallarse así dispuestos los polos de los
imanes. El hilo de alambre, que en los demás teléfonos se
halla aprisionado en parte entre los polos del imán, hállase
en éste totalmente sometido á la influencia del campo magnético, conforme habíalo hecho Nicklès para los electro-
imanes. Los dos polos concéntricos se encuentran á igual
altura y en la misma disposición dentro de un plano común
próximo á la placa vibrante, y el espacio que entre sí dejan
ambos polos ocúpalo la bobina, que de esta suerte se halla
enteramente bajo la influencia del campo magnético. Como
se ve, todas las líneas de fuerza del campo magnético son
perpendiculares á la dirección del hilo de la bobina, y reciben, por consiguiente, la influencia máxima de la corriente.
El imán, que por su forma se parece á una espira, sobre
concentrar á maravilla dentro del espacio anular todas las
líneas de fuerza, se presta á toda clase de montajes de cualquier género que sean.

TELÉFONO-RELOJ BARBIER.—No ofrece otras ventajas sobre los anteriores sino las de ser extremadamente sencillo,
sólido y elegante, y la de costar muy poco.

Teléfono Krebs.—En *Nota* presentada á la Academia de Ciencias de París por M. Mascart, y publicada en el número perteneciente al 30 de Julio de 1888 de la revista *Comptes Rendus*, decía M. Krebs, autor del teléfono en cuestión: "El funcionamiento de un teléfono depende de las variaciones de intensidad magnética de núcleos de hierro dulce, alrededor de los cuales se encuentre colocada una bobina de hilo fino. A cada variación de la intensidad magnética de dichos núcleos corresponden en el hilo de la bobina acciones eléctricas cuyo valor, aparte de las condiciones externas que constituyen el circuito eléctrico, depende del valor de las variaciones de la intensidad magnética. Recíprocamente, á cada variación de la intensidad eléctrica que circula por el hilo de la bobina corresponde una variación de la intensidad magnética del núcleo de hierro dulce. En ambos casos, las variaciones magnéticas del sistema sirven de intermediario en la transmisión de ondas sonoras; importa, pues, que tales variaciones sean todo lo grandes posible. Resultan éstas, en un teléfono, de las vibraciones de la placa, que hacen variar la distancia comprendida entre la extremidad del núcleo de hierro dulce donde está la bobina y la placa. Puédese admitir que la intensidad del campo en este intervalo, para un aparato determinado, es sensiblemente proporcional á la distancia de los polos siempre que la sección de las piezas de hierro que constituyen el circuito magnético sea tal que en un punto cualquiera no llegue al estado de saturación. Por último, el valor de la variación es también proporcional á la intensidad magnética total.„ Partiendo de estos principios construyó Krebs su teléfono, llamado de campo magnético cerrado, campo que producen ú originan uno ó muchos imanes, cuyos polos encajan por una parte en el núcleo de hierro dulce de la bobina, y por otra se insertan en la placa, también de hierro dulce, que forma la membrana vibrante, y cuyo centro se mantiene á cortísima distancia de la extremidad del núcleo. La unión de dicha placa con los imanes se consigue por medio de una como corona de hierro dulce, á la cual van fijos los imanes y ajustados los bordes de la placa, construída de tal modo que una sección cilíndrica cualquiera que tenga por eje el del núcleo ó el de la placa es sensiblemente constante é igual á la del núcleo. La superficie de la placa que se halla enfrente del núcleo es, pues, la cuarta parte del diámetro de éste; desviándose hacia la circunferencia, el espesor x de la placa disminuye, y llega á ser tal que la ecuación $x D = \dfrac{d^2}{4}$ queda satisfecha, representando D el diámetro de la sección cilíndrica que se considera en la placa y d el diámetro del núcleo. Esta ley de decrecimiento respecto del espesor de la placa se cumple hasta el momento en que éste se adelgaza lo suficiente para poder vibrar sin embarazo; en la práctica, el adelgazamiento puede llegar hasta $D = 8d$, y el diámetro exterior hasta ser igual por lo menos á 10d.

Merced á estas disposiciones, la intensidad magnética resultante de los imanes empleados apenas encuentra otra resistencia que la de la lámina del aire comprendido entre la placa y la extremidad del núcleo, lámina que debe reducirse cuanto sea posible con tal que la placa no llegue en sus vibraciones á tocar el núcleo. De esta suerte las variaciones del campo magnético resultan más intensas, y, por consiguiente, mayor la potencia del teléfono que cuando la placa tiene un espesor constante; en efecto, en este último caso, siendo la placa muy delgada, hállase saturada en su centro, y, al contrario, siendo espesa resultan débiles sus vibraciones. Tal es el teléfono de Krebs, á que tantísima importancia se dió recién inventado.

TELÉFONO OCHOROWICZ.— Sencilla modificación del de Bell, el teléfono Ochorowicz lleva un imán en forma de tubo hendido á lo largo, sobre cuyos dos polos se insertan dos bobinas, encima de las cuales vibra una placa de hierro montada sobre una caja, cuyo fondo es otra placa vibrante, también de hierro, la cual se mantiene tensa por su centro entre los dos polos del imán. Con este objeto enróllase á la parte media del imán un tubo de latón, sobre el cual se coloca la segunda placa, pues son dos las que lleva el aparato, polarizadas ambas en el mismo sentido y de tal modo dispuestas que cuando la una se aproxima por un esfuerzo cualquiera á una de las extremidades de la bobina, la otra, en virtud del mismo esfuerzo, tiende á alejarse, y se aleja de hecho, de la extremidad opuesta, resultando así una concordancia perfecta de dos acciones. Para instalaciones domésticas puramente magnéticas es, sin duda, este teléfono uno de los más ventajosos.

TELÉFONO HARTMANN Y BRAUN.—Con el título *Un nuevo teléfono* publicaba el *Cosmos* (16 de Julio del 87) lo que sigue: "MM. Hartmann y Braun de Bockenheim, Francfort, acaban de construir un teléfono que, dicen, da maravillosos resultados, sobre todo en lo que atañe á la fuerza de reproducción de la palabra, resultando muy recomendable para talleres y oficinas, donde se hace de ordinario mucho ruido. El aparato se compone de dos, cuatro ó más imanes en forma de herradura, entre cuyos polos se halla la placa vibrante; las bobinas, de hilo fino, van fijas á una de las ramas, y á la otra fuertes contactos de hierro dulce. La posición respectiva de la placa, de las bobinas y de los contactos, y por lo tanto la sensibilidad total del aparato, se modifica mediante dos tornillos que aproximan ó alejan las ramas de las herraduras (1).„

TELÉFONO SPRINZ.—Con el objeto de suprimir la pila necesaria en los teléfonos magnéticos para dar la señal de aviso por medio del timbre, idearon Sprinz y Wejtrubo un teléfono cuyo poderoso imán sirviese á la vez para agitar la manecilla del timbre. Al efecto dieron al mecanismo, que por cierto no deja de ser complicado, la disposición siguiente: dos bobinas paralelas, separadas entre sí por una placa de latón, llevan la membrana vibrante en su parte superior, ó sea en la porción saliente de los núcleos; una tercera bobina, colocada debajo de las dos anteriores y perpendicular á ellas, comunica, por medio de un resorte que la sostiene, con los dos polos de un poderoso imán situado á un lado de las primeras bobinas y en la misma dirección.

(1) Mejor descrito hállase este teléfono en el *Dictionnaire théorique et pratique d'Electricité et Magnétisme*, par M. Georges Dumont, palabra *Téléphone*, pág. 892.

Para telefonear basta mover por medio de una palanquita el resorte sobre que se apoya la tercera bobina, para
que ésta, comunicándose con los polos del imán mencionado, dé la señal de aviso; luego se vuelve á hacer girar la
palanquita ó manivela, y el resorte, que por su forma especial de zigzag puede comunicarse por el extremo superior
con el núcleo de una de las bobinas telefónicas, y por el inferior con uno de los polos del imán que se encuentra á su
izquierda, comunícase de hecho con el polo y con el núcleo
inferior de una de las bobinas superiores; por otra parte, la
bobina inferior se aleja de los polos del imán pudiendo entonces éstos unirse estrechamente á los dos núcleos de las bobinas superiores y ser utilizados lo mismo para la locución
que para la audición.

Teléfono Zigang.—Es acaso entre los de su clase el más
pequeño de cuantos se han construído. Comprende como
órganos esenciales un imán en forma de herradura, cuyas
extremidades polares se ocultan en un fuerte disco de cobre
bien sujeto dentro de la caja donde se halla el aparato, y
una placa vibrante de cobre plateado, que lleva en su centro una pequeña armadura de hierro dulce. Las dimensiones de estos pequeñísimos órganos son de $1^{mm},5$ para el
núcleo ó eje del electro-imán, de $0^{mm},09$ para el espesor de la
lámina, de 18^{mm} para el diámetro total y de 15^{mm} para el
diámetro libre de la misma placa metálica. Esta hállase colocada de tal suerte respecto á los polos del imán que la
distancia que los separa de la armadura de hierro dulce es
lo más pequeña posible, sin que esto obste para que, al pasar la corriente por las espiras del electro-imán, haya el
contacto conveniente. Las dos bobinas, casi invisibles, que
lleva el aparato están formadas por hilos de $0^{mm},1$ á $0^{mm},2$ de
sección, no excediendo su resistencia total de 3 á 4 ohms.
La embocadura no es cónica, como en los demás teléfonos,
sino casi plana ó ligeramente hundida, para poderse aplicar al oído. El peso total del teléfono viene á ser de 12 á 15
gramos, y con él se entiende perfectamente la palabra, el
canto y la música, por lo que se empleó mucho con y sin
micrófono reforzador.

Teléfono mecánico de pulsión de Lemuell.—Aunque son muchos los teléfonos mecánicos conocidos, describiremos solamente el de Lemuell por ser quizás el más en boga entre los de su clase, y también por haber sido, hasta cierto tiempo, el único que resistió á las pruebas de la práctica. Excusado es decir que ni este teléfono ni sus afines necesitan para funcionar del concurso de la electricidad, ni de pilas, ni de imanes, ni tampoco de aislamientos entre sus diferentes partes. Un hilo de cobre desnudo, ó mejor dos de acero ligeramente retorcidos, de modo que formen espiras de $0^m,50$ á $0^m,60$ de longitud, pone en comunicación el transmisor y receptor del teléfono Lemuell, los cuales son idénticos y formados ambos por una caja de 8 á 10 centímetros de diámetro, cerrada por una tapa que en su parte superior tiene un orificio bastante grande para que la corriente aérea éntre y salga sin embarazo, atravesando un tubo porta-voz que se adapta perfectamente al orificio.

El fondo de la caja, que es acanalado, en forma de casquete esférico, recibe ó sujeta una placa delgada de acero, la cual, por otra parte, se adhiere á la tapa por medio de una rodaja de metal, y se une al hilo de línea por un botón con su correspondiente anillo. A los tornillos que sirven para sostener la rodaja van adheridos fuertes resortes de acero arrollados en espiral, de grueso y nombres variables; estos resortes se colocan de diferentes modos que dicta la experiencia: los unos están sujetos por los dos extremos, los otros por uno sólo; lo cual, juntamente con las anteriores disposiciones, contribuye á que las vibraciones resulten harmónicas, y amplificadas las que la voz imprime al disco. La transmisión se efectúa por el movimiento molecular del conductor puesto en comunicación con el receptor, y para comprobar la exactitud y naturalidad de los sonidos reproducidos por este teléfono hízose un ensayo á mediados de Noviembre del 89 entre las estaciones de Finchley Road y Welsh Harp, separadas por una distancia de 5 kilómetros, resultando tan satisfactorio que desde luego vióse coronado de aplausos M. Lemuell, si bien hubo de retirar pronto su aparato ante la aparición de otros, si no más sencillos, mucho más perfectos.

Mil otros teléfonos magnéticos más ó menos afines al original, tales como el *crown teléfono* de Phelps, el sencillísimo de Siemens, el análogo de Fein, el de imanes planos de Teilloux, el de placa polarizada del capitán Colson, el de armaduras móviles de Boisselot, el doble de Stevens, el de membranas paralelas de Pratt, los de Ebel, Ullmann, Schwindt, Lever, Bergmann, Thompson y Joſin, Taylor, Charrière, Pabst, Lugo, Spaulding, Gishorne, etc., pudiéramos describir; mas como á nada conduciría, como no fuera á fatigar el ánimo de nuestros lectores, basten los ya descritos con el mecánico de Lemuell, que, aunque no entraba en nuestro propósito, hémosle bosquejado á guisa de apéndice y como muestra de los de su clase.

FR. JUSTO FERNÁNDEZ.

Agustiniano.

(Continuará.)

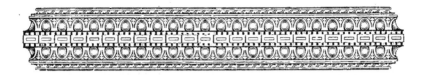

CONFERENCIAS

dadas en el Ateneo de Madrid (curso de 1889-90) por D. Francisco Iñiguez
é Iñiguez, profesor de Astronomía en la Universidad central [1]

I

EL UNIVERSO Y LA FORMACIÓN DE LOS MUNDOS

ORA es ya, señores, de que vayamos acercándonos á la parte más importante de esta conferencia. Hemos examinado ya los fenómenos más importantes que conducen á la clasificación de los astros, y preciso es tratar ahora de los hechos generales que aparecen como expresión de otras tantas leyes del universo, ó como medios de relación entre unos y otros mundos.

Desde luego puede afirmarse que los astros no se hallan aislados, y que existe entre ellos un lazo de unión que llena el espacio. Esta idea domina casi por completo en la ciencia actual. Rechazada por insuficiente la concepción del universo como formado exclusivamente de átomos en movimiento, y admitida, como consecuencia de los fenómenos físicos, la constitución discontinua de la materia, formada de elementos separados y relacionados por la fuerza, aparece ésta como una entidad física, de cuya naturaleza conviene formarse idea exacta.

_____

(1) Véase la pág. 342.

Para el mecánico es fuerza todo aquello que puede ser origen de movimiento, sin necesidad de investigar la naturaleza del agente, que puede muy bien ser otro movimiento anterior; importa.e tan sólo saber medir el valor de tales agentes desde el punto de vista del trabajo que pueden realizar, y los designa con el nombre común de energías, cuyas formas diferentes nos describió tan magistralmente el señor Vicuña. Mas para aquel que desee profundizar en el conocimiento del mundo material, la palabra fuerza toma ya un significado más concreto y representa la causa del movimiento sin necesidad de otro movimiento anterior. Contrariamente á la materia, la fuerza carece de constitución atómica; y puesto que los átomos, sean de cualquiera de las formas que exponía el Sr. Carracido, no se tocan unos á otros en los cuerpos, sino que dejan entre ellos espacios vacíos de materia, resulta que la fuerza es el ser que llena estos espacios y relaciona entre sí los elementos materiales. Pero lo que sucede á los átomos en los cuerpos se repite luego entre éstos, sea cualquiera la distancia á que recíprocamente se encuentren; es decir, que ejercen acciones entre sí necesitadas de un medio que las transmita.

La más general de estas acciones es la atracción, cuyos efectos, según la conocida ley de Newton, son proporcionales directamente á las masas é inversamente á los cuadrados de las distancias. Esta ley, no solamente está comprobada en nuestro sistema solar, sino en todas las regiones del espacio donde se han descubierto estrellas girando unas en torno de otras, constituyendo sistemas físicos, mundos particulares análogos al nuestro, pero cuyos planetas, aun candentes, son perceptibles desde la Tierra.

Además de la atracción, es cosa perfectamente visible que entre los astros existen cambios de energía luminosa y calorífica. Y una vez que la luz y el calor son considerados actualmente como movimientos vibratorios, resulta que su existencia es puramente fenomenal, que son tan sólo manifestaciones de la energía atómica, pero no verdaderas substancias.

Quiere Hirn que el mismo medio dinámico que trans-

mite la atracción de unos astros sobre otros sirva de vehículo también á las citadas energías, idea que no puede calificarse de absurda, puesto que un medio dinámico es quien
transmite las acciones atómicas; lo que entonces habrá que
admitir es que el medio dinámico existente entre los astros
posee maneras de obrar muy distintas, puesto que, transmitiendo la atracción de una manera instantánea, ó á lo menos
en un tiempo hasta ahora inapreciable, lo necesita en cantidad bien perceptible para transmitir la luz y el calor radiante
de un punto á otro. La dificultad no desaparece admitiendo
la existencia de otra fuerza encargada de transmitir las radiaciones de todo género, pues radica en demostrar cómo
pueden producirse las vibraciones y las ondas consiguientes
en un medio continuo. No existe este inconveniente en la hipótesis de la existencia del éter; pero en cambio se dota á
éste de propiedades tan contradictorias que sin temor puede asegurárse que, si tal cuerpo existe, posee una naturaleza por conpleto distinta de la que se le atribuye.

De otra influencia mutua entre los astros se preocupan
los astrónomos actualmente: de la acción eléctrica, que
quizás está destinada á desvanecer algunas sombras que
obscurecen los conocimientos astronómicos. El estudio del
Sol, como veremos en la próxima conferencia, ha manifestado que existe un enlace íntimo entre las variaciones de la
actividad del astro del día y el estado electro-magnético de
nuestro planeta, de tal manera que á las agitaciones extraordinariamente violentas, que á veces se perciben en la
atmósfera solar, acompañan inmediatamente las magníficas
auroras polares, que convierten temporalmente á la Tierra
en un astro luminoso.

Como eléctrica se ha considerado siempre también la
fuerza repulsiva, bajo cuyo impulso se forman las colas de
los cometas en dirección opuesta á la del Sol, y quién sabe
si la luminosidad de algunos astros y ciertas perturbaciones
de difícil explicación son ó no debidas á corrientes eléctricas transmitidas en todas direcciones en el espacio. La
transmisión de lo que pudiera llamarse radiación eléctrica
es un estudio demasiado nuevo, del cual no se han hecho

aún aplicaciones, pero que tal vez las tendrá importantísimas en un porvenir no lejano.

Otro hecho constantemente comprobado, es que todo en el universo se halla en movimiento. Contra lo supuesto por los antiguos sobre la fijeza de las estrellas, las delicadas observaciones de los modernos han demostrado que no hay astro alguno que esté fijo. Perfectamente conocidas son las leyes del movimiento; y si hay alguna imperfección aún en los resultados de la teoría, más que á ésta deben atribuirse á los datos de la observación, siempre imperfectos, que sirven de base á los cálculos. Sin embargo, debe confesarse lealmente que quizás existe un error teórico en la aplicación de las leyes de la mecánica á los astros, consistente en considerar á éstos como cuerpos rígidos, no siendo tales en realidad, lo cual pudiera ser un elemento de perturbación no tenido en cuenta y que, á la larga, podría ocasionar efectos muy apreciables. Por lo que hace á las estrellas, sólo ha podido comprobarse en todas las estudiadas que poseen movimientos propios; pero son del todo desconocidas las leyes según las cuales se realizan. Además se ha reconocido en ellas un movimiento aparente que ha revelado la translación del sistema solar; nuestro Sol, con todo su acompañamiento de planetas, viaja, pues, por la inmensidad; ¿bajo qué impulso? ¿Alrededor de qué centro? ¿En qué forma de trayectoria? La Astronomía no tiene aún respuestas para estas preguntas; para que pueda contestarlas es necesario antes dejar transcurrir el tiempo, único elemento de que el astrónomo no dispone; cuando haya pasado el suficiente para que francamente se manifieste cambio de dirección en la actualmente reconocida como propia de la translación solar, habrá llegado el momento de estudiar las leyes de esta última.

Debe consignarse aquí que el análisis espectral ha proporcionado un medio para descubrir ciertos movimientos que difícilmente se habrían reconocido de otra manera; tales son los movimientos de las estrellas en la dirección misma de la línea recta trazada entre ellas y la Tierra. Nosotros no poseemos más medio para saber si un astro se acerca ó se aleja que las variaciones de su diámetro aparente; y como las estrellas no tienen diámetro apreciable, claro es que el procedimiento no sirve para ellas. Mas como la luz se transmite en ondas, deben ser éstas resultantes del movimiento vibratorio en que consiste la luz, y del movimiento de translación del astro que la produce; luego, cuando el astro se mueve en la dirección del observador, la velocidad de este movimiento deberá sumarse ó restarse con la de la luz y dar lugar á un cambio en su espectro. Estos cambios han sido reconocidos y dado lugar á las consecuencias mencionadas.

Como ley general del universo es generalmente reconocida y proclamada la disipación del calor radiante. De una parte, cuantos cuerpos se hallan á nuestro alcance, ya propios de la Tierra, ya llegados, como los aerolitos, de los espacios interplanetarios, revelan una pérdida real de calor; por otra parte, á pesar del brillo continuado de las estrellas, los descubrimientos del análisis espectral, y más que todo los fenómenos observados en las estrellas variables, indican con toda evidencia que el enfriamiento es un proceso real á que se hallan sometidos todos los cuerpos celestes. ¿Qué se hace de esta suma enorme de calor que los soles radian incesantemente en la inmensidad del espacio? Hé aquí un verdadero misterio: podrá anularse, podrá repartirse de algún modo en el mismo espacio interestelar, ó podrá ser devuelto alguna vez á su origen. Que se anule no parece cosa conforme á los principios de la Física moderna, según la cual la conservación de la energía es un hecho indudable; pero como toda forma de energía es susceptible de transformarse en otra, y además la esencia de las fuerzas nos es desconocida, nada puede deducirse de tal principio en términos concretos con relación al hecho que ahora nos ocupa. Que sea alguna vez devuelto á su origen por agentes y procedimientos hoy desconocidos, cosa es posible, pero del dominio especulativo; lo que puede asegurarse es que, en la actualidad, no hay fenómeno alguno que indique este re-troceso.

En fin, puesta se halla fuera de duda la universalidad de las leyes físico-químicas; así lo revela el espectroscopio, demostrando la identidad entre los elementos químicos de la Tierra y de los demás cuerpos celestes. Idénticas serán también, por lo tanto, las leyes de sus acciones mutuas, y así se ha reconocido en cuanto la comprobación ha sido posible. Así, la gravitación reviste un carácter tan universal que lo mismo es dado á la mecánica celeste calcular las posiciones sucesivas de las componentes de las estrellas dobles, que las que han de ocupar los planetas de nuestro sistema. Y como en éste se llevó á cabo el descubrimiento de un nuevo planeta por sola la teoría, del mismo modo los cambios de posición observados en Sirio permitieron que el cálculo precediese al telescopio en anunciar que la más brillante estrella de nuestro cielo se halla acompañada de un planeta obscuro.

Tales son los fenómenos y las leyes, por decirlo así, más notables y de carácter más general que en el universo se reconocen; ninguno de ellos puede olvidarse en los grandes problemas astronómicos, mucho menos cuando se trata de la creación en conjunto, para indagar el proceso seguido en la formación de los astros á partir de su origen; en una palabra, del problema cosmogónico. Esta cuestión importantísima, y que tanto interés despierta, es, como sabéis, parte de esta conferencia; pero antes de estudiarla es conveniente que dediquemos unos minutos al examen de una teoría que con aquella cuestión se relaciona; me refiero á la teoría prenebular de la materia.

En la ciencia moderna, la idea dominante acerca de la formación de los mundos consiste en suponer que proceden éstos de la condensación de las nebulosas; pero no se explica de dónde se originaron éstas, ni cómo se han formado.

En llenar esta laguna y tomar el problema desde su principio no han faltado espíritus que se ejerciten, gastando más ingenio que ciencia en el asunto. La opinión que reune más adeptos afirma que los cuerpos que nosotros llamamos simples son en realidad compuestos de una materia primordial y única, cuyos átomos, combinándose entre sí, han producido todos nuestros elementos químicos actuales; los estados sucesivos de esta materia hasta llegar á la formación de las nebulosas generadoras de mundos, constituyen la condición prenebular de la materia.

Han dado origen á esta hipótesis, que en sí misma no es absurda, analogías, inducciones y generalizaciones desprovistas de fundamento, y el contagio lastimoso de principios filosóficos basados en observaciones muy incompletas y que hoy están de moda en cierta clase de estudios. Procuraré demostrar que tales son los elementos progenitores de la hipótesis de la unidad de la materia tal como la explican sus defensores.

Habiendo observado los químicos ciertas relaciones numéricas, sólo aproximadas, entre los pesos atómicos de los elementos materiales, concibieron la idea de que los átomos podrían muy bien ser en realidad moléculas de un mismo componente; pensóse en un principio en el hidrógeno; mas luego se vió que su peso atómico no era un submúltiplo de los demás, y no fué ya posible considerarlo como elemento generador del universo material. La idea de que tal elemento fuese el éter encontró también algunos partidarios de más imaginación y buena fe en este punto que recto sentido científico; pues, dado que el éter exista, tendríamos una teoría hipotética basada sobre un fundamento hipotético; es decir, una hipótesis de *segundo orden*, lo cual no satisface por demás á la inteligencia.

Así debieron comprenderlo los partidarios de la materia única, sostenidos en su creencia por analogía fundada en la mala interpretación dada al principio de la unidad de fuerzas proclamado en la Física. Firmes, pues, en su idea, y no satisfechos sin duda con el éter, encontraron al fin... en el Sol el elemento tan deseado. Descubierta en el espectro so-

lar una raya que no coincide con ninguna de las conocidas
pertenecientes á las substancias químicas de nuestro planeta, alguien afirmó que pertenecía á un elemento nuevo;
Francklad le dió el nombre de *helio* á causa del.lugar en
que se halla, y en seguida se lo apropiaron los defensores de
la teoría que analizamos, dotáronle de un peso atómico
igual á $\frac{1}{2}$- é hicieron el protoelemento de la materia. Diréis
que no es esto adelantar gran cosa, puesto que si antes el
elemento primordial era una hipótesis, ahora es ya una incógnita, una verdadera *x*; ¿pero de qué sino de ilusiones
viven las obras de la imaginación? Desgraciadamente, para
el helio y los heliómanos el análisis espectral ha descubierto en el Sol tantas rayas no encontradas en los elementos telúricos, que ya los astrónomos han prescindido del
helio para no tener que formar un ejército de helios, y muchas obras de autores notables ni siquiera nombran á este
componente solar en que se pensó un día.

Mas no importa el fracaso: cuando hace falta un elemento en un sistema, se inventa si no lo hay á mano, y así se
sale fácilmente del apuro. Ni el hidrógeno, ni el éter, ni el
helio pueden ya servir de base; pero ¿hemos de renunciar
por eso á ideas con tanto placer acariciadas? No es posible:
el elemento buscado es el *protilo*, que nadie ha visto, pero
que *indudablemente* debe existir, porque hay una escuela
que lo necesita. Y aquí tenéis cómo lo que empezó por una
hipótesis termina en cierto idealismo.

Pero aún hay más. Creyóse algún tiempo que entre los
espectros de los cuerpos simples existían algunas rayas comunes, y he aquí una nueva tentación para los partidarios
de la materia única: esas rayas, dijeron, demuestran que
tales cuerpos contienen elementos comunes, á los cuales
pertenecen las rayas coincidentes. Poco después, instrumentos de mayor poder dispersivo ponían fuera de duda
que las mencionadas coincidencias eran sólo aparentes y
debidas á la imperfección de los espectroscopios empleados.

El mismo análisis espectral ha proporcionado otro desengaño á la teoría prenebular. Se observa que, cuando ocurre una exacerbación en la actividad del Sol, se cambian de

tal modo las rayas de su espectro que se hace imposible distinguir las de muchos componentes; se atribuyó el hecho á que en tales circunstancias la materia solar se disocia y aparecen los espectros de sus componentes; deducción poco lógica, pues el espectro nuevo es tanto ó más complicado que el anterior, al revés de lo que debiera esperarse, puesto que procede de elementos más sencillos. No tardó en descubrirse que un mismo elemento es susceptible de poseer varios espectros, según la temperatura y presión á que se halle sometido. ¿Veis ya, señores, cómo los fundamentos de la teoría ó sistema de la materia única y su estado prenebular son tan débiles y arbitrarios como indiqué antes? Pues falta aún probar que en muchos de sus actuales partidarios son consecuencia del contagio evolucionista.

Quiérese hoy que la evolución sirva para explicar los hechos todos que manifiestan el desarrollo progresivo de los organismos sobre la Tierra. Entre los partidarios de esta doctrina los hay templados, que trabajan asiduamente en la defensa de sus ideas sin entregarse para ello á irritantes exclusivismos; pero hay otros que aparecen como verdaderos sectarios, y procediendo con un olvido completo de todo principio filosófico, no hay arma que no juzguen buena si contribuye á sacar á flote sus teorías. Bien conocidos son los principios transformistas, por lo cual no he de citarlos; plagiándolos por completo los partidarios del protilo, comienzan por afirmar que en el universo existen todos los grados de formación de la materia; afirmación falsa, pues, como recordaréis, entre las nebulosas, donde sólo se observan dos ó tres elementos, ya de espectro tan complicado como el hidrógeno, y las estrellas, compuestas de metales en gran número, el salto es brusco y no se observa forma alguna intermedia.

En el evolucionismo orgánico se establece como ley el triunfo del más fuerte; en el evolucionismo atómico se sienta como equivalente la supervivencia del más inerte; en el primero, sus partidarios á todo trance dotan á la materia inorgánica de la facultad de producir los primeros gérmenes de la vida por generación espontánea; en el segundo se admite que la primera agrupación de protilo poseía una enorme cantidad de calor cuyo origen no indican; en fin, la adaptación de las substancias químicas al medio cósmico es un supuesto contrario á la observación, la cual demuestra que los elementos químicos traídos por los aerolitos que caen sobre la Tierra en nada se diferencian de los componentes análogos existentes en ésta. Y para que la imitación sea completa, del propio modo que algunos partidarios de la generación espontánea, cansados de derrotas, han afirmado que es inútil buscar ya tal actividad en nuestro planeta, pues sólo existió en anteriores épocas geológicas, los del evolucionismo atómico-protélico dicen que no debe tratarse de descomponer los cuerpos que llamamos simples en otros más elementales, pues para conseguirlo sería necesario reconstituir las circunstancias cósmicas en que los cuerpos se formaron.

¿Qué os parece de este modo de razonar de los que comienzan por decir que no admiten más que hechos bien comprobados? Afortunadamente, los fautores de tales abusos han bautizado sus lucubraciones con el nombre de positivismo, con lo cual ellos mismos se colocan aparte de la verdadera ciencia, de la ciencia positiva, con relación á la cual el positivismo no viene á ser otra cosa que una secta cuya existencia, como la de las filosóficas, no se explica sino por las mismas causas y razones que demuestran la necesidad del escándalo.

Si recordáis lo que antes dije respecto de las relaciones necesariamente existentes entre la masa de un móvil y su velocidad, comprenderéis cuán difícil es admitir que los elementos químicos sean resultados de la acumulación de un elemento único. Las vibraciones correspondientes á los diversos matices del espectro formando una serie continua, indican más bien que los átomos poseen todos sus masas propias desde que se estableció el orden natural, y que, aislados físicamente unos de otros, las conservan y las conservarán mientras que una acción exterior al mundo físico no venga á destruir el orden existente.

(Continuará.)

EL REALISMO IDEALISTA[1]

(Lotze.—Wundt.—Fouillée)

VI

EDUCIDO el estudio filosófico á un simple trabajo de generalizaciones científicas; desechada la indagación causal como procedimiento impropio ó poco positivo para el gusto de la filosofía contemporánea, el proyecto de conciliación entre los elementos experimental y metafísico parecerá á sus autores llano y hacedero, libre por lo menos de dificultades serias. Y efectivamente; si la conciliación hubiera 'de reducirse á desvanecer la incompatibilidad que los sabios modernos creen hallar entre ambos elementos, el camino de la conciliación, sólo con eso, estaría medio andado; porque en la aplicación no pueden existir conflictos, reales ni supuestos, entre el razonamiento y la experiencia, tomando por criterio constante á uno de los dos, en nuestro caso á la experiencia, y prescindiendo del otro tanto como se necesite para que resulte de hecho ineficaz ó anulado: no puede haber oposición donde no haya términos que se opongan. Mas para llegar á este resultado sería preferible dejarse de planes de conciliación, y declararse resueltamente positivistas ó idealistas, según el ele-

(1) Véase la pág. 353.

mento que se quisiera elevar á constitutivo esencial y casi
único del estudio-filosófico.

La conciliación, entendida de ese modo, sólo podría ser
objeto de una aspiración necia é inútil. Y como ni el talento
de los partidarios del nuevo sistema, ni la seriedad con que
nos hablan de sus doctrinas y propósitos, dejan entender
racionalmente su proyecto de conciliación en sentido tan
pueril y tan vano, nos inclinamos á creer, mejor dicho, estamos convencidos de que aspiran á la conciliación de los
dos criterios, el positivo y el racional, por la atenuación y
depuración de ambos, y no por la anulación de uno de ellos.
Sólo que la seriedad, el buen deseo y la clara inteligencia,
recursos valiosos para proceder con fruto en la indagación
de la verdad, no bastan para hallarla y seguirla resueltamente cuando el criterio y los principios en que se basa el
razonamiento son erróneos. De seguro que ni Fouillée, ni
Wundt, ni Lotze habrán querido anular el elemento racional, ó reducirlo á importancia secundaria, para desvanecer
la incompatibilidad imaginada entre la especulación y la
experiencia; pero, contra su propia voluntad, la anulación
del elemento especulativo es un resultado necesario de los
principios que sientan y del criterio á cuya luz se proponen
inquirir la verdad filosófica.

Demos, sin embargo, que el elemento racional no quedara así anulado en el nuevo sistema y que tenga la misma
importancia que el positivo; si este segundo ha de entrar en
la formación de la ciencia filosófica con el carácter eminentemente científico que la nueva escuela quiere, ¿no tendremos en cambio el inconveniente de que la Filosofía carecería
entonces de la unidad ú homogeneidad propia de toda ciencia? Los partidarios más conspicuos del realismo idealista
han venido á reconocer con sinceridad laudable que la mayor parte de los ensayos de exposición producidos hasta
ahora por su escuela son combinación superficial, pura
mezcolanza de conceptos racionales y científicos, donde se
da á la Filosofía una forma abigarrada, compuesta de reta-
zos, si vale la expresión, de Ontología abstracta y de ciencia experimental; pero, empeñados en salvar su idea de la

ciencia filosófica, atribuyen el mal éxito á las circunstancias de la época en que se hicieron los ensayos, época de tran-sición en que, insuficientemente definidas la Filosofía y la Ciencia, era imposible llevar á cabo la conciliación sin difi-cultades ni tropiezos (1). Nosotros creemos, muy al contra-rio, que la falta de unidad, la incohesión, como nacida del mismo concepto falso de la Filosofía, será resultado natural de cuantos ensayos se hagan en la misma escuela; no por-que creamos que el elemento real y el metafísico son inso-ciables, sino porque, haciéndolos entrar en la constitución de la ciencia filosófica en la forma que el realismo idealista quiere, es imposible que se compenetren de modo que lle-guen á revestir un carácter común y den á los principios y conceptos un modo de ser homogéneo y unitario. La Filoso-fía debe estudiar también la realidad por su lado material y positivo, pero no debe estudiarla como la Ciencia, porque entonces no habrá distinción entre la Ciencia y la Filosofía; el elemento experimental debe entrar, es cierto, en la inda-gación filosófica, pero no debe entrar con el carácter cien-tífico, sino en una forma apropiada á las exigencias del co-nocimiento racional. Si los datos de la Ciencia se utilizan en la Filosofía como meros auxiliares, sin que se transformen en elementos esenciales y constitutivos; si el elemento po-sitivo, la realidad material, se estudian en su naturaleza y forma intrínseca, nada se habrá introducido en los estudios filosóficos que desdiga del carácter común que deben tener en sus principios y aplicaciones; pero tomados los datos de la Ciencia tales como la Ciencia los da, mirada la realidad material por su lado exterior y, por decirlo así, científico, se introducirán en la Filosofía elementos extraños que, con-servando su forma originaria y propia, se resistirán á adap-tarse al elemento racional bajo un carácter común.

Los procedimientos adoptados por la nueva escuela tie-nen necesariamente que adolecer de esos mismos defectos.

---

(1) "Si les résultats obtenus nous offrent encore une mélange d'on-tologie abstraite et d'expérience véritable, c'est probablement parce que nous sommes à une période de transition., (Fouillée, *L'Avenir de la Métaphysique*, pág. 10.)

Nadie negará que los procedimientos y medios de sistematización deben hallarse en consonancia con las aspiraciones
y carácter de la ciencia que ha de utilizarlos; de otro modo
le serán inútiles, y aun tal vez perjudiciales. Pues bien, procedimientos que sólo nos conducirían á síntesis y análisis
experimentales, cuyo resultado último no puede ser otro
que una generalización científica; un simple resumen de los
datos acumulados por la ciencia positiva, son insuficientes, por no decir perjudiciales, para el fin primario que
debe proponerse el filósofo, que es el conocimiento causal,
el estudio de la realidad en sus principios, en su esencia,
en su forma interna; la lógica con que la nueva escuela ha designado los procedimientos del estudio filosófico
conforme á sus principios, no quita que la Filosofía se este-
rilizara ó divagase adoptando medios que la extraviarían,
que por lo menos le serían inútiles, porque la virtualidad de
esos medios no llega hasta donde la ciencia racional necesita ir en sus investigaciones. Fuera de eso, ¿cómo había
de hallar la Filosofía aplicaciones naturales y adecuadas en
procedimientos que no le son propios, ni podría utilizar sino
á condición de desnaturalizarse ó desnaturalizarlos? Lo que
hoy se llama ciencia dejaría de ser tal ciencia si se la obligara á acomodarse á los procedimientos del conocimiento
metafísico, como no se modificaran ó transformaran los
procedimientos de tal modo que no pertenecieran á la Metafísica con más razón que á la Ciencia; caso hipotético, en
que probablemente serían tan inútiles para la una como
para la otra. Teniendo en cuenta la inconveniencia ó ineficacia de semejante translado de los medios científicos al orden filosófico, siempre nos pareció justo el juicio que del
hecho hizo años atrás un expositor y crítico de las modernas escuelas alemanas: en el orden del conocimiento experimental y positivo todo eso está muy bien; mas para los
fines que debe proponerse la Filosofía es ya *demasiado científico* (1). De todos modos, lo que resulta de la intrusión de

---

(1) "Nous avons essayé de comprendre cette statique et cette mé-
canique de l'esprit (escribe Wilm de las teorías de Herbart), et nous

elementos y procedimientos extraños en el campo filosófico,
de la falta de unidad consiguiente á la formación de una
ciencia con constitutivos tan heterogéneos, es lo que de
hecho pasa: que cuando exponen estos filósofos la importancia del elemento experimental y científico en la Metafísica,
por la necesidad parezcan, si no lo son, positivistas puros; y
cuando abogan del elemento racional, que es lo más raro,
vengan á caer en la exageración opuesta de las escuelas
idealistas (1).

Otro defecto considerable hay en el realismo idealista
que los partidarios del nuevo sistema han tratado de explicar y justificar, aunque con muy poca fortuna. Para el realismo idealista el elemento de hecho más importante de la
indagación filosófica es el positivo, el experimental, el representado por la realidad física; pero no simplemente por
una realidad física independiente ó distinta del hombre, sino
humanizada, basada ó reflejada en el hombre mismo. Es
decir, que la fuente de conocer preferida por el nuevo sistema es la experiencia interna, mediante la cual el hombre
conoce directamente su propio ser, y por conexión, aunque
de modo más indirecto y mediato, la realidad externa, con
la cual se halla en contacto permanente. La realidad externa de este modo no es conocida en sí misma como objeto

avons acquis la conviction que c'est là un luxe de science, qui ne
jette aucune lumière sur les mystères du développement intellectuel,
une science stérile., (*Histoire de la Philosophie allemande*, tomo IV,
pág. 646. París, 1849.)—Y más recientemente, aunque con impropiedad
de lenguaje, dice Lachelier de la Psicología científica: "C'est donc à tort
que l'on a voulu appliquer à l'étude de la pensée des procédés qui ne
conviennent qu'à celle de la conscience sensible; et une tentative de
ce genre ne pouvait aboutir qu'à la négation de la pensée. La vraie
science de l'esprit n'est pas la Psychologie, mais la Métaphysique.,
(*Revue philosophique*, Mayo de 1885.)

(1) Describiendo esta tendencia media con el nombre de *animis-
mo*, escribe Wundt: "Par conséquent l'animisme n'est pas en opposi-
tion avec les deux autres hypothèses métaphysiques, et il ne repré-
sente pas non plus un milieu neutre entre celles ci, qui de leur côté
offrent, sans doute, un certain contraste. Il est plutôt susceptible
d'avoir une coloration tantôt matérialiste, tantôt spiritualiste., (*Eléments de Psychologie physiologique*, tomo II, pág. 509.)

inmediato, sino subjetivada, mediante la representación y reflejos que deja en nuestra conciencia el roce del mundo exterior con el mundo interno; al fin y al cabo el hombre es parte de la realidad total, y al conocerse á sí propio no puede menos de considerarse ligado y relacionado con el universo, de que forma parte (1). De ahí que el realismo idealista, en su última forma, rechace insistentemente la idea de una Metafísica transcendental cuyas nociones y principios sean aplicables á realidades distintas é independientes de la conciencia humana; á diferencia de la escuela positivista, cree en la existencia de una Metafísica, pero de una Metafísica *inmanente*, cuyo campo de investigación se halle en el mismo sujeto, sin transcendencia al mundo externo, sin valor objetivo representado en el conocimiento inmediato de la realidad externa (2). ¿Qué importa que, por otro lado, se crea y se declare que la Metafísica exige la unión del elemento mental con el objetivo? Si la realidad externa no

(1) "La terreur du *subjectif* est une obsession que Kant a introduite dans la Philosophie et qui fait que par un matérialisme preconçu et inconscient on assimile la Métaphysique aux sciences de la nature...: les sciences de la nature, en effet, s'efforcent de connaître les choses telles qu'elles sont, indépendamment de tout être sentant et pensant. Mais la Métaphysique peut-elle et doit-elle se proposer cette exclusion absolue du sujet qui pense? Non, puisque son objet est le tout, et que le tout, comprenant des êtres pensants, ne serait pas complet sans une part attribuée à la pensée... Au lieu d'aspirer à sortir de nous mêmes, rentrons au contraire en nous: nous voudrions toucher le fonde de *toute* réalité; mais si un tel fond existe, il doit être aussi le fond de *notre* réalité propre, puisque nous faisons partie du tout: au lieu d'un mouvement d'expansion au dehors, concentrons-nous donc au dedans, cherchons à saisir en nous ce qui est le plus fondamental pour nous rapprocher en même temps du fond de toute existence. C'est dans l'océan intérieur qu'il faut jeter la sonde." (Fouillée, obra cit., págs. 47 y 56.)

(2) "La Métaphysique n'est donc plus nécessairement une science transcendante et vaine: elle est un savoir immanent portant sur le réel, savoir vrai, quoique incomplet... La Métaphysique transcendante, l'ancienne Ontologie, ne présente aucun de ces deux caractères exigés par une méthode rigoureuse : elle n'est ni une vraie analyse expérimentale, ni une vraie généralisation ou synthèse de l'expérience même; c'est une philosophie construite avec de pures idées." (Fouillée, obra cit , págs. 54 y 64.)

puede ser conocida sino á condición de estar subjetivada; si la Metafísica no puede aspirar á conocer las realidades exteriores tales como ellas son, sino tales como nos parecen y nos las representamos; si, en fin, la Filosofía sólo puede responder de la realidad de nuestro conocimiento, no de la realidad de lo conocido, ¿dejará nadie de ver que nuestro conocimiento sería esencialmente subjetivo, incompleto, parcial? El fenomenalismo y la subjetividad del conocimiento parece á veces igual, si no mayor, en el realismo idealista que en la escuela kantiana (1).

Fácil nos sería prolongar nuestra crítica poniendo en claro otros muchos defectos del nuevo sistema; mas para no hacernos prolijos concluiremos con una enumeración sumaria de varios que interesan á la certeza y estabilidad del conocimiento filosófico. Cuando no existiesen en la nueva teoría los inconvenientes ya denunciados, dejaría de satisfacernos por la deficiencia de sus conclusiones; tras las esperanzas que hace concebir al presentarse como mediadora entre las escuelas contendientes y restauradora del verdadero método filosófico, nada más desconsolador que verla reducida á ofrecernos por toda solución incógnitas, dudas y negaciones. La certidumbre tiene cabida, según el realismo idealista, en la Filosofía; pero, ¡qué certidumbre! Fuera de que el gran campo de la Metafísica se halla, según esta escuela, en el orden de lo hipotético y controvertible, la certidumbre más propia de la Metafísica es la *negativa*, es decir, la que nos hace conocer las cosas por lo que no son, ó más propiamente la que limita nuestro conocimiento condenándonos á una docta ignorancia; cuando admite certidumbre *positiva*, que el realismo idealista no niega que pueda haberla alguna vez, esa certidumbre no pasa los límites del orden subjetivo, y sirve para certificarnos de la realidad

_____

(1) "Selon nous, on ne peut démontrer ni l'existence ni la non existence de l'inconnaisable. Nous ne connaisons pas les choses, je ne dis point, avec Kant, comme elles son en soi, mais comme elles *peuvent* être en soi, au cas où elles seraient en soi. Nous ne pouvons donc pas plus affirmer l'inexactitude absolue de notre connaissance., (Fouillée, obra cit., pág. 279.)

de nuestras representaciones, no de la realidad de las cosas representadas (1). Para el realismo idealista es imposible, y por otra parte superfluo, proponerse inquirir y determinar si en el mismo orden subjetivo los últimos datos de la conciencia son verdades necesarias ó ilusiones invencibles; lo importante para el filósofo es saber que en esos datos la conciencia le ofrece algo irreductible y fundamental, sea por otro lado pura ilusión ó verdadero hecho (2). Con semejante teoría, ¿es posible que haya Metafísica racional?

Resultado natural de reducir á ese grado la certeza del conocimiento filosófico tiene que ser cierto fenomenalismo que nos haga dudar de la misma realidad subjetiva de nuestra ciencia. No es ya la simple realidad exterior la que resulta así velada para nosotros, permaneciendo en la incognoscibilidad ó dándosenos á conocer sólo por mediación de la conciencia, es decir, subjetivada y transformada, sino que la misma realidad interna, la realidad del *yo*, tendrá en nuestro conocimiento base muy endeble é insegura siempre que no se ponga en claro que los hechos irreductibles y primordiales buscados por la Filosofía son hechos positivos, y no meras ilusiones. Se dirá que la ilusión tiene también su positividad, que es un hecho cuya realidad subjetiva no puede

---

(1) "En premier lieu, il y a des certitudes négatives fondées sur la critique même de nos facultés de connaître et sur les limites essentielles de ces facultés. Le métaphysicien peut démontrer que certaines choses sont indémontrables et inconnaisables. Il peut donner de certains problèmes ultimes des solutions négatives. En outre, il y a des certitudes positives dans la Métaphysique, pourvou qu'on entende par là des certitudes immanentes et tout humaines." (Fouillée, obra citada, pág. 87.)

(2) "Mais—dira-t-on, — qui nous assure que les derniers éléments de la conscience soient des vérités nécessaires plutôt que des illusions nécessaires?—La réponse à ce doute hyperbolique est sans doute impossible, mais elle est en même temps superflue... Quand on est sûr qu'une supposition fondée sur les données de la conscience est vraiment *ultime*, la question de savoir si cette supposition est une vérité nécessaire ou une illusion nécessaire n'a plus de sens pratiquement; la vraie question est de savoir si elle est réellement fondamentale, si elle exprime dans leurs formes les plus simples, les faits fondamentaux ou les illusions fondamentales de la conscience." (Fouillée, obra citada, pág. 63.)

ponerse en duda, que como hecho positivo envuelve también cierta manifestación real del sujeto ilusionado; pero semejante observación, cierta, sin duda, y muy propia para volver por la veracidad de la conciencia y certificarnos de la existencia de nuestro propio ser, no desvirtúa, ni menos resuelve, el reparo ya expuesto, porque la realidad subjetiva de nuestros conocimientos no tanto consiste en que nuestra existencia y nuestras ilusiones sean hechos reales, como en que nuestras representaciones sean verdaderas y exactas, así cuanto al hecho de su existencia, como en la relación que digan á la realidad representada. A no ser que toda nuestra ciencia se reduzca á saber que existimos y que estamos dotados de cierta actividad, cuya naturaleza desconocemos, no vemos qué positividad pueda caber en el conocimiento filosófico si se da como indiferente para la substancialidad de nuestro saber el que tenga base más firme y más real que la de nuestra simple creencia. Lo positivo supone, con su carácter de verdad clara, directa y fácilmente observable, cierta fijeza y certidumbre que no puede hallarse en una ciencia que empieza por declarar su responsabilidad sobre la verdad de sus afirmaciones primordiales, respondiendo solamente de la fenomenalidad de los hechos subjetivos (1).

Nada más ajeno á la naturaleza del conocimiento metafísico que la inseguridad absoluta en que nos deja la nueva escuela. Si la Filosofía no puede responder de la realidad de sus principios, sino del hecho de que existen en nuestra conciencia ideas y representaciones por donde nos damos cuen-

---

(1) De ahí que Wundt escriba: "C'est sur la continuité de ses changements que repose la connexion de notre conscience de nous-mêmes que nous désignons comme l'unité du moi.„ Y en otro pasaje: "Pour elle (la conscience naturelle), l'âme n'est pas simplement un sujet, au sens logique, mais une *substance,* un être réel, dont les manifestations ou actions sont considérées comme les activités de l'âme, ainsi qu'on les appelle. Voilà donc une *hypothèse* métaphysique, à laquelle la psychologie sera *peut-être,* amenée à la fin de son travail, et il lui est cependant impossible, au début de son œuvre, de l'adopter sans examen.„ (*Éléments de Psychologie physiologique*, tomo I, páginas 18 y 8 en la versión francesa citada.)

ta, falsa ó real, que eso no debe inquirirse, de nuestro propio ser y de las cosas con las cuales está conexionado, claro es que toda afirmación acerca de la verdad de nuestras representaciones y conceptos será peligrosa y aventurada. Lo más prudente es ceñirse á señalar el hecho, sin propasares á dar mayor valor que el hipotético á las ideas que el hecho nos sugiere sobre la realidad mediante él manifestada. Conocida la naturalidad con que se desprenden todas estas consecuencias del concepto que el realismo idealista se ha formado de la certeza del conocimiento filosófico, á nadie extrañarán las perplejidades y vacilaciones de la nueva escuela cuando se trata de afirmar algo, ni, por consiguiente, que considere el estudio filosófico como esencialmente mudable y progresivo (1). ¿Qué virtualidad y eficacia han de tener principios y afirmaciones que se sostengan provisionalmente, y como incluyendo la necesidad de ser substituídos más tarde por otros? Siempre hemos creído que la Filosofía racional, considerada en cada uno de sus miembros, es susceptible de mejoramientos y reformas; que si hay en ella partes que, como la Metafísica general, están casi agotadas, y cuanto nuevo de ellas se diga tal vez no pueda pasar de tener interés secundario, en otras hallamos deficiencias de fondo y de forma que podrán remediarse, cuestiones que podrían exponerse mejor, puntos obscuros que probablemente se esclarecerán á la luz del progreso científico; pero si en todas esas cosas hacemos á la Filosofía racional mudable y progresiva, es decir, incompleta, capaz de perfeccionarse, tampoco la concebimos sin cierto núcleo de principios determinados y estables, acerca de los cuales, evidentes como son, no deben caber dudas ni vacilaciones.

De conformarse con los principios del nuevo sistema, el conocimiento filosófico, no sólo sería problemático, fenome-

(1) "Puisque la Métaphysique ne peut attendre complètement son idéal, elle ne sera jamais qu'une *recherche relative* et *progresive*... Il faut, dit-il (Guyau), construire des systèmes "pour un certain nom-"bre d'années,.. comme l'architecte construit pour trois on quatre siè-cles quelque admirable édifice... (Fouillée, *L'Avenir de la Métaphysique*, págs. 293 y 296.)

nalista é inseguro, sino que resultaría además coartado y cercenado hasta tal punto que apenas rebasaría los límites señalados por la escuela positivista. Subordinada la Filosofía á la Ciencia, obligado el pensador á dar siempre á sus especulaciones base positiva y experimental, el desenvolvimiento completo y lógico de los principios metafísicos se hará imposible; porque no teniendo la Filosofía y la Ciencia igual extensión y alcance, ni á cada observación puede responder una verdad metafísica, ni para cada verdad metafísica será posible hallar datos de experiencia positiva; de manera que cuantos principios filosóficos dejen de tener confirmación en el orden de la ciencia, y ordinariamente no la tienen los más metafísicos y racionales, deberán ser excluídos del campo filosófico como inútiles y de ningún valor. De aquí á declarar que el conocimiento especulativo no es verdadero saber, que no hay más conocimiento real que el positivo, no vemos más que un paso, que los partidarios de la nueva escuela podrían dar con facilidad suma si de hecho no le han dado (1). La verdad es que cuando consideramos la relegación que la nueva escuela hace de los más importantes problemas filosóficos al orden de lo incognoscible, la manera absoluta con que reduce todo conocimiento propiamente metafísico á la simple categoría de *creencia*, es decir, de afirmación no demostrada ni demostrable, no sabemos qué distinción hallar entre sus teorías y las del positivismo. La Metafísica queda de hecho para nosotros casi tan anulada en una como en otra escuela.

Hemos señalado los principales inconvenientes del realismo idealista, considerando al sistema tal como ha sido expuesto hasta ahora. ¿Quiere eso decir que no haya para nosotros medio de conciliar los elementos real é intelectivo, de modo que se forme una teoría media, sensata y razonable,

_____

(1) Así, refiriéndose á cierta observación de Wundt, dice M. Nolen: "Voilà donc ce que doit être la vérité métaphysique: une vérité qui n'aura que le caractère d'une croyance, et ne servira qu'à compléter la science., (Véase la Introducción á los *Eléments de Psychologie physiologique*, de Wundt, en la versión francesa que venimos citando.)

con mejor fortuna y éxito que los alcanzados por el realismo idealista? No; los elementos real y lógico son muy conciliables en sí mismos, y sólo al criterio con que se los ha estudiado y á la forma en que se ha tratado de unirlos debe inculparse de la ineficacia y fracaso de la proyectada conciliación. Si en el injusto desdén con que hoy se la mira no fuese ignorada de los sabios modernos, la Filosofía cristiana y tradicional ofreceríales ejemplo de una conciliación del elemento ideal con el objetivo tan natural y tan lógica que, si no alcanzó toda su perfección, pudiera llegar á conseguirla. Pero no es fácil que tendencias y procedimientos opuestos produzcan los mismos resultados, y el realismo idealista debía tener el éxito de hecho conseguido como efecto natural del criterio que adoptó y del modo con que ha puesto en práctica sus ideas.

Fr. Marcelino Gutiérrez,
Agustiniano.

CATALOGO

DE

Escritores Agustinos Españoles, Portugueses y Americanos [1]

VARGAS (Fr. Sebastián).

En el tomo VIII de papiros varios pertenecientes á la biblioteca de San Felipe el Real, había un *Certamen theo=logicum* del P. Vargas.—Así consta del índice de dicha biblioteca.

VARONA (Fr. Francisco) C.

Ignoro cuál fué su patria y en qué convento profesó. Por las noticias que se encuentran en la portada de la obra que citaremos á continuación, sábese que fué Maestro en sagrada Teología, Prior de los conventos de Madrigal y Pamplona, Procurador General, y, por último, Rector del Colegio de Doña María de Aragón en Madrid.

Escribió:

Metamorphosis sagrado del poder divino, dibujado en la admirable y protectora vida del penitente Duque de Aquitania y Conde de Pictavia, San Guillermo. Progeni= tor glorioso de nuestros Reyes Cathólicos, Caballero Re=

*dentor de la antigua Milicia de la Santísima trinidad, •
Monge Ermitaño del Orden de N. G. P. San Augustín,
Restaurador de su Sagrado Instituto, y fundador de la
Congregación de Guillermitas Agustinos. Escríbiale el
R. P. Fr. Francisco Varona del mismo Orden, Maestro
en Sagrada Theología por su Provincia de Castilla, Prior
que ha sido de los conventos de Pamplona y Madrigal,
Procurador General y Rector actual del Colegio de Doña
María de Aragón de Madrid. Quien le dedica al Ilustrís-
simo Señor Don Manuel Quintano y Bonifaz, Arzobispo
de Pharsalia, Inquisidor General de todos los Reynos de
España.* Con licencia. En Madrid: En la oficina de los Herederos de Francisco del Hierro. Año de 1767. De xxx-245
páginas en 4.º Encabeza la dedicatoria con el escudo de
armas del Excmo. Quintano y Bonifaz.

VAYAS (Fr. Joaquín) C.

Natural de Querétaro, é hijo de la Provincia de Michoacán. Fué catedrático de Teología en el Colegio de San José
de la ciudad de Guadalajara.

Publicó:

*Sermón panegírico de la Natividad de Nuestra Señora
en el solemne aniversario de la conquista de Zacatecas.*
México, por Ribera Calderón, 1721. 4.º—Ber., tomo III,
pág. 241.

VÁZQUEZ (Fr. Dionisio) C.

Nació en Toledo, y profesó en el convento de dicha ciudad el 5 de Junio de 1509. Como era de natural dócil y de
buen ingenio, aprovechó mucho en ciencia y virtud, y sus
talentos resplandecieron de suerte que fué admirado dentro
y fuera de España.

"Cosa muy estimada, dice el Beato Orozco en su *Crónica,* no sólo en nuestra España, más aun en Roma y en toda
la Italia, el P. Mtro. Fr. Dionisio, natural de la famosa ciudad de Toledo. Este varón docto conoscimos y oímos predicar en nuestros tiempos, y todos son testigos de la gran
acepción que tuvo con el católico Rey D. Fernando, y con

nuestro invictísimo César el Emperador D. Carlos. Tenía muy altos conceptos, y predicaba cosas muy subtiles, y también provechosas á las almas. Descubrió grandes primores de la Sagrada Escritura, mayormente en algunas materias más dificultosas, como son: del pecado original, de incarnatione Verbi, de las vidas que vivía Cristo nuestro Salvador: divina, beata, profética y humana. Y para que concluya las alabanzas de este doctísimo religioso, á quien tanto Dios engrandeció en el oficio de la predicación, baste lo que dijo en Roma el Papa León X. Una vez, bajando de predicar el Padre Fr. Dionisio, fué á besarle el pie, y el Papa le respondió: *Ego quidem putabam Dionisium esse in cœlo, et nihilominus hodie vidi illum in terra.* Quiere decir: yo pensaba que Dionisio estaba en el cielo, y héle visto hoy en la tierra. Quiso el Papa decirle aquí que era otro San Dionisio en letras y en subtileza. Estas palabras fueron gran honra, no sólo de nuestra Orden, más aún de toda nuestra nación de España. Finalmente, como en la famosa Universidad de Alcalá tuvieron tanta noticia de sus grandes letras, le rogaron que leyese una lección de la Sagrada Escritura, y para esto hicieron una cosa muy nueva y grande: que le criaron cátedra de nuevo para que él leyese la Biblia. Tenía toda la flor de Alcalá por oyentes, maestros y doctores en Teología, y ansí iban todos á su lección, como iban á oir sus sermones. Cuánto fruto hizo los años que allí leyó á San Juan, que es el Evangelista más dificultoso, y también las Epístolas de San Pablo á los romanos, no se podría aquí con breves palabras declarar. Baste que esta doctrina anda por toda España, y se predica, aunque con tanto trabajo se escribe de mano. Placerá á Dios que algún día salgan estos libros impresos para que más predicadores los puedan gozar. Murió este gran religioso en nuestro convento de Toledo de una enfermedad que, leyendo en Alcalá, le dió, por la cual él loaba á Dios con gran paciencia.„—Fol. 54. Fué Vicario General de España y Colonia, y tiénese por cierto que renunció generosamente el arzobispado de Méjico y obispado de Palencia, ofrecidos por Carlos V. Este mismo Emperador, estando una vez en Alemania, en ocasión que se había de disputar con Lutero, exclamó pesadumbrado: "Oh Dionisio, ¿cómo he permitido te quedases en España?„ Fué Doctor teólogo por las tres Universidades de París, Alcalá y Toledo, y de él afirmaba Juan Ramiro, sucesor de Nebrija, que no conocía otro orador como nuestro Dio- nisio. Escribió:

1. *Oratio de unitate, et simplicitate Personæ Christi in duabus naturis ad Leonem X et Cardinales.*
2. *De vita Christi, divina, beata, prophetica et humana.*
3. *Quæstiones, seu resolutiones de peccato originali.*
4. *Enarratio in Evangelium S. Joannis.*
5. *De Incarnatione Verbi Dei.*
6. *Conciones latinas y en castellano.*

De todo esto no tenemos noticia se haya impreso nada. Nicolás Antonio dice que dichas obras se encontraban ma- nuscritas en privadas bibliotecas, cuyos dueños teníanlas en gran estima.—N. Ant., tomo III, pág. 326.—Oss., pág. 914. —H. *Alph. . lug.*, tomo I, pág. 196.—Port., tomo II, pág. 387.

VÁZQUEZ (Fr. Francisco Javier) C.

Oriundo de padres españoles, nació en Chaxamarchia del Perú el 1703. Desde que acudió á la escuela de primeras letras dió á entender con sus extraordinarios adelantos que Dios le había dotado de talento poco común. Vistió el hábi- to y profesó en el convento de Lima, y después de haber terminado con provecho la carrera eclesiástica fué nom- brado Secretario del Provincial, por cuya defensa vino á España, y pasó á Roma, donde permaneció hasta dar por terminado felizmente su negocio. Estando aquí fue nombra- do Procurador de Provincia en las Cortes de España y Roma, y Definidor General para el Capítulo general que se había de celebrar en Arímini el 1739. El Reverendísimo Gioja le nombró Visitador de Méjico, pero no pudo ir allá por impedírselo el Gobierno español, el cual había llevado muy á mal que el P. Vázquez tomase con bríos la defensa de nuestro esclarecido Noris contra la Inquisición española, que no quedó por cierto en buen lugar por lo que toca á esta cuestión. Y llegó la inquina de sus émulos á tal extre-

mo, que hasta trabajaron y consiguieron que el mencionado P. Gioja no le trajera de socio á España. Enterado mientras tanto Benedicto XIV de las relevantes prendas de nuestro agustino, le nombró de viva voz Procurador General
de la Orden, y sucesivamente en los años 1751 y 53 Vicario
General perpetuo de la misma. Son muchos los conventos
que edificó y reparó, y no pocas las causas de canonización
que promovió y generosamente costeó. En la Biblioteca
Angélica de Roma, arrebatada posteriormente á los agustinos por el inicuo Gobierno de Víctor Manuel, hizo nueva
estantería y procuró enriquecerla con obras escogidas.
Fué, en verdad, el gran Mecenas de sus súbditos agustinos,
como se ve claramente por el sinnúmero de sus obras que
los mismos le dedicaron, y por el interés que se tomó en que
prosperasen los estudios de la Orden, haciendo que se esta-
bleciesen cátedras de Oratoria sagrada, Derecho canónico
é Historia eclesiástica, y también de Matemáticas. Murió
en Roma en 1786.

Escribió:

Tradujo del italiano al español los dos obras siguientes,
que se imprimieron sin expresar el nombre del traductor:

1. *El Religioso en soledad, ó exercicios espirituales
compuestos por el M. R. P. M. Fr. Juan Nicolás Chie=
sa del Orden de Ermitaños de N. P. San Agustín. Pro=
puestos por N. Rmo. P. Prior General Maestro Fray
Nicolás Antonio Schiaffinati á todos los Religiosos de su
Orden Eremético=Agustiniano. Traducidos del idioma ita=
liano al español por otro Religioso del mismo Orden.*
*Obra útil é importante á todas las personas que profesan
el estado religioso.*

—Segunda edición. Valladolid, 1866. Imprenta de D. Juan
de la Cuesta. Un tomo en 4.º

2. *Reflexiones religiosas y cristianas para todos los
días del año, compuestas por el M. R. P. M. Fr. Juan Ni=
colás Chiesa, del Orden de N. P. S. Agustín. Traducidas
del idioma italiano al español por otro Religioso del mis=
mo Orden. Obra útil é importante á todas las personas
eclesiásticas.*

Imprimióse esta traducción juntamente con la anterior, y forma el tercer tomo.—Valladolid. En la imprenta de don Juan de la Cuesta, 1866, un tomo en 4.º

Por segunda vez en Valladolid, en la imprenta de D. Juan de la Cuesta, 1866, un tomo en 4.º

3. *Observationes pro reformatione nostrarum Constitutionum.* Cod. T-3-26.

4. *Breve relazione dei conventi e Misioni Religiosi di S. Agost. dell' Ind. Orientale quale li detti Religiosi mandano in questo presente anno 1682 a presentare al Serenissimo Principe di Portogallo loro governatore D. Pietro che Dio guardi.* MS. D-7-8. Bibliot. Angélica de Roma.

5. *Cardinalis Norisius vindex sui ipsius.*

6. Cuidó de la reimpresión del *Gobierno Eclesiástico-Pacífico* del Ilmo. Fr. Gaspar de Villarroel, agustino, poniendo una dedicatoria de diez páginas en folio al eminentísimo Cardenal Molina y Oviedo, también agustino.

7. En el tiempo que fué General de la Orden escribió muchas *Circulares* llenas de prudencia y doctrina. Demostró en una de ellas que el jansenismo era contrario al sentir de la escuela agustiniana.—Lant., volumen III, pág. 252.

VÁZQUEZ (Fr. Juan Teodoro) C.

No he encontrado dato alguno biográfico de este escritor. Sólo sé que floreció en el primer tercio del siglo XVIII en la provincia del Perú, y que fué doctor teólogo en la Real Universidad de San Marcos, y honrado con los cargos y dignidades que se indican en la siguiente obra que escribió:

Crónica continuada de esta Provincia de nuestro Padre San Agustín del Perú. Su autor el P. M. Fr. Juan Theodoro Vázquez, Doctor Theólogo en la Real Universidad de San Marcos, Maestro del número, Secretario, Visitador, Regente Mayor de Estudios y Cronista de dicha Provincia. MS.

Consérvase en este Colegio copia del manuscrito que existe en el archivo de la Academia de la Historia, en dos tomos en 4.º, de 274 hojas el uno y de 257 el otro. Encuéntrase dividida la *Crónica* en dos partes, comprendiendo entre ambas un período de sesenta y cuatro años, que da comienzo el 1657 y termina el 1721. Es continuación de la que escribió el P. Bernardo Torres, al cual había precedido el P. Antonio de la Calancha. He de confesar que desagrada sobremanera el ver que, al narrar los acontecimientos y tratar de los religiosos insignes, no consigna siquiera una fecha.

VEGA (FR. ALONSO DE LA) C.

Floreció en el último tercio del siglo XVII en la provincia del Perú. Fué religioso de gran virtud, y desempeñó el cargo de Definidor, Prior del convento del Callao y Rector del Colegio de San Ildefonso. También fué honrado con el Magisterio.

"Fué, dice el P. Vázquez, varón ilustre en el Moral y estudio de ambos Derechos, de cuya inteligencia hizo demostración en algunos pareceres que dió á la estampa, cuya lectura dió mucho que aprender y admirar á los más sabios jurisconsultos del Reino.

"En la oración evangélica hubo pocos que le igualasen, no sólo en la singularidad de los conceptos y solidez de los asuntos, sino en la elegancia y concierto del estilo. Era éste lacónico y tan sentencioso, que tenía colgados de sus labios siempre crecidos concursos. Él fué el primero que puso en los púlpitos este estilo, para cuya práctica escribió curiosas y delicadas reglas."—El mismo, parte 2.ª, pág. 104.

VEGA (FR. JUAN DE LA) C.

Sermón predicado en las exequias de la Reina Doña Isabel de Valois, impreso en la obra de D. Juan López, intitulada: *Historia y relación verdadera de la enfermedad, felicísimo tránsito,* etc... Madrid, 1869, págs. 88-105. Lleva por tema: "*Fili hominis, ecce ego tollo a te desiderabile oculorum tuorum,* etc."

VEGA (FR. PEDRO DE) C.

Natural de Coímbra, en Portugal. Profesó en el convento de Salamanca á 8 de Julio de 1575. Fué muy docto y gran predicador. Leyó en las Universidades de esta ciudad de Va-

lladolid y de Coímbra, su patria, los Salmos penitenciales,
y con estudio meditado y diligencia compuso:

1. PRIMERA PARTE *de la declaración de los siete Psalmos
Penitenciales. Por el Padre Maestro Fray Pedro de Vega,
de la orden de S. Augustín. Agora en esta nueva impresión emendada de nuevo, y añadida una Tabla de las Dominicas post Pentecostem por el P. Fr. Francisco de Arra-
tia. Dirigida á Doña Margarita Corte Real, Marquesa de
Castel Rodrigo. Con privilegio de Castilla, Portugal y
Aragón, notificado en los dichos Reynos.* En Salamanca.
En la Officina de Antonia Ramírez, viuda. M.DC.VII. A costa de Antonio Enríquez, mercader de libros en Salamanca.
Un tomo en folio de 312 páginas. Lleva en la portada un grabado que representa al Rey David en actitud suplicante y
penitente.

SEGUNDA PARTE... *Dirigida á Don Fray Pedro Manri-
que, Obispo de Tortosa, del Consejo de su Magestad.* Ibid.
De 254 páginas.

TERCERA PARTE... *Dirigida á Doña Inés de Vargas Ca-
margo y Carvajal, señora de las villas de Oliva y Pla-
senzuela, muger de Don Rodrigo Calderón, de la Cámara
de su Magestad.* Ibid. De 163 páginas.

Antes de esta edición, que es la que tenemos á la vista,
se habían hecho las siguientes:

—Alcalá de Henares, 1599.

—En Madrid, por Miguel Serrano Vargas. Año de 1602-03.

Encuéntrase en la librería del Colegio de Irlandeses de
Salamanca. Son tres tomos en 4.º

—Zaragoza, 1606. Por C. de Lavayen.

2. En la *Biografía eclesiástica*, tomo XXIX, pág. 1.143,
encuentro también citado un tratado, *De adventu augusti-
norum*, atribuído al P. Vega, no sé con qué fundamento.

3. *Libro historial dos grandes, e importantissimos ser-
viços, que em Portugal, e Castella habia feito em todas as
occasioens á S. Magestad D. Christovaon de Moura, Mar-
quez de Castello Rodrigo.* MS. 4.º—Bar. M., tomo III, página 625.—N. A., tomo II, pág. 246.—Vid., tomo I, página 281.—Oss., pág. 917.

VEGA CARPIO (Fr. Lope Félix) C.

Ninguna noticia biográfica he podido hallar de este agustino, que escribió:

Triunfo glorioso de dos Mártires Agustinos Españoles. Discurso sobre el martirio de los PP. Fr. Nicolás Mello y Fr. Guillermo de S. Agustín por Fr. Lope Felix de Vega Carpio, Prior del Convento de Goa de la India. Un tomo 4.° manuscrito, que se guarda en la biblioteca de nuestro Colegio de la Vid.

VEIGA (Fr. Domingo) C.

Natural de Estremoz, de la provincia de Alentejo en Portugal. Tomó el hábito en el convento de Lisboa en 1684. Siendo Prior del convento de Évora publicó:

Sermaō da Beatificaō do B. Joaō Francisco Regis pregado em o primero dia do solemne triduo que celebrou o Collegio da Companhia de Jesus da Cidade de Evora em 11 de Outubro de 1716. Evora, na Officina da Universidade, 1717, 4.°—Barb. M., tomo I, pág. 718.

VELARDE (Fr. Francisco) C.

Fué maestro en Teología, y Provincial de la del Santísimo Nombre de Jesús de Méjico, y Prelado asistente al cuarto Concilio mejicano.

Escribió:

Disertación Canónico=moral sobre si es incesto el acce= so á la consanguínea en los grados derimentes del matri= monio.

Leída en la sesión 74 de dicho Concilio. MS. en las Actas.—Ber., tomo III, pág. 251.

VELASCO (Fr. Pedro) C.

Natural de Cepeda, en la provincia de Salamanca. Profesó en San Felipe el Real de Madrid el 1725. Era maestro y doctor por la Universidad de Salamanca cuando llegó á Filipinas, donde administró los pueblos de Pasig, Tambobong, Bigaá. Fué Prior del convento de Manila, Difinidor, Secretario de Provincia y Provincial. Murió el 1769.

Escribió:

1. *Sermones varios.*

2. *Consultas sobre asuntos de contratos.* Un tomo en folio.--Osario.

VELLOCÍN (Fr. Juan) C.

Nació en Haro, y profesó en el convento de Salamanca el 1712. El P. Vidal, hablando de él, dice así: "Le conocí y fuí su discípulo en Teología, y era religioso muy quieto y virtuoso. Para la resolución de pasar á las misiones se ejercitó en muchas obras de virtud, especialmente en la de la mortificación... Al principio estuvo en la Pampanga, donde aprendió la lengua. Luego pasó á las misiones de los italones y los isinais, en donde trabajó con mucho celo por bastante tiempo, hasta que la falta de salud le obligó á volver á la provincia de la Pampanga, en donde estuvo administrando á los indios hasta que murió, dejando fama de la virtud que le fué familiar desde mozo.„ Tomo II, pág. 201.

Durante los diez años que estuvo entre los infieles isinais redujo los pueblos de Pandolán, Garliz, San Miguel y San José. Después administró los pueblos de Arayat, Minalín, Lubao y México. Fué Definidor, y murió en Manila el 1742.

Escribió dos tomos sobre la lengua isinay y de ituy, que se conservaban en Candaba.—Can., pág. 137.

VELLOSO (Fr. Agustín) C.

Natural de Lisboa, é hijo de hábito del convento de dicha ciudad. Fué buen predicador y diestro organista. Murió en el convento de Torres Vedras el 1696. Imprimió:

Sermaõ de N. Senhora da Encarnaçaõ em dia de Pas-coa com Lausperenne de Christo Sacramentado no seu Collegio de Santo Agostinho da Cidade de Lisboa, Lisboa, por Joaõ Galraõ 1691, 4."—Barb. M., tomo I, pág. 75.

Fr. Bonifacio Moral,
Agustiniano.

(Continuará.

Revista Científica

La culebra suplantando al gato.—El Sr. Becerro de Bengoa nos da cuenta, en su "Quincena científica„ de *La Ciencia Eléctrica*, de un hecho muy sorprendente para los que vivimos aquende los mares, acostumbrados á ver palidecér y desmayarse en presencia de insignificante reptil á quien se atrevería á echar una suerte, si llegara él caso, al toro más bravo. Dice así:

"*Un curioso dato zoológico que consignan los periódicos brasileños.*—Parece que en la comarca es tal la abundancia de ratas y ratones, que no hay gatos que basten para disminuirlos, ni en poco ni en mucho. Ante semejante plaga, la experiencia ha enseñado que no existe otro remedio que tener en cada casa una serpiente boa pequeña, propia de aquellos climas, de unos tres ó cuatro metros de longitud y gruesa como un brazo, denominada allí *giboa*, completamente inofensiva para las personas y que vive en verdadera domesticidad. El reptil duerme durante el día, en un rincón del portal, del jardín ó de la cocina, en harmónica y quieta compañía con los gatos y perros de la casa, formando soñoliento grupo con ellos; pero en cuanto anochece se aviva y se desliza por todas las habitaciones en busca de las ratas. Acéchalas vigilante, y cuando pasan se lanza sobre ellas, cogiéndolas por la nuca y truncando sus vértebras cervicales. De este modo las mata por docenas, aunque jamás las come. De tal manera se acomoda la *giboa* á la casa de sus amos, que cuando alguna vez se la lleva fuera de ella. aun en una cesta, vuelve inmediatamente á su domicilio, como lo hacen los perros y los gatos. No hay casa en el campo que no tenga su *giboa*, considerada como un servidor indispensable de la familia. En los mercados de Río Janeiro, Bahía y Pernambuco se venden á cinco pesetas cada una.„

La inmensa mayoría de los españoles estarían tan lejos de dar

cinco pesetas por el famoso reptil, que, antes al contrario, no tendrían
inconveniente en regalar cinco duros al que, si por descuido se le había introducido en casa el ofidio, lo sacase de ella lo más pronto posible, prefiriendo que los ratones les coman el *queso*, si los gatos son
muy lerdos ó se han dejado *poner el cascabel*, á que recorra una serpiente todas sus habitaciones con la exposición de que el día menos
pensado yerre el golpe, y en vez de una rata coja un niño ó persona
mayor por la *nuca* y le *trunque* las *vértebras cervicales*. Aunque no
muy amigo de los gatos, en esta materia á ellos me atengo, dejando
las culebras para nuestros amigos los brasileños.

Un monumento para la Exposición de Chicago.—Caprichos de los tiempos; á buen seguro que si la construcción proyectada
para la próxima Exposición de Chicago se hubiese descubierto entre
los escombros de populosa ciudad, de la que no quedase recuerdo en
la historia, los aficionados é inteligentes en achaques arqueológicos
hubiesen atribuido el monumento desde luego á los bárbaros, pero
no á los que vinieron del Norte, sino á otros mucho más bárbaros, es
decir, rayanos con la época de los titanes.

No sé si es que les escuece á los norte-americanos el que al construir su torre *Proctor*, tan desgarbada y muda como el original de
donde se copia, no hayan tenido siquiera el mérito de la originalidad;
lo cierto es que ahora tratan de desquitarse construyendo una colina
de hierro: por supuesto no ha de ser maciza, pues, de lo contrario, dadas las dimensiones del proyecto sería necesario reunir allí la mayor
parte del hierro que circula por América. La idea revela, indudablemente, las aspiraciones de los titanes, pero no por eso deja de ser
sencillamente prosaica. Quizá la falta de belleza del pensamiento
fundamental del proyecto esté compensada con los accesorios, porque piensan cubrir toda la firme fábrica con una capa de tierra y
exornar la parte exterior con vistosos jardines, mientras la inmensa
cueva que queda en el interior dará alojamiento á los titanes del siglo XIX, las calderas de vapor, los volantes, los émbolos, los dinamos, etc. Y así resultará el conjunto de aspecto primitivo, rudo y
salvaje, contrastando con el sibaritismo refinado de nuestra época y
los haces de nervios animados que constituyen sus primeras figuras.

Nueva pila secundaria.— Muy á la ligera voy á dar noticia de
el acumulador Cambridge—así se denomina la nueva pila secundaria—por ser materia ésta verdaderamente interesante, y de la cual
se espera muchísimo para lo por venir. ¿Por qué no se ha resuelto la
navegación submarina y la dirección de los globos? Indudablemente

que por carecer de un motor que con poco peso produzca gran energía. La electricidad, ciertamente, nada pesa, pero necesita un *substratum* donde residir, y éste es el que ha dado al traste con las más lisonjeras esperanzas, por haberse utilizado hasta la fecha para acumular la energía eléctrica un metal cuya densidad pasa de once unidades. El día que éste pueda sustituirse por otro seis ó siete veces menos pesado, se habrá dado un paso considerable en la resolución de problemas que hoy tanto preocupan á la humanidad, como es la navegación aérea—entre paréntesis, hay quien asegura que dentro de seis meses se lanzará á los aires un globo completamente gobernable;—porque, indudablemente, á medida que disminuye el peso del motor, que por precisión se ha de subir con el aerostato, se puede también reducir el tamaño del globo, y atenuando así proporcionalmente la acción de los vientos, dirigirle en contra de ellos aunque lleven gran velocidad.

El acumulador *Cambridge* está formado por los siguientes elementos: Una placa de porcelana porosa con canales horizontales, donde va colocada la materia activa, y además dos láminas conducoras que hacen de electrodos, y aquí son de aleación, sobre la cual es insignificante la acción de la electrolisis. Para dar rigidez al sistema sin perjuicio de poder la materia activa dilatarse y contraerse con la carga y descarga, se ata cada elemento con una goma.

Este nuevo invento viene precedido de grandes promesas, como es de rigor en semejantes casos; pero nosotros nos abstenemos de emitir juicio sobre el particular; únicamente diremos que el fin es altamente simpático por estar ligado con la solución de otros interesantísimos problemas.

La pila Ortelli.—Firmes en nuestros propósitos de tener al tanto de los progresos científicos que hoy radican especialmente en la electricidad, no queremos omitir la descripción de los inventos que se hagan en esta materia, aunque venga después la *práctica* rebajando un tanto por ciento muy considerable de las virtudes y excelencias con que suelen los inventores vestir sus engendros antes de arrojarlos al mundo de la prensa. Ya en más de una ocasión hemos hecho notar las ventajas inmensas que podrían reportarse de la electricidad producida por las pilas si fuera tan económica como la procedente de los dinamos, y sin más preámbulos aclaratorios vamos describir la pila Ortelli tal y como la exhibe la prensa *científica*, dejando al tiempo que dé su fallo.

Al tratar de la pila Meritens hemos dicho que la gran dificultad de las pilas es su rápida *polarización*, y de ahí el que el *despolarizante* tenga interés excepcional en ellas, y sea en lo que más trabajan los hombres de ciencia para conseguir constancia, regularidad y economía en la corriente eléctrica engendrada por las pilas.

En la de Ortelli el elemento despolarizante es gaseoso, el cloro, que si bien no es de fácil manejo, condición nada favorable para su uso, no obstante, como puede encerrarse en un solo gasómetro y de él proveerse todas las pilas, resulta el inconveniente obviado en parte, y además nos evita otra serie de operaciones quizá más enojosas y pesadas.

Ortelli ha construído su pila con las siguientes dimensiones: 22 centímetros de largo, por 2,5 de ancho y 26 de altura. Consiste la pila en una caja de madera vacía, dentro de la cual va otra de carbón un poquito menor, de suerte que, introducida una en otra, quede entre las paredes de las dos un espacio vacío, que es el destinado al cloro; dentro de la caja de carbón, y aislada de ella, va una lámina de zinc introducida en una disolución de cloruro de amonio (sal amoniaco), que es el líquido reaccionante. El carbón, como elemento inactivo, salta á la vista que ha de ser el polo positivo, mientras el zinc, metal atacado, es el negativo. Como ya queda consignado, el despolarizante es el cloro, y se prepara por cualquiera de los procedimientos concebidos y encerrándolo en un gasómetro, desde donde ha de partir para circular por los espacios vacíos existentes en las pilas entre la caja exterior ó de madera, y la interior ó de carbón. Podría, en vez del gasómetro, disponerse el aparato para la obtención del cloro, de manera que poco á poco fuese desprendiéndose y directamente pasase á las pilas, quedando de esta suerte simplificado el mecanismo.

La reacción origen de la corriente está clara: el cloruro de amonio ataca al zinc, resultando cloruro de zinc y amonio $Cl_2 (NH_4)_2'$ $- Zn'' = Cl_2 Zn'' + 2''NH_4$, el amonio puesto en libertad se combina con el cloro que circula por la pila, produciéndose cloruro de amonio; si por ventura el amonio se descompusiese en amoniaco é hidrógeno, no por eso se polarizaria la pila, pues el hidrógeno con el cloro formaría ácido clorhídrico.

Una pila de Ortelli de 1,5 kilogramos de peso posee de 2,4 volts de fuerza electromotriz con la resistencia interior de 0,2 ohm; ésta varía con la altura del líquido reaccionante en la caja de carbón. Consume uniformemente una cantidad relativamente insignificante de zinc amalgamado, que es el elemento más costoso; en una hora de trabajo no llega á gastar una lámina de 20 centímetros de largo por 17 de ancho de un milímetro de espesor.

Ya hace algún tiempo que se están comprobando los precedentes datos, publicados por el autor, así como la fijeza de potencial y facilidad en su manejo; pues aunque es cierto que las pilas Ortelli podrían colocarse en número considerabilísimo en un estante á propósito, debido esto á su poco grueso, comparado al de un libro no muy abultado, tiene siempre el inconveniente de ser necesario andar con un gas de propiedades sumamente enérgicas y desastrosas para la respiración. ¡A ver si llega el día de ser coronados con el éxito los titánicos esfuerzos hechos en la materia!

Electricidad vegetal.—Sabido es que hay animales que poseen la propiedad de producir corrientes eléctricas, como las *rayas torpedos* y el *gymnotus electricus,* que al ir á cogerlos dan una sacudida al que se atreve á echarles la mano; en el reino mineral también existen individuos con la propiedad de desarrollar corrientes al aproximarse á un conductor, y en sí mismos llevan siempre corrientes, pues, según Ampère y la mayor parte de los físicos modernos, las propiedades magnéticas de los imanes son originadas por corrientes circulares que en sú masa tienen asiento. Si en los dos extremos, es decir, en el reino animal y mineral, hay individuos con la maravillosa propiedad de producir corrientes eléctricas, parecía natural, y podía suponerse por analogía, que en el reino vegetal no habia de faltar esta perfección. Y efectivamente no falta; antes al contrario, entre las diversas plantas que de ella gozan hay una, la *filotácea eléctrica*, que da origen á los sorprendentes fenómenos que vamos á reseñar.

Desde cinco ó seis metros de distancia ejerce ya influencia sobre la aguja magnética, haciéndola oscilar de una manera creciente al ir aproximándola, siendo las oscilaciones muy considerables en número y amplitud al estar á los dos ó tres centímetros de distancia de la planta.

Al cortarla, si se hace con la mano, produce una sacudida que recuerda las de un carrete de Rumkorff.

Su energía eléctrica varía á las distintas horas del día; comienza con el alba, y va creciendo hasta las dos de la tarde, en que llega á su máximo de potencia, y luego principia á disminuir poco á poco hasta la noche, durante la cual no da signo alguno del etéreo fluido. La influencia atmosférica es también varia, según los fenómenos de donde proceda; la lluvia la despoja de toda sú energía eléctrica, mientras una tempestad, antes de resolverse en lluvia, la acrecienta de una manera extraordinaria.

Sin duda alguna el instinto, ó Dios sabe qué influencias ejercidas por la planta, evita que los pájaros é insectos vayan á posarse sobre sus ramas; y si por casualidad alguno llega á ponerse en contacto con sus fulminantes hojas, es víctima de su osadía ó descuido.

He aqui un campo virgen que conviene explorar y pudiera ser fecundo en resultados prácticos, pero que está erizado de dificultades gravísimas, porque, cuando se desorganiza la planta para mejor estudiarla, pierde sus propiedades eléctricas.

Otro monumento para la Exposición de Chicago. —Gigantesco como la colina, pero en otras condiciones que lo avaloran y le dan originalidad con no escasa dosis de carácter recreativo, es el nuevo monumento que se trata de llevar á efecto para la próxima Exposición de Chicago. Una estatua de Colón de 38 metros de altura con una torre por pedestal que mide 183, es con lo que se trata de materializar la hermosa figura del descubridor del Nuevo Mundo, que está sobre más alto y glorioso pedestal en la memoria de todos, pero especialmente en la de los españoles. Esta es la parte del monumento que habla al alma; tiene además otra que *habla al cuerpo*, y consiste en un colosal columpio que mide 330 metros de largo, 165 cada brazo; el eje de giro atraviesa y tiene por apoyo la parte más alta de la torre que sirve de base á la estatua; por manera que cuando el enorme balancín está horizontal, viene á servir como de escabel á los pies de Colón.

En los extremos del balancín van colgadas dos *esferitas* de 30 metros de diámetro, ó sea de unos 14.000 metros cúbicos de volumen cada una; están lastradas de suerte que siempre tengan la misma posición horizontal, divididas en varios pisos con amplias y numerosas ventanas. Al oscilar el columpio describen las esferas un arco que puede aproximarse á circunferencia, ó sea á unos 500 metros de longitud. Cuando las esferas están vacías, guarda perfecta horizontalidad el sistema; al ser habitado uno de esos mundos en miniatura por centenares de individuos, desciende éste y se eleva la otra esfera unos 120 metros sobre la estatua, y al descender la vacía se eleva la *poblada,* haciendo sus moradores la bellísima y comodísima ascensión de 340 metros de altura en cosa de cuatro minutos. Huelga decir que el movimiento oscilatorio lo recibe el balancín por medio de máquinas dispuestas *ad hoc*.

FR. TEODORO RODRÍGUEZ,
Agustiniano.

CRÓNICA GENERAL

I

ROMA

N efecto, debe de ser múy grande el desprestigio del Pontificado; su voz es la voz que clama en el desierto desde que los novísimos maestros la han dado por anticuada. Así lo demuestra el clamor universal de alabanzas que ha levantado la Encíclica acerca de la cuestión obrera, clamor intensísimo aun entre los enemigos de la Iglesia de Dios, y otro hecho nuevecito y que será de resonancia aunque se empeñen en quitársela los necios de siempre. Es el caso que 2.000 comerciantes al por menor, de París, se han reunido á fin de excogitar los medios más adecuados para evitar el monopolio de los comerciantes al por mayor. ¿Y qué han hecho? Sabedores de que León XIII es la autoridad más augusta en la tierra, y de que sus palabras han sido bastante eficaces para producir profunda sensación en todo el mundo civilizado hablando de la clase obrera, han resuelto dirigirle la siguiente exposición:

"Santísimo Padre: En vista de los peligros que por doquiera rodean al comercio á que nos dedicamos; siendo tan tremenda y desastrosa la concurrencia producida por una libertad sin límites, y palpando ya las consecuencias funestas que son natural efecto de esta causa, conviene á saber, la concentración del comercio en manos de unos pocos, la ya casi inevitable ruina del comercio al por menor y la falta de trabajo, que ha de sumir irremisiblemente en la miseria á tanto número de infelices obreros:

„Considerando cuán grande sea la sabiduría con que Vuestra Beatitud ha enseñado á obreros y señores los eternos principios de la justicia, que deben siempre regular el trabajo para cosechar frutos de paz, de prosperidad y bienandanza:

„Estando persuadidos de que si Su Santidad accede á nuestras humildes súplicas, enseñándonos la norma á que debe atemperarse el comercio para que no suframos detrimento ninguno cuantos á él nos dedicamos, ha de resplandecer en estas enseñanzas la misma sabiduría que en la Encíclica *De conditione*, y han de ser, como ésta, escuchadas por todo el mundo con reverencia y solícito afán;

„Los infrascritos, comerciantes franceses, suplicamos á Vuestra Beatitud tenga á bien trazarnos, en documento que será para nosotros luz, norma y salvación, las leyes de justicia y de caridad que hayan de regular las relaciones jurídicas en todo lo que concierna á la libertad de comercio y á la concurrencia.„

Aunque ya sabemos que la masonería tiene aún grande influencia, y los masones se llaman los hombres más benéficos de la tierra, no tenemos noticia de que los desvalidos acudan á esa Sociedad en demanda de luz y dirección.

—La antevíspera de San Pedro recibió Su Santidad al caballero Bianchi, grabador de los Palacios Apostólicos, el cual presentó á León XIII la medalla histórica que este año, como los anteriores, se ha acuñado para la fiesta de los Santos Apóstoles. En el reverso de la medalla se ve una alegoría de los estudios astronómicos y al Observatorio mandado construir por el Papa, dirigido por el P. Denza. El Padre Santo quedó enteramente satisfecho de la obra, que perpetuará dignamente sus esfuerzos por impulsar en grande escala los estudios astronómicos.

—En Italia no se ha anunciado aún oficialmente por cuántos años se ha renovado la triple alianza; pero esto no obsta para que Guillermo II haya publicado á los cuatro vientos que dicha alianza durará por seis años. Los ataques que con tal motivo dirige la prensa francesa, no sólo á los políticos italianos que ahora están en turno, sino también á los Reyes, produce entre los liberales italianos un efecto parecido al de un sinapismo. Los periódicos franceses de más influencia en la República vecina auguran á los Monarcas italianos su próximo destronamiento para que la República instalada en la península italiana se dé la mano con la francesa, rompiendo así las alianzas con los Imperios centrales y con Inglaterra.

—Ha fallecido el Cardenal Luis Haynald, que pertenecía á las Congregaciones de Propaganda, Índice, Indulgencias, Estudios y Sagradas Reliquias. Era Arzobispo de Kolocsa, de donde ha pasado á mejor vida, y había nacido en Seezfany, diócesi de Strigonia, en 13 de Octubre de 1816. Pío IX, en 15 de Mayo de 1867, le preconizó Arzobispo de Kolocsa y de Bacs, y León XIII, en 12 de Mayo de 1879, le promovió á la sagrada púrpura con el titulo de Santa María de los Angeles. Era considerable la fortuna privada de este Prelado, y con ella ha hecho cuantiosas limosnas y legado importantes fundaciones á la posteridad.—R. I. P.

—Su Santidad ha dado su asentimiento al matrimonio del Príncipe Fernando de Bulgaria con la Archiduquesa María Dorotea, ferviente católica y autora de una *Vida de los Apóstoles eslavos Santos Cirilo y Metodio*, que ha circulado en miles de ejemplares. La Archiduquesa ha mandado su fotografía al Ministro Stambuloff, y éste le ha correspondido con un precioso álbum que contiene vistas de la ciudad de Sofia y muestras de la flora de Bulgaria. Bulgaria, país musulmán casi en su totalidad, va á ser regido por una familia partidaria decidida del Catolicismo.

—El día de San Luis Gonzaga hizo promulgar Su Santidad el decreto de la Sagrada Congregación de Ritos en el cual se reconocen las virtudes en grado heroico del venerable siervo de Dios Nuncio Sulprizio, joven herrero que fué de una de las provincias meridionales de Italia. Su vida fué un conjunto de santas virtudes, de admirable dulzura, de heroica resignación en los padecimientos. Superado este punto dificilísimo en el severo Tribunal de los Sagrados Ritos, se puede esperar como cercano el día en que se procederá á la beatificación de este jovencito que, en condición social tan diversa de la de San Luis, supo emular sus angélicas virtudes. He ahí un modelo que los obreros del mundo pueden proponerse imitar.

II

EXTRANJERO

ALEMANIA.—A pesar de sus naturales preocupaciones de protestante de nacimiento, Guillermo II no parece tener aversión á los católicos. Numerosos y recientes hechos confirman esta afirmación nuestra, y las palabras pronunciadas últimamente en la clausura del Landstag prusiano por dicho Emperador son nueva muestra de sus sentimientos nada hostiles á la Iglesia. "Saludo con alegría, dijo, el hecho de la pacificación del Imperio, habiendo desaparecido los conflictos político-religiosos con la distribución de las asignaciones suspendidas.„

—Los socialistas alemanes han sufrido un fuerte desengaño al medir sus fuerzas con los católicos, á los cuales declararon guerra á muerte poco ha por boca de uno de los diputados más influyentes de la minoría socialista. Mr. Branderburg, candidato del Centro católico, consiguió 16.382 votos contra 50 que obtuvo Tölke, socialista. Como se ve, una derrota semejante es para parar los pies al más arriesgado, sobre todo cuando viene después de las bravatas de injustificado matonismo de que alardeaban poco hace los socialistas enfrente de los católicos.

—Ha fallecido el presbítero alemán Mossler, diputado en el Reichstag y profesor en el Seminario de Tréveris, íntimo y antiguo amigo del ilustre Windthorst. Sus servicios fueron considerables al Catolicismo y á la patria alemana.—R. I. P.

Rusia.—A su vuelta del viaje á China y al Japón ha puesto el czarevitz en Vladivostoch el primer rail de la vía férrea que debe llegar hasta Grafskaia sobre el Usuri. Esta inauguración, ordenada por el czar á su hijo, es la primera aplicación del ukase del 25 de Febrero, que ordenaba proceder á las expropiaciones necesarias para comenzar los trabajos sin pérdida de tiempo. La gran línea ferroviaria transiberiana se prolongará inmediatamente, á partir de Grafskaia hasta Slatoust, donde por dos estaciones, una asiática y otra europea, se unirá á la línea del Ural, y ésta, á su vez, la pondrá en comunicación con las demás vías ferreas de Rusia.

El proyecto es colosal: la longitud de la vía tendrá más de 8.000 kilómetros; podrá recorrerse en dos semanas próximamente, mientras que en la actualidad hay que emplear tres meses para ir solamente de Vladivostock á San Petersburgo.

Según ciertos cálculos, son necesarios treinta años y dos billones para terminar esta línea, la mayor del mundo. Pero el general Annenkoff ha declarado que se encargaba de terminarla en cuatro años y con sólo la suma de un billón y doscientos millones. Esta empresa, digna de todo encomio, es obra eminentemente nacional; se llevará á término por el personal del Estado y con los recursos monetarios del Imperio ruso.

Inglaterra.—El asunto de más resonancia de la quincena es el viaje de Guillermo II á Inglaterra y su larga permanencia en ella (del 4 al 14). ¿Tiene importancia política ese viaje? Comúnmente se cree que sí; pero la prensa liberal de la Gran Bretaña asegura formalmente que no, y añade que si Salisbury entiende las cosas de otro modo, se verá burlado cuando el partido liberal suba al poder, que será muy pronto. De todos modos es probable que, si Inglaterra no se adhiere á la triple alianza, adquiriendo compromisos que no dicen bien con su historia, contribuirá por modo más ó menos directo á imponer respeto á las potencias enemigas de las aliadas.

—*La Prensa Nacional* de Dublín publica la siguiente declaración, redactada por los Obispos irlandeses en la reciente reunión que han tenido en Maybrook: "Nos, los Arzobispos y Obispos de Irlanda, reunidos por primera vez después de nuestra declaración del último mes de Noviembre, solemnemente proclamamos, en nuestra calidad de pastores del pueblo irlandés, que estamos convencidos de que ha perdido Parnell, por su conducta escandalosa, todo derecho á la dirección política de los irlandeses. Ha dado éste á los católicos, por su actitud y la de sus agentes y periódicos, nuevas pruebas de su absoluta indignidad, y muy particularmente por el sañudo encarnizamiento con que ha perseguido al Clero después de nuestra declaración. Por esto, Nos creemos de nuestro deber invitar con este motivo á los católicos para que protesten contra el mantenimiento de Parnell al frente del partido irlandés.„

Esta declaración, propuesta por Mons. Walsch, ha sido firmada por veintiocho Prelados. El desgraciado Parnell recibe con esto el golpe de gracia en el desatinado derrotero emprendido tras los escandalosos sucesos que motivaron su caída.

Buena prueba de ello es lo acaecido en la elección parcial que acaba de verificarse en Carlow, distrito entusiasta como ninguno por Parnell, y en donde creía tener asegurada la elección de un amigo suyo. El candidato antiparnellista Hammon ha sido elegido por 3.779 votos, habiendo obtenido solo 1.501 el candidato de Parnell. La causa de esta derrota ha sido la declaración de los Prelados, cuya voz encuentra eco siempre en la Isla de los Santos.

FRANCIA.—Las cuestiones políticas despiertan poco interés desde hace algún tiempo entre nuestros vecinos; las económicas son las que más preocupan á las gentes, y por cierto que en esta temporada les ha entrado un furor proteccionista que se aviene muy mal con las doctrinas económicas más arraigadas en las escuelas avanzadas, que son las que privan en Francia. Los vinos italianos y españoles son los que han recibido más rudo golpe con las medidas económicas que se han votado en la Cámara de los Diputados, puesto que han de pagar de entrada un cuarenta por ciento de su valor, con lo cual dicho se está que será imposible tengan venta regular.

—La campana de Toledo, la de Moscou y otras no menos célebres, van á tener dentro de poco un digno rival con la inauguración de la montada recientemente en la basílica de Montmartre, en París. La *Saboyana,* que con este titulo ha sido bautizada, pesa 25.000 kilogramos; sus campanadas se harán oir á más de cuarenta kilómetros de distancia, y su sistema de rotación, que es complicadísimo, será movido por el vapor.

—Continúan sin interrupción las peregrinaciones de los diferentes departamentos de Francia á la basílica del Sagrado Corazón. El domingo 28 de Junio, el Cardenal Langènieux presidió la consagración de los comerciantes é industriales al Sagrado Corazón de Jesús; el 3 de Julio condujo Mons. Jacquenet, Obispo de Amiens, á sus diocesanos á la basílica y á Nuestra Señora de las Victorias, y se anuncian numerosas peregrinaciones que serán buena muestra de la religiosidad de Francia y de lo que se puede esperar de un pueblo tan tenazmente adherido á las creencias de sus antepasados á pesar de los estragos que en él han producido tantos huracanes impíos y revolucionarios.

**

AMÉRICA.—A un índice de las revoluciones del Nuevo mundo vamos á reducir hoy esta parte de nuestra *Crónica*. En los Estados Unidos se ha sublevado no sabemos qué tribu. No hay que temer por la seguridad de las instituciones de la gran República, pero conste el hecho de la revolución.

De Guatemala tenemos esta muestra según un despacho telegráfico. Los habitantes de Quezaltemango se han declarado en rebelión contra el Gobierno. Témese que se haya generalizado la revolución, y se añade que el general Bonilla, presidente de la República, se preparaba á huir en vista del pésimo sesgo que tomaban las cosas.

En Chile las cosas van de mal en peor; los sublevados se envalentonan más cada día, habiendo salido vencedores en los varios encuentros que han tenido en Iquique y Vallenar.

En Haití se han cometido horrores. El presidente general Hipólito ha hecho fusilar á más de doscientos presos con pormenores que espantan. Todo para que mañana le fusilen también los sublevados. Las noticias que se reciben de todos los puntos indicados son en general contradictorias: como que los sublevados hablan un lenguaje y el Gobierno respectivo otro. ¡Cuándo querrá el Señor aplacar su ira, é impedir que se aniquilen y trituren Estados tan florecientes por ambiciones mezquinas!

III

ESPAÑA

El día 15 se leyó en nuestras Cámaras legislativas el decreto de suspensión de sesiones; y puesto que una de las leyes más combatidas y de más transcendencia entre las definitivamente votadas ha sido la del Banco, y puede además, hoy ó mañana, ser muy útil su conocimiento, vamos á copiarla á fin de que nuestros lectores la puedan tener fácilmente á la vista. Su parte dispositiva dice así:

"Artículo 1.º El Banco de España podrá emitir billetes al portador hasta la suma de 1.500 millones de pesetas siempre que conserve en sus cajas, en metálico, barras de oro ó plata, la tercera parte cuando menos del importe de los billetes en circulación, y la mitad de esa tercera parte precisamente en oro.

„Art. 2.º El límite inferior de la cantidad representada por un billete será de 25 pesetas.

„Art. 3.º Se prorroga la duración del Banco Nacional de España que establece el decreto ley de 19 de Marzo de 1874 hasta el 31 de Diciembre de 1921.

„Art. 4.º En compensación de estas concesiones, el Banco de España anticipará al Tesoro público 150 millones de pesetas, por lo que no cobrará interés ni tendrá derecho al reintegro hasta el 31 de Diciembre de 1921, en cuyo día serán reembolsados. El ministro de Hacienda dispondrá de este anticipo, con arreglo á las leyes y á las necesidades del Tesoro, en los siguientes plazos: De 50 millones de pesetas, desde 1.º de Julio de 1891. De otros 50, desde 1.º de Julio de 1892. De los 50 restantes, desde igual día de 1893.

„Art. 5.º El importe de los billetes en circulación, unido á la suma representada por los depósitos en efectivo y las cuentas corrientes, no podrá exceder en ningún caso del importe de las existencias en metálico, barras de oro ó plata, pólizas de préstamos y créditos con garantía, con arreglo á los estatutos y efectos descontados realizables en el plazo máximo de noventa días. Seguirán considerándose como hasta aquí, entre los valores enumerados en el párrafo anterior, los títulos de la Deuda pública del Estado del 4 por 100 amortizable, así como las acciones de la Compañía Arrendataria de Tabacos y los pagarés del Tesoro endosados por la misma que tuvieron origen en la ley de 22 de Abril de 1887, y las letras y pagarés del Tesoro representativos de la Deuda flotante, emitidos en cumplimiento de la ley de 13 de Junio de 1888.

„Art 6.º El Banco, de acuerdo con el Gobierno, creará sucursales ó cajas subalternas en los puntos en que lo requieran las necesidades del comercio y de la industria.

„Art. 7.º El Banco podrá prestar sobre cédulas hipotecarias, obligaciones de ferrocarriles y otros valores industriales ó comerciales, con las formalidades y condiciones que prevengan sus estatutos.

„Art. 8.º Quedan modificados en los términos prescriptos por los anteriores artículos el párrafo segundo del art. 1.º, el segundo del art. 2.º y el párrafo primero del art. 3.º del decreto ley de 19 de Marzo de 1874.„

—El proyecto de descanso dominical ha quedado pendiente de la aprobación definitiva en el Senado. Después se discutirá en el Congreso sabe Dios cuándo, dejándole Dios sabe cómo, y vamos viviendo. En cambio otros varios proyectos que vinieron á última hora han sido aprobados en ambas Cámaras.

—En una de las últimas sesiones celebradas por la Junta directiva del centenario de Colón leyéronse las adhesiones tanto de las Corporaciones y centros de la Península, como de los Gobiernos extranjeros. Por su entusiasmo se distingue el de Wáshington, que, no obstante haberse de celebrar en Chicago la Exposición universal al año siguiente del centenario, ha ofrecido enviar algunas de las más importantes instalaciones que luego han de figurar en la citada Exposición.

La Santa Sede, respondiendo á las gestiones del ministro de Gracia y Justicia, ha dado instrucciones á sus representantes en España y él Extranjero para que los Prelados envíen los objetos adecuados que existan en sus respectivas diócesis, habiéndose recibido ya importantes ofrecimientos de algunos de ellos.

La Casa Real ha puesto á disposición de la Junta los objetos que existen en el Escorial y en la Biblioteca y Armería.

Entre las Sociedades y centros particulares que ofrecen tomar parte en el centenario figuran las de Escritores y Artistas, Academia de Jurisprudencia, Sociedad Geográfica, la de Unión y Fomento y la de Agricultores, las cuales celebrarán Congresos y Exposiciones hispano-americanas relacionadas con sus fines.

Asimismo las Compañías de ferrocarriles y de vapores-correos harán importantes rebajas en las tarifas de transportes para la conducción de objetos destinados á las Exposiciones, y la Transatlántica conducirá gratuitamente 1.200 toneladas de dichos objetos.

El señor presidente manifestó que, según los informes del arquitecto encargado de las obras, Sr. Velázquez, el monasterio de la Rábida y la iglesia de Palos quedarán tal y como estaban cuando los visitó el descubridor del Nuevo Mundo al salir en busca de las Indias occidentales.

El señor conde de Casa-Miranda leyó una comunicación de la sección segunda dando cuenta de haber cedido gratuitamente el señor duque de Alba los terrenos que rodean al monasterio, y en los que ha de emplazarse el monumento, habiéndose firmado ya la correspondiente escritura de cesión. La Junta acordó dar las más expresivas gracias al señor duque por su generoso y patriótico desprendimiento.

Todas estas obras, así como las de los palacios en que han de celebrarse las Exposiciones, estarán terminadas con antelación suficiente para poder hacer las instalaciones, según informan los arquitectos respectivos.

Todos los individuos de la Junta manifestaron su satisfacción por la marcha de los trabajos, y es seguro que han de verse realizadas las aspiraciones del pueblo español al conmemorarse acontecimiento tan importante.

A fin de que todas las autoridades civiles de las provincias contribuyan también á la realización de este patriótico pensamiento, saldrán de Madrid dos comisionados especiales, muy competentes por cierto, para, de acuerdo con aquéllas, recoger todos los recuerdos de la época colombiana y disponer su remisión á esta corte y excitar el celo de las Corporaciones, Sociedades y organismos llamados á contribuir con su representación y sus medios propios al mayor esplendor de la fiesta nacional.

Se ha extendido una nota en varios idiomas para comunicar á los Gobiernos extranjeros los acuerdos adoptados por el de España y por la Junta directiva del Centenario para la conmemoración de éste, á fin de que remitan también aquellos objetos que deban figurar en las Exposiciones por tener relación más ó menos directa con el acontecimiento que se trata de celebrar.

Acordóse centralizar los festejos en Madrid y Huelva para darles más realce, animación y lucimiento.

El Casino de Madrid ha ofrecido una cantidad alzada para contribuir á sufragar los gastos que han de ocasionar aquéllos, y es de esperar que otros importantes Círculos sigan, en esta ó en otra forma, su ejemplo.

Es seguro que para la época de las fiestas estarán terminadas las obras del edificio destinado á Museos y Biblioteca, bastando uno solo de sus pisos para la instalación amplia y cómoda de la Exposición del arte retrospectivo.

Para las viviendas, monumentos y demás objetos que no quepan en lugar cerrado se habilitará el Parque del Retiro, y es muy probable que se difiera la apertura de la Exposición de Bellas Artes que se celebra anualmente en aquel sitio para que coincida con la fecha del centenario, dando á aquélla carácter internacional.

De las obras de la Rábida hay noticias interesantes, tales como el descubrimiento de pinturas murales de mucho mérito y de rastros que determinan el emplazamiento y distribución del antiguo monasterio, que debía constar sólo de planta baja, y se estudian con verdadero afán todos aquellos datos que puedan contribuir á la fijación del sitio que ocupaba la celda del P. Marchena.

El monumento á Colón será grandioso, y el más elevado de los que existen en Europa. Baste decir que el pedestal tendrá una altura de 20 metros, y que desde él se descubrirá toda la línea de la costa y hasta el convento de la Rábida. La columna será maciza, y para ella se están arrancando inmensos bloques de mármol.

Todo, en fin, hace esperar que esta demostración del entusiasmo nacional por el gran descubridor será digna de su fama.

—Acaba de fundarse en Madrid, bendecida por el Excmo. Prelado, una Asociación que se titula *Apostolado de la Prensa bajo el patrocinio del Sagrado Corazón de Jesús*. Como de la realización del pen-

samiento de dicha Asociación esperamos mucho bien, copiamos de
buen grado á continuación las *bases generales* que se han circulado,
y que son como sigue:

„Artículo 1." El objeto de esta Asociación es el de propagar, entre
las clases obreras sobre todo, buenas lecturas, encaminadas principalmente á contrarrestar la propaganda incesante de la prensa impía. La forma y materia de esta propaganda será la que acuerde en
cada caso concreto la Junta de Gobierno, la que nada podrá publicar
que salga de los fines de esta piadosa Asociación y sin que lleve la
censura eclesiástica.

„Art. 2." La Junta de Gobierno se compondrá de un Presidente,
un Vicepresidente, un Director espiritual, un Tesorero, un Secretario, un Bibliotecario ó depositario de impresos y ocho Consiliarios,
elegidos por mayoría de votos entre los socios. Los cargos durarán
solamente un año, pero serán reelegibles los que los desempeñaren.
Si durante el año falleciere ó se imposibilitare algún individuo de la
Junta de Gobierno, ésta procederá á nombrar quien le sustituya en
la forma antes dicha y hasta la junta general.

„La Junta de Gobierno escogerá, después de maduro examen, los
impresos que se han de divulgar, acomodados siempre por su solidez, sencillez y gracia á las necesidades morales y gusto del pueblo,
y pondrá sumo empeño en elegir personas que discreta y útilmente
los repartan, de modo que sean leídos y dé su lectura el deseado
fruto. Aquellas personas que, ó por su vocación, ó por su celo, están
en contacto con los pobres é ignorantes, merecerán para este oficio
de caridad las preferencias de la Junta de Gobierno.

„Art. 3.º Los socios todos podrán ayudar al desarrollo de la obra
escribiendo, imprimiendo ó distribuyendo lo que se acuerde por la
Junta de Gobierno, pero contribuirán además con una cantidad mensual que será á lo menos de *cincuenta céntimos de peseta.* Todos
asistirán á los actos religiosos que celebre la Asociación y á la junta
general que habrá de celebrarse anualmente para la renovación de
cargos, dar cuenta de los trabajos llevados á cabo durante el año,
rendimiento de cuentas y todo cuanto sirva para conocer el estado
de la Asociación y resultados conseguidos.

„Art. 4." Las señoras podrán formar parte de nuestra Asociación
como socias protectoras ú honorarias si contribuyen como los socios
con una cuota mensual al sostenimiento de la obra. Tendrán derecho
á asistir a los actos religiosos de la Asociación, y la Junta de Gobierno aprovechará el celo de nuestras socias protectoras para la
repartición de buenas lecturas en cárceles, hospitales y demás lugares adonde lleva á la señora católica su caridad y celo por la salvación de las almas.

„Art. 5." Los impresos de propaganda se distribuirán siempre gratis á los pobres; pero si otras Asociaciones ó personas piadosas hicie-

ren á esta Junta central pedidos de consideración para repartirlos gratuitamente, se les cobrará sólo el coste de impresión y remisión del pedido.

„Art. 6.º La Junta de Gobierno procurará fundar *Centros del Apostolado de la Prensa* en todas las poblaciones que sea posible, previo permiso de los reverendos Prelados. A este fin solicita encarecidamente de los señores socios y de cuantos se interesen por esta obra se sirvan indicar á la Junta las poblaciones en que, á su juicio, podrian fundarse dichos Centros y los nombres de las personas con quienes convendría entenderse para ello.

„Art. 7.º Los Centros así fundados recibirán los impresos que posea el de Madrid por sólo el coste neto del pedido que hagan, y en las mismas condiciones adquirirá éste las producciones de aquéllos. Recíprocamente podrán los unos editar los trabajos de los otros, con tal que siempre las ediciones vayan hechas según las reglas aquí establecidas y ordenadas al fin de la Asociación.

„Art. 8.º Para que la propaganda sea activa, ordenada y fecunda, los Centros mantendrán frecuente comunicación con el de Madrid, y éste se encargará de consultar á todos cuando sea preciso para conocer su opinión ó se trate de entablar alguna acción común.

„Art. 9.º Aunque por ahora el *Apostolado de la Prensa* se limitará á la difusión gratuita de hojas y libritos de propaganda, ya nuevos, ya nuevamente editados, no será contra su fin y espíritu, antes muy conforme á ellos, extender más con. el tiempo su esfera de acción, abrazando cuanto se comprenda bajo su título, con tal que siempre se mantenga en el terreno puramente religioso, y vaya encaminado á la propagación de buenas doctrinas, sobre todo entre las clases ignorantes y menesterosas.

„Art. 10. La Asociación, establecida con el beneplácito de nuestro Excmo. Prelado en el oratorio del Espíritu Santo de esta corte, asistirá en corporación á la fiesta solemne de su deifico Protector, teniendo además cuatro comuniones generales al año en los siguientes dias:

„Dulce Nombre de Jesús.—Patriarca San José.—Sagrado Corazón.—Maternidad de Nuestra Señora.

„Madrid 29 de Junio, festividad de los Santos Apóstoles San Pedro y San Pablo, de 1891.

„Nota. Las personas que tengan á bien subscribirse para esta obra de propaganda católica, se pueden dirigir al Secretario de la Asociación, **Sr. D. José María Álvarez**, *Costanilla de los Angeles*, 8, Madrid.„

—Ya tenemos comunicación telefónica entre Madrid y San Sebastián. Acerca de las pruebas que se han hecho dice un periódico de la corte: "El señor Ministro de la Gobernación ha podido hablar hoy telefónicamente con la estación de San Sebastián por el hilo directo de bronce que acaba de establecer el director de Correos, Sr. Los Arcos, para la comunicación telefónica. La voz se percibe tan distintamente como en los teléfonos de la corte (en los días en que se oye bien), porque el hilo sólo tiene dos milímetros, en vez de los tres que necesitan los alambres telefónicos; pero aun así ha podido entenderse lo que se decia. Por la razón indicada no se abrirá la línea al servicio público, dejándose sólo para el oficial.„

—El día 4 del mes murió en el Señor el virtuosísimo Prelado de Palencia, D. Juan Lozano Torreira, á la edad de setenta y seis años. Se ha cumplido en él puntualmente la sentencia de San Agustín: *sicut vita, finis ita.*—Tras larga y penosísima enfermedad, heroicamente sufrida, cuando se hallaba casi exánime y á punto de exhalar el último suspiro, levantó á deshora los desfallecidos brazos, y con acento firme y sonoro dijo: "No os olvidéis de los pobres; cuidad de aliviar sus miserias de alma y cuerpo„; y no pudo decir más, y fué bastante; como que con esas palabras supo sintetizar los sentimientos que le animaron toda su vida.

También ha fallecido con muerte edificantísima el Sr. Trelles y Noguerol, que desde hace años venía empleando su talento y actividad, y más que todo los alientos que le daba su virtud solidísima, en fomentar la piedad y el amor á Jesús Sacramentado.

Finalmente, no podemos eliminar en esta fúnebre estadística el nombre del que fué cariñoso amigo nuestro y subscriptor de LA CIUDAD DE DIOS, D. Antonio María de Arguinzoniz, atildado escritor y piadosísimo caballero.—R. I. P.

MISCELANEA

Misiones de los Padres Recoletos en los Llanos de Casanare (Colombia) [1]

II

J. M. J.

LABRANZAGRANDE 23 de Diciembre de 1890.

Mi querido P. Santiago: Hemos llegado á este pueblo buenos y salvos, á Dios gracias; y habiendo de volver á Sogamoso un peón que ha venido con nosotros para llevarse las bestias que sacamos de dicho pueblo, aprovecho su vuelta para que lleve esta carta y la ponga en el correo.

Como no he podido escribir á Vuestra Reverencia desde que sa-

[1] Véase la pág. 398.

limos·de Tunja por no haber tenido tiempo disponible, voy á darle
cuenta de nuestro viaje desde la salida de dicha ciudad para que
nada quede por decirle.

Dije á Vuestra Reverencia en mi carta anterior que el día 15 era
el señalado para nuestra salida de Tunja. Todo, pues, se preparó
para salir en ese día, y reunidos todos los expedicionarios en la casa
episcopal almorzamos con el Ilmo. Sr. Obispo, é inmediatamente
montamos en los caballos y nos pusimos en camino con dirección al
pueblo de Tota. Nos acompañaban el señor Cura de Labranzagrande, á quien el Ilmo. Sr. Obispo hizo quedarse en Tunja después de
los Ejercicios para ese fin, un sacerdote joven de los nuevamente
ordenados puesto á mis órdenes por el señor Obispo para que haga
la expedición con nosotros, y además, el mismo señor Obispo con
su Secretario y algunos señores Canónigos tuvieron la amabilidad,
de acompañarnos una hora de camino. La despedida fué afectuosa
y conmovedora; y habiendo recibido la santa bendición del Ilustrísimo señor Obispo, nos alejamos de ellos llevando'las más gratas impresiones, y llenos nuestros pechos de reconocimiento y gratitud á tantas consideraciones como se nos habían guardado á pesar
de lo poco que valemos. Dios, nuestro Señor, les pague tanta bondad.

Llegamos á Tota después de tres horas de viaje, y á eso solamente
se redujo nuestra jornada en ese día. Al poco rato de llegar tuve
que subir al púlpito, porque el señor Alcalde del pueblo y vecinos
me suplicaron les dijera algo si no me hallaba muy cansado. No faltaba cansancio, pero ¿quién se negaba á tal súplica? Les prediqué,
pues, y ellos correspondieron con la mayor gratitud; porque, además
de las consideraciones que nos guardaron en aquella noche, al día
siguiente, el señor Cura, el señor Alcalde y varios vecinos notables
nos acompañaron hasta llegar á la jurisdicción del pueblo inmediato.

Seguimos solos nuestro viaje con dirección á Firavitoba, adonde
llegamos á las tres de la tarde después de cuatro horas de viaje. La
jornada debía haber sido hasta Sogamoso, pero se presentó una dificultad y nos quedamos en dicho pueblo de Firavitoba, donde fuimos
muy bien recibidos y perfectamente tratados por el señor Cura y Vicario del partido, Sr. Dr. D. Miguel Medina.

A la hora de haber llegado nos visitó el señor Cura de Sogamoso,
y nos manifestó los grandes deseos de que permaneciéramos algunos.
días en su pueblo para predicar y confesar. Cuando di los Ejercicios
al clero en Tunja, me habló ya dicho señor Cura para que, á nuestro
paso por Sogamoso, diésemos una Misión. Yo le di entonces alguna
esperanza; pero como después se retrasó el viaje por la enfermedad
del P. Ramón, y urgía el venir por aquí para aprovechar en los Llanos el tiempo de secas ó de verano, como por aquí dicen, le telegrafié
desde Tunja diciendo que no podíamos detenernos á dar la Misión.
Él no cejó, sin embargo, en su santo empeño de que hiciéramos algo

en su pueblo, y hubo que darle gusto y hacer algo. Se quedó con nosotros aquella noche en Firavitoba, y al día siguiente 17, por la tarde,
salimos para Sogamoso, importante ciudad, como sabe, por su ve-
cindario numeroso y movimiento comercial.

A la hora y media de haber llegado á Sogamoso estaba ya en el
púlpito dando principio á un Retiro que había de durar hasta el domingo 21. La iglesia, aunque bastante capaz, se vió llena de gente, y
en los días siguientes ya era pequeña para contener la multitud de
fieles que acudía á los sermones. Once sermones predicamos entre
los tres.

El fruto que se recogió fué copiosísimo, no bastando nueve sacerdotes que nos reunimos para oir á todos los que deseaban lavar las
manchas de sus pecados en las aguas saludables de la penitencia.
Creo que aunque hubiéramos estado medio mes hubiera sido lo mismo. Dimos fin al Retiro con una fiesta al Sagrado Corazón de Jesús,
animando á los socios del Apostolado á extender el reinado de Jesucristo, nuestro Señor, y á trabajar incansables para que sea honrado
de todos y reine verdaderamente en los individuos, en las familias,
en los pueblos y en la sociedad. La población, gracias á ese divino
Corazón, quedó verdaderamente conmovida; y cuando nos disponía-
mos á marchar después del almuerzo, nos fué en extremo dificultoso
montar en los caballos, porque inmensa multitud de fieles nos ro-
deaba por todas partes besándonos el hábito y llorando á grito vivo.
No es posible describir esos cuadros verdaderamente conmovedores
y tiernos; es seguro que proporcionaron un mal rato á los enemigos
de nuestra Religión sacrosanta, que, por desgracia, no faltan en Sogamoso según informes que me dieron. Excuso decir que nuestras lágrimas se mezclaban con las de aquellos buenos fieles, y que nos alejamos de ellos suplicando al Señor los llenara de bendiciones y gracias. ¡Bendito Retiro, y bendito sea Dios, Autor de todo bien!

Salimos de Sogamoso acompañados del buen anciano General
Sarmiento y Revdo. P. Becerra, franciscano. El señor Cura y Coadjutor no nos acompañaron porque preferimos el que se quedaran
confesando la mucha gente que quedaba dispuesta. Tomamos el camino de Monguí, de donde es cura el reverendo Padre al mismo
tiempo que Prior del bonito convento que allí tienen los Padres franciscanos. Llegamos á las tres de la tarde, y después de descansar un
rato bajamos á la iglesia á cantar una Salve á Nuestra Señora de
Mongi, imagen muy venerada en dicho pueblo, y muy visitada por
los fieles de muchísimos pueblos, que le hacen promesas en sus necesidades y van á cumplirlas al pie de su altar. Los fieles se fijan sólo
en Nuestra Señora, pero el cuadro representa á la Sagrada Familia.
Es una buena pintura, como regalo que es ó donación del gran Rey
Felipe II, según me dijeron. La iglesia es de tres naves y muy capaz,
con media naranja y bonita fachada.

Después de cantada la Salve, montamos en los caballos y salimos de Mongui con un aguacero que puso malísimas las pendientes cuestas que se tienen que subir y bajar para llegar á Mongua, término de nuestra jornada en aquel día. Llegamos á las seis de la tarde; y como el pueblo tenía noticia de nuestra llegada y esperaban que les predicásemos, al poco rato subió el P. Manuel al púlpito, y los demás nos ocupamos en confesar. Por la mañana celebramos, y yo les prediqué otro sermón, á petición del señor Cura, por más que no pensaba hacerlo, porque las bestias estaban ya ensilladas y la jornada que íbamos á hacer era larga.

Salimos á las nueve de la mañana acompañados del señor Cura, y pasamos el día subiendo y bajando montes hasta las cinco de la tarde, que llegamos á Chachín, que yo creía sería algún barrio con algunas casas, y no es más que un pequeño rancho con una capilla que levantó el actual Cura de Labranzagrande, porque cuando viaja se ve precisado á pernoctar en dicho punto para dividir la gran distancia que hay hasta Mongua. Cenamos, y después principiamos á arreglar camas, utilizando los sudaderos de los caballos, pieles de oveja que había por allí y alguna estera. Las botas de montar sirvieron á algunos para almohadas, y todos dormimos admirablemente, porque estábamos cansaditos y con mucho sueño.

Al día siguiente 22, después de haber celebrado el santo sacrificio de la Misa en la capillita y tomado un pequeño almuerzo, nos pusimos en marcha sobre las nueve de la mañana. A las tres horas de camino llegamos á jurisdicción de Labranzagrande, dándonoslo á conocer un bonito arco de ramaje y flores que habían levantado en la divisoria. Seguimos andando y encontrando con frecuencia arcos parecidos al primero, pero todos bonitísimos, porque abundan las flores por todos estos campos, y son hermosísimas y muy variadas en sus formas y colores. Entre una y dos de la tarde nos hicieron entrar en una casa en donde nos tenían preparada una buena comida, que no despreciamos porque ya los estómagos pedían algo. Animadas con esto las bestias, como decía un señor Doctor compañero, seguimos nuestro camino, y á la media hora nos encontramos con el señor Alcalde de Labranzagrande y unos treinta señores más de lo más notable del pueblo, que salieron á recibirnos. Uno de ellos pronunció un sentido discurso dándonos la bienvenida y manifestando la alegria y contento con que nos recibían; yo contesté con otro; á éste siguió otro del señor Cura, y en seguida nos pusimos en marcha entre el humo, chispa y ruidos que producían multitud de cohetes voladores que iban disparando delante de nosotros. Así entramos en la población, cuyas calles estaban llenas de gentes, que se arrodillaban á nuestro paso. El señor Cura me decía que todo aquello era para nosotros ó por nosotros; yo le decía que era para él ó por él, pero en el momento me ocurrió la idea de que todo aquello era por Dios y para

Dios, y así se lo dije al doctor y al mismo Dios, á quien todo lo referí y ofrecí: SOLI DEO HONOR ET GLORIA.

Estamos ya, pues, en Labranzagrande, antiguo curato de nuestra corporación, permutado por un Revdo. P. Provincial por Santa Rosa de Tocaima de ese arzobispado por los años 33 ó 34 si mal no recuerdo Como no he hablado aún con nadie en este pueblo, no sé si los ancianos conservarán aún recuerdos de los Padres Candelarios; pero indudablemente que los conservarán, porque, según he oído decir á nuestro P. Victorino, él estuvo por aquí no hace mucho con el Sr. Dr. Parra, hoy Ilmo. Sr. Parra, Obispo de Pamplona, para ver al P. Parra, hermano de dicho Ilmo. Sr. Obispo y religioso de nuestra corporación.

Mañana por la noche daremos principio á la santa Misión en este pueblo, y cuando concluyamos iremos á Nunchia á dar otra, y después á Marroquín, Maní, Santa Helena y Orocué. Perdemos unos días con ir á Nunchia; pero el señor Cura de aquí tiene empeño en que vayamos antes de ir á Orocué, y quiero complacerle, porque bien lo merecen los servicios que nos está prestando y los que aún nos prestará, pues hará con nosotros toda la expedición.

Están todos estos pueblos de los Llanos sin Cura; y aunque nuestro principal objeto al venir por aquí es visitar las tribus salvajes, no se puede menos de hacer lo que se pueda en esos pueblos que llevan ya años sin sacerdote. Hoy ha recibido el señor Cura una carta de Maní en la que una señora le suplica por Dios, la Virgen y todos los Santos que haga por visitarlos, porque llevan ya cinco años sin que haya llegado sacerdote por aquel pueblo. Qué sorpresa tan agradable será la suya cuando vea que llegamos todos nosotros. Si Dios nuestro Señor nos da salud, creo que nuestra correría ha de ser muy provechosa á las almas. Nos esperan privaciones, calor, cansancio, sufrimientos mil; pero todo se puede dar por bien empleado en vista de las grandes necesidades espirituales que hay por aqui y de la mucha gloria que se puede dar á Dios, nuestro Señor. Después de haberle ofendido, ningún sacrificio se le puede ofrecer más grato á sus ojos que más le mueva á misericordia y más asegure nuestra salvación. *Animam salvasti, animam tuam praedestinasti*, dice nuestro glorioso Padre San Agustín.

Aunque antes hice mención del Revdo. P. Becerra, nada he dicho de lo atento, servicial y en extremo afable que estuvo con nosotros; y mereciendo de justicia un recuerdo, se lo dedico con el mayor gusto. En el rato que pasamos en su convento, todo le parecía poco para obsequiarnos; y al irnos, aunque le rogamos que no nos acompañara porque la tarde estaba lluviosa y mala, no pudimos conseguir el que se quedara. Nos acompañó hasta Mongua, y allí nos dió una porción de cosas que habia llevado en su caballo y que nos sirvieron admirablemente en el viaje. Todo esto nos iba llenando de cariño hacia él;

pero ese cariño se aumentó y llegó á la ternura cuando, al preguntar yo por él á última hora, me dijeron: "Se ha ido porque estaba muy conmovido y no ha tenido valor para despedirse.„ ¡Nuestra buena Señora de Mongui le pague todo y haga cada día su corazón más bueno y agradable á Dios!

No sé cuando podré escribirle otra; aprovecharé la ocasión que se presente. Mientras tanto ruegue mucho por su afectísimo y menor hermano en el Sagrado Corazón de Jesús y nuestro gran Padre San Agustín,—Fr. Ezequiel Moreno de la Virgen del Rosario.

RESUMEN

de las observaciones meteorológicas efectuadas en el Colegio de Agustinos Filipinos de la Vid Burgos en el mes de Junio de 1891.

ALTITUD EN METROS 960,9   LONGITUD GEOGRÁFICA, 41° 37' 9"   LONGITUD EN TIEMPO AL E. DE MADRID, 42"

BARÓMETRO EN ᵐᵐ Y A 0.°

DÉCADAS	Altura media	Oscilación media	Altura máxima	Fecha	Altura mínima	Fecha	Oscilación extrema
1.ª	675,5	1,4	684,5	6	675,7	6	8,8
2.ª	681,1	1,7	680,9	13	680,1	20	8,2
3.ª	677,6	1,3	681,8	25	672,6	23	9,2
Mes	680,4	1,5	680,0	13	672,6	13	10,4

TERMÓMETRO CENTÍGRADO

DÉCADAS	Temperatura media	Oscilación media	Temperatura máxima	Fecha	Temperatura mínima	Fecha	Oscilación extrema	Mínima por irradiación	Humedad relativa media	Tensión media del día en milímetros.
1.ª	13,5	11,3	24,0	3	5,0	21	19,0	4,8	67	9,2
2.ª	17,6	21,3	25,2	20	3,1	13	32,1	2,8	47	9,9
3.ª	21,0	18,1	22,9	22	6,3	21	29,6	3,8	45	10,0
Mes	17,5	16,9	25,2	20	3,1	13	32,1	2,8	52	10,0

ANEMÓMETRO

DÉCADAS	FRECUENCIA DE LOS VIENTOS N	N.E.	E.	S.E.	S.	S.O.	O.	N.O.	DÍAS DE Calma	Brisa	Viento	Viento fuerte	Velocidad media por día en kilómetros.	Velocidad máxima en un día.	Fecha.
1.ª	1			3	2	1	1	6	7	2	5	3	324,5	324,5	10
2.ª	1	8			9	9	10	3	6	4			114,0	195,2	12
3.ª	1				5	13	3	3	1	3	6		207,4	278,1	24
Mes	2	4		3	5	3	21	12	7	9	11	3	190,3	325,9	24

DÍAS

DÍAS Despejados	Nebulosos	Cubiertos	DÍAS DE Llovizna	Niebla	Rocío	Escarcha	Nieve	Granizo	Tempestad	Lluvia total en milímetros.	Lluvia máxima en un día.	Evaporación media en milímetros.
8	9		1						1	29,9	8,3	
	13		1					3				
3	7	13	1					1	1	29,9	8,3	
8		13										

CONFERENCIAS

dadas en el Ateneo de Madrid (curso de 1889-90) por D. Francisco Iñiguez
é Iñiguez, profesor de Astronomía en la Universidad central [1]

EJANDO, pues, como destituídas de valor científico, las ideas hasta ahora imaginadas para explicar la formación de las nebulosas, pasemos á examinar la teoría que hoy se considera más en concordancia con los conocimientos prácticos y teóricos que poseemos, para dar solución al problema cosmogónico.

No fué estudiado este problema por los astrónomos antiguos. Los filósofos lo examinaron; pero, basadas sus ideas en conceptos falsos respecto de los seres y fenómenos físicos, nada sólido pudieron establecer. Las religiones antiguas tienen también sus cosmogonías, y entre ellas no puede menos de llamar la atención la de Moisés, sea cualquiera el criterio con que se juzgue de la misma. En los brevísimos capítulos que dedica en el *Génesis* el escritor sagrado á tan importante asunto encontramos: primero, la afirmación terminante de la existencia de un Dios único y personal, criador y conservador de cuanto existe; segundo, perfectamente distinguidas la creación *ex nihilo* de los elementos del mundo físico, y la formación sucesiva de todos los cuerpos á expensas de tales elementos mediante el trabajo de los

---

seis días; y, en fin, es notabilísimo el profundo sentido filosófico que encierra la frase con que comienza el libro: *In
principio,* porque, en efecto, en el momento primero de la
existencia del mundo comienza el tiempo, esencialmente distinto de la eternidad. La Ciencia por sí sola jamás ha llegado á consecuencia alguna contraria á afirmaciones tan categóricas y fundamentales; en cuanto á las escuelas filosóficas que han pretendido hacerlo, bien sabéis cuáles han sido
los escollos en que siempre han naufragado.

Y dicho esto, vamos ya á tratar, desde el punto de vista
exclusivamente científico, la cuestión que nos ocupa. Siendo
desconocido, como antes dije, el origen de las nebulosas,
tan sólo se trata de explicar cómo de una de ellas puede sur-
gir un sistema planetario como el de que nuestro planeta
forma parte. La complicación es grande por los numerosos
detalles de que la teoría debe dar razón suficiente. Obsérvase que alrededor del Sol giran los planetas, y en torno de
éstos sus satélites, con los cuales termina la serie, pues no
hay satélites de satélites. Los movimientos de translación
de los planetas se verifican todos de Occidente á Oriente,
como la rotación del Sol, en órbitas poco inclinadas unas
respecto de otras; los planetas giran también sobre sí mismos alrededor de ejes inclinados sobre sus órbitas respectivas; en fin, los satélites circulan también alrededor de sus
respectivos planetas, y á la vez giran sobre ejes propios, empleando el mismo tiempo en ambos movimientos, cuya dirección no es ya en todos el de Occidente á Oriente, como en
los planetas. Saturno se halla provisto de su anillo múltiple
que lo circunda; y entre Marte y Júpiter, en lugar de existir un planeta análogo á los demás, se encuentra una multitud de planetas pequeños, los cuales no están distribuídos
con igualdad en toda la extensión comprendida entre los dos
citados astros, sino que, por grupos, ocupan porciones de
aquélla, dejando otras completamente vacías. Todas estas
circunstancias, y algunas otras de carácter menos general,
debe explicar la teoría, y á lograrlo han dedicado sus investigaciones multitud de sagaces matemáticos.

El punto de partida es la hipótesis de Laplace, tal como

la concibió el insigne geómetra; la Ciencia moderna no ha
hecho más que explicar algunas particularidades, que en la
mente del autor tuvieron que ser principios hipotéticos. Se
admite, pues, la existencia en el origen de una nebulosa sumamente dilatada, extendida hasta los límites del sistema
solar, constituída por los materiales todos de éste en estado
gaseoso y dotada de un movimiento de rotación y otro de
translación, si bien este último no se tiene en cuenta para la
formación de los astros, conservándose en el sistema resultante; tal es la parte hipotética de la teoría.

Dotadas las partículas de la nebulosa de fuerza de atracción mutua, claro es que la materia hubo de condensarse,
cayendo con rapidez hacia el centro los materiales más pesados, de donde tuvo que resultar: 1.º, la incandescencia de
la nebulosa por la transformación en calor de la energía de
la materia así acumulada alrededor del centro; 2.º, la formación de un núcleo denso relativamente y rodeado de una
atmósfera más enrarecida; y 3.º, un aumento de la velocidad
de rotación. Esta forma de la nebulosa, resultado de la contracción primitiva, corresponde exactamente á la idea de
Laplace, quedando además explicado el origen de la elevada temperatura inicial, cosa que aquél no pudo conocer
puesto que en su tiempo permanecían aún en el misterio las
leyes de la termodinámica, conquista acaso la más importante de nuestro siglo.

Reducida ya la nebulosa á un núcleo rodeado de una
atmósfera, se encuentra sujeta á una doble condensación
debida á causas distintas; se condensa hacia el centro por
la acción incesante de la gravedad, y se condensa en la superficie por el enfriamiento resultante de la radiación térmica. Por ambas causas la nebulosa disminuye de volumen, y,
por consiguiente, su velocidad de rotación aumenta; y como
este aumento lleva consigo el de la fuerza centrífuga, se
concibe que llegará un momento en que la velocidad de las
partículas del Ecuador será tal que las sustraerá á la acción de la gravedad; desde este momento una parte de los
materiales de la nebulosa no puede seguir ya cayendo hacia el centro y se separa de la masa general, pero no de

una manera tan sencilla como al principio pudo creerse. Necesario es tener en cuenta que la masa fluida en movimiento de rotación tiene que adoptar una forma aplanada, en la cual es necesario considerar dos radios ecuatoriales: uno que llamaremos radio *teórico*, que es el que la nebulosa tendría que poseer en virtud de su densidad y de su velocidad de rotación, no olvidando además que la densidad tiene que ser variable y decreciente del centro á la superficie, y otro radio, que llamaremos *real*, correspondiente al volumen propio de la masa en relación con su temperatura. Siendo más rápida la condensación en el centro que en la superficie, el movimiento de rotación se acelerará alrededor del centro, y el aumento de velocidad se transmitirá gradualmente á la superficie por el frotamiento de unos elementos con otros; por otra parte, la condensación superficial hará caer hacia el interior los materiales que por aquel motivo aumentan de densidad, produciéndose así en la superficie también un aumento de velocidad de translación en las partículas; mas uno y otro de estos efectos sólo por excepción serán concordantes, originándose de su discordancia el primer fenómeno cosmogónico notable: siempre que el radio teórico sea inferior al radio real, habrá un desprendimiento de materia por el ecuador de la nebulosa, y se formará un anillo alrededor del conjunto de los materiales que siguen unidos al núcleo, continuando el desprendimiento hasta que se restablezca la igualdad de ambos radios. Por el contrario, si el radio real es inferior al teórico, los materiales que se condensan por enfriamiento penetran en el interior de la atmósfera nebular, donde constituyen un anillo formado por corrientes elípticas de materia; en tanto, todo desprendimiento ecuatorial se halla suspendido. El aumento de velocidad comunicado de nuevo desde el interior origina una disminución del radio teórico, y el anillo últimamente mencionado se desprende en unión de todos los materiales exteriores á dicho radio, resultando formado un nuevo anillo exterior á la masa central. Vemos, pues, que el desprendimiento de materia nebular no se verifica de un modo continuo, sino en períodos distintos, y he aquí por qué los planetas que á expensas de los anillos desprendidos se forman resultan separados unos de otros por espacios considerables. Debe advertirse también que la alternativa en los valores de los radios considerados se halla favorecida por las corrientes de materia, que por la superficie resbalan de las regiones polares hacia el Ecuador cada vez que el radio real prepondera sobre el teórico; las partículas arrastradas en tales corrientes penetran en su mayoría dentro de la masa por efecto de la escasez de su fuerza centrífuga, y producen considerables efectos, así térmicos como dinámicos.

No existe razón alguna para suponer que la nebulosa primitiva fuese homogénea; por consiguiente, al desprenderse los elementos constitutivos de los anillos, la cantidad de materia abandonada por las diferentes partes del ecuador tuvo que ser distinta, resultando, por consecuencia, un cambio en la agrupación relativa de las partes que constituyen la nebulosa después del desprendimiento de cada anillo; es decir, que la formación de cada uno de éstos es seguida de un cambio de dirección del eje alrededor del cual gira la nebulosa, ó sea una inclinación del ecuador de la misma; y formados así los anillos en distintos ecuadores nebulares, las órbitas de los planetas á que dan lugar resultarán inclinadas unas respecto de otras y respecto también del ecuador del Sol, astro que en el sistema se forma el último por la condensación de la materia no desprendida en anillos.

Consideremos ahora lo que pasa en uno de éstos.

Al principio, las partículas exteriores giran alrededor del núcleo central con menos velocidad que las interiores; pero más tarde los rozamientos establecen la uniformidad de la rotación. Si suponemos que en un punto del anillo se forma un poderoso centro de condensación—la teoría exige esta nueva hipótesis—muy pronto atraerá á sí los materiales todos, constituyendo al fin una nebulosa análoga á la primitiva y sujeta á pasar por las mismas fases. La diferencia de velocidad de translación entre las partículas exteriores del anillo es la causa de que, al formarse la nebulosa planetaria, adquiera un movimiento de rotación de Occidente á Oriente.

Mas esta nebulosa se halla sometida desde su origen á la atracción de la nebulosa central, lo cual se opone á que tome la forma esferoidal, obligándola á prolongarse hacia el centro, digamos ya del Sol, puesto que tal ha de ser el centro de la nebulosa primitiva cuando haya llegado al término de su evolución. Según esto, la nebulosa planetaria se halla en su principio sometida á una marea solar poderosa que dificulta bastante el movimiento de rotación, retardándolo; pero á medida que va disminuyendo de volumen y condensándose su materia hacia el centro, la atracción de éste va predominando sobre la marea solar, el movimiento de rotación se acelera y se hace posible el desprendimiento de anillos, de donde más tarde surgirán los satélites. Por las mismas consideraciones hechas al tratar de la nebulosa central, y además por el efecto especial del Sol, resulta que los ejes de los planetas se van inclinando sobre sus órbitas, y también respecto de las de sus satélites, pudiendo llegar la inclinación á ser tan considerable que los movimientos se conviertan en retrógrados, como sucede con Neptuno.

Claro es que la revolución de cada satélite se verifica en un tiempo igual al de rotación de la nebulosa en el momento de desprenderse aquél; luego si el satélite se forma en el interior de la atmósfera del planeta, podrá efectuar su revolución en menos tiempo que el empleado por el planeta en girar sobre sí mismo, según acontece al primero de los satélites, Marte. Además, los satélites no quedan á la distancia del planeta en que se formaron, sino que, por la reacción correspondiente al efecto que la marea por ellos producida sobre sus planetas determina en la rotación de éstos, se van alejando de los mismos.

Si un anillo fuese perfectamente homogéneo, en lugar de dar origen á un solo astro produciría una multitud de corpúsculos que conservarían la forma anular; todos sabéis que Saturno ofrece esta particularidad en nuestro sistema. Pero los corpúsculos que forman el anillo no pueden ocupar toda la extensión de éste en sentido de su espesor si en alguna región de él hay influencias exteriores de atracción persistente; este caso se presenta también en un espacio del anillo de Saturno por las atracciones que allí ejercen los cuatro primeros satélites del planeta, notándose por este motivo una región vacía de corpúsculos, ó sea una división del anillo, que lleva el nombre de Casini.

Del mismo modo un anillo planetario sometido á grandes perturbaciones no podría dar lugar á la producción de un solo planeta, sino de muchos pequeños, distribuídos según cierta ley; así se explica que entre Marte y Júpiter ocupen los asteroides el lugar que correspondería á un planeta si las perturbaciones producidas por la enorme masa de Júpiter no se hubiesen opuesto á su formación.

La densidad de la nebulosa, en unión de su radio, juega también un papel muy importante, que yo no puedo detallar aquí, en la producción de los anillos planetarios, limitándome á indicar que por su medio se explica la gran diferencia que existe entre las densidades de los planetas exteriores y de los interiores respecto de la región ocupada por los asteroides.

Hemos visto antes cómo, hasta que la nebulosa planetaria no contrarresta por su gran condensación el efecto de la marea solar, no es posible el desprendimiento de anillos generadores de satélites; esta circunstancia, que desde luego explica por qué carecen de satélites los planetas más próximos al Sol, no ha podido verificarse para los satélites, respecto de sus planetas respectivos, por la débil masa de aquéllos y lo tardío de su formación; por eso sus rotaciones y revoluciones se verifican en tiempos iguales, y no ha lugar á la producción de satélites secundarios.

—————

Ya veis por lo dicho cómo, partiendo de la hipótesis de una nebulosa primitiva, es posible explicar las particularidades todas de un sistema planetario; en algunos puntos, como en la rápida condensación de los planetas, la teoría ofrece aún puntos flacos, es cierto; pero debe confiarse en que al fin hallarán solución satisfactoria. Debo también añadir que los astrónomos, al estudiar la formación del mundo solar, no lo hacen exclusivamente por lo que se refiere al problema cosmogónico, aunque bien merece éste por sí sólo que se le dedique atención especial; la causa de que esta cuestión sea estudiada con tanto afán consiste en que, una vez resuelta, se hallarían entre los planetas relaciones muy importantes que facilitarían en alto grado las complicadísimas cuestiones de Mecánica celeste.

Nada he dicho de los cometas y estrellas fugaces, porque actualmente son considerados como de origen exterior al sistema solar.

Hora es ya, señores, de poner fin al abuso que estoy haciendo de vuestra benevolencia. Indicados los hechos más importantes de que da noticia la Astronomía estelar, y expuesta la teoría que hoy se tiene por más probable sobre el origen del sistema planetario, corresponde ahora que hagamos de éste un estudio particular, principalmente en lo que se refiere á las fases que nuestra Tierra debió atravesar sucesivamente hasta llegar á ser habitable. Sobre estos puntos versará la conferencia próxima si la escasez de mis facultades deja aún subsistir en vosotros el deseo de oir hablar de asuntos astronómicos, á lo menos mientras no tengan expositor más en harmonía con la importancia y la belleza de la más sublime de las ciencias naturales.

HE DICHO.

LA BIBLIA Y LA CIENCIA [(1)]

ı tratásemos de hacer un examen comparativo de toda la historia de la apología católica, habría de sorprendernos una diferencia muy notable que se observa entre la conducta de los apologistas modernos y la adoptada por los sabios apologistas de la antigüedad. En los tiempos que nos precedieron, los defensores de la verdad religiosa aparecían, por lo general, como animados de un mismo espíritu é idénticas convicciones, y apenas se oía el grito provocador de sus adversarios sabían elegir desde el principio de la lucha las mismas posiciones, para todos ciertas é indiscutibles, de la Teología católica. Hoy, por lo contrario, se observa tan visible y profunda divergencia de ideas y opiniones entre los defensores de una misma causa, que parece más difícil reducir á la unidad á los mismos católicos que exterminar el error que todos abominan. No es preciso leer muchas obras de apología moderna para quedar sorprendidos por tan extraño fenómeno; las mismas afirmaciones que en opinión de algunos son tolerables dentro del dogma católico, para otros son manifiestas herejías.

Si del fenómeno pasamos á determinar la causa, parécenos que no podría asignarse como última razón de estas es-

---

(1) Véase la pág. 410.

cisiones internas la diversidad de carácter ó temperamento, más ó menos contemporizador, de los apologistas católicos. Indudablemente algún influjo ha de ejercer hoy, como siempre, en la apología esa diversidad de caracteres; pero no tanto que á esto sólo pueda atribuirse tan notable divergencia de ideas y convicciones como la que observamos en nuestros apologistas. En nuestro juicio, el principal origen de tales escisiones debe más bien buscarse en la naturaleza misma de la apología moderna. Si antiguamente todos los sabios de buena fe acertaban á señalar desde el principio de la lucha los límites que separan la verdad del error, fué debido á que la controversia se movía entonces en un círculo igualmente conocido y explorado para todos, esto es, en el terreno de la Metafísica y la Teología. Pero hoy el grito del combate proviene de los dominios de la ciencia experimental, no conocida en las mismas proporciones por todos los teólogos y apologistas, y esta desproporción en los conocimientos científicos, unida á la relativa decadencia de los estudios teológicos, no podía menos de dar origen á muchas divergencias entre los defensores de la verdad católica. El apologista cuyo estudio predilecto es la ciencia positiva propenderá, naturalmente, á conceder grande importancia á todos los datos que forman el aspecto científico de la controversia; y sin detenerse á apreciar en su justo valor las conclusiones autorizadas de la Teología católica, fácilmente incurrirá en lamentables inexactitudes. Este exceso es bastante familiar á algunos apologistas franceses, cuya deficiencia teológica se hace á veces demasiado manifiesta (1). En cambio, aquellos que se entregan ex-

_____

(1) Entre los muchos ejemplos que podrían citarse como prueba de la ligereza teológica de los autores franceses, valga por todos uno que nos ofrece nada menos que el nuevo *Dictionnaire apologétique de la foi catholique*. Al tratar de las controversias de los teólogos sobre las causas de la predestinación (pág. 2583), viene á decir en substancia que todas las cuestiones habrían terminado si los teólogos hubieran distinguido el orden inverso de los decretos divinos, según se los considere en la *intención divina* ó en su *ejecución*. Si el teólogo encargado de escribir sobre la predestinación conociese medianamente la materia de que trata, no debería ignorar que quizá no hay libro viejo de Teología donde no aparezca la distinción y solución mencionadas.

clusivamente al estudio de la Teología serán, naturalmente, propensos á atribuir una excesiva importancia á cualquiera afirmación de los antiguos teólogos; y mirando con indiferencia y hasta con desdén los adelantos científicos, que son la gloria de nuestro siglo, no se doblegarán fácilmente á rectificar las opiniones obtenidas por sus procedimientos teológicos. Así se explica esa variedad tan lamentable de los apologistas modernos: la deficiencia teológica en unos y la escasez de conocimientos científicos en otros, dan respectivamente origen á dos excesos igualmente perniciosos á la causa católica.

Esta misma idea debió de influir, sin duda, en la mente del Eminentísimo autor de *La Biblia y la Ciencia* al dedicar un largo capítulo para determinar los principios generales que habían de servir al apologista de criterio teológico y científico á fin de evitar los dos escollos en que suelen naufragar las mejores intenciones. Mas, como ya hemos indicado, esto no ha sido obstáculo para que personas más ó menos entendidas formasen una larga serie de acusaciones contra algunas ideas del sabio dominico, inspiradas, según ellas, por una tendencia excesivamente contemporizadora.

Quizá hay mucha exageración en algunos de estos juicios. Como verán nuestros lectores más adelante, no cabe duda de que ciertas doctrinas que el ilustre filósofo español ha transcrito de los apologistas franceses sin adherirse á ellas, no carecen de alguna inexactitud; pero los juicios é ideas propias del sabio apologista que parece han disgustado á ciertas personas nada tienen de alarmantes, siendo realmente la expresión de una doctrina completamente racional.

Prescindiendo de los puntos concretos de la apología, y limitándonos principalmente al examen de la doctrina general formulada en el capítulo IV, sabemos que las frases que más han alarmado á algunos son aquellas severas represiones que dirige en la página 226 á ciertos teólogos y apologistas "que, inspirados por manuales de Teología y exégesis calcadas en los antiguos moldes, rechazan *a priori* determinadas conclusiones y descubrimientos de las ciencias físicas y naturales„. En estas frases y otras análogas que abundan á oportunidad en varios pasajes de la obra, alguien ha creído descubrir cierto espíritu de injustificable innovación en los principios de la Teología y de la exégesis bíblica. Pero nada hay más injustificable que semejantes temores y alarmas. Tan ajeno se halla el sabio Cardenal de pretender innovaciones en este punto, que realmente no hace otra cosa sino recordar los principios generales de exégesis inculcados por los Santos Padres de la Iglesia, principios que no se han tenido en cuenta por algunos teólogos y apologistas, cuyos excesos en esta parte han sido más perniciosos que útiles á la causa que defienden. Lo que sí sostiene el sabio apologista dominico, es que la interpretación tradicional en determinados puntos científicos de la Biblia no goza del privilegio de la infalibilidad; pero esta tesis, lejos de entrañar una idea de innovación en los principios exegéticos, es sencillamente la expresión de una verdad elemental de la Teología católica. Hay en la tradición cristiana un aspecto verdaderamente divino, que se vindica una autoridad infalible fundada en la misión providencial que recibieron los Santos Padres, como representantes de la Iglesia docente, para instruir al pueblo de Dios en las sagradas verdades de la fe y de la moral evangélica. Hay otro aspecto puramente humano en esta gran sociedad religiosa, á cuyo gremio pertenecen hombres pensadores con la libertad de expresar sus ideas en materias indiferentes á la causa católica. En este último concepto la enseñanza tradicional, sea filosófica, científica ó exegética, no ofrece la misma garantía de la infalibilidad. Si no fuese aplicable esta doctrina á la exégesis bíblica, no alcanzaríamos á comprender por qué los sagrados Concilios Tridentino y Vaticano, al exigirnos completa sumisión á las interpretaciones de los Santos Padres, limitan el precepto á solos aquellos pasajes de la Biblia que se refieren á la edificación moral del pueblo cristiano en las cosas de fe y de costumbres. "*In rebus fidei et morum ad ædificationem doctrinæ christianæ pertinentium...*

No es otra la intención de ciertas frases del ilustre apologista que parecen suponer mutabilidad en las conclusiones de la Teología y de la exégesis bíblica. Entre las verdades reveladas que son objeto principal de la Teología católi-

ca se ha introducido siempre algo que no procede de la
revelación, algo que es más humano que divino, más científico que religioso, y por lo mismo menos estable que las
verdades que deben su origen pura y exclusivamente á la
palabra de Dios. Y sabido es que muchas de estas opiniones
filosóficas, históricas ó científicas ejercieron su influjo en la
interpretación de la Sagrada Escritura. *"Similiter etiam
expositores SS. Scripturæ,*dice Santo Tomás, *in hoc diver=
sificati sunt, secundum quod diversorum philosophorum
sectatores fuerunt.„* (II *Sent.,* dist. XIV, q. 1, a. 2.)

El sabio Cardenal recuerda oportunamente algunos preceptos de los Santos Padres, donde, á la vez que nos descu-
bren la desconfianza con que ellos mismos procedían en la
interpretación de los pasajes científicos de la Sagrada Escritura, condenan también la tenacidad imprudente de aquellos
que no quieren doblegarse á reformar sus opiniones exegé-
ticas cuando el progreso de los tiempos les ofreciese motivos suficientes para sustituirlas con otras más razonables.
*"Nulli expositioni aliquis ita præcise inhæreat ut si certa
ratione constiterit hoc esse falsum quod aliquis sensum
Scripturæ esse credebat id nihilominus asserere præsu=
mat.„* Este importantísimo consejo, tomado de la *Summa
Theologica* de Santo Tomás, y que el sabio Cardenal dominicano inculca repetidas veces en el cap. IV, ofrecerá mayor seguridad al teólogo y apologista si se tiene en cuenta
que en realidad es de San Agustín, condición que le garan-
tiza, no sólo la autoridad del gran teólogo é intérprete de la
doctrina tradicional que la adopta en los últimos tiempos
de la Edad Media, sino también la autoridad de su gran
maestro, y padre (según Bossuet)de la Filosofía y de la Teología católica, que le formula ya desde el siglo V (1).

De este precepto del santo Obispo de Hipona se despren-

(1) El mismo Santo Tomás le establece en nombre de San Agustín, limitándose á referir lá doctrina que el santo Obispo de Hipona
formuló en el libro I *De Genesi ad litteram*, y en el XII de sus *Confesiones.* He aquí el texto íntegro del Doctor Angélico: "Respondeo dicendum quod, *sicut Augustinus docet*, in hujusmodi quæstionibus
duo sunt observanda. Primo quidem ut veritas Scripturæ inconcusse
teneatur: secundo cum Scriptura divina multipliciter exponi possit nul-

de como corolario este otro principio exegético, que figura en todos los tratados de Hermenéutica: "Los pasajes obscuros de la Biblia (lo son generalmente aquellos que se relacionan con las ciencias profanas) deberán interpretarse en conformidad con las verdades conocidas por la razón natural.„ Admitidos estos principios tan elementales, á nadie se le oculta que el estudio de las ciencias físicas podrá servir al teólogo de legítimo criterio para rectificar algunas opiniones mal atribuídas. á la Sagrada Escritura en los tiempos que nos precedieron; debiendo al fin reconocerse como una verdad indiscutible que el progreso de las ciencias naturales puede determinar un verdadero progreso en la exégesis bíblica. ¿Cómo hubiéramos llegado, por ejemplo, á formarnos una idea más ó menos aproximada de la doctrina del primer capítulo del *Génesis* si la ciencia geológica y paleontológica, penetrando en las entrañas de la tierra, no nos hubiera trazado las líneas generales de una sorprendente historia de extrañas vicisitudes porque ha pasado nuestro planeta? Sabido es que la misteriosa doctrina del primer capítulo de los Libros Santos fué siempre el martirio de las inteligencias más privilegiadas. Y si es verdad que San Agustín, por una de esas raras intuiciones del genio, llegó á concebir una teoría que conviene substancialmente con las enseñanzas de la Ciencia moderna, no obstante, la expone con tal indecisión y timidez que es difícil averiguar cuál fuese la verdadera opinión del santo Doctor entre las muchas hipótesis que formuló sobre este punto. Hoy, gracias á los adelantos de la ciencia positiva, los mejores teólogos y apologistas saben algo á qué atenerse en la interpretación de la cosmogonía mosaica.

Negar *a priori* la posibilidad de un progreso real y positivo en la exégesis bíblica, es suponer que los descubrimientos de la Ciencia no pueden dar luz alguna en la interpretación de los pasajes científicos de la Sagrada Escritura,

li expositioni aliquis ita præcise inhæreat, ut si certa ratione constiterit, hoc esse falsum, quod aliquis sensum Scripturæ esse credebat, id nihilominus asserere præsumat; ne Scriptura ex hoc ab infidelibus deridatur, et ne eis via credendi præcludatur.„ (Ps. I, q. 68, a. 1.)

lo cual es un absurdo que no está en harmonía con la conducta contraria de los Santos Padres ni con los principios más elementales de hermenéutica bíblica.

Carecen, pues, de fundamento los recelos ó temores que alguien pudiera concebir al abandonar ciertas enseñanzas de la antigüedad que no son infalibles ni, por consiguiente, irreformables.

No cesaremos, sin embargo, de recomendar la debida prudencia en la aplicación de la doctrina que acabamos de exponer, porque fácilmente pudiera extremarse esta razonable amplitud de criterio exegético hasta degenerar en verdadera profanación de la verdad revelada. Tal concepto merece, en nuestro juicio, el método exegético llamado idealista, y habríamos quedado más satisfechos si el Eminentísimo apologista español, al transcribir y exponer la doctrina de Duilhé de Saint-Projet, hubiera puesto algún reparo á sus afirmaciones siquiera por lo que tienen de arbitrarias. Supone el apologista francés que entre los Santos Padres de la Iglesia existió una escuela de exégesis bíblica que, partiendo del principio de que nada enseña la Sagrada Escritura que sea del dominio de las ciencias naturales, buscaba en el texto bíblico la alegoría ó la interpretación impropia á fin de destruir toda relación científica. El mismo Duilhé, después de atribuir este método de exégesis á algunos Santos Padres, y principalmente á San Agustín, lo rechaza, y con razón, como incompatible en algunos casos con las afirmaciones claras y terminantes de la Sagrada Escritura; pero se sirve del supuesto hecho histórico para recordar á sus lectores la amplísima libertad que la Iglesia ha concedido en todo tiempo á los intérpretes de la Biblia y el consiguiente respeto con que debe mirar el teólogo cualquiera opinión que pudiera parecerle exagerada mientras la Iglesia no la condene.

No parece ocasión oportuna ésta para ventilar tales cuestiones con la extensión que reclama la importancia y transcendencia del asunto; pero no será inútil apuntar algunas ligerísimas indicaciones. El supuesto método idealista no existió en la exégesis de los primeros siglos como siste-

ma, y mucho menos como sistema tolerado. Sabemos, sí,
que entonces, como ahora, no faltaron algunos abusos en la
interpretación de los Libros Santos, y que el autor más famoso de tales excesos fué Orígenes; pero la historia eclesiástica nos muestra la medicina junto á la enfermedad. La
conducta de Orígenes fué constantemente reprendida por
los Santos Padres con frases tan severas como éstas de San
Epifanio: "*Historiæ veritatem allegorico depravans men-
dacio infinita verba multiplicat* (1).„ Parécenos que no debe
ser Orígenes el llamado á representar la Iglesia de los primeros siglos después de las gravísimas censuras que le fueron dirigidas por los Padres, algunos de los cuales no du-
daron descubrir en él al patriarca de todas las herejías.

Tocante á San Agustín, sólo desconociendo totalmente
sus escritos podría hacérsele representante ó partidario
del método idealista en la exégesis. Bastaría leer las sa-
pientísimas reconvenciones que dirigió á San Jerónimo con
motivo de una sola interpretación sobre las Epístolas de
San Pablo, y la consiguiente retractación del solitario de
Belén, para convencerse de que quizá ningún Santo Padre
se mostró tan solícito defensor de la verdad histórica y literal de la Escritura como el santo Obispo de Hipona. Tan
escrupuloso era en este punto, que al exponer el significado místico y profético de los hechos del Testamento Antiguo, á que sentía viva inclinación su elevado genio, tenía
buen cuidado de vindicar antes la enseñanza literal del texto
sagrado como fundamento imprescindible de ulteriores investigaciones. "*Admonemus in quantum possumus et præ-
cipimus*, dice el Santo, *ut quando auditis exponi sacra-
mentum Scripturæ, prius illud factum esse credatis* sic
gestum quomodo lectum: *ne substracto fundamento, quasi
in ære queratis ædificare* (2).„

La única especie de razón que algunos invocan para colocar á San Agustín entre los representantes de la exégesis
idealista es la ingeniosa interpretación de los días del *Gé-*

(1) *Contra hæreses*, l. II, t. I.
(2) Serm. *De Tent. Abr.*

nesis, donde parece negar á la narración de Moisés el sentido obvio y material explicando los misteriosos días en un sentido puramente figurado ó alegórico. Pero en este punto, como en algunos otros, no ha sido bien comprendida la idea del santo Obispo de Hipona. Partiendo San Agustín del principio cierto é inconcuso de que en la Sagrada Escritura no puede existir ningún error formal, confiaba á la recta exposición del texto bíblico la misión de conciliar la verdad revelada con la verdad científica. Al efecto formuló el Santo todas las hipótesis posibles para dar razón de los misteriosos días, ateniéndose al sentido literal del texto sagrado; pero tropezando en todas las interpretaciones literales con dificultades gravísimas en el contexto mismo de la Sagrada Escritura, dificultades que no era capaz de resolver la ciencia deficiente de su época, señaló como último refugio, para el caso en que ulteriores investigaciones científicas no diesen alguna luz sobre la materia, la ingeniosa interpretación alegórica. He aquí todo el pensamiento de San Agustín. Ofreció á la consideración de los teólogos é intérpretes todas las explicaciones posibles, sin excluir la de los días períodos; añadió la exposición alegórica, con la cual desaparecían todas las dificultades, y no obstante, todavía vacilaba en la elección: *"Libri Geneseos*, dice el santo Doctor, *multipliciter, quantum potui enucleavi, protulique sententias de verbis ad exercitationem nostram obscure positis, non aliquid unum temere affirmans cum præjudicio alterius expositionis fortasse melioris, ut pro modulo suo eligat quisque quod capere possit* (1).„ Y tanto desconfiaba el santo Obispo de que fuese verdadera la exposición alegórica á pesar de resolver con ella todas las dificultades, que exhortaba á los intérpretes á buscar en el estudio de la ciencia el modo de explicar literalmente aquellos días tan misteriosos en conformidad con la naturaleza y condición de los seres creados. *"Quisquis ergo aliam requirit in illorum dierum enumeratione sententiam quæ non in profetia figurate, sed in hac creaturarum conditione proprie*

---

(1) *De Gen. ad litt.*, l. I, c. XX.

meliusque possit intelligi; quærat et divinitus adjutus invenial (1)., Cualquiera comprendería ya que la exposición alegórica de San Agustín no tiene ni el más remoto parentesco con el principio radical de la exégesis idealista que busca la interpretación impropia de la Escritura suponiendo *a priori* que la doctrina de la Biblia nada tiene que se relacione con las ciencias naturales. El procedimiento del santo Doctor es debido sencillamente á la aplicación de otro principio de Hermenéutica, de que no se desdeña el sistema concordista más exagerado, á saber: "Las frases de un autor deberán exponerse en sentido impropio cuando el sentido obvio y material de las palabras apareciese improbable á la naturaleza del contexto., Si el haber aplicado este principio á un solo pasaje de la Escritura, y nada más que hipotéticamente, para el caso en que las exposiciones literales apareciesen absurdas, es motivo razonable para considerar á San Agustín como el gran patrocinador del principio radical del idealismo exegético, no alcanzaría á comprender por qué no habrá de conceptuarse partidario de la exégesis idealista á quien no interprete materialmente, y como suenan, ciertas frases de la Escritura, como esta de los *Proverbios:* "*Spinæ nascantur in manu temulenti.,*

Menos tolerable todavía que estas afirmaciones arbitrarias es la doctrina de algunos apologistas franceses que inculcan como principio general de apología católica el respeto y tolerancia á todo género de opiniones mientras no hayan sido condenadas por el supremo Magisterio de la Iglesia. Lo confesamos francamente: nos causa repugnancia la conducta de aquellos teólogos que comprometen los intereses de la Religión condenando *a priori* las opiniones ajenas sólo porque son contrarias á sus convicciones teológicas; pero no es menor la que nos sugiere el procedimiento de aquellos otros que se separan con tanta facilidad de los principios más sólidos de la Teología católica sólo por seguir esa amplitud de criterio que tan funestos resultados está produciendo en todas las esferas de la controversia ca-

(1) *De Gen. ad litt.*, l. IV, c. XXVIII.

tólica. Establecer como principio general la tolerancia del apologista hasta el punto de que no le sea lícito impugnar sentencia alguna en nombre de la Religión mientras la Iglesia no la haya condenado, es suponer que en la exégesis bíblica y en la Teología católica no hay nada cierto fuera de lo puramente dogmático, ni nada falso fuera de lo expresamente censurado por la Sede Apostólica, lo cual no puede sostener nadie que de católico se precie. ¿Quién duda de que existen opiniones que, sin ser heréticas en el rigoroso sentido de la palabra, son, no obstante, indignas de un católico, y que deben impugnarse en nombre de los principios de la fe sin esperar la condenación solemne de la Iglesia? El espíritu pueril de novedades de que tanto adolece nuestra época, ha sugerido á algunos la triste ocurrencia de restringir los límites de la inspiración divina únicamente á los puntos doctrinales de la Sagrada Escritura, dispuestos á admitir errores positivos en algunas afirmaciones de los Libros Santos. La Iglesia no ha condenado aún esta opinión (1); pero no queremos convencernos de que pueda haber católico sincero y sensato que se atreva á fundar sobre esta base un tratado de apología bíblica, á pesar de que sería el método más eficaz para desvanecer todo conflicto; pues cediendo en todo la razón á nuestros adversarios, tendría exacta aplicación el axioma vulgar "dos no riñen si uno no quiere„. Preciso es no desconocer la naturaleza y modo de ser de la gran sociedad católica; el Supremo Jerarca no puede ni debe estar continuamente lanzando solemnes anatemas contra todos los errores que abortan las cabezas humanas; hoy quizá le fáltaría tiempo. La Teología y la Exégesis bíblica tienen sus principios ciertos y seguros que, bien aplicados, son más que suficientes para impugnar algunos errores, no como quiera,

---

(1) Aunque en nuestro juicio este error se halla casi expresamente condenado en el Concilio Vaticano, juntamente con las restricciones del P. Vercellone sobre la autenticidad de la Escritura, parece, sin embargo, que no todos han querido reconocerlo así. Según testimonio del P. Brucker, no han faltado en Francia algunos escritores católicos posteriores al Concilio que continuaron restringiendo la inspiración divina á los puntos doctrinales de la Biblia. (Véase la Revista *Études religieuses,* etc. Enero 1888, pág. 78.)

sino en nombre de la Fe y de la Religión. Preciso es no ex-
cederse en este punto, convenimos en ello; incúlquese en
hora buena toda la prudencia que sea posible; pero en manera alguna se establezca como norma de conducta en la
apología la tolerancia absoluta y el silencio perpetuo, mientras la Autoridad no pronuncie su sentencia solemne. Si fuese razonable este sistema del mutismo, habrían sido impru-
dentes casi todos los apologistas de la antigüedad impug-
nando errores que no fueron solemnemente condenados sino
después de muchos años de controversia, y habría sido in-
digna la conducta de algunos filósofos modernos que se ade-
lantaron al juicio de la Iglesia combatiendo algunas proposiciones de Rosmini.

Todo esto sea dicho contra esa excesiva amplitud de
criterio adoptada por algunos escritores franceses. Tocante
al Eminentísimo autor de *La Biblia y la Ciencia,* nos complacemos en poder asegurar á nuestros lectores que si bien
tiene frases generales que parecen indicar la misma amplitud, hay, sin embargo, graves razones para creer que no se
hace solidario de esa doctrina en el sentido en que acabamos de impugnarla. También él parece inculcar tolerancia
y respeto á las opiniones de autores católicos mientras no
hayan sido condenadas por la Iglesia; pero basta observar
su propia conducta en determinados puntos de la apología
para comprender que no establece esta doctrina como un
principio absoluto, sino más bien como una norma pruden-
cial, aplicable á la mayor parte de las cuestiones que constituyen la controversia bíblico-científica. Tratando, por ejemplo, de la opinión de aquellos que restringen la inspiración
divina á los puntos doctrinales de los Libros Santos, la rechaza como insostenible después de las recientes decisiones
del Concilio Vaticano; igualmente, exponiendo la hipótesis
del darwinismo antropológico, que aventuró el sabio católico Mivart, el eminente filósofo la impugna decididamente
como incompatible con los principios de la fe católica. He
aquí, entre varias otras, dos opiniones que el ilustre escritor no quiere respetar aunque particularmente la última no
está condenada por la Iglesia. Si se considera, por otra parte,

la desconfianza que deja entrever al hablar de algunas teorías de Reush y Lenormant, el triste porvenir que augura á las hipótesis darwinistas, y los sabios y bien dirigidos esfuerzos con que se detiene en la opinión de la universalidad antropológica del diluvio, á pesar de las probabilidades científicas que parecen asistir á la opinión contraria del abate Motais, se comprenderá que la amplitud de criterio teológico y exegético que pudiera atribuírsele no es tan ilimitada como parecían indicar algunas expresiones generales.

No faltarán personas (de las cuales no nos excluiríamos nosotros) que desearían descubrir en algunos puntos de la controversia más explícita y terminante la opinión del sabio Cardenal; tampoco hubiera parecido inoportuna mayor energía en la refutación de algunas opiniones atrevidas de autores católicos; pero no debe olvidarse que el estado un tanto deficiente de este género de estudios ha de recomendar cierta reserva al apologista. Preciso es reconocer también que en una controversia de naturaleza tan complicada como la bíblico-científica sería imposible complacer á todos; pues aunque el autor se colocara siempre en el verdadero punto de la cuestión, nunca faltarían disidentes que pretenderían, ó más deferencia al elemento teológico, ó mayores concesiones al elemento científico. Todo esto ha debido influir en la mente del Eminentísimo autor de *La Biblia y la Ciencia* para mostrarse casi neutral en algunos puntos, sin manifestar sus opiniones, prefiriendo mejor presentar una exposición exacta y metódica del estado actual de la controversia, y de los variados procedimientos de conciliación señalalados por los apologistas católicos, que fallar decididamente en determinadas cuestiones donde no siem· pre se busca con buen éxito la certeza.

Creemos haber expresado con toda exactitud los pensamientos del ilustre filósofo y apologista español, á la vez que nuestro propio juicio sobre el criterio que debe presidir á la apología moderna. Como síntesis de nuestras ideas y de nuestros deseos concluiríamos recomendando á todos los escritores católicos dos grandes cualidades, que podrían orientarnos en este género de estudios y de conflictos: éstas han de ser la Ciencia y la conciencia. Con el estudio asiduo de la verdad religiosa y de la verdad científica, dirigido por un amor sincero á *toda* la verdad, acertaremos á separarnos de los dos excesos que hoy dividen las fuerzas de nuestros apologistas; no debiendo olvidar nunca que tan reprensible es la conducta de aquellos que, por falta de conocimientos científicos, comprometen los intereses de la causa católica, atribuyendo á la Religión lo que la Religión no quiere que se le impute, como la de aquellos otros que, por su deficiencia en los conocimientos teológicos, mutilan ó desfiguran las verdades reveladas á fin de contemporizar con ciertas teorías é hipótesis que no tienen más de científicas que el nombre que han querido darles sus autores.

Evitando así ambos extremos, y procediendo todos con los mismos principios en la defensa de la causa católica, á imitación de los grandes apologistas de la antigüedad, conseguiremos indudablemente acelerar la hora de la gran concordia á que todos debemos aspirar con el sabio Cardenal é ilustre filósofo español, en que, purificada la Ciencia moderna de sus errores como lo fué en otro tiempo la Filosofía pagana, vendrán todas las ciencias naturales á agruparse en torno de la Teología católica para rendir el debido tributo á la reina de las ciencias; y cuyo resultado general, como dice el sabio apologista, será "la unión de las inteligencias en la fe, con más la unión de los corazones en la caridad,,.

FR. HONORATO DEL YAL,
Agustiniano.

Carta del Emmo. Cardenal Zeferino González [1]

M. R. P. Honorato del Val.

Mi estimado P. Honorato: Escribo á Ud. para darle gracias expresivas por los elogios inmerecidos que tributa á mi obra *La Biblia y la Ciencia,* y también para significarle mi deseo de que no se ocupe en aclarar las ideas que, según Ud. indica, han sido mal interpretadas por algunos lectores. Soy y he sido siempre enemigo de toda polémica entre católicos, estando dispuesto, por otra parte, á contestar privadamente á las dudas y observaciones que se me presenten.

Y ya que de esto hablo, quiero hacer una observación que tal vez no sea inútil para desvanecer esas interpretaciones inexactas á que Ud. alude. En mi obra se citan mu-

---

(1) Cuando se hallaba ya compuesto el artículo que precede, llegó á nuestras manos esta importantísima carta del Eminentísimo autor de *La Biblia y la Ciencia.* Nos juzgamos altamente honrados dando publicidad, con la debida autorización, en las columnas de nuestra Revista á este autorizado documento de tan eminente escritor, donde podrán ver nuestros lectores la confirmación auténtica de la recta interpretación que en el artículo que precede ha dado á su doctrina el P. Honorato del Val. Las aclaraciones expresadas en esta interesante carta no deberán ser desconocidas á los lectores de *La Biblia y la Ciencia* si desean conocer con mayor precisión y exactitud el criterio general que preside á toda la obra, y apreciar el valor que tienen en la mente del sabio apologista ciertas hipótesis que pudieran parecer aventuradas si se atiende á la demasiada libertad exegética en que se fundan.—(*La Dirección.*)

chas opiniones, y entre ellas algunas bastante atrevidas de autores católicos como Reush, Lenormant, Vercellone, Motais, etc. Mi objeto al citarlas y al exponer las teorías exegético-científicas que entrañan, no es ni defenderlas ni condenarlas, sino poner de manifiesto que la Iglesia, al tolerarlas, deja expedito el camino, dentro de aquellos límites, para las investigaciones exegético-científicas.

Así, por ejemplo, aunque la teoría de Motais referente al diluvio me parece menos probable que las otras, la cito y expongo con el objeto expresado. Menos probable todavía me parece la opinión del P. Vercellone acerca de la autenticidad de la Vulgata, autenticidad que, en mi sentir, debe extenderse á todos los libros y partes de la Biblia en general, sin perjuicio de admitir la posibilidad de algunas inexactitudes ó erratas en las materias que no pertenecen al dogma y la moral.

Lo que digo de Motais y Vercellone, es aplicable igualmente á las opiniones y teorías de Reush, Lenormant y algunos otros escritores.

Es posible también que en un libro relativamente voluminoso se haya deslizado alguna locución impropia ó inexacta, como la que yo he notado después de impresa la obra en el capítulo referente á la generación espontánea, cuando se dice que ésta, aplicada á las plantas y animales, es compatible con el texto bíblico. Pero las líneas que siguen indican bien claramente que no se trata allí de la generación espontánea propiamente dicha, sino de una generación espontánea imperfecta y relativa, de conformidad con los textos de San Agustín y Santo Tomás allí citados, en los que se admite la posibilidad de que Dios, al criar las plantas y animales, sólo creó ó depositó en la tierra sus gérmenes ó semillas, organismos imperfectos con las condiciones necesarias para desarrollarse.

Si, no obstante la observación general que antecede, cree Ud. conveniente rectificar las ideas mal interpretadas á que en su artículo se refiere, apruebo desde luego lo que Ud. haga, al propio tiempo que le reitero mi agradecimiento, ofreciéndome de Ud. afectísimo s. s. y c.,

EL CARDENAL GONZÁLEZ.

Real Seminario de Vergara 22 de Julio.

Problemas científico-religiosos [1]

La existéncia de Dios y la actividad del alma humana en las modernas
teorías científicas.

III

ADMITIDA la hipótesis de que todos los fenómenos materiales de la naturaleza obedecen á una sola causa, el movimiento, sea etéreo, atómico ó molecular, ¿cómo pueden explicarse propiedades tan distintas,
acciones tan opuestas y efectos tan diversos como constantemente están pasando á nuestra vista? No hace á nuestro
intento examinar en este trabajo la cuestión planteada, y por
lo tanto, ciñéndonos á lo ya prometido, expondremos llana·
y sencillamente las hipótesis de más visos de verdad y más
seguidas por los hombres de ciencia.

Insostenible es la teoría atómica tal y como la presentan
los materialistas; sin embargo, preciso es confesar, ó por lo
menos para mí está fuera de duda, que es la concepción más
grandiosa de la escuela materialista, es el horizonte más
extenso y bello capaz de ser columbrado desde el falso y
rastrero punto de vista en que se ha colocado el materialismo; es, presupuesta la negación de toda fuerza distinta de la
materia, la hipótesis más acabada para explicar (si en el
error materialista pudiera explicarse algo) los fenómenos

(1) Véase la pág. 328.

de la creación; es tan sumamente ingeniosa que viene á constituir una prueba viviente de la existencia de seres superiores á los corpóreos, pues la materia nunca puede engendrar tan abstractos y generales conceptos.

Todos los cuerpos existentes en el universo no son, según la hipótesis atómica, más que diversos agregados de microscópicas partículas de materia dotados de distintos movimientos, desde las estrellas que tachonan el azul del firmamento y el volcán que rugiendo lanza su ardiente lava al cielo, hasta la apacible fragancia exhalada por oculta y pudibunda violeta, y la encantadora y no aprendida harmonía formada por elementos tan heterogéneos y discordantes como el canto de los ruiseñores, el murmullo de los arroyos, el zumbido de los insectos y el monótono é incalificable sonido de los árboles al ser mecidos por delicada brisa. Todo absolutamente, sin excluir las cosas más opuestas, como el frío y el calor, lo amargo y lo dulce, lo fétido y lo apacible, lo transparente y lo opaco, lo líquido y lo sólido, etc., no es otra cosa que materia en movimiento. Los átomos todos del universo están dotados de movimiento, no intrínseco y como propiedad de la materia, pues la materia carece de toda propiedad, sino exterior y ajeno al átomo. Las diversas propiedades de los cuerpos no son tales, sino resultantes de de distintos movimientos materiales; algunos ejemplos pondrán en claro proposición tan abstracta y compendiosa. Se toma un veneno cualquiera, sea el arsénico, el fósforo, el cloro, un ácido enérgico ó una base como la potasa, etc., y el individuo sucumbe víctima de las propiedades tóxicas de la substancia tomada. Los partidarios de la teoría atómica explicarían el hecho de la siguiente ó análoga manera: el veneno tomado no tiene la propiedad de matar á nadie, sino que sus átomos tienen un movimiento tal que al chocar con los de nuestro organismo, dotados de distintos movimientos, les hacen salir de su esfera de acción marchándose unos por un lado y otros por otro, viniendo de esta suerte á abrirse una brecha en nuestro cuerpo por donde comienzan á escaparse átomos y más átomos, hasta el punto de quedar convertido en un conjunto hediondo de miasmas y gusanos lo que antes era arrogante figura de robusto mancebo. El cadáver en descomposición, juntamente con los gusanos y miasmas, son substancialmente el mismo individuo muerto con distinto movimiento atómico; por manera que, según esta hipótesis, no debería decirse "Fulano ha muerto„, sino más bien "ha tomado movimiento distinto„; y encerrado el difunto antes del principio de su descomposición en caja de cristal herméticamente cerrada, podríamos gozar siempre de la presencia de los seres que con tanto dolor lloramos. Sirva de segundo ejemplo una disolución de bicromato potásico, cuyo color es rojo anaranjado; los hermosos reflejos de la disolución no son debidos al líquido mismo, sino á su movimiento atómico, el cual, actuando sobre el del rayo lumínico, hace que el número de vibraciones del éter sea el conveniente para impresionar á nuestra retina de la misma manera que otros cuerpos rojos anaranjados. Añádase al líquido anterior determinada cantidad de carbonato potásico; desde luego se nota el ruido de la efervescencia acompañada de desprendimiento de burbujas gaseosas de anhídrido carbónico, tomando la disolución color amarillento. La causa de estas alteraciones es el encuentro de dos movimientos distintos, de los cuales, según las leyes mecánicas, resultan otros movimientos diversos, y por ende otros nuevos cuerpos, puesto que la diferencia entre dos objetos cualesquiera no está más que en el movimiento de sus átomos; no de otra manera que cuando á una viga, apoyada por su centro en un punto, se la empuja por los dos extremos paralelamente y en opuesta dirección, no toma la de ninguna de las dos fuerzas actuantes, sino un movimiento completamente distinto, él circular, equivalente, sin embargo, á los dos anteriores.

Por los ejemplos anteriores se puede comprender con facilidad la teoría atomística, en la cual se prescinde por completo de las diferentes propiedades peculiares de cada cuerpo, distinguiéndose el pan del vino, no por su olor, color, sabor, estado físico, componentes químicos y reacciones diversas propias á cada substancia, ni aun por sus mismos elementos materiales, sino única y exclusivamente por su diverso movimiento material, bien sea molecular ó atómico.

Según los materialistas, el movimiento universal, á cuyo influjo están sometidos todos los seres materiales de la naturaleza, es un movimiento regular, matemático y necesario, ya se considere en el campo (frase obligada) de lo *infinitamente* grande, ya en el de lo *infinitamente* pequeño; y así como el astrónomo desde su observatorio mide la velocidad con que cada astro avanza en su grandiosa carrera y la curva formada en su trayectoria, deduciendo de ambos datos, por sencilla operación de cálculo, cuándo, cómo, á qué hora y cuántas veces se han de poner en conjunción ó cuadratura, se han de eclipsar unos planetas á otros, etc.; y el físico arroja sobre un plano un cuerpo elástico é indica el camino y límite de su ascenso, hace atravesar un rayo de luz por un prisma y dice de antemano dónde han de ir á parar los hermosos colores del iris, y si le ha venido en talante los dirige por medio de espejos convenientemente dispuestos á un punto donde se junten, abracen y fundan en uno solo; el cañón lanza por su boca de fuego exterminadora bomba movida por el impulso de intantánea explosión y sigue la línea precisamente trazada por el artillero; se sabe perfectamente el punto de encuentro de dos locomotoras puestas en marcha con opuesta dirección y velocidades distintas, y la dirección y velocidad de las mismas después del choque; en una palabra, así como se determina con toda certeza y precisión matemática la resultante de los movimientos exteriores y visibles de los cuerpos por estar sometidos á las leyes inflexibles de la Mecánica, así también se podría llegar á determinar con evidencia absoluta, si conociésemos los movimientos atómicos, las fases porque han de pasar todos los seres corporales del universo. Desde hace uno, veinte, cien siglos, desde el primer instante de la existencia del mundo, se podría haber deducido por sencilla fórmula matemática que los pétalos de tal ó cual flor habían de servir de pasto á la vanidad de tal ó cual ostentosa dama de nuestra sociedad; que en determinado día y á hora conocida en obscura habitación habían de oirse los gemidos exhalados por desolada esposa al evocar á su memoria la re-

ciente muerté de su idolatrado marido; qué clase de espectáculos habían de agradar en cada una de las clases, de los
sexos, de las edades, de la sociedad española, alemana, inglesa, etc., en el siglo XX; cuántas publicaciones con el co=
lor de todas ellas y los individuos que las redacten, y el número de lectores de cada una, etc... Y nadie se admire de
tan peregrinas afirmaciones, pues la lógica es en sus leyes
ruda y salvaje, y es enemiga de contemporizaciones, y no
la arredran las más ridículas y extrañas consecuencias
cuando se deducen de las premisas contadas. Si no existen
más que átomos en movimiento, y todos los fenómenos del
universo no reconocen otra causa que la diversidad y transformación del movimiento de los mismos, claro está que
todo lo que se realice en el mundo, sin excluir los actos humanos, no son otra cosa que resultantes de anteriores fuerzas que obran en virtud y conformidad de las leyes de la
Mecánica, y, por lo tanto, sujetas á ser determinadas por las
reglas del cálculo y encerradas en las fórmulas del mismo.

IV

Ahondando más en la cuestión, y llevados de un espíritu
escudriñador á veces quizá en demasía, y sobre todo tratando de aquilatar el porqué de las sensaciones, han sido con-
ducidos algunos á fundar una hipótesis diametralmente
opuesta á la atómica.

Un ejemplo hará luz en este caos misterioso de la' constitución de los seres físicos. Supongamos que existen en una
mesa varios vasos de líquidos diversos, y llega un individuo
que quiere distinguirlos y saber el licor que cada uno tiene;
por el solo color podría conocer algunos de ellos, y cuando
no bastase, acudiría al olor, luego al sabor, luego al tacto,
y para los que no pudiese distinguir por estos medios acudiría á otros procedimientos físicos y químicos que no hace al caso relatar ahora por suponer que los líquidos de la
mesa eran agua, aceite, mercurio, agua de seltz, jerez y
ron. Si ahora se le preguntase al observador por qué distingue el agua del aceite, ésta del ron y del mercurio, el

jerez del agua de seltz, en una palabra, todos los líquidos
entre sí, desde luego puede asegurarse que, por muchas que
fuesen las causas acumuladas para la distinción, todas ellas
vendrían á refundirse en la diversa manera de impresionar
cada uno de los sentidos del hombre; que uno produce cierto picor en la lengua, el otro es untuoso al tacto, aquél
tiene brillo metálico y gran densidad, éste un aroma apacible y un sabor agradable; que uno es ardiente y *se sube á la
cabeza*, mientras el otro refrigerante y el otro nauseabun-
do son denominaciones que estriban en la diversa manera
de obrar sobre el organismo humano; por manera que todas las cualidades y propiedades por las que se distinguen
unos seres físicos de otros no son otra cosa que nombres
dados al distinto modo de actuar sobre el hombre, es decir,
de producir ciertos efectos en el cuerpo humano. Ahora
bien; todos los efectos producidos en un ser material reconocen por única causa la fuerza, y sin ella no puede concebirse efecto alguno; por lo tanto, si juzgamos de los seres
físicos por la manera de impresionarnos, por los efectos que
causan en nuestro organismo, y los efectos son debidos á la
fuerza y no á la materia, parece seguirse lógicamente que
los cuerpos están constituídos por reuniones de fuerzas diversas que, al actuar sobre nuestros sentidos, nos hacen concebir las ideas de sólido, líquido, gaseoso, duro, blando, sabroso, desabrido, apacible, fétido, harmonioso, disonante,
venenoso, medicinal, blanco, negro, etc..., que sin razón
alguna atribuímos á la materia.

Esta hipótesis, tan seductora en las apariencias, entraña
gravísimas dificultades, sin solución hasta el día, sobre todo
admitida la unidad de las fuerzas físicas. No obstante, en
mi trabajo la supondré cierta, así como su contraria, la
atómica.

No me detendré á exponer la teoría media entre las dos
referidas anteriormente que admite la materia y las fuerzas
diversas por ser la más ordinaria, y nadie duda que en ella
se explica perfectamente la existencia de Dios y la espiri-
tualidad del alma.

V

El espíritu positivista y excesivamente empírico que hace ya una centuria viene informando la sociedad, ha sido y es causa del menosprecio hecho de las ciencias filosóficas, hasta tal punto que hoy á la inmensa mayoría de los amantes y cultivadores de la ilustración y la ciencia les es dificilísimo remontarse á la región sublime de lo ideal y abstracto cuando no va encarnado en una cosa concreta, encontrando muy confuso y tenebroso todo lo que pase los límites del telescopio y microscopio, y no pueda encerrarse en la retorta, ni fundirse al soplete ó desmenuzarse con el escalpelo, acaeciéndoles con la vista de la inteligencia lo que sucedería con la corporal á un individuo que si pasase largos años viendo cosas muy diminutas, y á muy corta distancia, iluminadas tan sólo por la luz de una bujía, y luego le colocasen en el alto de una montaña bañada por los hermosos reflejos del sol, y situada en medio de extensa campiña, de suerte que resultase magnífico y grandioso horizonte, sin duda alguna apenas podría abrir los ojos, ni ver los objetos más grandes y más perfectamente iluminados por no estar acostumbrado á tanta grandeza y tantos resplandores, viniendo á ser para él la luz brillante densas sombras, y á veces tinieblas completas, por el pernicioso hábito de no ver más que lo mezquino iluminado por los pálidos reflejos de una linterna. Sólo así me explico que personas de gran raciocinio y clara inteligencia en las ciencias físicas cuando se las saca de su galvanoscopo, su micrómetro, sus carretes, sus polipastros, sus máquinas neumáticas, etc., todo lo ven obscuro y confuso, y saltan sin advertirlo por encima del principio de contradicción con frescura y naturalidad inconcebibles. Dejo á la consideración del lector lo que sucederá con las *medianías* si así obran las que pasan con mucho el nivel ordinario de la inteligencia humana.

Apoyados en los dichos de algunos (digo algunos porque efectivamente han brillado en los horizontes de las ciencias naturales autores de primera magnitud que por poseer además conocimientos filosóficos no han caído en los lamentables absurdos que relatamos; díganlo si no los Newton, los Leibnitz, los Linneo, los Secchi y los Ampère) de algunos *científicos* verdaderamente notables, como Laplace, que decía no haber necesitado de Dios para explicar el mundo, se ha levantado una pléyade inmensa de *pseudo científicos*, gárrulos del progreso, patrocinadores natos de todo lo bajo y rastrero, ajenos por completo de sólido conocimiento científico, verdaderos ilusos de hipótesis que nunca han entendido y propalan á los cuatro vientos, pretendiendo explicar con ellas los más transcendentales problemas, que no saben plantear ni siquiera anunciar con toda exactitud y en sus verdaderos términos.

"La materia y la fuerza vienen recorriendo un ciclo eterno, el calor se transforma en trabajo, éste en movimiento de translación, ésta en electricidad, ésta en luz, ésta en energía química, y éste en calor; electricidad, magnetismo, movimiento, trabajo, etc..., y así indefinidamente, sin que aparezca un átomo de fuerza ó materia nuevas, ó se pierda de las existentes; luego Dios no existe, y el alma se halla en contradicción con las leyes físicas.„ He aquí en breves palabras el gran argumento, el Aquiles de los *pseudo científicos* contra la Iglesia católica, contra el sentir de los grandes genios de la humanidad, la tradición universal de todos los pueblos y contra el sentido común.

Veamos las consecuencias lógicas de las modernas teorías físicas. El globo terráqueo consta de una cantidad M de materia con una cantidad S de fuerza, resultado de todas las energías actuales y potenciales existentes en la tierra. ¿De dónde proceden esas dos cantidades, M y S respectivamente, de materia y fuerza? Para satisfacer á esta sencilla pregunta no les queda á los *pseudo científicos* más que dos vías expeditas, y ambas con el absurdo por término: la infinidad de la materia y la fuerza, y la eternidad de las mismas. De suerte que, tomando el primer camino, se podría contestar á la pregunta de la siguiente ó análoga manera: "La Tierra ha recibido del Sol toda su materia y energía, ó mejor dicho, de un gran núcleo de materia cósmica, llamémosle *A,* de donde, en virtud de las leyes físicas de atracción y repulsión, se vino á formar el sistema planetario, cuyo centro ocupa el Sol; el núcleo *A* tomó toda su energía y masa de otro núcleo mayor *(B,* por ejemplo) y éste de otro *C,* y á su vez el *C* de otro mayor, de que forma parte *D,* y así han ido brotando unos núcleos de otros sin término alguno, porque la materia y la fuerza de que se compone el universo son infinitas.„ Desde luego todo número es esencialmente finito, y por lo tanto, el admitir un número infinito es tan absurdo como admitir un círculo cuadrado. Para hacerlo ver me valdré tan sólo de las ciencias exactas por gozar de indecible claridad, ó mejor dicho, evidencia en todas sus conclusiones, y haberse querido usar de ellas en contra de la inconmovible columna de verdad, la Iglesia católica. Todo número es una totalidad ó reunión de partes iguales entre sí, ó unidades, y por lo tanto, podremos formar siempre la siguiente igualdad: $1+1+1+1+1 \ldots +1= \infty$; si ahora multiplicamos, por ejemplo, por 3 el primer miembro de esta igualdad, se habrá indudablemente alterado; porque si cada una de las partes de un todo crece, el todo también crecerá; luego el primer miembro, al multiplicarlo por 3, es mayor que antes; y como entonces era igual á un número infinito, resulta que ahora es mayor que él, y, por lo tanto, el número infinito no puede existir. La multiplicación aritmética es una operación que tiene por objeto hallar un tercer número que contenga tantas veces al multiplicando como unidades tiene el multiplicador: sea el multiplicando el supuesto número infinito ∞ y el multiplicador 13; el producto, según la definición, contendría trece veces al infinito, ó lo que es lo mismo, sería trece veces mayor, y por consiguiente, tendríamos ya un número mayor que el supuesto infinito, y en consecuencia, éste no sería verdadero infinito. Hay un teorema en Aritmética que dice: "Las potencias sucesivas y crecientes de los números mayores que la unidad van en continuo aumento„, y, por lo tanto, la segunda, la tercera, la cuarta, etc., potencia del número supuesto infinito serían mayores que éste, lo cual es una contradicción manifiesta.

Luego, ó hemos de renegar de la exactitud de las Matemáticas y de los resplandores de la evidencia, ó hemos de confesar que un número infinito es tan quimérico y absurdo como un círculo cuadrado.

Pero saltemos por encima de todos los axiomas matemáticos, y demos que no envuelve intrínseca contradicción un número infinito; aun así resultaría absurda la cadena infinita de mundos que nacen unos de otros. Supongamos que cada uno de los eslabones de esa infinita cadena lo forma un solo astro. Ahora bien; si los designamos por letras, podremos formar la igualdad siguiente, que goza de perfecta evidencia: el astro A + el B + el C + el D... + el $X = \infty$; es decir, á un mundo infinito. Si el primer miembro de esta igualdad consta de una serie infinita de términos, aunque cada uno ocupase no más que un milímetro cúbico de espacio y éste fuese infinito, quedaría lleno; por consiguiente, si en vez de un milímetro tuviese cada término dos milímetros cúbicos, llenarían completamente dos espacios infinitos, ó, en otros términos, no cabrían en el espacio infinito, y, por lo tanto, no podría existir esa serie infinita de mundos de no más que dos milímetros cúbicos de volumen cada uno; y si en este favorable supuesto es de todo punto imposible la existencia de un número infinito de mundos, huelga insistir en si lo será constando el volumen de cada astro de millones de milímetros cúbicos.

Si el mundo es infinito en su extensión, tendría que adoptar la forma de una esfera cuyo radio fuese infinito, porque con otra cualquiera forma salta á la vista la flagrante contradicción que encierran sus términos. Veamos si es posible tan monstruosa esfera.

El globo terráqueo, en la hipótesis sentada, se encontraría, ó bien en el centro de la esfera, ó en un punto distinto del centro, pero interior á la misma ó en su superficie. En el primer caso, uniendo por medio de una recta el centro de la Tierra con un punto de la superficie de la supuesta esfera, por ejemplo el que está en la vertical que pasa por el punto en que escribo estas líneas, ésta sería infinita, y, por lo tanto, no podría prolongarse, porque al prolongarse aumentaría y dejaría ya de ser infinita; pero como la Ciencia demuestra evidentemente que puede prolongarse (aunque no sea más que hasta los antípodas), síguese que en este caso la esfera infinita resulta absurda. En vez del centro, ocupa nuestro planeta otro punto interior de la esfera, como suponemos en el segundo caso. Trácese el diámetro que pase por ese punto, y que tocará en otros dos á la superficie esférica; uno de éstos distaría de la Tierra el radio más la distancia del centro de la esfera al punto ocupado por el globo terráqueo, ó lo que es lo mismo, más de una cantidad infinita, afirmar lo cual es sencillamente ridículo. Ya sólo nos queda la tercera parte de la disyuntiva, ó sea que la Tierra se encuentre en la superficie de la descomunal esfera, en cuyo caso la contradicción es todavía más palmaria que en los casos anteriores, pues distaría del astro que se encontrase en el extremo del diámetro que los uniese una distancia dos veces infinita por ser igual el diámetro á dos radios.

He insistido tanto y usado de razones lo más materiales posibles para adaptarme al ambiente que hoy se respira, y por abrigar la certeza de que las puramente metafísicas y transcendentales son para la mayor parte de los cultivado-res de las ciencias naturales inaccesibles montañas, cuya subida ni aun se atreven á comenzar, y para hacer ver que los católicos nunca han temido aceptar el combate en el terreno que sus enemigos se lo han querido colocar mientras las armas que se han de esgrimir vayan templadas con la inflexibilidad de la lógica y la solidez de la Ciencia, y no en los sueños de la fantasía, ni en los delirios producidos por conocimientos superficiales sin firmeza en la base.

Y si la infinidad de la materia y la fuerza no puede admitirse sin incurrir en una serie tal de contradicciones y absurdos que si fuese posible el número infinito ninguno otro sería sino el soñado por esta serie, ¿podrán los materialistas y pseudo científicos resolver el problema planteado refugiándose á la eternidad de las mismas?

Fr. Teodoro Rodríguez,
Agustiniano.

(*Continuará.*)

TRADUCTORES É IMITADORES DE HEINE [*]

Florentino Sanz. Gil y Sanz. F. y González, Herrero. Llorente y E. Pardo Bazán.—Gustavo
A. Bécquer --Puig Pérez. Ferranz. Ladevese, Sipos, Dacarrete. Palau, Mas y Prat,
Sepúlveda.

A han pasado á ser lugares comunes de la historia literaria el contradictorio temperamento, la neurosis de raza, el descoco audaz, los rencores anticristianos y el peculiar humorismo de Enrique Heine, cantor francoalemán del *Intermezzo* y el *Regreso*, y rey del subjetivismo lírico.

Con preferencia á Musset, Víctor Hugo y Béranger, pudo llamarle Luis Veuillot (1) *el verdadero poeta parisiense*, aunque no es la poesía de Heine, ingenua y melancólica sobre todo, sino más bien su candente y acerada prosa, la que justifica aquella definición que se hizo de él al llamarle *ruiseñor alemán anidado en la peluca de Voltaire*. Antes de la revolución del año 30 y de la moda romántica francesa, ya había destronado Heine el romanticismo de Goethe (en su primera época), Schiller, Klopstok, Novalis y los hermanos Schlegel. Las canciones del nuevo restaurador no eran clásicas ni románticas, mas sí profundas como las

---

(*) Del libro en prensa *La literatura española en el siglo XIX* (segunda parte).
(1) *Les Odeurs de Paris*, libro VI, VII.

aguas del Rhin; no eran el eco de las leyendas monásticas feudales, pero hacían revivir con formas nuevas la musa de los antiguos *minnensingers*.

El triunfo de Heine no fué universal, ni menos conseguido sin grave y empeñada lucha, aun dentro de su patria; por eso quizás tardó tanto en ser conocido de las demás naciones.

Mientras los poetas y filósofos de allende el Rhin encontraron en Francia una turba de comentaristas, secuaces y admiradores, nadie se acordó de E. Heine (1), hasta que, transladándose allí él mismo, dió á conocer á sus pocos allegados las ignoradas páginas del *Intermezzo*. Tradújolas en prosa Gerardo de Nerval, como hicieron con las demás producciones él y su compañero Saint-René Taillandier, y la tentativa no fué, por cierto, infructuosa, como lo hubiera sido á tratarse de un poeta más culto y menos amigo del fondo. Dicho sea esto contra los que califican á Heine de segundo Homero y elogian la elegancia de sus formas, en que no pensaron nunca ni él ni sus más entendidos intérpretes.

Fueron desconocidas en España las obras del gran poeta hasta que Eulogio Florentino Sanz sorprendió el ignorado tesoro en su viaje á Alemania. Perdidamente enamorado de él, comunicó una parte bien pequeña á la lengua de Castilla en esmeradísimas estrofas. No fué ésta, como muchas que la siguieron, una traducción de traducciones, sino que aparece inspirada directamente en el original y empapada en su espíritu, aunque, contra lo que podía esperarse de la idoneidad y las aficiones de Florentino Sanz, fué muy poco lo que tradujo, y no tan conocido como pedía su mérito. Por esta causa juzgo procedente transladar aquí alguna de tales canciones, la segunda, por ejemplo, que es de insuperable perfección (2):

---

(1)   Lamartine le negó absolutamente el título de poeta en su estudio sobre Alfredo de Musset.

(2)   *Canciones de Enrique Heine. Traducidas del alemán al castellano por D. Eulogio Florentino Sanz*. (En *El Museo Universal*, núm. 9, 15 de Mayo de 1857.)

> ¿Por qué, dime, bien mío, las rosas
> tan pálidas yacen?
> ¿Por qué están en su césped tan muertas
> las violas azules..., lo sabes?
> ¿Por qué, dime, tan flébil gorjea
> la alondra en el aire?
> ¿Por qué exhalan balsámicas hierbas
> hedor de cadáver?
> ¿Por qué llega tan torvo y sombrío
> el sol á los valles?
> ¿Por qué, dime, se extiende la tierra,
> cual sepulcro, tan parda y salvaje?
> ¿Por qué yazgo tan triste y enfermo
> yo propio..., lo sabes?
> ¿Por qué, aliento vital de mi alma,
> por qué me dejaste?

A algunos otros poetas alemanes interpretó en castellano el autor de *Don Francisco de Quevedo* dentro de su género favorito, dando así muestra de una poesía tan poco común entonces como empalagosamente imitada en estos últimos años. A Heine en particular le bebió los alientos no sólo al traducirle, sino al imitarle en la poesía que lleva por epígrafe *El color de los ojos,* y en las ondulantes y luminosas estrofas de *Tú y yo,* sumamente parecidas á aquellas de Bécquer que comienzan

> Si al mecer las obscuras campanillas.

Hablando con una nueva Ofelia, le dice con languidez sentimental, que se transparenta en la misma estructura del verso:

> Si entre despierta y dormida,
> Lánguida en tu dormitorio
> Percibieres tu nombre en las auras,
>   ¡Soy yo que te nombro!
> Si de amor dulces quimeras
> Llaman de tu almohada en torno,
> Y responde á tu voz un suspiro,
>   ¡Soy yo que respondo!
> Si en sueños tu frente orea
> Tibio de un cabello el soplo,
> Que ni turba siquiera tu sueño,
>   ¡Soy yo que te toco!

TRADUCTORES É IMITADORES DE HEINE

Mas si con otro soñando
(Líbreme Dios) un sollozo
Rompe acaso tu pérfido sueño,
¡Soy yo... que me ahogo!

Con tan perfecto conocimiento y asimilación del modelo, no es difícil concebir cómo pudo ser Florentino Sanz traductor, y gran traductor, bastante más que todos cuantos han continuado su obra hasta nuestros días.

Diez años después, y en la misma Revista que las *Canciones* (1), se publicó una traducción parafrástica y sumamente infiel del *Intermezzo*, hecha sobre la de Gerardo de Nerval y afeada con lujo de frases y epítetos incoherentes que desfiguran el texto, despojándole de su característica sencillez.

Dejando á un lado algunas versiones parciales, exige particular recuerdo la que hizo del *Intermezzo*, el *Regreso* y *La nueva primavera* (2) el antiguo redactor de *El Imparcial* D. Manuel M. Fernández y González (distinto del novelista), autor de *La lira del Guadalquivir*, colección de poesías anteriormente publicada. La traducción es más fiel que poética, y los versos, por lo común, duros y faltos de lima, teniendo además la desventaja de no haberse formado tanto sobre el original alemán como sobre la traducción francesa. Fernández y González censura con acrimonia los defectos de sus antecesores olvidándose de los propios, que son constantes y de no poca transcendencia.

También ha puesto en castellano los *Poemas* y *Fantasías* (3) de Heine el Sr. D. José J. Herrero, quien ha mereci-

---

(1) *El Museo Universal*, año 1867. El traductor era D. Mariano Gil y Sanz, poeta salmantino.

(2) *Joyas prusianas, poemas líricos de Enrique Heine.* Madrid, 1873. Va al frente un estudio sobre el autor, extenso y bien redactado.— Segunda edición. Madrid, 1879.

(3) Madrid, 1883. Forman parte de la *Biblioteca clásica* del editor Navarro. No estará de más reseñar por vía de nota otras dos traducciones: la del *Intermezzo*, por D. Angel Rodríguez Chaves (Madrid, 1877), y la de varios cantares escogidos de Heine, que incluyó Jaime Clark en su colección *Poesías líricas alemanas.* (Tomo VI de la *Biblioteca universal*. Madrid, 1872, 2.ª edición, 1879.)

do los elogios de D. Marcelino Menéndez y Pelayo. El traductor no echa por el atajo, sino que en todo se atiene al
texto original, siendo además la suya una de las más completas entre las traducciones españolas conocidas. Rivali-
zando con la anterior, y en la Biblioteca *Arte y Letras* (Barcelona, 1885), apareció otra de D. Teodoro Llorente, casi al
mismo tiempo que la del poeta americano José Pérez de
Bonalde.

Finalmente, la señora Pardo Bazán, de cuyas aptitudes
para la poesía hablan muy alto el poema *Jaime*, y tal cual
hermoso fragmento descriptivo, desdeñados más de lo justo
por su autora, ha puesto sus privilegiadas manos en los versos de Heine, considerándolos quizá como temas de estudio
lingüístico, y dándoles, sin pretenderlo, el valor de miniatu-
ras restauradas.

Atendiendo á lo poco que se estudian entre nosotros las
literaturas extranjeras, siempre arguye cierta afición á Heine la preferencia de hecho que se le concede en esta parte
sobre los mismos autores franceses, sin exceptuar á Lamartine y Víctor Hugo.

Fuera de que existe una falange de imitadores, no del todo
ingloriosa, agrupada bajo la sombra de un poeta simpático
para quien empezaron con la muerte los honores de la popularidad, Gustavo A. Bécquer (1) forma con Núñez de Arce y
Campoamor un triunvirato que dirige y condensa todas las
manifestaciones de la lírica española contemporánea. Si Bécquer imitó ó no á Enrique Heine, es problema que resolveré
después; por ahora, y reconociendo, como no puede menos
de reconocerse, la identidad de sus cualidades artísticas,
debo sentar como indudable que el primero, y no el segun-

-----

(1) Nacido en Sevilla el 17 de Febrero de 1836. A los cinco años de
edad perdió á su padre, y á los nueve y medio quedaba huérfano de
madre y bajo la tutela de una señora que le había sacado de pila, y
que cuidó de continuar educándole, pero sin comprender las inclinaciones de aquel artista niño que soñaba con la belleza y á su cultivo
había de consagrar toda la vida. Cediendo á una vocación irresistible
transladóse Bécquer á Madrid en 1854, y experimentó las privaciones

gundo, es el modelo comúnmente preferido é imitado por nuestros poetas.

Excepcional naturaleza la de Bécquer. Hijo de la hermosa Andalucía, cuyo sol indeficiente llena los espacios de luz, de verdura eterna los prados y los aires de perfume, y de cuyo feracísimo suelo brotaron los jefes de todas las exageraciones literarias desde Séneca y Lucano, hasta Herrera y Góngora, Bécquer no conserva ninguno de los rasgos del carácter andaluz, y nadie le creía tal antes de leer su biografía.

Y no sólo pugna la índole de su fisonomía poética con la del cielo y el clima que le vieron nacer, sino también con su invencible inclinación á las artes plásticas, de que dan buena muestra la incoada *Historia de los templos de España* y muchos escritos sueltos que no es del caso enumerar. ¿Cómo un poeta sevillano, un amante de los prodigios pictóricos y esculturales, se apartó tanto de la forma exterior para abrazarse con la idea pura, con el subjetivismo melancólico, tan común en las tenebrosas regiones que baña el Sprée, como desconocido en las márgenes del Darro y el Guadalquivir? No trato de explicar esta evidente anomalía; pero sí advertiré que Bécquer siguió naturalmente los rumbos que le señalaba la estrella de su ingenio, no porque á ello le forzase una educación torcida y repugnante á su gusto.

Ya que no en la tradición poética de las escuelas andaluzas, ¿se hallará en alguna otra de las españolas verdaderos

y amarguras de la pobreza, no remediadas con el mezquino sueldo de escribiente en la Dirección de Bienes Nacionales, sueldo del que se vió á poco desposeído. En la Redacción de *El Contemporáneo* encontró el pan de cada día y la notoriedad que le dieron sus admirables escritos en prosa, entre ellos las *Cartas desde mi celda*, que escribió en el monasterio de Veruela (Zaragoza). La compañía de su hermano Valeriano, y los viajes artísticos á Toledo, Soria, Avila y otras ciudades monumentales de la Península, contribuyeron á refinar el buen gusto de Bécquer, que falleció en Madrid el 22 de Diciembre de 1870 cuando preparaba la primera edición de sus obras. Reimpresas y adicionadas multitud de veces en estos últimos años, han dado á su autor una fama póstuma mucho más espléndida y universal que la que disfrutó en vida.

é inmediatos precedentes de la inspiración becqueriana? Salvo alguna que otra excepción parcial y de poca transcendencia, puede responderse negativamente; porque si el subjetivismo lírico ha hecho alguna vez fortuna entre nosotros, no es sino en los poetas místicos, como San Juan de la Cruz y Fr. Luis de León, donde deben buscarse sus huellas.

Fenómeno es éste naturalísimo, y para cuya explicación no hay necesidad de acudir á los consabidos ditirambos anti-inquisitoriales, á las tiranías contra la libertad del pensamiento y demás vejeces progresistas, que por quererlo explicar lo dejan todo entre sombras; fenómeno que reconoce por fundamento la índole de nuestra raza, *objetivista* de suyo (si vale la expresión), esclava de la forma y el colorido (1). En nuestros poetas modernos, Quintana, Zorrilla, Espronceda y sus infinitos imitadores, se palpa esa desafición al subjetivismo, que ni Bécquer ha llegado á entronizar.

Eso no quita que en él sea muy simpático, como realmente lo es; pero fijándose en su extraordinaria vida, en su casi absoluto ensimismamiento y en la dulce melancolía que exhalan sus páginas, se admira un temple de alma que no es el ordinario de los artistas meridionales.

Hora es ya de examinar sus *Rimas*, sartal de preciosas joyas, que lo parecen tanto por su escaso número como por su transparencia. Las notas que forman ese poema, aun desprendidas del conjunto, lucen una gallardía y un primor característicos. Bécquer desdeñaba la grandilocuencia en que algunos ponen el mérito principal ó exclusivo de la inspiración lírica, las diluciones infinitesimales de un mismo concepto en un mar de palabras vacías; y de un solo toque, en una

(1) Por olvidar estas sencillas verdades acumula el Sr. Rodriguez Correa, en su *Prólogo* á las Obras de Bécquer, una infinidad de desatinos, como el de decir, refiriéndose á la lírica castellana del siglo XVI, que sólo se desarrollaba *dentro de los estrechos límites de la forma*, sin fijarse siquiera en la colosal figura del M. León; el de atribuir á despecho contra la intolerancia religiosa las osadías gongorinas; y, para no proceder en infinito, aquello de que á Quevedo *no le valió su astucia para pensar libremente en una mazmorra*. A tal punto ha llegado la cómoda filosofía progresista.

sola imagen, llega á su objeto sin preámbulos ni amplificaciones extrañas. Para expresar un afecto, sobre todo si tan
hondamente radica en el ánimo como el de las *Rimas,* no
hay fórma como la que en ellas se emplea, aérea, vaporosa
y delicada, que se filtra imperceptiblemente en el espíritu, y
en vez de agitarlo con violencia le sorprende de improviso.
En la literatura española sólo se podrían entresacar algunas
composiciones de Garcilaso, y sobre todo de Fr. Luis de
León, que puedan dar idea de esa rapidez en las transicio-
nes y esa total comprensión del asunto.

El poeta, encontrando inadecuado y mezquino el lenguaje común de los hombres, quisiera escribir el *himno gigante y extraño* que palpita en lo más hondo de su alma

> Con palabras que fuesen á un tiempo
> Suspiros y risas, colores y notas.

¿Y qué otra cosa son aquellas imágenes, vagas é incoherentes si se miden con el criterio de la retórica vulgar, pero
al mismo tiempo bañadas en un aroma de irresistible poesía?
Aquella *saeta voladora,* aquella *hoja seca* que arrebata el
vendaval, aquella *ola gigante*, aquella

> Luz que en cercos temblorosos
> Brilla próxima á expirar,

figuras todas con que se describe á sí mismo, son preludios
de un nuevo y extraño numen que todavía luce más variaciones en la impalpable rima que nos describe la inspiración:

> Sacudimiento extraño
> Que agita las ideas
> Como huracán que empuja
> Las olas en tropel.
> . . . .
> Ideas sin palabras,
> Palabras sin sentido,
> Cadencias que no tienen
> Ni ritmo ni compás.
> . . . .
> Actividad nerviosa
> Que no halla en qué emplearse;
> Sin riendas que le guíe
> Caballo volador.

> Locura que el espíritu
> Exalta y enardece;
> Embriaguez divina
> Del genio creador.

Y al lado de esa fiebre voraz, la *brillante rienda de oro* que la enfrena, el

> Hilo de luz que en haces
> Los pensamientos ata;

el *harmonioso ritmo* que *encierra en el compás las fugiti= vas notas, la atracción recóndita* que agrupa esos invisibles átomos; la *razón*, en suma, principio eterno del orden y de la belleza. ¡Contradicción notable! Esos rasgos tan espontáneos, tan libres de toda traba, incluso la del consonante, halagan casi tanto los oídos como la fantasía, y parece que sustituyen la música de la rima con otra distinta, pero de muy semejante especie.

Hasta aquí sólo hemos entrado en el vestíbulo del poema, pues la unidad del pensamiento que á todo él preside comienza á manifestarse en la rima consagrada á aquella *arpa* que silenciosamente duerme

> Del salón en el ángulo obscuro,

y de la que nos dice Bécquer:

> ¡Cuánta nota dormía en sus cuerdas,
> Como el pájaro duerme en las ramas
> Esperando la mano de nieve
> Que sabe arrancarla!

Él, iluminado por los rayos de un amor virgen, se cree destinado á hacer resonar los acentos nunca oídos que en ella se esconden. Ese amor no es el fuego de la pasión, la llamarada ardiente de los deseos juveniles, la voluptuosidad y el placer; no es el numen de los cantos orientales, ni el Cupidillo de Safo y Longo, de Catulo, de Ovidio y de Tibulo, ni el brutal endiosamiento de la mujer personificado en las trovas provenzales, ni siquiera el amor que inspiró á Herrera y Garcilaso. Es el fantástico de las baladas septentrionales, tímido y reposado, lleno de melancólica ternura, que se emplea más en llorar y en buscarse á sí propio, que en derramarse por los objetos exteriores. Tal es el sentido de este diálogo:

> Yo soy un sueño, un imposible,
> Vano fantasma de niebla y luz;
> Soy incorpórea, soy intangible;
> No puedo amarte.—¡Oh, ven; ven tú!

Una mujer así, soñada por el poeta, le da la norma de sus inspiraciones. Bécquer se aplace en retratárnosla con los colores que distinguen á las heroínas de Shakspeare, formada de *oro y nieve* como las azucenas, dirigiéndole aquella peregrina frase:

> ¿Qué es poesía? ¿Y tú me lo preguntas?
> Poesía... eres tú.

La historia de esa pasión pasa por los dos eternos períodos de bonanza y tempestad, aquélla breve como un sueño, ésta feroz é implacable hasta que destruye el aéreo castillo forjado por la imaginación. Las notas de alegría en Bécquer son muy escasas; pero las de dolor brotan espontáneamente de su lira, como si el fondo y la forma hubiesen nacido para completarse mutuamente. Hoy ya son del dominio común aquellas dos rimas, de las que una dice:

> Los suspiros son aire y van al aire;
> Las lágrimas son agua y van al mar;
> Dime, mujer, cuando el amor se olvida,
> ¿Sabes tú adónde va?

y la otra comienza:

> Volverán las obscuras golondrinas...

parodiada infinitas veces esta última por los gacetilleros del periodismo. Pero donde Bécquer agotó el rico caudal de sentimiento que atesoraba su alma infantil y soñadora, es en la sombría meditación inspirada por el religioso silencio de las tumbas, en la que, dando rienda á la imaginación engendradora de fantasmas y cuerpo á sus ficciones, se le ocurre pensar en los cadáveres que le rodean, y exclama:

> Dios mío, ¡qué solos
> se quedan los muertos!

La sencillez de esta admiración, que acaso nos parecie-

se mal á no ser tan sincera, es un dato más para comprender lo que he llamado excepcional naturaleza de Bécquer.
Había nacido tan exclusivamente artista, que no tuvo tiempo para ser otra cosa, consagrando en el fondo de su corazón un como culto perenne al genio que le inspiraba.

Hasta en sus costumbres y en su naturaleza física quedaron hondamente grabadas las huellas de ese increíble ensimismamiento, pues vivió entregado á los recuerdos de la
historia y á la nostalgia del amor; se retiró del mundo á la
soledad de una celda sin que le moviera el espíritu religioso, y, finalmente, murió en la flor de su edad atacado
por una dolencia indefinible, no tanto como lo fué su corta
vida.

Al compararla con la tormentosa y dramática de Enrique Heine, se creerá haber hallado un argumento moral
contra la filiación artística del poeta español. El mismo empeño que hay en negar el influjo de Byron sobre Espronceda se pone en asegurar á las rimas de Gustavo A. Bécquer
una originalidad omnímoda é indiscutible (1). No la juzgo
yo tanto, porque comprendo que el patriotismo debe ceder
su puesto á la verdad, y la verdad es aquí contraria á las
absolutas de estos apologistas, amigos en su mayor parte
ó admiradores del poeta español, pero que hasta ahora
nada han dicho sólidamente fundado, y mucho menos de-
cisivo.

Afírmase que Bécquer no podía imitar á Heine porque
no sabía alemán. Aunque parece increíble, este sofisma corre muy válido, y todo porque no quieren ver sus apadrina-
dores que los que hoy imitan á Heine desconocen también
la lengua de su modelo, ni más ni menos que los innumerables autores de baladas á imitación de Bürger, Hartman y

---

(1) "...Aunque hay un gran poeta alemán á quien puede creerse ha
imitado Gustavo, esto no es cierto, si bien entre los dos existe mucha
semejanza.„ (R. Correa, *Prólogo* á las *Obras de Bécquer.*) Lo mismo
habían afirmado, en las discusiones del Ateneo (1876) sobre la moderna poesía lírica española, Valera y varios otros oradores. En los *Estudios críticos* del excelente escritor cubano D. Rafael M. Merchán
se defiende esta tesis con alguna novedad.

Uhland. Además, las *Canciones* de Florentino Sanz, y una de las primeras versiones del *Intermezzo*, se insertaron en *El Museo Universal*, revista en que colaboraba Bécquer, y donde publicó sus *Rimas*.

Que las inclinaciones morales del poeta alemán y las del español eran distintísimas, no lo negaré yo, y aun por eso tomó el último del primero la nitidez y el fondo de su poesía, dejando la corteza amarga del escepticismo y la irreligión. Cosas, si bien se mira, muy separables, porque en Heine, lo mismo que en Byron, Leopardi y otros ciento, hay dos personalidades, la de artista y la de sectario, que en vano pretendían identificar ellos mismos. Heine fué una simia de Voltaire: un traficante en creencias, hombre que pisoteó todo lo santo, noble y elevado; mas, á pesar de ello, fué un artista de raza. De aquí procede lo bueno que hay en sus poemas, así como, al contrario, las notas malamente llamadas *humorísticas* son á la vez irreligiosas y antiestéticas. De ellas libertó á Bécquer su instinto de lo sobrenatural, aunque enfriado por el espíritu del siglo; de modo que apenas se percibe en el fondo de sus afiligranadas rimas la hez envenenadora de la blasfemia; y aunque había padecido mucho merced á las ingratitudes humanas, y acaso también á lo exquisito de su sensibilidad, nunca le hicieron dudar de la Providencia los rigores del infortunio.

Por muy insigne que sea un poeta, siempre se pueden designar su origen y sus predecesores, y no es injuriar á Bécquer el considerarle incluído en esta ley general cuando tan evidente es su parecido con los poetas alemanes, y mayormente con Heine. Dicho sea esto sin negar á Bécquer una gran dosis de originalidad, aunque no tan grande como quieren sus fanáticos y exclusivistas admiradores. Aun más: él es el único que logró asimilarse aquel género extraño sin dar en exageraciones risibles, antes bien conservando siempre tendidas las cuerdas de una inspiración fácil, sobria y eminentemente personal.

Anteriores á las *Rimas*, á lo menos en el orden de la publicación, son las *Coplas* y *Quejas* de D. José Puig y Pérez, quien nos dejó argumento inequívoco de su procedencia en un artículo meditado sobre la tumba de E. Heine (1). La colección yace hoy casi por completo olvidada, y no con entera injusticia, porque abunda en pensamientos triviales y en prosaísmos de forma que Bécquer evitó gracias á su naturaleza tan elevada y tan de artista. Las *Coplas* de Puig lo son con frecuencia en el peor sentido, y sólo de cuando en cuando le levanta sobre sí mismo una ráfaga generosa de inspiración.

Diga lo que quiera Fernández y González, no desnaturalizó, tan torpemente como él supone, los cantos de Heine D. Augusto Ferrán, *fidus Achates* de Bécquer, y autor de *La soledad* y *La pereza*. Poco antes de las *Rimas* (2) se encuentra un análisis detenido de *La soledad,* que por venir de tal pluma resumiré cuanto me sea posible. Después de haber dicho que estas canciones representan un esfuerzo para elevar las populares á la cumbre de la perfección artística, añade: "... sus cantares, ora brillantes y graciosos, ora sentidos y profundos, ya se traduzcan por medio de un rasgo apasionado y valiente, ya merced á una nota melancólica y vaga, siempre vienen á herir alguna de las fibras del corazón del poeta.

„En ellos hay un grito para cada dolor, una sonrisa para cada esperanza, una lágrima para cada desengaño, un suspiro para cada recuerdo.

„En sus manos la sencilla arpa popular recorre todos los géneros, responde á todos los tonos de la infinita escala del sentimiento y de las pasiones. No obstante, lo mismo al reir que al suspirar, al hablar del amor que al exponer algunos de sus extraños fenómenos, al traducir su sentimiento que al formular una esperanza, estas canciones rebosan en una especie de vaga é indefinible melancolía, que produce en el ánimo una sensación dolorosa y suave.„

---

(1) Salió á luz en *El Museo Universal,* revista madrileña tantas veces citada. Sobre las *Coplas* y *Quejas,* véase allí mismo una larga crítica (año 1869, pág. 153).

(2) *Obras de Gustavo Adolfo Bécquer,* 4.ª edición, tomo III, páginas 100-125.

De las muestras que cita Bécquer escojo, como superior á todas, la que sigue:

> Pasé por un bosque, y dije:
> "Aquí está la soledad...„
> Y el eco me respondió
> Con voz muy ronca: "Aquí está.„
> Y me respondió "aquí está„,
> Y entonces me entró un temblor
> Al ver que la voz salía
> De mi mismo corazón.

Sea lo que quiera de su valer, no me parece este linaje de poesía nacido para hacer fortuna en el pueblo español, pues nada menos acomodado á su lenguaje que esa pasión incolora, ese subjetivismo cerrado y de imposible comprensión para las muchedumbres, sin que pretenda negar á éstas el conocimiento del corazón humano, tan evidente aun en los más fugitivos rasgos de la musa popular.

Semejante á los *Cantares* de Ferranz, aunque rotulada con nombre distinto, es la colección *Fuego y cenizas,* baladas de D. E. G. Ladevese, vulgarísimas por lo general, lo mismo que otras varias del mismo autor incluídas en diversas publicaciones.

El poeta gallego L. Sipos, afectando siempre la sobriedad de formas, característica en los imitadores de Heine, aspiró á combinar la melosa dulzura de los cantares apasionados con el desenfado satírico, á veces tan inocente como en *El pomo de esencias* (1).

Más tierno y sentido, y sobre todo más original, es Dacarrete (Angel María), á cuyas cantilenas llama un crítico "tan ricas de sentimiento, como limpias y transparentes en la forma„, y que al fin, si alguna vez la descuida, no es para ensartar un cúmulo de insulsas vaciedades. El mismo Bécquer no se desdeñaría de reconocer por suyos los suaves y conceptuosos versos que van al pie de la página (2), dignos de figurar junto á la canción de las golondrinas.

(1) Véase esta y otras composiciones de Sipos en *La Ilustración Española y Americana,* año 1872.

(2)   DIME

> Dime, ¿cuál melancólico lucero,
> Brillando sólo al despuntar el alba,

El ingeniero D. Melchor de Palau, sin perjuicio de escalar las vertiginosas cumbres de la poesía científica (1), ó de constituirse en intérprete de tradiciones piadosas (2), ha sido ante todo el primero, entre cuantos han escrito *Cantares* (3) en España, el que mejor ha imitado las breves y sencillas formas del arte popular, aun al desviarse de su espíritu. No estará de más traer á la memoria del lector algunas muestras que de fijo le serán ya conocidas:

> En las rosas de tu cara
> Un beso acaban de dar;
> Rosas que picó un gusano
> Pronto se deshojarán.

> —

> ¡Que no llore! ¿Qué me importa
> Lágrima menos ó más?
> ¿Qué importa que llueva ó no
> Sobre las olas del mar?

> —

> ¡Qué bonito es tu semblante
> Por el llanto humedecido!
> ¡Qué bonitas son las flores
> Salpicadas de rocío!

> —

> Gotas parecen mis lágrimas,
> Gotitas de agua de mar,
> En lo amargas, en lo muchas,
> Y en que al cabo me ahogarán.

> Vierte una luz como la luz süave
> De tu mirada?
> Dime, ¿qué clara gota de rocío
> Pudo igualar sobre azucena blanca
> A una gota de llanto resbalando
> Por tu mejilla pálida?
> Dime, ¿habrá una sonrisa que prometa
> De virtud y ventura la esperanza,
> Que consiga imitar el dulce canto
> De tu sonrisa casta?
> Dime, ¿habrá una mujer que, cual tú, inspire
> Amor tan puro, adoración tan casta?
> Dime, ¿habrá sierpe que tan negra tenga
> Como tú el alma?

(1) *Verdades poéticas.* Madrid, 1881.
(2) En su opúsculo *De Belén al Calvario.*
(3) Con este título publicó en 1866 una breve é inestimable colección poética, á la que siguió la de *Nuevos cantares.*

Palau no es propiamente un imitador de Heine, sino algo mucho más estimable y raro: un hombre erudito que supo revestirse de la impersonalidad característica de los primitivos bardos populares, y que ha hecho llegar sus rimas, no sólo á los oídos de los literatos, ya españoles, ya extranjeros, sino á las clases más humildes de la sociedad, entre las cuales corren de boca en boca como si fuesen producto de generación espontánea.

El libro *Nocturnos* (1) del sevillano Benito Mas y Prat entra en el estilo de Bécquer, aunque con más variedad en los cuadros y menos tendencia al ensimismamiento. El autor no busca exclusivamente los efectos de noche, sino que es paisajista y apasionado de la luz en algunos romances descriptivos, y en todas ocasiones robusto versificador.

Las *Rimas*, que un dolor íntimo y sincero ha dictado á la musa antes alegre de Ricardo Sepúlveda, se apartan mucho de la elegía tradicional; en ellas se ha filtrado la corriente germánica, quizá sin intento reflexivo y por espontánea asociación de lecturas y recuerdos.

No quiero añadir más nombres, seguro de haber elegido todos los que representan con alguna originalidad entre nosotros un género destinado á morir quizá á manos de sus mismos cultivadores.

Pocos años cuenta, y ya son tantos los abusos cometidos á su sombra, que el público desconfía de él á pesar de las generales simpatías de que goza Bécquer, su principal y más reconocido propagandista. Una turba de copleros adocenados que se creen artistas sublimes por sólo expresar un concepto plagiado en miserables versos que ni siquiera tienen el mérito de la rima, inunda las revistas y periódicos literarios, reuniendo más tarde en insípidas colecciones los perezosos esfuerzos de su musa.

El gran poeta Núñez de Arce ha clamado con la vehemencia y el calor de costumbre contra los que él llama "suspirillos germánicos y vuelos de gallinas„; mientras el crítico Valera abandona su benévola sonrisa de aproba-

_____

(1). Sevilla, 1875.

ción para estigmatizar esa "mezcla híbrida, ese ayuntamiento monstruoso de los *lieder* alemanes con las seguidi-
llas y coplas de fandango andaluzas,,. Sobrada razón les
asiste, ya que no para una censura universal, contra todos
aquellos que, haciendo con las *Rimas* de Bécquer lo que ha
tres ó cuatro lustros hizo con las leyendas de Zorrilla el
fanatismo romántico, creen acercarse á su modelo, cuando
sólo dan vida á risibles caricaturas é infelicísimas parodias.

FR. FRANCISCO BLANCO GARCÍA,

Agustiniano.

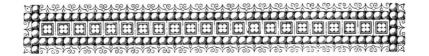

RESOLUCIONES Y DECRETOS

DE LAS SAGRADAS CONGREGACIONES

De la Sagrada Congregación del Concilio.

ENTIMILIEN. *Dismembrationis et erectionis parœciæ.*—En 14 de Junio de 1890 se presentaba al examen de los Emmos. Padres Intérpretes del Tridentino la duda siguiente: "*An episcopale decretum diei 22 Octobris 1888 sustineatur in casu* „, que ellos resolvieron diciendo: "*Negative.*„

Necesario es para conocer el decreto á que alude la resolución, y la materia acerca de la cual versa, referir la historia del hecho que le motivó, que es como sigue. Desde los primeros siglos de la Iglesia existía en el pueblo de San Rómulo, hoy de San Remo, la iglesia colegiata y parroquial de San Siro, cuya jurisdicción, muy extensa en otros tiempos, se ha ido disminuyendo sensiblemente, según lo exigían las necesidades espirituales de las almas. En 1494 el valle de Rodio, y en 1560 la villa de Vari, se erigían en parroquias separadas; y en este siglo, aumentado el número de habitantes y la extensión del terreno por ellos ocupado, que se dilata hoy desde los montes primitivos en que estaba edificado San Remo hasta las riberas del mar por grandes y dilatados espacios, han conocido los Obispos no ser suficiente la única parroquia de San Remo para la buena dirección espiritual de los fieles.

La iglesia colegiata de San Remo se componía en estos últimos tiempos de un Prepósito con la cura de almas; cuatro Canónigos llamados *decimales*, con la obligación de ayudar al Prepósito en el régimen y administración de la parroquia; dieciséis Canónigos honorarios ó Capellanes, que Pío VII mandó, en 27 de Mayo de 1803, fuesen agregados al antiguo Capítulo, y un gran número de clérigos mansionarios como en las demás colegiatas.

Vacando en 1852 tres de los canonicatos decimales, pidió y obtuvo de Su Santidad el Obispo Biale que dos de ellos se suprimiesen, y que con sus réditos se formasen congruas parroquiales para las dos nuevas parroquias de San José y Santa María de los Angeles que se habían de erigir en la ciudad de San Remo, y el tercero se confiriese con la carga perpetua de predicar, catequizar, administrar los Sacramentos á los enfermos y oir confesiones en la iglesia de San Esteban, con la gracia de juzgársele presente en coro siempre que se ocupase en estas cosas. Desde este tiempo quedó dividida la jurisdicción espiritual de San Remo en tres parroquias, á saber· la de San José en la falda del monte; desde éstas, y á la parte occidental, la matriz de San Siro, y á la oriental la de Santa María de los Angeles, y entre ésta y la de San Siro la iglesia de San Esteban, como ayuda de parroquia de la de San Siro.

Suprimida la colegiata por el Gobierno italiano, fueron consideradas como parroquias San Esteban y San Siro, respetados los Canónigos decimales que las regían, y los demás canonicatos y beneficios entregados al fisco, con lo cual los Canónigos y el clero disminuyeron considerablemente á la vez que crecía el número de vecinos de la ciudad, llegando á ser más de veinte mil los que establemente la componen. Este aumento de población, y el deseo del Obispo de terminar ciertas diferencias y zanjar algunas cuestiones entre el Canónigo Rector de San Esteban y el Cabildo de San Siro, le determinaron á erigir en parroquia la iglesia de San Esteban y á hacer una nueva demarcación de los límites parroquiales de la ciudad de San Remo, como lo verificó por su decreto de 23 de Octubre de 1888, animándole á ello la liberalidad del Canónigo Sghirla, actual Rector de San Esteban, quien, parte de sus fondos y parte de una piadosa donación, daba 600 francos de venta para la nueva erección de la parroquia.

En seguida que los Canónigos de San Siro tuvieron conocimiento del decreto episcopal se opusieron á él con todas sus fuerzas, no sólo por la nueva demarcación de límites, aunque tampoco les agradaba, sino por la erección de San Esteban en parroquia, significando al Obispo su oposición para hacerle desistir de su propósito. No consiguiendo nada del Obispo, apelaron á Roma contra el decreto, del cual, admitida en Roma la apelación, se trata en la pregunta que hemos transcrito al principio.

Las razones aducidas en el examen de la causa por el patrono del Cabildo y el del Obispo, son por el primero ésta: Que la desmembración de las parroquias es una especie de enajenación que no puede efectuarse sin justa causa y con las solemnidades marcadas en el

Derecho, y que en el caso faltan tanto aquélla como éstas, y, por consiguiente, no es de valor alguno la desmembración ni el decreto en
que se determina. Lo que prueba diciendo: "Sólo hay justa causa
para la desmembración de la parroquia cuando es tanta la distancia
é incomodidad del camino que los parroquianos no puedan, especialmente en invierno, frecuentar la iglesia sin algún peligro ó grande
incomodidad, ni el párroco visitarlos en caso de enfermedad para
administrarles los Sacramentos (1), y aun ésta deja de serlo, según
Ferraris (2), cuando *parochianis consultum est per coadjutorem qui
possit sacramenta ministrare in commodiori ecclesia,* siendo de la
misma opinión Barbosa (3), De Sena (4), Zamboni (5) y la Rota (6), la
cual dice terminantemente: "*Quoties enim valet provideri ordinario
remedio deputationis capellani amovibilis nunquam debet esse lo-
cus alteri nimis exhorbitanti et extremo remedio dismembrationis.*„
Eliminada esta causa, no puede serlo la multitud del pueblo, según
Ferraris (7), con la autoridad de la Rota y de varias decisiones de la
Sagrada Congregación del Concilio, y Berardi (8), quien comparando la antigua y nueva disciplina acerca de este punto, y después de
confesar que antiguamente podía el Ordinario, según su prudente
arbitrio, desmembrar las parroquias y erigirlas nuevas, añade:
"*Emersit hinc consuetudo, juxta quam ex una causa adaucti populi
non valeat Ordinarius ad parochiarum divisionem procedere, quod
hodie certum est, postquam consuetudo visa fuit probata in Conc.
Tridentino dicto, cap. IV, sess. 21 De Reform.*„

"Esto supuesto, se ve claro, prosigue el patrono del Cabildo, que falta
en nuestro caso la causa necesaria para la desmembración, ya porque
entre una y otra iglesia no hay 400 metros de distancia, y ésta se recorre por calles y plazas comodísimas, ya también porque hace
muchos años que hay en San Esteban un Rector que ayuda al Párroco y administra los Sacramentos á los fieles; quienes además confiesan ver con disgusto la desmembración, y que no quieren estar afilia-
dos á San Siro. Y no puede tampoco apelarse al aumento de fieles, el
cual se verifica en la parte oriental limítrofe á la parroquia de Santa
María de los Angeles, mientras que en la parte occidental no hay
sino casas y quintas de verano, adonde recurren los extraños y en
su mayor parte herejes ó indiferentes, con lo cual no aumenta el nú-

(1) Ferra., v. *Dismemb.*, n. 14.

(2) *Loc. cit.*, n. 15.

(3) Ad C. Trident., sess. 21, c. IV.

(4) *De parochis*, disc. 34, et ad C. Trident., discep. 16, n. 7.

(5) *Collect. decis.*, v. *Eccles.*

(6) *Cor. Lancetta*, decis. 885, n. 10, y *Cor. Tanara*, decis. 240, n. 5 et 6.

(7) V. *Dismemb.*, n. 18.

(8) Tom. I, p. 27, § seq.

mero de fieles., Prueba esto con una declaración firmada por muchos
ciudadanos de San Remo, mandada á la Sagrada Congregación del
Concilio por el Arcipreste.

No contento el defensor del Cabildo con haber demostrado que no
hay causas para la desmembración, defiende además que tal desmembración sería, no sólo superflua, sino también dañosa, ora porque con
ella la iglesia matriz quedaría muy inferior en territorio y en parroquianos á las demás parroquias, bien porque se expondría á la confiscación la prebenda canonical, poseída actualmente por el Canónigo
Rector; pues conservada hasta ahora como beneficio auxiliar de San
Siro, declarado independiente y dotado con los 600 francos del Canónigo Sghisla, tendría pretexto el Gobierno para apoderarse de sus
bienes.. Ni es esto sólo, prosigue el defensor, lo que persuade que las
cosas vuelvan á su antiguo estado, sino también el que, unida la prebenda de San Siro á la parroquia de San Esteban, como quiere el decreto, se seguiría que el Canónigo adicto á una iglesia serviría á otra
como Párroco, y se le tendría como presente en la primera, lo que es absurdo; y, separada, caería irremisiblemente en manos del fisco, pues
éste no hallaría óbice alguno en apoderarse del canonicato separado
de la cura de almas. Para evitar, por consiguiente, aquel absurdo y
este peligro sigue la iglesia de San Esteban como ayuda de San
Siro, y el Canónigo decimal, Rector de aquélla, como mero coadjutor
en el distrito de San Esteban.

„Si nula es la desmembración por falta de causa, lo es también por
falta de solemnidades, entre las cuales se cuenta la primera el que
se trate antes con el Rector de la parroquia, y todos los que en ella
puedan tener algún interés, y, por lo tanto, en el caso presente se
debió dar cuenta al Arcipreste como Párroco actual, y al Cabildo de
San Siro como Párroco habitual, solemnidad que no se guardó al
promulgar el decreto. Y no puede decirse que el Cabildo no tiene
jurisdicción alguna en la parroquia; porque si esto no puede negarse
en cuanto á la cura actual, es completamente falso en cuanto á la
habitual, la cual se presume siempre inherente al Capítulo, según la
Rota (1), si la parroquia está unida á la catedral ó colegiata, especialmente cuando los emolumentos de los funerales y entierros, las
oblaciones, limosnas y otras cosas semejantes no se perciben por el
Arcipreste sólo, sino por todo el Cabildo, y cuando, estando ausente
el Arcipreste, las funciones parroquiales y de estola no se hacen por
un capellán, ó por otro cualquiera, sino por el Deán ó Canónigo más
anciano, todo lo cual se verifica en el Capítulo de San Siro. Debió,
pues, ser avisado de la desmembración, y esta falta hace nulo el decreto por falta de solemnidad, como nulo es también por falta de
causas necesarias para la desmembración de que trata.„

(1) Deciss. 184. n. 24, Cor. *Olivatio.*

Sin desanimarse el defensor del Obispo por la brillante defensa de su adversario, empieza la propia en esta forma: "Dos casos deben distinguirse en la desmembración de una parroquia: la división del beneficio ó la del territorio; en el primer caso la desmembración es odiosa, y necesario para proceder á ella que haya causas y se observen las solemnidades de Derecho; en el segundo la desmembración es favorable, como enseñan Torricelli (1) con otros, y la Sagrada Congregación del Concilio (2), y puede procederse en ella con toda libertad; y por lo tanto, si en el primer caso debe el Obispo sujetarse á lo prescrito por el Tridentino en el cap. IV de la ses. 21, en el segundo puede invocar el cap. XIII de la ses. 24, y otros decretos favorables, y la razón de esto es muy clara: porque cuando se desmembra el beneficio se dañan derechos de tercero, lo que no puede hacerse sin una necesidad evidente; pero cuando se trata de sólo la división del territorio, ó simplemente de la jurisdicción y para el mejor régimen de las almas, aquélla no es del dominio particular, y ésta es el fin primordial de los beneficios, y debe procurarse siempre que sea posible. Tratándose, pues, en nuestro caso, no de la desmembración del beneficio, sino del territorio, todo lo que aduce el contrario en sus pruebas podría aplicarse, á lo sumo, á la verdadera y propia desmembración de la parroquia, y no á nuestro caso; advirtiendo que, á ser cierto lo que allí se dice con los doctores citados, se probaría demasiado; pues no sólo no se podría hacer la desmembración por el aumento del pueblo, al que se podría proveer aumentando los sacerdotes, sino ni por la distancia y dificultad de los lugares, que se podría salvar con el remedio conciliar de poner un Vicario amovible *ad nutum* que hiciera las veces de Párroco, lo cual es diametralmente opuesto al Tridentino (cap. IV, ses. 21), donde se concede á los Obispos la facultad de *"in iis ecclesiis, in quibus ob locorum distantiam sive difficultatem, parochiani sine magno incommodo ad percipienda sacramenta et divina officia audienda accédere non possunt, novas parochias etiam invitis rectoribus... constituere,,.* Puede, pues, responderse á todo lo expuesto por el contrario, y á los autores por él citados, lo que decía De Luca: *"Manifestus est error illorum qui cum aliquibus S. Cong. resolutionibus... aut aliquorum Doctorum traditionibus pro hujusmodi nova erectione facienda vel deneganda in sola littera procedunt, cum sit potius quæstio nudi facti, ex singulorum casuum particulari qualitate, ac individuis circumstantiis decidenda,,* y que la Sagrada Congregación, no sólo una vez sino muchas, ha concedido la desmembración por la mayor comodidad de los fieles, como puede verse en la causa

(1) *De union. benefic.*, q. 882, n. 2, *ex cap.* XXXIII, *de præben.*
(2) *In Squillacen.*, 19 Maji 1888, *Firmiana*, 16 Junii 1888 et Concord. 15 Junii 1889.

Sagien. Dismemb. 22 Aug. 1885, § Quæ. Y esto, prosigue el abogado del Obispo, sea dicho para mayor abundamiento, y para demostrar que ni en el caso favorable al contrario, ó sea en la verdadera
y propia desmembración de la parroquia, tendría lugar lo que él dice,
y, por lo tanto, mucho menos puede tenerle en nuestro caso, en que
sólo se trata de la división de la jurisdicción territorial; y si bien se
examina el caso, ni aun de esto se trata, como que haya de hacerse
nuevamente, sino sólo de consolidar y perfeccionar lo que se hizo
en 1852, cuando el Obispo Biale constituyó el distrito de San Esteban
entre las dos parroquias de San Siro y de Santa María de los Angeles, y le encargó á uno de los Canónigos decimales. Este hecho, contra el que nadie reclamó entonces, demuestra que era ya entonces
evidente la necesidad de dividir la parroquia y justifica el decreto
controvertido del nuevo Obispo.„

Demostrado el punto cardinal de la cuestión, pasa á resolver una
por una todas las objeciones del contrario, y termina diciendo que
no debe despreciarse el testimonio del Obispo, á quien está encomendado el régimen de las almas, y que dice ser necesaria la desmembración, ni deben invalidarse sus hechos, en cuyo favor pueden
invocarse las palabras del Párroco de Santa Maria de los Angeles,
contenidas en la carta dirigida por éste á la Sagrada Consagración
del Concilio.

A pesar de tan brillante defensa, los Emmos. Intérpretes del Tridentino juzgaron que el decreto no podía aprobarse, y por tanto, ni
la desmembración, cualquiera que ella fuese, que en él se determinaba.

Para mayor claridad de la resolución, y para que del todo en todo
quede justificada, damos á continuación los sabios *Colliges* de los redactores romanos, que pueden considerarse como los principios en
que se apoya la resolución, y dicen así:

I. Parœciæ dismembrationem sapere speciem alienationis; ideoque ad eam rite perficiendam requiri omnes solemnitates expetitas in
alienatione rerum Ecclesiæ, ne irrita fiat et nullius valoris ex defectu solemnitatum.

II. Habitualem curam animarum inesse Capitulo Ecclesiæ vel ex
eo dignosci potest, quando emolumenta funerum, oblationes, eleemo-
synæ non ab uno Archipresbytero percipiuntur, sed ab universo capitulo; vel quando absente Archipresbytero functiones parœciales
fiunt a decano vel seniore Capituli, minime ab extraneo.

III. In dismembratione parœciæ distingui a Doctoribus divisionem
beneficii a divisione territorii; primamque haberi ceu odiosam utpo-
te quæ beneficii statum lædit et honestæ substentationis media bene-
ficiato antiquo minuit, alteram vero odiosam non censeri.

IV. Quinimo dismembratio, quæ dotem beneficii non afficit, sed
tantum jurisdictionem parochi, ad majorem populi commoditatem,

et aptiorem sacramentorum administrationem, benigno favore prosequenda videtur, dum antiqui parochi temporale interesse non lædit, ejus onera et officia minuit.

V. Epíscopos ex Tridentio Sess. 21, cap. IV, posse novas constituere parœcias, etiam invitis parochis, in eis Ecclesiis, in quibus ob locorum distantiam vel dificultatem, fideles sine magno incommodo accedere nequeant ad percipienda sacramenta et divina officia.

VI. Attamen si rigidiorum Doctorum doctrina sequenda esset, nunquam locum habere posset aliqua Ecclesiarum dismembratio, quia nec populi frequentia nec locorum distantia justam exhibent causam dismembrationis; eo. quod tum populi frequentiæ, tum distantiæ prospici possit per sacerdotes coadjutores aut per vicarios.

VII. Nuperrimam tamen S. C. C. jurisprudentiam et Tridentino magis consonam, favere facilius dismembrationi Ecclesiarum, justis de causis; quia per proprios pastores melius consulitur bono animarum, quam per coadjutores aut vicarios. Parochus enim suæ Ecclesiæ sponsus est et suorum ovium pastor, qui easdem curabit majori studio et charitate quam capellanus aut vicarius, simplices mercenarii.

VIII. Qua de re cum jus commune et jurisprudentia faveant dismembrationi Ecclesiarum in bonum animarum, quod est suprema lex iis in questionibus, dicendum est omnem dismembrationem esse quæstionem facti.

IX. In themate factum dismembrationis, ab Episcopo peractæ haud tale visum est Emis. Patribus, quod iis adjunctis fulciretur ut rite aut prudenter dismembratio admitti posset.

X. Quando cura habitualis est in Capitulo, potest canonicus exercere curam actualem in Ecclesia, a Cathedrali etiam distincta, et suæ præbendæ fructus et distributiones percipere, veluti si ministerium parœciale in ipsa Cathedrali exerceret.

PANORMITANA. *Matrimonii.*—De esta causa, aunque tratada con toda la extensión que la gravedad de la materia requiere, sólo diremos que en ella se anula un matrimonio rato y no consumado, celebrado con la precipitación é inconsideración con que tantos y tantos se celebran en nuestros días, y que sólo sirven para sumergir en la desgracia á familias enteras y ofrecer á la sociedad ruidosos y lamentables escándalos. Véase el caso.

Veraneaba una joven de dieciséis años en casa de su hermana, á quien visitaba como amigo Juan Ceranto. Enamorado éste de la joven, la pidió por esposa, y fué rechazada su petición. Se ausentó del pueblo y comenzó á estrechar con cartas á la que no habían convencido sus palabras, y la joven llegó á amar al que antes había despreciado.

Dícela en una carta que quiere hablarla en el atrio de la casa; y cuando la joven va á asistir á la cita, sin haber salido aún de su vivienda, la arrebata con violencia y la conduce á una casa, en que vive con ella por espacio de un mes. Enterado el padre de la joven del rapto de su hija, la quiere abandonar por completo; pero irritado por los ruegos de sus parientes vuelve por el honor de su hija, y obliga á Juan á contraer matrimonio con ella, aunque con éxito infeliz; pues habiéndose empezado á correr la voz de que el matrimonio no podía consumarse, y llegando estas voces á oídos de Juan, devolvió éste la joven á su padre, quien recurrió á la autoridad municipal para poner interdicto al matrimonio civil, al que nunca respondió Juan; y después de cuatro años la joven pidió por procurador á la curia de Palermo que sé declarase nulo su matrimonio, lo que hizo la curia después de instruir el proceso según los trámites marcados por Benedicto XIV. Apeló de esta sentencia el defensor del vínculo matrimonial, y fué anulada en segunda instancia la sentencia panormitana; pero acudiendo la joven á la Santa Sede, ésta, tratada la causa económicamente, aprobó la primera y declaró nulo el matrimonio.

Para utilidad de los que tienen que examinar estas causas ponemos á continuación los corolarios de los canonistas romanos, que pueden considerarse como el *ratio decidendi* en el caso. Dicen así:

I. Resolvi posse matrimonia in quibus mulier proclamaverit dicens: "Volo esse mater; volo filios procreare et ideo maritum accepi, sed vir quem accepi frigidæ naturæ est, et non potest illa facere propter quæ illum accepi.„

II. Attamen hæc omnia, a muliere proclamata, probanda sunt: et si uxor virgo est, ac virginem remansisse constet, etiam muitos post annos reclamare potest et audiri meretur.

III. Experimentum triennalis habitationis tolerari quando impedimentum impotentiæ dubium evadat, si frigiditas probari non posset cohabitet per triennium; non exigi vero quando pro certo habetur, ne castitas conjugum maximo periculo constituatur.

IV. Ne irritus fiat recursus mulieris contumacia viri, qui peremptoria citatione accepta venire contemnit, aut impedit ne citatio ad eum perveniat, aut malitiose sese occultat, testes tamen admittendi sunt, et si de causa liqueat ad definitivam sententiam pervenire posse.

V. Per impotentiam carnalem conjugum, ceu naturalis contractus, carere materia conventionis, et nullum fieri; quia est de essentia contractus matrimonialis potentia generandi.

VI. In probanda impotentia viri, ne mulier, contra jus, invita ad cælibatum cogatur, haud exigi certam et concludentem probationem sed satis esse quod dicta impotentia sit adeo probabilis ut R. Pontifex illam veram existimare possit, ut ad gratiam moveantur.

VII. Impotentiam viri in themate probatam fuisse per corporis puellæ inspectionem cum usu balnei, et per juratám mulieris confessionem, confirmatam per omnium testium depositiones, tandem per viri ipsius confessionem.

VIII. Adhibendam esse legitimam probationem, per sacros canones volitam, antequam judex irritum matrimonium declaret, etiamsi ambo conjuges in foro externo fateantur ex parte unius adesse impotentiam perpetuam.

IX. Ideoque nullitatem actorum processualium merito sequi, et vitiari sententiam, si forma probationum, jure præscripta, non observetur etiam in minimis.

X. Certitudinem physicam et absolutam non requiri a sacris canonibus, quia plerumque obtineri nequit; nam cum agatur de facto occulto testes absunt; et probationes suffultæ esse possunt certitudine non physica, sed tantum morali.

CARCASSONEN. *Jurium.*—En esta causa se hacen á la Sagrada Congración dél Concilio las siguientes preguntas: 1.ª *An decretum episcopale diei* 18 *Maji* 1803 *sustineatur in casu:* 2.ª *An solemnis missæ dominicalis et vesperarum celebratio, processionum deductio, ac benedictio fontis in vigiliis Paschæ et Pentecostes ad parochum spectet in casu: et quatenus affirmative:* 3.ª *An et quomodo novus vivendi modus capitulum inter et parochum sit præfiniendus in casu.* Y ella responde en 14 de Julio de 1890 con estas solas palabras: *Nihil innovandum et amplius.* Es decir, sigan las cosas como están, y no se vuelvan á proponer estas cuestiones.

El caso á que se refieren estas dudas, y sin cuya historia son del todo ininteligibles, pasa así. Arregladas algún tanto las cosas de Francia por el Concordato de Pío VII con el Cónsul Napoleón, los nuevos Obispos procuraron, entre otras cosas, determinar los derechos y obligaciones de los Cabildos. El Obispo de Carcasona dió con este fin un decreto en 18 de Mayo de 1803 en que determinaba: 1.º Que la catedral quedaba erigida en la iglesia de San Miguel. 2.º Que el clero de la catedral constaría de diez Canónigos titulares. 3.º Que el Párroco y el Rector del Seminario tendrían silla en el coro. Y 4.º Que se reservaba para sí todos los derechos que pudiesen ejercerse en la catedral. Para dar cumplimiento á la carta del Cardenal Caprara de 6 de Abril de 1802 escribió también los Estatutos del Cabildo, y dispuso en sus últimos artículos: 1.º Que el Obispo asistiría á los divinos oficios cuando le pareciese conveniente. 2.º Que los Canónigos asistirán por su turno. 3.º El Cura estará presente á los divinos oficios en su silla. 4.º La Misa capitular de los domingos y fiestas es la Misa parroquial de la catedral. 5.º Los funerales, bautismos, matrimonios, servicios y sermones ordinarios se harán por el Párroco y sus Vicarios. 6.º Sólo el Obispo señalará la hora, lugar y ceremonias para los divinos oficios. El Cardenal Caprara aprobaba y confirmaba en 26 de Febrero de 1807 la erección de la catedral de Carcasona, y sólo se duda si aprobó también los Estatutos del Cabildo, aunque el Obispo y Cabildo actual creen que sí.

No obstante esta duda, todo ha seguido pacíficamente hasta los últimos años, en que, entrando de Párroco el sacerdote Larroque, empezó á decir que el Cabildo estaba de huésped en la iglesia de San Miguel; que el Obispo no tenía allí su silla sino de un modo transitorio, y, por lo tanto, que todos los derechos parroquiales, con las demás funciones sagradas, eran exclusivamente suyas, como lo son de los demás Párrocos.

Ni el Obispo ni el Cabildo hicieron caso de sus reclamaciones, y acudió á Roma acusando al Obispo de ser partidario del conciliábulo de Pistoya, y de haberse reservado contra toda razón y justicia todos los derechos que pueden ejercerse en la catedral. Pedido el voto y la información al Obispo, éste deshizo todos los argumentos del Párroco, y concluyó su informe diciendo que hasta que Larroque ha sido encargado de la parroquia hubo paz y concordia entre el Cabildo y los Párrocos, y que él mismo, antes de serlo, tuvo por bueno el modo de ser de la iglesia; sino que ahora quiere arrojar de su iglesia al Obispo y al Cabildo como si fueran extraños en ella, suplicando al mismo tiempo á la Sagrada Congregación que, después de examinar atentamente la causa, se digne conservar y defender el estado de su iglesia, sancionado por la Santa Sede para todas las de Francia. La Sagrada Congregación aprobó y confirmó el antiguo estado de la iglesia de Carcasona, fundándose, tanto sin duda en el hecho y costumbre antigua, como en los principios siguientes:

I. Quum Episcopus et Capitulum cathedralis unum idemque corpus efficiant, in qualibet suæ diœcesis Ecclesia, primas partes agere, locumque principalem tenere valent.

II. Episcopum uti posse, ad pontificalia, Ecclesia alicujus oppidi suæ diœcesis in quo residet per majorem anni partem idque vertere honorificentiæ ipsius Ecclesiæ ejusque Rectoris.

III. Episcopo et Capitulo diversantibus ad tempus in aliqua pœrœciali Ecclesia, inter eosdem enasci unionem æque principalem; in qua unione æque principali ex jure constitutum est jura utriusque partis essentialia intacta servanda esse quoad fieri possit, et in conflictu, inferiorem superiori, digniori minus dignum cedere debere.

IV. Jura canonicorum consistere in obeundis divinis officiis, et in choro vacando ad psallendum; parochorum vero jura, ex Tridentino, esse sacramenta ministrare, prædicare et populum christianum doctrinam docere.

V. Parochum, utpoti inferiorem, in conflictu cum Capitulo quoad jura, cedere debere Capitulo, quoties non subintret animarum discrimen.

VI. In Ecclesia cathedrali, quæ simul sit parœcialis, functiones, excepta sacramentorum administratione, processiones, ante vel post missam, ad canonicos pertinere.

VII. Fontis baptismalis benedictionem in vigiliis Paschæ et Pentecostes, quum non sit de functionibus mere parœcialibus, Episcopo reservari, ab eodem peragendam vel ab aliquo ex dignioribus Capitularibus, quem ipse Episcopus designaverit.

VIII. Quamobrem in themate etiamsi, per hypothesim, Episcopus et Capitulum ad tempus et quasi in hospitium ad parœcialem Ecclesiam sese receperint, tamen Parochus strictis suis juribus contentus esse deberet, et Episcopo et Capitulo suarum functionum exercitium permittere; ideoque juxta datam resolutionen S. C. C. *nihil esset innovandum.*

MELEVITANA. *Subsidii.*—Pide un pobre en esta causa, para so correr su pobreza, casar una hija y educar á los hijos, que de un legado de 4.166 pesetas para Misas dejado por su abuela se le adjudique la mitad. Justifica el Obispo la pobreza, pero limita el subsidio á una cuarta parte, y ésta le concede Su Santidad en 14 de Junio de 1890

CONVERSANEN *Participationis.*—Queriendo el Obispo conversanense formar una masa común de ciertos réditos del Cabildo y distribuirla entre los sacerdotes dignos, con obligación por parte de éstos de asistir á coro y sujetarse á las puntaturas y cumplir las cargas anejas á los fondos de donde se formaban las distribuciones, se opuso el Cabildo con algunas razones. Pero resueltas éstas por el Obispo, sentenció la Sagrada Congregación del Concilio en 12 de Julio de 1890: *Durantibus præsentibus circumstantiis, affirmative, juxta votum Episcopi, facto verbo cum Sanctissimo.*

MELEVITANA. *Indulti pro absentia.*—Obtuvo un seminarista de Senglea cierto beneficio á que estaba aneja la residencia, la celebración de dos Misas al año y de oir dos veces á la semana confesiones; y pidiendo dispensa de todas ellas, comprometiéndose á explicar el catecismo los domingos, se ie respondió *Negative;* y al suplicar segunda vez con el voto favorable del Obispo, la Sagrada Congregación respondió en 9 de Agosto del 90: *Non expedire.*

Contiene además el fascículo V del volumen XXIII del *Acta Sanctæ Sedis,* compendiado en esta sección, la Encíclica de Su Santidad de 20 de Noviembre de 1890 en que se manda hacer en el día de la Epifanía en todas las iglesias la colecta para los misioneros de Africa; la carta del Emmo. Secretario al Obispo de San Floro, y la carta de Su Santidad al Arzobispo de Florencia de 20 de Noviembre de 1890 acerca del culto que se ha de dar á la Sagrada Familia, con la fórmula de consagración á la misma y la oración que se ha de recitar ante ella, concediendo 300 dias de indulgencia para cada día.

CRÓNICA GENERAL

I

ROMA

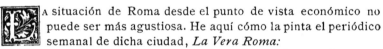

A situación de Roma desde el punto de vista económico no puede ser más agustiosa. He aquí cómo la pinta el periódico semanal de dicha ciudad, *La Vera Roma:*

"Nuestras calles están llenas de pobres, hasta el punto de encontrar grupos á cada cien pasos. Y decimos grupos porque, en realidad, son mujeres con dos ó tres hijos sentados en las gradas de un palacio, sucios, medio desnudos, destrozados, flacos por el hambre, pálidos de fiebre, llorando y gimiendo. En casa es un continuo ir y venir de pobres, que vienen á llamar á la puerta. Y ¡qué pobres! Muchos llevan la huella de un bienestar pasado, de una educación esmerada... Si vais á visitar las cocinas económicas, allí veréis caras que os causarán admiración encontrar en aquellos sitios, pidiendo la sopa para la familia que la espera en la bohardilla donde se amontonan, no pudiendo salir á la calle por no tener ropa que ponerse. Id ahora al Capitolio; estudiad las listas del impuesto sobre los criados y sobre los coches, y comparadlos con los de hace diez años. Os admiraréis de ver cuántas personas no pagan este impuesto, porque criados, coches y caballos han sido suprimidos. En el Monte de Piedad las cifras no son menos elocuentes, pues una estadística reciente nos dice que el

Latium ha impuesto en el Monte de Piedad por valor de 6.128.51 francos en objetos.„

Añádese á esto la crisis municipal, que deja inmensos barrios sin acabar, arruinado el rico patrimonio de las Obras de beneficencia por la rapacidad de los despojadores, las iglesias cerradas por falta de recursos para subvenir á las necesidades del culto; la emigración, hasta aqui desconocida en Roma, va tomando proporciones inquietantes; la inmoralidad y el crimen en aterrador aumento, y se tendrá una idea de lo que es hoy la Ciudad Santa, la ciudad por excelencia de la caridad, asilo en que prosperan los grandes institutos de Beneficencia, donde el pueblo gozaba del más paternal de los Gobiernos y donde ahora no encuentra más que la miseria sin esperanza, el padecimiento sin alivio. He aqui uno de los aspectos de la cuestión romana, por donde se ve ya el castigo reservado á los carceleros del Papa, á los despojadores de la Santa Sede.

—Leemos en un periódico: "Los decretos relativos á las causas de los Santos promulgados bajo el pontificado de León XIII están indicados como sigue en un cuadro auténtico de la Sagrada Congregación de Ritos:

„Ocho canonizaciones de Santos, de los cuales cuatro son italianos, un francés, un belga, un alemán y un español. Once Bienaventurados: de ellos hay siete italianos, dos franceses, un austriaco y un español. Hay que añadir á éstos los numerosos decretos que confirman el culto rendido desde tiempo inmemorial á siervos de Dios venerados con el titulo de Santos ó Bienaventurados, principalmente los mártires ingleses: el Cardenal Fisher, Tomás Moro y sus compañeros. Han sido además promulgados trece decretos proclamando el heroísmo de las virtudes en favor de otros tantos siervos de Dios: ocho italianos, cuatro franceses y un español. En fin, los decretos de introducción de causa en que se confiere el título de Venerable á veintiocho, de los cuales nueve son franceses, un belga, un alemán, dos españoles, uno del Canadá, y los demás italianos.„

En el segundo grupo, ó sea de la declaración de los Bienaventurados, debe de haber alguna pequeña equivocación, pues nosotros sabemos que sólo de los agustinos han sido declarados Beatos dos españoles: el Beato Orozco y la Beata Josefa Inés de Benigamín, ésta agustina descalza.

El eminente escritor inglés Stead, protestante, ha publicado un artículo acerca de la última Encíclica de su Santidad en la *Revue des Revues*. El referido autor y Smith, que es director de la Revista, piensan hacer ediciones populares de dicha Encíclica para que circulen entre los obreros. He aquí testimonios nada sospechosos, no solamente de lo que vale la última obra de Su Santidad, sino también de que van desapareciendo las gravísimas preocupaciones que han existido y que hasta ahora han ofuscado á tantas gentes. No es esto decir que

ahora no existan; pero se convendrá fácilmente con nosotros en que
por este camino puede abrigarse la esperanza de que han de desaparecer no tardando.

II

EXTRANJERO

ALEMANIA.—Ya otras veces hemos hablado de las gestiones que se
estaban haciendo para devolver á la Iglesia los bienes que durante el
Culturkampf se le habían retenido y confiscado en Alemania. Un año
y un mes hace que el inolvidable Doctor Windthorst rechazó en nombre del Centro católico el proyecto del Gobierno en que se disponía
que se entregasen á la Iglesia los intereses que fuera devengando el
capital confiscado. Decía, y decía bien, el jefe del Centro: "Reconocida la deuda por el Estado, no hay razón para que no se haga entrega
del capital, que la Iglesia administrará como mejor le cumpla." En
realidad no había manera de rechazar este razonamiento, y así lo reconoció el Gobierno, que presentó poco después otro proyecto, que
ha pasado por diversos trámites, y ya, convertido en ley, acaba de publicarse en el *Diario Oficial* del Imperio. La suma que el Estado deberá entregar á las diócesis del Imperio pasa de 20 millones de pesetas. Este hecho demuestra varias cosas á cual más satisfactorias para
el porvenir de la Iglesia en Alemania. En primer lugar, se ve que la
caída de Bismarck, el tenaz y omnipotente enemigo de los católicos,
ha sido sumamente beneficiosa para éstos; porque si bien en los últimos tiempos se vieron en el excanciller como conatos de conciliación
con nuestros hermanos, era esto debido, más que á sincero arrepentimiento por los desmanes cometidos, á las necesidades políticas que
le rodeaban, puesto que se veía obligado á apoyarse en el Centro para
constituir una mayoría. Se observa también que la muerte, nunca
bastante llorada, del eximio jefe del Centro no ha sido parte para que
esta importantísima agrupación pierda su influencia, que sigue siendo decisiva en las deliberaciones de la Cámara del Imperio. Y es sobre todo encarecimiento consolador ver que un Gobierno como el
alemán, no contento con reconocer el derecho de los católicos á las
sumas confiscadas, se desprende de ellas cuando pudiera, ya que no
en justicia, pretextando más perentorias necesidades, diferir indefinidamente la entrega de cantidades tan respetables.

—En el banquete celebrado días pasados en Strasburgo, el señor
Gobernador de la ciudad pronunció el siguiente brindis: "Tengo el
honor de beber á la salud del Papa y del Emperador. Veneramos en
Su Santidad al sucesor de San Pedro, al Jefe supremo de la Iglesia
católica, al Pastor fiel á quien está encomendada la custodia de los

fieles. Hacia él dirigimos nuestros ojos con respeto y con veneración,
porque cumple su cometido y su misión con la frente serena y el alma
tranquila en medio de todas las tempestades y á pesar de todas las
amarguras y dolores. Cuando consideramos la fe y el espíritu de sacrificio con que se consagra al servicio de la Iglesia, recordamos la
propiedad con que él mismo se llamó en su lenguaje galano el *servus
servorum...*

*
* *

INGLATERRA.—Empieza á preocupar á los políticos ingleses lo que
podrá acontecer en las próximas elecciones generales que deberán
verificarse el año próximo de 1892. El Marqués de Salisbury no las
tiene todas consigo, y empieza á preparar el terreno, mientras cuenta con mayoría en las Cámaras, con una ley electoral que dificultará
mucho el triunfo de Gladstone, que de otro modo se consideraba como
seguro. Las líneas generales del proyecto electoral de Salisbury se
reducen á lo siguiente: Partiendo del principio de que el número de
habitantes de Inglaterra propiamente dicho ha aumentado notablemente, mientras ha disminuido en parecida proporción el de Irlanda,
Escocia y el país de Gales, entiende el jefe del partido conservador
que debe aumentar proporcionalmente el número de Diputados por
Inglaterra y disminuir de la misma suerte en los otros países. De este
modo cree que el partido imperante podrá luchar con ventaja; pues
no es un misterio para nadie en Inglaterra que, por punto general,
tiene muchas simpatías el partido conservador, mientras es cordial-
mente aborrecido en Irlanda, Escocia y el país de Gales.

—Se ha confirmado la noticia de un nuevo caso de indisciplina militar en Londres, que como rumor apuntaban días pasados varios periódicos. Resulta, en efecto, según el *Times*, que en los días siguientes á la salida de Guillermo II de Inglaterra los soldados del segundo batallón de los Coldstream Guards, so pretexto del aumento de
servicio que habían tenido durante la permanencia del Emperador
de Alemania en Londres, al ser llamados á formar para salir á la pa-
rada se negaron á bajar al patio del cuartel, y sólo después de un
largo altercado con los sargentos pudieron éstos hacerse obedecer.
Una vez formado el batallón, se puso en marcha; pero á los pocos
pasos dos ó tres compañías hicieron alto, y dando media vuelta re-
gresaron al cuartel.

Se ha abierto la correspondiente sumaria, y mientras no termine
no se conocerán los detalles de lo ocurrido. De todos modos constituye un síntoma de gravedad indiscutible que en el mismo año se
hayan producido en la propia capital y en las tropas de la Guardia, ó
sea entre los mejores soldados regulares, dos casos tan graves

como éste, y el de aquel batallón de granaderos deportado, como se recordará, á las Bermudas en castigo de un hecho análogo.

᠁Francia.—La visita de la flota francesa al puerto ruso de Cronstadt y el espléndido recibimiento que allí se le ha hecho, han sido objeto de inacabables comentarios por parte de la prensa europea, y es indudable que el suceso los merece, tanto por lo que en sí mismo es, cuanto por las circunstancias que le han acompañado. Acababa, en efecto, de verificarse la ruidosa visita de Guillermo II á Inglaterra muy pocos días después de haberse renovado la triple alianza, lo cual significaba, al decir de muchos, que si la Gran Bretaña no entraba en esa concordia en las condiciones que las demás potencias, podían contar desde luego con las simpatías, y aun con la cooperación en determinados casos, de la formidable Armada británica. Así las cosas, se anunció la visita de la escuadra francesa del Canal de la Mancha al puerto de Cronstadt; las autoridades rusas y el propio Emperador moscovita se han deshecho en agasajos á dicha escuadra, cuyos jefes, amén de otras muestras de singular distinción, han recibido la singularísima de sentarse á la mesa del Czar. Como consecuencia de esta visita, el Soberano ruso dirigió afectuoso telegrama de felicitación al Presidente de la República, Mr. Carnot, el cual se apresuró á contestar con otro igualmente expresivo de agradecimiento. Huelga añadir por sabido que el pueblo francés ve en el ruso, como éste en aquél, á su natural aliado para las contingencias de lo por venir, siendo buena muestra de ello el lenguaje de la prensa de entrambos países. Anúnciase que muy en breve la escuadra francesa que acaba de ser objeto de tales atenciones en Cronstadt visitará varios puertos ingleses, en los que se le prepara recibimiento análogo al de los rusos. Si se pregunta por los motivos que tiene Inglaterra para semejantes atenciones, no será aventurado responder que la Gran Bretaña no puede ver con tranquilidad la estrecha unión entre potencias tan poderosas como Francia y Rusia, y trata de apaciguar los ánimos haciendo ver á Europa que nada de particular hay en lo sucedido en Cronstadt, puesto que otro tanto, punto más punto menos, ha de suceder en los puertos ingleses, donde serán obsequiados magníficamente los bravos marinos franceses.

—Un redactor del *Fígaro*, de París, ha conferenciado largamente con S. E. el Cardenal Lavigerie, el cual parece ha afirmado una vez más que su asendereado brindis en Argel no fué más que expresión sencilla de los deseos de Su Santidad, manifestándose muy apenado porque los católicos franceses hayan dejado de ayudarle en su grande empresa de la abolición de la esclavitud por cuestiones meramente políticas. Tiene estrecha relación lo que precede con la actividad que se observa en el partido monárquico francés, cuyo jefe delegado, Conde de Haussonville, ha emprendido un viaje de propaganda por las grandes ciudades del Mediodía de Francia, dando á conocer á todas las Juntas monárquicas de los distintos departamentos las instrucciones del Conde de París. En recientes reuniones ha declarado dicho Conde que la formal adhesión al régimen republicano preconizada por el Prelado de Argel, y aun por el de Grenoble, sería para los monárquicos un verdadero acto de apostasía, y no pueden, por lo tanto, responder al llamamiento de dichos venerables Pastores sino con un *non possumus* categórico. De otro género y naturaleza es, según el representante del Conde de París, el llamamiento dirigido á los católicos por Mons. Richard. Los monárquicos franceses dice que admiten todos los artículos del programa de *La unión de la Francia cristiana*, que consideran posible y legítima, añadiendo que los que han combatido sin tregua ni descanso en defensa de las libertades de la Iglesia no pueden menos que desear y favorecer el triunfo de esta "fase del movimiento católico„. Hablando de la forma republicana, dijo el Conde que si en teoría no es necesariamente la República un Gobierno antirreligioso, es un hecho histórico que no hay régimen alguno que reniegue por el tiempo de las fatalidades de su pasado. La República, que ha hecho constantemente la guerra á la Religión, no conoce otro programa y no lo abandonará jamás. Al terminar, el Conde de Haussonville insistió sobre la necesidad de mantener la unión entre el partido monárquico y el partido católico para que mutuamente se auxilien y tiendan á conseguir el triunfo de la Iglesia.

—Una espantosa catástrofe ha ocurrido en Saint-Mandé, pueblo situado en las inmediaciones de París, á consecuencia de un choque de trenes, ó sea del suplementario de viajeros, procedente de Joinville, con otro que estaba detenido en la entrada de la estación de Saint-Mandé. Como el choque fué tan violento, la máquina del tren que venía de Joinville montó sobre varios coches del que se hallaba detenido en la estación mencionada; y habiendo reventado el depósito de fuego, se esparció éste sobre los coches, ocasionando al punto horroroso incendio, que abrasó á gran parte de los muertos y heridos por el choque. El total de unos y otros se decía que ascendían á cien muertos y cincuenta heridos.

BÉLGICA.—El Gobierno belga, ó más bien el ministro de Correos, ha prohibido la entrada en aquella Nación de ciertos periódicos y revistas franceses verdaderamente pornográficos. Un editor parisiense ha tenido la frescura de llevar á los tribunales á dicho ministro por los perjuicios que de semejante medida se le siguen, pretendiendo que el reglamento prohibe la entrada en Bélgica de mercancías *pe-*

ligrosas, y sólo deben considerarse tales las *explosivas.* Negar á las publicaciones obscenas la calidad de peligrosas es una idea rufianes-ca, muy propia de quien ejerce el infame tráfico de divulgarlas para enriquecerse. Es de esperar que los tribunales harán callar al poco aprensivo editor, y seguirá en vigor la determinación del digno ministro de Correos en Bélgica. Si otra cosa sucediera, era llegada la hora de concluir, no ya sólo con semejantes publicaciones, pero también con los tribunales que tan descaradamente les favorecen.

—Su Eminencia el Cardenal Goorens, Arzobispo de Malinas, acaba de dirigir una carta á los Cardenales franceses en la que se manifiesta inclinado á hacer revivir los antiguos Congresos de Malinas, cuya saludable influencia tanto se dejó sentir, no sólo en Bélgica, sino también en el Extranjero.

Al efecto, convoca una Asamblea general de católicos en la ciudad metropolitana para el 8 de Septiembre próximo. El Congreso durará cinco días; tendrá por presidente efectivo á un seglar, M. V. Jacobs, ministro de Estado, hombre eminente bajo todos conceptos, y por presidentes honorarios al Emmo. Sr. Cardenal Arzobispo y al Conde Mirodo Waterloo, presidente del Senado.

* *

PORTUGAL.—La situación monetaria ha cambiado poco en Portugal, lo que quiere decir que es mala, como lo viene siendo desde hace meses. Todos los días, sin embargo, se dice que mejora, pero las ventajas no parecen por ninguna parte. El agio que ha estado haciéndose sobre metales ha sido escandaloso, y la falta de numerario dificulta sobremanera las operaciones del comercio. A fin de exonerar á Portugal de gente que no encuentra ocupación ni con qué mantenerse, el ministerio de Marina concede mensualmente 300 pasajes gratis á los que quieran ir á las colonias portuguesas en Africa.

—Corre por los periódicos una noticia escandalosa, acerca de la muerte de una niña ocurrida en un colegio dirigido por religiosas. El empeño de la prensa impía de divulgar de una manera estruendosa dicha muerte, revestida de circunstancias espeluznantes, hace creer que todo obedece á una infame calumnia á fin de sublevar á las masas contra las poquísimas casas religiosas que aún hay en Portugal. Cabía decir hace sesenta años, aunque sin apariencias siquiera de verdad, que este reino infeliz había llegado al fondo de la miseria y del envilecimiento por causa de los frailes y monjas; mas ahora, que es cuando en realidad se encuentra en el colmo de la des-ventura, ¿á quién se la van á achacar? ¿Será razón culpar de la ab-yección en que hoy se encuentra á média docena de religiosas y de otros tantos religiosos que andan ocultos desde hace más de cincuen-ta años como si su profesión fuera un crimen?

* *

AMÉRICA.—Tenemos noticias contradictorias acerca del estado de la guerra en Chile. Unos y otros se atribuyen siempre la victoria en los diferentes encuentros de que se tienen noticias, lo que hace creer que ni unos ni otros son demasiado escrupulosos en este punto. Lo que sí sabemos con certeza es que en Santiago de Chile ha ocurrido un incendio formidable que, entre otros muchos edificios, ha destruido la Universidad católica y el Círculo católico, como también la grande y valiosa casa del conocido hombre público y religiosísimo caballero D. Domingo Fernández Concha.

—La prensa católica de Buenos Aires nos da la clave de ciertos enigmas. Recordarán nuestros lectores que poco hace estuvo en la Corte el General Mitre, candidato á la presidencia de dicha República, y recordarán igualmente que el mencionado General fué obsequiado por ciertas gentes *non sanctas*. Nosotros no veíamos en tal personaje mérito alguno para semejantes agasajos; pero ahora vemos que los tenía y superabundantes: el General Mitre ha sido y es masón; que poco después de dejar la otra vez la presidencia de la República dió cuenta á sus *hermanos* los masones de su comportamiento en la magistratura suprema de una Nación católica, cuya Constitución exige que el Presidente sea católico. Esto antiguamente se llamaba doblez ó hipocresía ú otra cosa peor; pero ahora lleva títulos muy sonoros, y sobre todo es muy lucrativo; como que le valió al afortunado General la pitanza consabida, y ahora está á punto de valerle lo mismo. Los católicos bonaerenses deben antes de votar consultar con su conciencia, y trabajar unidos por el triunfo de un candidato católico, y no dejarse alucinar del oropel de ciertas popularidades, cuyo fundamento se conoce perfectamente.

III

ESPAÑA

De política no hay más que cálculos. Para las oposiciones, el Gobierno imposible que se porte peor; en cambio la prensa ministerial propone, como ejemplo de las felicidades que han llovido sobre España, las que gozan los que pueden recorrer las costas del Cantábrico, ó los que emprenden largos viajes por el Extranjero por motivos más ó menos justificados. Se ha hablado mucho, á falta de otros asuntos de más fuste, de los resultados de la amnistía, que parece no van á ser tales como se esperaban; pues los expatriados, como si les hubiera entrado nuevo fervor republicano, exclaman que están dispuestos á morir en tierra extraña antes que acogerse á una amnistía que no tiene más que el nombre de tal. Por supuesto que no son todos los que así hablan, pues buen número de ellos piensan volver á los patrios lares á gozar de las pocas ó muchas ventajas que les ofrece la reciente ley.

—También ha servido de asunto para llenar el vacío de noticias políticas la llegada de una Embajada marroquí, que ha venido á presentar sus respetos y regalos á la Reina en nombre del Emperador de Marruecos.

Sin embargo, estos últimos días ha dado Barcelona motivos de que hablar, primero con el atentado, felizmente frustrado, contra la vida del Capitán general interino, y últimamente con el inesperado ataque de una docena de paisanos contra la guardia del cuartel del Buen Suceso. Se dice que se trataba de una conspiración republicana abortada, y que tenía ramificaciones en Bilbao y otros puntos; pero hasta ahora nada se sabe de cierto.

—Por el ministerio de Fomento se ha publicado una real orden con las disposiciones siguientes:

"1.ª En todos los coches de compartimientos independientes de los trenes de viajeros se instalarán aparatos de aviso, sea el eléctrico de Prudhome, sea el de aire comprimido de Westidghouse, ó cualquiera otro análogo, que permítan á los viajeros, en caso de accidente, llamar la atención de los empleados.

„Las Empresas de ferrocarriles propondrán en el plazo de un mes, desde la publicación de esta real orden en la *Gaceta de Madrid*, el sistema que consideren preferible; y una vez aprobado por el Gobierno, se reglamentarán su instalación y su empleo, y se determinará el correctivo que haya de imponerse á los viajeros que hicieren uso indebido de la señal de alarma.

„2.ª Se establecerán comunicaciones parciales entre cada dos compartimientos contiguos de un mismo coche, en los de primera y de segunda clase que no la tengan, por medio de aberturas protegidas con cristales ó con rejillas de malla ancha colocadas en la mitad superior de los tableros divisorios.

„Las Inspecciones de ferrocarriles, de acuerdo con las Compañías, propondrán á la Dirección general de Obras públicas el sistema de más fácil aplicación á los respectivos coches de cada línea y el plazo dentro del cual deberá comenzar la reforma.

„3.ª La vigilancia en las estaciones á la llegada de los trenes no se limitará al lado del andén, sino que será extensiva también al opuesto, cuyo alumbrado se ampliará suficientemente. Con el propio objeto se significará al ministerio de la Gobernación la conveniencia de que la Guardia civil, al llegar los trenes á las estaciones, vigile ambos costados de los mismos; y de no ser esto posible, atienda preferentemente á la vigilancia del costado opuesto al andén.

„4.ª Las Compañías establecerán en suficiente número de coches de primera y de segunda clase, y en todos los de lujo, cierres interiores especiales, cuya llave se facilitará al viajero que lo solicite previo pago de los asientos que al compartimiento correspondan.

„5.ª Los inspectores del Gobierno, oyendo á las Compañías, propondrán á la Dirección general de Obras públicas, y ésta fijará, los plazos dentro de los cuales deberán quedar establecidas las reformas prescritas en las disposiciones anteriores.

„6.ª Se invitarán á las Compañías de ferrocarriles: primero, á que prosigan y desarrollen los ensayos emprendidos por algunas de ellas, poniendo al servicio diversos tipos de coches que permitan la circulación interior á lo largo de todo el tren; segundo, á que estudien y adopten las disposiciones convenientes para que, sin perjuicio de sus intereses, pueda suprimirse la revisión de billetes durante la noche en los trenes en marcha.„

—Varios alcaldes, entre los cuales recordamos al de Toledo y Tudela, han publicado bandos contra la blasfemia. El de este último punto ha publicado además un reglamento disponiendo que las Empresas le remitan la lista de las compañías y dos ejemplares de las obras nuevas que se hayan de representar en el teatro de aquella ciudad, prohibiendo desde luego la representación de dramas sagrados ó bíblicos, no menos que toda otra que no se ajuste á las prescripciones de la moral cristiana. El Gobernador de San Sebastián ha prohibido también el juego, y se muestra decidido á perseguirlo activamente á pesar de las influencias que se han puesto en juego para que no pusiese coto al idem. Nuestro sincero aplauso á tan excelentes autoridades.

—La Junta internacional de Roma hace, con fecha de 21 de Junio, un nuevo llamamiento á los católicos para la peregrinación al sepulcro de San Luis, y fija la época para las peregrinaciones francesa é italiana del 27 de Septiembre al 2 de Octubre.

Mas la peregrinación española, con acuerdo de dicha Junta internacional, irá independientemente, y por varias razones, antes de aquella fecha, y será la que abrirá la puerta á la serie de manifestaciones de amor á la Santa Sede con motivo del centenario de San Luis.

Nuestra peregrinación española saldrá, pues, probablemente de Barcelona el 2 de Septiembre, llegando en este caso á Roma el 4 ó 5. El 14 ó 15 será la salida de regreso de Roma.

Por lo tanto, no deben confundirse las fechas de otras peregrinaciones extranjeras con las de la española en las noticias que acaso puedan leerse en los periódicos.

—Ha fallecido el virtuoso é ilustrado presbítero D. José Gisbert y Pascual, director de la Revista de Alcoy, después de la penosa enfermedad que hace años iba minando su existencia. Era muy celebrado por cuantos le conocían por su ciencia y ardoroso celo por la propagación de la verdad. Sobre la pérdida de tan valeroso campeón de la causa católica tenemos que lamentar también la desaparición de la Revista indicada, de la cual era el finado alma y vida.

—El día 19 de Julio último pasó á mejor vida el celebrado autor de *El Escándalo*, D. Pedro Antonio Alarcón; que si tuvo, como él mismo lo ha dicho, días de ofuscación y atolondramiento, en sus últimos tiempos ha dado muestras de conservar las divinas enseñanzas que le inculcaron en su infancia.—R. I. P.

MISCELANEA

Misiones de los Padres Recoletos en los Llanos de Casanare (Colombia) (1)

III

J. M. J.

LABRANZAGRANDE 6 de Enero de 1890.

Mi querido P. Santiago: Estamos ya listos para salir mañana de esta población, y quiero dejar esta carta para que se la lleve al correo y tenga noticias de nosotros. No sé si el correo querrá llevársela; y digo esto porque el correo no ha querido traernos los directorios de rezo y cartas que me mandó de ésa hace diecinueve días, según me decía el telegrama que recibí en Sogamoso. Mas suceda lo que sucediere, escribo ésta porque ahora hay alguna probabilidad de que llegue á su mano, y en saliendo de aquí ya no hay medio de poder decirle nada; nos meteremos en Casanare, y ni nosotros sabremos del mundo, ni el mundo de nosotros, porque por ese territorio inmenso no hay correos, según me dicen.

Nos veremos precisados á comunicarnos con sólo el cielo, y no deja de ser una ventaja inmensa para los que aspiramos únicamente á aquella patria de eterna dicha.

Le decía en mi última (que no sé si habrá recibido) que llegamos á ésta el 23 del pasado mes y año, y que nos recibieron con tales demostraciones de regocijo que dudo puedan hacerlas mayores cuando venga el Prelado de la diócesi ó el Presidente de la República, si llegara á ocurrirle el venir por aquí. Desde que llegamos no hemos cesado un solo momento de trabajar en nuestro ministerio. El púlpito y

(1) Véase la pág. 480.

el confesonario nos han ocupado de continuo, excepto los ratos que hemos tenido que dedicar al rezo y comida. Queda dicho con esto que nuestros trabajos han sido fructuosos gracias á Dios nuestro Señor, porque en quince días de confesonario algunas gentes se pueden confesar. ¡Benditas Misiones, que tanto bien hacen en todas partes!

Algo hemos ya sudado, porque nos hallamos en tierra de plátanos; pero no ha sido más que una preparación para lo que nos espera. El termómetro sólo ha subido á 28 grados el día de más calor; por las mañanas ha bajado hasta 15.

Nuestra salida mañana es para Marroquín, donde permaneceremos tres días ó cuatro si encontramos gentes á quien predicar y confesar. De Marroquín saldremos con dirección á Maní, pequeño pueblo donde también daremos una pequeña Misión. Seguiremos después á Santa Helena, donde haremos lo mismo, y después iremos á Orocué.

De Orocué es lo regular salgamos embarcados, navegando por el Meta hasta llegar á Cravo, punto en el que fijaremos regularmente nuestra residencia, porque nos han dado muy buenos informes de él; pero como hasta ahora no lo conocemos más que por los informes, no puedo decir con seguridad si será el escogido para residir. La navegación de Orocué á Cravo será de cinco días, según dicen.

Nada más de particular tengo que comunicarle en ésta. Saludes de los Padres y Hermano, y lo que quiera de su afectísimo menor Hermano en el Sagrado Corazón de Jesús y nuestro gran Padre San Agustín,—Fr. Ezequiel Moreno de la Virgen del Rosario.

IV

Marroquín 9 de Enero de 1891.

Mi querido P. Santiago: Dejé en Labranzagrande una carta escrita en la que le decía que, o llegando los correos más que á dicho pueblo, no podía ya mandarle más cartas; pero hoy sale un señor de aquí para Labranzagrande, y aprovecho su salida para mandar ésta y seguir ó continuar mi relación de viaje.

Salimos de Labranzagrande el día 7, como se había determinado, y salimos con todos los avíos de un calentano llanero, ó sea con nuestra ruana blanca, con la hamaca colocada en las correas de la silla, y nuestro cacho ó cuerno amarrado con una cuerdecita algo larga para poder coger agua en los caños sin necesidad de desmontarse: se deja caer el cuerno al río, se llena de agua y se sube con la cuerdecita.

El señor Alcalde de Labranzagrande y algunos vecinos principaes nos acompañaron hasta un sitio llamado Salina, donde se despidieron de nosotros, dándonos algunas cositas de bucólica que nos servirán por los Llanos.

Seguimos nuestro viaje, y á las dos y media de la tarde llegamos á una casa situada en un terreno llamado Vizcocho, donde confesé á una enferma, y esperamos las bestias de carga para ir con ellas por unos pasos llamados *Las Barras*, por si ocurría algún contratiempo desagradable. Esos pasos son, en efecto, peligrosos por ser estrechos y tener á la derecha un horrible precipicio, y á la izquierda un monte de piedra cortado perpendicularmente. En la piedra del monte han hecho unos agujeros, en ellos han metido unos maderos, y con otros superpuestos han formado el camino. Si en esos trechos de camino se encuentran dos bestias en dirección opuesta, es muy difícil el que puedan pasar; y como no hay adonde retirarse, al menor descuido se rueda por el precipicio y se va á dar al río, que por esa parte toma ya el nombre de El Cravo. Nosotros pasamos dos primeros trechos sin darnos cuenta del peligro, porque no los conocíamos, y todos ellos sin novedad, porque no encontramos gente que viniera en dirección opuesta.

La espera á que llegaran las cargas nos retrasó el viaje, y la noche se echó encima una hora antes de llegar á Marroquín; pero el camino era ya bastante bueno y se anduvo sin novedad, excepto un pequeño barranco donde tuvimos que encender fósforos para pasarlo, porque las bestias no veían por haber mucho bosque que impedía el paso de la luz de las estrellas. Llegamos á las siete y media, y después de rezar y tomar una mazamorra, se *guindaron* las hamacas en la única habitación que tenemos, y nos acostamos aun antes de lo que se pensaba porque nos quedamos sin luz; un perrito se cenó tres candelitas de sebo que teníamos mientras nosotros cenamos la mazamorra.

Pasamos la noche bastante bien, y después de encomendarnos á Dios, el doctor Medina, que nos acompaña, y los PP. Manuel y Marcos se pusieron á hacer hostias para celebrar, porque no había. Trabajaron mucho, pero no pudieron sacar más que dos regulares, y sólo celebramos dos Misas. El Hermano Isidoro las hubiera hecho pronto y bien; pero estaba algo delicado y no le permitía levantarse.

Hay poca gente en el pueblo, y he predicado hoy 8 á unas cuarenta personas. El calor se ha sentido algo, marcando el centígrado 30 $\frac{1}{2}$.

Día 9.—El Hermano Isidoro hizo hostias pronto y bien, y hemos celebrado todos y dado unas treinta comuniones. Va llegando bastante gente de los barrios, anunciando que llegará muchísima más.

Tenemos las manos hinchadas por las picaduras de los mosquitos, que por aquí llaman arroceros; no sabemos lo que harán los de los Llanos y río Meta.

Hay en este pueblo unas veinte casas, todas de paja, una mediana iglesia techada también de paja y bastante sucia, y un ranchito, que es el que habitamos, y que dicen es la casa cural. Esta noche acudieron al sermón unas setenta personas, y éstas dicen que no han avisado á las gentes de los barrios, y que por eso no han venido. Es lo regular que salgamos de aquí el domingo después de la Misa, ó á lo más tardar el lunes. Si adonde vamos se presenta ocasión de poder mandar una carta á Labranzagrande, no la dejaré perder.

Saludes de todos, y lo que quiera de su afectísimo y menor Hermano en el Sagrado Corazón de Jesús y nuestro gran Padre San Agustín,—Fr. Ezequiel Moreno de la Virgen del Rosario.

Santa Helena 25 de Enero de 1891.

Mi querido P. Santiago: Escribí mi última en Marroquín, con fecha 9 del actual, aprovechando la vuelta á Labranzagrande de D. Cipriano Chaparro, que tuvo la amabilidad de acompañarnos en el viaje. é hizo la caridad de darnos varias cosas que nos han servido de mucho por estos Llanos. Dios nuestro Señor le recompense todo abundantemente.

Hoy aprovecho otra ocasión que se presenta, y es la vuelta de nuestro buen amigo y guia Doctor Medina, Cura de Labranzagrande, que, teniendo obligaciones en su pueblo, no puede acompañarnos más. El llevará ésta hasta Labranzagrande, y la pondrá en el correo que de allí sale para Sogamoso.

Pasamos el día 10 en Marroquín confesando, casando y bautizando. Por la noche prediqué á un auditorio más numeroso que el de los días anteriores.

A las diez de la mañana del día 11 salimos de Marroquín con dirección á los Llanos. A la hora y media de camino, la carga de una de las bestias pegó ó dió contra un árbol y cayó en tierra. La bestia, asustada, echó á correr llevando arrastrando una de las petacas que había quedado amarrada. El ruido de la petaca arrastrada enfurecía más y más á la bestia, y la hacía correr con más desesperación; gracias que íbamos tres adelante, y pudimos detenerla aunque con bastante trabajo. Mientras esto sucedía otra bestia cayó por una gran pendiente, y no fué posible volverla á subir sino rozando mucho bosque por la parte menos pendiente. La operación duró una hora; y como los arrieros estaban ocupados en ella y las demás bestias quedaron solas, dos de ellas tomaron el camino de Marroquín, y hubo que ir á buscarlas. Las encontraron á media hora, y seguimos nuestra marcha. En la vega de Fonseca, que es una pequeña antesala de los Llanos, cayó de nuevo la misma carga, porque el machito que la llevaba sabía sacudirla admirablemente. Tuvimos, pues, que parar otro rato recibiendo un sol abrasador, y la carga se puso en otra bestia, sirviendo el machito para silla. Así seguimos sin tropiezos hasta la orilla del río Cravo, en donde tomamos unos bocados con un poco de guarapo. Concluído el corto refrigerio pasamos el río por la parte menos honda, y entre cuatro y media y cinco de la tarde entramos en los deseados Llanos de Casanare, tan temidos de la multitud por sus fiebres, tigres, serpientes, etc., etc. ¡Qué panorama tan hermoso se presenta á la vista! No es posible describirle; hay que verle. Por unas partes se pierde la vista sin encontrar objeto alguno, y por otra forman el horizonte las árboles y espesura que hay en las orillas de los ríos y esteros ó caños, como por aquí dicen. A veces se figura uno hallarse en alta mar divisando islas á lo lejos, pues como tales se presentan en estas inmensas llanuras ciertos pequeños grupos de árboles, ó palmeras, ó matas de cañas que se encuentran de trecho en trecho en las sendas que hay trazadas. También pudiera decirse que son verdaderos oasis colocados por la Providencia para poder tomar un descanso á cubierto de los abrasadores rayos del sol. Las pocas reses que se ven por aqui en comparación de las muchas que podía haber, aprovechan la sombra que proporcionan esos grupos de matas, descansando debajo de ellas en las horas de más calor. También nosotros disfrutamos del fresco que proporcionan en los ratos que teníamos que esperar á las cargas en los días siguientes.

Nos cogió la noche antes de llegar á la casita donde íbamos á descansar; y como en este tiempo queman la hierba seca de estas grandes llanuras, se veía fuego por una y otra parte. Cuando sólo se veía en el horizonte el reflejo de fuegos que estaban lejos, ese reflejo semejaba una hermosa aurora boreal ó creia uno que estaba próximo á salir otro sol.

(Continuará.)

RESUMEN

de las observaciones meteorológicas efectuadas en el Colegio de Agustinos Filipinos de Valladolid en el mes de Julio de 1891.

ALTITUD EN METROS 715 — LATITUD GEOGRÁFICA 41° 39' — LONGITUD EN TIEMPO 4ᵐ 7ˢ O.

BARÓMETRO, EN mᵐ Y A 0.°

DÉCADAS	Altura media	Oscilación media	Altura máxima	Fecha	Altura mínima	Fecha	Oscilación extrema
1.ª	672,8	1,8	706,7	4	698,9	9	7,8
2.ª	701,5	1,8	705,0	19	698,8	16	6,1
3.ª	702,6	2,1	707,1	24	698,2	28	8,9
Mes	699,0	1,7	706,0	19	698,2	28	9,5

TERMÓMETRO CENTÍGRADO.

DÉCADAS	Temperatura media	Oscilación media	Temperatura máxima	Fecha	Temperatura mínima	Fecha	Oscilación extrema	Humedad relativa media	Tensión media día en milímetros
1.ª	20,5	16,4	45,7	8	7,7	4	38,0	52	11,3
2.ª	22,0	16,8	45,8	13	10,5	19	35,3	50	11,6
3.ª	20,1	15,5	45,0	21	8,5	30	36,5	53	11,1
Mes	20,8	16,2	45,8	13	8,5	30	37,3	51	11,3

ANEMÓMETRO.

DÉCADAS	Velocidad media por día en kilómetros	Velocidad máxima en un día	Fecha	Despejados	Nebulosos	Cubiertos	Llovizna	Niebla	Rocío	Escarcha	Nieve	Granizo	Tempestad	Lluvia total en milímetros	Lluvia máxima en un día	Evaporación media en milímetros
1.ª	227,4	300,1	3	1	8	1	1	»	»	»	»	»	1	1,7	1,7	10,0
2.ª	188,8	334,0	18	2	8	»	1	»	»	»	»	»	»	0,8	0,8	10,8
3.ª	266,1	324,1	28	5	5	»	»	»	»	»	»	»	»	2,5	—	8,8
Mes	227,4	324,1	23	8	21	3	2	»	»	»	»	»	2	—	1,7	9,8

FRECUENCIA DE LOS VIENTOS

DÉCADAS	N.	N.E.	E.	S.E.	S.	S.O.	O.	N.O.	Calma	Brisa	Viento	Viento fuerte
1.ª	4	3	»	»	1	3	2	3	»	3	6	1
2.ª	9	4	»	»	—	6	6	2	»	6	3	1
3.ª	12	12	»	»	1	6	4	1	1	1	4	5
Mes	9	19	»	»	3	17	11	6	7	10	13	7

CONFERENCIAS

dadas en el Ateneo de Madrid (curso de 1889-90) por D. Francisco Iñiguez
é Iñiguez, profesor de Astronomia en la Universidad central [1]

II

EL SISTEMA PLANETARIO

SEÑORES:

N la conferencia anterior, después de algunas indicaciones sobre los medios, así teóricos como prácticos, que la Astronomía emplea, expusimos los fenómenos generales que resultan de las influencias mutuas de los astros; hicimos una clasificación de los elementos que componen el universo estelar; pusimos de manifiesto la carencia de base científica de la teoría prenebular de la materia; y, en fin, dejamos suficientemente demostrado el grado superior de probabilidad que posee la hipótesis de Laplace acerca de la formación del sistema planetario.

El estudio de los elementos principales de este sistema es el objeto que hoy va á ocuparnos; os prometo tratarlo con la brevedad que me sea posible, y terminaré con algunas indicaciones sobre los importantes problemas de la habitabilidad de los mundos y del fin del universo.

Entremos en materia sin más preámbulos; y puesto que el Sol es el astro principal del sistema planetario, á él debemos dar la primacía en el orden de la exposición.

(1) Véase la pág. 488.

36

Los astrónomos han buscado sin descanso la distancia del Sol á la Tierra, dato importantísimo, pues ésa es la unidad de que se hace uso para medir todas las distancias planetarias, y porque, una vez conocida, basta un cálculo muy sencillo para obtener todas las magnitudes análogas que á los demás componentes del sistema solar se refieren. Por variados procedimientos hábilmente ideados se ha encontrado que dicha distancia es de 150.000.000 de kilómetros. También se han determinado las dimensiones del Sol, su peso y su densidad; el diámetro es de 1.400.000 kilómetros; su peso equivale á 330.000 veces el de la Tierra, y su densidad á $\frac{1}{4}$ de la de esta última, ó también á 1,25 veces la del agua.

Uno de los medios más sencillos de observar el Sol, y empleado con suma frecuencia, consiste en dirigir hacia él un anteojo y disponer enfrente del ocular un bastidor que lleve una hoja de cartulina perfectamente tersa y perpendicular al eje del anteojo; graduando entonces convenientemente la posición del ocular, se consigue que aparezca en la cartulina una imagen bien definida del astro; lo primero que en ella llama la atención es la desigualdad de brillo entre su centro y sus bordes, particularidad que aún se hace más palpable practicando en la pantalla dos aberturas, correspondientes á dos regiones de la imagen, distintamente separadas del centro, y recibiendo sobre otra pantalla los rayos de luz que pasan por tales aberturas. Este fenómeno es un primer indicio de la existencia en el Sol de una atmósfera absorbente de la luz.

Mirado directamente el Sol por medio de un anteojo de suficiente aumento, aparece constituída la superficie delastro por una substancia brillante, no continua, sino distribuída en masas, que le dan un aspecto granular; estas masas luminosas han sido comparadas por los observadores á granos de arroz, á hojas de sauce, y á las más finas y entrelazadas del césped. No se crea por estas comparaciones que se trata de objetos pequeños, pues llegan á tener treinta y aun cuarenta leguas de diámetro. En las uniones de unos con otros granos aparecen espacios más obscuros, que simulan groseramente las mallas de una red; algunos de estos espacios se acentúan á veces considerablemente, y entonces reciben el nombre de *poros*. Tales son las particularidades que, en su estado normal, ofrece la cubierta más luminosa que rodea al Sol, designada con el nombre de *fotosfera*.

En los eclipses totales del Sol, cuando el disco del astro es ocultado totalmente por ,la Luna, el borde de ésta es rebasado por algunas prominencias de color rosado y por grandes ráfagas de luz perlada, que se extienden á distancia considerable. Reconocidas las primeras en el eclipse de 1860 por mi inolvidable maestro D. Antonio Aguilar y por el célebre P. Secchi, que vino á España para observar dicho eclipse, quedó resuelta la duda antes existente sobre si tales apéndices formaban parte integrante de la masa solar, ó eran tan sólo modificaciones de la luz al pasar rasando los bordes de la Luna. Observaciones posteriores han confirmado que, tanto la luz rosada como las ráfagas, pertenecen al Sol, habiendo recibido las primeras el nombre de *protuberancias*, y el conjunto de las segundas el de *corona*. Hoy no es ya preciso esperar la producción de eclipses para observar las protuberancias.

Quedó dicho ya en la conferencia anterior que el espectro solar ofrece una banda de colores surcada por multitud de rayas obscuras, prueba concluyente de que el astro se halla constituído por un núcleo brillante, no gaseoso, rodeado de una atmósfera absorbente. Reconocida con el espectroscopio la región en que se producen las protuberancias, resulta que en ella es escaso el número de rayas, predominando las del hidrógeno. Luego sobre la atmósfera solar, abundante en elementos químicos terrestres, existe otra cubierta gaseosa más enrarecida, la cual ha recibido el nombre de *cromosfera*.

La corona, observada de diversas maneras, ha dado indicios de estar formada de partículas sólidas que reflejan la luz solar, y de una substancia gaseosa caracterizada por una raya en la región verde de su espectro, con la cual no se ha encontrado aún que tenga correspondencia ningún elemento químico terrestre.

Pero el fenómeno más importante, el que más luz arroja sobre la constitución del Sol, son las manchas. Desde que fueron descubiertas se notó que no permanecen fijas sobre el disco aparente del astro, sino que uniformemente se transladan, manifestando con toda evidencia un movimiento de rotación. El período de este movimiento solar, deducido de los aparentes de las manchas, tiene una duración de 25,5 días por término medio, pues no todas las regiones giran con igual velocidad: ésta es máxima en el Ecuador, y decrece luego hacia las regiones polares.

Algunas veces aparecen las manchas de una manera súbita, pero otras comienzan por un poro, que después va adquiriendo mayores dimensiones; obsérvase en ellas un espacio central sumamente obscuro, que se denomina *núcleo*, y también *sombra;* hacia él se dirige la materia luminosa de la fotosfera, pero no ya en forma de gránulos, sino de filamentos, que constituyen lo que ha recibido el nombre de *penumbra;* en fin, en las inmediaciones de la mancha se presentan acumulaciones de materia luminosa que exceden en brillo al resto de la fotosfera, y son las *fáculas.*

En las regiones centrales del disco solar las manchas se presentan extensas y adoptando formas algún tanto redondeadas; pero, á medida que por la rotación del astro se van acercando á los bordes, toman una forma prolongada, y al fin el núcleo primero, y más tarde la penumbra, desaparecen dominados por las fáculas. Las mismas fases presentaría una cavidad vista primero de frente, y luego más y más de perfil; dedúcese de esta identidad de aspectos que las manchas del Sol son verdaderas cavidades abiertas al través de la fotosfera.

Ni los bordes interiores ni los exteriores de una mancha son de ordinario regulares, sino que ofrecen prolongaciones de los filamentos de la penumbra, en los cuales tienen lugar fenómenos sorprendentes; constantemente experimenta cambios de posición y forma, á veces de una manera rápida, á la vista misma del observador; ráfagas luminosas brillantísimas se precipitan en ocasiones de una á otra prolongación interior con la velocidad del rayo, como si fuesen verdaderas descargas eléctricas; aproxímanse unas á otras las prolongaciones opuestas, y al fin quedan unidas, formando un puente de luz tendido sobre el fondo del núcleo; cuando este puente llega á consolidarse, la mancha se prolonga; á uno y otro lado del puente aparecen los filamentos de la penumbra, y la mancha acaba por dividirse una ó más veces, transformándose en un grupo de manchas.

Cuando el núcleo es muy extenso y puede observarse independientemente, se reconoce sobre él como un *velo* rosáceo, que trae á la memoria el aspecto luminoso de las protuberancias. Aun prescindiendo del velo, se comprende que las manchas no son obscuras sino por contraste; las manchas son en realidad luminosas.

Así lo confirma el análisis espectral, que además nos hace apreciar fenómenos especiales que permiten formar juicios bastante fundados acerca de la física solar. En primer término, el espectro de una mancha presenta líneas brillantes, prueba evidente de la existencia en ellas de gases en estado candente; además, en muchas ocasiones las rayas espectrales se hallan separadas de su posición normal, acercándose ya á la región violada, ya á la extremidad roja del espectro; de donde se deduce que á la velocidad de la luz se suma en el primer caso, ó se resta en el segundo, otra velocidad de la materia luminosa; es decir, que en las manchas existen corrientes ascendentes y descendentes.

Todos los fenómenos indicados prueban que la masa solar se halla agitada constantemente por poderosas energías, de donde surge una cuestión que interesa resolver desde luego, y es la siguiente: esas perturbaciones que se presentan en la superficie del Sol, ¿son debidas á la energía propia del astro, ó causadas por alguna acción exterior al mismo? Este problema ha encontrado solución satisfactoria en la periodicidad á que la aparición de las manchas se halla sometida; en efecto, ni el número ni la extensión de las manchas son siempre los mismos; en algunas ocasiones —y acabamos de pasar por una de ellas— el disco del Sol se halla perfectamente limpio y sin sombra alguna que empañe su resplandor; no pasa, sin embargo, mucho tiempo sin que aparezcan algunas manchas aisladas, cuyo número va creciendo sucesivamente, llegando, por fin, á ser considerable la extensión por aquéllas ocupada; más tarde comienzan á disminuir, hasta que al cabo desaparecen ó son rarísimas. Estas fases se reproducen en un período de once años próximamente. Como Júpiter emplea doce años en girar alrededor del Sol, tiempo en el cual se acerca y aleja sucesivamente del astro del día á causa de la forma elíptica de la órbita; y como además el mencionado planeta es de tamaño considerable, el mayor del sistema, se sospechó si las diferencias de atracción de Júpiter sobre el Sol, debidas á las circunstancias mencionadas, serían la causa determinante de la producción de las manchas. Estudiada la cuestión más detenidamente, se reconoció que las coincidencias de los máximos y mínimos de la perturbación solar y de los estados análogos de la proximidad del planeta al Sol eran sólo fortuitas y correspondientes á los períodos, que comenzaban y terminaban en épocas muy próximas á causa de ser de duración poco distinta. No conociéndose otra acción exterior á que atribuir los fenómenos de que tratamos, se comprendió que sus causas se hallan en alternativas propias del astro mismo, que obligan, por consiguiente, á clasificarlo entre las estrellas variables.

En cuanto al modo de producirse las manchas, es de explicación sencilla si se atiende de un lado á lo que ellas mismas revelan, y de otro al proceso de enfriamiento, á que el Sol se halla, como todos los astros, sometido. Perdiendo el Sol cantidades inmensas de calor en su superficie, los elementos de ésta tienen que condensarse, y aun quizás combinarse químicamente; las porciones así condensadas se precipitan hacia el interior por su aumento de peso, y, sometidas á una elevada temperatura, se disocian y ascienden de nuevo á la superficie. Si estos fenómenos se verifican de una manera regular, el resultado será la producción de las granulaciones, con los espacios ligeramente obscuros que las separan, como si la superficie solar estuviera sometida en totalidad á una efervescencia igual por doquiera. Pero si á estas acciones de la superficie se mezclan otras, ya procedan del interior, ya de corrientes exteriores debidas á la rotación, unida á otras causas á la verdad no muy conocidas, el descenso de las materias condensadas será imposible en unos puntos, y más fácil en otros, por los cuales penetrarán cantidades enormes de la substancia fotosférica, que, disociadas en seguida, ascenderán de una manera violenta y darán lugar á las manchas desde luego, y á las proyecciones de materia que ocasionan las protuberancias en todas sus formas variadísimas.

Una de las cosas hoy ya indudables, es que el Sol ejerce una influencia muy perceptible sobre el magnetismo terrestre; las variaciones de la aguja imanada no son siempre de la misma amplitud, y se observa que ésta es tanto más considerable cuanto mayor es la extensión que ocupan las manchas sobre el disco solar. Además, cuando en el Sol se observan agitaciones y cambios bruscos en las manchas, á continuación suelen producirse en la Tierra las auroras boreales. Dedúcese de todo esto que el Sol es un imán poderoso, en cuyo campo de acción se mueven los planetas, sujetos así, por lo tanto, á experimentar los efectos consiguientes á este género de influencia, á la par que reciben las radiaciones térmicas y luminosas.

Indiqué antes que no es necesario esperar á que se realicen los eclipses para estudiar la cromosfera solar; basta, en efecto, dirigir el espectroscopio de modo que su ranura quede tangente al borde del astro, ó, mejor dicho, de la imagen que produce el objetivo del anteojo á que el espectroscopio va unido; claro es que en estas condiciones no penetra en el instrumento la luz procedente de la fotosfera; por tanto no pertenecerán á ésta, sino á la cromosfera, los fenómenos así observados. Son variadísimos en sus aspectos, aunque en el fondo sean siempre idénticos, puesto que se reducen á proyecciones de materias candentes arrojadas por el astro con rapidez vertiginosa; unas veces presentan la forma de llamas inmensas; otras aparecen como dardos entrelazados, unidos al astro por prolongaciones á manera de troncos, constituyendo el conjunto apariencias arborescentes; ya se presentan como ráfagas rectilíneas, ya como surtidores, no siendo raro que las llamas aparezcan desprendidas por completo de la parte visible del astro.

Los fenómenos de este género se presentan á la vez en varios puntos del contorno aparente. Uniendo sus representaciones gráficas al dibujo que se haya hecho del aspecto contemporáneo del disco, se tiene la representación completa del Sol en la fecha correspondiente.

Los datos citados y los fenómenos descritos ya han servido de fundamento á la idea que hoy se tiene acerca de la naturaleza del Sol. Este es, según todos los indicios, un cuerpo gaseoso á gran presión, y que en su superficie se halla sometido á un fuerte enfriamiento; el exceso de temperatura hace imposible toda combinación y aun toda condensación en el interior del núcleo, pero no así en la parte externa, en la cual ciertos elementos materiales experimenta una condensación parcial que da por resultado la aparición de masas no gaseosas dotadas de elevada potencia luminosa; agrupándose estas masas en una región interior del astro donde la densidad lo consiente, forman la fotosfera, sobre la cual quedan aún substancias gaseosas más y más enrarecidas, que constituyen la atmósfera y la cromosfera; exteriormente á la última se halla todavía la corona, misterio impenetrable hasta el día, salvo las ligeras noticias que antes he indicado.

Las masas condensadas que constituyen la fotosfera difícilmente sobrenadarán en el núcleo, sino que caerán lentamente hacia el interior, donde recuperarán el estado gaseoso, en cuya forma volverán al exterior de una manera ordenada á veces, y entonces tendremos tan sólo la efervescencia incesante que se manifiesta en la disposición granular de la fotosfera; otras veces de una manera violenta por la variación de la actividad local en algunas regiones, y resultarán las manchas. Los movimientos de ascenso y descenso que en éstas se producen cuando adquieren potencia considerable darán lugar á verdaderas erupciones, lanzando al exterior las enormes masas de hidrógeno candente que constituyen las protuberancias en todos sus variados tamaños y formas.

Habéis visto ya que los fenómenos todos observados en el Sol indican la existencia de energías enormes en la masa del mismo, empleándose las unas en la producción de los movimientos que agitan la masa del astro, las otras en mantener las radiaciones térmicas, lumínicas y magnéticas que de él parten en todas direcciones. La persistencia de la temperatura solar, sin que en el transcurso de los tiempos históricos haya manifestado variación sensible, ha preocupado mucho á astrónomos y físicos. En el estado actual de nuestros conocimientos físico-químicos, no es posible atribuir el origen del calor solar más que á tres causas distintas: las reacciones químicas, el choque y la contracción. La primera de ellas no es suficiente para explicar la persistencia de que tratamos, pues se demuestra muy sencillamente que, aun cuando el Sol estuviese todo él compuesto de los elementos químicos que más calor desarrollan al combinarse, á pesar del volumen tan grande que posee no podría mantener su radiación más que en escaso número de miles de años.

La caída de materias cósmicas sobre el Sol en cantidad suficiente engendraría por el choque calor bastante para mantener la energía térmica, pero daría lugar á otros fenómenos que la observación no ha comprobado; en efecto, por tal procedimiento la masa del astro adquiría un incremento constante, del cual resultaría otro de su fuerza de atracción, lo que daría por resultado que los planetas se acercarían á él de una manera sensible, describiendo, en lugar de elipses, espirales cerradas, que definitivamente les llevarían á confundirse con el astro central; fenómeno del cual, repito, no se ha notado hasta ahora indicio alguno.

No queda, pues, más causa posible de calor solar que la contracción. Estudiando las leyes á que se halla sometido un gas que se contrae por enfriamiento, se ha encontrado que, en efecto, la cantidad de calor así engendrada es suficiente, no sólo para sostener la radiación exterior, sino también para conservar la temperatura. La diminución de volu-

men necesaria para producir estos efectos es además tan
lenta, que pueden pasar muchos siglos sin que el diámetro
aparente del astro experimente diminución apreciable.

Admitida esta explicación, surge inmediatamente una
cuestión nueva: ¿cuánto tiempo hace que el Sol existe? Si se
contrae constantemente, en tiempos anteriores ha ocupado
mayor espacio; suponiendo que en el origen se extendía hasta los límites del sistema solar, es decir, hasta la región del
planeta Neptuno, la cantidad de calor desprendida hasta llegar al estado actual, suponiendo que el gasto fuese constante, no podría alimentar la radiación por tiempo superior á
doce millones de años. Este resultado se halla en contradicción con las teorías de los geólogos, los cuales llegan á pedir quinientos y más millones de años para la duración tan
sólo de los períodos geológicos. Me limito á exponer los fundamentos de las conclusiones astronómicas y á hacer constar la contradicción; no he de discutir, ni tengo tiempo ni
competencia para ello, las teorías de los geólogos; otros las
expondrán con toda la severidad y rigor de razonamiento
que la ciencia exige, y vosotros, comparando unas con otras,
formaréis vuestro juicio.

Dejemos por ahora lo relativo al Sol para ocuparnos en
el estudio de los planetas. Antes, y sólo de paso, llamo vuestra atención sobre la probabilidad que añade á la hipótesis de
Laplace la única causa admisible que del calor hemos hallado.

Bien sabido es que los planetas se distinguen á simple
vista de las estrellas por su luz tranquila, que carece de
centelleo; observados con un anteojo de suficiente aumento
ofrecen otra diferencia aún más notable, cual es la de presentar disco aparente, lo cual en ningún caso ocurre con
las estrellas. Comparando diariamente la posición de un
planeta con las ocupadas por las estrellas situadas en la
misma región de la bóveda celeste, se reconoce que cambia
de posición; durante algún tiempo camina el planeta de Occidente á Oriente; detiénese al cabo, y en seguida invierte la
dirección del movimiento, dirigiéndose hacia Occidente; detiénese de nuevo y recobra la primitiva dirección. Conócen-
se estas diversas fases del movimiento planetario con los

nombres de *progresión*, *estación* y *retrogradación*, constituyendo estas últimas uno de los problemas que más trabajo dieron á los astrónomos antiguos, por más que en realidad no sean otra cosa que una consecuencia inmediata y
sencilla del movimiento de la Tierra, que nos obliga á atribuir á los demás planetas movimientos aparentes de que en
realidad carecen.

La ley de Newton, sea cualquiera su causa, es la que
regula los movimientos de translación de los planetas; y
como la atracción no se verifica tan sólo entre los planetas
y el Sol, sino que también aquéllos se atraen entre sí, resulta que dichos movimientos son complicadísimos; las famosas leyes de Keplero no son más que una aproximación á
la realidad, aunque muy grande, por la preponderancia de
la masa del Sol respecto de las de los planetas.

Existen entre éstos diferencias muy considerables, relacionadas, ya con la distancia al Sol, ya con la posición que
ocupan con respecto á los asteroides. Los exteriores á éstos
son de gran tamaño y escasa densidad; los interiores son
pequeños y densos; los planetas extremos, Mercurio y Neptuno, tienen sus ecuadores excesivamente inclinados sobre
los planos de sus órbitas, mientras que la inclinación de Júpiter es muy débil; ya sabéis que el número de satélites que
poseen los diferentes planetas es muy distinto; á Neptuno
no se le ha observado hasta ahora con certeza más que un
satélite; Urano tiene seis, Saturno ocho, Júpiter cuatro,
Marte dos y uno la Tierra; y si recordáis lo que en la conferencia anterior quedó dicho sobre la formación de estos
astros secundarios, veréis una nueva comprobación de la
hipótesis de Laplace en la circunstancia de que Mercurio y
Venus carezcan de satélites.

La existencia de planetas interiores á Mercurio ha preocupado bastante á los sabios; el planeta Vulcano, que Les-
carbault creyó haber descubierto, mereció que Le Verrier
calculase su órbita y anunciara su paso por el disco del Sol;
pero no fué puntual á la cita, y por esta causa, unida á otras
no menos importantes, es hoy considerado tan sólo como
un astro imaginario.

Fiel á mi propósito de no abusar de vuestra atención citando números, no os he de decir á qué distancia se halla cada planeta del Sol, cuál es la masa, cuál la densidad, etcétera, de cada uno. Sin embargo, respecto de la distancia preciso es que tengáis en cuenta la relación que existe entre aquélla y la intensidad de calor y de la luz recibidos del Sol, así como sobre el diámetro aparente de éste visto desde cada planeta. Sabiendo que las intensidades mencionadas se hallan en razón inversa de los cuadrados de las distancias, podéis imaginar cuán fuertes serán en Mercurio, cuya distancia al Sol es 0,39 la de la Tierra, y qué débiles tienen que llegar á Neptuno apartado treinta veces la unidad mencionada. De la propia manera, siendo los diámetros aparentes del Sol inversamente proporcionales á las distancias, se comprende que, visto aquél desde Mercurio, tiene que aparecer mucho mayor que observado desde la Tierra, al paso que para Neptuno aparece pequeñísimo, poco mayor que una estrella, que apenas calienta y alumbra débilmente.

No son muchos los detalles que pueden darse sobre los caracteres físicos, topográficos y demás análogos de cada planeta. Mercurio es casi desconocido, pues su proximidad al Sol le permite alejarse de él muy poco, y no se presenta por lo mismo en buenas condiciones de visibilidad. Si las observaciones últimamente hechas por Schiaparelli son ciertas, ofrece una particularidad notabilísima, cual es la de emplear el mismo tiempo en los movimientos de rotación y revolución, resultado que también confirma la hipótesis de Laplace, pues, en efecto, recordaréis que la proximidad de un planeta al Sol determina en aquél mareas tan considerables al formarse que le obligan á tomar una forma prolongada y le impiden acelerar su velocidad de rotación.

Venus posee una atmósfera elevadísima, que se hace muy visible cuando el astro pasa delante del disco solar; pero es tan densa, ó se halla tan cargada de nubes, que no ha sido posible hasta ahora conocer detalles topográficos del planeta. Sabéis perfectamente que los pasos de Venus sobre el Sol son de sumo provecho para la ciencia, por

cuanto proporcionan uno de los mejores medios para determinar la distancia del Sol á la Tierra con exactitud. Desgraciadamente, son fenómenos que se producen muy de tarde en
tarde; nuestro siglo ha presenciado dos; pero será preciso
que transcurra ahora más de otro siglo para que ocurran
nuevos pasos.

Más conocido es Marte, gracias sobre todo al ya citado
astrónomo Schiaparelli. Posee este planeta una atmósfera
bastante diáfana, al través de la cual es posible distinguir
con alguna claridad los detalles del suelo: repártese la extensión de éste entre varias manchas obscuras que alternan
con otras de color rojizo, y dos casquetes blancos que cubren
las regiones polares. Desde luego las manchas obscuras han
sido consideradas como mares y lagos, y las rojizas como
continentes; las manchas polares se han atribuído á la acumulación de nieves, por analogía con lo que pasa en las
regiones parecidas de nuestro planeta.

Es carácter notable de Marte la instabilidad de su topografía; los mares invaden con frecuencia los continentes,
dejando nuevas tierras al descubierto, y las manchas polares aumentan ó disminuyen de extensión en las épocas correspondientes al invierno y verano de cada una.

Una de las cosas que más llaman la atención es el enlace repetido de unos mares con otros por medio de fajas obscuras, que han recibido el nombre de *canales*, con la circunstancia notable de presentarse muchos de ellos dobles,
siendo así que en otras épocas aparecen sencillos. Las explicaciones que se han dado de estos fenómenos, atribuyéndo-
los ora á hendiduras producidas en una superficie de agua
helada, ora á fenómenos de refracción, no son sobrado convincentes, por lo cual habéis de dispensarme que no las de-
talle.

Una particularidad no reconocida aún en los otros planetas ofrece Marte. Dicho queda ya que posee dos satélites
ó lunas, y también que el más próximo de ellos al planeta
ejecuta su revolución en menos tiempo que el empleado por
el astro principal en su rotación: resulta de aquí que el movimiento diurno aparente del satélite se verifica de Occi-

dente á Oriente; es decir, que si Marte tiene habitantes, verán éstos una de sus lunas salir por Occidente y ponerse por Oriente, circunstancia que no ofrecerá ninguna de los demás astros que ven cruzar por su cielo.

Júpiter, por su débil densidad, hace suponer que se halla en estado fluido, y no ha faltado quien le atribuya aun luz propia. Su ecuador se encuentra siempre cubierto por bandas, que han sido comparadas á nubes acumuladas en tal forma bajo la influencia de los vientos alisios que allí reinan de una manera permanente. Algunas manchas que aparecen también en la citada región, entre las cuales es célebre por su persistencia la denominada *mancha roja,* constituyen todavía un misterio para los hombres de ciencia. Es notable la rapidez del movimiento de rotación de Júpiter, así como de los movimientos de revolución de sus cuatro satélites, los cuales se eclipsan con suma frecuencia, pudiendo además reunirse tres simultáneamente sobre el horizonte de un mismo lugar.

Saturno constituye una de las maravillas de nuestro sistema solar. Se supone que también se halla en estado fluido. Lo que hace de él un astro extraordinario es el sistema de anillos que le circunda, los cuales, presentándose al observador terrestre en perspectivas diversas, según la posición relativa de Saturno y la Tierra en el espacio, dan al conjunto aspectos muy variados. La causa de sostenerse en equilibrio estos anillos conservando su forma, ha sido estudiada con afán por muchos matemáticos insignes; como resultado de sus estudios han establecido que el sistema no podría conservarse si los anillos fuesen continuos, de naturaleza fluida, y menos aún en estado sólido; por consiguiente, se hallan constituídos por un conjunto de corpúsculos que, aislados unos de otros, giran en torno del planeta bajo la atracción de éste.

De Urano y Neptuno puede decirse que apenas se sabe nada desde el punto de vista físico; el análisis espectral nos da algunas noticias de las atmósferas que los envuelven, pero los detalles de sus superficies quedan ocultos á nuestros medios de investigación. Por lo que respecta á Neptuno, ya quedó dicho que su satélite ofrece la particularidad de ser francamente retrógrado, y bien sabéis también que el descubrimiento de este planeta, llevado á cabo tan sólo por el cálculo, es una de las más brillantes pruebas de la exactitud de la *mecánica celeste*.

De intento he dejado hasta aquí de hablar de la Tierra; y para disponer de un poco más de tiempo que dedicarle especialmente, me he limitado á las ligeras indicaciones que acabo de hacer sobre los demás planetas.

No existen, sin duda, para la Tierra leyes especiales, y la mayor parte de las circunstancias que en ella existen desde el punto de vista astronómico se encuentran también en los demás astros que la acompañan en torno del Sol; pero muchas particularidades que en aquéllos son para nosotros de interés escaso ó nulo, lo tienen muy grande cuando de la Tierra se trata, porque en ella habitamos, y todos sus movimientos se reflejan en el cielo que nos circunda, y de ninguno podemos prescindir si hemos de darnos cuenta exacta de todas las apariencias astronómicas. No he de detallar yo todos esos movimientos, pero sí es preciso que diga algo de los principales.

Además de los de rotación y revolución, el eje de la Tierra experimenta cambios de dirección en el espacio; el abultamiento ecuatorial de nuestro planeta, sometido, como todo él, á la atracción, experimenta especialmente los efectos de las acciones combinadas del Sol y de la Luna, dando lugar á que el eje de rotación terrestre describa en algunos miles de años una superficie cónica. Como consecuencia de esto, el polo celeste, que no es otra cosa que el punto en que el eje de la Tierra corta á la esfera del cielo, cambia constantemente de posición, describiendo un círculo menor alrededor del polo de la eclíptica. Todos sabéis que dicho polo —hablo tan sólo del que nosotros vemos—se halla ahora próximo á la estrella primera de la Osa menor, llamada por esta causa polar; mas en los siglos venideros se irá aproximando y alejando sucesivamente de otras estrellas notables que irán sirviendo de estrellas polares á los habitantes de la Tierra.

Además, el mismo movimiento hace que el Sol, al pasar del hemisferio S. al hemisferio N., no lo haga siempre por un mismo punto del Ecuador; y así el llamado *punto vernal* va sucesivamente recorriendo las constelaciones todas del Zodíaco, adelantándose cada año un poco el equinoccio de primavera. Estos fenómenos constituyen la llamada precesión de los equinoccios.

En realidad, el polo celeste no sigue con exactitud el círculo menor que he mencionado, sino que oscila á uno y otro lado del mismo aunque en amplitudes pequeñas. Consiste esto en que el eje terrestre gira como si al movimiento cónico descrito se superpusiera otro, cónico también, de menor período y amplitud, lo cual depende de que las posiciones de la Luna con relación al plano de la eclíptica varían, y estos cambios modifican los efectos de su atracción sobre la Tierra.

Las influencias de los demás planetas se dejan también sentir en los movimientos terrestres; á causa de ellas el plano de la eclíptica oscila en el espacio, la excentricidad de la órbita terrestre oscila también, y el eje mayor de la elipse que constituye dicha órbita gira progresivamente en el plano de la misma.

Además, como el Sol, no sólo gira, sino que también avanza en el espacio, la Tierra con los demás planetas le sigue en este movimiento; de donde resultan cambios perceptibles, aunque muy lentos, en las posiciones aparentes de las estrellas.

Todavía posee la Tierra otros muchos movimientos, pero de menor importancia, por lo cual, y por no fatigaros, me permitiréis que no los cite.

No siempre ha girado nuestro planeta con la misma velocidad que hoy posee en su movimiento diurno; va éste retardándose, aunque lentamente, por causa de las mareas que diariamente se producen bajo la acción de la Luna y del Sol, las cuales equivalen mecánicamente á un freno aplicado sobre la superficie terrestre que poco á poco la paraliza.

Las hipótesis astronómicas y geodésicas están conformes en admitir que nuestro planeta ha pasado por el estado candente. Cuando tal sucedía, muchos de sus componentes tuvieron que hallarse en estado gaseoso, formando una atmósfera muy distinta de la que hoy poseemos. El enfriamiento sucesivo daría al fin lugar á la solidificación de la superficie y á la precipitación de muchos de los componentes atmósféricos, principalmente del vapor acuoso; y siendo entonces más rápida la rotación, más potentes las mareas, más violentos los trastornos atmosféricos, no es posible dejar de reconocer que las causas desintegrantes de los terrenos tuvieron que poseer entonces energías excesivamente grandes; de modo que los accidentes topográficos del suelo variaron con gran rapidez.

No es posible afirmar que la Tierra haya llegado á una estabilidad superficial completa, de modo que no sean de temer las perturbaciones que la Geología señala correspondientes á épocas anteriores; por el contrario, la teoría demuestra y la observación confirma que no existen en el globo terráqueo puntos fijos. La Luna y el Sol, la primera sobre todo, que tal elevación producen en las aguas del Océano, actúan también sobre la parte sólida, y la modifican; por otra parte, los materiales, que cambian de posición por las muchas fuerzas terrestres ó cósmicas que á ello les solicitan, hacen que lentamente cambie la forma de la Tierra y las condiciones de su equilibrio de tal manera, que la posición del eje experimenta oscilaciones; y si éstas llegasen á cierta amplitud, la línea de los polos cambiaría de posición, verificándose al mismo tiempo trastornos tales que modificarían por completo el orden actual (1).

La vida orgánica depende por completo del Sol; las energías luminosa y calorífica del astro del día son absoluta-

_____

(1) Después de dadas estas conferencias, llegan á nuestra noticia los estudios de M. Lagrange sobre la acción del magnetismo solar sobre la Tierra. El sabio astrónomo de Bruselas deduce como consecuencia que en el espacio de veintiún mil años se forman y destruyen por completo todo el orden existente en la superficie terrestre; el relieve actual de nuestros continentes no podría datar de una fecha anterior al año 4073 antes de nuestra era.

mente indispensables para la existencia de vegetales y animales; por consiguiente, la vida no pudo aparecer en la Tierra hasta que los rayos solares encontraron la vía expedita para llegar á la superficie de los terrenos, y no podrá continuarse sino hasta tanto que la actividad solar sea la suficiente para producir el grado de calor y el de iluminación convenientes.

Imposible es que, tratando del sistema solar, dejemos de dedicar algunos momentos, que muy pocos pueden ser, á la Luna. Sometida en su formación (en la hipótesis de Laplace) á la poderosa atracción de la Tierra, tuvo que tomar una forma prolongada hacia la última, por lo cual su movimiento de rotación no pudo adquirir velocidad angular superior á la de translación: he aquí por qué la Luna gira y circula en igual tiempo, presentándonos siempre el mismo hemisferio.

Iluminada por la luz del Sol, presenta *fases* dependientes de la posición relativa que ocupa en cada momento con relación al Sol y á la Tierra; y claro es que á su vez la Tierra, vista desde la Luna, ofrecería también las mismas fases, aunque en orden inverso; de modo que á la Luna nueva, por ejemplo, correspondería la *Tierra llena*. Por eso, cuando la fase lunar es aún poco extensa, se percibe el resto del disco, aunque iluminado por una luz más débil, la luz *cenicienta*, que no es más que la iluminación producida por nuestro globo en aquellas regiones lunares á las cuales no alcanza la acción directa de los rayos del Sol.

Como se halla muy cerca de nosotros, todas las perturbaciones que experimenta su movimiento, es decir, todas las discrepancias del movimiento elíptico que ofrece su movimiento real, son perceptibles, y es una de las tareas más arduas de la Mecánica celeste hallar las causas de tales discrepancias y reducirlas á fórmulas matemáticas.

Cuando los conocimientos de Astronomía física eran aún rudimentarios, se creyó que las manchas obscuras del disco lunar eran mares, y tierras los espacios brillantes.

Aunque hoy está fuera de duda que nuestro satélite no tiene ni puede tener agua, la Ciencia, que es eminentemente conservadora, no ha alterado los nombres dados anteriormente á las manchas; por eso persisten los nombres de *Mar de la serenidad*, *Mar de la fecundidad*, etc., para designar las diferentes manchas, sobre cuyo conjunto ya ideó fábulas la Mitología, y los distintos pueblos forjaron creaciones más ó menos poéticas, que la tradición ha conservado hasta nuestros días.

La topografía lunar es extraña sobre toda ponderación; montañas inmensas se elevan por todas partes, pero en general aisladas; son escasísimas las cordilleras, y todas han recibido sus nombres de las más notables de la Tierra. La forma más común de las montañas es la de grandes *circos*, con cuyos nombres son designadas; las más pequeñas son comparables á los cráteres de nuestros volcanes; para distinguir cada una en particular les han sido aplicados los nombres de los astrónomos y de los filósofos más famosos de todos los tiempos; y como el número de montañas es tan considerable, para todos ha habido lugar.

Mucho se ha discurrido acerca de la manera que han podido tener de formarse los circos lunares, y hasta se han hecho pruebas con metales fundidos para obtener formaciones análogas; pero ninguna de las hipótesis hasta ahora ideadas se halla libre de muy fundadas objeciones.

Además de los detalles citados, el suelo lunar presenta en algunos pasajes extensas y prolongadas grietas, que han recibido el nombre de *ranuras*. De algunos puntos irradian también en todas direcciones bandas sumamente blancas, que se semejan á ráfagas luminosas; alguien ha querido atribuirlas á la acción de supuestas corrientes eléctricas sobre el polvo meteórico que sin duda debe existir en el suelo lunar; pero esta explicación no pasa de mera hipótesis.

Nuestro satélite carece de atmósfera, y ya dije que no tiene ni puede tener agua; así se deduce á poco que se reflexione sobre las consecuencias á que ha de dar lugar la sucesión de noches de más de catorce días de duración. El enfriamiento causado por la radiación en noches tan largas tendría que producir una condensación tan grande en el hemisferio privado de luz, que se precipitarían sobre él rápidamente todos los gases y vapores existentes en el hemisferio opuesto, produciendo en éste por la dilatación un descenso de temperatura también excesivo; al cabo de muy pocas veces de repetirse este fenómeno todos los fluidos se congelarían, desapareciendo la atmósfera para siempre.

Resulta de aquí que en la Luna no existen organismos de ningún género, siendo no más que productos de la fantasía los diversos pobladores lunares descritos por algunos autores; por otra parte, la existencia, si fuese posible, de tales pobladores en un astro cuyo suelo es tan abrupto y que se halla sometido á cambios tan bruscos de temperatura, no tendría mucho de envidiable.

Para dar fin á esta rápida descripción del mundo solar, falta decir algo de los cometas, estrellas fugaces y bólidos.

Atribúyese á los cometas un origen exterior al sistema planetario. Se admite que, transladándose tan extraños cuerpos por el espacio, entran algunos de ellos en la esfera de acción del Sol, hacia el cual se acercan trazando órbitas parabólicas ó hiperbólicas, para alejarse luego y continuar su viaje á otros mundos. Mas puede suceder, si pasan bastante próximos á un planeta, que la atracción de éste modifique la naturaleza de la órbita, convirtiéndola en elipse; si tal sucede, el cometa quedará ya aprisionado en el sistema planetario hasta tanto que la nueva intervención de otro planeta altere la órbita cerrada que se ve obligado á describir; y convirtiéndola en otra de ramas infinitas, le permita alejarse acaso para siempre.

Al aparecer los cometas, presentan la forma globular; pero á medida que se van aproximando al Sol se desarrollan en ellos los apéndices conocidos con el nombre de *cabellera* y *cola*, quedando una parte central más brillante, que es el *núcleo*. La dirección de las colas, siempre opuesta al Sol, se atribuye á una repulsión eléctrica.

El análisis espectral manifiesta la existencia del carbono en abundancia en estos seres vagabundos, y hace ver además que no toda la luz que poseen es reflejada, sino que también emiten luz propia. La masa que poseen es tan escasa que ninguna perturbación sensible producen en los movimientos de los planetas, sea cualquiera la proximidad á que pasan de cada uno de ellos.

Las estrellas fugaces son masas cósmicas que, circulando en el espacio, llegan á penetrar en nuestra atmósfera, donde se inflaman por su rozamiento con el aire. Muchas de ellas se presentan de una manera no prevista y en cualquier dirección, y reciben el nombre de *esporádicas;* pero existen otras que aparecen en épocas determinadas y caminan en direcciones que concurren en puntos fijos de la esfera. celeste, todo lo cual indica que forman parte de corrientes meteóricas que circulan en torno del Sol sobre órbitas determinadas, á las cuales encuentra la Tierra en fechas conocidas del año; la identidad entre estas estrellas fugaces y los cometas es considerada como sumamente probable.

Los bólidos son masas meteóricas que vienen á atravesar nuestra atmósfera como las estrellas fugaces, pero que se distinguen de éstas por su mayor tamaño, la lentitud de sus movimientos en ciertas ocasiones, las curvas variadas que á veces describen y la frecuencia con que estallan, dividiéndose en partes que pueden caer sobre el suelo, en cuyo caso constituyen los aerolitos. La composición de éstos es sumamente complicada, predominando generalmente el hierro.

En fin, para terminar citaré también, como propia de nuestro sistema, la *luz zodiacal,* anillo luminoso que se extiende á distancia considerable del Sol, y sobre cuya constitución sólo existen conjeturas.

Resta ahora tratar de los dos interesantes problemas de que al principio prometí hablar, y de los cuales el primero se refiere á la habitabilidad de los cuerpos celestes. Es muy frecuente ver formulada la siguiente pregunta: ¿están habitados los astros? El problema, así planteado, carece de condiciones científicas, y no puede dársele solución alguna satisfactoria. A los que contestan diciendo que la potencia divina no tiene límites y ha podido crear seres capaces de vivir en cualquier medio, ó bien que cabe en lo posible que en los planetas de los demás mundos haya otros líquidos y otras atmósferas diferentes de los nuestros, y seres dotados de medios de vida en tales condiciones; á los que así contesten, repito, la Ciencia no les responderá más que con un supremo encogimiento de hombros.

Planteado el problema como debe plantearse, no puede tener más objeto que investigar cuáles son las condiciones de habitabilidad de los mundos, y qué probabilidad existe de que tales condiciones se vean frecuentemente realizadas. Así presentada la cuestión, y teniendo en cuenta la universalidad de las leyes físico-químicas, manifestada por todos nuestros medios de investigación, puede contestarse que para que los planetas de un mundo puedan ser habitados se necesita que sus órbitas sean poco excéntricas; que se hallen á conveniente distancia del Sol central; que sus ecuadores no estén excesivamente inclinados sobre los planos de las órbitas; que el Sol central emita luz de radiaciones completas; que posean agua en estado líquido y una atmósfera compuesta de oxígeno, ázoe y algo de ácido carbónico, todo en proporciones convenientes.

La probabilidad de que estas condiciones se realicen simultáneamente es muy escasa, y nada hay más fuera de la Ciencia y de la lógica que esas descripciones de mundos maravillosos, dotados de soles de colores distintos, que sucesivamente se reemplazan en la tarea de iluminar los horizontes; porque, privada la luz de ciertos rayos, las funciones de la vegetación se hacen imposibles.

Podemos, pues, afirmar que el número de astros habitables es relativamente escaso, y aun se restringe más si se limita á un momento determinado y á una clase especial de seres; pues no hay razón alguna para que las diversas épocas geológicas (permitid que generalice el significado de esta palabra) se desarrollen simultáneamente en todos los mundos.

Y en vista de esto, ¿qué diremos de esas producciones de fantasías desocupadas que con la mayor seriedad, invocando á cada paso la Ciencia, no solamente suponen poblados los mundos todos, sino que hasta describen las formas,

costumbres, ideas y sentimientos de sus habitantes? Triste
es que tales lucubraciones vean la luz pública amparándo-
se en la Ciencia, que en modo alguno puede servirles de
fundamento. Y es por demás extraño que la pluralidad absoluta de mundos se defienda en nombre del progreso indefinido, suponiendo que las almas viajan de unos á otros
mundos, perfeccionándose cada vez más, en lo cual se pretende hacer consistir la felicidad, sin comprender que el
progreso así entendido es la perpetua desdicha, puesto que
en esa peregrinación eterna el alma humana no podría encontrar más que seres mudables, finitos y perecederos,
contingentes, en una palabra, que de ninguna manera sa-
ciarían su anhelo incesante á lo infinito é inmutable. ¡Cuánto
más hermoso que este triste porvenir que se nos quiere
presentar como suprema expresión de nuestro destino es
el fin último que nuestra fe nos señala, y la eterna felicidad
que promete á los que en ella creemos y esperamos!

Problema también de capital importancia y suma transcendencia es el referente al *fin de los mundos*. Todo cuanto se asegura sobre la estabilidad de los sistemas planetarios parte de la hipótesis de la rigidez de los astros que los
constituyen; y como tal rigidez no existe, puede muy bien
suceder que de aquí surjan á la larga perturbaciones tales
que ocasionen la destrucción del orden existente en cada
sistema. Además, está fuera de duda que las radiaciones
eléctricas son fenómenos reales en los espacios celestes, y
sus consecuencias no han podido todavía calcularse por el
conocimiento imperfecto que de la electricidad se tiene hasta ahora.

Pero, sea como quiera de todo esto, lo que sí es cierto es
que los soles se enfrían y que, una vez que su actividad
térmica se agote, no quedará otra cosa que un conjunto de
cuerpos fríos girando en el espacio, sin que de unos á otros
se transmitan las radiaciones térmicas y lumínicas capaces
de mantener la vida; un conjunto de astros en tales condiciones sería la representación más exacta de la muerte
misma. Y este término fatal no se evita, como algunos
creen, admitiendo que los astros chocarán unos con otros

por las perturbaciones á que se hallan sujetos, y de esta
manera renacerá en los nuevos astros la energía primitiva,
porque se demuestra de una manera cierta que las nebulosas, que sin duda resultarían de los choques sucesivos, tendrían cada vez menor cantidad de energía, y terminarían
por perderla del todo; es decir, que la caída de unos astros
sobre otros retrasaría la muerte' del universo, pero no la
evitaría.

Resulta de aquí una vez que el universo tiene un término; que, por lo tanto, tuvo necesariamente un principio,
que fué criado; y ved cómo la Ciencia, estudiando las leyes
de la naturaleza, llega á proclamar la necesidad de la causa
primera y nos permite repetir con la más profunda convicción las palabras del Profeta Rey: "Los cielos publican la
gloria de Dios, y el firmamento anuncia las obras de sus
manos.„

HE DICHO.

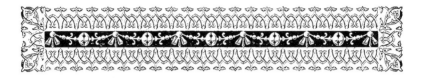

La Poesía Filosófica ^(*)

Campoamor (1)

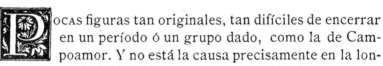OCAS figuras tan originales, tan difíciles de encerrar en un período ó un grupo dado, como la de Campoamor. Y no está la causa precisamente en la longevidad que le ha hecho actor y espectador de dos ó tres revoluciones literarias; pues ahí tenemos á Zorrilla, por no citar á otros, que, con ser contemporáneo nuestro, pertene-

---

(*) Del libro en prensa *La literatura española en el siglo XIX* (segunda parte).

(1) . Don Ramón de Campoamor y Campoosorio nació en Navia (Asturias) el 24 de Septiembre de 1817. Huérfano de padre desde la niñez, y aspirante á jesuíta en la adolescencia, trasladóse al cumplir los veinte años á Madrid, donde comenzó la carrera de Medicina, que no tardaba en descuidar para dedicarse al cultivo de las musas, convirtiéndose en asiduo frecuentador del entonces célebre Liceo. Como político, ingresó pronto en el partido moderado, que le nombró Gobernador de Alicante y Valencia, y más tarde oficial primero de Hacienda, sin contar otros cargos de menos importancia. Sostuvo en los periódicos y en el Parlamento luchas reñidísimas con la democracia, y desde hace algún tiempo figura en el partido conservador. Sus versos son la mejor de sus biografías y el retrato más vivo de su carácter.—Campoamor es uno de los pocos poetas españoles cuya fama ha traspasado las fronteras de la Península. Le han estudiado como tal Cesáreo y Patuzzi en Italia; L. Quesnel, A. de Treverret y el ruso Borris de Tannenberg, en Francia. Sería muy largo catalogar los múltiples trabajos de crítica que entre nosotros se han consagrado al autor dè las *Doloras*, desde D. Gumersindo Laverde hasta Revilla, *Clarín*, Palau, Verdes Montenegro y el P. Restituto del Valle, mi querido compañero, á quien cita con elogio Campoamor en la última edición de su *Poética*.

ce á una época ya pasada, de la cual no es posible sacarle sin violencia.

La distinción no es obvia: Zorrilla tuvo precursores de todo género y fué imitado con bastante perfección, mientras la personalidad de Campoamor aparece sola y de repente, sin otro séquito que el de algunos pocos mal llamados discípulos, incapaces hasta de comprenderle. Este fiero carácter de independencia le coloca en un lugar que con ningún otro comparte, digan lo que quieran sus detractores zahoríes. Tan libre es y tan hija de sí propia la inspiración de Campoamor, que prefiere, por capricho nada común, á la imitación el desacierto, la ridiculez al plagio.

El sello de la originalidad va unido constantemente con otro no menos visible, sobre el que he de adelantar algunas ideas muy conocidas ya, pero que serán preliminar necesario y síntesis de las que se han de exponer más adelante.

Ha caído en gracia el título de *poeta filósofo* aplicado á Campoamor, y no sin motivo; pues, si un tanto vago y ocasionado á confusión, él sólo le caracteriza adecuadamente más de lo que pudieran prolijos exámenes y afanosas investigaciones. La filosofía es su numen, la substancia primera de todas sus inspiraciones; y como si temiese no ser entendido, el autor se apresura á hacer buenos el juicio y el lenguaje corrientes acerca de su persona, encomiando con énfasis un tanto empalagoso la utilidad de la Metafísica (1), aun á riesgo de indisponerse con metalizadas y prosaicas inteligencias. Entiéndanse como se quiera tales declaraciones, siempre quedarán muy por encima de todo comentario la preferencia otorgada por Campoamor á la Filosofía sobre los demás conocimientos humanos, y su empeño por aclimatarla en el terreno de la Poesía.

De aquí sus paradojas sobre el arte docente y la insigni-

(1) Sobre este particular disertó en su discurso de recepción en la Academia Española, y sobre *La Metafísica y la Poesía* ha sostenido recientemente con D. Juan Valera una chistosa polémica con aparato transcendental, en la que uno y otro contendiente derrocharon la gracia y el ingenio.

ficancia del ornato rítmico, llevadas á tal punto de exageración que harían dudar de sus condiciones poéticas si no fueran tan excepcionales y evidentes. Yo no sé si por alguna de esas paradojas se ha creído alguna vez Campoamor tan filósofo como artista; pero, si así es, que Diós le absuelva de este pecado, y que no tenga continuación la serie de obras comenzada en *El Personalismo*.

No falta quien las tome y analice en serio; mas la opinión general, interpretada á maravilla por un insigne escritor, no ve en ellas otra cosa sino *humorismo puro, filosofía sui generis,* que se parece muy poco á la verdadera. Por si alguien estima contradictorio el dar á Campoamor el título de poeta-filósofo, mientras le niego el de filósofo á secas, será bien deslindar el sentido de entrambas denominaciones.

Ingenio retozón, festivo y maleante, no acierta Campoamor á contemplar las cosas por el cristal de aumento que engendra en los líricos de raza un entusiasmo casi fanático de puro exclusivista. No enturbian sus oíos las gasas de la ilusión, sino que las va rasgando por donde las encuentra; sabe regir el Pegaso de la fantasía impidiéndole traspasar las fronteras de la realidad. La tendencia al análisis comunica al autor de las *Doloras* cierto aire de filósofo; pero entran después por tanto el ingenioso y sutil discreteo; tan fácilmente da el poeta al traste con la seriedad y la pedagogía, que el concepto psicológico se evapora, y su moral no asusta ni aun á los niños de la escuela, como dice un crítico muy agudo.

La filosofía de Campoamor nada tiene de inflexible y teórica; es la filosofía práctica del hombre de mundo que conoce la aguja de marear, como vulgarmente se dice, los móviles, las perplejidades y misterios del corazón humano. La enseñanza, y sobre tódo la enseñanza moral, es aquí lo de menos; y si alguna vez viene á terminar el cuadro, no es porque éntre en las intenciones del poeta. Podrá él disertar cuanto guste sobre el arte docente, afiliándose entre sus más fervorosos adeptos; mas no le permanece tan fiel como indican las apariencias. No es filósofo en el sentido de adorador de las verdades abstractas, sino en el de satírico intencionado é implacable, y de otra manera no tendría, con seguridad, tantos lectores y devotos.

He dicho que Campoamor enarbola la bandera del arte docente; pero, distinguiéndose en todo del *servum pecus*, trae al campo de las doctrinas estéticas programa propio, fórmulas de su exclusiva invención, y ha compuesto una *Poética*(1) tan atrevida, tan original y tan saladamente autoritaria como sus versos. En ella, y en algunos escritos de índole parecida, lanza los rayos de la excomunión contra los partidarios de las sonoridades vacías, adoradores de la forma estéril, intérpretes sólo de *lo que se ve*, mientras él aspira á descubrir *lo que no se ve* y á *hacer notar al lector el punto en que las ideas iluminan los hechos, mostrándole el camino que conduce de lo real á lo ultra-ideal* (2). *El arte por la idea* es el mote que inscribe en su escudo, y del que son términos complementarios la concisión ceñida de la frase y la proscripción de la superfluidad y aun de las amplificaciones retóricas. En conformidad con estos principios, el insigne humorista ha renunciado á la empresa fácil de conquistar la inteligencia y el corazón por el halago previo de los sentidos; y concentrando en el fondo la vitalidad y el jugo de sus poesías, parece que las escribe con tinta simpática y que deja á cada cual el derecho de entenderlas como guste, ó como se las presenten los reactivos de su perspicacia, de su poca ó mucha trastienda, de la *doble vista* negada á los cándidos.

Aludo aquí al Campoamor verdadero, al de las *Doloras* y los *Pequeños poemas*, porque también escribió allá en sus mocedades muchos versos anacreónticos á la manera de Gil Polo y de Meléndez, por no mencionar los *Ayes del alma,* donde la candidez idílica cede el lugar á otros más graves afectos. Lamentan algunos, en obsequio de la literatura y las buenas costumbres, que el autor abandonase este su primer camino por el otro escabroso, donde ha encontrado también el de la gloria. Yo juzgo que no está el peligro en el género precisamente, sino en el abuso; y en cuanto al va-

---

(1) Madrid, 1883.
(2) Prólogo á las *Humoradas* (pág. 9).

lor artístico, bien podemos ceder al cantor inspirado pero
monótono de los primeros días por el originalísimo de las
Doloras.

Las *Fábulas* ya puede decirse que pertenecen á la segunda manera de Campoamor, no sólo por el carácter docente,
propio de todos los fabulistas, sino por la picante malignidad
de sus moralejas, tan apartada de la sencillez de Esopo y de
la *naïveté* de La Fontaine. En *Insuficiencia de las leyes, El
falso heroísmo, Amar por la apariencia* y otros varios ejemplares de la colección, late el germen de la dolora y del *pequeño poema,* aunque con formas rudimentarias.

No tardó Campoamor en elegir la de los *Cantares,* y en
ella sí que supo remozar el adagio del pueblo y las coplillas
de ronda con el discreteo conceptuoso y las cavilaciones pe-
trarquistas, á la vez que se aleja del espíritu platónico del
cantor de Laura:

> Perdí media vida mía
> Por cierto placer fatal,
> Y la otra media daria
> Por otro placer igual.
>
> —
>
> Te pintaré en un cantar
> La rueda de la existencia:
> Pecar, hacer penitencia,
> Y luego vuelta á empezar.
>
> —
>
> Si, como se sabe ya,
> El que *espera desespera,*
> Quien como yo nada espera
> ¡Cuál se desesperará!

Así son casi todos estos *Cantares;* comentarios á la metafísica del amor, con dejo pesimista que á veces recuerda
el lenguaje de los autores místicos, y á veces coincide con el
carpe diem de la voluptuosidad epicúrea, lo mismo exactamente que pasa con las *Doloras.*

Y ya tenemos delante, como una esfinge, este nombre
que insensiblemente he repetido, y que á tantos alambica-
mientos ha dado margen, estériles casi todos. Desde que
Campoamor dijo de la dolora (1) que es *una composición poé=*

---

(1) *Doloras y cantares, por D. Ramón de Campoamor, de la Academia Española. Décimasexta edición.* Madrid, 1882. La primera
edición de las *Doloras* es la de 1846.

tica en la cual se debe hallar unida la ligereza con el sen-
timiento, y la concisión con la importancia filosófica, todo
el mundo se ha creído con autoridad para forjar su definición propia, censurando, corrigiendo ó ampliando la del inventor. Con el deseo de conciliar todos los pareceres y decir la última palabra sobre el asunto, forjó Laverde este
conjunto de laberíntica fraseología en que lo superfluo anda
á porfía con lo inexacto: dolora es "una composición didác-
tico-simbólica en verso, en la que harmonizan el corte gracioso y ligero del epigrama y el melancólico sentimiento de
la endecha, la exposición rápida y concisa de la balada, y la
intención moral ó filosófica del apólogo ó de la parábola".

Prescindiendo de que no es siempre propio, y mucho menos exclusivo de la balada, aquello de la *exposición rápida
y concisa*, yo no sé qué tienen del epigrama dolaras como
La dicha es la muerte, ni de la endecha el *Poder de la belleza*, y *¡Más!... ¡Más!*, para no multiplicar inútilmente los
ejemplos. Serán bien contados aquellos á que pueda aplicarse la definición en todas sus partes. La analogía de las doloras con esos tres géneros no es simultánea ni esencial, por
lo mismo que puede revestirse de muy diversas formas,
todas igualmente legítimas. Buscar al definirla rasgos tan
característicos que siempre y desde luego la distingan en el
fondo y en las apariencias, equivale á coartar el ingenio y
á introducir en el arte una nomenclatura tan ridícula como
severa. Si entre el idilio y la balada no se han precisado
aún la línea divisoria; si en éste y otros muchos casos viene
á ser la cuestión puramente de nombres, ¿á qué perderse en
inútiles sutilezas para dar á la dolora una representación
inconfundible que nunca podrá poseer?

Aunque parecen vagas y confusas las antedichas frases
de Campoamor para calificar el género inventado ó clasifi-
cado por él, á ellas me atengo, ya que por su misma vaguedad abarcan todas las diferencias, dando la claridad posible
al concepto, aunque no lo concreten; cosa que tampoco nos
hace mucha falta. En saliendo de aquí iríamos á parar á las
argucias de escuela y al casuísmo de los antiguos precep-
tistas.

El distintivo de la dolora es, pues, el enlace de la profundidad con la ligereza, del sentimiento con la brevedad, aunque frisando con otras especies del género lírico y del mixto. Ni tan inocente como la balada, ni tan sensual como la anacreóntica, repele asimismo la malignidad abierta del epigrama, y huye la delicadeza del madrigal por lo exclusiva. Risueña y todo en las apariencias, siempre va directamente á las más ocultas fibras del corazón, cual si intentase seducirle para clavar en él oculto y acerado dardo.

¿Debe reputarse la dolora como enteramente original creación, de tal modo que ni en nuestra Literatura ni en las extrañas se le pueda encontrar precedente alguno? El mismo Campoamor ha depuesto en contra de tal suposición, aunque rechazando con energía las acusaciones de plagiario que á deshora vinieron á hacerle ciertos críticos sin cabeza (1). No; aunque originalísimo en los precedimientos, aunque inimitable casi, no ha creado ni era posible que crease una cosa totalmente desconocida; lo que hizo fué transformarla, sistematizarla, darle un nombre y una fisonomía propios, como Byron, como Víctor Hugo, como Heine, como todos los grandes poetas del presente siglo. Humorista también con puntas de escéptico, no alcanza la sombría grandeza de aquél, ni sigue á éste en sus salvajes bufonadas, guardando un término medio, mezcla de optimismo y pesimismo, menos individual y mucho más humano que las violencias y extremos de los dos colosos.

Campoamor se ha acostumbrado á reirse de las cosas humanas; pero, aparte de que abunda en afirmaciones tan rotundas como las negaciones, nunca es su risa efecto de aquella amargura de ánimo que inspiró á *Rolla* y á *Don Juan,* sino que asoma á los labios del poeta con tanta frescura é impasibilidad como á los de un Júpiter olímpico. A Campoamor, lo mismo que á un héroe de sus poemas,

le va en la vida bien y habla mal de ella.

(1) No puede darse réplica más terrible, despectiva y arrogante que la *Carta á Fernández Bremón,* con que les salió al paso el cantor de las doloras.

Si se fuesen á tomar como suenan algunas de sus frases, vendríamos á deducir que no cree ni en la dicha ni en la sinceridad de los afectos humanos, ni, lo que es más grave, en la virtud. El escepticismo burlón con su mezcla de moral utilitaria y egoísta es el puerto adonde se refugia y el pie forzado de su sistema.

Comenzando por negar el amor, foco de todos los afectos y todas las nobles aspiraciones, nada deja en pie la musa demoledora é iconoclasta de Campoamor. Colorario de esta tesis es proclamar muy alto *la virtud del egoísmo* y de la inconstancia:

> Que la inconstancia es el cielo
>   Que el Señor
> Abre al fin para consuelo
> A los mártires de amor,

y

> Es la constancia una estrella
> Que á otra luz más densa muere;
> Pues quien más con ella quiere,
> Menos le quieren con ella.

Tan rudas invectivas, capaces de levantar de sus tumbas á Pyramo y Tisbe, á Romeo y Julieta, y á todas las divinidades del arte, no significan nada junto á aquel apotegma materialista en que reduce todos los móviles de las acciones humanas á

> Calor, hambre, interés, amor ó frío.

Parece que oímos á un discípulo anticipado de Compte ó Spencer disputando sobre la omnipotencia del temperamento, y aniquilando por medio del análisis la gloria, la virtud, la esperanza, esos hermosos sueños, consuelo único de la vida.

Pero no siempre tiene el escepticismo de Campoamor ese carácter gélido y sentencioso; antes bien estriba con frecuencia en las severas verdades de la fe, llegando á convertirle en poeta místico, por la ley de que los extremos se tocan. Dígase si no tiene algo de paráfrasis bíblica la dolora *No hay dicha en la tierra:*

De niño, en el vano aliño
De la juventud soñando,
Pasé la niñez llorando
Con todo el pesar de un niño.
Si empieza el hombre penando
Cuando ni un mal le desvela,
¡Ah!
La dicha que el hombre anhela,
¿Dónde está?

—

Ya joven, falto de calma
Busco el placer de la vida,
Y cada ilusión perdida
Me arranca, al partir, el alma.
Si en la estación más florida
No hay mal que al alma no duela,
¡Ah!
La dicha que el hombre anhela,
¿Dónde está?

—

La paz con ansia importuna
Busco en la vejez inerte,
Y buscaré en mal tan fuerte
Junto al sepulco la cuna.
Temo á la muerte, y la muerte
Todos los males consuela.
¡Ah!
La dicha que el hombre anhela,
¿Dónde está?

Ultimas abjuraciones, La dicha es la muerte, El mayor castigo, etc., etc., están asimismo limpias de la levadura sensual y frívola que ha dado origen á la opinión corriente sobre la inmoralidad y el espíritu malsano de las doloras. Es ingeniosa la hipótesis que para vindicarlas á su manera expuso el Sr. Laverde Ruiz en un artículo (1) en que, después de citar frases como éstas:

No es mi verdad la verdad,
No es mi razón la razón;

—

La virtud es inmortal;
Si el mundo es un cenagal
Buscadla siempre en la altura;

(1) Puede leerse en sus *Ensayos,* ó al frente de las *Doloras* en la edición de Baudry.

razona así: "Campoamor ha ido subiendo progresivamente del mundo de los sentidos al mundo psicológico, y de ésté al de lo absoluto; y esos tres grados de elevación moral que señalan indudablemente otros tantos períodos culminantes de la vida íntima de nuestro poeta, mostrándonosle epicúreo al principio, escéptico luego, y por fin creyente, Horacio antes, Byron después y Calderón á la postre, no aparecen inconexos en las *Doloras,* sino que, por el contrario, derivados unos de otros sucesivamente..., vienen á formar en su relación filosófica una verdadera trilogia, un solo y completo y harmónico organismo literario.„

Semejante defensa, que tendría razón de ser si el conjunto de las *Doloras* estuviese tan unido y compacto como las partes de un poema, no puede subsistir sino con muchas atenuaciones. La supuesta gradación no es constante ni intencionada; cada una de aquellas manifestaciones refleja un estado de ánimo distinto, absoluto é independiente de los demás, sin el enlace artificioso que se les atribuye. La buena ó mala tendencia de las *Doloras* ha de encontrarse en cada una de por sí, y sólo en este sentido cabe disculparlas.

No es preciso para ello remontarse muy alto, sino considerar bien por un lado cuánto menos inmoral es (ya que de inmoralidad se trata) la preconización del desengaño, causa del aborrecimiento á los placeres, que las ditirámbicas alabanzas de un amor siempre sospechoso, cuando no positivamente reprobable. No que haya querido hacer Campoamor sermoncillos cortos y en verso, sino que ese fondo de escepticismo, cuando no rebasa sus justos límites, supone ó confirma las más amargas verdades de la mística cristiana. Las consecuencias de las *Doloras* revisten, es cierto, formas demasiado absolutas; su moralidad tiene mucho sabor epicúreo, pero siempre más inocente que el de la poesía erótica. Por otra parte, cuando Campoamor nos dice que el cariño es sólo nombre, que la dicha, la virtud y la esperanza no existen en la tierra, está muy lejos de negar su realidad, refiriéndose únicamente á la escasísima suma que de todas esas cosas suele haber en el alma humana. No es lugar á propósito la Poesía, como lo son las obras filosóficas, para andar con distinciones y minuciosidades, y de ahí que la falta de exactitud resulte tan venial en la una, como en las otras inexcusable.

Lejos de mí canonizar los atrevimientos de Campoamor, rayanos á veces de la blasfemia; no afirmaré tampoco que el mejor sistema para apartar al hombre del placer vedado é insidioso consista en matar sus ilusiones, ni en enseñarle las industrias del recelo y de la desconfianza; pero repito que no es este extremo tan peligroso como el que constantemente se encomia y se practica.

En cuanto al mérito artístico de las *Doloras*, poco he de añadir á lo expuesto y á lo que han dicho jueces imparciales y competentes. Género maravillosamente flexible, mezcla de satírico y moral, lo mismo recibe en manos de Campoamor la forma lírica que la dramática, lo mismo hace reir que interpreta las más transcendentales verdades del orden práctico. La dolora excita el interés por sus apariencias ingenuas, por la importancia del fondo y por algo más íntimo que se resiste al análisis, y cuyo secreto no poseen los imitadores rutinarios. Por ese conjunto de cualidades el poeta se identifica con sus lectores, haciéndoles recibir como propias sus ideas, arrancándoles á un tiempo la sonrisa y la espontánea frase de asentimiento. Muy pocos han llegado ni á conocer al hombre con más profundidad, ni á describirle con sencillez más exacta. El humorismo de Campoamor no es el insubstancial y de mero pasatiempo con que se divierten los franceses; no es tampoco la expresión de un estado violento del ánimo: siempre encierra en sí un elemento de universalidad que para todos sirve como de espejo fiel donde contemplarse. La palabra oportuna, gráfica y de cortante precisión obedece como humilde sierva al pensamiento soberano, inagotable en agudezas.

No por aplicarse especialmente á la dolora deja de convenir este juicio á la nueva metamorfosis del ingenio campoamoriano que se llama *pequeño poema* (1), pues entre la

(1) *Los pequeños poemas. Quinta edición, la más completa de las publicadas hasta hoy*, primera y segunda parte. Madrid, 1882-83.

una y el otro existe tal semejanza que, aparte la diferencia
de sus dimensiones, raya casi en identidad. Lo que más me
disgusta en el *pequeño poema* es el nombre, y no lo repeti-
ría si no fuese por no variar una nomenclatura tan constante como caprichosamente conservada por el autor. ¿A
qué ese galicismo inútil y audaz, cuando tan fácilmente podía dársele sabor castellano con sólo invertir el orden de las
palabras, caso de no sustituirle, como es justo, con uno de
los muchos diminutivos en que es pródigo nuestro romance?
¿O es que, alentado por el éxito del neologismo *dolora,* martirio de académicos y etimologistas, ha querido otra vez
probar fortuna en su mal empleada campaña contra los preceptos gramaticales?

Una cosa se sabe de cierto, y es la incorregible tenacidad de Campoamor en la cuestión de nombres, lo mismo
que en todas las demás; así que no he de perder el tiempo
en balde. Intentando ahora definir el *pequeño poema,* nos
asalta una dificultad no menor que en la dolora, fundada,
entre otras causas, en su mutuo parecido. También el *pequeño poema* debe hermanar la *ligereza con el sentimiento
y la concisión con la importancia filosófica;* también reviste el propio carácter de espontaneidad y frescura en las
formas, y de indiferentismo escéptico en el fondo, como si
pretendiese hacer la tabla anatómica del corazón.

Mucho se ha disertado sobre el pequeño poema, aunque
no tanto como acerca de la dolora, sin que hasta el día se
hayan puesto de acuerdo ni el autor con sus críticos, ni los
críticos entre sí. ¿Es, como alguno pretende (1), el intento de
Campoamor llevar á la esfera del arte todo lo pequeño, lo
microscópico, aquello, en fin, á que en la vida no se da ninguna importancia, para demostrar que la tiene muy recóndita y transcendental? Ese introducirnos en el pensamiento
virgen de la criatura inocente, en los vagos recuerdos, en
las aspiraciones indefinibles, en los lances más raros y al
parecer insignificantes, ¿es el principal constitutivo del pe-

_____

(1) Leopoldo Alas, artículo sobre *Los pequeños poemas,* inserto en
los *Solos de "Clarín".*

queño poema? Aunque se intente justificar tal opinión por
medio del análisis minucioso, no vacilo en considerarla
errónea en alguna de sus partes; en ella se confunde el medio con el fin, y lo accesorio con lo principal.

La idea madre de Campoamor no ha cambiado, aunque
se transforme; es exactamente la misma de las *Doloras*. El
mundo con sus hermosas apariencias y su triste realidad; el
hombre con sus hipocresías veladas, con sus delirantes en-
sueños y sus múltiples torpezas ; una como divinidad mefis-
tofélica, parecida á la suerte ó al hado, presidiendo á nuestros destinos, y burlándolos todos por medio de sus improvi-
sadas tramoyas y sus infinitos servidores; el engaño y el dolor ocultándose y reproduciéndose por doquiera; tales son los
elementos que en una ú otra forma componen la vasta urdimbre de esta poesía, toda malignidad y sarcasmo En
cuanto á la Providencia, ni la desconoce ni la afirma, prefiriendo siempre la carcajada acremente cómica á los grandes problemas filosóficos, que sabe declinar con habilidad
cuando se le ofrecen á su paso. Habla del mundo tal cual lo
han hecho los mortales, y por eso es tan fiel, aunque imperfecta, la imagen que de él nos ofrece. Elige su parte defec-
tuosa y flaca, y todo lo ve trastornado de pies á cabeza: la
opinión triunfando de la verdad, la carne del espíritu, la in-
felicidad de la esperanza; á los *sabios* explotando la candidez de los *buenos,* y á los *buenos* prestándose á los caprichos
y abominaciones de los *sabios.*

Andan tan juntos en el *pequeño poema* lo humorístico y
lo trágico, que no se sabe si reir ó llorar ante aquel contraste
de la ligereza epigramática con la dolorida lamentación. Sin
darse cuenta de ello, el lector va evocando todas las memorias de lo pasado, que acuden en inacabable panorama á su
imaginación, como si el poeta hubiese acertado con el modelo ejemplar de las almas en lo que todas tienen de genérico y esencial.

Y lo que más admira es el modo de fundir la naturalidad
incomparable, y al parecer antipoética, de la narración,
con la vaguedad ideal de los personajes, que parecen sombras condensadas ó abstracciones hijas de un ensueño.

¿Quién conoció nunca hombres como Juan y Pedro Fernández, ni mujeres como Rosa, Rosaura y Rosalía? ¿Y hay nada, sin embargo, más típicamente real que unos y otras? Las escenas de *El quinto no matar, El trompo y la muñeca, Dichas sin nombre, El amor* y *El río Piedra*, por no extender más las citas, van envueltas asimismo en un vuelo fantástico donde se ven desvanecerse las figuras mientras más y más se fijan las ideas. Ni debe esto imputarse como falta á Campoamor, pues es un género de realismo tan legítimo como otro cualquiera, como los figurones de Molière y Moratín. Los incidentes del *pequeño poema*, encaminados siempre á la demostración de alguna verdad práctica (ya se ha dicho en qué sentido), resultan de esa manera más interesantes y dramáticos por lo mismo que no se necesita deducir del caso particular la ley constante, sino que toman cuerpo, vida y palabra los pensamientos.

De lo mucho originalísimo, inimitable, en que abundan los pequeños poemas, no dicen tanto todas las críticas del mundo como su simple lectura. Aquel modo de convertirlo todo en el elemento de arte, aquella mezcla de conversación familiar y altísima poesía, aquellos rasgos de ingenio dignos de los humoristas más insignes, hacen de Campoamor un poeta aparte, más que en las anteriores, en esta su última evolución literaria, correspondiente á un período de reflexiva madurez, durante el cual, por desdicha, también se va agigantando en progresión ilimitada el mal espíritu, hasta cierto punto disculpable, de las *Doloras* (1).

Los amores de una santa y *El Licenciado Torralba* (2) son dos productos típicos de la musa senil de Campoamor, libre, alborotada y resuelta como la de un joven de veinte abriles, eternamente preocupada por las rosas de Venus y por su efímera duración, sensual y razonadora en una pieza. La confusión y el dolorido lamento de la hermosura femenina, ajada por la enfermedad, y que esconde en el claustro

---

(1) Nada digo del poema *Colón*, porque, aparte algún episodio digno de trasladarse al *Drama Universal*, anda casi todo él cien leguas distante de la epopeya.
(2) *El Licenciado Torralba. (Poema en ocho cantos.)* Madrid, 1888.

su vergüenza para no ofender los ojos del amado, proporcionan al intérprete amplísimo espacio por donde derramar
la vena del sentimiento saturada de amargores corrosivos.
Sobre la urdimbre que entretejen las aventuras del brujo
Torralba, borda Campoamor filigranas de poesía sublime y
filosofismo bastardo al personificar en figuras de plástica
forma y vigoroso relieve las batallas del espíritu con la
carne, y de lo real con lo ideal, y el tremendo problema de
la felicidad humana. Catalina, hastiándose sucesivamente
del amor *neutro* con el ángel Zaquiel, del amor sexual con
Torralba, y del amor prohibido con el mismo Zaquiel, transformado en diablo, busca la ilusión de la gloria mundana, y
encuentra sólo la muerte. Un proceso análogo empuja á
Torralba á separarse del espíritu de Catalina, á emplear los
secretos de las ciencias ocultas en la formación de un cuerpo de mujer, bautizada con el fuego del infierno, y á dejar
gustoso la vida por asco de todo lo que existe en el mundo.
¡Extraña concepción, y no menos extraño credo filosófico!
.Ya habían aparecido algunos *pequeños poemas* cuando
salió á luz otro de fisonomía algo semejante, pero de mayo-
res.dimensiones y de más visible tendencia filosófica (1), con
el extraño nombre de *El Drama Universal.* Dificilísimo de
clasificar, así en el fondo como en la forma, por la compleja
multiplicidad de sus elementos, ora parece *La Divina Comedia* de un siglo nuevo, ora la meditación de un pensador
solitario é idealista, ora, en fin, un ensayo de conciliación
entre el Evangelio y las misteriosas tradiciones de los pueblos orientales y de la filosofía antigua.

También aquí aparece muy subido de punto el amor á las
escenas fantásticas y de ultratumba, á los personajes aéreos
engendrados por la fuerza de una imaginación colosal. En
su viaje al mundo invisible no va Campoamor sostenido
siempre, como Dante, por las creencias del Cristianismo,
sino que, con el mágico poder de su palabra, evoca nuevas
creaciones pobladas de seres desconocidos, arranca el se-

(1) *El Drama Universal, poema en ocho jornadas.* Madrid, 1870.
2.ª edición en la Colección de Baudry. 3.ª edición, Madrid, 1873.

creto de su existencia á infinidad de astros no clasificados
aún por los sabios modernos, y llama en su auxilio ora á la
metempsícosis de Pitágoras, ora á las risueñas ficciones he-
lénicas, ora á los sueños de la teurgia.

¿Cómo calificar acertadamente el amor de Honorio á Soledad, la transmigración á la tumba de su amada, y las
transformaciones que en él se obran hasta convertirse en
ciprés y en águila, llegando con rápido vuelo á la región de
la atmósfera, donde se oye la verdad de lo que se dice? ¿No
será esto más que un capricho sin intención, ó, al contrario,
ha de reputarse como la vestidura exterior de un gran pensamiento filosófico? Algo obscuro es el de la *redención por
el amor* que se manifiesta en la última parte de la obra,
cuando, después de sus aventuras por la tierra y de su excursión por los espacios planetarios, llega Honorio al valle
de Josafat, y al abrirse las bocas del infierno para tragarle,
cae sobre su frente impura una lágrima derramada por su
madre y recogida por Soledad; lágrima regeneradora que le
lleva al cielo. Obscuro, es, repito, el pensamiento; mas no
parece ser otro el del poema, en el que exceden con mucho
los primores de ejecución á la transcendencia moral ó filosófica.

Díganlo si no los admirables episodios de *Teresina de la
Peña, Los Marqueses de Valverde, Don Fernando Ruiz
de Castro* y *La confesión de Florinda*, este último sobre
todo, del que podría tener celos el mismo Dante. La frase

> No volvió á darme el infeliz Rodrigo
> Aquel beso en los ojos que me daba;

y la otra

> Mas por la sombra os juro de mi madre
> Que el cómo fué no sé; yo no quería,

van cubiertas por el cendal de tan delicado circunloquio que
rivalizan con las eternamente célebres de Francisca de Rí-
mini. Dígase lo mismo de *La creación de un mundo* y *El
primer idilio de un mundo*, con tantos otros gigantescos
cuadros que por su originalidad y vigor parecen arrancados
de *La Divina Comedia.*

Búsquese en *El Drama Universal* la perfección parcial,

·no la del conjunto; búsquense perlas, pero desengarzadas. Por la falta de unidad, y casi pudiéramos decir de objeto, no debe parangonarse con ninguna de las grandes epopeyas universalmente celebradas, sin que pasen de hipérboles los encomios que de él se hacen en este sentido. Si Campoamor es, como ha dicho su prologuista, *el Ariosto de los espi-ritus*, con los que sabe formar una ronda sin fin á modo de caballería andante, esto no debe entenderse sólo de las bue-nas, sino también de las malas cualidades, entre ellas la abi-garrada confusión y el general desconcierto. El predominio de la imaginación, cuando no hay rienda que la enfrene, sir-ve para deslumbrar con magníficas perspectivas; pero des-poja á las obras de arte de la solidez, que es prenda de du-ración.

En pos de las *Doloras* y de los poemas, Campoamor ha creado la nueva fórmula poética de las *Humoradas* (1), dís-ticos ó, á lo más, tercetos y cuartetos, que en breve es-pacio desenvuelven una idea ó un sentimiento, fotografías instantáneas de un estado psicológico, recetas de viejo con-tra las ilusiones de la juventud, memorias del viaje de la vida condensadas en aforismos de pérfida intención. Las *Humoradas* descienden alguna vez á la categoría de *alelu-yas* ramplonas, y por eso se han creído aptos para falsifi-carlas ciertos poetillas aficionados á espigar en mies ajena.

Talento fecundo, original y rico en travesuras y agude-zas, es á la vez el de Campoamor indócil y rebelde á toda disciplina, é inepto para el cultivo de la escena. Comenzan-do por *El palacio de la verdad* y la dolora dramática *Gue-rra á la guerra*, y concluyendo por *Dies iræ* y la estrafa-laria comedia *Cuerdos y locos* (2), no encontraremos una sola excepción á esta regla general. Campoamor, como el más inhábil principiante, desconoce los resortes del interés escénico, se pierde en el mar de un lirismo conceptuoso y habla por boca de sus personajes, que surgen pertrechados

(1) Madrid, 1886. Después de esta colección ha publicado algunas sueltas.
(2) Son posteriores, y aun más endebles, las dos piezas dramáticas ¹ *El honor* y *Así se escribe la historia*.

de sentencias y equivoquillos á falta de una fisonomía propia y peculiar en cada uno.

Disminuyen estos gravísimos inconvenientes en la mencionada dolora *Guerra á la guerra*, como juguete al fin que nada tiene de dramático sino el ser representable. Y á fe que no carece de gracia el torneo de ingeniosidad entre el soldado manco y el cojo, convertidos en anatematizadores de la guerra y de las glorias militares. Pregunta Enrique, lamentándose á su compañero y rival:

> De ti y de mí, ¿qué memoria
> Quedará cuando algún día
> Sea esta carnicería
> Una hermosura en la historia?

y contesta el interpelado:

> Con voz por el llanto ahogada
> Probaremos á la historia
> Que es una infamia la gloria,
> Y más la más celebrada.

Pero falta advertir que la pregunta y la respuesta son entrambas del mismo cuño, sin conservar de diálogo más que la forma.

¿Y qué decir de Aquiles y Jaime, y Don Liborio de Torrente, con todas las demás figuras que forman la trama de *Cuerdos y locos?* Sacar á la escena cuatro necios de problemática cordura, á par de otros que pasan por no tenerla y hablan con la seriedad de un filósofo (todo ello para demostrar la tesis de que aún no sabemos si son locos los locos, ó los que se lo llaman), puede tolerarse sólo como una ocurrencia humorística que ni aun tiene el mérito de la novedad; mas pensar en la razón de ser de aquellos lances, dignos verdaderamente de un manicomio, es pensar en lo excusado. A no ser tan monótonas y de tan cruda misantropía, tuvieran también más gracia sentencias como las que siguen:

> Si fueron, cual se asegura,
> Locos Sócrates y Taso,
> Pregunta mi desventura:

¿Qué separa en este caso
Al genio de la locura (1)?
. . . .
   Todos, aunque no lo vemos,
Entre locuras vivimos:
Cuando locos, las decimos;
Cuando cuerdos, las hacemos (2).

El distintivo eterno de Campoamor, aun cuando más se extravía por sendas para él vedadas, es el estilo. Ligero ó grave según los tiempos; dotado de una movilidad y una tersura sin semejantes, aunque conciso por lo común, se pliega y adapta al tono narrativo y al sentencioso, á la descripción y al diálogo. Enemigo de dilaciones y redundancias, presta al concepto la forma más propia para herir la mente, descartándole de esas sonoras vaciedades, escollo de los poetas castellanos. No porque Campoamor carezca de oído rítmico (pues bien lo demostró en sus primeros ensayos y en *El Drama Universal*), sino por un descuido que fácilmente podría remediar; el lenguaje, la versificación, la parte, digámoslo así, material de sus poesías, están muy distantes de la perfección. Si los ripios fueran parte para quitar la fama á un poeta, hubiérala perdido Campoamor; pues no se necesitan, á la verdad, ojos de lince para traslucir su afán de salvar á tuertas ó á derechas las dificultades de la rima. El purismo en la lengua, no ya entendido á la manera de los flamantes y sistemáticos arcaístas, sino dentro de sus justos límites, es una de las condiciones más de desear y menos frecuentes en las obras de Campoamor, rebelde al yugo autoritativo aun en cosa tan importante y puesta en razón.

En cambio para describir los afectos del alma con todo el dramático interés de que son susceptibles, hay pocos maestros por encima de él. Suyo es este arte difícil; no de tantos y tantos discípulos como exageran las faltas del modelo trabajando cuanto pueden por desacreditarle.

(1) Acto I, escena XXI.
(2) Acto II, escena IV.

Digámoslo de una vez para desesperación y enmienda de todos ellos: no es sólo Campoamor un gran poeta, por cuanto ha podido resistir su fama á tantas profanaciones; es también por su genialidad personalísima el más inimitable de cuantos ha producido España en el presente siglo.

Fr. Francisco Blanco García,
Agustiniano.

CATALOGO

DE

Escritores Agustinos Españoles, Portugueses y Americanos [1]

VENA (Fr. Juan) C.

Nació en Dueñas, del obispado de Palencia, el 1825, y profesó en este Colegio de Valladolid el 1842. En Filipinas tiene administrados los pueblos de Sesmoán y Santa Rita, y al presente se encuentra retirado en nuestro convento de Manila.

Escribió:

1. *Ing cofrade ning guinung Virgen de Consolacion at Correa nang San Agustín o casalesayan qng Catutunang salita ning santa correa manga ing novena ning mesabing Virgen at calangcap naneman ing piaquitan caring sablang indulgencias a pigcalubda ding queraclan á sumos Pontífices qñg Cofradia nang San Agustín amponpani-aup quing mamate á táuong Cristiano.* Con las licencias necesarias. Binondo, 1867. Imprenta de M. Sánchez y C.ª

2. *Novena y decenario de la Pasión para rogar á Dios Nuestro Señor por las benditas ánimas del purgatorio, y*

---

(1) Véase la pág. 456.

por los que están en pecado mortal. Por un P. Agustino Calzado. Reimpresa con las licencias necesarias. Manila: Imprenta de Ramírez Giraudier, 1872, 1.º De 40 págs.

3.   *Novena nang mahal na Cruz na sinasamba sa bayan nang baung Hocoman nang balañgan na quinatha, t, ipi= nalimbay nang isang P. sa Orden ni S. Agustín na ama natin. Sa pahintulot nang mañga pinono.* Manila: Imp. de Ramírez Gir., 1861, 12.º de 24 págs.

4.   *Novena qñg pitung lungcut nang Nuan á Virgen apicatsana ning P. Fray Juan de Vena qñg Orden nang S. Agustín. Qñg capaintulutan ning maquiupaya.* Manila: Imprenta "Amigos del País„. 1877.

5.   *Casalesayan ning panalañgin, at mipalanguinan. Letania qñg casantusantusan a Virgen Maria picatsa na ning P. Fr. Juan de Vena, qñg Orden nang S. Agustín qñg maquiupaya.* Imprenta de los "Amigos del País„. 1878.

Es una explicación de la Letanía en idioma pampango, que contiene tantos sermones como títulos se dan á la Virgen en la Letanía. El estilo es sencillo, pero siempre correcto, y el lenguaje manejado con la maestría con que lo hace el autor en todas sus obras por poseer admirablemente el idioma pampango.

6.   Cincuenta y dos sermones en idioma pampango para las Dominicas del año. MS.

7.   *Ing bie nang María. (La Vida de María.)* Son treinta y un sermones para todos los días del mes de Mayo. MS. en 4.º

8.   *Augustinus prædicans seu quinquaginta duo sermones in omnes Dominicas totius anni ecclesiastici. Omnes sermones excerpti ex diversis operibus S. P. N. Augustini.*

Manuscrito en folio que se está preparando para darlo á la imprenta.

Tiene otras obras en pampango manuscritas, comenzadas unas, dimediadas otras, y otras completas, que están en poder de varios PP. Agustinos de la Pampanga. Otras varias, también manuscritas, han desaparecido.

VENAVENTE (Ilmo. Sr. D. Fr. Álvaro de)

Fué natural de Salamanca, y profesó en nuestro convento de dicha ciudad el 1663. Con su aplicación y talento nada común'salió excelente teólogo y escriturario, á que añadió el estudio del Derecho canónico y civil. Siendo aún muy mozo se sintió con vocación decidida para las misiones de allende los mares, y aprovechando la primera ocasión se embarcó para Filipinas en compañía del célebre P. Fray Gaspar de San Agustín y otros el año de 1668.

Destinado á la Pampanga, administró los pueblos de México y Bacolor, distinguiéndose por su celo y entereza en defender á sus indios contra los abusos de alcaldes y corregidores. En 1680. le nombraron Definidor Secretario, y presentó un memorial al Definitorio solicitando abriese la Provincia las misiones de la China. Accedió á ello nuestra Provincia, y designado el P. Venavente para llevar adelante la empresa, partió para el Celeste Imperio acompañado del P. Juan Nicolás de Rivera. Entraron por la provincia de Kuantung, deteniéndose en la casa de los PP. Franciscanos, que les recibieron con mucha caridad, hasta que enterados de la lengua y caracteres chinos, dieron principio á la predicación del Evangelio, fundando muy en breve las iglesias de Kaoking-fu, Nauliung-fu, y la del pueblo de Foky.

Por este tiempo comenzaron á suscitarse en China las cuestiones sobre el modo de conducirse con los nuevos convertidos. Consultado de todos, decía con amargura de su corazón: "*Undique tenent me angustiæ.* No sé que rumbo tomar sin peligro de perecer, y hacer que perezcan otros. Por aquí pongo á contingencias la integridad de la disciplina. Por el rumbo opuesto las conversiones de muchos...„ Para ver de salvar en parte las dificultades que se ofrecían, dispuso una obra muy docta sobre que era conveniente que la Santa Sede dispensase el impedimento *cultus disparitas* entre los convertidos. Y para no errar en materia tan delicada, determinó presentar él mismo un escrito al Papa Inocencio XI, como lo hizo, viniendo á Roma el 1687, con encargo de la Provincia de disponer una buena Misión. Gran concepto debió de formar el Romano Pontífice de nuestro agustino cuando le manifestó su designio de hacerle Obispo y nombrarle Vicario Apostólico de las Misiones en el Celeste Imperio. Excusóse el P. Venavente, pretextando que deseaba saber antes la voluntad de su Rey, y así se volvió á España, donde preparó con toda diligencia la Misión, embarcándose para Filipinas el 1690. En el Capítulo del 91 le eligierón Provincial bien á pesar suyo, y fué modelo de gobierno por su celo, abnegación y prudencia. En 1696, noticioso Inocencio XII de las relevantes prendas de virtud y saber que adornaban al P. Venavente, le nombró Obispo titular Ascalonense y Vicario Apostólico de la provincia de Kiangsi, dignidades que no aceptó hasta que el Superior juzgó conveniente obligarle por obediencia. Pasó á China con cuatro religiosos, y consagrado Obispo se internó en la provincia de Kiangsi, privado de recursos y careciendo de toda comodidad, determinado á trabajar con todas sus fuerzas por la gloria de Dios y bien de aquellas infelices gentilidades. De cuánta era su estrechez y pobreza da claro testimonio el siguiente párrafo, tomado de una de sus cartas, escrita en 3 de Octubre de 1702, y dirigida á su sobrino don Ramón Venavente. "El invierno pasado, le dice, le pasé mal de mis achaques habituales. Yo, como te he escrito, además de otros trabajos, tengo el de faltarme medios para sustentarme. Por lo cual he dado orden para que se pretendan con mi poder algunos en el Consejo de Indias...„

En las revueltas que tuvieron lugar en China por los años de 1709 salió de su Vicariato con intento, según se cree, de tornar á Roma á informar á Su Santidad de lo que convenía determinar en provecho de aquellas cristiandades. En llegando á Macao se hospedó en el colegio de los Padres de la Compañía, que le trataron con mucha caridad. Aquí enfermó de gravedad, y murió el 20 de Marzo de 1709.

Escribió:

1. *Arte del idioma pampango.*
2. *Vocabulario del idioma pampango.* MS.
3. *Vocabulario de la lengua china.*

4. *Historia natural de China, traducida al español del idioma sínico.*

5. Escribió y presentó á la Santidad de Inocencio XI una obra de los casos más delicados que ocurrían entre los recién convertidos en China, y particularmente sobre la conve-niencia que había en dispensarles el impedimento *cultus disparitas.*

6. Publicó una muy docta conclusión sobre el depó-sito que los religiosos pueden tener como particulares en las islas Filipinas, probando ser derechamente contra el voto de pobreza el tener cosas superfluas.—Vid., tomo II, página 190.—Can., pág. 84.—Ossario.

VERA (Fr. Miguel) D.

Nació en Villanueva del Arzobispo el 1864, y profesó en este Colegio de Valladolid el 1882. Pasó á Filipinas en Octu-bre de 1890.

Escribió:

La Virgen de la Fuensanta. Leyenda histórica. Publi-cada en el tomo XXI de La Ciudad de Dios.

VERACRUZ (Fr. Alonso de la) C.

Fray Alonso de la Veracruz, uno de los hombres más no-tables que pasaron á la Nueva España en los tiempos inme-diatos á la conquista, era natural de Caspueñas, en la dió-cesi de Toledo. Nació hacia el año 1504. Sus padres, Fran-cisco Gutiérrez y Leonor del mismo apellido, eran bastante ricos, y quisieron dar á su hijo una educación esmerada. Al efecto le enviaron á Alcalá, donde aprendió Gramática y Retórica, pasando luego á estudiar Artes y Teología en Salamanca, y allí tuvo por Maestro al insigne dominicano Fr. Francisco de Vitoria. Graduóse nuestro Fr. Alonso en Teología, y se ordenó de Misa. Leyó un curso de Artes en la misma Universidad, donde tuvo bajo su dirección y cui-dado á dos hijos del Duque del Infantado. En esta ocupa-ción le halló nuestro Venerable el P. Francisco de la Cruz, cuando en 1535 pasó de Méjico á España con el fin de con-ducir á aquellas regiones ministros evangélicos. Háblóle

del servicio grande que podía prestar á la Religión con sus
letras en el Nuevo Mundo, y tan generoso y sin ambiciones
mundanas debía de ser el corazón del bueno de Alonso, que,
dejando la posición halagüeña en que se encontraba, embar-
cóse para Méjico en compañía de nuestro P. Venerable y los
religiosísimos PP. Roa, Juan Bautista y Juan de Sevilla,
los cuales todos vivieron y murieron en opinión de santidad.
Acudía el Mtro. Alonso á los ejercicios de virtud que estos
ejemplarísimos agustinos practicaban; y como el P. Cruz no-
tase la afición y buena voluntad con que lo hacía, le propuso el que se hiciese religioso, á lo cual contestó que no se
sentía con fuerzas bastantes para ello, ni tenía experimenta-
da aquella moción especial que se requería para el caso.
Rióse entonces nuestro P. Venerable, y, apretándole la
mano, dijo: "Vaya, que yo sé ha de hacer lo que le pido, y
no le ha de valer esa salida., Y así sucedió, que desde aquel
momento se sintió otro nuestro Alonso, y con tal ánimo y
resolución, que no tardó en presentarse al P. Cruz pidiéndole con grande fervor é insistencia le diese allí mismo el
hábito. Difiriólo el prudente Padre hasta tomar tierra, y, llegados que fueron á Veracruz, vistió el hábito nuestro Alonso, apellidándose desde entonces de la Vera Cruz, así por el
nombre que llevaba la ciudad donde recibía tal gracia, como
por la devoción al P. Cruz, su primer Prelado. Pasó luego á
Méjico, y terminado el año de noviciado profesó el 20 de
Junio de 1537 en manos del P. Jerónimo de San Esteban. Tal
concepto tenían formado de él los Superiores, que inmediatamente le nombraron Maestro de novicios, el cual cargo
desempeñó con grande discreción y celo, hasta que el 1540
se fundó la primera casa de estudios de la Provincia de Tiripitio (Michoacán), y fué enviado á ella por Lector de Artes
y Teología. Allí aprendió al mismo tiempo la lengua tarasca
con el fin de poder administrar á los indios. Y fué el que primero los dispuso, dice el P. Grijalva, á recibir el sacramento de la Eucaristía, introduciendo en estos reinos de Méjico
esta santa costumbre, y defendiendo la opinión que tantos
contrariaban. De modo que sólo el P. Fr. Jacobo de Dasia,
de la Orden de San Francisco, y el P. Maestro de la Orden

de nuestro Padre San Agustín, eran los únicos que administraban entonces á los indios el sacramento de la Eucaristía.

Ocurrió poco después, en 1542, que el Ilmo. Sr. D. Vasco de Quiroga, Obispo de Michoacán, resolviera partir para Europa con el fin de asistir al Concilio de Trento, y con tal motivo puso los ojos en nuestro benemérito agustino para dejarle por Gobernador del obispado. Nueve meses estuvo rigiendo el obispado, porque hubo de regresar el Sr. Quiroga á su diócesi por no haber podido embarcarse. Mientras gobernaba el P. Alonso el obispado, fuéle ofrecido el de León, en Nicaragua, al cual renunció. Y ya que hablamos de renuncia de obispado, diré lo que á este propósito trae el Padre Grijalva. "Renunció tres obispados: el de Tlaxcala, el de Mechoacán y el de León de Nicaragua. Y éste que pusimos en postrer lugar fué el primero que le dieron estando por Lector en Tiripitio, muy pocos años después de su profesión. Cuando llegó la carta á sus manos era en presencia de todos los religiosos, sin que nadie supiese lo que contenía, y en leyéndola dijo: *Ab ore Leonis liberame Domine,* y entrando en su celda, respondió luego suplicando á Su Majestad no le mandase aquella ni otra cosa que tocase á obispado, porque era indignísimo de tan alta dignidad...„

FR. BONIFACIO MORAL,
Agustiniano.

(*Continuará.*)

POESÍAS INÉDITAS DE FR. DIEGO GONZÁLEZ

EN EL «BRITISH MUSEUM»

LONDRES 13 de Agosto de 1891.

M. R.P. Fr. Conrado Muiños Sáenz, Director de LA CIUDAD DE DIOS.

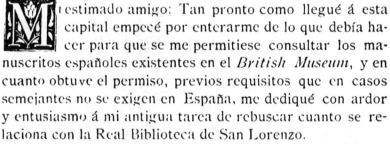i estimado amigo: Tan pronto como llegué á esta
capital empecé por enterarme de lo que debía ha-
cer para que se me permitiese consultar los manuscritos españoles existentes en el *British Museum*, y en
cuanto obtuve el permiso, previos requisitos que en casos
semejantes no se exigen en España, me dediqué con ardor
y entusiasmo á mi antigua tarea de rebuscar cuanto se relaciona con la Real Biblioteca de San Lorenzo.

No sé qué extraña tristeza se apoderó de mí al considerar que toda esta riqueza de manuscritos objeto de mi exa-

---

(1) El P. Eustasio Esteban, segundo bibliotecario de la Real de San
Lorenzo del Escorial, se halla actualmente recorriendo los archivos
nacionales y extranjeros con el fin de reunir datos y documentos
para la interesantísima obra que prepara acerca de la historia de
dicha Real Biblioteca. A vuelta de esas investigaciones, su laboriosidad incansable y su innata afición á los papeles viejos le ha proporcionado preciosos hallazgos, como el que hoy nos comunica. Gus-
tosos publicamos esta interesantísima carta por las curiosidades
que encierra, á pesar de que en algunos versos del P. González hallamos distracciones que no sabemos si existirán en el original ó
son errores de copia.—(*La Dirección.*)

men, y de que nós dió noticia el Sr. Gayangos, ha salido de mi querida patria, sabe Dios cómo, para nunca más volver á ella. Consolóme en medio de todo el verlos tan bien custodiados y tratados, y el que, merced á ellos, obtiene nuestra España en este riquísimo y espléndido Museo representación importante.

Engolfado en mi trabajo se me han ido pasando los días casi sin darme cuenta, y á punto de abandonar esta inmensa Babel (Dios mediante, saldré de aquí mañana) puedo decir con verdad que apenas conozco de la ciudad más que las calles que conducen desde mi alojamiento al Museo. Tan embebido he estado. Mas aun cuando me haya olvidado de todo y hasta de la propia salud más de lo que conviniera, no me he olvidado de los amigos cuando he dado con cosas que comprendía podían serles agradables y de algún contentamiento.

A Ud. sobre todo, tan aficionado á la poesía y á la literatura española agustiniana, cuya historia tanto tiempo hace cultiva, tengo una buena noticia que comunicarle, y es el hallazgo de unas cuantas composiciones inéditas del Padre Maestro Fr. Diego González, el tiernísimo Delio, tan conocido, aun en el Extranjero, por su bellísima invectiva titulada *El murciélago alevoso.*

Se hallan en los folios 166 al 177 del cod. ADD. 10' 257, que puede Ud. ver descritos en la obra del Sr. Gayangos: *Catalogue of the manuscripts in the Spanish Language in the British Museum*, vól. I, págs. 78 y siguientes.

Los títulos de las poesías, numeradas tal cual están en el códice, son los siguientes:

Núm. 1.º *Canción del pastor Delio á su Patria* (imitación de la de Vicente Espinel).—Empieza:

"Frondoso valle, venturoso suelo„...

Núm. 2.º *A la esperanza* (canción):

"O estímulo divino„..:

Núm. 3.º *A la desconfianza.*—Principia así:

"Por la escabrosa senda„...

Núm. 4.º *A la ausencia:*

    "En la ribera amena„...

Núm. 5.º (Anacreóntica.) *Mi bien ausente.*—Principio:

    "Anoche de su choza„...

Núm. 6.º (Soneto.) *La inconstancia del tiempo.*

    "Esta rosa que veis, ¡oh tristes ojos!„...

Núm. 7.º *Juguete:*

    "La pluma tomo con la diestra mano„...

Todas estas composiciones están escritas por una misma mano, distinta de la de González, á fines del siglo pasado ó principios del presente.

En el mismo códice, fol. 291 vuelto, se encuentra otra composición poética del P. González titulada: *Quejas de Delio á una señora de honor* (canción),

    "Andando yo cazando„...

que es la misma que corre impresa entre sus obras con el mismo principio y dedicada á Melisa. No está aquí completa, sino solas las dos primeras estrofas, y aun la segunda falta de los dos últimos versos. Lo siguiente hasta el folio 296, por más que nada dice el Sr. Gayangos, es obra diversa y de diverso autor, truncada en su principio, lo cual haría creer al Sr. Gayangos que era una misma con la precedente. Es una égloga, cuyos interlocutores son Tirsis y Silvio, la cual concluye de esta manera:

    "Las aves que á buscar fueron reposo
    En sus ramos queridos,
    De Tirsis repitieron los quexidos.„

Sospeché que pudiera ser de Batilo, tan amigo de González: pero no me he cuidado de averiguarlo, ni de si es inédita, por andar alcanzado de tiempo.

Estoy íntimamente persuadido que las siete composiciones poéticas inéditas de que acabo de dar á Ud. noticia son del Maestro González. Prescindiendo de otras razones, impropias de una carta por la larga exposición que exigirían, el nombre de Delio, como Ud. sabe mejor que yo, es característico de nuestro poeta, y ese nombre se halla expreso en las que llevan los números 1.º, 2.º, 4.º y 5.º La primera le tiene en el mismo epígrafe. En la segunda se lee la siguiente estrofa:

"Si Delio condolido
Al pie del alta sierra,
Sobre la verde juncia recostado,
Tal vez triste gemido
Del corazón destierra
En abundosas lágrimas bañado
Sintiendo desgraciado
Desdenes de Belisa,
Cámbiale la esperanza el llanto en risa.„

En la tercera no aparece el nombre de Delio; pero, además de estar intercalada entre las demás que le tienen, me parece ver la mano del aventajadísimo imitador de Fr. Luis de León en la siguiente descripción de una tempestad:

"El cielo se escurece,
Braman los vientos con fatal rüido,
Hinchado el mar parece,
Y el hórrido estampido
Del trueno deja el pecho conmovido.
Ya en agua desatado
Del fácil Hipio el informe hijo (?)
Deja el barco anegado
Y en un afán prolixo
Donde es el riesgo inevitable y fixo.
Ya en fuego convertido
El aire puebla de encendida llama,
Ya oculto y escondido
El embreado pabellón inflama
Y el asombro y horror en él derrama.
Ya sólo el triste acento
Del viaxante mísero se escucha,
Y el líquido elemento
Con ligereza mucha
Los maderos desune con que lucha.
. . . .

La cuarta comienza con esta acabada estrofa:

En la rivera amena
De verde hierba llena
Que el pobre Manzanares fertiliza,
Triste y acongojado
En llanto desatado
El infelice desgraciado Delio
Entregado al dolor suspira y llora
La ausencia de su sincera pastora.„ (?)

En la quinta, que no desdeñaría el mismo Anacreonte, dice que apenas salió de la choza la su zagala

> Cuando la su perrilla,
> A quien afable y grata
> Regala con cariño
> Por prenda de su Delio regalada,

(no puedo resistir á la tentación de copiar lo que sigue)

> Anhela presurosa
> Y corre por la estancia
> Olfateando el viento
> Con inquietud extraña.
> Ya con atento oído
> Para escuchar se pára,
> Ya con desasosiego
> Acia la puerta marcha.
> Se estira sobre el suelo
> Al ver que está cerrada,
> Y por debaxo mira
> Si viene su Adelayda.
> Tórnase á mí con pena,
> Y con ahullidos que del alma arranca
> Parece que me incita
> A que á buscarla vaya.
> . . . .

Ahí tiene Ud. una perrilla divinamente *fotografiada,* tan bien como el Micifuz de *El murciélago alevoso.*

Las dos últimas composiciones no expresan el nombre de Delio, pero están numeradas con las precedentes, como diciendo que todas pertenecen al mismo autor. La sexta ya ha visto Ud. que es un soneto; la séptima, titulada *Juguete,* también lo es, y voy á copiarle porque me parece ha de ver Ud. en él otro rasgo del ingenio del Maestro González:

> La pluma tomo con la diestra mano,
> Y en el blanco papel las letras formo;
> Ya con mi pensamiento me conformo
> Y lo extiendo al instante muy ufano.
> Lo leo, lo releo, y no me allano
> A seguirlo tal vez, y lo reformo,
> ¿ . . . . ?
> Y lo borro con un furor insano. (?)
> Quizá elevado me parece el punto
> Quizá le juzga mi capricho bajo,
> Y en dudas mil batalla el pensamiento.

> ¿Y qué venimos á sacar en junto?
> ¿Qué? Que con otro verso más abajo
> Ha compuesto un soneto mi talento.

Por saber que Ud. se deleita tanto con la poesía y que es Ud. tan admirador del Mtro. González, me he detenido más de lo que debiera en darle estas muestras de sus poesías; y digo *más de lo que debiera*, porque á mi vuelta, que no se tardará, podrá Ud. saborearlas todas á su gusto. ¡Lástima que algunas de ellas sean del género erótico, tan en boga en el siglo pasado, y que inocentemente, y por entretenimiento, cultivaba también nuestro González!

Impresiones de otro género las dejo para cuando nos veamos en ese real monasterio.

Diga Ud. lo que quiera de mi parte á todos esos mis Padres y compañeros, y Ud. mande á este su servidor y amigo q. s. m. b.

FR. EUSTASIO ESTEBAN,
Agustiniano.

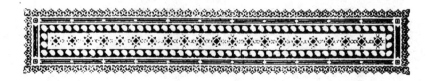

BIBLIOGRAFÍA

FRAY LUIS DE LEÓN Y LA FILOSOFÍA ESPAÑOLA DEL SIGLO XVI, *por el P. Marcelino Gutiérrez, Agustiniano, del Real Monasterio del Escorial, con un prólogo del Ilmo. Sr. D. Fr. Tomás Cámara, Obispo de Tranópolis (hoy de Salamanca), de la misma Orden.*—Segunda edición, considerablemente aumentada.—Con las licencias necesarias.—Madrid, 1891: XX-488 páginas en 8.º

A QUIEN LEYERE

La circunstancia de celebrarse este año el tercer centenario de la muerte de Fr. Luis de León nos mueve á publicar nueva edición de nuestro libro, mejorada con importantes adiciones, que hemos ido haciendo gracias al descubrimiento de nuevos MS., cuyo paradero desconocíamos al decidirnos á dar al público la edición primera.

A lo dicho en la Introducción sobre el objeto de la obra, sólo tenemos que añadir alguna que otra observación exigida por las modificaciones con que ahora se publica y por el concepto que entonces mereció del público ilustrado. Aunque la política mata entre nosotros el gusto por todo estudio serio y hace mirar con desdén cuanto no lleva carácter de partido, estamos sinceramente agradecidos al favor con que acogieron nuestra modesta obrita las publicaciones católicas: jamás pudimos creer que nuestro libro mereciera elogios, desinteresados pero á toda luz benévolos, de personas tan doctas como el señor Menéndez Pelayo, y menos todavía que salvando fronteras, hoy para nuestras obras generalmente cerradas, despertara en un extranjero, M. Bollaert, el deseo de darle á conocer á sus paisanos publicándole en lengua francesa.

Corresponderíamos mal al inmerecido favor con que se recibió nuestro libro si no atendiéramos á las observaciones que entonces se nos hicieron en forma cortés y amistosa, que agradecemos en el alma·

Creyeron algunos que con nuestro estudio sobre Fr. Luis tratábamos de demostrar la existencia en las aulas españolas del siglo XVI de una Filosofía nacional, no sólo en cuanto cultivada en nuestro suelo, sino en cuanto concebida y expuesta por nuestros pensadores con colorido propio, que hiciese de ella un cuerpo de doctrina peculiarmente nuestro. A otros les pareció ver en las páginas de nuestra obra cierta severidad para con la Filosofía de la Escuela y cierta consideración injusta al espíritu y tendencias del Renacimiento.

Sin tratar de resolver ahora si las distintas opiniones y doctrinas filosóficas sostenidas en las aulas españolas del siglo XVI tienen algún carácter doctrinal común por el cual constituyan un todo sistemático á que pueda aplicarse en rigor el nombre de *Filosofía española*, debemos declarar no haber entrado en nuestro ánimo, al escribir el estudio sobre Fr. Luis de León, sostener la existencia de la Filosofía española como escuela peculiar y determinada. Tratábamos de exponer las opiniones de Fr. Luis en relación con las reinantes entre nuestros filósofos, á la vez que de demostrar que los estudios Filosóficos, lejos de hallarse abandonados en nuestras aulas, se habían cultivado con fruto y hasta con esplendor, y para ello creímos suficiente sacar á luz nombres ilustres injustamente ignorados, dar á conocer obras importantísimas contra toda razón relegadas al olvido, describir los pareceres y contiendas sostenidas en las aulas españolas de aquella época. Con este objeto hacíamos ver en el primer capítulo la existencia en la Península de casi todas las escuelas filosóficas suscitadas por el Renacimiento: escolásticos *moderados é intransigentes, aristotélicos, filósofos literatos, independientes, platónicos*, y tal cual partidario de algún otro filósofo de la antigüedad, describiendo los caracteres peculiares de cada escuela, sin determinar las propiedades comunes á todas, donde podría fundarse el carácter nacional. Eso bastaba, á nuestro juicio, para conocer más detalladamente la doctrina filosófica de Fr. Luis, y para demostrar que España no sólo ha dado teólogos, sino también filósofos insignes, que probablemente son desconocidos por la misma sensatez con que pensaron; con toda seguridad serían más conocidos si hubieran sostenido algún enorme dislate.

Sentimos que, por efecto de esa mutua desconfianza en que vivimos los católicos españoles, se diera á nuestro libro carácter y tendencias que realmente no tiene. Verdad es que confesamos que en el Renacimiento español, lejos de ser todo censurable, encanta por lo pronto el carácter religioso con que se fomentó y sostuvo; que había en nuestros renacientes aspiraciones legítimas, aunque deslucidas por la exageración y el apasionamiento, como es verdad que hemos reconocido que la Filosofía escolástica, tal como llegó entre nosotros al siglo XVI, se hallaba en un estado decadente, digno de compasión; pero ni nos hemos ensañado en la doctrina tradicional de la Escuela, complaciéndonos en enumerar y engrandecer sus defectos, que hemos atribuído en todo ó gran parte á las condiciones de los tiempos, ni hemos manifestado para con las teorías renacientes más consideración de la que nos imponía la verdad en reconocer acierto ó buen fin donde nos parecía hallarlos. Aun desagradándonos, como nos desagrada, cierto espíritu profano del Renacimiento que prepara el camino á la moderna Filosofía, no cabe desconocer que en el Renacimiento, y sobre todo en el Renacimiento español, había aspiraciones en el fondo legítimas é innovaciones que pudieran aplicarse con fruto para los estudios nacionales bien, entendidos. No puede negársenos, porque tampoco hemos tratado de ocultarlo, que si censuramos el escolasticismo decadente ensalzamos con entusiasmo, y aun dimos nuestra adhesión, á la Filosofía de la Escuela, regenerada por nuestros más insignes pensadores del siglo XVI. Nuestro pensamiento acerca de este punto se halla autorizado por el de los escolásticos modernos más ilustres, quienes, reconociendo en el curso de la Escuela períodos de gloria y días de decadencia, no buscan en los últimos, sino en los primeros, el tipo de lo que debió ser siempre la Escuela, sin desechar lo que todavía pueda introducirse como mejora en lo presente y lo por venir.

Así y todo, por cortar escrúpulos y porque nuestro verdadero sentir quede manifiesto, declaramos que nuestras expresiones, aun allí donde parecen más severas para con la Filosofía escolástica, no tienen el carácter de oposición que se ha supuesto. Ciertamente nos disgustaria contrariar en lo más mínimo la intención de nuestro amado Padre León XIII, que con laudable solicitud ha procurado oponer á la doctrina superficial é insegura de los Filósofos modernos la doctrina fija, luminosa y elevada de la Escuela, si bien queremos que la restauración escolástica se lleve á cabo con la sensatez y cordura que quiere nuestro Santo Padre. A este motivo debemos añadir el de la propia convicción; realmente creemos que fuera de la Fliosofía de la Escuela no hay solución cumplida y racional para los más importantes problemas filosóficos.

Cuanto á las adiciones, advertiremos que las publicadas en esta nueva edición son sólo parte de las que tenemos hechas y habíamos remitido á M. Bollaert para su versión francesa de nuestro libro. La necesidad de atenernos á ciertas condiciones nos ha obligado con pesar nuestro á prescindir de las demás, dejándolas para mejor ocasión. Así y todo, las que ahora se publican aumentan en una cuarta parte el volumen primitivo de la obra: son nuevos los capítulos X y XII, y está refundido y adicionado el XI, que era el X en la edición precedente.—*Fr. Marcelino Gutiérrez,* agustiniano.

Real Monasterio del Escorial, 26 de Abril de 1891.

Cursus vitæ spiritualis facili ac perspicua methodo perducens hominem ab initio conversionis usque ad apicem sanctitatis. *Auctore R. P. D. Carolo Joseph Morotio, Congregationis S. Bernardi Ordinis Cisterciensis Monacho, Theologo et Concionatore.* Editio nova a sacerdote Congregationis SS. Redemptoris adornata.—Ratisbonæ, Neo Eboraci et Cincinnatii. Sumptibus, chartis et typis Friderici Pustet, S. Sedis Apostolicæ Typographi. 1891.—Un vol. en 8.º de ii-324 páginas. Precio en rústica, 3 francos.

Tarea ardua y difícil, pero de suma utilidad, es la de inquirir los desarreglados movimientos del corazón humano, con objeto de regularlos y dirigirlos por los dictámenes de la recta razón. Y crece la dificultad si, como acontece en las obras espirituales, no se tiende sólo á mantener esos movimientos dentro de los límites de lo justo y honesto, sino que se aspira á ennoblecerlos y perfeccionarlos, contando para ello, como con elemento esencial, con la gracia divina, hasta el punto de hacerlos acreedores á eterna recompensa. Profundos estudios morales y teológicos, amplio conocimiento de las variaciones é inconstancias del espíritu humano, larga experiencia en la dirección de las almas, ingenio y discreción suficientes para discernir los distintos móviles que presiden á nuestros actos, y sobre todo una vida santa y perfecta, son las principales dotes que ha de tener el que pretenda escribir acerca de materias espirituales.

No carecía de tan singulares dotes el P. José Morotio; la obra que examinamos es una prueba incontestable de ello. Sana y escogida doctrina, orden, claridad y precisión al exponerla, sólidos y vigorosos razonamientos, suma perspicacia en señalar los tropiezos que en el camino de la virtud ocurren, oportunas y bien fundadas reflexiones y acertadísimas reglas de prudencia, para los diversos estados en que el alma se encuentre, constituyen el fondo de tan completa y excelente obra.

Nada relativo á la vida del espíritu falta en ella; toma al alma desde el momento en que, herida por la gracia, se convierte á Dios, y no la deja hasta haberla elevado al más alto grado de la perfección cristiana. Dividida en tantas partes cuantas son las vías que ha de recorrer para llegar á la íntima y estrecha unión con Dios, trata en la primera de todo lo perteneciente á la *vía purgativa;* en la segunda de los ejercicios propios de los que se encuentran en la *iluminativa;* y en la tercera y última, de las disposiciones del alma para la perfecta unión con Dios y de las obras que constituyen la principal ocupación de los que han logrado llegar á la *vía unitiva.*

La contemplación y el amor de Dios forman la vida de almas tan privilegiadas; del amor nace la contemplación, y por la contemplación se aviva y perfecciona el amor. Lo que es contemplación, sus diversos grados y los maravillosos efectos que en cada uno experimenta el alma, explícalos el P. Morotio con breves palabras, pero

con tal maestría que ni los más exigentes echarán de menos cosa alguna que contribuya á esclarecer tan delicadas cuestiones. Hace lo
mismo respecto del amor, cuyas propiedades distingue y examina, y
se detiene, por último, en exponer la misteriosa é incomprensible
comunicación del alma con Dios, y los suavísimos y celestiales consuelos que en estado tan perfecto y sublime se experimentan.

Recomendamos á todos obra tan excelente. Fáltale, es verdad, la
unción y desbordamiento de afectos que constituyen una de las notas
características de nuestros místicos; pero tiene en cambio la ventaja de exponer la doctrina con tal orden y método, que dudamos haya
obra didáctica que pueda comparársele.

Elementos de lengua hebrea, *por D. Tomás Sucona y Vallés, presbítero, canónigo, profesor de dicha asignatura en el Seminario
de Tarragona.* Leipzig, 1891.

Una de las principales dificultades con que tropiezan todos aquellos que tratan de escribir libros de texto, consiste en encerrar en el
menor número posible de páginas toda la doctrina de aquella materia que tratan de explicar. Esta consideración, tan indispensable en
sí misma y tan útil para los discípulos, la reune el librito del Sr. Sucona, el cual ha logrado evitar con admirable maestría los dos profundos escollos en que caen muchos y muy ilustres escritores. Unos,
por el prurito de mostrarse eruditos ante el público, escriben libros
tan voluminosos cuya sola vista es capaz de desalentar al discípulo
más intrépido. Otros, estimando en más la utilidad de los estudiantes
que su propia fama, reducen sus trabajos á tan cortas dimensiones
que incurren abiertamente en aquel defecto que tanto lamentaba
Horacio en los escritores de su tiempo: *brevis esse laboro, obscurus
fio.* Estos son los dos escollos que tan hábilmente ha evitado el ilustre canónigo tarraconense, por lo cual sinceramente le felicitamos.
No obstante, nos parece que sus *Elementos de lengua hebrea* serían
insuficientes para uno que tratase de estudiar con toda perfección y
por sí sólo la lengua de los Profetas; pero como el objeto del Sr. Sucona al escribir su librito no ha sido otro "que el de facilitar el estudio de esta asignatura á los alumnos de la misma en los Seminarios„
para que más tarde puedan hacer sus estudios particulares sobre el
hebreo consultando otros textos más latos, por esa razón está completamente justificado y libre de toda censura que se le pudiera hacer por haber sido tan lacónico.

A pesar de esto, los *Elementos de lengua hebrea* del Sr. Sucona
contienen todo lo esencial que se puede desear en una gramática de
este género, sin excluir otras partes accidentales, como son la *Parte
histórica*, los *Ejercicios* y el *Vocabulario*, que los hacen sumamente
aceptables como libro de texto.

CRÓNICA GENERAL

I

ROMA

ÍAS pasados publicó Crispi un interminable artículo en una Revista inglesa poniendo de oro y azul al Vaticano y á Francia. El artículo se titula: *Italia, Francia y el Pontificado*, y sus declaraciones más importantes son que Italia busca en sus alianzas con las potencias centrales el *statu quo* de la cuestión romana; lo que vale tanto como confesar que, aun para *italianísimos* como Crispi, lo del poder temporal y todos los demás conflictos anejos á éste no son puramente interiores de Italia, sino rigurosamente internacionales; que el Vaticano acaricia la idea de una República federal italiana, idea que Crispi califica de *infernal;* que se trató en 1887 de un arreglo entre la Santa Sede é Italia, pero que la Compañía de Jesús y los políticos franceses hicieron fracasar semejante proyecto, pues éstos se comprometieron á plantear la cuestión del poder temporal en los mismos términos en que la plantea la Santa Sede. Asegura además el articulista que el folleto del P. Tosti (publicado en 1887 y condenado apenas vió la luz pública) fué aprobado por León XIII antes de aparecer, y por haberse publicado dicho folleto después de la alocución consistorial del 23 de Marzo del año citado, en que por vez primera dejó de hablar Su Santidad de la cuestión romana, deduce Crispi las buenas disposiciones del Vaticano á favor de la conciliación. Mas también se interpuso entonces la política fran-

cesa y desbarató los planes, siendo consecuencia de esto una nota
del Cardenal Secretario de Estado y una carta de Su Santidad. El
P. Tosti vióse obligado á pedir perdón á León XIII, y las cosas quedaron en el ser y estado que tenían. Para confirmar la intervención
de Francia en todas estas fantásticas novelas de Crispi copia éste
parte de una supuesta carta de un eclesiástico residente en París,
carta que se supone dictada nada menos que por un Ministro francés,
diciendo que la unidad italiana es un anacronismo, y que lo único posible en Italia era una federación; y, en fin, que Francia estaba dispuesta á tomar abiertamente cartas en el asunto á la menor indicación de la Santa Sede, partiendo de la base de que la Santa Sede se
una con Francia, rompiendo de una vez con Italia y ausentándose
por de pronto de Roma para mejor plantear la cuestión romana. Esto
del abandono de Crispi, que lo quieren los franceses, entre otras
cosas para que el Soberano Pontífice se establezca en territorio
francés, pero que no sucederá tal; porque si sale de la Ciudad Eterna ha de ser para establecerse en España. También es del famoso exministro la peregrina afirmación de que el Gobierno italiano ha sabido respetar la ley de garantías, probándolo con el testimonio de
Julio Favre. Esto se llama reirse de la candidez de los lectores, como
si éstos pudieran olvidarse de los no interrumpidos agravios que la
Santa Sede está recibiendo desde que está bajo el poder de Poncios
como Crispi.

Ya hemos indicado antes, y repetimos ahora, que la inmensa mayoría de las afirmaciones que se hacen en el artículo son historia
hecha por Crispi, lo cual no impide que todo el mundo vea, como
también lo hemos hecho notar, que el propio Crispi, á pesar de sus
categóricas negativas, entiende ser la cuestión romana cuestión
internacional, y que en tanto Italia se ha unido en estrecha alianza
con los Imperios centrales en cuanto entiende ser éste el único medio de sostener la unidad italiana. En realidad, la adhesión de Italia
á la triple alianza puede calificarse de adhesión al miedo, pero de un
miedo piramidal que le aniquila y desangra, obligándola á hacer sacrificios muy superiores á sus fuerzas, y que á la larga han de concluir por hacer imposible todo gobierno.

—La Comisión pontificia para el recibimiento de los peregrinos
obreros continúa activamente sus trabajos, preparando algunos millares de dormitorios en diferentes localidades. En uno de los varios
departamentos del Vaticano se están construyendo grandes barracas
de madera, donde los peregrinos obreros podrán comer y cenar mediante una módica retribución fijada de antemano. Todo está arreglado minuciosamente y con el orden más perfecto. La gran peregrinación francesa, dirigida por el egregio fabricante Mr. León Harmel,
resultará brillantísima. Todo está ya arreglado con el orden más perfecto, lo mismo en lo tocante á la salida que en los billetes de ferro-

carril, y el lugar que cada peregrino debe ocupar en su respectivo grupo.

El Sr. Obispo de Meude saldrá en Septiembre con sus diocesanos. Mons. Pallieres, Obispo de Saint-Briene, saldrá para Roma á primeros de Octubre. La diócesi de Nimes está haciendo un libro de oro que ofrecen al Papa, y en el cual se inscribirán los nombres de cuantos den para la peregrinación cinco céntimos y recen un Ave María. Los gastos que hará el Vaticano para la recepción y el alojamiento de los peregrinos obreros será de cerca de 30.000 francos. El Padre Santo demuestra de esta manera el grande amor que tiene á las clases obreras, y su deseo de verlos, confortarlos, animarlos, bendecirlos y exhortarles con su palabra y consejos á seguir aquellos principios cristianos, que son los únicos que pueden procurarnos la relativa prosperidad que se puede esperar en la peregrinación por esta vida terrestre.

—La Unión Romana, *comité* electoral católico romano para las elecciones municipales, cuya disolución se había anunciado, acaba de reconstituirse bajo nuevas bases, habiendo sido elegidos:

Presidente, el Conde Vespignani; Vicepresidentes, los Comendadores Pacelli y Tolli, y los Marqueses Julio Sachetti y Filippo Crispolli. Nos felicitamos de la reconstitución de esta Asociación, que tan brillante triunfo obtuvo en las últimas elecciones municipales.

—Con ocasión del centenario de San Gregorio el Grande, que Roma y el mundo católico han celebrado no ha mucho por medio de solemnidades religiosas, la Comisión romana de fiestas científicas acaba de acordar el programa de un concurso literario sobre los tres puntos siguientes:

1.º Tema histórico: San Gregorio el Grande y su pontificado han servido de ejemplo principal á sus sucesores; reseñar esta influencia bajo todos sus aspectos en los pontificados del séptimo al noveno siglo.

2.º Tema litúrgico: Exponer y examinar el estado actual de la ciencia y las investigaciones histórico-críticas sobre la obra de Gregorio el Grande en lo referente á la reorganización de la liturgia romana.

3.º Tema arqueológico: Reproducción en dibujo iluminado de una pintura que representa á San Gregorio el Grande tal como ha sido descrito por su biógrafo Juan el Diácono.

La terminación del plazo para la presentación de los trabajos se ha fijado en el mes de Agosto de 1894. Podrá emplearse la lengua latina, italiana ó francesa.

Su Santidad el Papa León XIII se dignará imprimir á sus expensas cada uno de los tres trabajos que se consideren mejores, y la mayor parte de los ejemplares se regalará al autor. Los manuscritos deberán ser enviados á la Secretaría personal de Su Eminencia el

Cardenal Vicario de Roma. El nombre del autor deberá ir en un sobre cerrado, sobre el cual se escribirá una sentencia repetida á la
cabeza del manuscrito.

II

EXTRANJERO

ALEMANIA.—El Emperador Guillermo ha interrumpido sus corre-
rías estivales á consecuencia de una rozadura que le ha obligado á
la más absoluta quietud por espacio de bastantes días. Ha sido, sin
duda, providencial el percance, pues así se han evitado los interminables viajes con que nos tenía amenazados. La prensa francesa ha
querido dar al suceso una importancia de que seguramente carece
en orden á la salud del Monarca teutón, puesto que ya ha vuelto á
Berlín y uno de estos días habrá presenciado las maniobras de una
parte de su ejército.

—Algunos periódicos extranjeros se han hecho eco de un escándalo que se ha dado en Berlín. Trátase de la fuga del Capitán Cuntz,
propietario-director de un periódico de *sport*. El Capitán parece que
ha desaparecido llevándose 625.000 francos que importaban las sumas que le habían sido confiadas para las apuestas de las carreras
de caballos que habían de verificarse en Alemania é Inglaterra. Entre las personas que pierden sus *puestas* se encuentran, al parecer,
el Emperador y su cuñado el Príncipe Ernesto, cuya pérdida se hace
elevar á 80.000 marcos. Cuntz es un capitán retirado del regimiento
de húsares rojos, de que es jefe el Emperador mismo.

INGLATERRA.—Mr. Parnell está actualmente recorriendo Irlanda
con el propósito de rehacer su más que comprometida popularidad.
El célebre agitador presenta á sus compatriotas un proyecto de
nueva Constitución, encerrado en los seis siguientes artículos: 1.º Gobierno nacional autónomo. —2.º Reforma de la ley agraria.—3.º Administración local exclusivamente irlandesa.—4.º Universalización
de los derechos parlamentarios y municipales.—5.º Desenvolvimiento de los intereses industriales y sociales de Irlanda.—6.º Reinstala-
ción de todos los colonos injustamente separados de las tierras que
cultivaban.

Esta Constitución tiene todos los visos de un sueño de imaginación
calenturienta y enfermiza; cuanto encierra de justo y práctico ya estaba mil veces reclamado por el antiguo partido autonomista, cuya
jefatura perdió Parnell de la manera que todo el mundo sabe. Fuera

de esto, lo único viable hoy por hoy es lo que lleve el sello de aprobación de Gladstone, y seguro es que no la ha de obtener la Constitución novísima parnelliana.

—Con la mayor satisfacción publicamos los siguientes datos de
que da cuenta el periódico protestante inglés *The Pall Mall Gazette:*

"El *movimiento hacia Roma* que parece que singularizará á este
año, no ha perdido la fuerza con que se inició si se atiende á las recientes conversiones de personas de todas las clases de la sociedad.
En primera fila, entre los convertidos, figuran Mr. Jorge Skeffington
Ussher, descendiente directo del famoso Arzobispo Ussher, primado
protestante de Irlanda; Mr. Jorge Parson Lathrop, escritor muy conocido, y su mujer, hija de otro escritor célebre, Nataniel Hawthor-
ne; el mayor Whinyates y su mujer, y Sir Enrique Lechmera, ba-
ronet.

„En esta época en que Inglaterra consagra un verdadero culto á
la memoria del gran Nelson, tiene importancia la noticia de que Míster Eduardo H. Nelson ha ingresado en la Iglesia católica siguiendo el
ejemplo de otros dos hermanos suyos, todos tres hijos del actual Conde
de Nelson. El Vizconde de Saint-Cyres, hijo mayor del Conde de
Iddlesleigh, antes Sir Stafford Northcote, estudiante muy popular en
Oxford, cuya conversión se anunció prematuramente hace dos años
y su padre hizo desmentir, ha hecho pública su adhesión á la antigua
religión de Inglaterra tomando una parte muy activa en la fundación de la *Casa de Newman*, situada en el extremo Sur de Londres,
y que dirigirán miembros católicos de la Universidad de Oxford conforme á las reglas sociales y religiosas trazadas en la Encíclica.

„Entre las damas convertidas últimamente al Catolicismo figuran
Miss Stewart, de Ascong Hall; Mistress Thornton, subdirectora de
un colegio en Mysore; Miss Carlota O'Brien, hija del difunto diputado
Mr. Smith O'Brien; tres directoras de enfermeras de los hospitales
de Londres y varias directoras de hospitales de provincia.

„El último clérigo protestante convertido es el Revdo. Tomás Ca-
to, del colegio de Orrel, Oxford, y con él son doce los pertenecientes
á la Iglesia establecida (Iglesia oficial) que en un espacio de tiempo
relativamente breve se han pasado al Catolicismo.

„La estadística de bautizados bajo condición y confirmados, muestra que la cifra de convertidos en cada diócesi católica de Inglaterra es anualmente de 700 á 1.000.„

***

FRANCIA.—Un tomo en folio sería insuficiente para dar cuenta de
los comentarios á que ha dado margen la expedición de la marina
francesa al puerto ruso de Cronstadt. ¡Qué de cálculos y combinaciones! Y todo para que las cosas sigan en el mismo ser y estado que
antes; porque, en resumidas cuentas, ya sabíamos que franceses y

rusos estaban á partir un piñón desde hace años, y ni los despóticos ukases del Czar han amenguado el entusiasmo á los demócratas franceses, ni los pujos ultraliberales de éstos el de los rusos. Obligaciones que impone el *consonante*, quiérese decir, la necesidad de la mutua defensa.

La fecunda imaginativa de los periodistas, siempre necesitados de llenar los papeles diarios con algo que llame la atención del público, ha forjado también sus novelas á propósito de la proyectada visita de la misma escuadra francesa á los puertos ingleses. Hace quince días Inglaterra estaba con alma y vida con la triple alianza; pero hoy, según una parte de los susodichos periodistas, está á punto de formar otra con Francia y Rusia. Y no es lo malo que los periodistas lo digan, sino que los lectores se lo crean. ¡Era cuanto nos faltaba que ver, á la Gran Bretaña pactando alianzas con Rusia! Ni la historia de esa nación, siempre esquivando todo compromiso formal mientras le sea humanamente posible, y dando cara sólo cuando se trata de repartir el botín, ni sus intereses actuales, ni, en fin, la situación de los partidos políticos dan la menor sombra de probabilidad á los cálculos periodísticos mencionados.

Después de la visita ya mencionada á Cronstadt, y del entusiasta recibimiento que los marinos franceses tuvieron en dicho puerto, lo mismo que en Moscou y San Petersburgo, lo más notable que ha ocurrido en este asunto es el viaje del Gran Duque Alejo, hermano del Czar, á Paris y Vichy. Los franceses han devuelto el ciento por uno á los rusos, como era de esperar dado el carácter de nuestros vecinos. Al pobre Príncipe ruso no le dejan ni á sol ni á sombra, mareándole con ovaciones interminables.

—La Unión de la Francia republicana, cuyas aspiraciones son bien conocidas de nuestros lectores, se ocupa actualmente en algo que es más práctico que encender farolillos al paso del Gran Duque Alejo y ensordecerle con vivas á Rusia. La Junta directiva de dicha Unión acaba de dirigir á todas las personas con cuya adhesión cuenta una circular en que les advierte la conveniencia de ir preparando desde luego las fuerzas católicas para las elecciones políticas y administrativas que vayan ocurriendo, de tal modo que, ensayándose primero en elecciones parciales, cuando lleguen las generales estén perfectamente adiestrados y sepan conducirse como conviene á la santa causa que defienden.

Para conseguirlo, la Junta directiva ha publicado varias instrucciones que pueden reducirse á las siguientes: Proponer candidatos católicos que conozcan las necesidades del pueblo francés, y no votar más que dichos candidatos. La campaña se hará bajo la suprema dirección de los Prelados y del clero. No se puede negar que éste es un ensayo de grandísima importancia, y que de sus resultados depende en gran parte la influencia que tanto en los destinos de la nación vecina como en otras varias han de ejercer los partidos católicos respectivos.

PORTUGAL.—Nada hay de verdad en lo que desde hace tiempo se anuncia acerca de la resolución de la crisis monetaria. El oro se cotiza con elevado precio, y los francos que han llegado en varias remesas desaparecen al poco tiempo como por ensalmo. Lo mismo sucede con otro cualquiera metal. A consecuencia de esto empieza á elevarse de un modo alarmante el precio de los artículos de primera necesidad, y el agio se realiza de la manera más escandalosa.

—Queda también otro conflicto que hace bastantes días espera inútilmente la resolución, Como subió el precio del gas, los comerciantes prescinden de él y alumbran sus tiendas con bujías y petróleo, cerrándose la generalidad al anochecer.

—En lo que se ha hecho bastante luz para que todo el mundo vea la inocencia de las Ordenes religiosas, es en lo del crimen que se decía cometido en un convento de Trinitarias de Lisboa. Los periódicos más rabiosamente anticlericales han tenido que enmudecer ante los hechos, y la masonería, que quiso servirse de las calumnias de costumbre para desacreditar á las religiosas, y en ellas á la Iglesia, ha llevado un rudo golpe. No se crea por esto que la prensa impía confiese su crimen (bien probado en este caso); lo más que hace es callar, si no busca aún pretextos con que defenderse, acumulando nuevas calumnias sobre las Ordenes religiosas.

AMÉRICA—D. F. Mac-Mahón, cura de San Andrés en Nueva York, ha hecho á la Universidad de Wáshington el más rico regalo que jamás había recibido. Consiste éste en una propiedad evaluada en 500.000 duros. El Obispo Keane, Rector de la Universidad, se ha dirigido á Nueva York para aceptar la donación y llenar las formalidades de la adquisición. Los Directores de la Universidad están autorizados para vender la propiedad. El precio deberá emplearse en la fundación de una Facultad de Filosofía, ó sea de una Facultad de Letras y de Ciencias. La Facultad de Teología fué fundada gracias á la donación de 350.000 duros que hicieron las señoritas Colwell, y á otra de 100.000 que hizo Eugenio Kelly. Mac-Mahón es un antiguo alumno del Seminario de San Sulpicio de París. La propiedad que él ofrece á la Universidad católica de Wáshington fué adquirida por él mediante la buena administración del patrimonio que le dejaron sus padres.

—Probablemente en el mes de Octubre se inaugurará en Baltimore la estatua de Su Santidad el Papa León XIII. Créese que todo el alto clero de los Estados Unidos y unos 4.000 sacerdotes se reunirán en aquella ciudad durante la semana de Octubre en que ha de tener lugar la celebración del centenario de San Sulpicio, y que el Obispo Mons. Keane, Presidente de la Universidad católica en Wáshington, aprovechará esta circunstancia para celebrar con solemnidad mayor la inauguración de la estatua.

—Dice un periódico mejicano:

"Según el Sr. Salas, uno de los comisionados á cuyo cargo estaba la exhibición de mineral de la República mejicana en la Exposición de París, parece que el monto total de oro que produce anualmente es cosa de 3.000.000 de pesos, de los cuales dos terceras partes son extraídos de minerales auríferos, y una tercera parte de minerales de plata.

„Las principales minas de oro están al extremo del Noroeste de Méjico.

„Se dice que la mina del *Mulato*, en el Estado de Sonora, produce cosa de 500.000 pesos. En el *Cerro Colorado*, Estado de Chihuahua, la producción es á razón de 800.000 á 1.000.000 de pesos. Las minas de *Pinos Altos* y otras en el mismo distrito, en el Estado de Chihuahua, producen cosa de 800.000 pesos, de lo cual la mitad es oro. Cerca de Jesús María, también en el mismo Estado, el producto total de las minas es cosa de 666.000 pesos, de lo cual la mitad es oro. El producto de oro de las minas de la Baja California también es de bastante importancia, y, según sabemos, hay otras muchas minas de plata que contienen de una sexta á una cuarta parte de sus productos en valor de oro.„

—Según leemos en *El Orden* de Bogotá, el presbítero D. Ramón Angel Jara ha presentado á la *Unión Católica de Chile* un proyecto de *Federación Católica Americana* para celebrar el cuarto centenario del descubrimiento de América. En cada provincia eclesiástica se formará una Comisión que prepare los trabajos y se ponga en relación con la central de Santiago. En 12 de Octubre de 1892 se celebrará en todas las iglesias de América una Misa solemne, cantándose una *Salve* y el *Te Deum*. Se destinarán premios para las obras mejores en prosa y verso que se publiquen en cada Nación y estén dedicadas al descubrimiento del Nuevo Continente. Las señoras americanas ofrecerán algunas de sus joyas para formar con ellas una corona que se enviará á la Reina Regente de España como recuerdo de la valiosa y célebre ofrenda de Isabel la Católica. Se construirá un templo en Valladolid en el mismo sitio en que murió Cristóbal Colón, víctima de la ingratitud de sus contemporáneos. La *Federación Católica Americana*, de acuerdo con el señor Obispo de Madrid-Alcalá, costeará un *Te Deum* en la capital de España, á cuya fiesta asistirán delegados de todas las Naciones americanas.

—No hay noticia alguna de importancia referente á la guerra civil de Chile. Se ha dicho con insistencia que el Gobierno español ha sido elegido árbitro de la contienda; pero no sabemos qué hay de verdad

en esto. Si se confirmase la noticia, sería, sin duda, poco favorable
para la causa presidencial, pues indicaría que Balmaceda, á pesar
de sus bravatas, encuentra serias dificultades para sofocar la insurrección, si bien para venir á esta conclusión nos basta saber que ya
va para ocho meses que los congresistas se sublevaron, y no hay indicios de que Balmaceda concluya con ellos.

III

ESPAÑA

Ya van quince días largos desde que en el cuartel del Buen Suceso de Barcelona ocurrieron los sucesos de que brevemente hablamos
en el número pasado, y aún no se sabe á qué atribuirlos: empéñanse
unos en suponer que se trataba de una revolución en forma, que debía
tener sus ramificaciones en las ciudades más importantes de España.
Si se contesta que no ha podido tener el salvaje atentado semejante
alcance, puesto que todos los jefes de los partidos revolucionarios se
lavan las manos, se dice que esto sucede siempre que no viene el éxito á coronar las intentonas. Otros entienden que todo se ha reducido
á una jugada de Bolsa, y en este sentido parece que se sigue la pista
de algunos bolsistas, habiendo sido otros reducidos á prisión. También se ha indicado la idea de que los revolucionarios habían recibido dinero, y quisieron de esta suerte saldar las cuentas con los *paga-
nos*, dando á entender de este modo que se han invertido las sumas
recibidas en una revolución que fracasó á pesar de la buena voluntad de todos. Acaso cuando se substancie la causa que se está siguiendo se comprenderán los móviles de los que de modo tan bárbaro y no
poco inusitado atacaron el cuartel del Buen Suceso.

—No pasa día sin que se hable de crisis: sin duda las oposiciones
se empeñan en que rabie el Gobierno, y nada tendrá de particular
que allá, á fin de verano, se salgan con la suya. Los Sres. Beranger,
Fabié é Isasa son los Ministros destinados al sacrificio, y no sería extraño, al decir de las mismas oposiciones, que el partido capitaneado
por el Sr. Romero Robledo aprovechase la coyuntura de la crisis
para declararse conservador á todo ruedo, entrando á formar parte
del nuevo Ministerio el Sr. Bosch y Fustegueras, lugarteniente del
Sr. Romero Robledo.

—Leemos en el *Boletín Eclesiástico* de la diócesi de Madrid-Alcalá que el Excmo. Prelado ha recibido ya por conducto del ministerio de Gracia y Justicia la real cédula auxiliatoria para el arreglo y
demarcación parroquial de los pueblos que componen el obispado, excepto la capital, por haber sido anteriormente acordadas las dos cosas por Real Decreto de 23 y Real Cédula auxiliatoria de 27 de Marzo

del presente año. Sirva esta advertencia para desvanecer la equivocación en que ha incurrido parte de la prensa suponiendo que no estaba todavía formado el arreglo de la capital.

—El Sr. Obispo de Pamiers va á emprender muy pronto una peregrinación á Palencia acompañado de gran parte de su clero y fieles. Pamiers, capital del distrito y cantón Ariège de Francia, es una ciudad que encierra nobles y rancias tradiciones. De origen romano, llamóse en un principio Predelatum ó Fidelacum, y fué la capital del antiguo Condado de Foix, cuna de Rugiero de Foix, uno de los más entusiastas guerreros que tomaron parte en la primera Cruzada; construyó, á la vuelta de aquella memorable epopeya, un castillo que llamó Pamea en recuerdo de una ciudad de Siria, y la corrupción del nombre del castillo ha formado el Pamiers con que hoy se conoce á este obispado bastante antiguo, puesto que su Silla episcopal data de 1296.

En esta ciudad nació y sufrió el martirio San Antolín, el Patrono de Pamiers y de Palencia, en cuya catedral se conservan, con la veneración que infunde á las cosas sagradas la hermosa religión de nuestros mayores, las reliquias de aquel Santo.

La peregrinación tiene por objeto recoger en la catedral de Palencia un fragmento de las reliquias que han concedido el Obispo y Cabildo de la diócesi española al de la francesa, y con este motivo el Prelado ha redactado una carta, que los Párrocos de aquella diócesi han leído á los fieles, invitándoles á tomar parte en esta fiesta religiosa, que, á juzgar por las noticias, habrá de ser solemnísima por todo extremo.

La peregrinación se organizará en Pamiers; reunidos allí los fieles que hayan de componerla, dará el Prelado la bendición á una preciosa caja, en la cual se colocará la reliquia. Después de bendecir la caja y recibir la bendición los peregrinos, saldrán á las diez y treinta y cuatro minutos de la mañana, para llegar á Palencia el día 31 á las ocho y cuarenta y tres minutos de la noche.

El Ayuntamiento y autoridades eclesiásticas de Palencia preparan un recibimiento digno de la nobleza castellana, que mira en sus huéspedes á sus mejores y más queridos amigos; pero hasta ahora no conocemos los detalles de este acto tan importante.

Después de las primeras vísperas, esto es, el 1.º de Septiembre, á las tres de la tarde, se hará la solemne entrega de la reliquia, y el día 2, fiesta de San Antolín, celebrará de pontifical en la catedral palentina el señor Obispo de Pamiers.

—Está definitivamente acordado que en el mes de Abril del próximo 1892 se celebre en Sevilla el tercer Congreso católico nacional. Nombrada que sea por el Excmo. Sr. Arzobispo de Sevilla la Junta directiva diocesana, se procederá sin pérdida de tiempo á la redacción del reglamento y á señalar los puntos que hayan de estudiarse Es de esperar que dicho Congreso revestirá gran importancia.

—Leemos en un periódico: "S. M. la Reina ha recibido recientemente un suntuoso obsequio del Sumo Pontífice León XIII. Consiste
en uno de los álbums destinados á conmemorar el tercer centenario
de San Luis Gonzaga. En él van estampados los primeros versos que
hizo en el Seminario de la Umbría el que es hoy cabeza de la Iglesia
católica, y que acompañaron como dedicatoria al cáliz de oro, de estilo bizantino, adornado con piedras preciosas, que el Santo Padre
envió al altar de San Luis, y que le fué regalado por la ciudad de
Huesca con motivo de su Jubileo sacerdotal. Figuran igualmente en
el álbum el autógrafo de Su Santidad, y los de más de cuarenta insignes poetas, literatos é historiadores católicos, entre los que figuran los Cardenales Parocchi, San Felice, Capecelatro, Mermillod y
Alimonda. Todos estos escritos refiérense á la vida gloriosa de San
Luis Gonzaga.„

—El correo de China da nuevos detalles sobre los ataques cometidos contra las Misiones cristianas. El 24 de Junio la Misión católica
de Yang-Ho fué saqueada é incendiada después; algunos días antes
fueron destruídas cuatro capillas cerca de Fou-Tcheon (provincia de
Konang-Li); la escuela y el presbiterio fueron robados é incendiados.
Una banda de ladrones ha destruído el orfelinato francés de Haimen,
arrebatando ocho ó nueve niños. Los extranjeros residentes en Cau-
tan se hallaban muy expuestos. Varios miles de rebeldes se habían
apoderado de una ciudad de To-Kien. Una embarcación de rebeldes
armados apresó, después de un combate de media hora, un junco tri-
pulado por diecinueve personas, dando muerte á la mitad de ellos.
He aquí el premio que en el mundo les espera á los pobres misioneros
católicos.

—El día 16 salieron del monasterio del Escorial, y el 21 se embar-
carán en Barcelona con rumbo á Filipinas, los diecinueve misioneros
agustinos siguientes: Padres José Rodríguez, presidente.—Vicente
Ruiz.—Quintín Rodríguez.—Valentín Suárez.—José Iglesias.—Clemente Ibáñez.—Diáconos: Antonio Lozano.—Juan Francisco Arrate.—
Gregorio Palicio.—Mariano Calleja.—Fidel Pérez.—Joaquín Domingo
Durán.—Sotero Redondo.—Bernardo Martínez.—Bonifacio Albaina.
—Cecilio Mendoza.—Lesmes Mingo.—Antonio Blanco.—Angel Fernández.

Pedimos encarecidamente al Señor les conceda próspero viaje y
abundancia de sus dones para que siempre se manifiesten como dignos hijos del gran Patriarca San Agustín, y den á la Iglesia y á España días de gloria como celosos continuadores de la grande obra
emprendida por Urdaneta y sus insignes compañeros.

RESUMEN

de las observaciones meteorológicas efectuadas en el Colegio de Agustinos Filipinos de la Vid (Burgos) en el mes de Julio de 1891.

ALTITUD EN METROS 955? LONGITUD GEOGRÁFICA, 41° 57' 99" LONGITUD EN TIEMPO AL E DE MADRID, 42"

BAROMETRO EN ᵐᵐ Y A 0°.

DECADAS	Altura media	Oscilación media	Altura máxima	Fecha	Altura mínima	Fecha	Oscilación extrema
1.ª	679,5	1,7	684,7	4	674,8	9	9,9
2.ª	678,1	1,9	683,8	12	674,4	16	9,4
3.ª	679,4	1,8	683,5	25	675,2	28	9,3
Mes	679,0	1,7	684,7	4	674,4	16	10,3

TERMOMETRO CENTIGRADO

DECADAS	Temperatura media	Oscilación media	Temperatura máxima	Fecha	Temperatura mínima	Fecha	Oscilación extrema	Mínima por irradiación	Humedad relativa media	Tensión media del vapor en milímetros
1.ª	21,1	15,5	34,9	8	5,0	4	29,9	4,6	38	9,2
2.ª	21,1	19,3	36,4	13	10,3	13	26,1	9,7	41	10,9
3.ª	20,1	19,1	37,0	26	4,9	24	32,1	4,9	46	10,2
Mes	20,8	19,0	37,0	26	4,9	24	32,1	4,9	41	10,1

ANEMOMETRO

DECADAS	FRECUENCIA DE LOS VIENTOS									DIAS DE				Velocidad media por día en kilómetros.	Velocidad máxima en un día.	Fecha.
	N.	N. E.	E.	S. E.	S.	S. O.	O.	N. O.	Calma	Brisa	Viento	Viento fuerte			
1.ª	3	»	1	4	10	4	4	8	»	12	5	1	190,3	234,2	7
2.ª	2	»	2	1	5	2	5	9	»	6	3	2	200,3	323,7	18
3.ª	1	»	2	1	11	7	14	17	»	5	4	1	218,7	411,0	28
Mes	6	»	2	13	11	7	14	17	»	16	12	3	203,8	411,0	28

DIAS

DECADAS	Despejados.	Nebulosos.	Cubiertos.
1.ª	3	5	2
2.ª	1	3	2
3.ª	5	2	4
Mes	13	10	8

DIAS DE

DECADAS	Llovizna.	Niebla.	Rocío.	Escarcha.	Nieve.	Granizo.	Tempestad.	Lluvia total en milímetros.	Lluvia máxima en un día.	Evaporación media en milímetros
1.ª	1	»	»	»	»	2	1	6,2	6,2	»
2.ª	»	»	»	»	»	1	1	17,5	12,3	»
3.ª	»	»	»	»	»	»	1	23,7	12,3	»
Mes	1	»	»	»	»	3	3			»

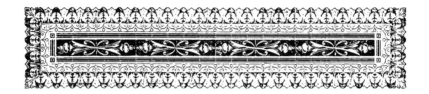

INDICE DEL VOLUMEN XXV

Documentos eclesiásticos.

Estudios y artículos originales, científicos, literarios y de actualidad.

Bibliografia.

Examen de libros.

Resoluciones y decretos de las Sagradas Congregaciones.

Revista científica.

Crónica general.

Miscelánea.

CPSIA information can be obtained
at www.ICGtesting.com
Printed in the USA
BVHW071454231118
533817BV00016B/543/P